咬文嚼字

合订本

2016

上海咬文嚼字文化传播有限公司

上海文艺出版社

图书在版编目（CIP）数据

2016年《咬文嚼字》合订本 / 《咬文嚼字》编辑部
编. —上海：上海文艺出版社，2017
ISBN 978-7-5321-6250-5
Ⅰ. ①2… Ⅱ. ①咬… Ⅲ. ①汉语—语法分析 Ⅳ. ①H14
中国版本图书馆CIP数据核字(2017)第029782号

封面设计 王怡君

2016 Nián《Yǎowén jiáozì》Hédìngběn
书　　名 2016年《咬文嚼字》合订本
编　　者 《咬文嚼字》编辑部
出　　版 上海文艺出版社
地　　址 上海绍兴路7号2楼
邮政编码 200020
发　　行 上海文艺出版社发行中心发行上海市绍兴路50号
印　　刷 上海文艺大一印刷有限公司
开　　本 787×1092 1/32
印　　张 24.875
版　　次 2017年2月第1版 2018年8月第2次印刷
国际书号 ISBN 978-7-5321-6250-5/G.169
定　　价 48.00元（精装）
告 读 者 如发现本书有印刷质量问题请与印刷厂质量科联系
电　　话 021-57780459

关注当下　放眼未来

（序）

陈必祥

《咬文嚼字》密切关注社会语文生活，查报查刊，捉错纠错，勤敏于事，被誉为“语林啄木鸟”。每年战果丰硕，汇成厚厚一卷，甚是可观。但这依然是很小一部分，实际差错，数量更是惊人。曾有8家机构检查28份中央和地方报纸，挑出1289个差错，平均每份报纸46个。有一份报纸竟达184个，平均每版23个。检查者慨叹：“报刊差错触目惊心已经严峻到了令人瞠目结舌、不可容忍的程度，说是新中国成立以来最为严重的阶段，恐怕也不为过。”

报刊差错查不胜查，常常是旧病未除，新病又生。于是人们在问：为什么会有这么多差错，差错是怎么产生的？有人归咎于媒体从业人员缺少规范意识；有人批评主管部门监管缺位，惩罚不力；也有人认为现在生活节奏快，信息量大，错误在所难免。原因自然是多方面的。作为一名汉语教师，我认为,这跟长期忽视语言文字基础教育不无关系。

中小学是语言文字教育的主阵地,语文课程是学习语言文字运用的综合性、实践性课程。而现在突出的问题,是语文课成了文章分析课,语言文字仅仅作为“归纳中心思想”“分析写作技巧”的陪衬。吕叔湘先生曾批评,中小学语文教学效果差,中学毕业生语文水平低,“十年的时间,2700多课时,用来学本国语文,却是大多数不过关”。今天看来,这种“不过关”的现象,并未见明显改变。如“像象”不分,“度渡”不辨,“再接再厉”写成“再接再励”,等等,从小学错到中学、大学。究其原因,还是对语言文字这一基础教育认识不足,要求不严,措施不得力。前几年,高考作文曾有过“每错一字扣1分”的规定,然而,各地在实际执行时,却一再容忍和姑息,有的变成“错3字扣一分”,有的“扣满3分为止”,有的则眼开眼闭,放任自流,甚至干脆取消了对错别字的考查。使人便误以为高考语文不再重视错别字的考查了,这对中小学语文教育是一种严重误导。

广大青少年,是未来的语文生活的主体,只有有效地提高他们的语言文字运用水平,才能真正解决问题。因此,在校园里倡导“咬文嚼字”精神,发扬“咬文嚼字”作风,是很有必要的。一位语文教师说:他是《咬文嚼字》的忠实读者,每收到新刊,总“习惯性地通读一遍”,受益匪浅。他还时常在课堂电子屏幕上展示刊物封底的“火眼金睛”图片,无形中提高了学生“咬文嚼字”的兴趣。还有教师反映:《咬文嚼字》中许多文章要言不烦，见解精辟，令人信服。如对教材一直争论不休的“乡音未改鬓毛衰”的“衰”到底怎么读，刊物中的文章分析得有理有据，对教学有切实帮助。《咬文嚼字》公布的“当代汉语出版物中最常见的100个别字”，每年发布的“十大语文差错”，以及刊物中大量鲜活的“纠错”素材，则被许多教师用作教学、考试材料，效果十分明显。还有许多教师受到启发，把学生带到街头巷尾，查店牌，查户外宣传语，查景点介绍，捉错字别字，挑病句。学生积极性高，学得主动，取得了课堂上无法取得的效果。

《咬文嚼字》肩负守卫汉语大堤的使命。一方面，对时下各类传媒的语言乱象，要咬住不放，做不懈的斗争；另一方面，又要放眼未来，对广大青少年这一未来语文生活的主体，更是要持久地关怀、引导，这一领域天地广阔，也是大有作为的。

当前，互联网已全面渗透到青少年日常生活、学习的方方面面。一方面，网络是青少年学习语言表达、丰富语言生活、提高语文素养很好的平台；另一方面，网络语言的草率化、朦胧化、粗鄙化、游戏化，又对青少年的语言生活造成了负面影响。《咬文嚼字》如何适应时代趋势，利用网络工具，创造新的语言学习、语言纠错的途径和方法，是一个新课题。

《咬文嚼字》2016年第1—12期(总第253—264期)

总 目 录

(斜线后的数字,前为期数,后为页数)

年度盘点

辨字析词

词语春秋

语林漫步

借题发挥

有此一说

时尚词苑

笔 记

校园丛谈

微型讲坛

碰碰车

一针见血

锁定名人

探名小札

热线电话

学　林

追踪荧屏

朝花夕拾

文章病院

华语圈

八面来风

网语漫谈

谈联说谜

向你挑战

重读经典

网言网语

看图说话

雾里看花

火眼金睛

广角镜

YAOWEN-JIAOZI

咬文嚼字®

1

2016

『箫，肃也，其声肃肃而清也。』

——《释名·卷二十二》

欢迎至邮局订阅本刊 邮发代号4-641
国内统一刊号 CN 31-1801/G
定价：5.00元

上海世纪出版集团

新年寄语

谢谢，谢谢，谢谢

新年的脚步又在走近，在这辞旧迎新之际，我们祝新老朋友在新的一年里，吉祥，健康，如意！

在广大读者的支持下，《咬文嚼字》在过去的一年里稳步前行，健康发展，取得了新的突破。在 2015 年中国（武汉）期刊博览会上，《咬文嚼字》还被国家新闻出版广电总局评为“百强报刊”。所有成绩的取得，都与您的支持分不开！在此，我们要借用一句当下最热门的潮语来表达心中的感激——重要的事情说三遍：谢谢，谢谢，谢谢！

在新的一年里，我们将奋勇前进，争取再登台阶，再上层楼！努力把握好编刊的“度”：1. 打开眼界，扫描语文生活全景，拓展刊物的“广度”；2. 攻坚克难，解决语文运用疑难杂症，增加刊物的“深度”；3. 表达流畅有趣，版面活泼生动，加强刊物的“活度”。

亲爱的读者朋友，希望您继续支持我们，有您的支持，我们的步伐将走得更加坚实！

编者

2015 年岁末

陈老总行脱帽礼

乔　桥／文　何梦笔／画

“反右”扩大化，许多文人学者都戴上了“资产阶级”知识分子的帽子。在一个会议上，陈毅大声疾呼：“不能够经过了十几年的改造，还把资产阶级知识分子这顶帽子戴在所有知识分子头上！”说到这里，陈毅摘下头上的帽子，向参加会议的知识分子代表鞠了一躬，大声说道：“今天，我给你们行‘脱帽礼’！”陈老总的真挚和幽默，让全场听众动容。

咬文嚼字®

2016年1月1日出版

1

总第253期

主管：上海世纪出版集团
主办：上海咬文嚼字文化传播有限公司
编辑、出版：《咬文嚼字》杂志社
集团网站：http://www.shwenyi.com
E-mail：yaowenjiaozi2 @ 163.com
官方微博：
http://weibo.com/yaowenjiaozish
电话传真：021-64330669
发行电话：021-60878388
邮购电话：021-60878392
地址：上海市打浦路443号荣科大厦17楼
邮政编码：200023
发行：上海市报刊发行局
发行范围：国内外公开
订阅处：全国各地邮局
邮发代号：4-641
ISSN 1009-2390
CN 31-1801 / G
印刷：江苏太仓印刷厂有限公司
广告经营许可证：沪工商广字
3100320050020 号
定价：5.00 元

年度盘点

2015 年十大流行语

《咬文嚼字》编辑部

（2015年12月）

一、获得感　“获得感”本表示获取某种利益后所产生的满足感。2015 年 2 月 27 日，习近平总书记在中央全面深化改革领导小组第十次会议上指出，要科学统筹各项改革任务，推出一批能叫得响、立得住、群众认可的硬招实招，把改革方案的含金量充分展示出来，让人民群众有更多“获得感”。“获得感”一词由此迅速流行，且使用范围出现固化趋势，多用以指人民群众共享改革成果的幸福感。

二、互联网 +　“互联网 +”就是互联网与社会经济领域各生产要素“相加”，即让互联网与传统行业深度融合，重构、再造新的发展业态。符号“+”既表示加入、融入，更表示升级换代、创新发展。“互联网 +”既是一种新的思维方式，也是一种新的发展模式，更是一种新的经济形态。这一说法最初是由李克强总理提出的。2015 年 3 月 5 日，李克强总理在《政府工作报告》中说，要全面制定“互联网 +”行动计划，“互联网 +”便迅速流行开来。2015 年 7 月，国务院发布《关于积极推进“互联网 +”行动的指导意见》，“互联网 +”进一步引起社会广泛关注。2015 年，随着经济发展新格局的形成，“互联网 +”成为媒体的高频用词。

三、颜值　“颜”义为面容、容貌，“值”义为数值。“颜值”本表示男女颜容英俊或靓丽的程度，是用数字评价人物的容貌。如同其他数值一样，“颜值”

也有衡量标准,可以测量和比较,所以有“颜值高”“颜值爆表”“颜值暴跌”的说法。后来“值”的数值意义淡化,在词义上“颜值”就相当于“颜”,只表示面容和姿色。2015年,其指称范围进一步扩大,由人及物,物品的外表或外观也可用“颜值”表示。

四、宝宝 “宝宝”语出网络潮语“吓死宝宝了”。“宝宝”指“我”,“吓死宝宝了”就是“吓死我了”。女生受到惊吓时常用此语来卖萌。后来“宝宝”独立单用,只要说话氛围协调,几乎在任何语境中,女生都可用“宝宝”或“本宝宝”来称呼自己,如“乐死宝宝了”“笑死宝宝了”“本宝宝这厢有礼了”“本宝宝拜托了”等等。现在,“宝宝”还可用以指称对方,以表达对对方(不论男女)的亲昵态度。购物网上过去常用“亲”来缩短与客户的心理距离,现在“宝宝”也争得一席之地,且大有抗衡之势。

五、创客 “创”指创造,“客”指从事某种活动的人。“创客”本指勇于创新,努力将自己的创意变为现实的人。这个词译自英文单词“Maker”,源于美国麻省理工学院微观装配实验室的实验课题。此课题以创新为理念,以客户为中心,以个人设计、个人制造为核心内容,参与实验课题的学生即“创客”。2015年3月5日,李克强总理在《政府工作报告》中指出,把“大众创业,万众创新”打造成推动中国经济前行的“双引擎”之一。随后国家又陆续出台了若干政策措施,给“创业”“创新”以具体支持。“创客”于是与“大众创业,万众创新”联系在了一起,特指具有创新理念、自主创业的人。

六、脑洞大开 “脑洞大开”由“脑补”衍生而来。“脑补”源自日本动漫,本指观剧者在大脑里通过自己的想象来补充或添加原剧中没有的情节或内容。后来词义扩大,对小说及其他艺术作品甚至现实生活中的情节、情景进行幻想、想象,也称“脑补”。“脑洞”则是大脑中需要用想象力去填充的“洞穴”，即进行“脑补”的场所。“洞穴”越大，想象越丰富。“脑洞大开”义为想象天马行空，联想极其丰富、奇特，甚至到了匪夷所思的地步。2015年2月，网络剧《脑洞大开》播出，“脑洞大开”于是频频亮相于媒体。

七、任性 “任性”本是一个传统词语，意思是“由着自己的性子，不加约束”，常用作贬义，如“任性妄为”。江西曾有一位老伯在网上买保健品被骗，接二连三地给骗子寄钱，发觉受骗后，不但不报警，反而继续寄，总共被骗数十万元。老伯最后还语出惊人：“就是想看看他们究竟能骗我多少钱！”有网友调侃：“有钱就是这么任性。”此语迅速传播开来，以致引爆网络，还衍生出各种变体，如“有权就是那么任性”“有房就是那么任性”“有车就是那么任性”。随着高频率运用，“任性”词汇色彩逐渐变化，也可用来表示“天真率性”“敢作敢为”“勇于担当”等义。

八、剁手党 “剁手党”，指沉溺于网络购物的人群，以女性居多。也称“剁手族”“剁手帮”等。她们穿梭于各大购物网站间，搜寻、比价、秒拍、下单，乐此不疲。往往看似精打细算，实则买回了大量没用的东西，造成时间、精力、金钱的浪费。冷静之后，常常追悔莫及，甚至下了再不理性购物就剁手的狠心，但过不了多久又故态重萌。金庸《射雕英雄传》中的九指神丐洪七公，有一次因贪吃误了大事，一发狠剁掉了自己的手指头，但一遇美食仍然把持不住。“剁手”或源于此。

九、网红 “网红”即“网络红人”，指被网民追捧而走红的人。“网红”走红的原因很复杂，或因出众的才貌，或因搞怪的行为，或因意外事件，或因网络推手的运作，等等。“网红”是网络时代的产物，其身上投射出的特质，迎合了网络世界的“审美”或“审丑”心理，从而赢得了广大网民的理性或非理性关注。“网红”在2015年热度飙

时尚词苑

无处不在的『小确幸』

◎赵丽华

新词“小确幸”由“小”“确”“幸”三个语素构成。它源自日本作家村上春树的随笔集《兰格汉斯岛的午后》，由翻译家林少华直译而进入现代汉语。在该书中，有一篇题为《小确幸》的文章，记叙了生活中许多“微小但确切的幸福”的琐事片段，于是这种“新鲜”的幸福感就一下子获得了读者的关注。

“小确幸”就是指微小而确实的幸福。例如：

（1）上海阿姐们，不妨在你的手机上寻找一些理财的“小确幸”，弥补一下股市留下的伤痕。（《新民晚报》2015年8月29日）

（2）小确幸就是在冬天吃上一碗倾心的馄饨。（《今日早报》2011年12月20日）

其实，生活中有着很多的“小确幸”。它是小小的幸运与快乐，是流淌在生活中的美好片段，是暖人心扉的一股能量。“意外小财、享用美食、家人团聚、

升，和媒体纷纷爆出明星大腕与“网红”女友的恋情有关。郭富城的新女友便是最近的一例。

十、主要看气质 “主要看气质”，意思是不要太看重外在形式，内在气质才是决定因素。此语在2015年末突然蹿红，成为一个强势流行语。起因是台湾女歌手王心凌为了配合新专辑的发行，在微博上发布了一张吃汉堡的宣传照。网友纷纷留言评论，其中有人说品位不高，甚至说没文化。一位网友却认为，虽然是一张奇葩照片，但颇有内涵，于是留言：“主要看气质。”这则留言立马获得广大网友点赞，被大量转发，火速引爆网络媒体。有人说，在过分追求“颜值”的时代，“主要看气质”的流行有“正能量”意义。

睡到自然醒、朋友捎来问候关心……这些看似平淡却蕴含着喜悦之情的‘微小而确切的幸福’，即人们所称道的‘小确幸’正在成为越来越多中国年轻人的新追求，并引发了社会广泛关注。”（《法制日报》2013年11月3日）

“小确幸”的使用范围正在逐步拓展，除了用于人的行为，也可以用于事物。比如以下例句中的“小众博物馆”：

（3）这些小众博物馆是城市的“小确幸”，它们有收藏者的痴迷，有经营者的困惑，有专业学者的崇敬，更有参观者的无限乐趣。（《新京报》2015年1月28日）

“小确幸”一词之所以迅速流行起来，离不开两个因素。其一，无处不在的“小确幸”与我们的生活有着密切联系。它好似心灵鸡汤，提醒我们换个角度、换个方式看生活，积极把握当下的美好。其二，“小确幸”和当下流行的“小烦恼、小开心、小难过”等一系列“小××”词语一样，其语体色彩较为轻松、活泼，会给人一种新鲜、活跃的感觉。

按说，对于“小确幸”，我们是应该肯定、可以接受的，因为它让我们常常关注生活中的微小幸福，享受点滴的美好。不过，时下也出现了一些批评的声音。比如自行在上海创业的“媒文化”文创公司董事长苏慎农认为，台湾过的是“小确幸”的生活，言下之意是吃苦耐劳精神和拼劲有待提升（参见《人民日报海外版》2015年4月1日）。还有人语重心长地指出：如果最具活力和激情的年轻人，都失去朝气，安于现状，个人的“小确幸”将演变成社会之“大不幸”（参见《人民日报》2014年8月5日）。

每个人的幸福感与社会的稳定、经济的发展息息相关。我们年青一代应该认真履行好自己的责任和义务，脚踏实地地工作和生活。既要享受生活中的“小确幸”，又要身怀“大理想”“大抱负”，为创建美好的幸福家园而努力奋斗。

“碎片化”的是与非

◎张　舒

《碎片化造成现代人智商下降》，前不久，《南方周末》打出了这样一个耸人听闻的标题。“碎片化”真的如此可怕吗？要回答这个问题，先来了解一下什么是“碎片化”。

“碎片化”一词译自fragmentation，最早见于上世纪80年代对“后现代主义”的研究文献。在计算机领域，“碎片化”指为了传输规模较大的信息包而将其分散。传入中国后，最初运用于传播学的研究，其概念被界定为：社会阶层的多元裂化，并导致消费者细分、媒介小众化。互联网和移动传媒的发展加速了社会的“碎片化”，我们已经进入了一个“碎片化”时代。

“碎片化”本义为完整的东西破成诸多零块。我们常说的“碎片化时间”就是指完整的时间被破成了零碎状。“碎片”又特别强调了零块的多且杂乱，因此被“碎片化”了的时间不是简单的分散，而是如同敲碎的玻璃杯那样四分五裂，难以复合。

概言之，“碎片化”指本来完整、有序的事物被分散处理，形成零碎难以复合的情状，是一种分散化。例如：

（1）其实，皇家文化与建筑本是一统，但被行政区划割裂，碎片化发展。（《北京青年报》2015年10月27日）

上例说的是“皇家旅游”的发展，由于受到行政区划的割裂，无法形成有机的整体，只能被迫“碎片化”发展。“碎片化”

的对象如果被人为地分散，“碎片”的属性就有可能发生改变，带来改变的同时也可能导致原来优势的消失。比如“碎片化阅读”利用了零碎的时间，却失去了长篇阅读的深刻与连续；“碎片化社交”使人与人之间的距离更近，却可能流于表面失去真诚；“碎片化购物”便捷、快速、随时随地，却容易让人替不需要的东西买单；“碎片化时间”看似争取了空闲时间，却不易察觉地把原本整块的时间也零散化了。

“碎片化”的另一个特点是不连续，因此也有人说如今的“碎片化时代”就是“中断时代”。人们的生活被打碎的多线程任务填满，与朋友谈话时你会不自觉地拿起手机查看短信，有时边吃饭边用平板电脑浏览信息，甚至连开会时都要时不时地刷新朋友圈。科学家研究表示，“碎片化”的生活方式会使人感到疲惫和晕头转向。更可怕的是，“碎片化”信息缺乏全面性、系统性，再加上浮躁的情绪，让很多人原本的判断力和价值观都发生了偏差。看来《南方周末》的说法也不算是空穴来风。

但“碎片化”真的一无是处吗？来看看这个例子：

（2）如果没有大块时间进行运动，可利用工作间隙进行碎片化运动，站起来走走，抬抬腿，伸伸腰也好。（《生命时报》2015年10月26日）

上例中的“碎片化运动”指的是一种利用零散时间进行的简单运动，这种运动方式弥补了现代人因为工作繁忙而无法进行持久运动的缺陷，算是“碎片化生活”的成功模式。此类模式，还有能够唤醒小额“沉睡资本”的“碎片化理财”，还有让内容针对性更强的“碎片化学习”，等等。

“碎片化时代”已经成为一个发展大趋势，我们的时间、空间、知识、注意力等都会被一点点切割成碎片。面对这个快速“碎片化”的社会，我们要做的是适应而不是逃避，是迎接挑战而不是随波逐流。

严阵解“吻”

◎徐　轶

20世纪80年代末，中国作家代表团一行访美。一天早上，诗人严阵和女作家铁凝结伴参观一家博物馆。因为去得早了一点，博物馆还未开门，两人便在广场上一面散步一面聊天。

这时，路边有两位坐着的美国老人，正在悠闲地喂鸽子。当他们看到严阵和铁凝时，脸上露出了善意的笑容，并起立朝他们走来。其中一位老人说，他很喜欢中国的文化，十分崇拜中国人。老人说到激动处，情不自禁地张开双臂拥抱了铁凝，并在她的脸上轻轻吻了一下。

铁凝今天是中国作协主席，当时还是没有结婚的年轻的女作家。出于女孩子羞涩的本能，铁凝的脸色有点尴尬。气氛一下子微妙起来。另一位美国老人也埋怨自己的同伴，说你喜欢中国文化，怎么不懂中国人的习惯？那位本来兴致勃勃的老人，顿时像个犯了错误的孩子，手足无措地立在一边。

严阵，原名阎桂青，山东莱阳人。中国当代著名诗人、作家和画家。著有诗集《江南曲》《琴泉》、散文集《牡丹园记》、长篇小说《荒漠奇踪》、中篇小说集《南国的玫瑰》等

『江湖散人』

◎祁源

何满子先生曾给自己起过一个外号，叫作“江湖散人”。可是，他的一生却是风波迭起，厄运长随。

何满子(1919—2009)，原名孙承勋，出生于浙江富阳。著名杂文家。著有《艺术形式论》《论〈儒林外史〉》《汲古说林》及杂文随笔集共三十余种

1955年5月的一天，何先生“闭门家里坐，祸从天上来”，被手持警械的公安人员押走，成了一名“胡风分子”。然而，在此之前他只听过胡风的一次演讲。

1957年，“反右”风暴骤起，刚释放不久的何先生在劫难逃，又戴上了一顶“右派”的帽子，被开除了公职。

1958年，大跃进“热火朝天”，何先生又被勒令下放，一家人冷冷清清、凄凄惶惶，西行到了宁夏，开始了长达六年的流放生活。

“文革”开始以后，何先生成了打入另册的“牛鬼蛇神”，被遣送回了浙江老家。

聂绀弩是何满子先生的朋友。他曾给何先生十个字的评语：“天地有罗网，江湖无散人。”

严阵见状，马上笑着说道：“尊敬的老先生，您刚才吻的不是这位小姐，而是中国吧？”

老人一听，放声笑了起来：“对，对！小姐来自中国，我吻的是中国。”

严阵真不愧为老诗人，这一句解围的话充满了诗意。它不仅给美国老人一个台阶，也让这一吻有了深刻的内涵。

令人无限向往

◎苏培成

1981年5月28日至6月1日，语言研究所现代汉语研究室在北京召开了语法学术研讨会，这就是首届中年学者语法研讨会。参加会议的有现代汉语研究室的李临定、范继淹、刘坚、孟琮、范方莲、陈建民、詹开第、郑怀德，还有来自其他单位的陆俭明、龚千炎、邢福义、于根元、刘月华、鲁允中等，共二十余人。我也有幸叨陪末座，躬逢其盛。前辈学者吕叔湘先生和朱德熙先生全程参与，给这些中年学子很大鼓舞。

会场设在密云水库旁边、社科院的一组供写作用的木板房内。会场朴素无华，没有鲜花，没有横幅；只有简单的几排桌椅和放在前面的黑板。没有宴请，也没有馈赠土特产，有的只是亲切的沟通和认真的切磋。晚餐后大家一起到水库大坝上散步，吹着水面上刮来的晚风，真是惬意。

吕叔湘先生致开幕词和闭幕词。吕先生在开幕式上谈了语法研究的三个方面：第一是研究理论体系，第二是探讨语法事实，第三是注重语法规范。在闭幕式上，吕先生说："在这次十几个报告里，讲语言事实语言现象的，我最欣赏的是孟琮的拟声词和刘月华的状语的分类和多项状语的顺序。特别是刘月华的报告，好的是细腻，有统计数字。"朱德熙先生就兼语式问题、动词形容词的名物化问题等深入谈了自己的看法，给我们很大的启发。在会上有十几位学者宣读了论文。

一转眼三十多年过去了。朴实的会风，深入的研讨，特别是前辈学者和我们亲密无间的促膝交谈，至今都还令人无限向往。

校园丛谈

详解『藉第令』

◎孙怀伦

人教版《语文》教材九年级上册(2009年3月出版,2014年6月安徽第六次印刷)选有《陈涉世家》一文,其中有句:“公等遇雨,皆已失期,失期当斩。藉弟令毋斩,而戍死者固十六七。”教材对“藉弟令毋斩”的注释是:“即使仅能免于斩刑。藉,弟,令,都是‘即使、假若’的意思。”

把“藉弟令毋斩”理解成“即使仅能免于斩刑”,“仅能”二字从何而来?原文中找不到对应的词语,没法落实,并且别扭、啰唆,删去更符合原文意思,句子也显得更加简洁明快。

把“藉”“弟”“令”分开来解释也不妥当,不仅失之烦琐,而且也可能使学生生出疑虑:既然分别都是“即使、假若”,为什么还要三字重复?

“藉”“弟”“令”单用,确实都能表示“即使、假若”的意思,如:

①藉曰未知,亦既抱子。(《诗经·大雅·抑》)

即使说他不懂事,他也已经抱了儿子当了父亲。

②第我死,令尹、司马,非胜而谁?(《左传·哀公十六年》)

假如我死了,担任令尹、司马的人,不是胜还会是谁呢?

③令我百岁,皆鱼肉之矣。(《史记·魏其武安侯列传》)

假若我死了,就都把他当作鱼肉宰割了。

然而,“藉”“第”“令”三字连用,一般理解成多音节合成词,不分开解释。文言虚词工具书大都有“藉第令”词条,如中国社会科学院语言研究所古代汉语研究室编写的《古代汉语虚词词典》(商务印书馆)、王政白编纂的《古汉语虚词词典》(黄山书社)等等。

“藉第令”作为三音节合成词使用,古汉语中语例随处可见,再举一例:

藉弟(第)令计不出是奈何?(《应谐录·学偷》)

“勋阀”是“功勋之家”吗

◎吴先进　隆雪燕

人教版高中《语文·中国古代诗歌散文欣赏》（2010年6月出版）选有苏轼《方山子传》一文，文章中有这样一句话：“然方山子世有勋阀，当得官。”“勋阀”一词教材注释为“功勋之家”。这是值得商榷的。

依照教材的注解，“然方山子世有勋阀”一句应译为：然而方山子世代有功勋之家。分析句子成分，主语是“方山子”，谓语动词为“有”，而宾语乃“功勋之家”，句子成分搭配不当，语意抵牾。

“勋阀”究竟应该如何理解呢？笔者以为，“勋”即“阀”，“阀”即“勋”，“勋阀”乃同义复词，就是“功勋”或“功劳”之意。据《史记·高祖功臣侯者年表》，古代把功绩分成“勋”“劳”“功”“阀”“阅”五等，“阀”即其一。古汉语中，“阀”常作“功绩”解，《汉语大词典》《汉语大字典》《辞海》等权威工具书均收录有相关义项。古汉语语例也十分普遍，如：

①士宜以才行为先，不可纯以阀阅。（《后汉书·韦彪传》）

②勋阀诸郎俱第一，风流前辈敌。（宋张孝祥《清平乐》）

如把“勋阀”注解为“功勋”“功劳”，“然方山子世有勋阀”一句可译为：然而方山子家世代有功勋。语通义顺，也和其后“当得官”贯通一气，因为在古代，有后辈凭借前代功勋做官的惯例。

笔者查阅了刘世南《古文观止》（江西人民出版社1981年出版），“然方山子世有勋阀”一句译为：但是，方山子的家庭，世代对国家有功勋。“阀”就被理解为“功勋”。

假如（我）出不来怎么办呢？

笔者建议把上述注解修改成：“即使免于斩刑。藉第令，‘即使、假若’的意思。”

一针见血

“摇萝”？“摇箩”！

◎周　振

《报刊文摘》2015年8月19日第5版的《严歌苓：我再也无法轻歌曼舞》一文中，有这样的话：“‘摇萝亲’，就是……在摇萝里就定亲了。”句中的两个“摇萝”均应为“摇箩”。

箩，竹篾编成的器具，多为方底圆口。如：箩筐；笸箩。摇箩，亦名摇篮，供婴儿睡觉的用具，形似箩筐或篮子，能左右摇动。也用来比喻人才成长的处所或重要事物的发源地，如：北大是新文化运动的摇箩。萝，指某些爬蔓植物，如：女萝；藤萝。汉语中未见有“摇萝”之说。

“叼”非“叨”

◎道书元

《报刊文摘》2015年10月28日第3版载有《别人家的熊孩子》一文。其中写道：“小小孩叨着安抚奶嘴，趺趺撞撞走来走去，啪摔一跤，哭几声，也就好了。”

安抚奶嘴是妈妈乳头的一种替代品，在宝宝哭闹时，帮助宝宝安静的一种工具。安抚奶嘴怎么能“叨”？经查《现代汉语规范词典》，“叨”有三个音义：一是dāo，指翻来覆去地说；二是dáo，如小声叨叨；三是tāo，客套话，指承受（别人的好处），如叨教、叨扰。均与说话有关。

根据文章推断，此处的“叨”应为“叼”。“叼”，读diāo，其义指用嘴衔住物体的一部分。小小孩“叼着”奶嘴，将其衔在嘴中，不易发出哭闹之声。

学狐狸叫者究竟是谁

◎辜良仲

2015年10月29日《光明日报·文学遗产》载文《中国文学的源头是六经》，文中竟如是说："陈胜学狐狸叫套用大禹和涂山氏的传说，刘邦斩白蛇起义是效法秦始皇祖龙自诩。"陈胜何曾学狐狸叫？

让我们看看《史记·陈涉世家》：

又间令吴广之次所旁丛祠中，夜篝火，狐鸣呼曰："大楚兴，陈胜王。"

可见，学狐狸叫者是吴广而非陈胜！

"众口铄金"不是叫好

◎李景祥

2015 年 10 月 24 日《沈阳日报》第 5 版《怀念简装书》一文说："现如今的书，大多制作精美而花哨……抢眼的不只封皮封底，还有上面的文字——书中真迹未曾现，早有荐语题上头。有名人，有明星，有朋友，有网友，有知己，有故交。虽说大多三言两语，却是众口铄金地叫好。"请问"众口铄金"能是叫好吗？

《国语·周语下》："众心成城，众口铄金。"韦昭注："铄，销也。众口所毁，虽金石犹可销也。""铄金"指熔化金属。众心成城，众口铄金：众人一心，就可形成一道坚固的城墙；众口一词，就可像熔化金属似的形成强大的舆论力量。后来，"众口铄金"引申指很多人乱说，足以混淆是非，成为贬义词了。用"众口铄金"修饰"叫好"的"荐语"，显然用错了词。

"悬悦之辰"是女子生日吗

◎吴化永

2015 年《特区文摘》第 1053 期中缝刊有一则《生诞的别称》，文中说："悦，古时佩巾，似手绢。古诞生礼俗，生女孩后在门右首挂悦。后因称生女为悬悦，女子生日即称悬悦之辰。"句中多处说的"悦"均为"帨"之误。

帨，读 shuì，古代妇女系在身上的佩巾，类似现在的手帕。

古时，孩子一出生，得向亲朋好友及左邻右舍报喜讯。据《礼记·内则》："男子设弧于门左，女子设帨于门右。"说的是：生男孩在门左挂弓而告知，生女孩在门右挂佩巾而告知。后因称生男为"设弧"或"悬弧"，称生女为"设帨"或"悬帨"。

只有"兵燹"，没有"兵燮"

◎严志清

2015年37期《新传奇》刊有一篇题为《文人与名妓的倾城之恋》的文章，文中说："……而在南京的卞玉京，为了躲避清军掳掠，匆忙之中，改换道装，逃离兵燮之下的都城，回到苏州的虎丘，保全一命。"文中的"兵燮"，应为"兵燹"。

燹，读xiǎn，多用为兵火。如"烽燹"指烽火，我国古代边疆在高台上烧柴等用以报警的火。"兵燹"，意思是因战争造成的焚烧破坏等灾害。

燮，读xiè，意思是和，调和。汉语中没有"兵燮"这个词。

是"无辜枪杀"吗

◎陈以鸿

2015年10月4日《新民晚报》第6版刊出《十七年错碑得改正》一文，文中说：上海龙华烈士陵园五卅惨案雕塑碑文原有错别字，现在已经改正。这自然是好事。但文中有这样一句："……日本纱厂主无辜枪杀青年工人顾正红……""辜"的意思是"罪"，"无辜"即"无罪"。枪杀青年工人是枪杀者的罪恶，怎么会是"无辜"呢？显然，句中的"无辜"应改成"无故"或"无端"才对。

"挚肘"是怎么回事

◎强光伦

2015年9月19日《芜湖日报》A1版刊有《进出口降幅持续收窄　加速"优进优出"势

在必行》一文，其中有这样一段文字："海关相关人士认为，尽管我市连续4个月进出口降幅收窄，但是月度进出口表现仍旧偏弱，外需疲软成为主要挚肘因素。"这里的"挚肘"显然是"掣肘"之误。

掣，读chè，本义为牵引、拉。"掣肘"原义指拉着胳膊，比喻有人从旁牵制，工作受干扰。上述文章说，芜湖进出口额在下降，外需疲软是其牵制因素，用"掣肘"说得通。

挚，读zhì，本义为握持，又引申为诚恳、恳切等。根本没有"挚肘"一词，"挚"与"掣"形似，容易误写。

"手镣脚铐"？"手铐脚镣"！

◎李荣先

2015年11月2日《现代快报》都9版上刊登了冯骥才先生一篇题为《莫言书法说》的文章。其中的一段话说："中国的书法重法，这便带来事情的两面。正面是玉律金科，考究又经典；负面是一大堆手镣脚铐，博大精深的传统往往将书家的个性与人性囿于其中。"引文中的"手镣脚铐"，让人感到别扭。

镣和铐都是戒具。它们各使用在人体的什么地方呢？

据《现代汉语规范词典》，"铐"是手铐，"镣"是套在脚腕上的戒具。"手镣脚铐"这种说法之所以让人感到别扭，就是因为手和脚跟不同戒具的搭配错位了。正确的说法应是"手铐脚镣"。

佛寺何来"大熊殿"

◎杨昌俊

2015年《国家人文历史》9月（下）刊有《少林寺：乱世与疆场中的禅宗祖庭》一文，文中写道："第二天，国民军抬煤油至寺中，将天王殿、大熊殿、阎王殿、龙王殿、库房、东西禅堂等处尽付一炬，少林寺再遭劫难。"我们知道，佛寺有"大雄宝殿”，而无“大熊殿”。

大雄，是梵文 Mahavīra（摩诃毗罗）的意译，原为古印度耆那教对其教主的尊称。佛教亦用作释迦牟尼的尊号。汉传佛教寺院主殿多数名大雄宝殿，是佛寺的正殿，主要供奉佛祖释迦牟尼，故称“大雄宝殿”。

大雄与大熊，一字之差，谬以千里。

律师“开庭”？

◎屠林明

2015 年 3 月 25 日《人民日报》第 18 版《中国律师故事》中写道：“在处理一起交通肇事案件时，马兰须到新疆哈密巴里坤法庭开庭……四个小时后到达巴里坤，便去开庭。”

所谓“开庭”，是指法院开设法庭，审判人员在法庭上审理案件。而上述引文中说到的“马兰”是一名律师，她如何“开庭”？律师，是受当事人委托或法院指派，依法协助当事人进行诉讼，出庭辩护，以及处理有关法律事务的专业人员。律师只能“出庭”，即到法庭上为当事人辩护。上述引文中的两个“开庭”都应改为“出庭”。

不是“束修”，是“束脩”

◎张震东

散文集《壶中日月》（春风文艺出版社 1995 年 3 月出版）中有篇题为《乡曲儒生》的文章，文中有两处写到“束修”一词：

办学的东家是一位较为富有的农民，他提供场所，请一位先生，事先和先生谈好束修、饭食……

秦老师事先与办学的东家谈妥，他要带两个得意门生作为附学(即寄宿生)，附学的饭食也是由各家供给的，作为束修的一个部分。

上述两处“束修”均应为“束脩”。查阅《现代汉语词典》、《现代汉语规范词典》、王力《古代汉语常用字字典》以及《通用规范汉字表》等权威资料可知，在大多数情况下，“脩”为“修”的异体字，应使用正字“修”。但是，在“束脩”（脩：干肉。旧指老师的酬金或送给老师的见面礼）一词中，“脩”未被当作“修”的异体字，不能写作“修”。

风不可“晴”，气不可“朗”

◎阎德喜

《书屋》2015年第10期刊登的《想起了“福格特警告”》，在谈到美国时写道：“……反而比一点五四亿人口时不知提高多少倍，且蓝天依旧，绿水依然，风晴气朗。”文中“风晴气朗”错了，应是“风清月朗”。

“风清月朗”的意思是，风凉爽，月明亮。唐段成式《酉阳杂俎·支诺皋下》：“时春季夜间，风清月朗。”上文中写美国的人口增加了，经济发展了，可环境却保护得很好，没有遭到破坏，“风清月朗”正是一个明显标志，用在此处非常恰当。

“风”与“气”只和凉与热、浊与清有关，不存在晴与朗的问题，“风晴气朗”显然说不通。

“黄河脚下”在哪里

◎厉国轩

《上海老年报》2015年8月4日第7版《情牵黄河“抗日故事”》一文说：“那年，我站在黄河脚下，聚精会神地领略波涛翻滚的壶口瀑布壮丽的景色。”“黄河脚下”在哪里？

壶口瀑布，在山西省吉县西，陕西省宜川东。黄河自北来流经山侧，宽300米的河道变窄为约50米，飞泻的河水形成十分壮观的瀑布，激流倾注如壶口，故名。

“脚下”由人的脚底下而喻指山脚之下，亦称山麓，山坡与周围平地相接部分。而河流何来“脚”？更何谈“脚下”？上引文字中的“我”当时所站位置，可能在黄河壶口瀑布的下面一侧，但还是只能说“我站在黄河岸边”，而不是“我站在黄河脚下”。

汉代就有十三经了吗

◎遐　观

香港《文汇报》2015年10月23日《文汇副刊》上发表了《孝到父母的心坎上》一文。文中出现了一处谬误：“汉代赵岐在《十三经注》中说：‘阿意曲从，陷亲不义，一不孝也。’”汉代还没有《十三经》这个概念。

汉代设置专门教授《诗》《书》《礼》《易》《春秋》的博士，这五本经书合称“五经”。唐初增加《穀梁传》《公羊传》《周礼》《仪礼》，加上先前的“五经”，合称“九经”。唐文宗时期，国子监将“九经”刻石，并复增《论语》《孝经》《尔雅》，合刻为“十二经”。宋代又增加《孟子》，合称“十三经”。

上述文章所引文字出自汉代赵岐对《孟子》的注文，但当时《孟子》还没有列入《十三经》。因此，将文中的“《十三经注》”改为“《孟子》注文”才符合事实。

“拉虎皮作大旗”？

◎刘从军

《细读与随想》（福建教育出版社2000年6月出版）一书中有《中国现代散文世界的三座峰峦》一文，文中有这样一句话：“它横扫文坛群小，满身铜臭的‘捐班文人’、拉虎皮作大旗的‘革命小贩’……”这句话中的“拉虎皮作大旗”说反了，正确的说法应该是“拉大旗作虎皮”。

“拉大旗作虎皮”是一句成语，比喻打着有威望、有威势、有震慑力的人或单位的旗号，或者打着革命的旗号，吓唬或蒙骗别人。最熟悉的例子，就是鲁迅先生的《且介亭杂文末编·答徐懋庸并关于抗日统一战线问题》：“首先应该扫荡的，倒是拉大旗作为虎皮，包着自己，去吓唬别人；小不如意，就倚势定人罪名，而且重得可怕的横暴者。”

孔子距今有多少年

◎蔡维藩

2015年4月15日《语言文字报》第4版头条《讲国学》专栏隆重推出《加强国学教育的三点建议》。文章郑重其事地说道：“孔子是儒家经典学派的创始人，他的教育思想至今已传承了三千多年。”

“孔子（前551—前479）春秋末期思想家、政治家、教育家，儒家的创始者。名丘，字仲尼。鲁国陬邑（今山东曲阜东南）人。”（《辞海》）孔子被尊为圣人，国人几乎尽人皆知。从其出生的公元前551年算起，至今不超过2570年。孔子是我国历史上春秋时期人，而春秋开始距今也不超过2800年。孔子教育思想历史悠久，匡算说“近三千年”已属勉强，但绝无“三千多年”之说！

《史记》何来《秦始皇世家》

◎王宗祥

2015年5月27日《中华读书报》第8版刊有一篇题为《怎样读〈楚辞〉》的文章，文中写道：“战国时期是一个大动荡的时代。……《史记·秦始皇世家》载山东诸侯‘常以十倍之地，百万之众，叩关而攻秦。秦人开关延敌，九国之师逡巡遁逃而不敢进’。”以上引文中的“秦始皇世家”应为“秦始皇本纪”。

司马迁《史记》包括本纪、表、书、世家和列传，共一百三十篇。“本纪”即历代帝王的传记。“世家”叙述贵族侯王的历史。秦始皇完成统一大业，建立了中国历史上第一个中央集权的封建国家。司马迁把他的事迹写入《史记·秦始皇本纪》。

锁定名人

“椒水”？“菽水”！

◎江城子

长篇小说《人面桃花》（格非著，作家出版社2009年8月出版），叙及陆秀米就读私塾之事，这样写道：“丁树则读书数十载，不要说一官半职，连个秀才也不曾中过。老来设馆授徒，收些俸例，以供椒水之需……”（第27页）

刘勇，男，笔名“格非”，生于1964年，江苏镇江丹徒人。中国作家协会会员、清华大学中文系教授。著有《格非文集》《欲望的旗帜》《塞壬的歌声》《小说叙事面面观》等。作品“江南三部曲”获第九届茅盾文学奖

引文中的“椒水”，应写为“菽水”。

菽，读作shū，本义指大豆，引申为豆类的总称。“菽水”一词，义为豆与水，指所食唯豆与水，借指极其平凡的食品，形容生活清苦。这个词语出自《礼记·檀弓下》：

子路曰：“伤哉！贫也！生无以为养，死无以为礼也。”孔子曰：“啜菽饮水尽其欢，斯之谓孝。”

汉语中有成语“菽水承欢”，原义为用豆子和水来奉养父母，博取父母的欢心，指身虽贫寒而尽心孝养父母。

椒，读作jiāo，木名，本义指花椒，落叶灌木或小乔木，果实可做调味料，也可供药用。其种子也用以和泥涂壁。后亦指胡椒、辣椒等。

“菽水”写作“椒水”，虽是“草木”之误，而语源既失，不知所云。

不是“奔子”是“锛子”

◎得　喜

《文学报》2015年10月1日刊登的姜文先生的大文——《中年是什么？》，对中年人生作了精彩的概括。其中写道：“想不到一奔子就挖到中年，我才发现中年碎了一地的烟火……”用语很形象生动，但其中的“奔子”错了，正确的应是“锛子”。

“锛子”，削平木料的工具，柄与刃具呈丁字形，刃具扁而宽，使用时向下向里用力。它是传统木匠的主要工具之一，干木工活离不开它。上述文章中，为了说明时间过得快，转眼便到了中年，作者便以锛子削平木料来比喻，还是比较恰切的。

还应指出的是，用锛子削平木料，只能是“刨”，把多余的部分刨掉。它不是铁锹，不能用来“挖”。说用锛子“挖”，是缺乏生活经验的表现。

锛　子

“奔”有奔走、赶紧、逃跑等多个义项，但没有削平的意思，所以不能写成“奔子”。“奔子”是“锛子”的误写。

热线电话

“你好，我是64330669……”（47）

◎姚博士

“发表致辞”对吗

问：我是中国社科院的一名文字工作者，是贵刊的忠实读者。想请教：媒体上常出现“发表致辞”说法，这样说对吗？

——北京　孙士明

答：这种说法不必指责。

许多人不同意“发表致辞”的说法，甚至还有人写文章批评。主要有两点理由：第一，“致辞”的意思是在集会或仪式上发表关于祝贺、感谢、欢迎、哀悼等简短讲话，其中的“致”就是“发表”“表达”的意思。“发表致辞”中“发表”与“致”语义累赘重复。第二，“致辞”是动词，不能作“发表”的宾语，“发表致辞”在语法上不合格。

其实，这两个理由都值得商榷。

语言运用中的这类“重复”是普遍存在的。比如“作文”的“作”本来就是“撰写”“写作”的意思，而“做作文”“写作文”大家都说得很顺溜，从未有人认为语义上“重复累赘”。再如“建议”的“建”本来是“提出”的意思，而谁会认为“提出建议”语义上有“重复”呢？有语言学者认为这是语言运用中的“羡余”现象，普遍存在在人类语言中，比如日语、英语、法语等。还有学者认为，这属“语用修辞”，当下不是有句很时髦的话

“重要的话说三遍”吗？“合理重复”是一种表达需要。

“致辞”也未必不能当名词用。在“发表致辞”的说法中，“致辞”前有时候带有数量词，比如“某某领导将在某某开幕式上发表一个致辞”“某某报纸上刊登了某某领导的一篇致辞”，可见“致辞”是当名词用的。还有，这种用法的“致辞”还可以作介词的宾语，如“在致辞中某某领导强调……”能作介词宾语，显然是名词。其实，动词当成名词用在语言运用中十分普遍，如“调查”“报告”“研究”“学习”等等，都既可作动词也可作名词用。因此，“致辞”完全可以当名词用，作“发表”的宾语毫无问题。

可见，无论从语义还是从语法角度看，“发表致辞”的说法都没有问题。与此类似、常引起争论的还有“提出质疑”，我刊在2004年第3期《百家会诊》栏目中做过深入探讨，结论支持了这种用法，在此不赘，有兴趣的朋友可查阅。

“以往”和“已往”有区别吗

问：我是贵刊的忠实读者，对文字运用十分“痴迷”。想请教一个问题：在现代汉语中，“以往”和“已往”有区别吗，是“今天的农村跟以往大不同了”还是“今天的农村跟已往大不同了”？

——江苏　张骏鹏

答：从汉语史看，“以往”早于“已往”，前者最早见于先秦，后者最早见于晋朝。

古代汉语中“以往”相当于现代汉语中的“以后”，指“现在或说话时刻或某个特定时刻之后的时期”，指向“将来”，如“酒酣以往，高渐离击筑，荆轲和而歌于市中”（《史记·刺客列传》），“酒酣以往”显然指“酒酣之后”。

古代汉语中“已往”最早相当于现代汉语中的“以前”，指“现在或说话时刻或某一特定时刻之前的时期”，指向“过去”。如“悟已往之不谏，知来者之可追”（陶渊明《归去来辞》），“已往”与“来者”相对，显然指“过去”的时间。不过，大约自南北朝时，“已往”也可用作“以往”，相当于现代汉语中的“以后”。如“今日已往，天下定矣”（《后汉书·吕布传》），“今日已往”显然指的是“今日以后”。

可见，在古代汉语中，在表示时间时“以往”和“已往”有纠缠，它们都可以用作“以后”，但“已往”还可以用作“以前”。

在现代汉语中，“以往”在古汉语中的用法消失，不指“以后”了，转而表示“以前”。而“已往”仅保留一义，表示“以前”，其“以后”的用法也消失了。也就是说，在现代汉语中，“以往”和“已往”都表示“过去”的时间，相当于“以前”。以往，《现代汉语词典》“名从前；以前”，《现代汉语规范词典》“名以前；过去”。已往，《现代汉语词典》“名以前；从前”，《现代汉语规范词典》“名已经过去的时间”。《现代汉语词典》用“从前”“以前”两词为“以往”和“已往”释义，仅排列顺序不同。《现代汉语规范词典》似乎有意用不同的词句对“以往”“已往”进行释义，但意思也是一致的，况且所举例句完全相同，都是“～的经验”。

可见，在现代汉语中，“以往”和“已往”其实就是一组异形词，意思完全一致。不过，到目前为止，《现代汉语词典》《现代汉语规范词典》都没有承认“以往”和“已往”之间的异形词关系。国家相关部委于2001年12月发布的《第一批异形词整理表》以及中国版协校对研究委员会、中国语文报刊协会、国家语委异形词研究课题组及《咬文嚼字》编委会联合整理的《264组异形词整理表》（2003年8月发布），都没有收录这组词。我们建议相关部门对这组词进行整理。

究竟以哪个词形为推荐词形呢？下面是我们的一点想法，现提出来与大家讨论。

在表示“以前”“过去”的时间概念时，“已往”虽然早于

“以往”,似乎“资格”老一点,但从“系统性”原则考虑,推荐“以往”合理一些,因为“以前”“以后”用的都是“以”。

“彩”和“采”的区别

问: 我在一个机关办公室工作,经常和文字打交道,请问“彩”和“采”如何区别,是“神彩”还是“神采”?

——上海　张永锋

答: 采,上部是“爪”的变形,下部是“木”,会意字,表示用手从树上摘取果实,其本义是“采摘”。引申指“选用”“搜集”“挖掘”等。

上古时,采还可借指“色彩”。《书·益稷》:“以五采彰施于五色,作服。”蔡沈集传:“采者,青、黄、赤、白、黑也。”引申指“彩色的丝织品”“光彩”“纹饰”“彩头”等等。由于人的心情、精神状态的变化也常会引起面部“色彩”的变化,比如害羞脸上会泛红、生气面上会发青等,所以“采”也引申指“神态”即人的精神状态,如“神采”“风采”等。

这样一来,“采”就有了两个意义序列的含义,负担过重。为了“减负”,后来另造“彩”字分担“采”的“色彩”及其引申意义。意图非常好,表示“采摘”及其引申义用“采”,表示“色彩”及引申义用“彩”。遗憾的是,实际运用中,表示“色彩”及引申义时既有人用“采”也有人用“彩”,乱成一片。

现代汉语中,并未沿着古汉语中的路继续走,即在表示“色彩”及其引申义时全用“彩”。而是按照“形”“神”之别,让这一意义序列一分为二,即表示客观形态色彩用“彩”,如“彩云”“剪彩”“张灯结彩”“丰富多彩”“中彩”“挂彩”等等,表示主观精神状态用“采”,如“神采”“兴高采烈”“没精打采”“风采”等等。

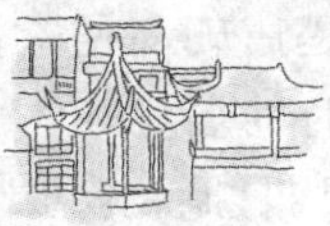

探名小札

"芒果"得名小考

◎钱　伟

芒果形美色艳，果肉细腻，香甜多汁，营养丰富，是深受人们喜爱的热带水果。

芒果的故乡在印度。印度人栽培芒果历史悠久，至今已有数千年。目前，印度是世界上最大的芒果产地，产量占世界的一半以上。芒果在印度有"国果"之称，芒果与印度的文化渊源颇深，可以说芒果的味道已经沁入印度人的血液，芒果文化已经深植于印度人的骨髓。印度流传着一种说法，在印度只有两个"季节"：季风季和芒果季，前者给印度补充水分，后者滋润印度的灵魂。

历史上第一个介绍芒果的中国人是唐朝高僧玄奘法师。不过那时的名称还不是叫"芒果"，而是叫"庵波罗果"（《大唐西域记》中有"庵波罗果，见珍于世"的记载）。这说明他是第一个看到芒果而且也可能是第一个吃到芒果的中国人。明代李时珍在《本草纲目》中说："庵罗，梵音二合者也。庵摩（波）罗，梵音三合者也。……乃果中极品，种出西域（注：古代广义的西域包括亚洲中部、西部，印度半岛），亦柰（注：苹果的一种，通称"柰子"，亦称"花红""沙果"）类也，叶似茶叶，实似北梨，五六月熟，多食亦无害。今安南诸地亦有之。"据推测，芒果的古称"庵波罗"或"庵罗"很可能是来源于印度的古梵语。在印地语（由古代梵语发展而来的现代语言，通行于印度北部）中芒果被称为"aam"，与"庵波罗"或"庵罗"音节近似。

“橘”的祖先是“枸”

◎纪南博

宋代文学家苏轼在其诗作《赠刘景文》中写道：“一年好景君须记，最是橙黄橘绿时。”作为冬季常见的水果，橘子以它甜中带酸的口感，俘获了广大消费者。橘子常与柑子一起被统称为柑橘，号称“维C之王”。橘子在广东一带特别受青睐，一个重要的原因就是“橘”的谐音“吉”，所以一向喜欢讨口彩的广东人春节之时，家家户户都会在门前摆放一大盆金橘，就是希望新的一年里“万事大吉”。

橘子原产地在中国，主要产自长江中下游和长江以南地

今天“芒果”的读音最早来源于印度南部的泰米尔语。泰米尔人习惯上称呼芒果为“ma—gay”。其中，“ma”是指芒果，“gay”是称未成熟的水果，合起来的意思是未成熟的芒果。这是因为人们为了便于储存和运输，采摘下来的都是还未成熟的青芒果。在大航海时代，欧洲人开始了对外扩张。葡萄牙航海家达·伽马率领远洋舰队，绕过非洲大陆的好望角，于1498年到达印度西岸，开始在当地传教并进行商业活动。“ma—gay”于是进入葡萄牙语，作manga，并迅速传入其他欧洲语言。如今，在几乎世界所有的语言中，芒果都是被叫作“mango”的，可以说，这是一个全球通用词。

近代时，由于受到英语的影响，mango进入汉语被译为“芒果”，取代了原先“庵波罗”或“庵罗”的拗口叫法。

区，湖南长沙湘江中著名的橘子洲就是因为历史上盛产美橘而得名。橘子在我国很早就开始栽培了，《吕氏春秋》中就有“江浦之橘、云梦之柚”的记载。

植物学家们研究，橘的祖先是枸（也称枸橼、香橼），为芸香科柑橘属植物。《诗经·小雅》中“南山有枸”，说的就是它。“枸”是形声字，“句”是声旁兼表义。句，古音“钩”，俗作勾。这个古音至今还保留在“高句丽”等词语中。其本义为弯曲，引申指“钩子”。含有这个部件的汉字大都有“弯曲、不舒展”的意思。如“佝”“狗”“拘”“苟”等等。由于这种水果树上通常生长有刺（钩），故得名“枸”。

根据音韵演变规律，现代汉语普通话中的声母 j，在上古汉语中与 g 和 z 对应。橘的声母 j 当来源于上古汉语的 g。可以推测，上古时“橘”与“枸”的读音相同或相近。正是这种读音上的关联，使“枸”成为了“橘”。据植物学家考察，除了橘，柑、橙、柠檬等柑橘类水果，都与“枸”有亲缘关系。

另一个有意思的问题是，在英语中橘被称为 mandarin，mandarin 系汉语中“满大人”的谐音，本是八国联军入侵中国时对清政府的称呼。估计当年的西方入侵者看到了稀罕的橘子，视为中国特产，索性就以“满大人”代称。

历史上橘子由中国直接传入西欧，所以在德国和荷兰被称为“中国苹果”。在东南欧的保加利亚、罗马尼亚、阿尔巴尼亚、希腊和西亚的土耳其、格鲁吉亚、伊朗等国，“橘子”和“葡萄牙”是同一个词。这是因为 15 世纪时，橘从中国传入葡萄牙，后又辗转进入那些国家，遂得名为“葡萄牙”。

追根溯源，一个小小的“橘子”里面原来隐藏着这么丰富而有趣的学问哪！

追踪荧屏

“破家纡难”？

◎李　冲

红色抗战剧《生死血符》第36集（大结局）中，兼任翻译的卫生员沈丹在送走了美国飞行员本尼达之后去见李师长，李师长对她说了这么一段话：“我觉得你应该回家看看。你的父亲呀是一位爱国绅士，他破家纡难，为抗日战争，为根据地的建设做出了重大的贡献。别忘了帮我代问你父亲好。”（字幕同步显示）其中“破家纡难”的“纡”字为“纾”之误。

有成语“毁家纾难”，源自《左传·庄公三十年》：“鬬榖於菟为令尹，自毁其家以纾楚国之难。”毁：毁坏；纾（shū）：缓解。“毁家纾难”的意思是捐出全部家产，缓解国家危难。破，也可表示毁坏的意思，因而把“毁家纾难”的“毁”字换成“破”，可以讲得通。

纡（yū，演员发的正是这个音），有弯曲（如：纡曲、萦纡）、屈抑（如：降贵纡尊）、系结（如：纡朱曳紫）等义。若把“毁（破）家纾难”的“纾”字换成“纡”，则无论“纡”字取何义，全都讲不通。

喝酒划拳中不是“五葵手”

◎高良槐

电视连续剧《渔岛怒潮》第8集中，二虎爹和四哥谈完二虎和海英党员转正的事后喝酒划拳，字幕同步显示的“五葵手”有误，应为“五魁首”。

划拳属酒文化范畴。两人同时伸出一只手，用攥起的拳头或伸屈的一到五根手指，表示零到十这些数字，手伸出的同时，嘴里喊出从零到十的数字。如果谁嘴里喊出的数字与两人伸出手表示的数字之和相符，则此人赢，另一人输，输者罚酒。喊数字，不能把一喊成一，把二喊成二……而要用一句俗语或成语，究竟用何成语或俗语各地略有区别。有些地方把零喊成“宝不露”，财不外露的意思；把一喊成“一心敬”，体现了对对方的尊重；二要喊成“哥俩好”，表示与对方的关系亲密；三喊成“三星高照”，福星、禄星、寿星高照；四要喊“四鸿喜”，古人以“久旱逢甘雨”“他乡遇故知”“洞房花烛夜”“金榜题名时”为“四喜”；五要喊“五魁首”；六喊“六六大顺”；七喊“巧到七”，意指牛郎织女七月七天河配；八则喊“八仙过海”；九喊“快喝酒”；十则喊成“满堂红”。

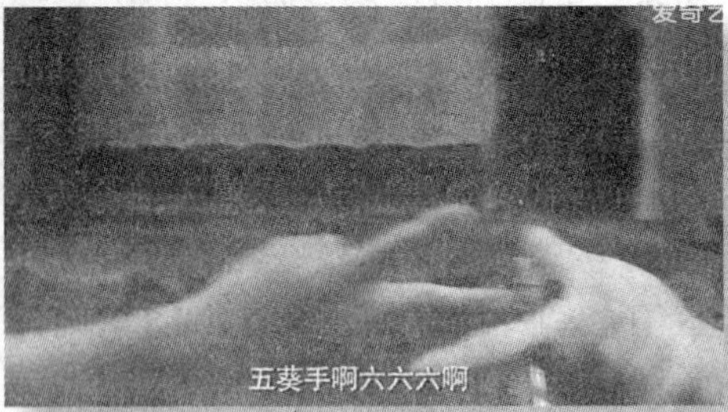

“五魁首”是什么意思呢？“五魁首”的“魁”就是首的意思。中国古代多用魁表示

不是“尽粹”，应是“尽瘁”

◎吴导民

2015 年 10 月 23 日，央视《天天把歌唱》节目中，一歌手唱一首反映敢于担当内容的歌曲《担当之歌》，他唱“身负重托时，有人鞠躬尽 cuì”时，荧屏下方打出的字幕将“鞠躬尽瘁”错成“鞠躬尽粹”了。

瘁，指劳累。“鞠躬尽瘁”形容弯下身子，恭敬、谨慎地费尽了心力，去忠诚于某一事业，以此作为人生的全部追求。它还与“死而后已”连起来用，表示“鞠躬尽瘁”直到死后才停止，且死而无悔。历史上最著名的范例，莫过于诸葛亮对蜀主的忠诚：“鞠躬尽瘁，死而后已。”

粹，指纯粹、精粹。“粹”与劳累毫不相干，怎么能说“鞠躬尽粹”呢？“瘁”与“粹”音同义异，切不可混用。

第一，如殿魁就是指殿试的第一名。明代科举制度，以《诗经》《书经》《礼记》《易经》和《春秋》等五经来录取考生。每经之首称为魁，夺得第一名为魁首。由于是五科，故曰“五魁首”。另外，同时取得各经第一名的人，也被称为五魁首。

“五魁首”自然不能写作“五葵手”。

讲不通的“如臂指使”

◎杨新磊

《雍正王朝》第40集中，弘时提出召八旗旗主进京，共同整顿旗务，“这样就能如臂指使，顺理成章了”。此处台词有谬误，“如臂指使”应为“如臂使指”。

“如臂使指”是一个成语，语本《汉书·贾谊传》：“如身之使臂，臂之使指，莫不制从。”臂膀长在身体上，手指长在臂膀上，身体指挥手臂，手臂指挥手指，自然能随心所欲。后世便用“如臂使指”比喻指挥如意。如清魏源《筹海篇》三：“欲合各国以制一国，则如臂使指。”电视剧中弘时正是要表达这个意思。

指使，义为使唤、差遣。《礼记·曲礼上》：“六十曰耆，指使。”郑玄注：“指事使人也。”“如臂指使”讲不通，汉语里也没有这个词。

《一台正在生锈的割草机》参考答案

1. 书刊杂志——书报杂志
2. 休整——修整
3. 而矣——而已
4. 罗丝——螺丝
5. 换然一新——焕然一新
6. 一如继往—— 一如既往
7. 眼花瞭乱——眼花缭乱
8. 小心意意——小心翼翼
9. 全神灌注——全神贯注
10. 奇型怪状——奇形怪状

词语春秋

“八拜”与“八拜之交”

◎陈壁耀

异姓之间结为兄弟或姐妹，民间旧时多行八拜之礼，如《京本通俗小说·冯玉梅团圆》：“当下徐信遂与刘俊卿八拜为交，置酒相待。”又《醒世恒言·李汧(qiān)公穷邸遇侠客》：“祭过了天地，又与房德八拜为交，各叙姓名。”异姓兄弟因此被称为“八拜之交”，元王实甫《西厢记》第一本第一折：“有一人姓杜，名确，字君实，与小生同郡同学，当初为八拜之交。”也省作“八拜交”，元关汉卿《救风尘》第一折：“他有个八拜交的姐姐是赵盼儿。”所以，“八拜”就是旧时异姓结拜所行之礼，结拜之后的异姓兄弟或姐妹，互相就称“八拜之交”。

但据北宋徽宗时文人邵伯温所说，这八拜之礼最初原是小辈对父辈亲朋好友所行的大礼。邵伯温在其所著《邵氏闻见录》卷十中说了一个故事：“韩魏公(韩琦)留守北京，李稷以国子博士为漕(掌漕运之官)，颇慢(轻慢)公。公不为较，待之甚礼。俄潞公(潞国公文彦博)代魏公为留守，未至，扬言云：‘李稷之父绚，我门下士也。闻稷敢慢魏公，必以父死失教至此。吾视稷犹子也，果不悛(quān，悔改)，将庭训之。’公至北京，李稷谒见，坐客次，久之，公着道服出，语之曰：‘而父吾客也，只八拜。’稷不获已，如数拜之。”

国子博士出身的李稷为人傲慢，为漕官时，对留守北京的大臣韩琦很不敬重。韩琦秉性宽厚，并不计较。但后来文彦博替代韩琦出任北京守备，还没上任就扬言说，李稷之父是我门客，听说李稷对魏公没有礼貌，一定是父亲死了缺失家教才如此的，我一定要给他点教训。所以到北京后李稷上门来拜谒，就故意让他在客厅里等候很长时间，才出来见他。见面时又很不客气地说："你父亲是我门客，你就对我拜八拜吧。"李稷因辈分低不敢造次，就向他拜了八拜。

这是见诸文献的有关"八拜"的出典。就此记载看，八拜最初似只是世家子弟谒见长辈时所施行的大礼。不知从何时开始，竟演化成了民间异姓结拜中最重要的礼节和仪式。旧时小说中，凡拜把子、认兄弟，都有行此八拜之礼的，并因此称行过八拜之礼的异姓兄弟姐妹为"八拜之交"。

谒见世家长辈或拜把子，行礼何以要多至八拜？有什么说法吗？有一种看法以为，这是就地理方位的八个方向——东、南、西、北、东南、东北、西南、西北——而言的。因为是分别对着八个方向下拜，所以就有八次，因而就称八拜。之所以要对着八个方向下拜，其用意据说是要告知天地各方的神灵，让他们都来见证。但这所谓对着八个方向下拜的说法，恐怕只是一种意念，并非真的转动着身子下拜；而让各方神灵来见证的说法，又恐怕主要是针对异姓结拜而言的。

这是一般对于行礼多至八拜的一种说法。至于称异姓结拜的兄弟姐妹为"八拜之交"，则据说又是源自拜把子者所崇敬的八种异姓之交的。

这异姓之交的第一种就是"知音之交"。说的是春秋时俞伯牙善鼓琴，而钟子期善听琴，能分辨其琴音之或"志在高山"或"志在流水"。是为知音之交。

第二种是"刎颈之交"。说的是战国时赵将廉颇，因蔺相如位居自己之上，于是扬言要羞辱他，而蔺相如则以国事为重处处避让，廉颇于是深受感动，"肉袒负荆"登门谢罪而结为刎颈之交。

第三种是“胶漆之交”。说东汉陈重和雷义两人情深意笃，有逾胶漆，乡谚因此有“胶漆自谓坚，不如雷与陈”的赞誉。是为胶漆之交。

第四种是“鸡黍之交”。说东汉范式在他乡曾与张劭相约两年后去劭家相会。届时劭设酒候之，他母亲认为两年之前又是千里之外的约定，不一定会来。张劭却坚信范式一定不会负约，范式也果然守时而至。旧时称飨客的饭菜为鸡黍，借指深厚的情谊，五代李瀚《蒙求》诗因有“陈雷胶漆，范张鸡黍”之说。是为鸡黍之交。

第五种是“舍命之交”。说春秋时羊角哀与左伯桃闻听楚王贤而结伴同往，谁知途中为雨雪所阻，而干粮已所剩无几。伯桃感到无法保全两人的生命，就毅然把衣粮并在一起给了羊角哀，自入空柳中饥寒而死。是为舍命之交。

第六种是“生死之交”。民间传说三国时刘备、关羽和张飞在桃园中祭告天地，结为异姓兄弟，不求同年同月同日生，只愿同年同月同日死。是为“生死之交”。

第七种是“管鲍之交”。说春秋时鲍叔牙与管仲相善，因深知其贤而对他分财利时多自取等行为皆“不以为言”而“终善遇之”，管仲因此感慨说“生我者父母，知我者鲍子也”。是为管鲍之交。

第八种是“忘年之交”。说汉朝祢衡还不到二十岁就显露出了非凡的才气，其时已五十岁的孔融，就不计辈分和他老幼相交。是为忘年之交。

以上便是民间异姓结拜中所特别崇尚的八种异姓之交。按此说法，则异姓结拜的所谓“八拜之交”，就是以这些古人为其榜样的。意谓凡八拜之交的兄弟姐妹，互相之间必须是感情深厚的，是志同道合的，是真诚守信的，是可以绝对信任的，也是不计辈分大小的，关键时刻更是愿意为对方舍弃一切乃至生命的。这恐怕就是“八拜之交”所应有的真髓吧。

美国和加拿大的感恩节不在同一天

◎晋 相

2015年《老同志之友》11月上刊有《感恩节的由来》一文。文中说感恩节“是美国和加拿大的传统节日”，可介绍的只是美国的感恩节，误以为美国和加拿大有同一个感恩节。其实，两国的感恩节不是同一回事，美国以11月的第四个星期四为感恩节，加拿大以10月的第二个星期一为感恩节。

上述文章介绍的是美国感恩节。1620年，一些受宗教迫害的英国清教徒乘五月花号船在大西洋上漂泊了65天到达普利茅斯，在土著人的帮助下活了下来。第二年秋天他们获得第一次丰收后，为感谢上帝，感谢那些帮了他们的土著人，定下一个日子举行感恩活动。起初，感恩节并没有固定在某一天。1863年林肯总统宣布感恩节为全国性节日。1941年，美国国会正式规定每年11月的第四个星期四为感恩节，放假两天。加上随之而来的星期六、星期日，现在美国人感恩节休假四天。

加拿大的感恩节起源约比美国早了40年。1578年英国探险家法贝瑟在纽芬兰建立了一个定居点，在那里举行了一次庆祝生存、庆祝丰收的宴会，这被视为加拿大的第一个感恩节。后来，每年秋收之后，按欧洲习俗，在某天举行庆典，

『日本官方长官』？

◎王中原

2015年10月1日《燕都晨报》B02版刊有《印尼雅加达—万隆高铁日本出局》一文，文中两次出现“日本官方长官”的说法，这无疑不对，正确的说法应该是“日本内阁官房长官”。

“内阁官房”，日文为ないかくかんぼう，英文为Cabinet Secretariat。它是日本内阁所置的行政机关，负责整理阁议（内阁会议）事项、内阁的庶务，以及对各部门的施政作出综合调整。以内阁总理大臣为主任，内阁官房长官（兼国务大臣）统括事务。内阁官房长官有时被称为“首相（内阁总理大臣）的贤内助”，每每在新首相组织内阁的时候，首先被首相任命，作为首相的左右手，而参与组阁过程。

日本内阁官房长官相当于政府秘书长，在内阁各部门进行协调沟通，并代表政府“颜面”出任发言人。首相不能行使职务5天以上时，代理首相职位，是日本内阁中首相以下最重要的阁僚位置。以内阁官房长官为领导的内阁官房直属于内阁，是日本首相的辅佐机构（相当于办公厅）。

庆祝丰收，祈祷平安，并感谢上帝、感谢大自然赐予阳光雨露。这成了加拿大感恩节的主题。1879年，加拿大定11月6日为感恩节，全国放假一天。后来有过多次变动。1957年1月31日，加拿大议会决定以每年10月的第二个星期一为感恩节，连同此前的星期日、星期六，休假三天。

近年，我国一些商家大炒感恩节，许多年轻人跟着起哄，但对感恩节的缘由一知半解。这是很遗憾的。

景泰蓝是舶来品?

◎古 辛

2015年10月28日《读者报》刊载了《景泰蓝都有哪些特点》一文,文中写道:“景泰蓝虽然是舶来品,但是在中华文化博大精深的艺术土壤里,融入中华民族的装饰风格,成为我国传统手工艺珍品中的一颗璀璨明珠。”笔者想说的是,景泰蓝并不是舶来品。

“和平尊”以中国非物质文化遗产景泰蓝工艺制成,以“中国红”为主色调,顶部龙饰象征守望和平,两侧象首、凤鸟寓意天下太平,人民安康。尊体以中国传统吉祥纹饰,辅以丝绸之路等元素,传承和平发展、交流合作的理念。尊身展翅高飞的七只和平鸽,代表联合国为世界和平奋斗的70年

景泰蓝亦称“铜胎掐丝珐琅”,中国特种工艺品之一。在铜胎上焊以铜丝掐成的各种花纹图案,填上珐琅彩釉,再经烧制、磨光、镀金或银而成。一般认为始创于明宣德年间,明景泰年间广泛流行,所用彩釉多为蓝色,习惯称为“景泰蓝”。清代以后,远销国外。品种多样,有瓶、碗、盘、烟具、台灯、糖罐、奖杯等。以北京产最著名。

叶圣陶有名篇《景泰蓝的制作》,介绍北京市手工业公司实验工厂制作景泰蓝工序。其中在介绍“点蓝”时说:“涂上的色料有好几种,不只是一种蓝

『夷稀老祖』？

◎木子

《沈阳日报》2015年10月22日第13版所刊《从〈易〉看中华文化创新基因》一文中，有这么一句："河图、洛书是什么？直至宋代，易学大师，人称夷稀老祖的陈抟泄出天机——是九宫图。"陈抟实有其人，但从未见到有人称他为"夷稀老祖"。

陈抟（？—989），五代宋初道士，字图南，自号扶摇子，相传享年118岁。后唐长兴年间（930—933）举进士不第，隐居武当山为道士，"服气辟谷"二十余载（或说也就是三五年），后移居西岳华山云台观。有《无极图》刻于华山石壁，还著有《先天图》《太极阴阳说》等。其学说对周敦颐、程颢、程颐、朱熹等宋代理学家影响甚大。陈抟一生与世无争，不贪富贵，不求禄仕，特别善睡，常一睡数日，甚至传说可以一睡多年，自称"糊里糊涂度年岁，糊涂醒来糊涂睡"，有"睡仙"之誉。在民间传说中被视为仙人，称"陈抟老祖"。宋太宗赐号"希夷"。《道德经》第十四章："视之不见名曰夷，听之不闻名曰希。"河上公注："无色曰夷，无声曰希。"老子是说"道"看不见听不到，虽然空虚寂静，不能感知，却是真实存在的。"夷稀"则无法解。

色料，为什么单叫'点蓝'呢？原来这种制作方法开头的时候，多用蓝色料，当时叫点蓝，就此叫开了（我国苏州管银器上涂色料叫发蓝，大概是同样的理由）。这种制品从明朝景泰年间十五世纪中叶开始流行，因而总名叫景泰蓝。"

2015年9月29日，国家主席习近平将景泰蓝"和平尊"当作国礼送给联合国，在全球引发了巨大反响。景泰蓝是老祖宗留下来的工艺，决不是舶来品，毋庸置疑啦！

误解“鹓雏”

◎董寅生

日前，从网上看到一篇题为《从毛泽东重读〈孙恩卢循传〉想起他对身后形势的一种推断》的文章，文中称：“毛是从国家民族的大局来考虑的，不是从个人和家族，或者仅仅是权力如何交接来思考问题的，并不如有些人无中生有地说什么有意让江青、毛远新来接班，鹓雏安知鸿鹄鲲鹏之志，那只是暴露了那些造谣的小人物内心的丑恶，丢人现眼的拙劣手法罢了。”文中以“鹓雏安知鸿鹄鲲鹏之志”来反击对毛泽东的指责，其本意是想为毛泽东辩诬，只可惜用错了典。

《庄子·秋水篇》云：“惠子相梁，庄子往见之，或谓惠子曰：‘庄子来，欲代子相。’于是惠子恐，搜于国中，三日三夜。庄子往见之，曰：‘南方有鸟，其名为鹓雏，子知之乎？夫鹓雏发于南海，而飞于北海，非梧桐不止，非练实不食，非醴泉不饮，于是鸱得腐鼠，鹓雏过之，仰而视之曰：吓。今子欲以子之梁国而吓我邪？’”惠施做了梁国的宰相，庄子前去看他，有人告诉惠子，说庄子是来夺他相位的。惠子很害怕，在国内搜寻庄子，搜了三天三夜。庄子主动上门，对惠施说：“南方有一种鸟，名曰鹓雏，它从南海展翅飞到北海，不是梧桐树不肯栖息，不是竹子的果实不肯入口，不是甜美如醴的泉水不肯饮用。当它飞过一只猫头鹰顶上时，猫头鹰正好逮到一只腐臭的老鼠，担心鹓雏夺走他的老鼠，于是仰头发出‘吓吓’的怒斥。今天你惠施也要因区区一个梁国相位而‘吓吓’我

何谓“囊囊”？应是“囊橐”！

◎浦东轩

《北京青年报》上有一篇题为《古代诗文中的“乌纱帽”》的文章说：“到了明代后，诗词中写到乌纱，则以之代指官职，赋予了它特定的意义，例如：乌纱掷去不为官，囊囊萧萧两袖寒。”其中“囊囊”乃是“囊橐”之误。

上引两句诗出自郑板桥《予告归里，画竹别潍县绅士民》诗。乾隆十八年，山东大旱，时任潍县县令的郑板桥请求赈灾济民，却得罪了上司，他愤而决定弃官归里。临行，潍县士绅、百姓盛情挽留。郑板桥心情难平，当即画了一幅竹子留赠，并题诗其上：“乌纱掷去不为官，囊橐萧萧两袖寒。写取一枝清瘦竹，秋风江上作渔竿。”囊橐（nángtuó），口袋。出于《诗经·大雅·公刘》：“乃裹糇粮，于橐于囊。”毛传：“小曰橐，大曰囊。”“囊橐萧萧两袖寒”意即口袋空空，两袖清风，言郑板桥自甘清贫。

吗？”庄子自比鹓雏，将惠子比作鸱，视梁国相位犹如腐鼠。后世遂常用鹓雏比方志向高洁之士，而将猜忌君子的利禄之徒视如贪食腐鼠的鸱。唐朝诗人李商隐《安定城楼》中即用了这一典故：“迢递高城百尺楼，绿杨枝外尽汀洲。贾生年少虚垂涕，王粲春来更远游。永忆江湖归白发，欲回天地入扁舟。不知腐鼠成滋味，猜意鹓雏竟未休。”

可知从古到今，鹓雏都被人们当作清高绝俗的象征。上文作者可能是想用《史记·陈涉世家》中“燕雀安知鸿鹄之志”典，但记忆有误，跑偏了。

"凹子"不能打月饼

◎解志维

2015年9月28日《栾城报道》副刊发表一篇文章，题目是《月圆花好是中秋》。文中有这样一段描述："紧接着，在烧好的铁凹子里抹上少许油，放入月饼，盖好盖子，不多会儿，缕缕月饼香便随着母亲的不停翻动，在院子里飘荡开来。"这里不禁要问，"凹子"是什么，能打月饼吗？

凹，一读音āo，表示低于周围，跟"凸"相对。如凹地、凹陷。它与打月饼用的炊具毫无关系。那么，什么样的炊具才能打月饼呢？原来它的名字是"鏊子"。鏊(ào)子，烙饼用的铁制炊具，圆形，平底，中间稍隆起。

"打月饼"是旧时制作月饼的一道工序。将月饼馅煮好后包上皮，放进模具中定型。由于月饼与模具粘得很紧，所以要敲打模具使月饼掉出来。这一过程就叫"打月饼"。打月饼之后，就将月饼放入鏊子上烙熟。后来，人们又用"打月饼"代指制作月饼的整个过程。

鏊　子

网语漫谈

今天你被『安利』了吗

◎徐瑞

“这个软件超好用，我要安利你这款 app。”“他是我男神，我要安利你他的演唱会。”“《琅琊榜》拍得不错，我要安利你这部电视剧。”……面对诸多殷勤的“安利”，想必你也会感到眼花缭乱吧。然而，“安利”到底是个什么词？为什么明明是推荐却被说成是“安利”呢？

安利本是一家全球知名的消费品公司，1995年进入中国。但特殊的营销模式使其一度深陷传销风波。2006年安利获得了中国大陆合法的直销牌照并随后成功推出以保健品为主的系列产品。由于其密集的多层直销模式与大量一线销售人员的布局，人们身边难免会有个朋友就是卖安利的，逢人他们总会问上一句：“你要买安利吗？”这样一种不断重复的推销使得“安利”一进入网络环境便引起了巨大的反响。网友们对这样密集的商业推销模式颇为反感，无法忍受的同时却注意到了推销人员不厌其烦、强烈推荐的过程。于是基于推销环节与整个品牌的关联性，网友们便用“安利”调侃性地比喻“强烈推荐”这一行为，使得“安利”具有了动词的用法。

正本清源，动词“安利”就是动词“推荐”的代替品，它们的基本意义与用法几乎就是一致的。可强大的“安利”不但承包了“推荐”具有的所有功能，还扮演了三个特别的角色：

首先“安利”是个“讨厌”的狠角色。安利特殊的直销模式需要业务员们对客户进行密集的推销，整个过程颇有死缠烂打的意味。而且，业务员们发展下线时也会不惜“坑害”熟人，甚至直接拿亲友下手。这样一些特征就被动词“安利”保留了。一方面，“安利”的推荐度远远大于“推荐”，可谓是苦口婆心；另一方面，“安利”总会面向相熟的群体进行，温柔地强迫他们接受“安利”的事物。或许最早，安利公司只是“安利”自家的产品。但是现今，只要是能被推荐或分享的事物，网友就可以用来“安利”。小到一颗诱人的糖果，大到一家舒适的度假酒店，各式各样的“安利”就像夏天的蚊群一样“挥之不去”。

其次“安利”是种充满期待的游戏。安利销售者们密集的推销当然是为了成功卖出产品并获得销售提成。而平常生活中的推荐活动却并没有太强的功利性，你并不能因为推荐了一部剧而获得金钱回报。但是，当“安利”代替“推荐”时则放大了推荐者对推荐成功的期待值。“让我安利你这家餐厅吧！”倘若你欣然接受了我推荐的餐厅，就能和我达成共识，让我很开心地获得满足感。于是，大家在“安利”的时候就更像是在完成一场场发自内心的“销售任务”，热衷于满足感的获取。只要任务完成就能锁定成就，“安利得利”也就像游戏一样有趣。

最后它还是个应景的搞笑玩偶。大家的确是受够了讨厌的安利，网友们甚至总结了一条直击安利的“万能回复”：“挺好没钱爱过不买安利。”可见，大家对安利的洗脑销售已经从厌恶到了后怕的程度，不再愿意被它骚扰。不过，自从动词“安利”出现，咱们就翻身得解放了！现在，我们可以自己去“安利”别人了，而且想“安利”什么就“安利”什么。不管是微博还是朋友圈，只需要一个转发就可以实现“安利”。这种突如其来的控制权一反从前总被安利推销员主宰的局面。网友们又怎么会放弃这个把玩“安利”的好机会呢？况且，每个转发不正是再分享的过程吗？这也恰好契合了安利的传播模式。由此，使用动词化的安利就变得具有了戏剧化的反讽效果，还具有了调侃的意味，十分有趣。

主要看气质

◎徐默凡

"主要看气质"在2015年底突然蹿红。起因是一位台湾女歌手为了配合新专辑的发行，在微博上发布了一张吃汉堡的宣传照，一改以往的甜美线路而带有大量搞怪元素。于是网友纷纷留言评论，其中一个"主要是气质"的留言获得了大量赞同，认为即使是搞怪照片也难掩该歌手的独特气质，于是被大量转发。短时间内，大批网友也开始在微博跟风晒图，显示自己的独特气质，"主要看气质"的话题迅速登顶搜索榜。

此后，一个点名游戏把该话题带到了微信朋友圈。所谓点名游戏，就是在微信朋友圈中发布一个游戏，点名要求朋友接龙参与。该游戏规则如下：游戏者先发出一张自己的照片，把标题设为"主要看气质"，如果有朋友点赞或者回复，就算中招了，游戏者会把游戏规则告诉他：要么在朋友圈接着发"主要看气质"的照片，要么给游戏者发5.21元红包。这个游戏取得了类似病毒传播的几何级效应，一时间，几乎所有微信用户都被刷屏了，满眼都是自拍照片，"主要看气质"也迅速成为2015年末的超级流行语。

观察这些照片，可以发现两种类型，一种是美照，帅哥靓女型的，有些确实风度翩翩、气

面对这样一个程度深刻、意义丰富而且幽默好玩的词，难道你还会拒绝使用它吗？神奇的"安利"就这样从一个品牌演化为一个指代强烈推荐的动词，使大家纷纷参与到"安利"的大军中。网聊世界中的"安利"让网友们反客为主，获得了令人欲罢不能的游戏快感。这不，我也"安利"上瘾了。刚刚读完这篇文章的您，恰好被我"安利"了一回。

质不凡；另一种则是搞怪照，各种尴尬表情或古怪动作，所谓的“气质”在这里变成了恶搞和自嘲的对象。在过分追求“颜值”的网络世界中，“气质”本来就不是一个很正面的词语，比如有一个段子：“要学会夸女人漂亮，如果她不漂亮就夸她可爱，如果她既不漂亮也不可爱就夸她有气质。”在这里，“有气质”变成了比“漂亮”和“可爱”等而下之的特征，地位可见一斑。在这样的网络环境中，“主要看气质”很快变成一场晒丑照大赛，看谁更丑，看谁更怪。与照片的变化同时，“主要看气质”也成了一句意义不断变化的流行语：从一开始励志型的用法，如“穿什么不重要，主要看气质”；到自嘲型的用法，如“丑得只能靠气质来撑了，主要看气质”；最后成了到处泛滥的套话，如“4点钟起床，不是看课本，主要看气质”。

晒照游戏还方兴未艾，一个“新梗”又来助兴，机智的网友把“主要看气质”翻译为“God Wants To Check The Air Quality”，这是对原话的刻意曲解，即“主(上帝)要看(检测)气(大气)质(质量)”。既有语言上的别解修辞，又暗扣当下雾霾频发的社会现实，丝丝入扣，令人叫绝。这一翻译神作立刻又引发了新一轮转发热潮，为“主要看气质”的流行推波助澜。

纵观“主要看气质”的流行过程，可以发现这简直是网络流行语的一个教科书式案例：肇源于一个网络事件，然后经由微博、微信社交媒体的病毒式传播一夜走红，由于其含义与社会心理暗合，于是大众群起跟风。随着使用频率的增加，话语本身的含义不断泛化，于是又得到更频繁的套用，如此循环往复很快变成一个无所不在的超级流行语。

《咬文嚼字》已将“主要看气质”收入2015年十大流行语，试图对此语做正面引导，让其语义回归初始：不要太看重外表，气质才是决定因素。如真能如愿，功莫大焉。

谈联说谜

灯谜中的“承上启下”

◎江更生

通常我们遇到的灯谜，不管它是什么体裁，一般都是就谜面的文字去猜底。唯独有一种“承上启下”的灯谜与众不同，它须有谜面引出后文，联想下句之意才能旗开得胜。倘若不懂得这个诀窍，硬是就面论面，纵然绞尽脑汁，搜遍枯肠，也是白搭。

这类灯谜有个明显的特征，那就是谜面往往“话到舌头留半句”，多半用现成的诗词文句，或是歇后语，多字格成语，而且只写了诗文的上半句或这些熟语的一部分，落下的部分该由猜者去琢磨了。举个例子：

春色满园关不住（打《水浒》人物诨号二）

谜面为宋代诗人叶绍翁《游园不值》中的名句，它的下句为：一枝红杏出墙来。一枝杏花毫无遮拦地开于南墙外，谜底的信息就从下句透出，原来是：一枝花，没遮拦（分别为梁山好汉蔡庆和穆弘的绰号）。如果不用“承上启下法”去思考，是很难中的的。

也有用熟语等作为谜面的，如：

山中无老虎（打茶叶品名一）

谜面用的是歇后语，它藏尾露头，我们可承上启下从它隐去的“歇后”部分中去探索底蕴。大家知道这条歇后语完整的时候应该是：山中无老虎——猴子称大王。“猴子称大王”也就是猴子为魁首的意思，所以谜底是：“猴魁”。

猜这类灯谜，要求猜者具备一定的古典文学知识，能够一见上句，即可对出下句，这样才可“启下”自如，扣出谜底。

『孙道临』的灯谜

◎刘茂业

著名配音艺术家刘广宁在一篇怀念孙道临的文章《道临大哥哥》(刊载于《新民晚报》)中,提到一个灯谜:“我还把以前在《新民晚报》上看到的一则谜面为‘爷爷我来了’(打一电影演员名),谜底为‘孙道临’的谜语在闲谈中告诉了老孙。”这条谜作为沪上谜家在“文革”前所创制。其谜面似一孙儿向祖辈前来报到的口吻,谜底将“孙道临”的姓名进行了别解,“孙”由姓氏解释成“孙辈”,“道”解释成“说话”,“临”解释成“来到”,颇有谜趣。

谜底是电影表演艺术家“孙道临”的灯谜还有不少,再看几例。比如谜面用模拟公交报站语“中山路到了”,也可猜之。这条谜采用“分扣法”(谜底与谜面分别一一对应相扣),“孙”对应谜面上的“中山”(以“孙中山”借代),“道”对应“路”,“临”对应“到了”,丝丝入扣。更绝的是,有人将《西游记》第七回《八卦炉中逃大圣　五行山下定心猿》中的经典桥段成谜:齐天大圣孙悟空自以为一筋斗能翻十万八千里,可逃脱如来佛祖的手掌,他在天尽头的一个“柱子”上题写了“齐天大圣到此一游”,怎料此“柱子”却是如来的一根手指所化。借孙悟空上面的这句题词为谜面,就可猜“孙道临”,这里的“孙”借代作“孙悟空”了。以古典名著故事来入谜,更别有一番趣味。

每月二谜

1. 斩草除根(打二字政要简称一)
2. 免费“一日游”(打唐代诗人别称一)

上期答案

1. 国人之典范(打二字书法名词一)
   谜底:中楷(注:别解为“中国人的楷模”)
2. 莘莘学子彬彬有礼(打四字新词语一)
   谜底:生态文明(注:生态,别解为“学生的态度”)

编者按

本刊编委、上海师范大学教授何伟渔先生，从事现代汉语教学和研究工作近六十年，一直关注各类语言现象，先后在《咬文嚼字》《语文学习》《语文建设》等杂志发表语文小品文数百篇。去年11月上海教育出版社出版的《语言小品》就是由这些文章精编而成。

本栏所刊文章，皆选自《语言小品》。何伟渔教授思维缜密，表达流畅，通过对不同时代流行语的分析，形象地展示了生活百态和社会变迁，相信你读后一定会有所感有所悟。

关于"以上、以下""以前、以后"

◎何伟渔

这是一个老话题了，使用"以上、以下""以前、以后"一类词，往往出现界限不清的纠葛。与此相关的还有"以内、以外""以东、以西、以南、以北""以远、以近"等。

记得在1950年代，上海的公交车("公交车"是后来才有的"新"名词，当时分别称为"公共汽车"和"电车")上有一条规定："……每位乘客可免费携带身高1公尺2以下的儿童1人。1公尺2以上的一律全票。"有人问：身高正好1公尺2的儿童要不要买票？从乘车实践来看，似乎不成问题，因为售票员总是"从宽"处理的。但是，从道理上讲，确实有问题，问题在于“……以上”和“……以下”包括不包括底数，没有统一的明确的规范。如果包括，两者都包括；如果不包括，两者都不包括。不管采取哪一种办法，正好1公尺2的儿童该不该买票的问题，总是找不到答案的，总是“无所适从”的。

类似的情况，我们常常遇到：

“我校在职教师中，35岁以下的青年教师有75名，35岁以上的中年教师只有28名。”——“35岁的”算青年还是中年？

“1号窗口售南京以远各站火车票，2号窗口售南京以近各站火车票。”——哪个窗口售“南京站”火车票？

“三天以内必须给我答复。”——“今天”（说话的当天）是否包括在三天之中？

当然，也存在另一种情况，同样采用这类说法的，有时倒是明明白白的（其中必定有某种原因）：

“60分以上为及格，60分以下为不及格。”——因为早已约定俗成，刚好60分的肯定属于及格，没有人怀疑或误解。

“黄河以北地区以面粉为主食，黄河以南地区以大米为主食。”——因为“黄河”不是“地区”，“黄河以北”“黄河以南”用在这儿，自然不包括“黄河”在内，不会产生歧义。

“本次大赛只评选前10名，10名以外则发给鼓励奖。”——因为前一句限定了范围，“10名以外”毫无疑问地不包含第10名。

尽管如此，“以……”类词语的使用，至今还常常会引起歧解，这是不争的事实。

《劳动报》1997年10月8日转载《武汉晚报》的一则新闻，说1997年高考语文文学常识试题中出现了常识性错误。试卷的第9题（选择题）的题干是“下列有关文学常识的表述，错误的一项是”，下边有ABCD四个选择项。根据“答案”，错误的一项是C。但是武汉的几位语文特级教师指出：A项也是错误的。原题的A项是这样表述的：“韩愈、柳宗元是唐代古文运动的倡导者，他们主张废弃六朝以后华而不实的骈俪文而创作内容充实、形式自由的散文。”试题中写的是“六朝以后”，而人民教育出版社的高中语文课本第六册写的是“六朝以来”。因一字之差，两个时间概念就不一样：“六朝以来”包括“六朝”，“六朝以后”不包括“六朝”。而文学史上的客观事实是包括“六朝”的，因此课本的提法正确，试题的提法错误。武汉的老师们说，试卷上这一差错，使得优秀的考生面对 A、C 两个选择项感到左右为难。

这个批评完全在理。不过，我们还可以换一个角度来说，试题并不错。症结所在正是上文所说的“以……”类词语的使用并没有统一的规范。你说“六朝以后”不包括“六朝”，我说“六朝以后”包括“六朝”，公理婆理都有理。若承认后者，“六朝以后”与“六朝以来”岂不是“同义”了吗？试题何错之有？

需要申明的是，我们这样说，丝毫没有为试卷的命题者（以及校对者）辩护的意思。可以肯定，这道试题是有缺陷的，不妥当的。因为，一来，试题的语言必须十分明确，不应该模棱两可，有歧义的；二来，知识性的试题要尽可能跟课本上的提法保持一致。

这个小小的事件，充其量只能说高考试卷中有“瑕疵”（见《劳动报》的新闻标题），但受影响的考生却已经是数以万计了。由此可见，“以……”类词语的规范问题应当引起人们密切关注和充分重视了。

1950 年代以来，语言学界也曾提出过一些解决办法，有人主张“××以……”一律包括“××”在内，有人提倡“××以……”一概不包括“××”在内。平心而论，这两种办法，取任何一种，都是可行的。但是语言这东西，自有其特殊性：不是谁“说了算”的，一定要“约定俗成”。对于这类问题，即使是最有权威的机构（比如政府机构——国家语委，比如学术机构——国家级的语言文字应用研究所)站出来说话,恐怕也不一定见效。

如此说来,我们对于“以……”类词语的规范问题,是不是无能为力了呢?是不是只好听之任之了呢?否。

“以……”类词语是现代汉语中十分常用的词语群,谁也不可能避而不用。行之有效的办法是使用的时候,尽可能把话说得周全些,避免有两可的解释。以下列举若干可供选择的表达形式:

第一组,两项并提:35岁以上的……不满35岁的……|35岁以下的……超过35岁的……

第二组,只提一项:35岁和35岁以上的|35岁以上(含35岁)的|35岁以上(不含35岁)的。

第三组,干脆不用“以……”:满35周岁的|超过35周岁的|不满35周岁的。

第四组,其他。比如用“以来”(“以还”)。“××以来”是必定包括“××”在内的,没有歧义。所以,上述试题中,用“六朝以来”无疑比“六朝以后”确切。

此外,使用“以……”类词语,凡涉及时间概念的,时间的单位越小,产生歧义的可能性也越小。试比较:1997年以后|1997年7月以后|1997年7月1日以后|1997年7月1日零时以后。最后一项产生歧义的可能几乎等于零。

(《语文学习》1998年第1期)

网言网语·健康

正能量产生“正作用”,负能量产生“副作用”。面对疾病,正能量是最有效的药。平和、自信、乐观,是人体的正能量;恐惧、悲哀、沮丧,是人体的负能量。疾病最怕的是前者,最喜欢的是后者。

(崔国胜/辑)

从“亲爱的”的泛用到“亲”的超泛用

◎何伟渔

“亲爱的”是现代汉语的常用词，可以用作形容词，也可以用作名词。主要用于三种称呼语：一是夫妻之间、恋人之间；二是亲属之间，如“亲爱的奶奶”“亲爱的女儿”“亲爱的姐姐”；三是亲戚之间，如“亲爱的姑姑”“亲爱的小外甥”“亲爱的干妈”。按照中国传统习俗，这些称呼语通常都出现在书面语言（比如书信等），较少出现在口头语言。即使夫妻之间，绝大多数人都不习惯当面直呼“亲爱的”。口头称呼“亲爱的”，好像只有在汉语翻译的外国影片、电视片中才常常听得到，中国话剧中偶尔也会有。

究其原因，这个“亲爱的”并非古代汉语固有的词，它应该是一百年前为了翻译西方语言而“新”造的词，它大体上跟英语的 dear 和 darling 相对应。不过，“亲爱的”的使用范围要比 dear、darling 狭窄。在英语中，称“亲爱的朋友”“亲爱的先生”，是极其平常的，而汉语书面语中若称“亲爱的先生”，有时会带有一点讽刺或取笑的意味。在中国，把教师称作“亲爱的老师”大概只限于儿童和少年，高中生、大学生则往往改称“敬爱的老师”了。

但是，近年来汉语的“亲爱的”变了，大大地变了，它的用途比以往宽泛得多了。

2007 年秋天，因为参与一项临时性工作，我与一位资深的小学语文教师共事两天。休息时，她说：“在我们办公室里，平常都不称王老师、李老师了，而是互称‘亲爱的’……”这番话让我这个退休十来年的老教师大吃一惊，却又大开眼界。诚然，互称“亲爱的”主要流行于女教师之间。不过，据说中老年女教师对年轻男教师也会毫无顾忌地面称“亲爱的”。这个事实至少反映了该小学的教研组或年级组富有凝聚力和亲和力，同事之间亲如一家，十分团结，十分和谐。

后来我把这“新鲜事”告诉身边的年轻人，他们反倒说我少见多怪，这种语言现象已经不稀罕了。果然，在前不久热播的电视连续剧《漂亮主妇》中得到了印证。该剧以四位主妇闺蜜的生活为核心，展现了当今社会中年夫妇间的种种家庭问题。剧中，四位闺蜜无话不谈，相互之间就常以“亲爱的”相称。由此可见一斑。

这就是“亲爱的”的泛用。但有一点可以肯定，这些互称“亲爱的”的人，同事也好，闺蜜也好，毕竟是以亲密无间为前提的。2011 年，“亲爱的”进一步由三个字紧缩为一个字：“亲”。这个“亲”，真是匪夷所思，从它诞生之日起，就可以用于陌生人身上——没有一点“亲”的基础。岂不是超泛用了吗？

据说，这个“亲”最早的源头是淘宝网交易中卖家对买家的称呼。“亲，快来抢购哦！”“亲，包邮啦！”一口一个“亲”。来而不往，非礼也。于是，买家对卖家也称起“亲”来了，其实，买家与卖家根本不认识，可是你一个“亲”，我一个“亲”，无形之中拉近了距离，驱散了陌生感，营造出一种亲亲热热的交易氛围。第一个创造性地使用“亲”的人，真是聪明啊！

如今，在网络上，“亲”和“亲们”迅速传播，遍地开花。不仅对人可以称“亲”，甚至对物也可以称“亲”。比如，新版《水浒传》电视剧第一集中，观众看到了一片金灿灿的玉米地。宋朝哪来玉米啊？玉米从美洲传到中国，那是明朝的事儿。好家伙，穿越了几百年！一位网友惊叹：“亲，原来你早已在这里！”

“亲”的超泛用，有利也有弊。

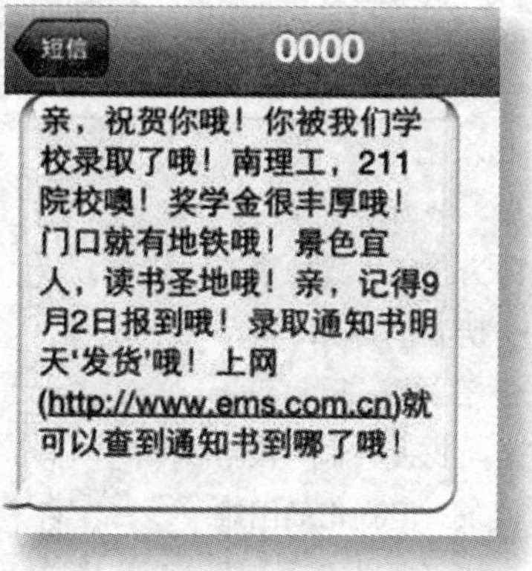

南京理工大学2011年高考录取短信

今年高考之后，南京理工大学的一则录取短信用了许多“亲”：“亲，祝贺你哦！你被我们学校录取了哦……亲，记得9月2日报到哦！录取通知书明天‘发货’哦……亲，全5分哦！给好评哦！”大学考生都是年轻人，遇到录取的大好事，又听到如此亲切的称呼，应当会乐于接受“亲”啊“亲”的。

但是，据《法制日报》2011年7月22日报道，某地公安局对逃犯发布的“通缉令”也用“亲”来称呼，那就不妥了。“亲，被通缉的逃犯们……‘清网行动’大优惠开始啦！亲，现在拨打24小时客服热线……或110，就可以预订‘包运输、包食宿、包就医’优惠套餐……亲，告别日日逃、分分慌、秒秒惊的痛苦吧，赶紧预订喔！”通缉令乃是国家法律文书，务必符合文体和格式的规范，务必保持不可或缺的严肃性。怎能如此随意和搞笑？

“亲爱的”的泛用和“亲”的超泛用，是适应社会交际的需要，是汉语发展中的新气象。一方面，我们应当欢迎，应当以宽容的心态去接纳，不能一笔抹杀。另一方面，我们又不可滥用，一定要慎用“亲爱的”和“亲”，要正确地使用，要用得恰如其分、恰到好处。

（《语文学习》2011年第12期）

《火眼金睛》提示

图1，“构杞”应为“枸杞”。
图2，“雨水”应为“鱼水”。
图3，“手杆面”应为“手擀面”。
图4，“尽请”应为“敬请”。

一台正在生锈的割草机

（文中有十处差错，你能找出来吗？答案在本期找）

◎宛丘 设计

向你挑战

人们自己动手做事的热情一直很高，都想尽量摆脱对专业人员的依赖。出版单位出版了无数教人自己动手做事的书刊杂志，人们学会自己动手做事的本领，也并不是一件很困难的事。

男人们常利用空闲时间组装电脑，休整花园，甚至粉刷墙壁，安装地板，似乎无所不能。女人们常常认为自己的丈夫聪明能干，是天生的电工、水管工甚至油漆工、木匠。灯管烧坏、下水道堵塞、吸尘器不动、电视机出故障时，妻子们总认为丈夫有办法，什么都能解决。

但事实是，并非人人都是能工巧匠。

我家的割草机坏了，我认为小事一桩，自己能修好。一个星期六的下午，我把割草机搬到花园里，仔细检查了一番。我觉得没有什么大问题，只是某些地方松了而矣，这儿紧紧罗丝，那儿固定一下线路，就会换然一新，完好如初。事实上，远不是那么简单。经过一番摆弄，割草机还是静静地躺着，一如继往，一动不动。

我决定把它拆开。一会儿工夫，割草机便被拆成一个个金属零件，乱七八糟地堆在花园里。我却非常高兴，因为我很快找到了毛病所在。原来，驱动轮子的链条断了一节。我去买来一根新链条。但真正的困难是如何把这些令人眼花瞭乱的零件重新组装起来。我小心意意，全神灌注，不敢有丝毫马虎，但组装完毕后，割草机仍然一动不动。对此，我倒并不感到吃惊。原因很简单，因为还剩下几个奇型怪状的零件，哪里也装不上去。我无可奈何，只好作罢。

几个星期过去了，草疯长了起来。妻子喋喋不休，让我想点办法。但我不想认输，不想承认修不好了，否则会被她看不起。我告诉妻子，不要着急，过两天一定能修好。不用说，现在我家已被深草包围。草丛中的某个角落，有一台正在生锈的割草机。

看图说话

错误百出的《孝顺决》

吴 铭

右图摄于广西某小学校园内，是该校“感恩教育”宣传招贴中的一幅。不看不知道，一看吓一跳。且容我一一道来。

“孝顺决”当为“孝顺诀”。决，义项有：排除阻塞物，疏通水道；作出判断；分出最后胜负等。诀，把事物的主要内容或某些知识编成顺口、易记的语句。如：口诀；要诀。“孝顺诀”就是宣传孝顺之道的要诀或歌诀。“决”“诀”音同形近，但含义迥异。

“嚅育”无解。嚅，读rú，细语貌，如：嚅嚅（小声地自言自语）。“嚅育”闻所未闻，显然改成“哺育”之类的词才通。

“为人予女要孝顺”和“父予原是骨肉情”中的“予”均为“子”之误。“养育之恩白图报”和“望子成龙白费心”中的“白”似乎均是“自”之误；也有人认为，两句连起来看，前一句的“白”改成“不”也可通。

此外，“家贫才能出孝子”之论也不妥。难道“富家子弟”就不能成为孝子？

以“教育”为目的的宣传招贴中，竟然出现了如此多的问题，“教育”的目的如何能达到？

火眼金睛

图中差错知多少?

钟 姗 宋来鹏 谢若亮 黄 海 提供

（答案在本期找）

ISSN 1009-2390
9 771009 239166 01

YAOWEN-JIAOZI

咬文嚼字®

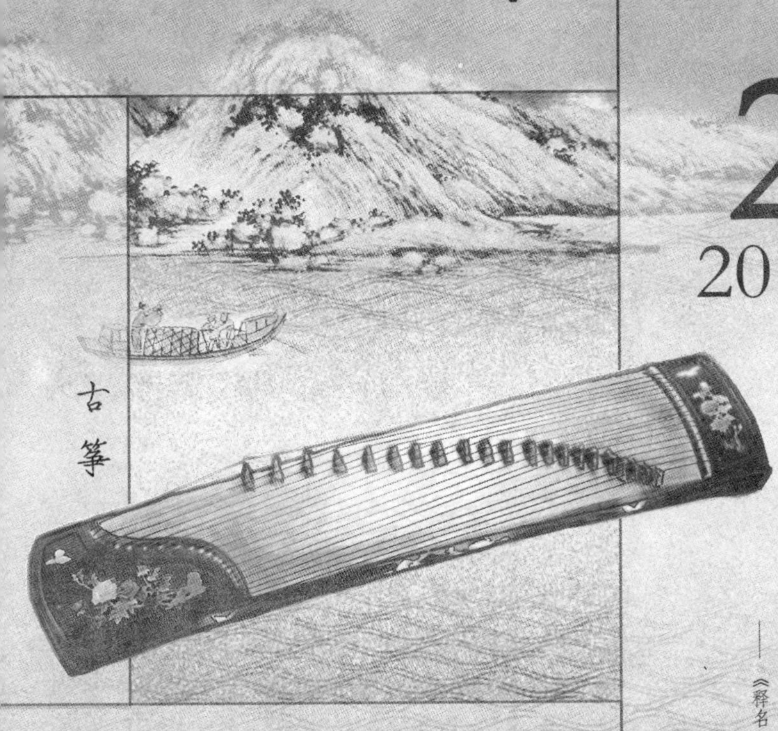

2
2016

「筝，施弦高急，筝筝然也。」

——《释名·卷二十二》

迎至邮局订阅本刊 邮发代号4-641
内统一刊号 CN 31-1801/G
价：5.00元

上海世纪出版集团

雾里看花

“清油机”是什么

沈新春

2015年12月20日，央视新闻频道播出《每周质量报告——企标》。在说到洗涤剂的去污原理时，随着专家的分析讲解，字幕中出现了“清油机”字样。“清油机”是什么？是一种清理油污的厨具吗？猜猜看，答案见本期。

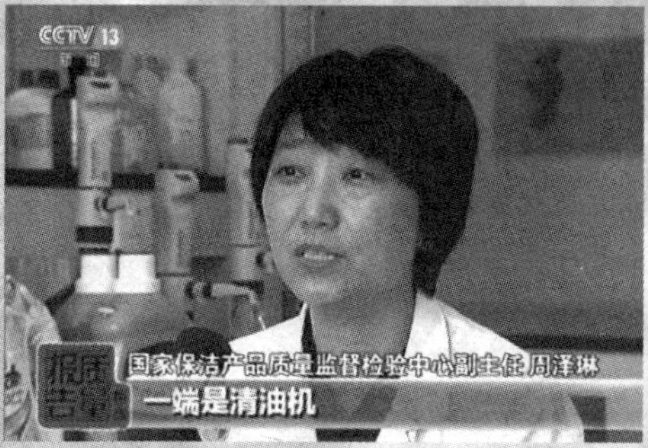

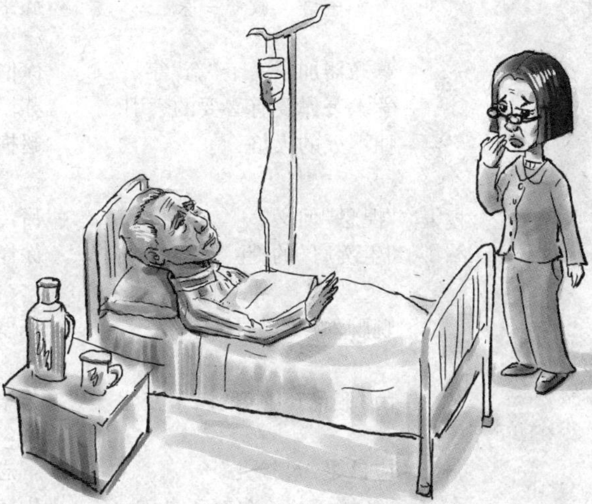

绝美的遗言

严　君／文　何梦笔／画

夏衍先生是著名的文学、电影、戏剧作家。临终前，他感到十分难受，秘书赶紧说："我去叫大夫。"谁知，秘书还没动身，就听到老人极其艰难地说道："不是'叫'，是'请'。"说罢，便昏迷过去，再也没有醒来。这句话成了夏衍先生最后的遗言！

咬文嚼字®

2016年2月1日出版

2

总第254期

主管：上海世纪出版集团
主办：上海咬文嚼字文化传播有限公司
编辑、出版：《咬文嚼字》杂志社
集团网站：http://www.shwenyi.com
E-mail：yaowenjiaozi2 @ 163.com
官方微博：
http://weibo.com/yaowenjiaozish
电话传真：021-64330669
发行电话：021-60878388
邮购电话：021-60878392
地址：上海市打浦路443号荣科大厦17楼
邮政编码：200023
发行：上海市报刊发行局
发行范围：国内外公开
订阅处：全国各地邮局
邮发代号：4-641
ISSN 1009-2390
CN 31-1801 / G
印刷：江苏太仓印刷厂有限公司
广告经营许可证：沪工商广字
3100320050020 号
定价：5.00 元

年度盘点

2015年十大语文差错

《咬文嚼字》编辑部

（2015年12月）

一、诺贝尔奖报道中的用字错误："生理学或医学奖"误为"生理学和医学奖"。

2015年10月，屠呦呦因发现青蒿素获"诺贝尔生理学或医学奖"，但一些媒体在报道新闻时误"或"为"和"，把奖项名称说成"诺贝尔生理学和医学奖"。诺贝尔奖在1900年创立，初设物理学、化学、生理学或医学、文学、和平五个奖项。1968年，增设"瑞典国家银行纪念诺贝尔经济科学奖"，习称诺贝尔经济学奖。生理学和医学是两门有着密切联系但并不相同的学科，只要在其中一个领域获得杰出成就，便有获奖资格。因此，奖项名称两个学科之间用表示选择关系的"或"字连接。如果用表示并列关系的"和"连接，意思则可能成为需要在生理学和医学上同时取得建树才有获奖资格。这显然不符合该奖项的设置本意。该奖项的英文名称，两个学科间用的连接词也是表示选择关系的"or"，而非表示并列关系的"and"。

二、"九三"阅兵式报道中的概念错误："抗战胜利纪念日"误为"日本投降日"。

2015年9月3日，天安门广场举行"纪念中国人民抗日战争暨世界反法西斯战争胜利70周年阅兵式"。有媒体在报道新闻时，把1945年9月3日说成"日本投降日"。这个说法有误。1945年8月15日，日本宣布无条件投降。9月2日，日本在投降书上正式签字，中国抗日战争及第二次世界大战结束。这两个日子都和日本投降直接有关。2014 年 2 月，十二届全国人大常委会第七次会议表决通过，确定每年 9 月 3 日为中国人民抗日战争胜利纪念日。这和“日本投降日”是不同的概念。

三、“抗战”纪念活动中的用字错误：“罄竹难书”误为“磬竹难书”。

2015 年是中国人民抗日战争暨世界反法西斯战争胜利 70 周年，各地纷纷举办形式多样的纪念活动。在回忆抗战历史、控诉日本军国主义暴行的报道中，“罄竹难书”常被误成“磬竹难书”，如“日军暴行磬竹难书”“日本军国主义罪恶磬竹难书”。“罄”本指（器皿）空，引申指用尽；古人用竹简书写，“罄竹难书”意思是把竹子用完了也难以写完，形容事实多得不可胜数。而“磬”是古代一种打击乐器，形状像曲尺，用玉、石制成。误“罄”为“磬”和字形相似有关。

四、APEC 会议报道中的概念错误：“亚太经合组织成员”误为“亚太经合组织成员国”。

2015 年亚太经济合作组织（APEC）峰会在菲律宾马尼拉召开，一些媒体在报道会议出席情况时出现了“亚太经合组织成员国”的说法。这是经不起推敲的。亚太经济合作组织，是亚洲及太平洋地区的经济合作组织，1989 年 11 月成立。1991 年 11 月，中国以主权国家身份，中国台北和香港（1997 年 7 月 1 日起改为“中国香港”）以地区经济体名义，加入亚太经合组织。亚太经济合作组织现在共有 21 个正式成员，其中既有主权国家，也有地区经济体。“成员”和“成员国”不能混为一谈。

五、“反腐倡廉”新闻报道中的文字错误：“严惩不贷”误为“严惩不怠”。

2015 年反腐倡廉仍在深入开展，“严惩不贷”是媒体的高频用词，但常被误成“严惩不怠”。网络上还有“严惩不殆”“严惩不待”等多种错误写法。这都和没有正确理解“贷”字的字义有关。“贷”义为宽恕；“严惩不贷”指严厉惩罚，决不宽恕。“严惩”和“不贷”在逻辑上是前后呼应的。“怠”本义为轻慢，引申指懒惰、松懈等；误为“严惩不怠”有点前言不搭后语。

六、《通用规范汉字表》公布后的常见用字错误：“勠力同心”误为“戮力同心”。

用10年时间研制而成的《通用规范汉字表》，已于2013年6月正式公布。这是社会文字运用的依据。综观2015年的媒体用字情况，有些字在《通用规范汉字表》中已做出明确规定，但在社会用字中没有得到有力执行。“勠力同心”误为“戮力同心”便是典型的例子。“勠”义为合、并；“勠力同心”意思是协同用力，团结一致。“勠”曾作为异体字被废止，其含义由“戮”字承担。但在《通用规范汉字表》中“勠”字已恢复使用，此后仍把“勠力同心”写成“戮力同心”，是不合规定的。

七、名人报道中容易混淆的词：身价/身家。

名人财富一直是媒体关注的焦点，比如2015年“双十一”过后，许多媒体争相帮马云计算财富，报道中常用“身价”一词来表示他的家产增额，有人说增加了十几亿，有人说增加了二十几亿。这种表述无疑混淆了“身价”和“身家”两个不同的词语。“身价”旧时指卖身钱，现在多用来表示知名人士的出场费、劳务费、转会费等，显然都与马云沾不上边。计算马云的家产应用“身家”一词。“身家”本指自身和家庭，可引申指家庭资产。

八、足球赛事报道中的概念错误：“发角球”误为“罚角球”。

中国足球虽在低水平徘徊，但足球赛事一直是人们关注的焦点。2015年足球赛事报道中，“发角球”常被误成“罚角球”。足球比赛中，球被守方队员踢出底线，攻方队员获得发球权，在离球出界处较近的球场角落角球区内发球，此称“发角球”，也称“踢角球”“开角球”等。“罚”即处罚。在足球、篮球等球类比赛中，一方队员犯规时，由对方队员执行射门、投篮等处罚，此称“罚球”。守方队员把足球踢出底线，是正常的踢球行为，不构成犯规。“角球”不属“罚球”范围，所以是“发角球”而非“罚角球”。

九、医学报道中的用词错误：“综合征”误为“综合症”。

2015 年 5 月，韩国暴发中东呼吸综合征疫情，引起了世界关注，但许多中文媒体在报道中把“综合征”误成了“综合症”。征，意思是征象、表征；症，意思是疾病、病症。在表示具体的疾病时，用“症”；在表示疾病的症状时，用“征”。这种用字分工，在医学界已形成共识。综合征，即代表一些相互关联的器官病变或功能紊乱而出现的一系列症状，它指的不是某种具体的疾病，因此用“征”字。中东呼吸综合征，是指由于感染了新型冠状病毒而表现出发热、咳嗽、气短、肌肉酸痛等病征，因病例多集中在中东地区而得名。

十、电影片名中的表达错误：《失孤》。

《失孤》是一部以“打拐”为题材的电影，由刘德华、井柏然、吴君如等主演。影片讲述了这样一个故事：孩子走失，雷泽宽走上了长达十几年的寻子之路。途中偶遇四岁时被拐的修车工曾帅，两人结伴同行，并建立了父子般的情谊。最后雷泽宽帮曾帅找到了失散多年的亲人，而他自己则带着曾帅送他的导航仪，独自踏上寻子之路。孤，指幼年丧父或父母双亡，也指年老无子的人。无论是父亲走失孩子，还是孩子被拐与父母分离，都不能称为“失孤”。《失孤》是一个莫名其妙的名字。

说字和辨词

——语文微博一束

◎郝铭鉴

（说点一）“立”上的一点是人的头；“衣”上的一点是衣领；“主”上的一点是灯焰；“高”上的一点是建筑物的顶。（2012-12-24）

（说点二）“鸟”中的一点是鸟的眼睛；“兔”中的一点是兔子尾巴；“勺”中的一点是盛的物体；“丹”中的一点是朱砂。（2012-12-24）

（说点三）“雨”中的点是雨丝；“州”中的点是水中陆地；“母”中的点是母亲的乳房；“丸”中的点是抟揉的物体。（2012-12-24）

（说点四）“文”的一点是昂起的头；“凌”的两点是凝成的冰；“江”的三点是流动的水；“煮”的四点是燃烧的火。（2012-12-24）

（说横）“大”的一横是成人伸展的臂；“子”的一横是小孩舞动的手；“元”上面的一横是人的脑袋；“夫”上面的一横是束发的簪子。（2012-12-24）

（说竖）“十”中的一竖是木棍；“木”中的一竖是树干；“玉”中的一竖是系绳；“个”中的一竖是竹枝。（2012-12-24）

（说撇）“刀”中的一撇是刀锋；“牛”中的一撇是牛角；“禾”中的一撇是垂穗；“血”中的一撇是血液。（2012-12-24）

（说手一）“度”中的“又”是丈量的手；“友”中的“又”是相握的手；“支”中的“又”是持物的手；“取”中的“又”是割耳朵的手。（2012-12-24）

（说手二）“采”中的“爪”是在树上采摘的手，“射”中的

“寸”是拉弓的手；“打”中的提手旁是锤击钉子的手；“聿”中的“彐”是握笔的手。（2012-12-24）

（说框）“囚”中的框是牢笼；“因”中的框是方席；“围”中的框是城墙；“圃”中的框是园地。（2012-12-24）

（圣地和胜地）圣地的圣，有神圣的意思，多用于令人敬仰的地方，如佛教圣地、革命圣地。这是一种主观上的虔敬。胜地的胜，是名胜的意思，多用来描述环境，如旅游胜地、避暑胜地。这是一种客观上的评价。荒山秃岭可能是圣地，却不可能是胜地。（2012-10-29）

（无可非议和无可厚非）无可非议和无可厚非，在词形上十分相近，但两者的表意是有差别的。前者强调的是正确性、合理性，没有任何地方可以指责；后者语气同样坚定，但潜台词是承认存在不足，所以可以“非”即展开批评，但又强调掌握分寸，不能厚非即不可过分责难。该用无可非议的地方，不宜用无可厚非。（2012-11-12）

（截至和截止）几乎每天都看到截至和截止的混用。这一组词有三个区别：一是读音不同，至读去声，止读上声。二是词汇意义不同，截至可能是中点，后面还要继续，截止是终点，到此为止。三是语法功能不同，截至可跟宾语，如截至本月，而截止不行，若一定要跟宾语，必须加介词，如说成截止到本月。（2012-11-18）

（启航和起航）央视元旦晚会，题目叫“启航 2013”。有朋友来电讨论：到底该用启航还是起航？确实，启和起都有开始义，有不少由它们组合的词可以通用，但启航和起航已经分化。启航用于轮船、飞机的第一次航行，即首航、处女航；起航则用于又一次航行。如果用作比喻，两者皆可用，但启航更富有象征意义。央视用法可取。（2013-1-1）

（省悟和醒悟）有朋友来吐槽，说自己用的“省悟”一词，被别人改成了“醒悟”。他查了

《现汉》第6版，省悟就是醒悟。我说，《现汉》没有说错，但从用词的精确角度考虑，两词有微妙的区别。第一，省悟强调的是省的过程，醒悟强调的是醒的结果。第二，省悟是内省，是经过反思而觉悟；醒悟往往是在别人的点拨、启发下面，由糊涂转向明白。（2013-2-21）

（国是和国事）两会正在召开，朋友问国是与国事的区别。我的理解是：都指国家大事，但同中有异。一是词义上国是比国事单一，国是专指国策，指方针大计，国事可泛指国家事务；二是色彩上国是比国事庄重，共商国是绝大多数见于两会报道，莫谈国事则可贴于旧时茶馆；三是国是用于一国之内，国事可用于国家之间，如国事访问。（2013-3-5）

（师傅和师父）师傅和师父怎么区分？个人的理解是：称呼出家人，必须用师父，不能用师傅。称呼有某种技艺的人，两者皆可用，倾向于用师傅。称呼传授自己技艺的人，旧时多用师父，现在多用师傅；用师父有一日为师终生为父的特殊感情色彩。这就是说，孙悟空称唐僧只能是师父；小沈阳称赵本山可以是师傅，也可以是师父。（2013-3-20）

（闺密和闺蜜）闺密，是闺中密友的缩略形式。这是一个新词，在《现代汉语词典》第6版之前，辞书中难觅踪影。写成闺密，应该说是规范的。但自从这个词问世以后，很快又出现了闺蜜的写法，并且后来居上。这可能和闺密们为了突出自己的感情浓度有关。现在这两个词是异形词，以哪一个词为首选，看来还要假以时日。（2013-6-7）

（化妆和化装）一位搞电视剧的朋友问，片尾演职员表到底该是化妆还是化装？我觉得两者的区别有三：一、化妆的范围是局部的，化装是整体的；二、化妆的目的是求美，化装的目的是求变；三、化妆的效果是让人刮目相看，惊为天人；化装则是儿童相见不相识，笑问

客从何处来。据此，电视剧的片尾，应该是化装而不是化妆。(2013-11-5)

（一言九鼎和一诺千金）很享受王自健的脱口秀。段子都是新的，货真价实的幽默，又不乏人生的感悟和智慧。连语言都经过锤炼，几乎找不到破绽。上周总算给我逮住一条。他说自己说话算话，是个一言九鼎的人。错了！应该是一诺千金。一言九鼎说的是位高权重，说话有分量，一句顶一万句；一诺千金才是说话算话，信守诺言。(2014-6-10)

（选自孙欢编《萤火虫你慢慢飞》。全书245页，定价22元。欢迎汇款至上海黄浦区打浦路443号17楼《咬文嚼字》发行部邮购。）

网言网语·心灵

生命，是一个修炼的过程！

修炼，其实就是要炼就对自己行为的管控能力。手、脚、口、眼、耳、鼻等，是身体的一部分；但由它们产生的行为，不受身体的管控，而受心灵的管控。

因此，修炼说到底是心灵的修炼。如果想要提高自己的修为，实现对自己行为的管控，最重要的是要实现对自己心灵的管控。

（乔　桥／辑）

笔记

章乃器加了一个"新"字

◎徐伯仁

《没有共产党就没有新中国》一歌由曹火星作词作曲，作于 1943 年 9 月。当时，蒋介石出版《中国之命运》一书，散布"没有中国国民党，那就没有了中国"的论调。延安《解放日报》针锋相对，发表《没有共产党就没有中国》的社论。这首歌曲正是在这样的背景下创作的。整首歌节奏流畅明快，语言亲切质朴，很快在解放区传唱开来；但无论是歌名还是歌词，都是"没有共产党就没有中国"。

1949 年初，章乃器、茅盾、马寅初等三十几位民主人士在党组织的秘密安排下，由香港到了解放区，参观了大连、沈阳等地的工厂、农村和学校。在一次参观途中，听到当地民众唱《没有共产党就没有中国》，章乃器等人被深深打动。

章乃器(1897—1977)，浙江青田人。政治活动家、经济学家和收藏家

章乃器为人处事一向非常认真。听完这首歌后仍在思索，他提了一点意见："先有中国，才能有中国共产党。'没有共产党就没有中国'恐怕在道理上说不通，我看应该加上一个'新'字，'没有共产党就没有新中国'，这才合情合理，而且还揭示了新旧中国的不同。"这一看法得到了同行者的赞成。

此后不久，章乃器见到了

学术著作要有必要的索引

◎苏培成

1988年8月，商务印书馆出版了裘锡圭先生著的《文字学概要》。这是近三十年来国内出版的最重要的文字学通论方面的著作。它的出版自然会引起语言文字学界的重视。那时我正和曹先擢先生共同为商务印书馆主编《新华多功能字典》，经常要查阅该书。在查阅时发现该书缺少一份单字的索引，使用多有不便。曹老师和我商定，我们自己动手编一份这样的索引，于是分工搜集该书出现的单字。个人完成任务后，把得到的单字合在一起，索引编成了。打印了几份，分送给编《新华多功能字典》的朋友使用，大家称便。

在2010年前后，商务印书馆和裘先生商定对该书进行修订重排。责任编辑魏励知道我和曹老师自编了该书的单字索引，希望我们把它附到修订本的后面，我们自然十分同意。可是该书修订后，所收的单字有调整，许多单字出现的页码也有改变，我们编的索引已不适用。继魏励出任责编的刘建梅只好自己动手，重编单字索引，附在了2013年出版的《文字学概要》(修订本)的后面。

国外出版的学术著作大都附有相关的索引，而国内出版的学术著作附有索引的还不算多。我在这里呼吁，要根据书的性质和读者的需求编制相应的索引，这对促进学术研究极为重要。

毛泽东。毛一见面便对他说："你提的意见很好，我们已经让作者把歌词改了。"原来，章乃器的意见被汇报给了毛泽东。从此这首歌便以新的面貌出现，唱彻了大江南北。加了"新"字以后，唱起来更加坚定有力，充满了自豪感。

扑不灭的火焰

◎赵梅芙

黄宗江是一位优秀的演员，更是一位热情如火的剧作家。

早在10岁那年，他便发表了独幕剧《人的心》。他的代表作《柳堡的故事》《海魂》《农奴》在上映时都曾风靡一时，给那个时代的观众留下了难忘的记忆。1964年，他奉命赴越南南方战场，创作了话剧《南方啊南方》，在江青召开的部队文艺工作座谈会上却被作为“大毒草”示众。可他却“不思悔改”，创作热情不减，连被关在“牛棚”里也不“老实”，把用于写检讨的纸偷偷留下来写剧本。

他仿佛有写不完的题材。“文革”结束复出以后，写了电影剧本《柯棣华》《秋瑾》，京剧《风雨千秋》《贺家姐弟》，还根据《赵氏孤儿》改编出《孤儿恩仇记》，根据《牡丹亭》改编出《寻梦》。他总是和人谈人物，谈情节，谈构思，还说要写侯宝林，写小萝卜头……

黄宗江（1921—2010），浙江瑞安人，生于北京。著名编剧、艺术家。上图为黄宗江在《生死桥》中饰演隐居在雍和宫的前清太监王公公（剧照）

妹妹黄宗英为此在一次座谈会上送了他一副对联，调侃大哥如痴如醉的写作状态：完不成的杰作，扑不灭的火焰。黄宗江欣然接受，大呼：“诚为知音！”

不过他要略作修改：火焰扑不灭，杰作要完成。

“惶恐”何义

◎吕传文

“惶恐滩头说惶恐，零丁洋里叹零丁。”这是文天祥《过零丁洋》一诗中的名句，其中“惶恐”一词有的语文课本上注作“惊慌害怕”。文天祥是南宋末年伟大的抗元领袖，抗元兵败被俘后，富贵不能淫，威武不能屈，最终被杀害，后世景仰。这样一位抗元领袖若像注释说的那样“惊慌害怕”，似不符合诗意。

惶恐滩位于江西省万安县境内，在距万安县城5公里的江面上，与桃园滩、白涧滩、鳖滩、横弦滩等十七滩并列，是赣江著名的十八险滩之一，赣江之险尽在这十八滩。惶恐滩是赣江十八滩的最后一个锁口，江水湍急，暗礁林立，令人望而生畏

近读吾三省先生的《语文新札》（上海辞书出版社2006年出版），心中的悬疑得到了解答。书中说：“文天祥在江西抗击元兵南侵，曾在空坑被元兵打败，经惶恐滩头退往福建长汀。当时南宋朝政腐败，朝不保夕，文天祥孤军奋战，弱不敌强，虽然竭尽心力，终究未能挽回败局。诗中‘惶恐’一词所表白的，正是作者在艰难处境下谨慎从事的严肃态度，和在战事失利后感到有负重托的沉重心情。”吾先生进一步指出：“《汉语大词典》‘惶恐’条列有‘惭愧、难为情’的释义，可作参考。”不仅吾先生将“惶恐”解释为“惭愧”，《宋语言词典》（上海教育出版社1997年出版）等

『生彘肩』的『生』宜解为『全』

◎徐逢春

“项王曰：‘壮士！——赐之卮酒。’则与斗卮酒。哙拜谢，起，立而饮之。项王曰：‘赐之彘肩。’则与一生彘肩。”这是现行人教版高中《语文·鸿门宴》（必修①）中的句子。

“生彘肩”的“生”何解？课文没有注释，显然意思是按寻常义理解，即“未熟”之义。现行《教师教学用书》把“生彘肩”翻译为“一只生猪腿”，也认为“生”义为“不熟”。《高中文言文完全解读（人教版）》一书（北京教育出版社2012年出版）译作“没煮熟的猪腿”，看来，意见比较一致。2012年1月13日《光明日报》的《鲍参燕翅与“原配的蟋蟀”》一文中有如此句子：“鸿门宴上樊哙盾载剑切，瞬间吃下一个生肘子，引得项羽大赞：‘壮士！’这事现在恐怕也不可复制——至少我们的饮食也要讲点科学嘛。”该文同样解“生彘肩”之“生”为“不熟”。笔者对此有不同看法，现提出与诸君讨论。

1990年第9期《中学语文教学》的《〈鸿门宴〉的“生彘肩”和两个“再拜”》一文写道：“在

也注有此义。“惶恐”作“惭愧”讲，亦有古文献例句为证，如元李行道《灰阑记》第一折：“说也惶恐，因为贫难，无以度日，要寻我妹子讨些盘缠使用。”明冯梦龙《警世通言·白娘子永镇雷峰塔》：“那李员外也自知惶恐，不去叫他。”明洪楩《清平山堂话本》卷三《杨温拦路虎传》：“及至上山又没对头，白拿这利物，惶恐！惶恐！”

到此，我们可以说，把“惶恐”解作“惭愧”，不仅符合文天祥这位抗元领袖当年兵败时的心情，切合诗境，也有训诂上的依据，比较可靠。

那秦汉之际，‘茹毛饮血’早已成为历史传说了。项王举行宴会，更不会吃生猪肉。再从前文看，项王已经赞赏樊哙为‘壮士’，他的左右也不敢给樊哙吃生肉。说‘生’是‘全’之误，在其他古籍中是有例证的……因为雕版的腐烂，或经历了两千年左右的传写，‘全’因形近讹误为‘生’，于是注释者就从‘生’的意义来曲解‘生彘肩’，没有考虑到项羽赏赐樊哙的是整整一腿猪肉。”笔者以为，这样的辨析具有说服力。

人教版高中教材就有节选自《庄子·养生主》的《庖丁解牛》以及选自《论衡》中的《订鬼》，前文是“始臣之解牛之时，所见无非牛者；三年之后，未尝见全牛也”，后文是“宋之庖丁学解牛，三年不见生牛”。后文的典故无疑出自前文，为什么前文的“全牛”在后文中变成了“生牛”呢？这就印证了上述文章中的论断。

再从故事的情节看，项王对樊哙闯帐有惊但无恐，先赞之为“壮士”，“赐之卮酒”后又“赐之彘肩”，喜爱之情溢于言表，因而在被樊哙斥责一番之后虽感理屈而“未有以应”，但还是赐之以“坐”。项王为什么这样善待樊哙呢？原因大概有二：一是项王这时霸主地位已经确立，其军事实力大大强于刘邦，自然以为胜券在握，不如放他一马，还可以博得仁义之名，以抵消理屈之影响；二是项王眼见樊哙勇猛豪爽，而他正是这样的人，惺惺相惜。在这样的情况下，项王怎么会做出以不熟的“生”彘肩蓄意挑衅的举动呢？

因此，笔者以为“生彘肩”的“生”宜解为“全”。

《“清油机”是什么》解疑

字幕中的“清油机”是“亲油基”之误。亲油基是一个化学术语，又称亲油基团，能吸附油污。洗涤剂中的亲油基，能将油污从附着物上清除掉。

词语春秋

聊聊「猴年马月」

◎陈璧耀

1980年，也就是农历的庚申年，那一年我国开始发行第一套生肖特种邮票，第一张就是猴票。丙申年猴票已正式发行，这是第四套生肖邮票的开篇之作。时间也过得真快，转眼已三十六年，值此丙申猴年将临之际，和大家聊聊与猴年有关的一个成语——猴年马月。

猴年马月这个成语，我们平时常用，意思也大致都知道，但为何要叫“猴年马月”，恐怕大多难以说清。几部大型辞书如《辞源》《辞海》乃至《汉语大词典》都未收录，一些成语大词典如上海辞书版的《中国成语大辞典》也未收录，商务版《汉语成语大全》虽有收录，释义却很简单，只说：“不知哪年哪月。比喻遥遥无期。”一本1993年长春版《新华成语词典》，释义也是“泛指无可指望的未来岁月”。

猴与马既为生肖，我们平时又习惯以生肖纪年，凡申年就是猴年，何以猴年马月就会是“不知哪年哪月”，且用来“比喻遥遥无期”或“泛指无可指望的未来岁月”？如果说“遥遥无期”或“无可指望的未来岁月”还只是强调时间久长的话，那么“不知哪年哪月”就完全是否定有这个时间段了。

猴年就是申年，这个时间段是确定的，怎能否定得了？猴年的一轮不过十二年，似乎也说不上久长得“遥遥无期”或“无可指望”。上述释义似乎有点不合情理，其字面义与内在含义如此矛盾，让人难以理解。

其实，“猴年马月”原来是写作“驴年马月”的。《汉语大词典》未收“猴年马月”，却收有“驴年马月”，释义为“不可知的年月”，但没有古代书证，只引了两条现代用例，其一是梁斌《红旗谱》二九：“即便有点希望，又在哪个驴年马月呢？”其二是《新华文摘》1981年第4期：“研究研究，研究到驴年马月！”这两条现代例证都是解放以后比较近的用例。刘洁修《汉语成语源流大辞典》也收有“驴年马月”，释义为：“以十二属（子鼠、丑牛、寅虎、卯兔、辰龙、巳蛇、午马、未羊、申猴、酉鸡、戌犬、亥猪）纪年，其中并没有‘驴’，‘驴年’则纯属子虚；生肖不能用来称月，‘马月’亦属乌有，因而‘驴年’或‘驴年马月’表示没有期限。”但是所引例证只有“驴年”，即《五灯会元·四·古灵神赞禅师》的文字：“本师又一日在窗下看经，蜂子投窗纸求出。师睹之曰：‘世界如许广阔不肯出，钻它故纸驴年去！’”则以“驴年”表示没有期限或不可知的年月，是早在宋朝就已有了的。

生肖的文化，不是中国独有的，世界上其他国家也有，尤其是四大古国，都有此类生肖现象。其中与我国最接近的是印度，除了“虎”在印度是“狮子”之外，其余完全一样，包括排序，“猴”在印度也排序第九，称“猕猴”，也同样没有驴。但其他三个古国——希腊、埃及、古巴比伦——却都有驴的生肖属相，有的排位第四，在狮子之后，有的排位第五，在蜣螂之后。所以，就这三个古国而言，说驴年那也是有的，而在我国或印度，说驴年便“纯属子虚”了，所以“驴年马月”就是“没有期限”的“不可知的年月”。

从语言演变的过程看，“猴年马月”最初应该就是作“驴年马月”的。因为驴不是生肖，没有相对应的干支年，用以表示“不知哪年哪月”或“没有期限”的“无可指望的未来岁月”才是最恰当的。至于人们最终没有采用“驴年马月”而选了不恰当的“猴年马月”，那应该是语言的一种误用，一种由习非成是而约定俗成的误用。而这种误用之最终得以定型，恐怕又和语音的响亮度有关，因为“猴”是开口呼，“驴”为撮口呼，“猴年”念起来确实要比“驴年”响亮得多。

至于“马月”，刘洁修先生认为“生肖不能用来称月，‘马月’亦属乌有”的说法，或可商榷。因为古人以干支纪年，同时又以十二地支纪月。在古人的观念中，一年的开始是冬至，冬至在农历十一月，古人就以地支首位的“子”与之对应，称“子月”；因为十二地支是与十二生肖对应的，子属鼠，所以十一月在民间也有被称作“鼠月”的。按十二地支顺序推算，午马位居第七，因而五月就称“午月”，也就是“马月”了。生肖虽不用来称月，但因为地支纪月的缘故连类而及，以“马月”指称五月应该也是可以理解的，不似驴年之“纯属子虚”。

因此，若从字面上说，丙申年的五月就是“猴年马月”了，大体相当于公历2016年的6月，已经近在眼前了，并不是“遥遥无期”。但因为“猴年马月”原是“驴年马月”的误用，其字面义早已因误用而虚化，人们也早已习焉不察，所以“猴年马月”的内在含义，也便成了“无可指望的未来岁月”，或“遥遥无期”的“不可知的年月”。这在汉语语词义演变的过程中，是字面义与内在含义相背离的一个典型例子。

《现代汉语词典》试用本未收“驴年马月”或“猴年马月”，后来则都以“驴年马月”为主条，其第6版之释义为：“农历用代表地支的十二生肖纪年，其中没有驴年。驴年马月用来指不可知的年月(就事情遥遥无期，不能实现而言）……也说猴年马月。”

宁夏版《新编成语大词典》对这两条成语的释义稍详，释“猴年马月”为：“泛指没有盼头的遥远的岁月。参见‘驴年马月’。也作‘牛年马月’。”又释“驴年马月”为：“指不可知的年月。我国习惯以生肖纪年，但生肖中没有驴；马虽为生肖，但很少有人知道还可用来纪月，所以就用‘驴年马月’泛指不可知的岁月了。后演化为‘猴年马月’。”

微型讲坛

由“假借”引起的汉字变化

◎苏培成

汉字的“六书”之一是假借。假借问题较为复杂，而且假借不单是一个字的问题，它往往会引起有关用字发生改变。本文试图对这方面的问题稍加解释，供有兴趣的朋友参考。

扼要地说，假借指的是文言文里面同音或近音字的通用或借用。例如“由”字本义为自、从。《论语·雍也》：“谁能出不由户？”假借为“犹”，意思是如同。《孟子·梁惠王上》：“民归之由水之就下。”在这个例句里，表示从的“由”字假借为“犹”字。这就是假借。为了说明的方便，假定语言里有A和B两个词，把记录词A的字用来记录词B，用字的这种改变就是假借。讨论汉字的假借一定要区分词和字，二者不能混同。词属于语言，字是记录语言的符号系统。假借时词不变，变的只是记录词所用的汉字。假借字和借用它要表示的字必须是同音，至少也要是声音十分相近。

假借一定要有借出方和借入方，我们先说借出方。在发生了假借关系后，记录词A的字除了有本义外，还有了假借义，也就是记录词B所使用的意义。一个兼有本义和假借义的假借字，在假借发生后可以有三种变化。（1）本义和假借义共用一个汉字。例如“之”字。本义是往、去。《论语·公冶长》：“之一邦。”假借为第三人称代词。《论语·学而》：“学而时习之，不亦说乎！”（2）由于假借义使用频率较高，本义不再使用，只用假借义。例如“普”字，《说文》指出它的本义是“日无色也”（太阳没有光和色），假借为“溥”，表示普遍。《孟子·万章上》：“普天之下，莫非王土。”本义的“日无色也”则不见使用。（3）被借字专用于假借义，而为本义另外造字。下面举出四个例字：“自”字的本义是鼻子，假借为自从的自，另造“鼻”字表示本义。“来”字本指小麦，假借为来去的来，另造“麦”字表示本义。“莫”字本指傍晚，假借为无定代词“没有谁”“没有什么”后，另造“暮”字表示本义。“韦”字本指包围，假借为熟皮，另造“围”字表示包围。另造的本字多为形声字。这是因为形声造字法具有很高的能产性。上面举出的“鼻”“麦”“暮”“围”都是形声字。

再说借入方。借入方一定要有假借字，如果没有就不成其为假借。根据假借字所表示的词有无本字，可以分为三类。（1）无本字的假借。第一人称代词“我”假借兵器名称的“我”；句末语气词“耳”假借耳朵的“耳”；语气词“夫”和指示代词“夫”假借丈夫的“夫”；疑问代词“奚”假借本来当奴隶讲的“奚”；代词“其”假借畚箕的箕的初文“其”；副词“亦”假借“腋”或“液”的初文“亦”。这些假借字所记录的词没有本字，一直使用假借字。（2）有后起本字的假借。有的词没有本字，只有假借字，可是对假借字不满意。因为假借字只能表示读音，字形和所记录的词的意义没有联系，于是又造个意义有联系的后起本字，放弃了假借字。例如：“与(與)”字的本义是给予，假借来记录疑问语气词。《论语·宪问》：“管仲非仁者与？”后来为假借义造“欤(歟)”字。《史记·屈原贾生列传》：“子非三闾大夫欤？”就不再用假借字“与”。“邪”字的本义是不正当，假借来记录疑问语气词。《庄子·逍遥游》：“天之苍苍，其正色邪？”后来为假借义造“耶”字。《战国策·赵策三》："十人而从一人者，宁力不胜、智不若耶？"就不再用假借字"邪"。"锡"字本为金属名，假借来记录赏赐的"赐"。《书·洪范》："天乃锡禹洪范九畴。"后来为假借义造"赐"字。《论语·乡党》："君赐食，必正席先尝之。"也还有另一种情况。如燃烧的"燃"本来作"然"，假借为表示然否的"然"。《说文》有后起本字"嘫"字，可是这个字并没有流行，至今仍用假借字"然"。(3)有本字的假借。"艸"是草木之草的本字，可是古籍中很少用"艸"，多用假借字"草"。"草"的本义是草(zào)斗，即栎树的果实。"耑"是开端之"端"的本字，多用假借字"端"，"端"的本义是端正。古籍大多借"端"为"耑"。"毬"是皮球之"球"的本字，见大徐本新附字，文献中多用假借字"球"，"球"本指一种美玉。这一类假借字，有些在使用一段时间后就停止使用，仍用本字。例如简册的"册"是本字，古籍常用假借的"策"，"策"的本义是赶马的杖。现在的"册"已经不能用"策"代替。既然有本字，为什么还要用假借字呢？原因是多种多样的，如有的是为了简化字形，如以"姜"代"薑"、以"灵"代"靈"。

汉字的假借主要发生在文言文里面，白话文里面许多音译词一直用假借字来记录。例如：咖啡、坦克、华盛顿、斯堪的纳维亚。

网言网语·追求

追求是活着的理由，每个人活着都有所追求。追求越是接近真理，就越有可能得到幸福；追求越是远离真理，就越有可能遭受不幸。人的命运各不相同，在很大程度上，是由人的追求与真理之间的距离所决定的。

（蔡　玫/辑）

一针见血

应该是“灯捻儿”

◎解志维

《燕赵老年报》2015年11月18日《忆往昔》版刊载一文，题目是《小油灯》。文中写道：“那时还没有通电，晚上，我和哥哥、姐姐常常挤在一盏昏暗的煤油灯下写作业。父亲下班回家后，总会拨大灯焾儿，尽量使屋里亮堂一些。”其中“灯焾儿”应为“灯捻儿”。

捻(niǎn)，义为用纸搓成的条状物或用线织成的带状物，如灯捻儿、线捻儿、药捻儿。“焾”当是“捻”的讹字。

“冬练三伏　夏练三九”？

◎朱宝珠

《收获》2014年第5期所刊《琴腔》一文中写道：“剧团的人也并非外界想当然以为的那样，冬练三伏夏练三九，这里的日子活色生香得很。”

《现代汉语词典》对“三伏”的解释是：“初伏、中伏、末伏的合称。夏至后第三个庚日是初伏第一天，第四个庚日是中伏第一天，立秋后第一个庚日是末伏第一天，初伏、末伏各十天，中伏十天或二十天。通常也指从初伏第一天到末伏第十天的一段时间，一般是一年中天气最热的时期。”而“三九”的意思则是：从冬至起第十九天至第二十七天的一段时间，一般是一年中天气最冷的时期。谚语“冬练三九，夏练三伏”是前人总结出的经验，即要坚持锻炼，即使是严冬酷暑，也不能中断。

上述文章显然将“三九”与“三伏”弄反了。

“含辛菇苦”讲不通

◎解新开

《老人世界》2015年第11期《法律与生活》栏目刊载一文，题目是《保姆接连玩“快闪”，女教师怒揭“保托”联手做局黑幕》。文中有一句话：“11岁那年，父亲不幸患癌症去世，是母亲李玉婉一个人含辛菇苦将她拉扯大。”句中“含辛菇苦”应作“含辛茹苦”。

“含”“茹”都是吃的意思，“辛”“苦”都是难以下咽的东西，“含辛茹苦”引申为经受艰难困苦，形容日子十分难过。

菇，菌类植物，如蘑菇、香菇等。“含辛菇苦”说不通。

此为“秉持”，而非“秉承”

◎周　振

2015年9月16日《报刊文摘》所刊《上周大事记》中有这样一条：“（9月8日）海牙常设仲裁法院秘书长斯布勒斯接受媒体采访，介绍由菲律宾单方面提起的‘南海仲裁案’进展，强调虽然中国秉承‘不参与，不接受’的立场，但法院仍然会考虑和尊重中方的利益。”其中“秉承”应为“秉持”。

秉承，义为接受、承接、按（命令或指示）办事或处理问题。如：秉承遗愿；秉承旨意。

秉持，义为持有、具有、掌握等，如：秉持公心；秉持公平正义原则。

上述《大事记》中，中国对菲国单方面就南海问题向国际法庭提起诉讼之事，采取“不参与，不接受”的立场。而这种立场，并非是从某处接受或承接过来的，更不是按某一命令或示意做出来的，而是作为一个实事求是、充满自信的主权国家自主持有、掌握的，故不能用“秉承”，只能用“秉持”。

何来“鏊兵”

◎杨顺仪

《文史知识》2015年第7期载《苏轼〈前赤壁赋〉讲录（第四讲）》一文，文中两次出现“赤壁鏖兵”一语，其中“鏊”为“鏖”之误。

鏊，读ào，组词只有“鏊

子”，是制作烙饼的一种器具。鏖，读 áo，义为激烈地战斗、苦战。“赤壁鏖兵”正取此义。

“岿然一笑”如何笑

◎厉国轩

《新老年周报》2015 年 9 月 23 日《银发无忧解难题 鲐背之翁乐陶陶》一文说：“谈及老人的长寿秘诀时，老人岿然一笑，自己不爱生气，平时总是乐呵呵的，遇事不慌不忙，心态好。”“岿然一笑”如何笑？似改为“莞尔而笑”为宜。

“岿（kuī）然”，高大独立貌。毛泽东《西江月·井冈山》词：“敌军围困万千重，我自岿然不动。”显然“岿然”与“一笑”是无法搭配的。

“莞（wǎn）尔而笑”，出自《论语·阳货》：“夫子莞尔而笑曰：‘割鸡焉用牛刀？’”“莞尔”是形容微微一笑的样子，用在上述语境中十分妥帖。

“纷至踏来”？

◎董宝林

《老同志之友》2015 年 10 下《寻美匡庐三叠泉》一文中写道：“庐山（又称“匡庐”）最为天下游客所向往的还是那盛夏如春的温适凉爽气候，让它成为人们纷至踏来的风景名胜区和避暑游览胜地。”其中“纷至踏来”为“纷至沓来”之误。

纷，义为多；沓，义为重复。“纷至沓来”即形容人或事物连续不断地到来，这里指登庐山的游客络绎不绝。“踏”多作踩解，“纷至踏来”不成话，应是音同形似致误。

河汊中有“小鲹鱼”吗

◎谢云秋

2015 年 10 月 21 日《扬子晚报》B4 版《傍林鲜与傍水鲜》一文中说：“河汊交错的水网地带，小鲹鱼吐着清冽的气泡，翻上翻下，划着弧线，速度极快，要想逮住也不易。”句中“小鲹鱼”的“鲹”应是“鳘”之误。

鲹读shēn，是鱼类的一科，身体侧扁，侧面呈卵圆形，鳞细，尾柄细小，种类繁多，盛产于海中。在“河汊交错的水网地带”通常不会有鲹这种鱼。鳘（cān），即鳘鲦，鲤科，体小条状，侧扁白色，生活于淡水中，河汊沟塘是它生活的地方。文中的“小鲹鱼”改为“小鳘鱼”显然更符合实际。

“守骏如跛”是什么

◎阿　福

近日读《思维与智慧》（2015年第16期）上刊载的文章《守骏如跛》。文曰：“‘守骏如跛’，此语出自苏东坡之口，意即如果你有一匹骏马，应该像对待跛马一样善待它，呵护它。珍惜你的幸福的骏马吧，艳阳天，芳草地，骑马漫步其间，慢慢去体味那份幸福感，切莫粗暴地鞭挞它，君不见，好些人还在步行呢。”按照文章的说法，若有一匹骏马你会粗暴地鞭挞它，跛马你就会善待它，呵护它？这是什么逻辑？文章这么认为，也无可厚非。问题是“如此高论”真是苏轼的意思？

查找出处，“守骏如跛”出自苏轼《次韵子由论书》：“吾闻古书法，守骏莫如跛。”大意是：我听说古代的书法前辈们认为，书法一味骏快不如带点跛偃，处理好笔势雄快与拙钝的矛盾，藏巧于拙，以“跛”守“骏”。“骏”和“跛”，用来形容行笔的雄快灵巧和迟缓拙钝。“守骏如跛”并无“像对待跛马一样善待骏马”的意思。

错将“福祇”当“福祉”

◎阎德喜

《书屋》2015年第10期刊登的《〈荡寇志〉：小说、历史、现实》，在谈到爱因斯坦等科学家时写道：“我们在享受他们带来的福祇的同时，对他们的精神又了解多少呢？”其中“福祇”应该是“福祉”之误。

祉，读 zhǐ，义为福、喜。福祉即福气、幸福。上述文章中的爱因斯坦等科学家，他们的科研成果都改变了人类的生活，推动了社会进步，给我们带来了幸福。以“福祉”称之，是恰如其分的。

“祇”原本是个多音字。读 qí 时，是指地神。读 zhǐ 时有两个义项：①表示仅限于某个范围；②只有，仅有。后来读这个音的“祇”作“衹”的异体字废除，而“衹”简化成“只”。“福祉”的“祉”误为“祇”，应是音同致误。

党的全国代表大会不分届

◎蔡维藩

2015 年 8 月 12 日《语言文字报》头版头条《魏书生首次亮相真语文》报道，魏书生是“中国共产党第十三、十四、十五、十六、十七届代表大会代表”。这个说法不准确。

《中国共产党章程》规定：“党的最高领导机关，是党的全国代表大会和它所产生的中央委员会。”“党的全国代表大会每五年举行一次，由中央委员会召集。”“党的中央委员会每届任期五年。”

按照规定，党的全国代表大会不分届，以“次”相称，如中国共产党第十八次全国代表大会。由它所产生的中央委员会称“届”，如中国共产党第十八届中央委员会。

这是党建基本常识，大家都有一致的理解和表达，媒体对此更应谨慎。

“岁序”和“年龄”不是一码事

◎得　喜

《南方周末》2015 年 12 月 3 日刊登的《“世人哪，不要弄污我的书”》中写道：“岁序八十八龄的木心第一次在中国举办个展。”文中的“岁序”用得不当。

不少权威工具书都收有“岁序”这个词。《现代汉语词典》的释义是年份更易的顺序；《辞源》解释为时令，也泛指时间。文章显然是错将“岁序”当作“岁数”来解，说木心“岁序八十八龄”令人不知所云。

哪有“萩蒿”？应是“藾蒿”！

◎浦东轩

《上海老年报》2015年11月28日第4版《蒿·青蒿·青蒿素》一文说：“屠呦呦的父母当年给她起这个名字，正来自《诗经·小雅·鹿鸣》：‘呦呦鹿鸣，食野之苹’，‘呦呦鹿鸣，食野之蒿’。前一句中的‘苹’也即萩蒿。看来屠呦呦真与蒿有缘。”其中“萩蒿”应是“藾蒿”。

《尔雅·释草》：“苹，藾萧。”郭璞注：“今藾蒿也，初生亦可食。”藾，读lài，植物名，即艾蒿。

“萩”音sù，《尔雅·释器》曰：“苹谓之萩。”郭璞注：“萩者，菜茹之总名。”意即“萩”为蔬菜的总称。“藾”“萩”虽然形似，但音义迥异，没有“萩蒿”，只有“藾蒿”。

“庚续”？“赓续”！

◎余培英

《珠江商报》2015年12月20日A4版《厨艺与文化》一文有这样一句话：“可以看出，冯氏家族在传承厨艺的同时，还在庚续其文化传统，并加以发扬光大。”句中“庚续”应为“赓续”。

“赓”是连续的意思。《尚书·益稷》：“乃赓载歌曰：‘元首明哉，股肱良哉，庶事康哉。’”“庚”有两个义项，既可指天干的第七位，也可指年龄。

文中要表达“承继”之义，当用“赓续”。将“赓”误为“庚”，应是音同形近致误。

热线电话

“你好，我是64330669……”(48)

◎姚博士

“暨”“及”简析

问：我在一个机关做宣传工作，经常书写条幅，常为“及”和“暨”俩字伤脑筋。请问：是“竣工典礼及庆功大会”，还是“竣工典礼暨庆功大会”？这两个字究竟如何用？

——北京　周小兵

答：在现代汉语中，这种情况用“暨”，写成“竣工典礼暨庆功大会”，比较符合语用习惯。

暨，《说文·旦部》：“日颇见也。”王筠句读：“颇见者，略见也。”可见，“暨”的意思是，太阳微现于地平线上。引申指至、到。《后汉书·班固传》：“百礼暨。”李贤注：“暨，至也。”进一步引申为连词，相当于“及”“与”“和”。《小尔雅·广言》：“暨，及也。”“暨”字的这一用法，古汉语中十分常见。《尚书·尧典》：“汝羲暨和。”“羲”即羲氏，“和”即和氏，执掌天地四时之官。“汝羲暨和”意思是你们羲氏及和氏。唐代韩愈《郓州溪堂诗》：“公暨宾赞。”“宾赞”古指幕僚；“公暨宾赞”即您和幕僚。

及，本义是追上、赶上。意义引申，也可作连词用，相当于“与”“和”等，与“暨”同义。如《诗·豳风·七月》：“七月烹葵及菽。”《史记·高祖本纪》：“好酒及色。”等等。

可见，在古汉语里，“暨”

和“及”都可作连词，连接并列的名词或名词短语，用法一致。然而，在现代汉语中，“暨”和“及”的用法出现分化，一般语用中用“及”，“暨”只用于比较庄重、严肃的场合。如2015年是中国人民抗日战争胜利70周年，也是世界反法西斯战争胜利70周年，二者并提时多用“暨”字连接，说成“中国人民抗日战争暨世界反法西斯战争胜利70周年”。为了表示庄重，大会、活动等名称中如果出现并列项，一般也用“暨”字连接。

为何称“同窗”

问：我是重庆一所大学的大一学生，去年在图书馆看到贵刊，很对我胃口，此后几乎每期都看。请问：同学为什么叫“同窗”？

——重庆　杜兰君

答：过去学校里的课桌多是双人桌，所以口头语中常用“同桌”称呼与自己同坐一张课桌的同学。这很好理解。但用“同窗”称呼同学，这是什么原因呢？这是一个有意思的问题。

“同窗”是个传统词语，据文献，在宋代就已经出现了，最初用作动词，指在一起读书。如宋吕祖谦《与朱侍讲书》：“同窗者，乃叔度之弟景愈。”后来也指在一起读书的人，即同学。

“同窗”一词在宋代出现，应该和书院的兴起有关。书院始于唐，兴于宋，指私人或官府设立的供人读书、讲学、藏书的处所。宋代书院以讲论经籍为主，其中最有名的有白鹿、石鼓（一说为嵩阳）、应天、岳麓四大书院。元代时，各路、州、府基本上都设有书院。明清时，书院更是遍地开花，但多为士子应付科举考试的读书场所，其“讲学”功能基本消失。清代光绪二十七年（1901）后，书院改为学堂，其名遂废。

古代以油灯、蜡烛等照明，室内光线很暗淡。另外古代建筑楼层低，采光条件也不理想。学子在书院学习，为了“借光”，多靠窗而坐。明乎此，“同窗”为何指同学，就不难理解了。

“八子”何义

问：《芈月传》正在热播，大家议论纷纷。请问：剧中称芈月为芈八子，“八子”是什么意思？

——山西　赵美娟

答：电视剧中称，芈月嫁入秦宫，受秦惠文王恩宠，被封为八子，故有“芈八子”之称。芈月以秦宣太后为原型，宣太后在史书中也有“八子”之称。“八子”是秦宫嫔妃的一个等级名号。

据《礼记》等典籍记载，周朝时期，天子称王，其正妻称后。周王有一后、三夫人、九嫔、二十七世妇、八十一女御。据此，周天子后宫嫔妃有后、夫人、嫔、世妇、女御等等级。

秦始皇焚书，列国史籍付之一炬，留存于世的只有记载秦国历史的《秦记》。司马迁撰《史记》，《秦记》成为他推定先秦年代、编排先秦历史的主要依据。《史记》中的《六国年表》《秦本纪》及《秦始皇本纪》等，都是司马迁以《秦记》为基础，再补入、比对其他材料写成的。《秦记》大约在西汉末散佚，其内容大部分保留在《史记》中。因此，先秦各诸侯国后宫嫔妃等级制度，已难以窥见全貌。而秦国的后宫嫔妃等级制度，大致可从《史记》中看到。

《史记·秦本纪》：“尊唐八子为唐太后。”裴骃集解引徐广曰：“八子者，妾媵之号。”唐八子即芈八子之子秦昭王嬴稷的一个嫔妃，也曾被封为八子，其子嬴柱继位后，同样被尊为“太后”。《汉书·外戚传序》：“汉兴，因秦之称号，妾皆称夫人，又有美人、良人、八子、七子、长使、少使之号焉。”由此可推知，秦国后宫嫔妃有八个等级：王后、夫人、美人、良人、八子、七子、长使、少使。八子是其中之一。

追踪荧屏

《诗经》无“古风篇”

◎李景祥

央视中文国际频道2015年11月14日播出之《快乐汉语》节目，主题是一个“婚”字。在“‘婚’字知识大普及”环节里，尼日利亚学员丽菲玛写出了“新婚燕尔”一词。隋丽娟教授在讲到“新婚燕尔”的出处时，同步字幕上打出：“最早是出自《诗经》古风篇。”字幕上“古风”应该是“谷风”。

《诗经》中有两篇《谷风》，一为《国风·邶风·谷风》，一为《小雅·谷风》。这堂课里讲到的“新婚燕尔”，出自《诗经·邶风·谷风》。写的是一位被丈夫遗弃的女子，在丈夫另娶时面对旧人离去、新人进门的现实，回忆往事，倾诉悲惨遭遇，表示永不能忘。篇中有“宴尔新昏，如兄如弟”“宴尔新昏，不我屑矣”“宴尔新昏，以我御穷”等句。宴，古通“燕”，即快乐。昏，古通“婚”。后来“宴尔新昏”写成“新婚燕尔”“燕尔新婚”，是你们快快乐乐的新婚结亲之意。诗名“谷风”出自该诗首句“习习谷风，以阴以雨”。习习：和舒貌。谷风：东风，生长之风。以阴以雨：为阴为雨，以滋润百物。这两句说，天时和顺则百物生长，以

“孤芳自赏”与“空谷幽兰”并不相同

◎陈　葳

2015年11月20日晚播出的《中国成语大会》第二季第一场比赛中，在“双音节对抗描述猜词”环节，要猜的成语为“孤芳自赏”。其中一组在给出的“傲慢、花朵、我好”等几个词的提示下猜出了目标成语。

其后，节目组评委嘉宾蒙曼老师做了点评。她认为：选手给出的“傲慢”这个词其实带错了方向，孤芳自赏不是傲慢。蒙曼老师说：如果自己来描述这个成语，会考虑用“幽兰”这个词，“空谷幽兰”就是“孤芳自赏”，自己一个人的时候，没有别人欣赏的时候，长在一个山谷里，照样吐露芳华，这是一种慎独的情怀，这个词有一个非常好的本意的，一说“傲慢”方向感就有点错误了。

笔者以为，蒙曼老师的这个点评有值得商讨之处。

仔细研究“孤芳自赏”这个成语，《成语大词典》（商务印书

喻夫妇应该和美。这篇诗中并没有讲到什么“古风”。

“古风”有二义：一指古体诗，如李白写有《古风五十九首》。另一是指古时的风俗习惯、社会风尚。如陆游《游山西村》写他被罢官闲居，于乾道三年（1167）初春在山西村见到的村民淳厚、俭朴、好客，准备春社祭祀土地神、五谷神等等旧俗，有“箫鼓追随春社近，衣冠简朴古风存”之句。

馆 2014 年 7 月出版）里这样注解：把自己看做独特不平凡的香花而自我欣赏。其近义词为“顾影自怜”“自命不凡”“自命清高”，还给出了这样的辨析：“孤芳自赏”以花喻人，偏重于表现清高的心态；“自命不凡”指自认为不同凡响，偏重于表现骄傲自满的心态。从这个辨析看，“孤芳自赏”这个成语的确如蒙曼老师所说，不能简单理解为“傲慢”，而是偏向于表现自我欣赏、清高孤傲的心态。但是，它与“空谷幽兰”还是有很大区别的，不能将二者等同。

“空谷幽兰”在《成语大词典》（版本同上）中的注解为：空无人迹的山谷中幽静安闲地开放的兰花。比喻人品高洁，也比喻隐士。

“孤芳自赏”与“空谷幽兰”在语体色彩上有明显差别。“孤芳自赏”用于贬义，而“空谷幽兰”则用于褒义。“孤芳自赏”没有包含“慎独”的意义，“空谷幽兰”则可以体现“慎独”的情怀。

网言网语·时间

有人，总是为过去的不如意而懊悔；也有人，总是为未来的不确定而烦恼。请问：你活在过去吗？没有！你活在未来吗？没有！你只活在现在！只要你现在的每一天都活得充实，你一生都会充实。

（崔国胜 / 辑）

时尚词苑

“创客”谱写时代新乐章

◎刘东怿

当下，风靡全球的“创客”运动正如火如荼地进行着。我国紧跟时代的步伐，努力从“中国制造”向着“中国创造”的方向不断前进。2015年3月，李克强总理在《政府工作报告》中指出，把“大众创业、万众创新”打造成推动中国经济前行的“双引擎”之一。随后国家陆续出台了一系列对“创客”有利的政策，给莘莘“创客”带来更多的机遇。同时，“创客”一词也走进了公众的视野，成为当红流行词。例如：

（1）“创客”是一群陶醉于自己的奇思妙想，又执着地要将每个“灵光一闪”变成现实的人。对于这些充满激情和活力的年轻人，什么都能缺，就是梦想不能缺。(《光明日报》2014年5月3日）

（2）记者在我省各地采访中发现，眼下，不少“创客”在创业过程中，会碰到这样那样的难题，亟盼各方助力。(《新华日报》2015年10月12日）

“创客”来自英文单词“Maker”，起源于2001年美国麻省理工学院比特与原子研究中心发起的Fabrication Laboratory（微观装配实验室）创新项目，该项目以个人创意、个人设计、个人制造为核心理念。

汉语“创客”的构词方式属于“×客”词语模，该词语模表示的意义为“……的人”，“创”则有创造之义。因而“创客”最初是指乐于创新，并且能够利用身边的资源，努力将自己的创意变为现实的人。例如：

（3）韩正与年轻的创客亲切交流，了解他们的创新创造成果，鼓励他们大胆创新、实现梦想。(《解放日报》2015 年 4 月 26 日）

随着“大众创业、万众创新”的理念日益深入人心，“创客”一词更多地与“创业”“创新”联系在一起，用来指以理念创新、自主创业的人，例如：

（4）时代的脉搏跳动着全新的希望，每一位创客都是梦想家，我们应在全社会厚植创业创新文化，营造创业创新良好环境，让每一个梦想都能茁壮成长，开出幸福之花。(《人民日报》2015 年 5 月 6 日）

“创客”一词的流行，首先，离不开国家对“创客”们的鼓励与支持，因为语言是对客观社会生活的反映。2014 年 9 月 10 日，李克强总理在夏季达沃斯论坛上提出“从中国国情出发，努力建成一个创新的大国”。2015 年 6 月 11 日，《国务院关于大力推进大众创业万众创新若干政策措施的意见》给予“创业”和“创新”具体的政策支持。全国各地纷纷响应“大众创业、万众创新”的号召，全力支持和扶植“创客”，“创客”成为社会关注的焦点。其次，“× 客”词语模的内部繁荣也推动了“创客”的流行。在古代汉语中，已有较多词语进入“× 客”词语模，如“侠客、刺客、行客、门客、食客、海客、猎客、儒客、文客、墨客、孤客、乡客、蜀客、秦客”等。在现代汉语中，有更多的词语进入“× 客”词语模，一部分新词语与表示“……的人”语义有关，如“玩客、租客、短客、吃客、背包客、纽约客、西藏客、淘金客”等。到了上世纪 90 年代，“黑客”一词的出现使“× 客”词语模内部有了新的发展，与网络有关的“× 客”词语大量产生，如“骇客、微客、拍客、红客、酷客、博客、威客、易客、贝客”等。

如今，“创客”文化正席卷中国，越来越多的人开始关注“创客”的创业与创新。“创客”们将成为推动我国经济发展的主力军，共同谱写时代新乐章。

新颖奇特的『脑洞大开』

◎贡 釜

近年来，有三个带“脑”字的词语，从网络走向传统媒体，并且一路走红，那就是“脑残”“脑补”“脑洞大开”。因为“脑残”，所以要“脑补”；有了“脑补”，才会“脑洞大开”。

《现代汉语词典》第6版已经将“脑残”收为词条了，释义为“大脑残疾，指人弱智、白痴(多用于讥讽或骂人)”。可是当前，原本是“多用于讥讽或骂人”，倒成了一般用法，这是不正常的。把普通人说成“脑残”，很不礼貌，很不文明，我们应当尽力避免。不过，有时出现在否定句中，似乎尚可接受。[见例(1)]“脑补”源自日本动漫，指观剧时每个人都可以在脑袋里通过想象来补充、添加原剧没有的情节内容(只是原剧并不会遵循你个人的想象来展开情节，改变内容)。此后，“脑补”的词义扩大，人们在其他方面也可以通过想象来补充和添加新内容。[见例(2)]

(1)追星并不是脑残，而是因为偶像身上有值得自己学习的品质，所以才会一直支持他们喜欢他们。(《新民晚报》2015年11月10日)

(2)人们对熟悉领域会自动“脑补”。(《新民晚报》2014年10月25日)

本文拟着重探讨一下“脑洞大开”。2014年2月，一部网络剧《脑洞大开》登场，共36集，每集8分钟。从此，“脑洞大开”这个词语受到人们的关注。有人问：人之脑有“洞”吗？这个“洞”会“开”会“合”吗？毫无疑问，答案是否定的，理由是没有科学依据。但是人们还是乐于使用“脑洞大开”，因为形象，因为新奇。请看：

(3)“我们不但萌萌哒，而且典雅丰富；不但脑洞大开，而且心胸开阔……”如今介绍起

故宫的文创产品，单霁翔已然是满口网络语言的潮人了。（《文汇报》2015年1月25日）

单霁翔是故宫博物院院长，60岁了，但他思想开放，欣赏年轻人的思维和闯劲，敢于尝试新事物。在他倡导下，故宫陆续推出的许多文化创意产品，都离不开丰富的想象力和创新思维。例（3）中，他用了“脑洞大开”四个字来说明他们的创新和创意，又生动又贴切。

“脑洞大开”指的是天马行空的想象力和联想力无比丰富。许多不可思议、匪夷所思的事情，由于当事人的“脑洞大开”，都可能变成可思可行的。例如：

（4）6层加盖为20层……一个看上去很脑洞大开的项目，会否成为老旧小区加装电梯的新模式？（《新闻晨报》2015年11月19日）

“脑洞大开”流行了一段时间后，又演变出一个新的引申义：大开眼界。所谓“大开眼界”，乃是开阔视野、增长见识的意思。例（5）中的“脑洞大开”正是指“大开眼界”。

（5）从故宫首次试水手机应用市场的“胤禛美人图”上线，到“皇帝每一天”APP萌倒无数用户，再到“每日故宫”手机应用刷爆微信朋友圈……数字化让人“脑洞大开”。（《人民政协报》2015年3月10日）

原本只表示想象力丰富的“脑洞大开”，怎么会产生一个“大开眼界”的引申义呢？其实两者是相辅相成的。对开创者（事情起点的一方）来说，“脑洞大开”指想象力极其丰富；对接受者（事情终点的一方）来说，“脑洞大开”则指开阔了视野，增长了见识。可见两者并不矛盾，而是对立的统一。下边例（6），“脑洞大开”与“眼界大开”十分和谐地出现在同一个句子中，便是有力的证明：

（6）柏林喜歌剧院既根植古典又不断创新，此次演出《魔笛》，“脑洞大开”地将多媒体、新媒体运用到歌剧艺术中，令观众眼界大开。（《新民晚报》2015年9月9日）

碰碰车

也谈“宦官”和“官宦”

◎董金明

《咬文嚼字》2015年第12期《一针见血》栏目《“官宦”“宦官”大不同》一文，认为宦官是“都经过阉割，失去了生育能力”的男人。

窃以为此说有一定的片面性。“宦官”之称历史悠久，古已有之。先秦和西汉时期宦官并非全是阉人，其中既有阉人，也有士人。汉乐府民歌《古诗为焦仲卿妻作》云：“说有兰家女，承籍有宦官。”意思是有兰家之女，出身于做官人家。这里的“宦官”，就是官宦，做官的人。东汉时期，还出现了不是阉人的女宦官，出土的汉代彩绘女宦官陶俑就是明证。

随着时间的推移，担任“宦官”的人发生了变化。据《后汉书·宦者列传》记载，“宦官悉用阉人，不复杂调它士”。由此可见，“悉用阉人”是在东汉之后才有的事情，这时阉人才能与宦官等同起来。

总之，随着时代的变迁，“宦官”人员的组成是有所变化的，不应该笼统地说宦官都是“经过阉割”的男人；其次，在一定的历史时期，“宦官”也可指做官的人。

《火眼金睛》提示

图1，“马上封候”应为“马上封侯”。

图2，“雷锋塔”应为“雷峰塔”。

图3，“徙弟”应为“徒弟”。

图4，“求援”应为“救援”。

“景星卿云”也没错

◎胡隆佳

某报曾刊《细说“红楼好泼皮”》一文，其中说：“一念之善，景星卿云。”2015年第11期《咬文嚼字》刊有《应是“景星庆云”》一文，文中认为句中“卿”字有误，应该改为“庆”字。接着，文章对“景星庆云”作了解释：“景星：德星，瑞星；庆云：祥瑞之云。古谓皆现于有道之世，古人把二者当作祥瑞的事物或征兆。”

说“景星卿云”是“景星庆云”之误没有道理。翻开《辞海》我们就可发现，它同时收录了“庆云”“卿云”“景云”三个词形，对这三个词的解释是：“庆云”——“一种彩云，古人以为祥瑞之气。”“卿云”——“同‘景云’。‘卿’通‘庆’。一种彩云，古以为祥瑞之气。”“景云”——“亦作‘卿云’‘庆云’。一种彩云，古人以为祥瑞之气，是太平的征兆。”由此可见，卿云、庆云、景云可以通用，写作“庆云”可以，写作“卿云”，或者写作“景云”，也不能算错。

关于“景星卿云”的来历，可追溯到《史记·天官书》：“天精而见景星。景星者，瑞星也。其状无常，常出于有道之国。”“若烟非烟，若云非云，郁郁纷纷，萧索轮囷，是谓卿云。卿云见，喜气也。”在司马迁看来，景星是瑞星，卿云是喜气，只在有道之时才出现。所以，人们就把“景星卿云”当作祥瑞之气和太平之兆。只是，司马迁之后，“景星庆云”的写法更普遍，再看到“景星卿云”，读者倒觉得有点生疏了。

文章病院

黄州不在江西

◎木　子

《北京晚报》2015年12月3日38版刊出《古人是何时开始吃猪肉的》，文中这样写道：“当年苏东坡被贬谪江西时，发现那里猪肉太便宜了，其在打油诗《猪肉颂》中称：‘黄州好猪肉，价贱如粪土。’”这儿似有一处笔误，苏东坡于元丰三年（1080）因“乌台诗案”而被贬谪黄州，但黄州不在江西，句中“江西”为“淮西”之误。

北宋至道三年（997）分全境为十五路，史称“至道十五路”。十五路中有一“淮南路”，熙宁五年（1072）被一分为二，成为淮南东路与淮南西路，简称淮东、淮西。淮南西路治寿春，辖庐州、蕲州、和州等。其地位于长江中游北岸、淮河与长江之间，大别山南麓，包括今安徽省中部、湖北省东部、河南省东南部之地。黄州即今湖北省黄冈市，该市今有黄州区。

苏轼谪居黄州四年，所作甚多，以《前赤壁赋》《后赤壁赋》及《念奴娇·赤壁怀古》等最为有名。其“东坡居士”之号，亦为在黄州时所取。后人讲起苏东坡，免不了要提及他在黄州这一段。

至道十五路中还有一江南路，天禧四年（1020）分江南路为江南东路与江南西路，江南西路简称“江西”，辖九州、四军，首府洪州即今江西省南昌市。苏东坡一生浮沉宦海，曾被贬谪到黄州、惠州、儋州，这三个州都不在当时的江南西路（江西），也都不在今天的江西省内。苏东坡当年被贬黄州，可说是被贬淮西，不能说被贬江西。

孔子“摄像”？

◎晋　相

《沈阳日报》2015年11月20日第9版刊有《也谈〈易经〉的文化创新基因》一文，其中说：“孔子人生在从政方面最辉煌的时期大约是从50岁到55岁这一时段。他当中都宰、大司寇、摄像都是在这几年。”“摄像”？这显然是“摄相”之误。

《史记·孔子世家》记载：“定公十四年，孔子年五十六，由大司寇行摄相事。”“摄”是代理，“相”是官职名，其职务为辅佐国君处理政务。鲁定公十四年（前496），孔子在鲁国当了三个月的代理相。

相，为春秋时齐景公首置，其后中原各国皆设。《吕氏春秋·举难》：“相也者，百官之长也。”战国时秦始置丞相，统一天下后，与太尉、御史大夫并为三公。汉初置丞相一人，旋又改称相国。惠帝、吕后时置左右丞相，文帝时合而为一。哀帝时改称大司徒，与大司马、大司空并为三公，东汉初去“大”字。献帝时复置丞相。唐及北宋无丞相之称，以尚书令、左右仆射、平章政事等行丞相之事。南宋孝宗时改左右仆射为左右丞相。明洪武元年置左右丞相，十三年废，改由皇帝亲领百官。清承明制，也不设丞相。明代的内阁大学士、清雍正以后的军机大臣，称呼不同，亦相当于丞相。各个朝代的“百官之长”，所用官名与职权大小虽不尽相同，却可统称为“宰相”。“宰”是主持，“相”是辅佐。宰相就是辅佐帝王主持政务的高官，是一人之下、万人之上，堂上一呼、阶下百诺的“相爷”。鲁是小国，孔子没有后世大国宰相那么威风，只不过是“诛鲁大夫乱国政者少正卯，与闻国政三月”而已。他的职位是“摄相”，不是“摄像”。两千五百多年前，世上没有“摄像”一词，上述文章是误用了同音字。

"桧柏"叶飘零？"稼穑"染金色？

◎沈阳仁

《沈阳日报》2015年11月10日第8版《恒久的记忆》一文，写到秋天有这么两句："秋分过后，秋色愈渐浓重，早晚外出散步，看到街道两旁，挺拔的银杏已点染出一路耀眼的金黄，疏落的桧柏开始有片片黄叶飘零。""我对秋天的敏感源于47年前的中秋。彼时，阵阵秋风已将郊外的稼穑和辽阔四野的草木染上金子般的颜色……"这两句都有问题。

文章说，"疏落的桧柏开始有片片黄叶飘零"，这纯属子虚。桧柏亦称"圆柏"，为常绿乔木，叶有刺形与鳞形两种，树龄可长达数百年，木材可建造房屋，可供制作家具。到了秋季，桧柏有球形果实成熟坠地者，却不能有什么"片片黄叶飘零"。

文章还说，"阵阵秋风已将郊外的稼穑和辽阔四野的草木染上金子般的颜色"，这只说对了一半。草木临秋，会被染上"金子般的颜色"，而"稼穑"却是无法被染色的。《诗经·魏风·伐檀》："不稼不穑，胡取禾三百廛兮。"毛传："种之曰稼，敛之曰穑。""稼"是播种，"穑"是收获。由种到收，"稼穑"泛指农业劳动，显然是个动词。上文作者似乎是把"稼穑"理解为"庄稼"了。"庄稼"多指粮食作物，有时也泛指农作物，在不同季节可有不同颜色，到秋天会和草木一样，"染上金子般的颜色"。而"稼穑"却是不会变色也不会被染上颜色的。"稼穑"与"庄稼"虽然都用了同一个"稼"字，却不能视为同义词。

何为「弄臣」

◎李华山

《老同志之友》2015年11下所刊《云破月来花弄影》一文中说:"'弄'字通常具有贬意……历史上有'弄臣'一说,指专门在皇帝面前拨弄是非,唯恐天下不乱的人。"我国历史上确实有过许多弄臣,然而,说弄臣专指"拨弄是非,唯恐天下不乱"的人却并不准确。

《史记·张丞相列传》里讲汉文帝刘恒宠爱邓通。有一次丞相申屠嘉奏事,邓通竟怠慢无礼地坐在皇帝身旁。奏完事,申屠嘉指斥邓通不讲君臣之礼,文帝却不以为意,并很不耐烦。申屠嘉回到相府后,立即传召邓通到相府,给以严厉申斥。文帝生怕邓通受委屈,立即派人到相府唤回邓通,并带话给相爷:"此吾弄臣,君释之。"这就是"弄臣"一词的出处。邓通的特点是媚上而不是"乱天下"。文帝时常到他家去喝酒、游玩,并多有赏赐。有一次文帝身上长了一痈,要排脓时,邓通就用嘴吸吮脓血。有人给邓通相面,说他将来一定会饿死。文帝就把蜀郡严道铜山赐给邓通,由他任意铸币,永有花不完的钱。可见这个邓通多么得宠。

《说文》:"弄,玩也。"弄臣是逢迎、谄媚,想尽办法逗帝王玩乐的人,甚至当帝王的男宠。他们不干正事,却享有高官厚禄,让世人不齿。汉哀帝刘欣与弄臣董贤同辇而坐,同车而乘,同榻而眠。甚至有一次大白天二人睡在一起,哀帝醒来见董贤压住了他的衣袖,不愿叫醒,乃命人剪断衣袖,从而留下了"断袖之癖"这一典故。这是汉代另一著名的"弄臣"。

史上各朝代都不乏弄臣,他们陪着帝王玩乐,借机为自已捞取好处,对于国家兴亡,却漠不关心。他们确实会"拨弄是非",但那是为了在皇帝面前"争风吃醋",天下乱不乱他们并不关心。

切莫误用繁体字

◎屠　岸

《解放日报》2015年11月17日登载了半版的中学师生的书法作品，同时登了《让中小学生学写字——全市中学师生书法比赛作品选登》一文，对这些作品进行说明。在中小学生中提倡并实行写毛笔字，我极为赞成。我想说的是，写书法作品不仅要讲求书法艺术，还应该注意到用字的准确。而选登的作品中，就有几个汉字可议。

如一位姓谢的同学写的字："揮魯陽戈，彎後羿弓，馬革裹屍，諸君已遂平生誌……"其中"後羿"的"後"错了，应该是"后羿"。汉字中本来有"后"字。中国古代皇帝或国君的妻子称"后"，如"皇后""王后"；还有神话中的"天后"。"后"也是姓，《百家姓》中明确有"后"姓。古代传说中有一个名叫"后羿"的神话人物，"后"就是他的姓。后羿，又称夷羿，传说中东夷族的首领。又有一说，古代尧时十日并出，植物枯死，猛兽长蛇为害，后羿挽弓搭箭，射杀九个太阳，只剩下一

个。又射杀猛兽长蛇，为民除害，天下太平。这都是中国古代神话。在上世纪汉字简化运动中，把“後”字简化为“后”，与“皇后”“王后”“天后”的“后”合并成一个字。两字字形一样，但含义却大不相同。“后羿”的“后”并不是从“後”简化而来的，怎么可以写成“後羿”呢？还有人把香港的“皇后大道”写成“皇後大道”，也闹了笑话。

除此之外，该联中的“誌”字也错了。“志”有两种含义：一、指将来要有所作为的意愿或决心，如志愿、志向、有志者事竟成等；二、指记住，不忘，用文字记录，如永志不忘、杂志等。前者本来就是“志”，后者则是从繁体字“誌”简化而成。如果要把简化字“志”复原成繁体，后者可以，前者不可。

这些中学生的书法作品，写得都非常好。他们为传承祖国的书法艺术，费了心，用了功，都是可爱的孩子，我真想拥抱他们！我只是想，他们的老师应该教他们正确用字、弄清汉字的繁简变化。

『解医推食』不可解

◎阎心士

《诗欢文爱》（上海书店出版社2007年出版）一书收入的《江南烟雨》中写道：“年前，收到台湾一位既是同乡，又是对我曾有厚爱，解医推食援我于困的老大哥……”文中的“解医推食”是“解衣推食”之误。

“解衣推食”即把自己的衣服脱下来，给别人穿，把自己的食物让给别人吃。形容对别人极为关怀。语见《史记·淮阴侯列传》：“汉王授我上将军印，予我数万众，解衣衣我，推食食我。”文中的老大哥对作者曾有厚爱，于困难中伸出援手，正可以用“解衣推食”形容之。

汉语中没有“解医推食”这个成语。“解医”不知何义，让人无从理解。

网语漫谈

吓死宝宝了！

◎徐默凡

“吓死宝宝了！”“气死宝宝了！”“饿死宝宝了！”……曾几何时，不少人都开始逆生长，把自己变成了可爱的宝宝，其中年轻女性更是热衷于使用“吓死宝宝了”这个流行语。

探寻“吓死宝宝了”的首创者，众说纷纭：有的说来自某个电影明星，有的说来自某个歌手，有的说来自相亲节目的女嘉宾，还有的说来自动画角色“懒羊羊”或者“天线宝宝”……不过，谁先说的并不重要，重要的是探求这种用法背后的语言使用心理。

我们知道，人称分三种：第一人称“我(我们)”、第二人称“你(你们)”和第三人称“他(她、它、他们)”。称呼自己时应该使用第一人称“我”，而“宝宝”相当于“他”，是第三人称，为什么有人用来自称呢？其中原因比较复杂，要从“从儿称谓”说起。

幼儿在称呼别人时，不使用“我、你、他”三称代词，而是使用亲属称谓，如“宝宝饿了，妈妈喂宝宝吃饭”，这句话按照成人的语言习惯应该说成“我饿了，你喂我吃饭”。儿童这样说是因为他们的人际意识尚未成熟，无法理解和使用“我、你、他”这样的抽象代词，只能使用表示固定身份的称谓词。而父母在和幼儿说话时，为了照顾幼儿的语言习惯，也会放弃使用“我、你、他”，主动采用称谓词。如刚才的例子中，妈妈就会回应幼儿说：“好的，妈妈马上就来喂宝宝”，而不会说“好的，我马上就来喂你”。这种成人迁就幼儿使用儿童称谓方式的用法就叫“从儿称谓”。

上述从儿称谓是为了便于和幼儿沟通而使用幼儿的说话方式，那么网络流行语为什么使用“宝宝”来自称呢？原来是为了把自己扮成幼儿，使用幼儿的说话方式来装嫩、卖萌。这其实是另一种用途的“从儿称谓”，不是为了和幼儿沟通方便而“从儿”，而是为了使自己像幼儿而“从儿”。这也就解释了为什么年轻女性喜欢使用“宝宝”自称，因为在她们和恋人、朋友说话时，装成“幼儿”来说话正是发嗲装可爱的一项“必杀技”。而“吓死宝宝了”的用法成为最常见的流行语，其根源也在于此——小孩子和女孩子胆子都很小，害怕的样子最容易引起别人的怜惜。

其实，使用类似“宝宝”这种从儿称谓来发嗲的现象早就存在了。“宝宝”之前流行过一个“人家”：“人家累了嘛！”“人家好喜欢你哦！”这样的腔调你是不是早就熟悉了呢？“人家”本是第三人称，这里用作第一人称，也体现了幼儿不分你我他的用法，这背后的道理是完全一样的。

儿童的说话习惯中，还有一个明显的特征，就是叠音词很多，比如“妈妈带宝宝上街街，坐车车，买球球”。年轻女性因此也大量使用叠音词来“从儿”，比如把“包”叫“包包”，把“漂亮”叫“漂漂”。这虽不是从儿称谓，却也是从儿用法，目的是一样的。

“宝宝”之后，又有了“本宝宝”，这是一种杂糅用法：“本”是一个书面色彩很浓的词语，可以加在其他语义郑重的词语之前形成第一人称，如“本记者、本法官、本校长”等，而“宝宝”则是一个表示小孩的口语词，在语义和语体色彩上和“本”都不兼容，两者结合起来就形成了一种滑稽的组合，产生了一种调侃意味。“宝宝”变成“本宝宝”以后，卖萌发嗲的意味减少了，搞笑讽刺的意味增加了，使用人群也从年轻女性扩大到所有人群，而“吓死本宝宝了”也不单是卖萌，更侧重于表达对反常事物的讽刺之情了。

“放毒”真的“有毒”吗

◎徐　瑞

毒，一个多么可怕的词。和它相关的都不是什么好东西，毒品、毒药、毒素……人们总是谈“毒”色变。然而你可曾发现，如今人们已经不再如此惧怕“毒物”了，反而还开始“放毒”。微信朋友圈里，各种美食图片的标题居然是《深夜放毒》；附有明星照片的微博里，除了纷纷点赞的拥趸，还有直呼“照片有毒”的粉丝。美食、美颜，这些美好的事物怎么就成了毒呢？

《现代汉语词典》中对“毒”的解释是“进入机体后能跟机体起化学变化，破坏体内组织和生理机能的物质”，概括地说就是有害之物。“毒”的代表就是毒品，这个可怕的东西不但对人有害而且令人上瘾。而“毒”在网络语言中的引申恰好就是从这个特性出发的。试想一下你在深夜看到美食图片的心情：晚间胃排空后，人体血糖下降会产生饥饿感。美食图片的出现会加强这种不适，甚至会直接迫使你选择大吃一顿来解决问题。可是，饥肠辘辘定会打消你的睡意，过量进食又会破坏你的瘦身计划。当美食出现得不恰当时就会诱惑你上瘾，还会带来事后的不利影响。深夜的美食不就像“毒品”一样吗？因此，“毒”便被用来夸张地比喻一切具有强吸引力而事后又会让人受损的事物。

类似还有追随已久的明星、梦寐以求的商品等，也可以被比作“毒”。看到喜欢的明星，会使你进一步了解他的消息，却耽误了工作学习；发现想要的宝贝，会让你试图跟风购买，却导致过度消费。本来迷人的事物并非都是坏东西，但过于沉迷其中就会使人上瘾而受到轻微伤害。网友也正是基于“毒”与迷人事物之间的相似之处来进行极致化的表达。

显然，事物的诱惑力还不足以造成真正意义上的伤害，但这种说法却能起到强化事物诱惑力与强调被诱惑者难耐情绪的作用。于是，“毒”的指称范围就被扩大到可以包含一切具有强吸引力的事物，让美食、美颜、美物也能被称作“毒”。

在网络互动中，一个人“中毒”还不够，要“诱惑”别人一起“中毒”才行。网友们就把这种发散“毒物”的行为叫作“放毒”。将一个具有诱惑力的好东西作为“毒”，再配上必要的图片和文字加以分享就是一次合格的“放毒”行动。网友们也就这样乐此不疲地进行着“中毒”又“放毒”的社交活动。

“毒”在网络用语中就是一种极度诱人的美好事物。而“放毒”本身也没有实际的破坏性，但是夸张的表达却容易让不知情的网友们以为它们贻害无穷。其实，“放毒”背后隐藏的恰恰是网友们对喜爱事物的迷恋之情。

《“瓦萨”号的沉没》参考答案

1. 大名顶顶——大名鼎鼎
2. 地中海——波罗的海
3. 蜂涌而至——蜂拥而至
4. 峻工——竣工
5. 不同与——不同于
6. 金壁辉煌——金碧辉煌
7. 璀灿——璀璨
8. 虎视耽耽——虎视眈眈
9. 齐涮涮——齐刷刷
10. 诺大——偌大

谈联说谜

有问必答的灯谜

◎江更生

我们在猜射灯谜时，可能会遇到一种设置问题的灯谜，谜面的形式是一个问句。对于这一类灯谜，我们可以采用“答问解题法”。猜的人可按题试答，把答案放在谜底中，再配以含有肯定语气的词语，如：“是”“为”“应”“乃”“当”“系”等等。不过在用这些含有肯定语气的词语时，别忘了“别解”。如果谜底的内容已能体现肯定的意思，那些判断助动词“是”“乃”等也可以省却的。例如有这么一条谜，它用了人们在动物园中常见的情景设问：

猴子怎样找虱子？（打国名一）

凡见过猴子找虱子的人一定会说：“从毛里去找的。”谜底就在答案中传出了：毛里求斯。“斯”在此做指示代词，别解为“这个”的意思，整个谜底别解为：从毛里找到这个东西——虱子。又如有一谜：

因何杯中有蛇影？（打京剧一）

谜面用“杯弓蛇影”成语故事设问，了解这句成语出处的人准会脱口而出：铁弓呗！谜底就在这一答中解决了，原来是：《铁弓缘》，别解为是铁弓的影子在杯中的缘故。再如：

念书该抱啥态度？（打学科一）

见了这道题目，你管保会答：应用气力去学。谜底不就出来了吗——应用力学。

猜这种灯谜时，好比渔樵两人相对而坐，此问彼答，机锋所及，谜底迎刃而解。

灯谜名家徐枕亚

◎刘茂业

徐枕亚(1889—1937),名觉,江苏常熟人,以骈体小说《玉梨魂》闻名于世。他不仅是小说家,也是一位灯谜名家。先后加入上海萍社和大中虎社,并发起成立了常熟第一个灯谜组织“琴心文虎社”,结集出版《琴心文虎初集》。徐枕亚还精选自己创作的约500条灯谜,汇编成《廋词选存》,刊载于《枕亚浪墨四集·卷七》中。

徐氏的谜作,讲究典雅,提倡用现成诗文成谜,但也不排斥自撰面句。我们来看看他的几条传世佳作。“亡一镜矣”打《左传》句“寡人是征”,谜面出自《旧唐书·魏征传》中唐太宗语:“夫以铜为镜,可以正衣冠;以古为镜,可以知兴替;以人为镜,可以明得失……今魏征殂逝,遂亡一镜矣。”魏征病逝,唐太宗犹如失去了一面镜子。谜底“寡”别解为“缺少”,“征”借代指魏征。“元直方寸乱矣”打民国小说家“徐念慈”,用《三国演义》故事成谜,徐庶,字元直,佐刘备为军师。曹操为让徐庶投奔自己,探知他侍母至孝,令手下伪造徐母笔迹写信。徐庶接到书信,方寸大乱。谜底解释为“徐庶挂念慈母”。“思郎思绝粒,蹙损两眉尖”打俗语“好汉不吃眼前亏”,谜面描绘了一幅痴情女思念汉子,饮食难下,双眉紧锁的画面。谜底顿读作“好汉/不吃/眼前亏”,以“喜好(hào)汉子,不吃食物,眼睛前面的容貌都亏损下去了”之意扣合谜面。以上谜作无论用典白描,都精彩有趣,堪可回味,值得谜坛后学视作范例师法。

微信平台猜灯谜

◎柳叶

微信时代的到来，也让传统的猜灯谜活动分享到了现代科技的“红利”。2013年年初，沪上青年谜家孙鉴率先创建了国内第一个以灯谜为主题的微信公众平台——《猜灯赏谜》，推出至今，广受灯谜爱好者欢迎，每天有数百人参与这一“微谜会”，关注者更达数千人。目前，这一微信号已成为猜谜娱乐、普及灯谜、交流谜艺的良好平台。

《猜灯赏谜》除发布谜讯，刊出谜话外，当天推送一条最新灯谜供大家猜射，次日公布谜底及猜中者名字，在一些喜庆节日里还举办有奖竞猜。谜作主要由申城谜家新近原创，如：“领骑黄衫未易主”打四字经济新词语“一带一路”，在顶级自行车赛中，总成绩领先的选手身着黄色领骑衫，现在“未易主”，就标明“一个人带了一路”；“行家之言”打收藏品“老手表”，谜底顿读成“老手/表”，“老手”即“行家”的意思，“表”别解为“表白”；“最喜小儿无赖”打网站名“爱淘宝”，谜面出自辛弃疾《清平乐·村居》，意思说最喜欢顽皮淘气的小儿子，谜底解释为“喜爱淘气的宝宝”。上述灯谜均采撷自最新一季《猜灯赏谜》中，现略举数例，以使喜欢猜谜的读者尝鼎一脔。

每月二谜

1. 年近“茶寿”（打五字古典小说人物合称一）
2. 鲁迅风格(打影星一)

上期答案

1. 斩草除根(打二字政要简称一)

   谜底：防长(注：长，别解为“生长”)
2. 免费“一日游”（打唐代诗人别称一）

   谜底：白乐天(注：别解为“白玩了一天”。“乐天”是白居易的字)

重读经典

谈谈写信

◎王 力

最近两年来，我和祖国各地许多青年同志通信。我每天收到三五封信，多到八九封。他们差不多每人头一句话都说："您料想不到一个陌生人给您写信吧？"其实我早就料到了。这些青年同志，多数是写信向我买书。他们不知道，写书的人是没有书出卖的！还有许多同志寄来他们所写的诗（有些是诗集），请我给他们改。我说："诗要有诗味，你如果有了诗味，用不着改了；如果没有诗味，我没法子替你把诗味放进去。何况我自己就不是诗人，怎能替你改诗？"有的同志写长篇研究论文要我介绍出版，那我就办不到了。我们应该信任出版社的编辑部，如果他们认为你的论文有价值，自然会给你发表的。有的同志多次寄论文来，我就无力应付了。有的同志要求我指导他们怎样读书写文章，接受他们做函授生，那我就爱莫能助了。我今年八十岁了，学校里早已免除我的教学工作。我怎能接受函授生呢？

由于和青年同志通信多了，我发现有些同志还不大会写信。《语文学习》编辑部约我写文章，我写不出，忽然想起《谈谈写信》这个题目来。不知道编辑部肯不肯给我发表这篇短文。

首先从信封上的收信人姓名和寄信人姓名谈起。多数人在信封上写王力教授收，或王力先生收，或王力同志收，都不错。我个人不大喜欢人家称我教授，因为"文化大革命"以来，教授这个名称已经臭了。在学校里，人家都叫我王先生，我听了比较舒服。有的人叫我一声王力同志，我就心里乐滋滋的。因为我们这些老知识分子很多心，以为人家不肯叫我同志，是因为我是资产阶级知识分子！有的同志在信封上写王力伯伯收，那是不合适的。因为信封上的收信人姓名是写给邮递员或送信人看的，邮递员和送信人不叫我王伯伯。外国也没有这个规矩，将来咱们和外国人通信，切不可以在信封上写 Smith 伯伯收或 Jones 伯伯收！有的同志在信封上干脆写王力收，那更不好！我回信说："你在信内称我做尊敬的王力教授，太客气了；你在信封上写王力收，又太不客气了。"这是礼貌问题。那位青年同志复信感谢我的指教。其实我不怪他，因为不少人是这样写信封的，甚至机关学校给我来信也有这样写信封的，真令我啼笑皆非！我还听说许多青年人写信给父亲，在信封上写的是"父亲大人安启"，写信给姐姐，在信封上写的是"姐姐收"，那就更可笑了。我认为中学语文课里应该教学生写信，首先教他们学会写信封。

有的同志给我写信用的是机关学校的信封，有的是某某革命委员会，有的是某某大学，等等。这也是不合适的。最好不用机关学校的信封；用了，也该加上自己的姓名（或单写一个姓亦可）。如果不加上自己的姓名，应该算是犯法的，因为你把私人的信当做公函发出了。前些日子我收到胡乔木同志一封信，他用的是中国社会科学院的信封，还加上"胡乔木"三个字。我们应该向胡乔木同志学习。

下面谈谈写信的内容。

写信总有一个目的。除了家信之外，一般总是对别人有所请求。你应该开门见山，把你的请求提出来，不必兜一个大圈子。我收到不少人的信，首先恭维我一番，然后用很长的篇幅叙述他们怎样有志努力学习，要为四个现代化做出贡献，长达八九页信纸，最后才抱歉说："我说了一大堆话，打搅了您，浪费您很多时间，请您寄给我们一部《古代汉语》！"这样不好。你既然知道抱歉，为什么不少说一些废话呢？

写信没有什么秘诀，顺着自然就是了。写信就是谈话。由于对话人相隔太远，没法子面谈，所以改为笔谈。如果我们写信仍照日常说话一样，不装模作样，不改变现代汉语的语法和词汇，就不会出毛病。有的青年人写信不是这样，而是改变现代汉语，因此就弄出毛病来。

近来某些人的来信中常常出现“您们”这个词，甚至在某会议给中央领导的致敬电中也用“您们”这个词。其实现代汉语里这个词并不存在。“您”字，北京话念 nín，是“你”的尊称。这个“您”并没有复数，北京人从来不说“您们”（nínmen）。因此，普通话也不应该有“您们”（可以说成“您两位”“您三位”等）。最近某杂志刊登吕叔湘先生的一封信，编辑部把信中“你们”擅改为“您们”。吕先生写信批评了编辑部。他说：“我从来不说‘您们’！”我们写信时，应该注意避免这一个语法错误。

有的青年人写信喜欢堆砌辞藻。那也不好。写信应该朴实无华。唯有家人父子的谈话最能感动人，堆砌辞藻反而显得不亲切，不诚恳。何况青年人往往语文素养不够，堆砌辞藻往往用词不当，弄巧成拙。我们应该引以为戒。

最不好的作法是写文言信，或者写半文不白的信。有一位青年同志和我通信讨论学术问题，我觉得他很有一些好见解。他忽然给我写来一封文言信，写了许多不通的句子，使我非常失望。另一位青年同志和我通信，想考我的研究生，也是忽然来了一封文言信，这封信的文言文写得很不错，但是我也不高兴。我复信说：“如果你在试卷中写文言文，我就不录取你！”我们学习古代汉语是为了培养阅读古书的能力，不是为了学写文言文。我怀疑有的中学语文教师在教学生写文言文。那很不好。现代人应该说现代话，不应该说古代话。有一位青年人写了一封文理通顺的信给我，我正看得很高兴，忽然看到一句“吾误矣”，就给我一个坏印象。现代汉语明摆着一句“我错了”，为什么不用？偏要酸溜溜地说一句“吾误矣”！我恳切地希望中学语文教师注意纠正这种坏文风。

我在几年前听别人说过这么一个故事：一位青年干部写信给一位领导干部，最后一句是“敬祝首长千古”。我听了，笑弯了腰，我以为是人家编造出来的笑话。不料后来我自己也经历了一个类似的故事：一位青年同志在病床上给我写信，他在信中说：“我在弥留时给你写这一封信。”我复信说：“你在弥留，应该是快断气了，怎能写信呢？”

有时候，乱用文言词，会导致对方不高兴。有一次，我在某校做了一次演讲，事后收到那个学校的道谢信，信内说：“承你来校做学术报告，颇为精采，特函道谢。”又有一次，一位中年同志写信给我说：“您来信给我批评，使我颇受教益。”这两位同志都用了文言词语“颇”字，他们不知道，在古代汉语里，“颇”字一般用作“相当”的意思。（广雅：“颇。少也。”“少”就是“稍”的意思。）“颇好”是“相当好”或“比较好”，“颇大”是“相当大”或“比较大”。现代北方话虽然把“颇”字当作“很”字讲了，但南方还有许多地方不把“颇”字当作“很”字讲。那么，“颇为精采”只是“相当精采”，“颇受教益”只是“稍受教益”，包含有不大满意的意思。为什么不说“很精采”“很受教益”呢？又有一次，一位青年同志写信给我说：“希望你一定答复我的信，切切！”他不知道，“切切”是从前做官的人命令老百姓的话。在旧社会里，县太爷出告示，最后一句是“切切此令！”你瞧！写半文不白的信有什么好处呢？

今年五月，我写了一篇《白话文运动的意义》在《中国语文》上发表。福建有一位工人同志写信批评我说：“你为什么反对学文言文？难道我们工农大众就不要提高文化水平吗？”这位同志是把文言文和文化混为一谈了。《毛选》五卷，除了一篇《向国民党的十点要求》外，都是白话文，而且是用很浅显的语言阐述很高深的理论，我们学习毛主席的伟大著作，同时也要学习毛主席提倡白话文的精神。

最后，我还想谈谈写字。

我国有个优良传统：给别人写信，特别是给尊辈写信，必须每个字都写得端端正正，否则不够礼貌。有时写得匆忙，字写得不够规矩，还要在最后来一句："草草不恭，敬希原宥。"现在有的青年人写信不是这样：他们笔走龙蛇，潦草得看不出是什么字来。说草书吧？草书也该是有章法的，或者是学的怀素，或者是学的米芾，或者是学的文徵明，都好认，唯有他们独创的草书不好认！这样，我们看信的人就苦了。结果是看信人看不下来，索性不看，吃亏的还是写信人！还有一种字并不草书，而是横行导致的毛病。我们知道，汉字多数是形声字，分为两部分，或者是左形右声，或者是右形左声，也有一些会意字是分成两部分的。现在有些青年人在横写的时候，贪图写得快，常常把前后两个字连起来写，以致前一个字的右边和后一个字的左边结合在一起，字与字之间界限不清楚。于是"林木"变了"木林"，"明月"变了"日朋"，等等，也就很难看懂。写信人省了一点时间，看信人要多花一点时间，岂不是得不偿失吗？

最后署名是一个大问题。许多青年人喜欢用草书签名，而他的草书又是自创的，别人看不懂。问题就严重了。叫我怎么写回信呢？我只好在信封上照描，说声对不起，信寄得到寄不到我不负责任！外国人签名也很潦草，但是他们的信是用打字机打印的，他们在签名的后面还用打字机再打出他的名字，清清楚楚，就没有问题了。我们没有打字机，签名潦草，谁知道你的高姓大名呢？关于通信地址，也应该写得清晰些，以免误投或无法投递。

我重复说一句，希望中学在语文课中教学生写信。这是最实际的问题，需要解决。因为学生毕业后无论做什么工作，总是需要经常和别人通信的啊。

（原载《语文学习》1980 年第 2 期，何伟渔荐）

向你挑战

『瓦萨』号的沉没

（文中有十处差错，你能找出来吗？答案在本期找）

◎宛丘 设计

1628年，一艘当时世界上最先进的战船，在它刚启航时就沉没了，还未能驶出它诞生的母港。这就是世界航海史上大名顶顶的“瓦萨”号，瑞典帝国舰队的旗舰。直到1956年被发现，“瓦萨”号在斯德哥尔摩港口的海底躺了三百多年。

当时，瑞典正处在“三十年战争”的军事鼎盛时期，有“北方飓风”之称的瑞典国王古斯夫斯·阿道尔弗，亲自设计了这艘威力巨大的战舰。双层火炮甲板上装有64门大炮，古斯夫斯·阿道尔弗想让它带领帝国舰队，驶出地中海，称霸大西洋。

1628年8月10日，“瓦萨”号开始它的处女航时，斯德哥尔摩一片欢腾。人们从四面八方蜂涌而至，都想来见证这艘历时三年才峻工的战船扬帆启航。除了火力，这艘战舰还有许多地方都不同与其他船只。船体装饰得金璧辉煌，船楼上雕刻有象征勇敢和力量的图案，比如鬼神、骑士，以及令人生畏的猛兽形象。

停泊在港口的其他战船向“瓦萨”号鸣炮致礼，“瓦萨”号也鸣炮回应。“瓦萨”号从弥漫的礼炮烟雾中缓缓驶出，船头下浪花四溅，舰旗迎风招展，船楼上的彩旗、彩带斑斓璀灿。火炮炮口像一双双怒视的眼睛，虎视耽耽地向外斜视着，透射出不可挑战的威严。

这时，突然刮来一阵大风，“瓦萨”号剧烈地摇晃了一下，便向左倾斜。舰长命令把左舷上所有重物移到右舷，以抵消船的倾斜。但甲板的倾斜度仍在增加，并且越来越大。随着一声雷鸣般的轰响，甲板上所有的物品以及众多士兵齐涮涮地滑向陡斜的左舷。火炮的炮眼淹没在水里，海水涌进了船舱。就这样，诺大的“瓦萨”号，带着无限的荣光，沉没在了它诞生的港口。

火眼金睛

图中差错知多少？

施隽南　宋来鹏
张琦雪　潘宏纹　提供

（答案在本期找）

	1	
2		3
	4	

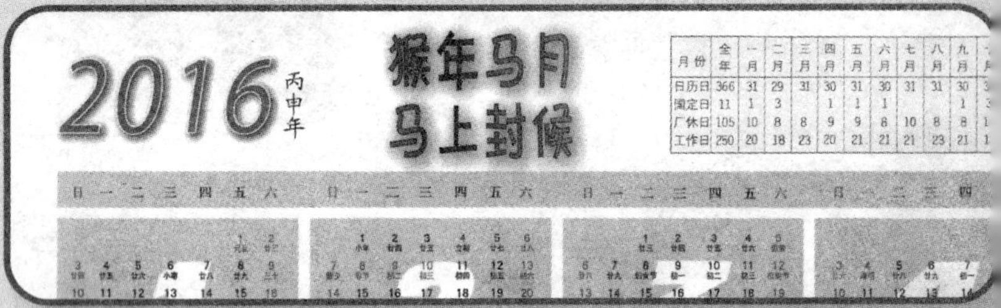

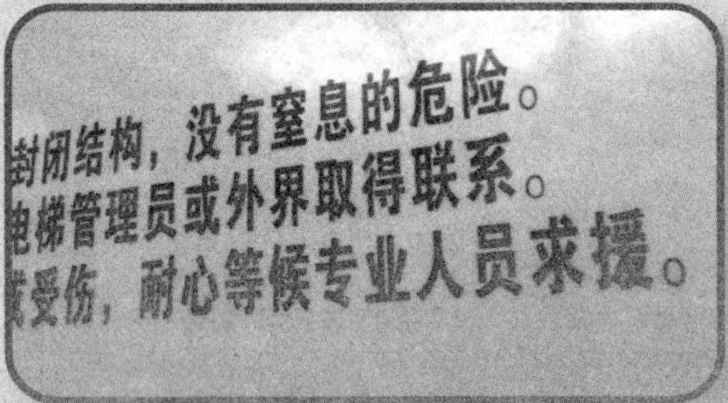

ISSN 1009-2390
02
9 771009 239159

YAOWEN-JIAOZI

咬文嚼字®

阮（又名『阮咸』）

3

2016

『此阮咸所作器也…… 其声高雅，乐家遂谓之阮咸。』

——《新唐书·元行冲传》

邮局订阅本刊 邮发代号4-641
统一刊号 CN 31-1801/G
：5.00元

上海世纪出版集团

婚姻好比两壶水

乔　桥/文　何梦笔/画

王宠惠曾参与《联合国宪章》的起草，是民国时期著名的法学家。有一次，王宠惠在伦敦参加一个外交宴会。席间一位英国贵妇问："听说贵国的男女都是凭媒妁之言而结成夫妻，双方都没恋过爱，这多不好啊！"王宠惠笑着回答："婚姻好比两壶水。我们的一壶是冷水，放在炉子上逐渐加热，所以中国夫妻间的感情起初很'冷'，而后慢慢'热'起来，离婚很少。而你们的一壶是沸腾的水，开始很'热'，而后就逐渐'冷'下来。听说贵国离婚比较多，莫非就是这个原因？"

咬文嚼字®

2016年3月1日出版

3

总第255期

主管：上海世纪出版集团
主办：上海咬文嚼字文化传播有限公司
编辑、出版：《咬文嚼字》杂志社
集团网站：http://www.shwenyi.com
E-mail：yaowenjiaozi2@163.com
官方微博：
http://weibo.com/yaowenjiaozish
电话传真：021-64330669
发行电话：021-60878388
邮购电话：021-60878392
地址：上海市打浦路443号荣科大厦17楼
邮政编码：200023
发行：上海市报刊发行局
发行范围：国内外公开
订阅处：全国各地邮局
邮发代号：4-641
ISSN 1009-2390
CN 31-1801/G
印刷：江苏太仓印刷厂有限公司
广告经营许可证：沪工商广字
310032005002０号
定价：5.00元

语林漫步

"书法艺术"与"文字规范"

◎施南仁

书法作品中的别字，一直是社会议论的焦点。大家还没有忘记，前央视著名节目主持人毕福剑曾送给"九球天后"潘晓婷一幅字："玖球天後"。四字错俩："玖"应为"九"，"後"应为"后"。媒体曝光后，批评之声此起彼伏，有网友甚至"破口大骂"：请没文化的人远离书法！

这种差错，确实是"没文化"或态度粗疏造成的。一经指出，当事人一般也只能"虚心接受"，没法"自圆其说"，没法强词夺理地狡辩。只要社会各界加大监督力度，只要当事人加强学习，努力提高文字水平，端正用字态度，书法作品中的这类差错，还是可以逐渐减少，甚至杜绝的。

我想说的是另一种情况。我们经常见到，有人在书法中故意把字写得不规范，或另写一字。如果有人指出，不仅得不到当事人的认同，甚至还有可能遭到"不懂书法"的嘲笑。

我有位同学在一所高校做教授，也是当地一位有名的书法家。他曾写有一幅单条"陵云壮志"，我说"陵"是个别字，应写成"凌"。谁知他笑起来，说："不懂了吧。"随即跟我解释了这个"陵"字的来历。原来在苏东坡《赤壁赋》原帖中，"凌万顷之茫然"的"凌"是写作"陵"的。我一时哑然。我家附近去年开了一个饭店，取名"大德饭店"。招牌书法很好，刚劲有力，气势如虹。但仔细一看便发现，"德"字右边中间没有一短横。我有次去饭店用餐，借机问老板为什么“德”少写一笔。老板说，是花钱请一位书法家写的，他不知道是怎么回事。个中道理，其实我是明白的。许多书法家写“德”字时，都不写其中的一短横。不仅现在如此，过去也一样。看看百年老店“全聚德”的招牌吧，那个“德”也没写中间的一短横。有人说，“德”字不写一短横，自古如此，是艺术创作的需要。因为少写一笔，字显得更加疏朗有致。

去年岁末，引起广泛议论的“故宫日歷”，其实也是类似问题。《故宫日历》是故宫所属的故宫出版社出版的一本“日历”书。共三百六十五页，每日一页。每页正面是年、月、周、日及每日相关之节日、节气等内容，背面是名家墨宝、金石珠玉等珍贵的宫廷古玩图片。其封面及封脊上的书名《故宫日历》用的是繁体字，“历”作“歷”。一石激起千层浪，人们议论纷纷，指出日历的“历”的繁体字是“曆”而非“歷”，故宫又闹笑话了。可故宫相关人员却不认账，底气十足地解释说：“故宫日历”用的是汉隶，是汉代《史晨碑》中的汉隶集字，秦汉时期通用“歷”，《史晨碑》中有“歷”而无“曆”。人家是集来的字，集字也属书法艺术。看，占着理呢。

“书法艺术”与“文字规范”到底是一种什么样的关系？“书法”真的可以远离“规范”吗？笔者想谈点粗浅看法，以求教于行家。

一、切莫本末倒置。书法的根基是文字，如果任由书法远离根基，远离文字固有规范，终有一天书法将不成为书法。因此，应该让书法服从文字规范，而不是相反，不能本末倒置！我们承认，书法有自身的艺术规律，但书法规律与文字规范之间，并不存在不可逾越的鸿沟。比如说，“德”中的一短横，真的不写才能写出好看的字来？未必，并不是所有的书法家都不写这一笔。苏轼《赤壁赋》原帖中的“德”字就有这一短横。既要把字写规范，又要创造出书法艺术来，这才是书法的最高境界。

二、切莫东施效颦。古人的优秀传统，我们当然要继承。古人明明写了一个别字，写了一个不规范字，完全没有必要“学习”嘛。古人写不规范字，还有可能是特定的历史条件造成的。比如清朝大兴文字狱，书法家为防止背上“反清复明”的罪名，常故意把“明”字写错(多在“日”中加一横写成“目”，也有在“日”中加一点的)。古人讲避讳，遇到一些特定的字常用另字代替，有时也用“减笔”或“增笔”之法，把字写得不像字。这难道也要继承？苏东坡把“凌”写成“陵”，今人却依样画葫芦，无疑有东施效颦之嫌。

三、切莫以古律今。古人、今人处在不同的时空中，面对的社会、文化环境以及用字生态，完全不同。古代有古代的用字规范，今天有今天的用字规范，不能“以古律今”，不能用古人的规范框限今人的用字行为。《通用语言文字法》规定简化字为规范汉字，但繁体字并未废除，还在一定范围里使用。《故宫日历》的书名用繁体字，本无可厚非，但按现在的用字习惯，“日历”的“历”的繁体字是“曆”而非“歷”。《故宫日历》是编给今人看的，用字无疑要符合今人的标准。为了追求艺术效果，用集字的办法，书名用古体字当然可以。但所集的古体字，不能违背今人的用字习惯。明明《史晨碑》中没有符合今人用字习惯的“曆”，为什么要硬集呢？虽然秦汉通用“歷”，但那是秦汉，不是现在嘛！况且《史晨碑》中的“歷”，意思是“经历”，并不是“日历”。今日有今日之“法”，昨日有昨日之“法”。今日之“法”管今日之“事”，昨日之“法”管昨日之“事”。岂能用昨日之“法”管今日之“事”？

我们郑重呼吁，亲爱的书法家们：不要让人看用字不规范的作品，更不要让人买用字不规范的作品！

笔记

“仰止堂”的得名

◎曹任文

抗战时期某一天，国民政府内政部次长雷震微服私访，到了福建永安的一个保长办公处。进门见厅堂上方挂着“仰止堂”三个大字，雷震心想，看来这个保长肚里是有点墨水的。

他问保长平时读什么书，谁知保长竟回答说，大字不识一个。“那上面来的公文怎么处理？”保长语出惊人：“别人用眼睛看，我是用鼻子嗅。”一边说着一边拿起桌上新到的一叠文件：“我用鼻子一嗅，上面有洋油味，知道是官样文章，我有别的保长也有，便搁在一边，带到家里引火；如果嗅出是墨汁味，那是专门发给我的，便请隔壁教书的老秀才读给我听，按照文上的要求去办。”保长颇为自己的聪明得意。

雷震(1897—1979)，字儆寰，出生于浙江长兴，原籍河南省罗山县周党镇雷畈村，政治家和出版家

雷震问他“仰止堂”的来历，保长说那也是老秀才题写的，老秀才可是一个有学问的人。雷震让他请来相见。老秀才身着长衫，银须拂胸，气度不凡。雷震请教《诗经》中的“仰止”二字，何以用在保长的办公

左宗棠赴宴打油

◎向　文

曾国藩和左宗棠都是清末洋务派的代表人物，又都曾为湘军首领，两人过从甚密。某日，左宗棠应约到曾府赴宴，即席赋诗一首，闻者无不绝倒。在亮出这首诗之前，得先交代一下清代的宴请习惯。

有清一代，官绅请客，发请柬的时候，并不要求对方确认能否出席。因为在开宴时总有人因故缺席，所以一般都是适当增发请柬，以保证有足够的嘉宾出席。

曾府请客，自非常人可比。接到请柬者无不受宠若惊，谁也不肯放弃这攀附权贵的机会。结果到了宴请那天，门庭若市，摩肩接踵，席上连上菜的空隙也没有。左宗棠见状，雅兴大发，信口哼道：

华堂今日盛筵开，不料诸公个个来。

上菜打从手上过，提壶直向耳边筛。

方愁臂短无长箸，复恨身肥占半台。

门外又传嘉客到，主人只好一边陪。

....

场所。老秀才的回答是："并非用典，纯属写实。"雷震愿闻其详，老秀才的解释是：他帮保长读公文，发现文中总有"仰即遵照""仰即办理"，几乎无文不"仰"；而这些公文，发到保长为止，保长下面的甲长没有办公处，不再行文。"仰止堂"便是因此得名的。

雷震听后忍俊不禁。

丁玲和定陵

◎忻舒

1984年4月，美国总统里根访问中国。4月27日下午，人民大会堂宴会厅举行盛大宴会，欢迎陪同来访的总统夫人南希。出席这次宴会的是我国妇女界的杰出人士，作家丁玲是其中的一位。

正当丁玲在礼宾人员的介绍下，与总统夫人握手交谈时，站在一边的美国大使馆的一位女士，用不太熟练的汉语提出一个问题："丁玲和定陵有什么关系？"

这是一个莫名其妙的问题。在那样的外交场合下贸然提出，更是有点不太礼貌。周围的人都露出了愕然的神色，紧张地望着丁玲。

丁玲泰然地答道："有关系。丁玲是人，定陵是坟墓。凡是人最终都要走向坟墓的。"

那位女士依然兴致不减，继续说道："这可是两个世界呀！这个世界是愉快的，那个世界谁也不想去。"

丁玲接着她的话说："是啊，这个世界是愉快的，但谁说没有烦恼呢？那个世界谁也不想去，但谁也得去。想躲就躲得过吗？"

现场发出了轻松的笑声。

上图为明定陵。明定陵是明代神宗皇帝朱翊钧的陵墓，这里还葬有他的两个皇后（孝端、孝靖）。明定陵坐落在大峪山下，位于长陵西南方，建于万历十二年至万历十八年（1584—1590）。除此之外，还有西汉广宗王定陵、三国东吴景帝定陵、唐中宗定陵、清咸丰皇帝定陵等

校园丛谈

“虾蟆陵”为何称“下马陵”

◎李学开

白居易《琵琶行》：“自言本是京城女，家在虾蟆陵下住。”课本将“虾蟆陵”注释为“在长安城东南”，至于此处为何叫这样一个名字则未说明。笔者试作一个简单的介绍。

安静古朴的下马陵

虾蟆陵，即下马陵，位于今西安市和平门附近。东起今天的和平门，西至今天的文昌门，全长有800余米。据说“下马陵”的来历与西汉著名的经学大师董仲舒有关。汉武帝时，董仲舒因极力鼓吹“君权神授”和提倡“三纲五常”而深得汉武帝器重。董仲舒去世后，汉武帝亲自选择安葬之地，并在陵前修建董子祠。出于对董仲舒的尊敬，汉武帝每次经过他的陵墓时，三十丈之外，便下马步行。此后便逐渐形成了一条不成文的规矩：上至达官显贵，下至平民百姓，骑马者，乘轿者，凡经过董仲舒的墓前，都要下来步行。下马陵的名称便由此产生。唐人韦述的《两京记》中有记载：“汉武帝至墓前下马，故曰下马陵。”又因陕西话中“下马”与“虾蟆”谐音，当地人口语中也就把“下马陵”称作“虾蟆陵”了。

唐时虾蟆陵一带为歌楼酒馆集中地，车水马龙，繁华热闹。唐以后，逐渐衰落。到了

此处“结发”并非“束发”

◎吴先进

粤教版高中《语文》必修课本第1册（2010年7月出版）选录有叙事诗《孔雀东南飞》。诗中写道：“府吏得闻之，堂上启阿母：‘儿已薄禄相，幸复得此妇，结发同枕席，黄泉共为友。共事二三年，始尔未为久，女行无偏斜，何意致不厚？’”教材对诗中的“结发”注释为“束发。古时候的人到了一定的年龄（男子20岁，女子15岁）才能把头发束起来，算是到了成年，可以结婚了”。笔者以为此注有误，有待进一步商榷。

查阅辞书可知，“结发”除了指“束发”这种成年仪式外，还有结婚之意。古时成婚之夕，男左女右束发合髻，以示正式结为夫妇，故“结发”可指结婚。《汉语大词典》《辞海》《辞源》中均予以收录。至于用例，亦非常之多，如“结发为夫妇，恩爱两不疑”（苏武《诗·其三》）、“结发为妻子，席不暖君床”（杜甫《新婚别》）、“结发年已迟，征行去何早”（孟云卿《古别离》）等等，不一而足。

从具体语境来看，焦仲卿得知母亲要休掉刘兰芝，他极力劝阻母亲。“结发同枕席，黄泉共为友”，此句义为两人结为夫妻共同生活，（并相约）死后也相依相伴，表明夫妻二人感情深厚，不愿意分离。诗句中的“结发”二字只有训释为“结婚”，才切合文意。

明初，朱元璋的一个儿子驻守关中，重建长安城时，“下马陵”被拒之城外。时世变迁，虾蟆陵落尽了昔日的繁华，淡出了人们的记忆。

白居易《琵琶行》中的诗句，大大地提高了“虾蟆陵”的知名度。如今到西安旅游的人，都忘不了到此处走一走，看一看，凭吊古迹，寻找失去的记忆。

一针见血

误用“日精月华”

◎陈林森

2015年12月7日《新民晚报》中的一篇游记《夜宿古堡》写道：

进了门洞，眼前一派颓旧，房舍屋落甬路小巷俱为四百年前的物事，一切依旧，只是日精月华风剥雨蚀，使之蒙上了浓郁的古远气息。

文章写的是前往河北省迁西县游览一座古城堡的观感，“日精月华”在文中要表达的似是历经漫长岁月的意思，类似于“日久天长”。这显然是误用。

“日精月华”这个成语，大陆出版的词典未见收录，台湾《国语辞典》的解释是：日月的精气、精华。“日精月华”是传统文化概念，本为道家用语，日精乃太阳之气，月华乃太阴之气。《西游记》第一回谈到石猴出世时用道家学说加以解释，认为山顶仙石之所以孕育出了石猴，是因为吸收了日月的精华。

伊丽莎白二世几次加冕？

◎杨西仑

2015年12月9日《平顶山日报》第6版《钟灵毓秀露峰山》一文说：“英国女王伊丽莎白每逢加冕或举行盛大宴会，就总爱穿鲁山绸制成的礼服。”“每逢加冕”，难道是说伊丽莎白二世经过几次“加冕”吗？

冕，原指天子、诸侯、卿、大夫所戴的礼帽，后来专指帝王的礼帽。加冕，指某些国家的君主即位时所举行的仪式，即把“冕”戴在君主头上。英国女王伊丽莎白二世于1952年2月6日即位，1953年6月2日在伦敦威斯敏斯特教堂举行加冕典礼，是英国迄今为止在位时间最长的君主。由此看来，伊丽莎白二世仅仅在即位后举行过一次加冕典礼，那又何来“每逢加冕”呢？

误之由。

“风锋”？“风铎”！

◎李景祥

《北京晚报》2015年12月17日第39版刊有《通州为什么被称为北京的“东大门”》一文，文中介绍北京市通州区的标志性建筑——燃灯舍利塔时有句话说：“塔身各角雕有佛像，各具姿态。每椽悬风锋（铜铃）一枚，共2232枚。”那“风锋”当是“风铎”之误。

《说文·金部》：“铎，大铃也。军法：五人为伍，五伍为两，两司马执铎。”徐灏注笺：“镯、铃、钲、铙、铎，五者形制皆同。”《群经字诂·四书字诂·上论四》：“铎，牛项下铃，亦谓之铎。”可知铎就是一种铃。我国古代的一些高大建筑如殿、阁、塔、观等的檐角处悬挂着数量不等的风铃。这些金属铃铛在古诗文中有檐铃、檐铎、铃铎、铎铃、风铎等等许多别称，却从未见有称之为“风锋”者。“铎”字与“锋”字形似，当是致误之由。

“遐想”“连篇”不相配

◎李英山

2015年11月4日《新闻晨报》上刊登了一篇题为《18岁网红删2000张照片：“不想再出卖身体”》的文章，其中有这样一段文字：“18岁的她作为一名网拍嫩模，着着实实靠颜值吃了几年饭，每一张照片都精致完美，纤瘦优美的曲线、隐隐裸露的皮肤，令人陶醉的微笑、回眸，让人遐想连篇。”其中“遐想连篇”应为“遐想联翩”。

查《现代汉语词典》可知，“遐想”的意思是“悠远地思索或想象”；“联翩”的意思是“鸟飞的样子，形容连续不断”。“遐想联翩”是指许许多多的想象不断涌现出来。“连篇”有两个义项：一是（文字）一篇接一篇，如“连篇累牍”；二是充满整个篇幅，如“白字连篇”。“遐想”是一种想象活动，不能与“连篇”搭配使用。

应是年“节”喜庆

◎解志维

2015年11月23日《栾城报道》第8版《专题》栏目发表文章，介绍当地酒业，题目是《四时春富贵　古栾酒风流》。文中有一句话：“产品销往全国各地，成了消费者宴请亲朋好友、婚礼请客、年结喜庆的陈酿佳品。”“年结喜庆”中的“结”字应该是“节”。

年节：农历新年；春节。上述文章中表达的是“庆祝新年等喜庆节日的酒”之意，“年节”符合这一语境。

“节”“结”二字字音相同，致使“年节”误为“年结”。

能说不负皇帝的“众”望吗

◎陈晓云

果不其然，张玉书和陈廷敬两位老人不负康熙皇帝的众望，为了编纂好这部字典，张玉书殚精竭虑，在出任《康熙字典》总编审一年后，就死于任上。

上引文句出自《中国电视报》2007年第9期B22版的《〈国宝档案〉为您讲述——康熙字典》一文，句中将“不负众望”这一成语拆开运用，姑且不论，问题是“不负众望”用在此语境中欠妥。

负：辜负；众：众人；望：期望。不负众望：不辜负大家的期望。但“张玉书和陈廷敬两位老人不负康熙皇帝的众望”中的“众”，就很难让人理解了。句中原意是张玉书和陈廷敬两位老人不辜负康熙皇帝的期望，而没有不辜负众人的期望之意。康熙皇帝显然不能称之为“众”。因此这里不能说“不负众望”。

应是“游弋”，不是“游曳”

◎朱宝珠

2015年12月15日《宁波

日报》A14国内新闻版《拯救长江江豚》一文配有照片，照片上是两头在水面游动的江豚，图旁配文："两头被迁移的江豚在何王庙（集成垸）保护区水域游曳。"其中"游曳"应为"游弋"。

《现代汉语词典》对"游弋"的解释：（舰艇等）巡逻；泛指在水中游动。这个词正好符合上述语境的意思。该词典对"曳"的解释：拖；拉；牵引。"游曳"不成词。

《义勇军进行曲》哪年被写入宪法

◎晋　相

《中国老年报》2015年12月25日第3版《爷爷定名〈风云儿女〉主题歌》一文中写道："1949年，《义勇军进行曲》被写入宪法，成为中华人民共和国国歌。"那时我国已经制定了宪法吗？

1949年召开的中国人民政治协商会议第一届全体会议，于9月29日通过了一部起临时宪法作用的《中国人民政治协商会议共同纲领》，但在《共同纲领》中并没有关于国歌的条款。而在9月27日通过的《关于中华人民共和国国都、纪年、国歌、国旗的决议》中，决定在中华人民共和国国歌正式制定前，以《义勇军进行曲》代国歌。

我国的第一部宪法是1954年9月20日由全国人民代表大会第一次会议通过的，其中并没有关于国歌的条款。直到2004年3月14日，十届全国人大二次会议通过宪法修正案，正式将《义勇军进行曲》作为中华人民共和国国歌写入宪法。看来，上述文章中的说法并不严谨。

应是"行色匆忙"

◎解栾城

2015年12月7日《栾城报道》第4版刊载《长安古意》一文。文中有一句话："我不属于这里，我只是一个形色匆忙的旅人，这里的一切，都恍若南柯一梦，梦醒之后，再见无期。”文中“形色匆忙”当是“行色匆忙”之误写。

“行色”即行旅出发前后的情状，“形色”指的是形体和容貌。只有“行色”与“匆忙”搭配才合乎逻辑。

“行”“形”二字字音相同，以致“行色匆忙”误为“形色匆忙”。

是“出仕”不是“致仕”

◎彭文峰

《光明日报》2014年7月2日第1版《乡贤回乡，重构传统乡村文化——浙江“乡贤文化”与乡村治理的采访和思考》一文编者按语云：“乡贤，多是饱学之士、贤达之人……从乡村走出去的精英，或致仕，或求学，或经商……”正文中也将“致仕”理解为获得官职，这是错误的。

《春秋公羊传·宣公元年》记：“退而致仕。”何休注曰：“致仕，还禄位于君。”官员因年老体衰等原因将所掌之事、所享之禄归还国君告老还乡为“致仕”。《古代汉语词典》也将“致仕”解释为“交还官职，即退休”。考诸典籍，“致仕”寓意为辞官退休的例子俯拾即是，此不赘举，却未见有将“致仕”寓意为取得官职的任何记载。总之，“致仕”是乡贤回归故土的重要原因，不是乡村精英走出乡关的途径。离开家乡进入仕途应称之为“出仕”（也可称之为“入仕”）。上述文章中的“致仕”应改为“出仕”。

“离开朝野”欲何往

◎杨鲁山

《平顶山日报》2015年12月15日第6版上的《谒杜甫故里》一文中写道：唐代大诗人杜甫“不久即被贬为华州司功参军，离开朝野，终归被政治彻底遗弃”。这里的“离开朝野”应为“离开朝廷”。

“朝野”旧时指朝廷和民间，现在用来指政府方面和非政府方面。从文中看，杜甫是离开了京城到地方任职，说他离开了“朝”其实也不对，因为他还在为朝廷办事，只不过办事的地方转移到了地方。就算杜甫辞官不干了，也不能说他“离开朝野”，一个人如果离开了“朝”和“野”，还能往何处去？

“只知有汉，无论魏晋”？

◎阎德喜

《遗憾的思考》（见《文字后的历史》，春风文艺出版社出版）中指出，现在的一些文艺批评家学识浅陋，“不懂哲学、历史、社会学，只知有汉，无论魏晋”。文中的“只知有汉”当是“不知有汉”之误。

“不知有汉，无论魏晋”出自陶渊明的《桃花源记》。文章中桃源的居民说其先祖自秦末起便避乱隐居于此，他们始终与外界隔绝。武陵人问他们现在是什么朝代，竟然“不知有汉”，也就“无论魏晋”了。“无论”义为不必说，这句话是合乎逻辑的。

上述文章中的“只知有汉，无论魏晋”显然是脱胎于“不知有汉，无论魏晋”。但“只知有汉”，并不能推导出“无论魏晋”的结果，放在文中形容文艺批评家的孤陋寡闻也是不准确的。

“帮”岂能误作“梆”

◎盛祖杰

南昌的西汉海昏侯墓考古发掘备受媒体关注。2015 年 12 月 15 日《法制晚报》A14 版《主棺整体“打包”到实验室》一文写道：“主棺前部向南倒塌，后部紧贴主椁室北侧板，西梆向西倒塌，东梆靠近主椁室东侧板……”其中“西梆”“东梆”的“梆”应为“帮”。

帮，指鞋底以外的部分，有时只指鞋的两侧面。引申泛指中空物体旁边的部分，如船帮、桶帮。古墓中的柩，是中空的长方体，上有盖下为底，两侧壁称为“帮”名副其实。

梆，即梆子，旧时巡更或衙门用以集散人众所敲的响器，用竹子或挖空的木头制成。棺椁的结构与“梆”无关。

“弦窗”？“舷窗”！

◎杨昌俊

《旧时风物》（广西师范大学出版社2009年7月出版）一书《烛光灯影的记忆》一节中这样写道：“我每次夜晚乘飞机将要降落在这世界上任何一个城市的时候，望着弦窗外一片灯火，都会产生一种莫名的感动……”（第121页）引文中的“弦窗”应写为“舷窗”。

舷，本指船体两侧的边沿，也引申指船的两侧。从船尾向船首看，左侧称“左舷”，右侧称“右舷”。后来也指飞机两侧的边沿。舷窗，指的是飞机或某些船体两侧密封的窗子，用以采光。一般是圆形玻璃窗，也有方形的，有的还附有金属盖。

弦，本指弓背两端之间系着的用以发箭的绳状物，用牛筋等制成，有弹性。也引申指乐器上用以发声的细丝，一般用丝线、铜丝或钢丝等制成。

把“舷窗”写成“弦窗”，恐是音同形似致误。

菜只能“夹”而不能“挟”

◎解新开

2015年第12期《老人世界》刊载《母亲的香椿鱼》一文。文中有一句话：“女儿急不可待，拿筷子就挟，心急地边吹边往嘴里放，刚嚼了两下，就连说真香。”引句中“挟”字有误，菜只能用筷子“夹”而不能“挟”。

夹，jiā，义为从两个相对的方向加力使物体固定，如夹住、夹菜。挟，xié，有夹在胳膊下、怀藏、挟制(用威胁手段强使顺从)、倚仗等义项。但没有“挟”菜这一用法。

“香九龄，能温席”并非出自《弟子规》

◎张胜强

《小学语文教师》2013年第5期刊有周荣仙老师写的《〈弟子规〉改变了他》一文，文章讲述了《弟子规》对一个小学生的影响，其中引用了“香九龄，能温席”。这里出现一个知识上的错误。这句出现在《三字经》中，而并非《弟子规》中。

《三字经》是中国的传统启蒙教材，是宋代经史学者王应麟所编。在格式上采用三字一句，其文通俗、顺口、易记，所谓“熟读《三字经》，可知千古事”。《弟子规》为清代李毓秀所作，后经清代贾存仁修订，列述“弟子”的行为准则，在格式上也是三字一句。“香九龄，能温席”讲的是《二十四孝》中“黄香温席”的典故，但《弟子规》中并没有这句话。

“全国人大委员”不规范

◎陈九江

凤凰网2015年12月24日《要闻》栏第4条新闻的标题是《全国人大委员：建议“禁止代孕”改为“规范代孕”》。此处的“全国人大委员”的概念是不合规范的。

全国人民代表大会中的普通成员是代表，而不是委员。与此相对，中国人民政治协商会议中的普通成员是委员，而不是代表。全国人大的常设机关是全国人民代表大会常务委员会，其成员可简称为“全国人大常委会委员”，在特殊情况下(如标题，口头报道)，可以简称为“全国人大常委”。

我国有“人大代表”，有“政协委员”，但没有“人大委员”。根据报道内容，标题中的“全国人大委员”应是“全国人大常委”。

词语春秋

“牛头不对马嘴”小议

◎陈壁耀

俗语有“牛头不对马嘴”之说，意思是不相干或答非所问，谓相互之间毫无瓜葛或关系，多用于指说话或写文章偏离了题旨。但为什么是“牛头”不对“马嘴”，而不是其他如“羊头”不对“马嘴”，或“牛头”不对“狗嘴”呢？难道只有“牛头”和“马嘴”才是不相干的？

当然，从不相干的角度说，“羊头”与“马嘴”或“牛头”与“狗嘴”之类也是不相干的。只是如今已约定俗成为“牛头”不对“马嘴”，那就和其他的什么“头”或“嘴”都不相干了。但有一个例外，那就是“驴唇不对马嘴”或曰“驴头不对马嘴”。这却是古已有之的一种语言现象，是古人长期沿用并一直使用到现在的一种说法。但是，从“驴唇”（或“驴头”）与“马嘴”的关系看，两者却并非是不相干没有瓜葛的，因而“驴唇不对马嘴”这个俗语的合理性，似乎是可以商榷的。

以下就先说说这“驴唇”与“马嘴”。

从语源的角度说，“驴唇不对马嘴”的源头，很可能就是“驴唇马嘴”，语出《五灯会元》卷十五《云门文偃禅师》：“驴唇马嘴，夸我解问十转五转话。饶你从朝问到夜，论劫恁么还曾梦见么？甚么处是与人著力处？”从文中的语意看，“驴唇马嘴”的意思，不是如今所说的不相干之类，而是形容众人纷纷询问或夸赞的情状的，犹今言之七嘴八舌。而禅师之所以拿驴和马来说事，或许只是因为它们虽属不同的畜类，却相互之间存有某种关系的缘故。

因为从生物学角度说，我们都知道驴和马是会有交配的，它们有共同孕育的后代——骡。或称驴骡(公马与母驴的后代，也叫駃騠)，或称马骡(公驴与母马的后代，一般就称之为骡)。所以从驴和马孕育有共同后代骡这个角度说，“驴唇”和“马嘴”是有着某种关系的。据说驴除了驴和马之外，绝不与其他物种交配，马也同样如此，可见两者关系之密切。因此就不能说“驴唇”对“马嘴”是不相干的。只是后来不知什么缘故，也不知从何时开始，就演化成了“驴唇不对马嘴”，以表示两不相干的意思，如《儿女英雄传》第二五回的“一段话，说了个乱糟糟，驴唇不对马嘴”。这确实是比较奇怪的。

据常理分析，这个意思或许就是由“驴唇马嘴”的七嘴八舌义引申而来的。七嘴八舌的意思并非不相干，而是说人多嘴杂，但或许正是因为人多嘴杂，则你之所说与我之所说，也就很可能是不相干的。于是才有了“驴唇不对马嘴”的说法和新义也未可知。当然，这些目前都还只是一种逻辑上的推演，尚无相关文字可以佐证，只是从情理上分析，“驴唇不对马嘴”的说法，或许就是这么演化过来的。

以下再说“牛头不对马嘴”。

“牛头不对马嘴”这个俗语，应该是由“牛头不对马面”变化而来的，而“牛头不对马面”的语源，也可能最初只是并列的“牛头”和“马头”，即语出《楞严经》卷八之“牛头狱卒，马头罗刹”的“牛头”与“马头”。

佛经文字中说的是“马头”，不是“马面”。按鲁迅先生《朝花夕拾·无常》中的说法，“马面”是“中国人自己想出来的”。远的例子如《敦煌变文集·大目乾连冥间救母变文》有目连至地狱后见“狱中数万余人总是牛头马面”，近者如《西游记》五六回之“老者道：‘爷爷呀，一个夜叉，一个马面，一个雷公！’”又如翟灏《通俗编》卷十九引《翻译名义》“频那是猪首，夜迦是象鼻”之所说，此“二使者形状”“乃亦牛头马面之类”。在我国民间传说中，“牛头”和“马面”的形象，历来就是地狱里的两个鬼卒，或可称之为地府中各类狱卒的代表的。

“牛头”与“马面”，就其脸部特征看，是完全不同的，而两者之间似也从未有过什么瓜葛。或许正是因为这个缘故，后来就产生了“牛头不对马面”的说法，也用来表示不相干的意思，如《文明小史》第二四回“尽其所有写上，都是牛头不对马面”。而这“马面”后来又演化为“马嘴”，很可能又是受“驴唇马嘴”的影响衍变而来的。而又因为“驴唇”与“马嘴”如上所说并非是不相干的，于是再变“驴唇”为“牛头”而成了如今常说的“牛头不对马嘴”，如邓拓《燕山夜话·不吃羊肉吃菜羹》中所说：“有人背诵了几篇祭文，背得烂熟。到了考试的时候，题目是祝寿的。他居然生搬硬套地把祭文抄上去，弄得牛头不对马嘴。”

综上所述，汉语中用以表示不相干或答非所问等意思的俗语，有“牛头不对马嘴”“驴唇不对马嘴”和“牛头不对马面”“驴头不对马嘴”等四种说法。历史性的大型辞书《汉语大词典》，以“古今兼收，源流并重”为宗旨，收录了全部四条俗语，并分别以前两条为主条，后两条为其相应的副条，显示出两组不同的源流关系。而宗旨为“促进汉语规范化”的中型辞书《现代汉语词典》和《现代汉语规范词典》，只收了前两个主条，却把它们视为了一组主副条关系，而又都以“驴唇不对马嘴”为主条。这种做法似可商榷。因为从“促进汉语规范化”的角度说，现代中型辞书收词是应兼顾其词义内部的意义联系的，而如前所说，驴马之间却

说“解数”

◎夏先培

现代汉语有“浑身解数”的说法，意思是“全身本领”。“本领”为什么称为“解数”？它们之间有什么联系？此中道理颇值得探究。

从有关语料看，“解数”一词本为武术用语，指“套路，招式”，后来引申为一般的“本事，手段”。“解”本来就有“武术用语”的意思。最初是动词，《汉语大词典》和《汉语大字典》分别释为“招架；抵抗”和“交锋时解除对方的进攻”。北宋文莹《玉壶野史》卷一：“昱（钱昱）轻便美秀，太祖（赵匡胤）受禅，伯父俶（吴越王钱俶）遣持贡入阙，赐后苑宴射。时江南使者已先中的，令昱解之，应弦而中，赐玉带旌赏之。”更多的时候是“架解”连说，“招架”“解除对方进攻”的意思更加明显。元代尚仲贤《单鞭夺槊》第三折：“尉迟恭威而不猛，单雄信战而无功。我见他格截架解不放空，起一阵杀气黑蒙蒙，遮笼。”又引申为“套路，招式”，尤其多用于马术，有“解马”“马解”“跑马卖解”等词语。

“解数”由“解”和“数”组合而成。“数”指“技艺；技巧”。《孟子·告子上》“今夫弈之为数，小数也”，东汉赵岐注：“数，技

是有着许多无法割断的联系，它们之间从来都不是不相干，不是毫无关系的。因此，中型的现代汉语辞书，似当只收“牛头不对马嘴”，或以此为主条才是比较合适的。

也。”“解数”的最初意义应该是“招架抵抗的技巧”，也就是“套路；招式”；而“解”之称为“解数”，也正如“招”“招式”又称为“招数”。明代田汝成《西湖游览志余》卷二十《熙朝乐事》：“有飙骑数十，飞辔往来，逞弄解数。如双燕绰水、二鬼争环、隔肚穿针、枯松倒挂、魁星踢斗、夜叉探海、八蛮进宝、四女呈妖、六臂哪吒、二仙传道、圯桥进履、玉女穿梭、担水救火、踏梯望月之属，穷态极变，难以殚名，腾跃上下，不离鞍镫之间，犹猿猱之寄木也。”这段文字详细记述了南宋“扬兵”仪式上骑兵表演的“解数”的名目，这也正像当今拳术还有“野马分鬃”“白鹤亮翅”“仙人指路”“紫燕穿林”等招式。类似的史料又见明代刘侗、于奕正《帝京景物略》卷五《西城外·高梁桥》所载，“岁清明……都人踏青高梁桥……厥有扒竿、觔斗、喇喇（古代剧种名）、筒子、马弹解数、烟火水嬉。……解数者，马之解二十有四，弹之解二十有四。马之解，人马并而驰，方驰，忽跃而上，立焉，倒卓焉，鬣悬，跃而左右焉，掷鞭忽下，拾而登焉，镫而腹藏焉，鞦而尾赘焉，观者岌岌，愁将落而践也。弹之解，丸空二三，及其坠而随弹之，叠碎也，置丸童顶，弹之碎矣，童不知也。踵丸，反身弹之，移踵则碎，人见其碎，不见其移也。两人相弹，丸适中，遇而碎，非遇，是俱伤也……”。这段记载对“马弹解数”，也就是马术、弹弓表演中的一些“套路、招式”作了具体、生动的描述，而从“解数者，马之解二十有四，弹之解二十有四”一句还可看出，“解”和“解数”是同义语。

与武术关系密切、同样讲究“套路，招式”的蹴鞠也有“解数”的概念。如明代汪云程《蹴鞠图谱·下场口诀·一人场户》：“直身正立，不许拗背。或打三截解数，或打成套解数，或打活解数。一身俱是蹴鞠，旋转纵横，无施不可，虽擅场校尉，千百中一人耳。”其中“一身俱是蹴鞠”一句，正与“浑身解数”暗合。又明代李昌祺《运甓漫稿》卷二有七言古风《美人蹴圆图》，描绘女子蹴鞠场景，其中有“眼亲步活转移速，解数般般谁道难”的句子。

“解数”一词，至迟南宋已经出现。林希逸《庄子鬳斋口义·发题》：“若《庄子》者，其书虽为不经，实天下所不可无者。……然此书不可不读，亦最难读。……是必精于《语》《孟》《中庸》《大学》等者，见理素定，识文字血脉，知禅宗解数，具此眼目而后知其言意一一有所归者，未尝不跌荡，未尝不戏剧，而大纲领、大宗旨未尝与圣人异也。”这个“解数”指禅宗所谓的“机锋”，应该已经是一种引申或比喻的用法了。

最后说说“解”的读音。“解”在现代汉语中有 jiě、jiè、xiè 三种读法，分别来自不同的古代读音和意义。“解数”和作为武术用语的“解”，《辞源》和《汉语大词典》都注为 jiě（《汉语大词典》另用括注说明“又读 xiè”），《辞海》和《汉语大字典》注“解”为 jiě，《现代汉语词典》和《现代汉语规范词典》则将“解”和“解数”都注为 xiè。这种差别是由不同字（词）典各自的编纂目的和编纂原则所决定的。一般说来，《辞源》《汉语大词典》《汉语大字典》等更注重字音的历史依据，如古代字书、韵书的注音；《现代汉语词典》等则更注重字音的现实状况，即当今多数社会成员对某字的读音。具体到这个“解”字，应该说它本来读 jiě，后来演变成 xiè。至于变化的原因，可能是“习非成是”。人们面对不大熟悉的字音时，常常会有一种“矫枉过正”的现象。例如“粗犷”的“犷”，本该念 guǎng，但不少人为免“见边读边”之误，会把它念成 kuàng。又如“解甲归田”的“解”，本来读 jiě，但也有相当数量的人读成 xiè。“解数”的“解”的情况大概与此类似，只不过这个读音后来普及开来，得到社会承认，并最终取代了 jiě 的读音。

借题发挥

子虚乌有的“俄加盟共和国”

◎蔡正序

2015年10月23日《报刊文摘》刊有一篇题为《俄加盟共和国总统涉黑被捕》的文章。该文报道俄罗斯联邦科米共和国总统盖泽尔涉嫌经济犯罪被查处。笔者觉得标题中的“俄加盟共和国”实属子虚乌有，因为俄罗斯根本不存在任何“加盟共和国”。

苏联解体后，俄罗斯实行的是联邦制。俄罗斯联邦现由80多个联邦主体组成，包括三个联邦直辖市，若干自治共和国、边疆区、州、自治州和自治区等。就是没有“加盟共和国”。

“俄加盟共和国”的表述可能源自苏联时期国家体制的影响。苏联的全称是“苏维埃社会主义共和国联盟”，由15个加盟共和国组成，即俄罗斯、乌克兰、白俄罗斯、乌兹别克、哈萨克、吉尔吉斯、塔吉克、土库曼、阿塞拜疆、亚美尼亚、格鲁吉亚、立陶宛、爱沙尼亚、拉脱维亚和摩尔达维亚。苏联解体后，这种国家体制瓦解。现今的俄罗斯没有所谓的“加盟共和国”。

“俄版教父”家藏60公斤黄金珠宝

俄加盟共和国总统涉黑被捕

调查显示，这19人涉嫌参与一个犯罪集团，2006年以来有步骤地窃取国有资产，中饱私囊。俄罗斯媒体援引知情人士的话报道，调查人员已经把嫌疑锁定在塞浦路斯、塞舌尔群岛等地的几家离岸公司。马尔金介绍，这个犯罪集团“拥有官僚般的组织架构”，成员间关系“团结、紧密”，其犯罪活动的触角延伸至俄……高度勾结、打造了一个具有严密组织架构的“犯罪帝国”。

据马尔金透露，调查人员在多个地区共实施了80多次突击搜查，今年9月又在莫斯科、圣彼得堡和科米共和国加紧搜查了盖泽尔的家和办公室。除了查获涉及盖泽尔等人利用欺诈手段把国有资产私有化并据为己有的文件资料外……

维亚切斯拉夫·盖泽尔

控。今年3月，东部萨哈林州州长亚历山大·科罗沙文因收受贿赂被免职，并受到……

“慈善夫妻”夏志国？

◎鲍国民

《新文化报》有一篇报道，题目是《“慈善夫妻”夏志国突发脑出血入院》，让人看了有些摸不着头脑，“慈善夫妻”能用来修饰夏志国一个人吗？

正研究给村小送“新年礼物”呢

“慈善夫妻”夏志国

突发脑出血入院

脑部出现水肿随时可能进行开颅手术

17年来为上万名学生捐赠70多万文体用具

2012年，夏志国和陈玉珍获得了第七届中华慈善奖，成为了最具爱心慈善楷模。如今他们用了17年的时间，为上万名孩子捐赠了总价值70多万元的文体用具。然而就在今年12月14日晚，刚刚整理完文具的夏志国老人在家中突发急性脑出血入院。由于他的脑部出现水肿，随时需要进行开颅手术。躺病床上的夏志国虽然意识不太清晰，但他依然嘱咐家

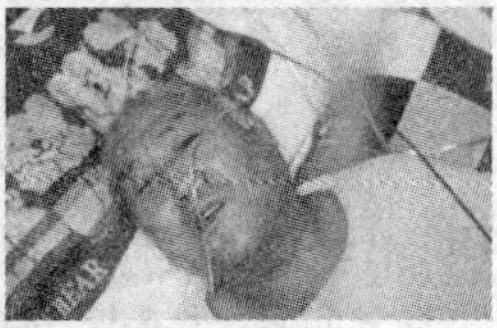

躺在病床上的夏志国仍不忘孩子们。记者 王振东 摄

文章中的夏志国和陈玉珍夫妇曾获第七届中华慈善奖，他们用了 17 年时间，为上万名孩子捐赠了总价值 70 多万元的文体用具，被社会誉为“慈善夫妻”。“夫妻”指丈夫和妻子二人。报道里入院的是“慈善夫妻”中的丈夫夏志国，妻子陈玉珍并未发病，显然不应用“夫妻”。

网言网语·财富

许多人，总是以拥有财富为幸福。可是，迷恋财富常会打破心灵的平静；而只有心灵平静的人，才能感受到幸福的存在。所以，财迷心窍的人，不可能拥有真正的幸福。

（黄文健／辑）

热线电话

“你好，我是64330669……”（49）

◎姚博士

压岁钱的“压”是什么意思

问：又到年底，要给孙子准备压岁钱了。为什么叫“压岁钱”，“压”是什么意思？

——长春　阎中君

答：压岁钱，是过年时长辈赐给小孩子的红包。是啊，“压”是什么意思呢？回答这个问题，要从古代的“年”说起。

现在的“年”，是一个快乐的节日，贴对联，放鞭炮，挂灯笼，穿新衣，家人团圆，一起吃年夜饭，等等，其乐融融，是一年最让人期待的日子。不过在古代，“年”的含义并非都如此。

年，甲骨文作，象结穗的禾谷，本义是禾谷成熟。《说文》：“年，谷熟也。”在上古时代，祈求丰收，也称“年”。《周礼》：“凡国祈年于田祖”，郑玄注：“祈年，祈丰年也。”“田祖”即神农氏，是传说中的“始耕田者”。古人重祭祀，“祈年”的方式当然就是祭祀“田祖”的活动。祭祀时，少不了酒肉之类的祭品，而祭祀结束了，祭品大家是要一起分食的。过年吃年夜饭，大鱼大肉，其实就是这么来的。

上古时代，人们看天吃饭，对旱涝虫害等影响农业生产的自然现象没有科学认识，常把禾谷歉收归咎于“疫疠之鬼”的为害之举。因此，在“祈年”的祭祀活动中，除了“祈福”以外，

"禳灾"也是重要目的。"禳灾"即禳除灾害。"过年"也叫"除夕",一直有学者认为,"除夕"之"除",就是"禳除灾害"之义。

在历代的年节活动中,习俗因循变化,各有千秋,但"祈福"和"禳灾"一直是其中的两大主题,这从未变过。

放鞭炮、贴对联,原本的目的就是"禳灾"。汉代《神异经》中说,有一个被称作"山臊"的鬼怪,长得像人一样,如果被它侵害就会生病。于是人们便把竹子放在火堆里烧,用竹子燃烧时发出的噼里啪啦的爆裂声吓唬山臊,让它远离人们。后来,逐渐演变成过年时放鞭炮的习俗。贴春联起源于挂桃符。相传大海中有度朔山,山上有一棵大桃树,树干弯曲伸展三千里,树枝的东北面叫鬼门,鬼怪由此进出。树上有两位神人:神荼、郁垒。发现害人的恶鬼,神荼、郁垒便绑着去喂老虎。后来人们把画有神荼、郁垒的桃木板,挂在大门上以压邪,此曰"桃符"。五代时,西蜀的宫廷里,有人在桃符上写联语。这样,桃符就逐渐演变成春联了。《燕京岁时记》:"春联者,即桃符也。"

据典籍记载,过去人们在除夕时,常用彩绳穿钱,置于床脚,以压邪魅,谓之压岁钱。压,即镇。后来,长辈赐给小孩子的钱,也称压岁钱,最初应该也有辟邪之义。

"芈月"是历史上的第一位"太后"吗

问:《芈月传》的热播,引起人们对"太后"一词的讨论。剧中的芈月,在公子稷继承秦国王位以后,被尊为"太后"。芈月以秦宣太后为原型,有人说宣太后就是历史上的第一位"太后"。果真如此吗,介绍一下相关情况好吗?

——武汉　田禾苗

答:秦宣太后确实是我国历史上的第一位"太后"。

"后"本指君主。《尔雅·释

诂》:“后,君也。”后来指君王的妻子。《释名·释亲属》:“天子之妃曰后。”我们知道,古代君王妻妾成群,分成不同等级,只有正妻或嫡妻方可称“后”。“后”是君王或诸侯后宫嫔妃封号中的最高等级,执掌后宫事务,是众妃的首领。

春秋战国时期,君王或诸侯去世,新君继位后当立新后。如果先君之后(大都为新君之母)尚在人世,一般在“后”前加上先君的谥号称呼,以示与新后的区别。比如《史记·赵世家》中有“惠文后”,本是赵惠文王生前的王后,赵惠文王去世后,在“后”前加赵惠文王谥号“惠文”,称“惠文后”。

从文献记载看,在秦宣太后之前,未见称“太后”者。因此,宣太后被视为历史上第一位“太后”。《芈月传》热播后,“太后”引起了人们的兴趣,大家议论纷纷。见网上有人发表意见,说宣太后未必是中国历史上的第一位太后,其前史书没有记载,不能说明就一定没有。我们认为,宣太后确实是历史上的第一位“太后”。“太后”的出现,和当时的政治有关。

秦武王没有子嗣,去世后秦国王权暂时处于空窗期,诸公子争夺王位,政治出现混乱,史称“季君之乱”。芈八子的同母异父弟魏冉,手握重兵,势力很大,拥立芈八子之子公子稷。当时,公子稷在燕国做人质,回国后继承了秦国王位,史称秦昭王。秦武王生母惠文后,则拥立公子壮为君,史称“季君”。同时两君并立。秦昭王二年(前305),魏冉平息了内乱,公子壮及一同反叛的诸公子、一帮大臣被诛,惠文后也“不得良死”。《史记·穰侯列传》:“武王卒,诸弟争立,唯魏冉力为能立昭王。昭王即位,以冉为将军,卫咸阳。诛季君之乱。”唐代司马贞索隐:“季君即公子壮,僭立而号曰季君。穰侯(即魏冉,后封“穰侯”)力能立昭王,为将军,卫咸阳,诛季君及惠文后。”

这无疑是一场武力较量,是“武斗”;而芈八子在公子稷继位后，称“太后”，则可视为一场“文斗”。

惠文后本魏国女子，嫁给秦惠文王后，先做“夫人”，生下武王以后被封为王后。秦惠文王去世，惠文后儿子秦武王继位。按惯例，惠文后以先君谥号“惠文”称之，故称“惠文后”。秦武王做了4年秦王，在此期间，包括芈八子在内，大家都习惯了称这位魏国女子为“惠文后”。而芈八子在秦惠文王在世时，只做到“八子”的位置，本与“后”无缘。儿子公子稷继位后，也可夺了“惠文后”尊号，而把它戴在自己的头上。不过，这会在历史上留下话柄，甚至说是污点。再说，抢来的帽子，戴着也别扭。

在这种情况下，另创新号，自称“太后”，是高明之举。太，古代也作“大”，还作“泰”，意思是“极大”。《说文·水部》“泰”段玉裁注：“凡言大而以为形容未尽，则作太。”从字面意思看，“太后”绝对能盖过“后”，可压“后”一头，优于“后”。宣太后称“太后”是有政治考量的，是打击惠文后及公子壮一党的政治手段。

“太后”这个称呼，也和封建王权的政治结构合拍。“后”虽然是后宫嫔妃中的最高等级，但“太后”毕竟是当朝帝王之母，地位上确实高于“后”。而“太”字刚好把封建帝王后宫政治结构中的这种关系，揭示了出来。“太后”称号的发明，对帝王后宫政治而言，无疑是一件了不起的大事。自宣太后始，先王去世后新君之母称“太后”，成为秦国后宫规制，秦孝文王（嬴柱）母唐八子、秦庄襄王（嬴子楚）母华阳夫人、秦始皇（嬴政）母赵姬，都做过“太后”。“太后”也迅速传播开了，赵国、燕国等其他诸侯国中，随后也出现了“太后”。秦汉以后，“太后”成为皇帝之母的专称。

追踪荧屏

“伤阴节”？“伤阴骘”！

◎王心言

东视娱乐频道2015年12月10日晚播出《嘎讪胡》。节目中主持人说：有些人太缺德，比如说打麻将不来而造成“三缺一”，这是“伤阴节”的(字幕同步显示)。何谓“伤阴节”？应是“伤阴骘”。

骘，本指公马，引申指安定、安排。“阴骘”（yīnzhì）原指苍天默默地安定下民。《尚书·洪范》：“惟天阴骘下民，相协厥居。”后引申指“阴德”，即暗中有德于人。道教有《文昌帝君阴骘文》（简称《阴骘文》），劝人多积阴功阴德，为善不扬名，独处不作恶。而暗中做伤天害理、损人利己的事情则称为“伤阴骘”。

“阴节”指沉重固密、安徐舒静的气势，也指阴数、阴气。汉语中没有“伤阴节”的说法。

上述节目中，主持人“披露”的那些人干坏事、害他人，实在是太缺德，因此，应该是“伤阴骘”。上海话中，“骘”“节”读音相同，这可能是字幕打错的原因。

“芜花”乎？“芫花”乎？

◎杨友祥

电视连续剧《武媚娘传奇》第70集中，武媚娘追查自己小产的原因，让周太医检验金蚕丝织锦。周太医报告追查结果时，提到了一味中草药“yuán花”，字幕同步显示“芜花”。其实是“芫花”之误。

“芫花”属瑞香科，落叶灌木，花小色紫，可供观赏，花蕾含芫花素，可供药用。查《全国中草药汇编》关于芫花的介绍，在“主治用法”中强调：“不宜与甘草同用，孕妇及体虚者慎服。”剧中武媚娘正是因同时摄入芫花与甘草而流产。

“芜”与“芫”字形相似，但读音字义均不同，并无“芜花”这种植物。

人迹如何嘈杂

◎蔡维藩

电视连续剧《左手劈刀》第38集中有一句台词：“因为青狐桥本就是人迹嘈杂……”字幕显示的文字与演员的读音相符，而语用实践中没有见过“人迹嘈杂”的用法。

嘈杂，声音喧闹、杂乱。如《抱朴子·刺骄》：“或曲宴密集，管弦嘈杂。”嘈杂用于形容声音杂乱，且多用于人声，常用的搭配是“人声嘈杂”。“嘈杂”不能与“人迹”搭配。人迹：“人的足迹：人迹罕至。”（《现代汉语词典》）“人迹嘈杂”文理不通，不能用来表示人员成分复杂或过往人员杂乱一类意思。

“深悉三味”？

◎李延春

电视连续剧《芈月传》第8集中，楚王向张仪求教美人的妙处，张仪提议楚王广纳诸国女子入后宫，便可“日日相对，深悉三味”（演员读音与字幕相同）。其中的“三味”似是“三昧”之误。

“三昧”是梵语samādhi的音译，意思是使心神平静，杂念止息，是佛教的重要修行方法之一。三昧后来引申为事物的诀要、精义。如秦牧《艺海拾贝·数字与诗》：“我觉得唐、宋许多诗人，都是懂得此中三昧的。”《芈月传》中楚王问张仪如何知悉列国美人之妙，张仪回答广纳诸国女子入宫，日日相对，便可“深悉三昧”。“深悉三昧”意思是“深入了解（这方面的）诀窍”。

剧中将“三昧”错为“三味”，可能与“昧”“味”音形相近有关。“三味”只能理解成三种味道，哪三种味道呢？剧中没有交代，意思不明。“三味”在语境中显然不合适。

微型讲坛

由“膻”字的演变看汉字的形声化

◎苏培成

东汉许慎著的《说文解字》是汉字学的经典。《说文》里的“羴”字条写道：“羴，羊臭(xiù)也。从三羊。羶，羴或从亶(dǎn)。”这个条目给我们提供了许多有用的信息。

汉字造字法的发展大体是先有指事、象形，后有会意。这三类造字法都是只有意符，没有音符，合起来可以叫作表意字。用表意的方法来造字有很大的局限，能够造出来的字数有限，不能满足记录语言的需要，于是产生了假借。假借是根据同音或近音的原则借用已有的字来表示新的意义。例如借用表示鼻子的象形字“自”来记录自己的“自”。假借的使用提高了汉字记录汉语的能力，可是也带来一些问题。因为字的本义和它的假借义共用一个字形，看到一个“自”字，不知道是表示鼻子的“自”还是表示自己的“自”，只能靠语境来分辨。如果语境不能分辨就会造成歧义。聪明的古人于是想到了形声造字法。给表示鼻子的“自”加上个“畀”造出了“鼻”这个从自、畀声的形声字。有了“鼻”字，假借字“自”专门表示自己，避免了歧义。形声造字法出现后，不但解决了假借字可能造成混淆的问题，还改变了一些表意字的形体，开始了汉字形声化的进程。

让我们回到本文开始时提到的“羴”字。“羴”读shān，指羊身上带有的腥臊味，是由三个羊组成的会意字。用“羴”来表示羊身上的腥臊味，也有不便之处。汉字中由三个相同的意符组成的会意字往往表示多，如三个石组成的“磊”表示石头多，三个木组成的“森”表示树木多等。由三个羊组成的“羴”同样可以表示羊多，指羊群。清代学者俞樾著《儿笘录》卷六就说：“羴者，群羊也，犹雥（zá）为群鸟，驫（biāo）为众马也。”可见“羴”是多义字，有腥臊味和羊群两个意思，使用时可能产生歧义。在形声化的影响下，古人造了“羶”字代替了“羴”。“羶”是从羊、亶（dǎn）声的形声字。在《说文》里，“羴”是正字，“羶”是异体字。这告诉我们是先有“羴”，后有“羶”，也就是说先有会意字后有形声字。“羶”是后起字，社会地位低，只能作为“羴”的异体字。这种情况不久就发生了变化。在南北朝梁代顾野王著的《玉篇》里面，“羶”升格为正字。《玉篇·羊部》：“羶，羊气也。”文献中不乏“羶”的用例。《庄子·徐无鬼》：“羊肉不慕蚁，蚁慕羊肉，羊肉羶也。”不过“羶”字有时也会遇到问题。例如，“这不是羊肉，怎么也这么羶？”“你满身羶味，快离我远点。”这两例里的“羶”指不是羊肉发出来的但是很像羊肉的腥臊味。“羶”字用羊作意符，这个意符在这一类例子里失去了表意作用，字形和字义脱节。这个问题怎么解决呢？古人坚持汉字的形声化，就把“羶”里的“羊”改为“月（肉）”造出了“膻”字。“膻”是形声字，从月（肉）、亶（dǎn）声。意符月（肉）旁所指的范围比羊旁扩大了，使字形和字义重新建立了联系。《尹文子·大道上》：“好膻而恶焦，嗜甘而逆苦。”《尹文子》相传是战国时尹文所著，今本《尹文子》可能是后人的伪托。其中的“膻”不一定出自战国，也可能是后人掺入的。这样一来，在我们面前就有了音义相同的三个字：羴、羶、膻。这三个字是什么关系呢？1955年文化部和原文改会联合发布的《第一批异体字整理表》规定“膻”为规范字，

“羴”和“羶”作为异体字停止使用。这个规定符合实际情况，我们应该按照《整理表》的规定来使用。《通用规范汉字表》发布后，《第一批异体字整理表》废除，《通用规范汉字表》仍以“膻”为规范字。

“羴”变为“羶”再变为“膻”，表明会意字的形声化。类似的例子我们再举出两个字。例如“年”字，甲骨文“年”字是从人负禾的会意字，象征五谷丰登，小篆就变为从禾、千声的形声字(秊)。又如“刚”字，本义是强力折断。甲骨文、金文的“刚”是从刀、从网的会意字。小篆变为从刀、岡声的“剛”，“剛”是形声字。汉字的形声化也影响到象形字和指事字。如“凤”字，甲骨文的凤本是凤鸟形，高冠长尾，是象形字。到了小篆加上音符“凡”，成为从鳥、凡声的形声字“鳳”，这是象形字的形声化。再如“刅(chuàng)”字，它的意思是创伤，是从刃、从一的指事字。《说文解字系传》：“一，刃所伤，指事也。”后来变为从刀、倉声的形声字“創”，这是指事字的形声化。据清代文字学家朱骏声的统计，《说文》九千多个小篆里有形声字7697字，约占《说文》总字数的82%。到了现代汉字，传承字和新造字里的形声字已达90%以上，形声字已经成为汉字的主体。

《“坏消息”与“好消息”》参考答案

1. 罗伯特.德.温森多——罗伯特·德·温森多
2. 亨誉——享誉
3. 竞标赛——锦标赛
4. 勇折桂冠——勇夺桂冠
5. 神彩奕奕——神采奕奕
6. 消耗怠尽——消耗殆尽
7. 走头无路——走投无路
8. 贯犯——惯犯
9. 陷井——陷阱
10. 病入膏盲——病入膏肓

时尚词苑

古朴又时尚的“素人”

◎高丕永

本世纪初，电视台的综艺节目开始出现以没有演艺经验的普通人为主角的真人秀，人称“素人”真人秀。近两三年来，各地卫视的“素人”真人秀节目更是集体爆发，“素人”一词也随之“火爆”。“素人”，从目前应用的情况来看，可以概括为四个义项，分别叙述如下：

其一，平常人。例如：

（1）李季准先生时常访问一些素人，来自生活里各行各业，那充满着现场感的录音方式，常令我莫名感动。（《新民晚报》2015年6月24日）

（2）室雅人和美，本是一种真实的素人中国梦。（《文汇报》2015年7月30日）

指“平常人”的“素人”，《汉语大词典》有例句，一个来自章太炎的《社会通诠商兑》，行文中与“人士”相对应；另一个来自朱自清的《说梦》，与上下文里的“至人、真人、圣人”相对应。现在的用法，一般与“官员、精英、富商”等相对应。

其二，外行；没有经验的人；非专家。例如：

（3）台湾最有名的由素人身份步入影坛的影星就是“不老女神”林青霞，她在19岁妙龄于西门町闲逛时被星探挖掘出演琼瑶电影《窗外》的女主角江雁容。（《北京电影学院学报》2014年第6期）

指“外行”的“素人”，从日语借入。日语用汉字书写的“素人”，有三个义项，汉语借入了其中的两个。这个表示“外行”的“素人”，通常与“明星”（一般认为明星是内行）或“专家、行家”等相对应。

其三，业余爱好者；票友；从事非本职的人。例如：

（4）素人化妆师……比起专业人士来说，他们会和普通人有更多互动。他们不是专业化妆师，也没有打算以此行为取得任何报酬，只是因为热爱扮靓、精通化妆，所以不惜花时间和精力制作视频来跟全世界分享。（《内蒙古日报》2013 年 7 月 4 日）

（5）这两年来，以“古法工艺、良心制作、文艺风范”为特色的传统食品卖家逐渐增多，甚至在网上形成一个食物流派——素人出品。这些“素人”（非专业人士）不但丰富了人们的口味，而且引发话题热议。（《大众投资指南》2013 年第 9 期）

指“业余爱好者”的“素人”，借自日语同一词语的另一义项。“素人化妆师、素人厨师”一般与“职业化妆师、职业厨师”等相对应。

其四，未加修饰的本来面貌的人。例如：

（6）回归素人状态的女优最终彻悟：化在脸上的妆只是装点门面，更多起决定作用的妆唯有自己化在心里，那是一种修行。（《新民晚报》2014 年 8 月 10 日）

指“未加修饰的本来面貌的人”的“素人”，当下在新媒体如互联网、移动互联网的交互平台上用得十分普遍，一般与“明星”（明星出场都装扮得漂漂亮亮）和“女神、美女”等相对应。

“素人”的四个主要义项，从使用时间长短看，表示“平常人”的，古汉语里早就有了，但用得非常少，如元代袁伯长的《送世茂许省掾归武昌》中有“招彼素人心，苍翠垂流珠”，明代张宁的《为仲彦晖题戴文进画》中有“安得素人心，清尊对明月”等。表示“外行”或“业余爱好者”的“素人”，大约在清末民初已从日语借入，至今也有一百多年了，如 1914 年出版的《新剧史》中有这样一句：“素人演剧，盛行于欧西。吾国

『网红』越来越红

◎吴梦捷

“网红”即“网络红人”的简称。2015年下半年，这个词的热度不断攀升，获得了人们的密切关注，成为年度“十大流行语”之一。“网红”起初常用于热点新闻中，指被网民疯狂追捧的人。请看：

（1）7个即将毕业和刚刚毕业的工科男生，将自己翻越西藏14座海拔4000米以上大山的47天骑行经历搬上了大屏幕，火速成为同龄朋友圈的“网红”。（《南方日报》2015年4月25日）

（2）网红“剖哥”把冷门解剖学玩到爆红免费教网友学解剖（标题，《羊城晚报》2015年12月11日）

以上例句中的“网红”都是指通过标新立异的行为引起人们关注和热捧的人。利用网络的影响力来“推销”自己，已经成

积习相沿，多以戏剧为陶情悦性之具，且多薄视伶人，不齿士类。故素人演剧，常寂然无所闻见。”意思为“未加修饰的本来面貌的人”的“素人”，似乎是近年才从“素人”的其他义项演变衍生出来的。从各种媒体上“素人”的使用总数量看，目前表示“外行”的最火爆，约占一半，其余三个大致上三分“半壁江山”。

“素人”一词，除了上述四个主要义项，还偶尔用来指“吃素的人、素食者”。如张恨水在《春明外史》第七回中写到吴碧波在欢喜寺小住时餐餐吃的是精致新鲜的“素人餐”。再如，“为了迎合这些素人们的需要，一些大都市中的宾馆饭店也时兴起许多咖啡素食来”。（《新民晚报》2007年7月2日）这个“素人”，比同义的“吃素的人、素食者”更为简洁，又有新鲜感，说不定在语用上还会多起来。

为很多“草根”迅速成名的途径。

“网红”也可以指以出色的才华或相貌吸引众人眼球的人，如：

（3）“网红”难再续　怎么再也出不了庞龙了？（标题，《中国民航报》2015年7月31日）

（4）“网红”只靠刷脸就能红？频频炫富被吐槽太浮夸（标题，《广州日报》2015年11月28日）

例（3）的“网红”指的是在网络上发表歌曲而走红的一批歌手；而例（4）指的则是因外貌出众而在网上发布大量个人照片的年轻女孩，这些女孩中的大多数又凭着自己的相貌在网络上为运营商做起卖化妆品、服饰等生意。渐渐地，淘宝或者微商上的许多女模特都被称为“网红”。

自台湾歌手罗志祥与网红女友的恋情曝光以后，娱乐圈内又纷纷传出一些明星与“网红”的恋情。这导致“网红”一词的使用率飞速攀升。例如：

（5）对感情始终保持低调态度的何润东，终于跟上秀恩爱的潮流，昨日先是在新剧记者会上当众承认有稳定交往的女友，随后又在微博发布两人甜蜜牵手照，还调侃女友不是“网红”。（《信息时报》2015年12月18日）

“网红”一词不仅用在人身上，也可以用在因网络走红的“物”身上，请看例句：

（6）记者昨日走访发现，“网红”大白兔雪糕在各大超市内均无销售。（《北京晨报》2015年7月22日）

（7）2015，这些字也是“网红”（标题，《华西都市报》2015年12月21日）

“大白兔奶糖”是承载着几代人回忆的传统糖果，而例（6）中的“大白兔雪糕”则是因在网上流传而红起来的一种“新食品”。例（7）正文中所提到的“呦”“曆”等字都是因年度的热点新闻而以崭新姿态进入人们视野的一些字。它们都是由于网络媒体广泛传播，因而成为“网红”。

汉语的“嗨”与英语的“high”牵手

◎金易生

汉语中原本就有“嗨”这个词，不过只能用作拟声词和叹词。比如上世纪50年代初，有一首几乎人人会唱的歌曲，第一句便是“嗨啦啦啦啦嗨啦啦啦”，其中的“嗨”，音 hēi，也可以写作“嘿”。又如两人用杠棒抬着重物前行，为了协调彼此的步伐而发出“嗨哟哼哟”（hāiyōhēngyō）的呼叫声，这个“嗨”读 hāi。

当下流行的“嗨”却是形容词、动词，同原本的“嗨”无关，没有意义上的源和流的关系。请看：

（1）如果用一个字来形容昨夜北京的心情，那就是“嗨”。……中国·北京，迎来新世纪的又一件喜事，2022 年冬奥会主办城市最终花落北京。（《人民政协报》2015 年 8 月 1 日）

（2）“拉斯维加斯专场魔术晚会”国庆假期嗨翻上海（标题，《新民晚报》2015 年 10 月 2 日）

（3）中秋节，高校同学们

总的来说，“网红”走红的原因多多，或因身怀绝技，或因长相出众，或因推陈出新的观念，或因某个意外事件的发生，等等。这些原因无一不与我们现在所处的网络时代有关，它们反映了当今人们的世界观、价值观、审美观以及志向兴趣。归根结底，“网红”是我们这个时代的产物。

high 翻了(标题,《青年报》2015年9月28日)

例(1)的“嗨”,就是万分喜悦、极度兴奋的意思。例(2)标题中的“嗨翻”怎么理解呢?我们不妨从正文中的语句来寻找答案:“精彩魔术大秀令现场观众尖叫爆棚”,“带给现场观众超极限的感官震撼”。例(3)又如何“high 翻”?正文告诉我们:中秋节那天,同学们“猜灯谜玩游戏,自制月饼赠恩师”,异常的热闹,无比的欢乐!

不难发现,例(2)的“嗨”与例(3)的“high”可以相互换位,完全不影响句意的表达。“嗨”与“high”可以画上等号。汉语新词“嗨”,其源头正是英语的“high”,因为发音相近,聪明的译者就直接把“high”译成“嗨”了。

英语的“high”是个常用词,并且是个多义词。综合多种英汉词典的注释,“high”拥有许多义项,包括高的,高地的,高级的,高等的,高尚的,高贵的(以及奢侈的),高傲的(以及夸口的),高声的(以及尖声的),等等。另外还有一个“宽泛的义项”,即表示(价格、温度、速度、程度、数量、形体、情绪等方面)高的,大的,强的,非常的。例如“in high spirits”就是情绪高涨、兴高采烈的意思。

借自英语的新词“嗨”并没有全盘照搬英语 high 的种种义项,只是“移植”了那个“宽泛的义项”。由于广泛流行,频繁使用,新词“嗨”的词义也产生“裂变”,孳生出若干互有关联的新义项,迅速演变为多义词。我们且从一众实例中来揣摩、领略“嗨”的各种含义吧。

(4)在卢湾教育文体中心举行了“炫动 SUNNY‘嗨’一夏”2015年暑托班结营晚会,全体小营员及家长和志愿者共600多人共同度过了精彩的一晚。(《联合时报》2015年9月15日)

(5)跳起来,喊起来,越来越嗨,(上海男排)年仅19岁的张哲嘉,每打出一个好球,便释放出激情和能量,他的朝气,令人眼前一亮。(《新民晚报》

2015年2月9日）

（6）今年3月份，上京推出的武戏大群戏《铁公鸡》可谓嗨翻全场。（《东方早报》2015年8月11日）

（7）平时我也通过电视、广播听相声，但是很多时候觉得不可乐，就觉得演员们在台上自嗨。（《新闻晨报》2015年8月31日）

（8）“六一”将至……无论虎妈还是猫爸，这个日子一定得陪着小朋友一起嗨……名言说得好——“会玩的才更会学习”。（《新闻晨报》2015年5月25日）

（9）“南哥”飙歌时，心脏的血管是怎么给“唱爆”的？……他的血管一直处于高压力状况，变得比较脆弱，嗨歌时对血管突然加大冲力，最薄弱之处就遭殃了。（《钱江晚报》2015年8月28日）

例（4）的“‘嗨’一夏”是欢乐的一夏，例（5）的“越来越嗨”是越来越兴奋，例（6）的“嗨翻全场”是说全场观众因惊喜而亢奋到极点。这前三例中的“嗨”显然都是形容词。例（7）的“自嗨”相当于自娱自乐，例（8）的“一起嗨”是一起尽情地玩，例（9）的“嗨歌”则是竭尽全力地歌唱（飙高音）。这后三例中的“嗨”无疑都成了动词了。

下边例（10）中的“嗨上嗨”比较奇特，是运用了层递的修辞手法，犹如常见的流行语“重中之重”一样，通过层递，起了强化语气、加重语意的作用。

（10）五年磨一剑的上海欢乐谷……还将不断推出更加丰富的项目及节庆产品——欢乐嗨上嗨，精彩不断。（《新闻晨报》2015年2月25日）

另有一种特殊用法，那是“黑话”中的“嗨”，意谓吸毒或注射毒品。这种特例偶见于报章：

（11）谷歌高管命案，应召女认罪：承认为谷歌高管注射海洛因，在其“嗨”出问题后逃离，致其身亡。（《新闻晨报》2015年5月21日）

如果不了解“嗨”是“黑话”的话，读者势必莫名其妙了。

文章病院

“龙”会“吠”吗

◎得 喜

《读书文摘》2016年第1期刊有《无限制的读书》一文，文中这样引录了《诗经》中的《野有死麕》：“野有死麕，白茅包之。有女怀春，吉士诱之。林有朴檄，野有死鹿。白茅纯束，有女如玉。舒而脱脱兮，无感我悦兮，无使龙也吠。”其中的“朴檄”“悦”“龙”均错，应是“朴樕”“帨”“尨”。

《野有死麕》是《国风·召南》中非常有名的爱情诗。这首诗讲述的是年轻的猎人用白茅包着猎物去向女子求婚，姑娘答应了他的请求，但婉拒了他轻率急躁的行为。可是文章在引用此诗时，因形似而导致三处字误，让人无法理解诗歌的原意。

“朴樕（sù）”义为小树；“林有朴樕”，即林中有小树。“檄”则一般指古代用来晓谕、征召、声讨等的文书。将“樕”误为“檄”难以成词，让人不知道说的是什么。感，通“撼”。帨，读shuì，古时带在腰间的方巾。“无感我帨兮”指让（男子）别掀动自己的佩巾。“悦”主要表示高兴、愉快，误“帨”为“悦”则不知所云。

错得最离谱的是“无使龙也吠”。“龙”是我国古代传说中的神异动物，为百鳞之长，常象征祥瑞，是中华民族最具代表性的传统文化符号之一。尨，读máng，多毛的狗。男子求爱的举动再毛躁，也只会引来“尨”的“吠”声。将看门狗误为龙，令人啼笑皆非。

司马昭想让阮籍当媒人？

◎唐九戒

“有一次，司马昭想叫阮籍去为其儿子司马炎求婚，阮籍不愿意去，但又不敢公开拒绝，于是就醉卧60天，使得司马昭找不到机会开口，只好另求他人。”这是《中国古代的酒与饮酒》（商务印书馆1995年6月出版，第159页）中的一段话。从这段文字的意思来看，司马昭想让阮籍做媒，为其子求婚。这种说法与史书不相符。

《晋书·阮籍传》中是这样写的：“籍本有济世志，属魏、晋之际，天下多故，名士少有全者，籍由是不与世事，遂酣饮为常。文帝初欲为武帝求婚于籍，籍醉六十日，不得言而止。”据此可知，司马昭（即晋文帝）想为儿子司马炎（即晋武帝）提亲，从而与阮籍联姻。“求婚于籍”是为儿子向阮籍求亲的意思，而不是上述引文所说“叫阮籍去为其儿子司马炎求婚”。阮籍（210—263），字嗣宗，三国魏文学家、思想家，与嵇康等并列“竹林七贤”。他在政事上十分谨慎，经常用醉酒之法在复杂的政治斗争中求得自保。当时魏国由司马氏当权，司马氏篡魏之心昭然若揭，正所谓“司马昭之心路人皆知”。阮籍不愿与司马氏为伍，不想跟他结为儿女亲家，但又不想公开得罪他，所以采取“醉六十日”的方法避而不见，让司马昭自行作罢。

问号的误用

◎屠　岸

标点符号中的问号(？)怎么用？《现代汉语规范词典》中所附《标点符号主要用法简表》中指出"问号用在疑问句的末尾"，举例是："哪一天是教师节？"那么，怎样的句子才是疑问句呢？简单说，疑问句是提出问题的句子。只有疑问句其后才能用问号。

常常发现陈述句(即不是疑问句)的末尾加了一个问号。这是为什么？疑问句中常常出现"呢""吗""什么""哪里"等字眼，于是一些人见到句子出现这些字眼时，便不分青红皂白都在句末加了一个问号。其实，并不是凡出现"呢""吗"等字的句子都是疑问句。有好多含有"呢""吗""什么"字眼的句子不是疑问句，而是陈述句。在这样的陈述句末尾加上问号，便是错误。

这样的情况，已经举不胜举，泛滥成"灾"。最近读到一本书：《往事新编》(海天出版社2012年9月出版)。这本书是好书，不多说。这里我只谈标点符号的事。该书第64页有句：

《论语》有一句名言："知之者不如好之者，好之者不如乐之者。"这就是说：知道不如爱好，爱好不如乐趣。应用到翻译上来，就成了翻译评论的三步曲：第一步，问译文能不能使人知道原文说了什么？这是低标准；第二步，问读者喜欢译文吗？这是中标准；第三步，问译文能使人感到乐趣吗？这是高标准……

其中三个问号都用错了。

"第一步，问译文能不能使人知道原文说了什么？这是低

是“曹母投杼”吗

◎江城子

《唐史并不如烟·贞观长歌》(中国文史出版社2015年7月出版)一书,提及玄武门政变后李渊、李世民父子相见时,这样写道:“李渊动情地抚摩着李世民的头说道:‘前几天偏听偏信,差点犯了曹母投杼之错!’”随后解释说曹母指曹参的母亲。此处,作者把“投杼”之人“曾母”误成了“曹母”,显然是张冠李戴。

曾参,字子舆,孔子的弟子,后被尊为“宗圣”。据《战国策·秦策二》:“费人有与曾子同名族者而杀人。人告曾子母曰:‘曾参杀人。’曾子之母曰:‘吾子不杀人。’织自若。有顷焉,人又曰:‘曾参杀人。’其母尚织自若也。顷之,一人又告之曰:‘曾参杀人。’其母惧,投杼逾墙而走。”大意是说,费地有与曾子同名之人,曾参的母亲接连三次听到“曾参杀人”的传闻,便信以为真,扔下织布的梭子越墙而逃。由此提炼出“曾参杀人”和“曾母投杼”,用来比喻流言可畏。

史籍上未见曹参之母投杼的记载,上述文章误“曾”为“曹”乃形近所致。

标准”。这里“问译文能不能使人知道原文说了什么”是说明“第一步”的内容,指明它是“低标准”。这个短句是陈述句,绝非问句,怎能加问号?其他二例相同。

这种问号的错用,以前已经提起过,但这种错用依然屡见不鲜,甚至泛滥成“灾”,令人叹气。

应是“曲水流觞”

◎梁德祥

《人民日报》2015年12月24日第24版《最美是杭州》一文中有这样一句话：“江淮以北，战火纷飞，‘饿殍遍野，人竟相食’；江淮之南，名流雅士集聚兰亭，流水曲觞，造就一个王羲之及其旷世的美学经典，‘线条之美，刺人心魄’。”这里的“流水曲觞”是“曲水流觞”之误。

《辞海》分别收有“曲水”“流觞”两个词条，实质上是同一出典。古代民俗，于三月上巳日（上旬的巳日，魏以后多固定为三月三日）就水滨宴饮，认为可以祓除不祥。后人因集会于环曲的水渠旁，在上流放置酒杯，任其顺流而下，停在谁的面前，谁即取饮，叫作“曲水流觞”。

王羲之《兰亭集序》：“群贤毕至，少长咸集。此地有崇山峻岭，茂林修竹；又有清流激湍映带左右，引以为流觞曲水，列坐其次。虽无丝竹管弦之盛，一觞一咏，亦足以畅叙幽情。”这就是对“曲水流觞”的生动记叙，也是中国文化史上的一桩千古美谈。这个典故叫“曲水流觞”，不叫“流水曲觞”。

网语漫谈

挂和开挂

◎徐默凡

经常在网上看到有人说“他挂了”或者“他开挂了”，难免会产生疑问，这两句话是一个意思吗？

先说“挂”。“挂”是“失败、死亡”的意思，“他挂了”就是说“他失败了”或者“他死了”，往往用在网络游戏中，描述游戏者操控的虚拟角色的死亡。“挂”为什么能表示这些意思？究其语义来源，有多种可能。第一种可能源自口语词“挂彩”，“挂彩”是表示“战斗中受伤”的委婉语，受伤出血就好像披挂了彩带一样。“挂彩”可以简缩为“挂”，“受伤”也很容易进一步引申为“失败或死亡”。第二种可能源自“挂电话”的说法，结束电话通话时我们经常会说“好的，挂了，再见！”于是“挂”就有了“结束”的意思，从“结束”引申为“失败、死亡”也是很好理解的。第三种可能源自古代刑罚，古代对罪大恶极的犯人要施行绞刑甚至枭首示众，不管是“绞刑”还是“示众”，都有一个“挂”的过程，“挂”可能据此就有了“死亡”的意思。因为“挂”是一个口语词，其意义的演变过程并没有详尽的书面材料可以验证，所以以上三种来源恐怕都很难确认真伪。也有可能是几种语义演变的力量同时起作用，共同造就了“挂”这个新词。

在“挂”诞生以后，用法不断丰富，不仅可以用来指虚拟人物的死亡，还可以指电脑系统崩溃、设备发生故障、游戏失败结束等等。还有一个“挂科”

的说法在学生中流传甚广，专门用来指考试不及格。

再说“开挂”。“开挂”是“开外挂”的省称。所谓“外挂”，是一种网络游戏中的特殊程序。在正常的网络游戏中，每个玩家的电脑和游戏服务器之间通过互相传递游戏数据而完成游戏过程。而有些作弊程序则偷偷介入这个数据传递过程，把正常数据挂接过来后加以修改，然后再发送到游戏服务器，从而使游戏玩家得到超强的功能。这种作弊程序就被称为“外挂程序”。“开外挂”以后，游戏玩家操控的虚拟人物就会变得强悍无比，速度、力量和生命值都会远远超过普通玩家。后来，“开外挂”缩略成了“开挂”，使用领域也衍生到了日常生活中，意义则泛化为“使用特殊手段获得惊人表现”。如美国有一家高科技公司开发了一款精确制导的步枪，安装了一种高精度瞄准系统，可以让普通步枪自动制导。就算一个人从未摸过枪支，拿这种枪射击也是百发百中。这种步枪就被称为是“开挂步枪”。慢慢地，“开挂”中“使用不正当的特殊手段”的含义也消失了，仅保留了“表现惊人”这个意义，常常被用来感叹神奇的人物或事件。如《达·芬奇开挂的一生都干了什么?》《开挂一样存在！诺维茨基11年总决赛20大超神表现！》《开挂的逆天脚法　以前的足球集锦都弱爆了》。这些新闻标题中的“开挂”都不再带有贬义，反而表达了啧啧称奇之情。

所以，“挂”和“开挂”虽然只有一字之差，但来源和意义都完全不同，大家可千万不要用错呀！

《火眼金睛》提示

图1，“莓干菜”应为“霉干菜”。
图2，“绘面”应为“烩面”。
图3，“千锺万凿出深山”应为“千锤万凿出深山”；“呤”应为“吟”。
图4，“柳岸花明”应为“柳暗花明”。

谈联说谜

一语双关的灯谜

◎江更生

“一语双关法”是一种比较复杂的猜谜方法，它是在猜射会意体灯谜时使用的。所谓“一语”是指谜面文字，而“双关”是指这些文字要经过两次不同义项的别解，让它们并列在一起，这就是谜底。所以实际上谜底被截为两段，分别扣合谜面（谜面则是视作一个整体），这类谜的谜面字数大多为一个字（也称“独字谜”）或两三个字。因此，我们遇到字数很少的谜面，在其他方法皆无法解底时，不妨用此法一试，兴许能一举攻下。举个例子：

服（打白居易《卖炭翁》诗一句）

我们用“一语双关法”试猜，先看看“服”有几种解释。一、作衣裳解，如便服、军服、西服；二、作吃（药）解，如服药的“服”；三、作担任（职务）或承担（义务或刑罚）解，如服役、服刑的“服”；四、作服从解，如心服口服的“服”；五、作适应解，如水土不服的“服”；等等。我们若以第一、第二义项分别去扣合的话，一为“身上衣裳”的意思（取第一义项），一为“口中食”的意思（取第二义项），“食”在此作动词“吃”解，恰好与《卖炭翁》中的“身上衣裳口中食”相符，这就是谜底。如果只是单打一地从“服”上去猜想，是无法解出的。还有一例：

米兰（打中国城市的别称一）

我们从谜面上可以获悉，“米兰”是一种香气很浓的花卉，同时又是意大利第二大城，

流行语灯谜

◎刘茂业

旧时灯谜的谜目往往都是打《四书》一句、打"六才"（即《西厢记》,旧称"第六才子书"的简称）一句之类，现代人接触到这些谜可能视为畏途。其实,灯谜也是与时俱进的,它发展到现在,制谜者将时下的新闻资讯、社会热点、流行热词等,撷为谜材,融入谜中,已经成为新常态。

仅以《咬文嚼字》杂志去年年底公布的"2015年十大流行语"为例,其中不少词语都曾被用来制作过灯谜。比如:"投我以木桃,报之以琼瑶"（打三字流行语一）,谜底是位居"十大流行语"榜首的"获得感",谜面意谓"你赠我木桃,我拿美玉回报",出自《诗经·卫风·木瓜》,谜底解释为"获得(木桃)后的感谢"。"重点监测PM2.5"（打五字流行语一）谜底:"主要看气质",以当前人们关注的生活热点作谜面,谜底"主要"扣谜面上的"重点","看"照应"监测","气质"别解作"空气质量"。从以上这些谜例不难发现,如今的新灯谜不但具有传统性,也贴近现实,与社会生活紧密相联,富有时代感。

全国最大的工商业和金融中心的名字。一个"花",一个"城",皆由"米兰"一语缩合,所以谜底是：花城(广州的别称)。再举一例,谜面也是一个字:

欢(打四字常言一)

谜面"欢"字,拆开是"又欠"二字,意为"债务又多了",而"欢"的本义为高兴,换言之,是"不忧愁"。一个"债多",一个"不愁",都是由"欢"引出,故谜底为"债多不愁"。

"一语双关法"虽然难了些,但它由风马牛不相及的两个义项别解而成的字词缩合成底,既让人感到有点意料之外,却又在情理之中,产生出奇妙的效果,使人兴趣盎然。

春话『春』灯谜

◎柳叶

灯谜又名春灯谜，而本文所说的“春”灯谜，并非是灯谜的别称，而是专指谜面上含有“春”字的灯谜。春回大地，万物复苏，在这生机盎然的季节，猜射欣赏“春”灯谜，应时应景，别有一番情趣。

说起“春”灯谜，不可不先说说清代梁绍壬《两般秋雨庵随笔》卷四《灯谜》中的那条名作：“春雨连绵妻独宿”（打字一），谜底很巧，就是“一”字。谜面以闺怨诗句的形式出之，却暗藏文字抵消的玄机。“‘春’雨连绵”表示“春”要先去了“日”（因为整天下雨），“妻独宿”则“丈夫”又不在，故再去掉“夫”。一个“春”经如此两度剥离，谜底仅剩个“一”字，曲折透迤，剪裁无痕。

唐诗中带“春”字的佳句尤其多，因此常被谜人借来用作诗谜合璧的素材。“未到晓钟犹是春”打历法用语“明日夏至”。谜面出自贾岛七绝《三月晦日赠刘评事》，农历每月的最后一天称“晦日”，三月晦日也即春天的末日，寺院次日报晓的晨钟尚未敲响，现在还是春天，因此说“明日夏至”（明日夏天才到）。“春寒赐浴华清池”打东晋名将“温太真”（即温峤）。本谜用白居易《长恨歌》句布面，华清池是温泉浴池，谜底中着一“温”字，熨帖精当，谜趣由此产生，“太真”转借指杨玉环（字太真）。

每月二谜

1. 贾政的三子为贾环（打四字成语一）
2. 伙食费中饭金少（打三字蔬菜俗名一）

上期答案

1. 年近“茶寿”（打五字古典小说人物合称一）
   谜底：一百零八将（注：茶寿，108岁；将，将要）
2. 鲁迅风格（打影星一）
   谜底：周韵（注：别解为“周树人的韵味”）

重读经典

咬文嚼字

◎朱光潜

郭沫若先生的剧本《屈原》里婵娟骂宋玉说："你是没有骨气的文人！"排演时他自己在台下听，嫌这话不够味，想在"没有骨气的"下面加"无耻的"三个字。一位演员提醒他把"是"改为"这"，"你这没有骨气的文人！"就够味了。他觉得这字改得很恰当，他研究这两种语法的强弱不同，以为"你是什么"只是单纯的叙述语，没有更多的意义，有时或许竟会落个"不是"；"你这什么"便是坚决的判断，而且还把必须有的附带语省略去了。根据这种见解，他把另一文里"你有革命家的风度"一句话改为"你这革命家的风度"。

这是炼字的好例。我们不妨借此把炼字的道理研究一番。那位演员把"是"改为"这"，确是改得好，不过郭先生如果记得《水浒》里的用语，就会明白一般民众骂人，都用"你这什么"式语法。石秀骂梁中书说："你这与奴才做奴才的奴才！"杨雄醉骂潘巧云说："你这贱人！你这淫妇！你这你这大虫口里倒涎！你这你这……"一口气就骂了六个"你这"。看这些实例，"你这什么"倒不仅是"坚决的判断"，而且是带有极端憎恶的惊叹语，表现着强烈的情感。"你是什么"便只是不带情感的判断，纵有情感也不能在文字本身上见出。不过它也不一定就是"单纯的叙述语，没有更多的含义"。《红楼梦》里茗烟骂金荣说："你是个好小子，出来动一动你茗大爷！"这里"你是"含有假定语气，也带"你不是"一点讥刺的意味，如果改成“你这好小子！”神情就完全不对了。由此可知“你这”式语法，并非在任何情形之下都比“你是”式语法来得更有力。其次，郭先生援例把“你有革命家的风度”，改为“你这革命家的风度”，似乎改得并不很妥。一、“你这”式语法大半表示深恶痛绝，在赞美时便不适宜。二、“是”在逻辑上是连接词，相当于等号；“有”的性质完全不同。在“你有革命家的风度”一句中，“风度”是动词的宾词；在“你这革命家的风度”中，“风度”便变成主词，和“你（的）”平行根本不成一句话。

这番话不免啰唆，但是我们原在咬文嚼字，非这样锱铢必较不可。咬文嚼字有时是一个坏习惯，所以这个成语的含义通常不很好。但是在文学，无论阅读或写作，我们必须有一字不肯放松的谨严。文学借文字表现思想情感；文字上面有含糊，就显得思想还没有透彻，情感还没有凝练。咬文嚼字，在表面上像只是斟酌文字的分量，在实际上就是调整思想和情感。从来没有一句话换一个说法而意味仍完全不变。例如《史记》李广射虎一段：

广出猎，见草中石，以为虎而射之，中石没镞，视之，石也。因复更射之，终不能复入石矣。

这本是一段好文章，王若虚在《史记辨惑》里说它“凡多三石字”，当改为：

以为虎而射之，没镞，既知其为石，因更复射，终不能入。

或改为：

尝见草中有虎，射之，没镞。视之，石也。

在表面上看，改得似乎简洁些，却实在远不如原文。“见草中石，以为虎”并非“见草中有虎”。原文“视之，石也”有发现错误而惊讶的意味，改为“既知其为石”便失去这意味。原文“终不能复入石矣”有失望而放弃得很斩截的意味，改为“终不能入”便觉索然无味。这种分别稍有文字敏感的人细心玩索一番，自会明白。

有些人根本不了解文字和

思想情感的密切关系,以为更改一两个字不过是要文字顺畅些或是漂亮些。其实更动了文字,就同时更动了思想情感,内容和形式是相随而变的。姑举一个人人皆知的实例。韩愈听见贾岛吟诗,有“鸟宿池边树,僧推月下门”两句,劝他把“推”字改成“敲”字。这段文字因缘古今传为美谈,今人要把咬文嚼字的意思说得好听一点,都说“推敲”。古今人也都赞赏“敲”字比“推”字下得好。其实这不仅是文字上的分别,同时也是意境上的分别。“推”固然显得鲁莽一点,但是它表示孤僧步月归寺,门原来是他自己掩的,于今他“推”。他须自掩自推,足见寺里只有他孤零零的一个和尚。在这冷寂的场合,他有兴致出来步月,兴尽而返,独往独来,自在无碍,他也自有一副胸襟气度。“敲”就显得他拘礼些,也就显得寺里有人应门。他仿佛是乘月夜访友,他自己不甘寂寞,那寺里假如不是热闹场合,至少也有一些温暖的人情。比较起来,“敲”的空气没有“推”的那么冷寂。就上句“鸟宿池边树”看来,“推”似乎比“敲”要调和些。“推”可以无声,“敲”就不免剥啄有声,惊起了宿鸟,打破了岑寂,也似乎平添了搅扰。所以我很怀疑韩愈的修改是否真如古今所称赏的那么妥当。究竟哪一种意境是贾岛当时在心里玩索而要表现的,只有他自己知道。如果他想到“推”而下“敲”字,或是想到“敲”而下“推”字,我认为那是不可能的事。所以问题不在“推”字和“敲”字哪一个比较恰当,而在哪一种境界是他当时所要说的而且与全诗调和的。在文字上推敲,骨子里实在是在思想情感上“推敲”。

无论是阅读或是写作,字的难处在意义的确定与控制。字有直指的意义,有联想的意义。比如说“烟”,它的直指的意义,凡见过燃烧体冒烟的人都会明白,只是它的联想的意义迷离不易捉摸,它可以联想到燃烧弹、鸦片烟榻、庙里焚香、“一川烟草”、“杨柳万条烟”、“烟光凝而暮山紫”、“蓝田日暖玉生烟”……种种境界。直指的意义载在字典上,有如月轮,明显而确实;联想的意义是文字在历史过程上所累积的种种关系,有如轮外圆晕,晕外霞光,其浓淡大小随人随时随地而各个不同,变化莫测。科学的文字愈限于直指的意义就愈精确,文学的文字有时却必须顾到联想的意义,尤其是在诗方面。直指的意义易用,联想的意义却难用。因为前者是固定的,后者是游离的;前者偏于类型,后者偏于个性。既是游离的,个别的,它就不易控制,而且它可以使意蕴丰富,也可以使意思含糊甚至于支离。比如说苏东坡的《惠山烹小龙团》诗里三、四两句“独携天上小团月,来试人间第二泉”,“天上小团月”是由“小龙团”茶联想起来的,如果你不知道这个关联,原文就简直读不通;如果你不了解明月照着泉水和清茶泡在泉水里那一点共同的清沁肺腑的意味,也就失去原文的妙处。这两句诗的妙处就在不即不离、若隐若现之中。它比用“惠山泉水泡小龙团茶”一句话来得较丰富,也来得较含混有蕴藉。难处就在于含混中显得丰富。由“独携小龙团,来试惠山泉”变成“独携天上小团月,来试人间第二泉”,这是点铁成金。文学之所以为文学,就在这一点生发上面。

这是一个善用联想意义的例子。联想意义也最易误用而生流弊。联想起于习惯,习惯老是欢喜走熟路。熟路抵抗力最低,引诱性最大,一人走过,人人就都跟着走,愈走就愈平滑俗滥,没有一点新奇的意味。字被人用得太滥,也是如此。从前做诗文的人都倚靠《文料触机》《幼学琼林》《事类统编》之类书籍,要找词藻典故,都到那里去乞灵。美人都是“柳腰桃面”,“王嫱、西施”,才子都是“学富五车,才高八斗”;谈风景必是“春花秋月”,叙离别不离

"柳岸灞桥";做买卖都有"端木遗风"。到现在用铅字排印书籍还是"付梓""杀青"。像这样的例子举不胜举,它们是从前人所谓"套语",我们所谓"滥调"。一件事物发生时立即使你联想到一些套语滥调,而你也就安于套语滥调,毫不斟酌地使用它们,并且自鸣得意。这就是近代文艺心理学家们所说的"套板反应"。一个人的心理习惯如果老是倾向"套板反应",他就根本与文艺无缘。因为就作者说,"套板反应"和创造的动机是仇敌;就读者说,它引不起新鲜而真切的情趣。一个作者在用字用词上面离不掉"套板反应",在运思布局上面,甚至于在整个人生态度方面也就难免如此。不过习惯力量的深广非我们意料所及,沿着习惯的去做,总比新创较省力,人生来有惰性,常使我们不知不觉地一滑就滑到"套板反应"里去。你如果随便在报章杂志或是尺牍宣言里面挑一段文章来分析,你就会发现那里面的思想情感和语言,大半都由"套板反应"起来的。韩愈谈他自己做古文,"惟陈言之务去"。这是一句最紧要的教训。语言跟着思想情感走,你不肯用俗滥的语言,自然也就不肯用俗滥的思想情感,你遇事就会朝深一层去想,你的文章也就真正是"作"出来的,不致落入下乘。

以上只是随便举几个实例,说明咬文嚼字的道理。例子举不胜举,道理也说不完。我希望读者从这粗枝大叶的讨论中,可以领略运用文字所应有的谨严精神。本着这个精神,你随处留心玩索,无论是阅读或写作,就会逐渐养成创作和欣赏都必需的好习惯。你不能懒,不能粗心,不能受一时兴会所生的幻觉迷惑而轻易自满。文学是艰苦的事,只有刻苦自励,推陈翻新,时时求思想情感和语言的精炼与吻合,你才会逐渐达到艺术的完美。

(原载《朱光潜美学文学论文选集》,李中洲荐)

『坏消息』与『好消息』

（文中有十处差错，你能找出来吗？答案在本期找）

◎宛丘 设计

向你挑战

罗伯特·德·温森多，在阿根廷如雷贯耳，他是亨誉世界的高尔夫球手。

一次，温森多在一场高尔夫球竞标赛中勇折桂冠。拿到奖金支票后，他面带微笑，从记者的重围中挤出来，神彩奕奕地走向停车场。温森多准备回俱乐部。

这时，一个年轻漂亮，但面色憔悴的女子，跌跌撞撞地走来。到温森多身旁时，该女子差点摔了一跤。温森多连忙扶住女子，问她是否生病了，需要什么帮助。

女子便说起自己悲惨的处境来——她确实生病了，但更糟糕的是，她的孩子得了重症，需要马上动手术。作为单身母亲，她的积蓄已经消耗怠尽，她再也无法承担孩子的手术费。看着孩子忍受着剧烈病痛，她痛不欲生，但已走头无路，想不出一点办法来。

说完，该女子轻轻推开温森多，准备继续前行。温森多一把拉住她，飞快地掏出笔，在刚拿到的支票上签下了自己的名字，然后塞在了女子手里。“拿这笔钱给你的孩子治病吧，祝他早日康复。还有，千万别忘了，你自己的病也需要治疗。”见女子正要推托，温森多快步离开了。

几天后，温森多在一家乡村俱乐部吃午餐。高尔夫球联合会的一位官员走过来，问他是不是遇到过一位自称孩子病得很重的年轻女子。温森多点了点头。

“哦，这对你来说恐怕是个坏消息。”官员说道，“那个女人是个骗子，她压根儿就没有孩子，她是个贯犯了，经常设计这样的陷井骗人钱财。你让人给骗了，我的朋友。”

“你是说根本就没有一个孩子病入膏盲？”温森多问道。

“是的，根本就没有。”官员答道。

温森多长吁了一口气，说：“这真是我这些天来听到的最好的消息！”

火眼金睛

图中差错知多少？

（答案在本期找）

刘德成　谢群海　王友松　道书元　提供

1 2 3 4

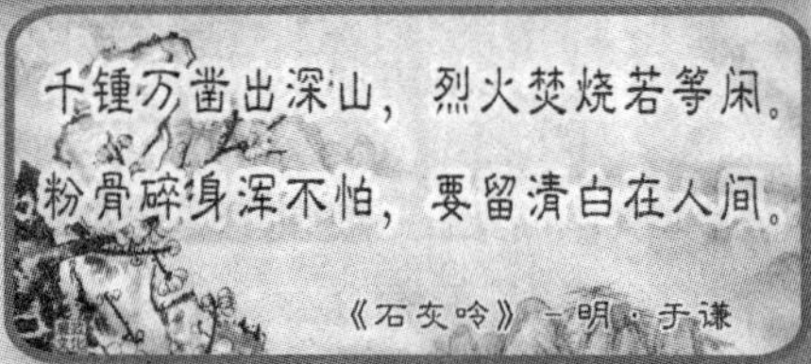

ISSN 1009-2390
03>
9 771009 239166

YAOWEN-JIAOZI

咬文嚼字®

4

2016

埙

『埙，喧也，声浊喧喧然也。』
——《释名·卷二十二》

至邮局订阅本刊 邮发代号4-641
内统一刊号 CN 31-1801/G
价：5.00元

上海世纪出版集团

名家语画

“我们都是石头”

严　君/文　何梦笔/画

1951年2月的一天，彭德怀从朝鲜战场归来向毛泽东述职。谈话间，毛泽东问：“德怀呀，你的号是石穿吧？”彭德怀点点头：“是的。”毛泽东笑道：“我有个乳名叫石三伢子，我们同是石头嘛！”“我岂敢与主席比？”彭德怀道，“主席是宝石，我不过是顽石。”毛泽东一挥手：“我们都是石头，都要用来打美帝国主义。我这一块扔给杜鲁门，你那一块扔给麦克阿瑟……”

咬文嚼字®

2016年4月1日出版

4

总第256期

主管:上海世纪出版集团
主办:上海咬文嚼字文化传播有限公司
编辑、出版:《咬文嚼字》杂志社
集团网站:http://www.shwenyi.com
E-mail:yaowenjiaozi2@163.com
官方微博:
http://weibo.com/yaowenjiaozish
电话传真:021-64330669
发行电话:021-60878388
邮购电话:021-60878392
地址:上海市打浦路443号荣科大厦17楼
邮政编码:200023
发行:上海市报刊发行局
发行范围:国内外公开
订阅处:全国各地邮局
邮发代号:4-641
ISSN 1009-2390
CN 31-1801/G
印刷:中华商务联合印刷有限公司
广告经营许可证:沪工商广字
3100320050020号
定价:5.00元

语林漫步

按《通用规范汉字表》取名，如何

◎陈　彦

日前，一则新闻在网上“热传”。长春市民李怀韡外出办理事务时，总是带着一本《新华字典》，几十年如一日。这是为啥呢？李怀韡解释道：“为了证明身份。”他名字中的“韡”，读wěi，“美盛、光明”的意思，是个生僻字，很少有人认识。李怀韡在介绍自己时，得借《新华字典》的帮助，否则别人不容易明白他究竟叫什么名字。

名字中的生僻字，确实是一个值得关注的问题。姓名是人的社会符号，很多人都希望拥有一个与众不同的名字。为了充分展现个性，为了避免与他人重名，如今有许多人“剑走偏锋”，用生僻字取名。此举得不偿失，完全没有必要。试问：别人都认不出、读不出，这样的大名展现的是什么个性？恐怕很难给人留下什么好印象吧。

重名是一种正常现象，说到底，是由人口与文字在数量上的巨大反差所决定的。据学者研究统计，秦始皇统一六国后的秦朝，全国人数3000万左右。在其后1000多年的漫长时间里，人口数量在数千万里上下波动。明代时，全国人口曾超过1亿。清代时，最多超过4亿。民国时期，人口在4亿至5亿之间。现在已突破13亿。相对庞大的人口数，汉字总数是一个极小量。东汉的《说文解字》收9353字，南朝梁《玉篇》收16917字（据唐代封演《闻见记》），隋代《切韵》收11500字（据孙愐《唐韵序》），北宋《广韵》收26194字，明代《字汇》收33179字，清代《康熙字典》收47035字，民国时期《中华大字典》收48000余字,如今的《汉语大字典》收60000余字。并且,字书所收录的字相当一部分是存在于各种历史文献中的“死”字,在实际的语文生活中根本用不到。估计,每个时期真正使用的字,数千字而已,其中还有很大一部分字不宜取名。数千字用于数千万乃至几亿、十几亿人口,按照固有的取名规则,不重名很难做到。

查阅史书不难发现,历朝历代都有同名同姓者。比如汉初有两位韩信,一位是淮阴侯韩信,一位是韩王韩信。晚唐僖宗、昭宗间有两位李裕,一位是僖宗朝的湖南观察使,一位是昭宗的皇长子。南北宋之际有两位汪杞,一位是徽宗朝进士,一位是高宗朝进士。明初建文、永乐间有两位张伦,一位是建文帝的武将,一位是永乐朝的御医。清代有两位画家都叫王鼎,一位是江苏长洲人,一位是江苏太仓人。能进入史书的人毕竟是极少数,历朝同名同姓者,实际上应该远远多于见于史书记载者。

现在人口远远多于古时候,同名同姓的人也应该远远多于古代。如今绝大部分人,可能都能找到与自己同名同姓者,“独一无二”的姓名已很难找到。有人说,现在大约有一半人口,集中在王、李、张、刘等前20大姓中,并且有取单名倾向。所以现在有些名字所承载的人数,多得让人吃惊。《新民周刊》曾刊发过一篇文章分析“重名”现象,有人根据对覆盖全国90%以上的人口数据统计,人数最多的名字是“张伟”,有29.9万人,紧随其后的是“王伟”“王芳”“李伟”“李娜”“张敏”“李静”“王静”等,都超过20万人。

重名,其实没有什么好在意的。社会虽然很大,但个人的生活圈子其实很小,就算社会上与你同名同姓的人很多,但碰到的概率并不大,不会给生活带来什么不便。如果生活中碰巧遇到与你同名同姓的人,区别的办法很多,也不会造成什么困扰。有史以来，很少见到有人因为和别人同名而惹出麻烦。

真正会带来麻烦的，其实是名字中的生僻字。

还是以李怀𬍡为例吧。据新闻介绍，李怀𬍡的麻烦不仅仅是出门办事要随身携带一本字典。2004年后换发第二代身份证，因“𬍡”字无法录入，他的身份证硬是没办理成。后经过与主管部门的反复沟通，经过有关部门技术人员对文字输入“难题”的解决，李怀𬍡的身份证直到2009年才办下来。身份证虽然办下来了，但“𬍡”字在银行的电脑里还是不能显示，银行业务没法办理。去火车站买票，电脑里也只能显示“李怀”二字，没办法买票，出门只能坐长途客车。女儿去杭州上大学时，都没能去送，成了他人生中的一大遗憾。外出也不能住酒店，只能“蹭”别人开的房间或住工棚（李怀𬍡是工程监理人员）。

姓名中的生僻字给人带来的麻烦，远远不止李怀𬍡所遭遇的这几项。比如时常见到媒体报道，因为名字中的生僻字，有儿童不能报户口，最后不得不改名。改名后又会造成与出生证上的名字不符，而出生证是报户口的唯一能证明婴儿身份的依据。户口还是报不了，还得证明改后的名字与出生证上的名字是同一个婴儿。而这个证明非常复杂，会涉及卫生部门。继续折腾吧，怎一个“烦”字了得！

其实，凡是需要验证身份信息的地方，生僻字都有可能带来麻烦。为了减少麻烦，国家有关部门固然要“攻坚克难”，解决生僻字的输入“难题”，同时民众也应该尽量避免用生僻字取名。《通用规范汉字表》已于2013年颁布实施，是目前社会用字最权威的依据。字表共收字8105个，其中一级字（常用字）3500个，二级字（次常用字）3000个，三级字（未列入一、二级字但较通用的字）1605个。那就按《通用规范汉字表》取名，如何？

笔记

“凌晨”的新义

◎向　文

凌晨是什么时候？原来是很明确的：天快亮的时候。“凌”有逼近、迫近的意思；凌晨，即不断逼近、迫近早晨。如果换一种说法，最适合的大概是“拂晓”。

然而，最近二三十年来，“凌晨”的词义发生了变化，由原来的“天快亮的时候”这一小段时间，变成了“从零点到天快亮的时候”这一长段时间，几乎是从黑暗到黎明。这一变化为什么能得到广泛认可？在很大程度上，是因为它提高了时间表述的清晰度。“5 日深夜 1 点”，你说是 5 日还是 6 日？改为“6 日凌晨 1 点”，谁也不会误解。1997 年香港回归，交接仪式从 6 月 30 日 23 时 42 分开始，到 7 月 1 日 0 时 12 分结束，新华社的表述是“6 月 30 日午夜至 7 月 1 日凌晨”，这一表述不但准确而且精确。

“凌晨”的词义变化，自然会在工具书中表现出来。遗憾的是，工具书中的诠释似乎还有可议之处。

比如《现代汉语词典》，关于“凌晨”的释文是：“天快亮的时候。也指午夜后至天快亮的一段时间。”前一句保留了传统概念，后一句则是为了体现“凌晨”变化后的情况。问题就出在“午夜”一词。所谓“午夜”，该词典的解释是：“半夜十二时前后。”可见这是一个模糊的时间段，横跨在两天之间，既包括前一天的结束，也包括新一天的开始。这显然和“凌晨”的新的义项是不相容的。按照这样一个定义，7 月 1 日 0 时 12 分怎么能称为凌晨呢？还处在

『垂帘听政』和耳朵无关

◎忻舒

东方卫视热播的《芈月传》今日大结局。《芈月传》告诉观众，芈月是称“太后”的史上第一人，也是“垂帘听政”的史上第一人。一位小朋友观众，提出了一个古怪的问题：“垂帘听政考验听力，就是耳朵没有问题，隔那么长的距离，听不清楚怎么办？”一个有趣的误解！

从汉字的历史来看，“听”字的最初写法，显然是个会意字，从耳从口。甲骨文的字形是：一边是耳朵，一边是嘴巴，含耳有所闻意。可见，它的本义确实是用耳朵接受声音。“听见风就是雨”，“衙斋卧听萧萧竹，疑是民间疾苦声”，用的就是本义。但“听”字还有很多引申义。比如，“闭目塞听”的“听”是耳朵，“言听计从”的“听”是相信，“悉听尊便”的“听”是听凭，“衙前听差”的“听”是等待…… “垂帘听政”的“听”，则是治理的意思。它考验的是思考力、判断力，而不是听力，不能望文生义。

“午夜”之中嘛！

又如《现代汉语规范词典》，“凌晨”只有一个义项：“临近天亮的时候。”但该词典强调，“凌晨”不同于“拂晓”，也不同于“黎明”，“拂晓”是天将亮，“黎明”是天将亮或天刚亮；而“凌晨”“指午夜后至天亮前”。首先，“临近”一词用得不妥，“临近”有贴近义，0 时 12 分能说是“临近”天亮吗？其次，“午夜”存在和《现汉》同样的问题。该词典解释“午夜”是“零点前后的一段时间”，其实，无论是“十二时前后”，还是“零点前后”，一和“午夜”扯在一起，“凌晨”新的义项便会变得模糊不清。“凌晨”只能从零点开始。

微型讲坛

不要曲解汉字

◎苏培成

汉字是汉族祖先留给我们的一笔珍贵遗产，也是我国民众进行交际的不可缺少的工具。近几年来汉字的研究引起了社会各界的关注，出现了一批新的研究成果，可是曲解汉字的论述也时有所见，对这类论述的危害不可忽视。2015 年 6 月 30 日《光明日报》发表了记者刘彬写的访谈《流沙河："侦破"汉字奥秘》，向读者推荐流沙河的汉字研究。流沙河对汉字的分析有许多错误，并且其中心意思是恢复繁体字。

下面举出流沙河对"書"和"區"两个字的分析中的错误，略加评点，供读者参考。关于"書"字，我们提出三点意见：(1)流沙河说："'者'又是'煮'字的古写法。"这是信口开河，没有根据。根据《说文》，"煮"字的古写法是"鬻"，而不是"者"。(2)流沙河说："'書'用'煮'作声符，可知古音读作'著作'的'著'zhù，后转为今音shū。"我们知道，小篆"書"是从聿者声，从来不用"煮"作声符。隶书楷书的"書"也和"煮"字没有关系，扯不到一起。"書"的古音不读"著作"的"著"。在上古，"書"字是书母鱼部，"著"是端母鱼部，二字不同音。(3)流沙河说："'者'的篆文有趣，下面一口大锅盛水，锅盖密闭，蒸汽四溢，溅起水珠。后来'者'字被拿去作了虚词，之乎者也，才添四点之水变成'煮'字。"其实，小篆"者"下面是"白"(是"自"的变形)，大锅盛水云云，完全是想象。学术研究不同于文学创作，做出判断要有根有据。一个不难分析的"書"字，出了这么多错误，这哪是侦破汉字的奥秘，实际是要把读者带到迷魂阵。关于“區”字，流沙河说：“这个字要从右边看进去，像橱柜里放置多只尺寸规格相同的炊具。……于是就有了分区的意思。按照《说文解字》，區字从匚，匚读若方。所谓读若即‘视之为’。匚可以视之为方字，其字义为方格空间，其字音与方同。”流沙河完全看错了字形。在《说文解字》里有匸和匚两个不同的部首：匸的第一横左边出头，左下是弯笔，读 xì；匚的第一横左边不出头，左下是折笔，读 fāng。小篆“區”在读 xì 的匸部，而流沙河却把它归入了读 fāng 的匚部。流沙河如果不同意《说文》的归部应该加以说明，而不应随意改动。流沙河说“匚可以视之为方字，其字义为方格空间，其字音与方同”，这是张冠李戴，与从匸的“區”字无关。

流沙河还提出两个错误的判断：一是“所有正体字都能讲出道理”，二是“简化字不讲理”。这与事实不合。该文说的“正体字”实际指的是繁体字。有不少楷书繁体字由于字形的变化已经讲不出道理。例如，口貝为什么是員、曲辰为什么是農、羽白为什么是習、米田共为什么是糞，都讲不出什么道理。不少简化字有明确的理据。例如，小土为尘、火土为灶、一压在火上为灭、一个人跟在另一人的后面是从。这是不容曲解的。

流沙河随意抬高繁体字、竭力贬低简化字是为了凑成一个错误的结论，就是要恢复繁体字。这个结论没有事实根据，违背了国家的汉字政策，得不到多数民众的支持，会造成社会用字的大混乱。

《火眼金睛》提示

图 1，“猴年”应为“猴年”。
图 2，“劳命伤财”应为“劳民伤财”。
图 3，“防制”应为“防治”。
图 4，“从书”应为“丛书”。

“左拙右支”？

◎欧阳春

电视连续剧《少帅》第28集中，张作霖在军事会议上说了这么一段话：“诸位都是从战场上下来，这个前面的情况，你们比我清楚。这四月以来啊，老蒋重开北伐战火，华北诸兄都不可开交了，都左拙右支啊！水深火热啊！”（字幕同步显示）其中“左拙右支”为“左支右绌”之误。

“左支右绌”是个成语，最早写作“支左屈右”，语出《战国策·西周策》“苏厉谓周君”一节：“我不能教子支左屈右。夫射柳叶者，百发百中，而不已善息，少焉气力倦，弓拨矢钩，一发不中，前功尽矣。”“支”即支撑，指左手支撑箭弓，“屈”即屈曲，指右手弯曲扣箭拉弦。“支左屈右”原指弯弓射箭的姿势，左手支撑箭弓，右手屈曲拉弦。

《史记·周本纪》引述这则故事时，将“支左屈右”写作“支左诎（qū）右”，“诎”亦即屈曲之义。再后来变成了“左支右绌（chù）”，指力量不足，应付了左面，右面又觉得不够，形容顾此失彼、穷于应付的窘况，尤其用于财力不足或理亏而穷于掩盖的场合。绌，义为不够、不足。

拙（zhuō），有笨、粗劣、粗俗、短浅、不善于、用尽等义。无论取何义，“左拙右支”都说不通。

『打镲』可不是『打岔』

◎蔡维藩

笔者曾看东方卫视2015年12月2日播出的《金星脱口秀》，该期节目邀请的嘉宾是著名相声演员郭德纲。节目中，几次用到“打镲”一词。如：“如果碰到那么混不吝的一天到晚老拿我打镲的徒弟，怎么训他呀？”“我算半个师傅，他老拿我打镲。”“之前我也打过郭老师的镲。”可惜的是，字幕中却将“打镲”误写成了“打岔”。

打岔，义为用不相关的话打断别人说话或工作。用在上述引语中词不达意，而且读音也不同，节目中的读音是dǎchǎ，字幕中只能用“打镲”。

镲（chǎ），打击乐器，即钹。“打镲”成词已经不是字面意思，发生了转义，《汉语大词典》释为：“方言。胡扯，胡搅。”带有寻开心、逗闷子的意思。天津话中的“打镲”义近北京话中的“开涮”，近来所用渐多。如2015年10月12日《北京晨报》C06版《真球迷》：“伟大？你就别拿我打镲了。你嫂子就是因为这段时间我太痴迷足球，带着孩子回娘家了，临走发下话，要是我还是这么执迷不悟，她就不回来了。”

这个津味十足的“打镲”，其普及程度还远不及“开涮”。一时拿不准误记成“打岔”，也在情理之中。

皇帝不发“懿旨”

◎毕　涛

电影《刺客聂隐娘》故事凄婉、画面唯美，颇得戛纳电影节评委的青睐，最终斩获了最佳导演奖。但是电影的对白以文言为主，如果不对照字幕很难准确理解。而且许多文言词语都用得不准确。比如电影开始不久，就出现了“能继承先皇的懿旨”的台词。“先皇”会传“懿旨”吗？

“懿”本义是“美好”。成语“嘉言懿旨”就是指美好的言论和政策。中国历代统治者对公文都有明确的规定。一般，皇帝的诏令称为圣旨，皇太后或皇后的命令称为懿旨。《三国演义》：“黄门传懿旨云：‘太后特宣大将军，余人不许辄入。’”《东周列国志》：“是夜王崩。姜后懿旨，召顾命老臣尹吉甫、召虎，率领百官，扶太子宫涅行举哀礼，即位于柩前。”上述例子中下令的分别为皇太后和皇后。

“懿旨”有时也用为贵显人家长辈妇人命令的敬称，但不会用于皇帝的诏令，所以不可能出现“先皇的懿旨”。

一针见血

“层岚积翠”？

◎董宝林

《老同志之友》2015 年 12 下刊有《寻幽探胜罗浮山》一文，文中写道：“风光迷人的罗浮山，山峰相连，层岚积翠。”句中“层岚积翠”中的“层岚”当为“层峦”之误。

“峦”即小而尖的山，相连的山。“层峦”形容山岭重叠，峰峦相接，连绵不断。而“岚”指的是山间的雾气，不能用以形容重叠的山岭。显然，文中应用“层峦积翠”。

应是“断齑画粥”

◎叶才林

2015 年《文史博览》第 6 期刊有《〈岳阳楼记〉六大谜团》一文，文中说：“范仲淹幼时家贫，三餐不继，只得将米煮成薄粥冷凝后划为四块，早晚各两块，这就是著名的‘断斋划粥’的故事。”这里似乎只讲了“划粥”的事，“断斋”是什么意思呢？“故事”显然讲得残缺不全。熟悉历史掌故的人都知道，这个故事其实叫“断齑画粥”。

范仲淹小时候家庭贫穷，生活困难。住在庙里读书，昼夜不息。每日用小米煮粥，隔夜粥凝成块后用刀一切为四，早晚各吃两块。把菜茎切成碎末，盛入盂中，用醋浸泡，加少许盐，吃粥时加热佐餐。后用“断齑画粥”，指饭食粗简，形容贫苦力学。齑，读 jī，本指用醋、酱拌和，切成碎末的菜或肉。

“蓝田玉”如何“谋反”

◎唐九戒

史论笔记《历史的千年之眼》（广西人民出版社 2013 年 5 月出版）中有这样一段话：“朱元璋老了……便借几桩大的案子比如蓝田玉谋反、胡惟庸谋反等让一大帮老臣子下水……”这里“蓝田玉谋反”之说有误。

朱元璋处置过一个"蓝玉案",此案是明朝的大案之一。案件的主角蓝玉是明朝的开国名将,《明史·蓝玉传》:"蓝玉,定远人,开平王常遇春妇弟也,初隶遇春帐下,临敌勇敢,所向皆捷……"起初,朱元璋非常喜爱蓝玉这员猛将;但蓝玉居功自傲,渐至骄横不法,最终引起朱元璋猜忌。洪武二十六年(1393)二月,蓝玉因谋反罪下狱,"族诛之"。

而"蓝田玉"是中国名玉之一,因产于蓝田(今属陕西)而得名。唐代李商隐"沧海月明珠有泪,蓝田日暖玉生烟"的诗句成就了蓝田玉的千古美名。"蓝田玉"与"蓝玉"毫无关系,把"蓝玉案"误作"蓝田玉案",就成了另一桩冤假错案了。

"学养不殆"应为"学养不逮"

◎曹景坤

《光明日报》2016年1月8日第14版刊登了《人生态度与读写格局》一文,文尾谈及曹聚仁先生,作者自谦"与他相比,我等之写作,由于缺少他那样的'苦功夫',便学养不殆,无融通、贯通能力,格局就小得可怜"。句中"学养不殆"中的"殆",应为"逮"。

"殆"的含义主要有二:①几乎,差不多。如,财产损失殆尽。②危险。如,知己知彼,百战不殆。"逮"即比得上,赶得上。如,臧克家《京华练笔三十年》:"我自觉力有不逮,但勉力为之。"句中"不逮"即不及、比不上之义。

文章中要表达的意思是学养还达不到曹聚仁先生的水平,这正是"学养不逮"。而"学养不殆"讲不通。

岂能"擒王"

◎董寅生

《读者》2015年第16期刊登了《英雄实在不是好当的》一文,其中写道:"袁崇焕把辽东守得水泄不通，皇太极就绕道儿，从蒙古攻打北京。袁崇焕当时奉命擒王，他观察了蒙古骑兵的形势之后做出了一个在军事上非常明智在政治上却非常弱智的决定——进北京城防守。”这里的“擒王”应是“勤王”。

勤王，本义是尽力于王事，常指君王有难之时，臣下紧急起兵，前往救援。文章中讲到皇太极大军进攻北京，袁崇焕从蓟辽星夜兼程，回救京师，这正是“勤王”之举。

顺便指出，这段叙述中，还有一些史料的舛误。如袁崇焕并没得到勤王的命令而驰援北京，这也是后来崇祯中皇太极反间计怀疑他的原因；袁军更没有“进北京城防守”，他的军队始终驻卫在城外。

不是“蹂茶”

◎高良槐

2016年1月2日《福建老年报》第12版刊有《从喝茶想起插队时的茶农生活》一文，文中写道：“和大家加班加点地晒青、摇青、炒茶、蹂茶、焙茶等通宵达旦地忙碌十几天。”句中的“蹂茶”为“揉茶”之误。

“揉茶”指把经过杀青或萎凋变软的鲜茶叶用手工或机器揉成条形、针形及颗粒、片等形状，也叫揉捻。揉捻的功用除了做形，主要是使细胞破碎、茶汁溢出，溢出的茶汁附着在已成形的叶表面，干燥后才能泡出颜色和滋味。所以揉捻是做各种茶都必有的一道加工工序（白茶除外）。“蹂”义为践踏。汉语中没有“蹂茶”一词。“蹂”和“揉”字形相似，应是致误的原因。

切莫混淆“楮”与“褚”

◎新　德

《上海老年报》2015年12月24日第8版《引脉分四绝　探源得三昧——谈董芷林的书

画》一文说："董芷林先生深谙笔墨意趣之道，褚毫间，舒逸拳结，刚柔自得。"其中"褚毫"当是"楮毫"之误。

"楮"音 chǔ，木名，即构树，其叶如桑，其皮可制桑皮纸，因以为纸的代称。"毫"在这里指毛笔。如"挥毫"即提笔。"毫"与"楮"连用，指笔和纸。苏轼《书鄢陵王主簿所画折枝》诗之二："若人富天巧，春色入毫楮。"

"褚"是一个多音多义字，虽有 chǔ 这个音，但是没有一个义项指纸，与文房四宝毫不相干，故无与"毫"构成"褚毫"的用法。

上述文章说董芷林先生在纸上挥毫作画，应该用"楮毫"才对。

不是"攻扞"是"攻讦"

◎陈志裕

2015 年 12 月 29 日《扬子晚报》B6 版上登载了《袁枚还是个理财能手》一文，文中说："可见，以风流自许，逍遥自在的袁子才，也看透了人世间的虚伪，即使是忍把浮名，换了浅斟低唱，也难逃世人的冷眼和攻扞。"

何为"攻扞"？令人费思量。"扞"（hàn）在《现代汉语词典》中有两个义项：一是同"捍"，义为保卫、防御；另一义用于"扞格"中，指互相抵触。把这两义代入原句，句义皆不通。其实"扞"是"讦"之误。"讦"音 jié，义为斥责别人的过失。"攻讦"义为揭发别人的阴私。袁枚是当时的名人，但毛病多多，所以遭世人的冷眼和攻讦。"讦"与"扞"字形相似，是致误的原因。

不是"小井庄"，而是"小靳庄"

◎谢云秋

《京江晚报》2015 年 12 月 13 日 A09 版《听戏》一文说："每当农闲，会有戏班子来村里演出。母亲是一个戏迷，尤其擅长锡剧。那时候村村都在学习小井庄，母亲常常会帮着村民们排戏。”文中“小井庄”是“小靳庄”之误。

小靳庄位于天津宝坻区。上世纪六七十年代时兴树立各种样板，小靳庄因为能唱样板戏、办赛诗会而闻名，那时全国兴起一股学习小靳庄的热潮。文中所说“村村都在学习小井庄”指的就是这回事。

“饥绥”？“饥馁”！

◎阎德喜

《天海楼随笔(三题)》(刊于《读书文摘》2016年第1期)谈到“三年困难时期”的情况：“李劼人身兼……多种虚实头衔，尚且深感饥绥之威胁……”句中的“饥绥”显然是“饥馁”之误。

“馁”音 něi，即饥饿。“饥馁”是个同义语素构成的合成词，义为饥饿或是指饥饿的人。文中所说的李劼人是著名作家，时任成都市副市长，在当时他和家人也常断粮，用“深感饥馁之威胁”来形容，还是很恰切的。

“绥”音 suí，有两个义项，一是安好，另一是安抚。无论表示哪个意思，都不能和“饥”组合。汉语中也没有“饥绥”这个词。

不应乱了鸳鸯谱

◎王宗祥

2016年1月20日《新民晚报》A29版刊出《生命中的爱》一文追忆张充和女士，该文写道：“她(张充和)有三位知名的姐夫：顾传玠、沈从文和周有光，分别娶走了元和、允和与兆和。”按照文章中的意思，沈从文娶走了允和，周有光娶走了兆和，这与事实不符。

根据《张允和家族世系表》(《逝年如水——周有光百年口述》，浙江大学出版社)，嫁给沈从文的是张兆和，而张允和是和周有光结为伉俪。周有光健在，现已111岁高龄，如此乱点鸳鸯谱，让人情何以堪？

跳蚤咬不出水泡来

◎黄殿容

近读新华社2012年12月23日长篇通讯《“人民群众是我们力量的源泉”——记中共中央总书记习近平》，其中写道：“由于窑洞里跳蚤特别多，他被咬得浑身都是水泡，只得在炕席下洒农药粉来灭蚤。”引文里的“水泡”用得不对。

跳蚤是昆虫的一种，体小，无翅，脚长，善跳跃，长有吸吮的口器，寄生在人或哺乳动物的体表，吸血液，是传染鼠疫、斑疹伤寒等疾病的媒介。曾受其害的人们大都清楚，被它叮咬后，皮肤上会起疙瘩而且奇痒难忍，但绝不可能起水泡；即便被叮咬处受到感染，逐渐出现的也只可能是水疱或者脓肿（有可能发展为溃疡），而不会是水泡。“水泡”和“水疱”同音异义：前者指水中或水面上的气泡；后者则指因病理变化，出现在皮肤上的内含浆液的疱疹。文章中的“他被咬得浑身都是水泡”一句，改作“他被咬得浑身起疙瘩”比较妥当。

“首善之区”岂能随便打造

◎宁源声

《羊城晚报》2015年12月15日A8版所刊《惠城：打造惠州三宜城乡首善之区》一文，从标题到正文多处使用了“首善之区”一语，然而此用法是不妥当的。

“首善之区”是个成语，出自《史记·儒林列传》：“故教化之行也，建首善，自京师始。”意思是，实施教化自京城开始，京城是全国的典范。后来，“首善”“首善之地”“首善之区”特指首都。一个地区如果不是首都，不论建设得多好，都是不能被称为“首善之区”的。所以，“首善之区”是不能随便“打造”的。

可见，“开宗明义”是万万不能写作“开宗名义”的。

“开宗名义”?

◎周　振

《报刊文摘》2015年11月13日头版刊登的《提避免“高福利陷阱”是杞人忧天吗》一文中有这样的话：“中国目前的福利水平如何？北京师范大学课题组撰写的《2013中国民生发展报告》开宗名义……”其中的“开宗名义”无疑为“开宗明义”之误。

开宗明义，出自《孝经》，是其第一章的篇名。宋人邢昺对这一篇名进行了解释：“开，张也；宗，本也；明，显也；义，理也。言此章开张一经之宗本，显明五孝之义理，故曰开宗明义章也。”后用来指说话、写文章一开始就点明主要意见。如冰心《寄小读者·通讯一》：“在这开宗明义的第一信里，请你们容我在你们面前介绍我自己。”

“名义”一指做某事时所用的名分、资格，二指表面、形式。

不是“宿愿”是“宿怨”

◎阎南岗

《文学报》2014年11月13日刊登的《斯琴高娃，将爱变成温暖的亲情》，在谈到斯琴高娃与前夫的关系时写道：“但在前夫陷入困境的时候，已经定居瑞士的她摒弃宿愿……”其中的“宿愿”应是“宿怨”之误。

宿怨，旧有的怨恨，旧有的嫌怨。斯琴高娃因为和前夫感情不和而产生了一定程度上的“怨恨”导致分手，可见她与前夫之间确有“宿怨”。后来前夫陷入困境，斯琴高娃不计前嫌，伸出援救之手，使前夫在很大程度上得到解脱，这不正是“摒弃宿怨”吗？

宿愿指一向怀着的愿望。既然是“宿愿”就不会“摒弃”。上述说法显然不通。

“宿怨”和“宿愿”读音相同

应是致误原因。

“暇以时日”不通之至

◎心　士

《黑龙江广播电视报》2016年1月25日—1月31日刊登的《她用50年,做出一碗让人幸福感爆棚的白米饭!》中有这样一句话:“在竞争激烈的商业社会,用心做饭需要勇气、需要信仰,但暇以时日,必得丰厚回报。”其中的“暇以时日”应是“假以时日”之误。

“假”有多个义项,其中的一个是“给予”。成语“天不假年”就是天公不给人以寿命。“假以时日”就是给以时日。文章中讲的是,在商业社会,做白米饭是个很不起眼的活,如“给以时间让它发展,前途还是很可观的”。因此,“假以时日”用在文中是很准确的。

“暇”或指从容、悠闲,或指空闲。无论哪个意思,“暇以时日”都不成话。

嵩山四皓?商山四皓!

◎李丽慧

2016年2月1日《报刊文摘》载有《民国总统徐世昌日记里的秘密》一文,此文道:“袁世凯称帝后,称徐世昌等四人为‘嵩山四友’,仿汉高祖时‘嵩山四皓’,但徐并不买账,在日记中暗骂袁:‘志为帝王之人多,则国乱。’”

其实,汉高祖时并无“嵩山四皓”,只有“商山四皓”。

据《史记·留侯世家》与《汉书·张良传》,“商山四皓”指秦末汉初商山(今陕西省商洛市境内)的四个隐士,分别是东园公、绮里季、夏黄公和甪里先生。因四人出山时须眉皆白,故称四皓。高祖召,不应。后高祖欲废太子,吕后用留侯计,迎四皓,使辅太子。一日四皓侍太子见高祖,高祖曰:“羽翼已成,难动矣。”遂辍废太子之议。

显然,“嵩山四皓”乃“商山四皓”之误。

词语春秋

"吉日"何以称"黄道"

◎陈璧耀

"吉日"一词的古义有二。其一指朔日，语出《周礼·地官·党正》之"及四时之孟月吉日"。按郑玄注，指的就是农历每月初一，与原表示朔日义的"吉"相同。（如《诗·小雅·小明》之"二月初吉"、杜甫《北征》之"闰八月初吉"等）其二指好日子、吉利的日子，语出《诗·小雅·吉日》，写周宣王选了个好日子——"吉日庚午"——出猎。"吉日"的今义只是好日子，所以《诗经》的"吉日庚午"，可以视为成语"黄道吉日"的语源。

汉语成语有一些是能望文生义的，如同样表示好日子的"吉日良辰"。但如果含有某些典故或文化内涵，就无法望文生义了，"黄道吉日"便是一例。

"吉日"何以要称"黄道"？"黄道"是什么意思？和"吉日"有什么关系？《现汉》释"黄道吉日"为"迷信的人认为宜于办事的好日子"，未说明两者的关系，却把"黄道"与"迷信"联系在了一起。难道"黄道"就是迷信？或与迷信有关联？

从文化或科学的角度说，"黄道"与迷信是毫无瓜葛的，它原本只是天文学上与太阳和地球有关的一个科学术语和天文概念。

我们都知道，地球是绕着太阳公转的，但同时还有自转，从地球上看去，似乎是太阳在绕着地球转。天文概念中所说的"黄道"，指的就是地球绕太阳转一圈的轨道在天球上的投影，也就是我们所错觉的太阳绕着地球移动所形成的那个大圈。而这个被称为“黄道”的大圈,却是人类所假设的一个天文概念,其实是不存在的。早在九百多年前,宋朝的沈括就已明确指出,这个“黄道”是人类“强名而已,非实有也”(《梦溪笔谈》卷八)的一个概念。而这个“强名”的天文概念,在我国早在公元前1世纪就已有记载了,如西汉刘向《五纪论》中的“日月循黄道,南至牵牛,北至东井”。

在黄道两侧的许多星辰中,有六颗古代星相学家称为“六神”的星星,被认为是吉星。所谓黄道吉日,就是根据黄道上六大吉星的运行来确定的。这六大吉星分别是:明堂、青龙、金匮、玉堂、天德、司命。星相学家认为,六大吉星主辰(值班)之日就是吉日。他们以阴阳学说来附会人间时日,说什么凡吉星主辰之时“宜兴众务”,“一切凶恶自然避之”;说什么六大吉星,得之为吉,悖之为凶,以至后来黄历上也都印有今日“宜”什么或“忌”什么的吉凶之说。这就是旧时的星命之说。以天上星辰的运行来附会时日与人事吉凶,天文概念的“黄道”就此与迷信发生了非常密切的联系,于是就产生了“黄道吉星”和“黄道吉日”之类迷信的说法。

据说,1941年日军偷袭珍珠港的时间,就是经过星相学家精心分析的。12月8日之所以被认为是一个难得的黄道吉日,是因为7日刚好为凶日,正对应了日本和美国不同的时日——东半球日本12月8日逢吉之时,正是西半球美国被认为凶日的12月7日。

当然,这种说法只能看作民间的一种附会。日本偷袭珍珠港之所以成功,是由多种因素决定的,决非一个黄道吉日那么简单。但如果单从某种信仰或迷信的角度说,也可见出此类天上“黄道吉星”和人间“黄道吉日”的迷信说法,在民间一直都是很有市场的。譬如古人外出从事某项商旅活动,大多会占卜以问吉凶，其时更有“三六九，向外走”之类口头禅流传，指明每月逢三、六、九都是出门的吉日；旧时农民从事各项农事活动如开耕、下秧、莳田等，黄历也都列有“宜”行的干支日期，以供择吉的；即如当下，择吉习俗也依然存在，诸如建房上梁、订婚结婚，民间大多喜欢选个逢六的日子，为的也是取义六六大顺。

在科学昌明的今天，行事择吉讨个口彩似也无可厚非。但如果一味沉迷于此，真以为天上有什么吉星吉神，凡事一定要按星命择吉，那就是迷信了，是完全不可取的。我们当下的每一天，都可以是“宜于办事的好日子”，根本无关乎什么黄道不黄道吉星不吉星的。

与黄道相对，天上还有一个假想的“黑道”。它两侧也有许多星辰，其中天刑、朱雀、白虎、天牢、玄武、勾陈六颗也称六神，但被认为是凶星。逢凶星主辰，就是凶日了，称为“黑道日”。但和“黄道吉星”一样，所谓的“黑道凶星”或“黑道日”，也是一种迷信，不可当真的。“读书人不在黄道黑道，总以事理为要”（《红楼梦》第一回），天上某个星辰的位置与运行，于世间之时日和人事而言，是无所谓吉凶的。

《“温顿列车”》参考答案

1. 风云徒变——风云陡变
2. 一触既发——一触即发
3. 不管——尽管
4. 暴发——爆发
5. 振动——震动
6. 热泪盈框——热泪盈眶
7. 批露——披露
8. 糅了一下——揉了一下
9. 绉纹——皱纹
10. 没法不低调了——没法低调了

热线电话

“你好，我是64330669……”（50）

◎姚博士

说“馀”

问：我是一家出版机构的审读。有一本评诗的书中说“于史有馀，于诗不足”，我把其中的“馀”改成了“余”，但责编认为此处用“余”意义可能混淆，坚持用“馀”。此处用“馀”可以吗？

——北京　李　阳

答：此处用“馀”不妥当。

在用繁体字书写的时代，“餘”和“余”本是两个不同的字，前者表示“多余”“剩余”等意思，后者是第一人称代词，相当于“我”。1964 年 5 月，《简化字总表》颁布实施，“餘”简化成“余”。这样一来，“余”一身兼二职，既继续用作第一人称代词，也表示原来“餘”的各个意思。不过，在实际运用中可能出现“混淆”。如“余年无多”，意思是“剩余下的日子不多”还是“我的日子不多”？可能有不同的理解。因此，《简化字总表》做了一个脚注：“在余和餘意义可能混淆时，仍用餘。如文言句‘餘年无多’。”根据这个注释，“餘”并未完全简化成“余”，在容易混淆时，“餘”保留使用。不过，同时也出现一个小问题：“食”作为偏旁已经简化成“饣”，如“饑”“飯”“飲”已简化成“饥”“饭”“饮”了。而“食”同样也是“餘”的偏旁，如果继续保留“餘”的话，有损文字结构的“系统性”。

1977年，中国文字改革委员会发布《简化字总表(第二版)》，对1964年颁布实施的《简化字总表》中“余(餘)”的脚注内容做了调整，原脚注改成：“在余和馀意义可能混淆时，馀仍用馀。”请注意，在这里原来的“餘”已经换成了“馀”。这个改动隐含的意思是：“余”是“餘”的简化字，在“余”和“餘”意义可能混淆时仍用“餘”，但要类推简化成“馀”。这显然是针对上文说到的“小问题”而做的补充。1986年，当时国家语言文字工作委员会重新发表《简化字总表》，其中保留了1977年《简化字总表(第二版)》对“余(餘)”脚注的调整。

2013年6月国务院正式发布《通用规范汉字表》。该表是在整合《第一批异体字整理表》(1955年)、《简化字总表》(1986年)、《现代汉语常用字表》(1988年)、《现代汉语通用字表》(1988年)的基础上制定的。《通用规范汉字表》公布后，社会一般应用领域的汉字使用以《通用规范汉字表》为准，原有相关字表停止使用。在《通用规范汉字表》中，只有“余”，既无“餘”也无“馀”。这说明，“馀”已经停止使用，“餘”已经无例外地简化成了“余”。其实这个调整是有道理的。在实际运用中，“余”和“餘”混淆的情况其实并不多见，即使出现了这种情况，一般也可以根据语境做出判断，完全没有“搞特殊”的必要。

话说回来，即使不考虑《通用规范汉字表》所做的调整，李阳先生所说到的“于史有馀，于诗不足”中的“馀”，也应该改成“余”。此处“有余”与“不足”对举，“余”显然是“多余”的“余”，而不可能作第一人称代词用，显然不属于“可能混淆”的情况。

说　“鍾”

问：《通用规范汉字表》中规定，繁体字“鍾”也可以简化成“锺”。我是马来西亚槟城乔治市“钟灵中学”的校友，母校校名中的“钟灵”取“钟灵毓秀”之义。学校正在筹备100周年校庆，有人提出趁此机会将“钟灵中学”的“钟”改成“锺”。可以改吗？

——马来西亚　吴　明

答：用繁体字书写，“鍾”和“鐘”本为两个不同的字。“鍾”本指古代一种盛酒的器皿，腹大，颈细，口小。引申指（情感等）专注、集中。也用作姓氏。“鐘”本指一种打击乐器，中空，用铜或铁制成。也指寺院或其他地方悬挂用以报时、报警的器具。后多指计时器具。

在1964年颁布实施的《简化字总表》中，繁体字“鐘”和“鍾”都被简化成了“钟”。1986年国家重新发布《简化字总表》，并未对这个简化方案做出调整。因此，根据《简化字总表》，繁体字“鐘”和“鍾”的所有义项，都写成“钟”。

2013年《通用规范汉字表》颁布实施，其中对“鍾”的简化做了微调，规定“鍾”用于“姓氏人名”时可以简化成“锺”。比如大学者“钱锺书”，过去人们多根据《简化字总表》写成“钱钟书”，现在人们多根据《通用规范汉字表》写成“钱锺书”。“钱锺书”的“锺”用繁体字，应该是“鍾”，意思是“专注”“集中”。据说在“抓周”时，钱锺书抓的是书，因此取名“锺书”，即“专注于书”“钟情于书”。

然而，这个微调仅限于“姓氏人名”，在其他场合，“鍾”仍然简化成“钟”。学校的名称显然不在“微调”的范围内。因此，根据《通用规范汉字表》，“钟灵中学”的“钟”还是不改成“锺”比较好。

“令人堪忧”错在何处

问：我是一家杂志社的编辑，正在编发的一篇文章中有句话说“失业率居高不下令人堪忧”，“令人堪忧”的说法对吗？

——北京　安荟霖

答：这种说法有语病。

这个问题其实本刊谈过多次，但还是常有人打“热线”询问，看来这是语文运用中的一个“顽疾”，“久治不愈”。误用的原因，可能是没有准确理解“堪”字的用法。

“堪”本指地面突起处。《说文·土部》：“堪，地突也。”段玉裁注：“地之突出者曰堪。”引申指经得住，如“苦难不堪”即指遭受的困苦灾难到了经受不住的程度，“不堪重负”即忍受不了深重的负担。进一步引申指能够，如“堪当重任”即指能力很强能够承担重大任务，“苦不堪言”即苦得不能够用言语表达。还引申为值得，如“堪称英雄”即指值得称为英雄人物，“不堪造就”即不值得栽培。

“堪忧”即“值得忧虑”，其前面出现的是“忧”的对象。如“市场不景气，经济形势堪忧”，“经济形势”是“忧”的对象；“肥胖比例逐年上升，亚健康问题堪忧”，“亚健康问题”是“忧”的对象。

“令人堪忧”（让人值得忧虑），“堪忧”前面出现的是“人”，“人”成为“忧”的对象。这显然不是句子所要表达的意思。因为按照常规表达，“人”应该是“忧”的行为主体，而非“忧”的行为对象。所以说，“令人堪忧”是个有语病的说法，含有这种说法的句子，行为“主体”和行为“对象”会被弄混。安荟霖所提到的句子“失业率居高不下令人堪忧”，本来“忧”的主体是“人”，“忧”的对象是“失业率居高不下”，而句子把“忧”的对象变成了“人”。

如把“堪忧”改成“担忧”就对了。“失业率居高不下令人担忧”，“忧”的对象是“失业率居高不下”，“人”是“忧”的主体。

如果删掉“令人”二字，把句子改成“失业率居高不下堪忧”，也庶几可通。

有此一说

虚室有余闲：“虚室”何义？

◎鲍华明

人教版高中《语文》选录有陶渊明的《归园田居(其一)》，其中“虚室有余闲”一句中“虚室”一词，教材注释为“空室”。笔者见到过好几本古诗选，其中也有把“虚室”释为“空室”的。《汉语大词典》收有“虚室”条目，义项一就是“空室”，并以陶渊明此诗句为例。笔者认为，这个解释值得商榷。

古诗的注解是给现代人看的。在现代汉语中，“空”的意思是“里面没有东西”，如“米缸是空的”“空着手来”等等。那么，现在人们看到“空室”一词，想到的意思一般是：房子里空空如也，一无所有。这会给人陶渊明家境贫寒的印象。这与诗歌的主旨不符，因为陶渊明此诗中表达的是，辞官归田的愉快心情和乡居的乐趣，并没有叫穷的意思。

陶渊明早年曾受过儒家教育，有过“猛志逸四海，骞翮思远翥”的志向。但他生活的时代，“老庄”盛行，他也受到熏陶，崇尚自然。陶渊明辞官归隐田园，就是“老庄”思想使然。《归园田居》反映的就是陶渊明的道家理想。理解“虚室”一词，要抓住陶渊明的思想特征，以及《归园田居》的主题思想。

其实，“虚室”正反映了诗人的道家理念。这个词出自《庄子·人间世》：“虚室生白。”清王先谦《庄子集解》：“司马(司马彪)云：‘室，喻心，心能

“斧正自我”不妥

◎谢三山

《报刊文摘》2016年1月4日第3版《爱自己的最高阶段》中写道:“有人为要自己的外貌和自己的内脏年龄不相符,让面容在层层化妆品的粉饰下,显出不合时宜的嫩相。严重者不惜刀兵相见,大胆斧正自我,就是狠狠地爱自己。”文中所用“斧正”一词欠妥。

斧正,《现代汉语词典》的释义为:“敬辞,用于请人改自己的文章。”既是敬辞,那么一般不能用于自身,“斧正自我”的说法不合礼仪。而且文章中的“斧正”似是用来表示整容,与其原义相去甚远。“斧正”是个有固定含义的词语,如此“灵活”运用无疑不妥。

空虚,则纯白独生也。’成(成玄英)云:‘观察万有,悉皆空寂,故能虚其心室,乃照真源。’”《淮南子·俶真训》:“是故虚室生白。”高诱注:“白,道也。能虚其心以生于道,道性无欲,吉祥来止舍也。”可见,“虚室生白”谓人能心境清虚无欲,则道心自生。“虚室”是比喻,喻指澄澈明朗、心无挂碍的心境。

并不是古诗中所有的词都需要对译成现代汉语。“虚室”确实需要注释,但只要点出它的出处,说明它在诗中的含义即可。建议教材把这个注释改为:“虚室,语出《庄子·人间世》:‘虚室生白。’比喻澄澈明朗、心无挂碍的心境。”

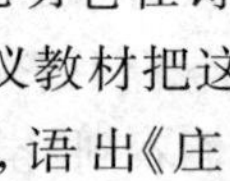

“惨绿”究竟何义

◎杨昌俊

2015年第22期《南方人物周刊》刊有《陈百强的蓝色、紫色和白色》一文,文中写道:“人们形容少年时期的挣扎迷乱,常用‘惨绿’一词……”笔者想说的是,“惨绿”真的“常用”来“形容少年时期的挣扎迷乱”吗?

汉语中本有“惨绿”一词,其中“惨”通“黪”,阴暗之意。“惨绿”本义是淡绿,亦指服色。唐代官员的服色依品而定,六品着深绿色,七品着淡绿色。古汉语中常用“惨绿少年”,指穿着淡绿色官服的青年人。唐代张固《幽闲鼓吹》载:潘孟阳任户部侍郎。潘母为他年少身处高位而忧虑,说:“凭着你的人品和才学,当这么大的官,我担心灾祸会到来。要不,你把同僚请到家来,我看看他们。”潘孟阳请了一些交好的朋友来家做客,潘母隔着帘子逐一细看。之后,潘母对儿子说:“有这样的同仁我不担心了。坐在最边上的‘惨绿少年’是谁啊?”儿子说:“从七品补阙,叫杜黄裳。”潘母说:“这个人一定成为出名的卿相。”果然,杜黄裳后来出任同中书门下平章事(相当于宰相)。后便用“惨绿少年”比喻风度翩翩的青年。风华正茂的青年时期,也称“惨绿年华”。《汉语大词典》《汉语成语考释词典》等权威工具书均收有“惨绿少年”词条,都做类似释义。

尽管当下也有人把“惨绿”当作“困顿”“惨淡”等的同义语来用,但毕竟范围有限,绝不是这个词的“常用”义。

时尚词苑

形形色色的“备胎”

◎赵丽华

随着汽车行业的快速发展，“备胎”对于大众而言并不陌生。备胎，即备用轮胎，当正胎出现意外状态时，它可及时地取而代之。如今，在网络中，还出现了另一种“备胎”：“爱情备胎”。这种对感情状态的打趣式表达，具有新奇感，因而迅速地流传开来。例如：

（1）不少大学生把自己称为“爱情备胎”“后备甜心”等，更有同学援引百度百科对于“感情中的备胎”的解释，后备情人，排行第二的爱人，来定义自己现在的情感生活。（《中国青年报》2009 年 10 月 23 日）

衍生于汽车部件的“备胎”，用于感情生活，表示“替补”的角色。不过，由于“备胎”是备用的汽车部件，当汽车正常行驶时，它似乎就显得可有可无了。因此，所谓爱情“备胎”，除了表达无奈与失落之外，有时还附带了贬义色彩。例如：

（2）男人，不要觉得有许多备胎有多荣耀，因为只有破车才需要备胎；女人，不要觉得有很多追求者有多高傲，因为只有便宜的东西才被哄抢。（《生命时报》2014 年 7 月 22 日）

（3）如果相处了半年左右，对方始终处于游离状态，麻木、机械地推进关系，虽然你努力争取、付出，但依然被对方当成“备胎”，那么这种关系并不值得留恋，尽早分手可避免更大的伤害。（《今晚报》2015 年 5 月 28 日）

据相关调查机构发布的《85 后上升趋势》报告说：近两

成85后曾做过备胎，而男性的“备胎率”更高，每五人中就有一人曾经做过备胎。虽然“感情备胎”的现象在当下看似较为普遍，但是从正确的道德观上来讲，在情感生活中我们不应该有“备胎”，更不可脚踏两条船地对待爱情和婚姻。“如果不幸沦为感情的备胎，那么一定要三思而后行，那种无果的等待会把心风干，华丽转身才是人间正道。”（《武汉晨报》2014年5月6日）

比喻义的“备胎”使用范围逐渐扩大，让人耳目一新。它不再局限于感情生活中，也不再含有贬义，而是活跃在了社会生活的各个领域。例如：

（4）有记者问到给王仕鹏选“备胎”的问题，邓华德坚定地说：“距离亚锦赛还有4周，距离最后的决赛还有6周，我不到万不得已不会换人。王仕鹏是个坚强的球员，……我不会为他找替补，因为根本没人能替代他。”（《京华时报》2011年8月19日）

（5）当下的技术技能人才“上升通道”狭窄，许多学生和家长把职业教育当成“备胎”，因为在许多场合中，大学本科文凭被视作资格合格证和社会生活的通行证。（《人民日报海外版》2014年6月27日）

（6）海归已不仅仅视民企为“备胎”（标题，《人民日报海外版》2014年5月22日）

（7）美国总统的“备胎”（标题，《报刊文摘》2015年4月17日）

例（4）中的“备胎”用于体育界，它是特指替补队员；例（5）、例（6）、例（7）用于教育和择业，甚至用于“美国总统”，表示“另一种选择”“候补的行为”等意思。

在使用过程中，“备胎”中“胎”的语义不断“弱化”，只剩下“备”的意思，可以理解为“后备”。

（8）过去，职业教育被视作“二流教育”，就读职业院校成为许多学生考不上高中的“备胎”选择。2012年，江苏开始试点，

“走心”让生活更舒心

◎刘东怿

相信人们对于“走心”一词并不陌生，在日常对话和各大报刊中，都能发现它的身影。2010 年 7 月 22 日，电影《唐山大地震》的上映引起了巨大反响，导演冯小刚提出电影要“让观众走心”，并将“观众不‘走心’（电影）就失败”作为电影的宣传语。此后，“走心”一词常常出现在新闻中和新闻标题中。例如：

（1）如果是迫于压力，形式上作一作，走嘴不走心，那相当于有方不抓药，无济于事。（《人民日报》2015 年 5 月 12 日）

（2）民生工程“走心”，居

打通中职—高职—应用型本科的衔接，试图改变当前职业教育“断头教育”“次品教育”的现状。（《人民日报》2014 年 6 月 26 日）

那么，“备胎”一词是如何流行开来的呢？原因之一，通过隐喻机制，将本身的“备用轮胎”的意思投射到了情感、择业等多个方面，生动形象，也容易理解。原因之二，旧词新义，具有新鲜感、幽默感，符合大众在交际过程中追求新奇和趣味的心理。

无论是比赛中的“备胎”也好，择业经历中的“备胎”也罢，形形色色的“备胎”，反映了人们对未来生活的不确定感。其实，想要立足社会，从激烈的竞争中脱颖而出，每一个人都不妨多一点准备，多一些选择，真正做到有“备”无患。

民日子称心(标题,《安徽日报》2015年2月17日)

“走心”,由语素“走”与“心”组合成词。“走”有行走之义;“心”,即“心脏”,本义是产生压力,使血液运行至身体各个部分的器官,后来通常也指进行思考、产生情感的器官。在“走心”一词中,“心”采用后一义项。由于“走”的方向性和“心”的空间性,“走心”可作多种解释。一是“出于心”,即发自内心。例如:

(3)最走心辞职信:长达三页,14条建议颇具可行性。(《重庆商报》2015年12月24日)

二是“入于心”,即进入对方的内心,打动人心。例如:

(4)台上动情,台下也跟着动情……表演艺术家刘玉玲几乎是流泪看完的。她直言这部戏(按,指沪剧《赵一曼》)实在太走心,不仅表达了赵一曼作为妻子和母亲的亲情,更展现了她把自己命运与国家紧紧联系在一起的情怀,整部戏十分大气。(《新民晚报》2015年12月29日)

三是“经于心”,也就是经过深思熟虑的,诚心诚意的。例如:

(5)新老书记坐在一起,说实话讲实情,谈话很走心。(《人民日报》2015年11月24日)

其实,“走心”并不是一个新词,古代就已经有了。只是古代的“走心”与现在所说的“走心”语义完全不同。古代汉语中,“走心”是指离心、变心。例如:

(6)是故亲疏皆危,外内咸怨,离散逋逃,人有走心。(班固《汉书·晁错传》)

值得注意的是,如今的“走心”,有时也指心不在焉,思想不集中,这不妨看作古代“走心”语义的继承与引申。例如:

(7)说着说着,说错啦,说着说着,说错啦!怎么回事?走心啦!他那里呢,全在药铺身上哪!(郭德纲相声《小神仙》)

“重要的事情说三遍”之魅力

◎张 舒

“重要的事情说三遍”一说近来大有席卷大江南北之势,连外国友人都躲不开它的魅力攻势,法国布列塔尼孔子学院的院长海百川在孔子学院外方院长研修班上发言时说:“非常感谢,非常感谢,非常感谢,重要的事情说三遍!”

“重要的事情说三遍”是一个表示强调的流行语,用法单一,只要将想表达的内容重复三遍即可。根据知乎网友查考,其源头是日本综艺主持人三野文太所播的一种药品的广告语,此后在日本的动画、漫画、游戏、电视剧中都出现过这个“梗”,继而传入中国,开始流行于日本动漫爱好者圈中。“重要的事情说三遍”火于2015年6月12日,由于《盗墓笔记》的网络首播,一众粉丝在奔走相告,用“说三遍”体疯狂造势,当日的搜索量剧增,于是,“重要的事情说三遍”迅速走入公众视野。与此同时,有一些网友对“重要的事情说三遍”做了进一步发掘,有人认为尼采是“发明者”,哲学大师在《善意的彼岸》如此写道:“而且要再说三遍,它们是权宜之计,权宜之计,权宜之计,掺杂着愚蠢,愚蠢,愚蠢……”刘慈欣的科幻小说《三体》中也有重复三遍的说法:“我是这个星球的一个和平主义者,警告你们,不要回答!不要回答!不要回答!”甚至还有人找出了千年前的老祖宗把重要的事说了三遍的例证,陆游的《钗头凤》:“东风恶,欢情薄,一怀愁绪,几年离索。错!错!错!”看来,“重要的事情说三遍”并不是一种全新的语言技巧,只是重新流行了起来。

在中国,数字“三”有着特

殊的含义。早在春秋时期,《道德经》中就有过“道生一,一生二,二生三,三生万物”的哲学阐述。《说文解字》中对“三”的解释为:“三,天、地、人之道也。”具体地说,“三”上面一横代表天,中间一横代表人,下面一横代表地,寓意天、地、人的融合,因此“三”被认为是一个终极之数,代表着神圣与正统。基于这种认识,汉文化中产生了一系列与“三”有关的概念:三纲、三才、三皇、三甲、三公等。俗语中,也有“一个好汉三个帮,一个篱笆三个桩”之类的说法。这里的“三”是虚指,皆言其多。

“重要的事情说三遍”中的“三”不仅表达了一种极致的含义,又将“说三遍”的内容说了出来,增加了一份一本正经的诙谐意味。例如:

(1)动起来,动起来,动起来,重要的事情说三遍,说这话的人就是最后一位做客华西都市报的直播明星张靓颖。(《华西都市报》2015年10月8日)

以往的反复“说三遍”只强调了内容本身,而“重要的事情说三遍”却将反复强调的意味直接说了出来,形成了“仪式”,如喊口号一般,因此也有人把它叫作“洗脑式强调”。

除了上边所举的“显性”的“重要的事情说三遍”用例,还有一批“隐性”的用例,即省略了“重要的事情说三遍”这个提示语,只是反复了三遍。而在人们对这种强调模式已经“心知肚明”、习以为常的氛围中,“省略式”同样能够产生既强调又诙谐的有趣的效果。比如:

(2)当然,鲁尼在另外一个层次,他是如此顶级、顶级、顶级,我想他和梅西、C罗属于同一水平。(《新闻晨报》2015年12月12日)

“重要的事情说三遍”不仅迎合了中国人历来对“三”的喜爱与推崇,同时又符合年轻人追求新式词语、崇尚娱乐精神的心态。李克强总理都参透了“重要的事情说三遍”的精神,他在达沃斯论坛中,就中国经济问题的重点强调了三遍。

碰碰车

“县令”与“知县”

◎陈关春

《咬文嚼字》2016年第1期刊有《何谓“囊囊”？应是“囊橐”！》一文，文中说“时任潍县县令的郑板桥请求赈灾济民”。此处的“县令”用得不妥，清代县官的正式官称应是“知县”。

郑板桥像，位于兴化郑板桥纪念馆

战国时已有县令一职。秦汉时规定，万户以上设县，县官为“县令”，不及万户者称长。晋隋因之。唐代县置令，不再分令、长。宋代常以京朝官出任县官，知(主持、掌管)县事，简称“知县”，管理全县行政，如有戍兵驻县，则兼管兵事。明代始以“知县”为一县长官的正式官名。清沿明制。郑板桥(1693—1765)是乾隆间进士，先后出任山东范县、潍县知县，秩正七品。

虽然明清时期民间也用“县令”作为“知县”的俗称，但《咬文嚼字》是本严肃刊物，还是用正式称呼好。

伯牙姓俞？

◎方东平

《咬文嚼字》2015年第12期刊载的《伯乐与伯牙》一文，指出了《文化常识大储备》中将“伯牙”写为“伯乐”之误。这是对的。但文中介绍《列子·汤问》中伯牙与钟子期的典故时，将伯牙冠以“俞”姓，称之为“俞伯牙”，这就值得商榷了。因为在《列子·汤问》中只有“伯牙”而没有“俞伯牙”之称，原文为：“伯牙善鼓琴，钟子期善听。”

伯牙其实姓伯。这个典故也见于《吕氏春秋·本味》，东汉人高诱注：“伯，姓；牙，名，或作雅。”之后学者亦认为高诱注“立言不苟……必有所本”。此后伯牙之称一直没有争议。

将伯牙冠以“俞”姓是在明代。大文学家冯梦龙在小说《俞伯牙摔琴谢知音》中使伯牙成了小说人物“俞伯牙”。受其影响，很多人以为伯牙姓俞。清代俞樾在《小浮图闲话说》中指出：“唯以伯牙为俞姓则不可信，遍考古书，未有言伯牙之姓者。”

网言网语·智慧

不要太聪明，也不要太傻。太聪明，容易遭人嫉恨，让人防备；太傻，容易遭人愚弄，被人抛弃。介于聪明与傻之间的状态，就是智慧。

（黄文健／辑）

文章病院

文丞相祠岂可称“文天祥生祠”

◎古　辛

2016年1月30日《人民日报·大地》载文《排队的日子》，文中说：“蓦然间，我想起了我每日骑着自行车在街上游走，掠过了田汉故居，不知不觉间，又来到了文天祥生祠。”此段文字中的“文天祥生祠”令读者疑惑，文天祥何来“生祠”？史实是首善之区建有北京文天祥祠，又名文丞相祠，而没有什么“文天祥生祠”。

“生祠”义为为活人建立的祠庙。据《文天祥传》记载，文天祥诞生于1236年，于至元十九年十二月初九日（1283年1月9日）在柴市就义。文天祥祠在中国有多处，其中最有名的是北京文天祥祠。文丞相祠建于明洪武九年（1376），也就是在民族英雄文天祥就义93年之后才修建的。因此，文丞相祠不可被称为“生祠”。

北京文天祥祠，又名文丞相祠，坐落在东城区府学胡同63号，是南宋民族英雄文天祥当年遭囚禁和就义的地方。1376年明洪武九年建祠，现存大门、前殿、后殿

周瑜“火烧连营”？

◎古　桥

《初中生经典通读200篇》（浙江工商大学出版社2015年出版）一书第102页第100篇选了杜牧的《赤壁》一诗：“折戟沉沙铁未销，自将磨洗认前朝。东风不与周郎便，铜雀春深锁二乔。”编者在给诗中的“东风”作注释时说，东风“指火烧赤壁事件中，助周瑜火烧连营的风”。

这个注释的前半部分是正确的，这里的“东风”确实是指“火烧赤壁”时之东南风。东汉建安十三年（208），孙刘联军用火攻之计大破曹操水军，就在赤壁，史称“火烧赤壁”。而注释的后半部分又说：这是“助周瑜火烧连营的风”。把“赤壁之战”与“火烧连营”混同在一起，那就有问题了。

众所周知，“火烧连营”发生在蜀汉章武元年（221），刘备为报东吴夺荆州、杀关羽之仇，率大军攻吴，结果被吴将陆逊设计用火攻，火烧连营七百里，大败刘备军。

“火烧赤壁”与“火烧连营”本是两场完全不同的大战，虽然战争的胜方都是东吴，主将也都用的是火攻之计，但战争的双方却各不相同，前者是孙刘联军抗曹，后者是蜀汉与东吴之战。况且在时间上前后相隔了13年。“火烧连营”时，周瑜（175—210）已经去世十一年了，怎么还有周瑜“火烧连营”的故事呢？

京剧中的“导板”和“叫板”

◎王德彰

2015 年 12 月 24 日《燕赵晚报》B9 版所刊《名伶金少萍》一文,介绍了工青衣行当的名演员金少萍的从艺经历,让人感佩。文中说:“她(金少萍)唱《玉堂春》‘玉堂春含悲泪忙往前进——’一句叫板便能唱哭全场。”这句话中的“叫板”用错了,应是“导板”。

“导板”是一种戏曲唱腔板式,无板无眼,速度较慢,节奏自由,句尾往往拖长腔,宜于表达悲愤昂扬的感情。列在一个唱段的开始,作为先导之用。京剧中,分为“二黄导板”和“西皮导板”。多数情况是主角在内场唱完“导板”后才出场。文章中引用的那句唱词在《玉堂春》的《起解》一折中,当时的剧情是:苏三戴枷已离开了洪洞县,解差崇公道押着她去太原复审。一路上天太热,苏三和崇公道一起赶路。苏三唱“西皮导板”:“玉堂春含悲泪忙往前进——”接唱“西皮慢板”:“想起了当年事好不伤情……”现代戏中,大段唱腔前也常用“导板”。如《智取威虎山》中,杨子荣唱“二黄导板”:“劈荆棘战斗在敌人心脏!”接唱“回龙”:“望远方,想战友,军民携手整装待发打豺狼,更激起我斗志昂扬!”

“叫板”不是唱腔板式,作为一种戏曲术语,指的是演员在念白(说话)后起唱前对乐队鼓师的暗示。“叫板”有多种方式:有的将念白的末一字音拉长,如《失街亭》中诸葛亮念:“将军听了——”;有的用一个感叹词,如《捉放曹》中县

“右牵”与“右迁”

◎达式东 贾 凯

《今晚报》2015年12月23日第13版《说“左”道“右”》一文中说：“正职、副职在古代中国往往用左右来区分，连升降职也说‘右牵’‘左降’。”这里的“右牵”是什么意思呢？

查资料发现有“右牵”这一词语，《礼记·曲礼上》“效马效羊者右牵之”，孔颖达解释说：“马羊多力，人右手亦有力，故用右手牵掣之也。”后因以“右牵”指进献马、羊之礼，可它跟升降职并无关系呀！看来，上述文章中的“右牵”是有问题的。

史书中，跟升降职有关的词语有“左迁”“右迁”。《汉书·周昌传》中有“左迁”，颜师古注：“是时尊右而卑左，故谓贬秩位为左迁。汉代贵右贱左，故将贬官远调称之为左迁。”汉代以降，多数朝代沿袭贵右贱左之习。“左迁”为降官、贬职；“右迁”为升职。唐代韩愈的诗《左迁至蓝关示侄孙湘》就是抒发他对降职（左迁）的愤慨之情。宋代王安石《李端悫可东上阁门使制》中的“非专为恩，以致此位，积功久次，当得右迁”，表达了对右迁（升职）的喜悦之情。

显然，上述文章中的“右牵”系“右迁”之误。虽只一字之差，却是天壤之别。

令陈宫所念的“哦！”；还有用哭、笑叫板的。无论运用哪种方式，“叫板”的念要富于思想感情，为紧接着的唱做好铺垫。

引文中，“玉堂春含悲泪忙往前进——”本来就是一句唱腔（“导板”），并非起唱前的念白，所以不能称为“叫板”。

红军"万里长征"中"六出天山"？

◎屠林明

2015年12月1日《解放日报》副刊刊出《生与不生间　妾身千万难》一文，文中写道："养育孩子是万里长征，一想到四渡赤水、六出天山就累得魂飞魄散……"

"四渡赤水"大家都不陌生，确实发生在中国工农红军"万里长征"途中。赤水，即赤水河，在贵州西北，川黔交界之处。1935年遵义会议后，中央红军在以毛泽东为代表的中共中央指挥下，在赤水河流域与国民党军展开运动战。红军在1月底至3月底，从东西两方向反复四次渡过赤水河，最终摆脱数十万国民党军的围堵。《长征组歌》中唱道："战士双脚走天下，四渡赤水出奇兵。"然而"六出天山"却没有听说过。天山山脉位于新疆维吾尔自治区中部，新疆首府乌鲁木齐在天山北麓，天山天池是著名的风景名胜。但根据史实，红军长征没有进入新疆、到达天山。所谓"六出天山"不知从何说起。

倒是听说过"六出祁山"。祁山，在今甘肃礼县东。相传三国时蜀汉诸葛亮六出祁山以攻魏，此说主要出现在《三国演义》中。据史书记载，诸葛亮北伐曹魏的诸役，仅在建兴六年（228）和九年（231）两次出祁山，不过"六出祁山"在民间已成为诸葛亮北伐的代名词。此事确也属"世事多艰"的"累"事，但与红军"万里长征"无关。

网语漫谈

“种草”“长草”和“拔草”

◎徐默凡

拔草，听上去像是园艺用语，对于我们这一代人来说，恐怕还会引起一番童年回忆，那是小时候每年都要做的“苦力活”呀！暑假里，操场上野草疯长。开学前学校总要组织学生们去拔草，为新学期清除出一片干净的操场。每个拔草的学生都会累得汗流满面，腰酸背痛。

可是在网络语言中，“拔草”的意思却完全变了，要说清楚“拔草”的意思，恐怕还得先从“草”说起。所谓“草”，其实就是对某种商品的购买欲望，这个比喻是不是还挺形象的？想买某种东西的欲望，静静地在心底萌芽，虽然不茁壮，却很茂密，很顽强，弄得人心底一直痒痒的，就像漫山遍野疯长的小草一样。很多吟咏小草的古诗也是可以形成有趣类比的，如：“离离原上草，一岁一枯荣。”购物欲也是随季节变迁，每到换季时节总会悄然萌生。“天涯何处无芳草，墙里秋千墙外道”，在满眼广告的世界里，到处都有你心仪的东西，随时激发你的购物欲。“野火烧不尽，春风吹又生。”购物欲总是挥之不去，不管别人劝阻还是自我放弃，隔几天又会浮上心头……

那么，“草”从何处来？有心人会来“种草”。“种草”在网络语言中专门用来指宣传某种商品的优异品质以诱人购买的行为。和广告不同的是，“种草人”可不是商家或者推广机构，而是论坛上的专业人士和民间达人，他们“种草”讲究有理有据，有图有真相，而且是真正提供自己的使用体验并没有营利目的的。当然，很多人心底的土壤异常肥沃，除了“被种草”以外，还会“自生草”，随风刮来的野草种子一落地就会茁壮成长。他们不管从什么渠道看到好东西就立刻产生了购物欲望。渐渐地，“种草”的意义就泛化了，不再指专门的民间推广行为，而是泛指购物欲望的萌生，比如：“今天逛街，被街边美女的裙子种草了。”

草种下了，就会生长，所以“长草”就是用来指购物欲望不断膨胀的过程，比如：“这一款面膜长草很久了，再也忍不了了！”而“狂草”呢，则进一步描绘了野草发狂疯长到无法收拾的程度。这时候，“拔草”终于登场了。因为早期“种草”的对象往往是名牌化妆品、名牌包袋等奢侈品，所以普通网民只能垂涎欲滴而不能轻易下手，所以“拔草”较早的意思是指放弃购物，亦即终于看破诱惑，不再挂念此物，把草拔了眼不见为净。但是后来“种草”的对象不再局限于奢侈品，各种好玩好看好吃的东西都变成了草，于是“拔草”的意思也很快180度大转弯，从放弃购物欲望变成了实现购物欲望，“拔草”就成了瞅准时机把好东西买下来占为己有。显然，想出手时就出手，这后一种“拔草”要比前一种“拔草”爽快得多，慢慢就成了主要的义项。这种变化也意味着“拔草”从一个小众的秘语慢慢变成了大众流行语。

近来，在“吃货”的努力应用下，“草”似乎又有了专门用来指饭店的倾向：“种草”就是发现了一家新的饭店；“长草”就是不断听人说这家店的菜如何好吃，品尝的欲望不断上升；“拔草”当然就是成功去店里试吃，然后顺手在美食网站上签个到。

“种草”“长草”和“拔草”，这一组网络流行词语体现了普通人生活中的小追求、小满足，充满了温馨和趣味。

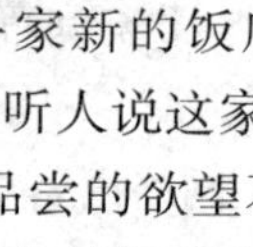

猴年，你『猴赛雷』了吗

◎金美帆

要说2016年新春最热的流行语，恐怕非“猴赛雷”莫属。如果要用一句话解释“猴赛雷”的含义，那便是粤语“好犀利(好厉害)”的意思。但“猴赛雷”的蹿红远非是谐音相关那么简单。下面，就让我们具体走近“猴赛雷”，来看看流行背后的个中缘由。

“猴赛雷”的产生要从2016年春晚吉祥物“康康”说起，“康康”的形象一经公布，就引来了一片热议，尤其是它脸颊上两个凸起的设计，显得特别突兀。对此，“康康”的设计者、国家一级美术师韩美林回应称，这两个圆球是要表现出小猴子吃饱时腮帮子鼓鼓的样子。但这一解释并不令人满意，这两个圆球非但没有表现出小猴子吃饱时可爱的样子，反而使“康康”的形象显得难看且雷人。所以，就有网友将这一夸张的设计戏称为“猴腮雷”。

“猴腮雷”之“雷”包含着两个层面的含义。最基本的是指“猴腮”很“雷人”；此外，“雷”还有“手雷”的意思。这缘起于一些网友的恶搞，在漫画中将这两个圆球处理成手雷，甚至还可以被猴子从脸颊上摘下来，扔出去炸敌人。这无疑又进一步加强了“猴腮雷”所具有的“雷人”意味。

那么，究竟是如何完成从“猴腮雷”到“猴赛雷”的转变的呢？这还要从“猴腮雷”三字整体上的谐音相关说起。我们知道，“猴腮雷”与粤语“好厉害”的发音相同，若想将“好厉害”这一释义完全纳入到“猴腮雷”的含义中去，那么首先要做的便是尽可能地去除“猴腮雷”三字原本的字面意义的干扰。而从“腮”字入手，是最合适的。一方面，“腮”字最直接地引导人联想到康康面部的两个凸起；另一方面，替换掉处于中间位置的“腮”可以最大程度地起到陌生化的效果。由此就产生了经过修改后的“猴赛雷”。“赛”与“腮”读音相近，又带有“超过”之义，从音义两方面同时应和着“好厉害”的意思。

此后，“猴赛雷”就逐步脱离吉祥物的束缚，广泛地在大众之间流传开来。可以说，“猴赛雷”的迅速蹿红是由多方面因素共同促成的。下面，就让我们从三方面来简要分析一下。

一是“猴赛雷”沾了猴年的喜气。“猴赛雷”中既有“猴”，又带有“厉害”“出色”“好”之类的意思，适合用作拜年时的祝福语。“猴年祝大家猴赛雷”亦即“祝大家在新的一年各方面越来越好”的意思。迎合着过年喜庆的气氛，大家都纷纷有意无意地用起了“猴赛雷”，无论是健康、事业、学业，“猴赛雷”无一不适用。这大大增加了“猴赛雷”的使用频率，使得“猴赛雷”成了新春佳节之际最热的词之一。

二是情感意味丰富。如果说“猴赛雷”只是靠着过年的契机火了一把，那么这个时间段一过去，它就将淡出大众的视线。但从目前的情况来看，“猴赛雷”依然具有很强的生命力。这还得归功于它所具有的丰富的情感意味。一是带有调侃、反讽意味的“猴赛雷”，这一层含义从“猴腮雷”之“雷人”衍化而来，并不指真正的厉害；一是积极正面的“猴赛雷”，表达自己对事物由衷的肯定、赞叹、惊异之情。

三是替代性强。由于“猴赛雷”的情感意味丰富，所以常常能替代一些其他的网络流行语。如“吓死宝宝了”“被惊呆了”等用语在一定场景下都可以被“猴赛雷”替代。又如网络转发、回帖时经常用到的“赞”“顶”和一些表惊讶的语气词等都可以用“猴赛雷”来表达。一些表情符号，如大拇指（表赞）、哭笑不得（表无奈）等，如今也常与“猴赛雷”搭配着使用。可见“猴赛雷”的场景适用性有多强。

简简单单的“猴赛雷”三个字，竟能拥有如此百变的意味，不禁让人感叹一句，猴赛雷呀！

猴年赏猴联

◎宋桂奇

或许是猴最具灵性之故，十二生肖中，以“猴”入联者非常之多。兹不妨举出几副，与同好者共赏。

猴联中最为知名者，当属明代大才子解缙的妙对。一次同僚聚会中，有位年长者见身材瘦小的解缙才思极为敏捷，便出联戏之：“二猿断木深山中，小猴子也敢对锯。”听出“对锯”谐“对句”，解缙亦以谐音对之：“一马陷足污泥内，老畜生怎能出蹄（出题）。”此联虽言辞犀利，但由于对仗工稳，才情毕现，不逊在前的老者也只得忍辱说好。

谐音联中还有更妙者。一天，清代文人宋文甫与几个学生投宿一家招牌为“董”的客店。闻知老板和老板娘都姓董之后，他便口吐上联：“二董卧床，西董翻身东董动。”见有学生在抓耳挠腮，他就以猴启发，终使一学生得句云：“两猴爬树，前猴喘气后猴齁（hōu）。”此联之巧，除“东董动”“后猴齁”各自声同调异外，还在于“动”见“翻身”之状、“齁”闻“喘气”之声，诚可谓精妙绝伦。

不独谐音，复字联中亦有趣作。明代文渊阁大学士丘浚年少时聪颖调皮，一次用带钩的木棍勾摘邻居园中桃子时，被正在劳作的老伯伯看到。于是老伯伯就逗他：“我有一联，你要是对得出，就让你吃个够；对不出来，你就得帮我挖树根。”说罢，即以对方行事拟出上联道：“猴孙子，拿棍子，伸进篱子勾桃子。”由于这13字含有4“子”，一时不能应对的丘浚只好拿起锄头，可就在他准

题外暗扣的灯谜

◎江更生

一般的灯谜，谜底是通过谜面直接提供的材料，即谜面文字本身的含义来扣合的。可是也有例外，有一种须听“弦外之音”的题外灯谜。这种灯谜或是“本地风光”“应时即景”式的，或是“夫子自道”式的，或是暗寓谜面诗文作者及篇目出处的。我们接触到这类灯谜，就要求其“弦外之音”“题外之意”，从中获得谜底。

先说说扣本地风光、应时即景的灯谜，猜的时候就要因时因地制宜。应时即景谜多用“此时此地”“今宵此处”等文字为谜面，所标谜目则随时随

备开挖时，突然灵光乍现：“伯爹头，扛锄头，走到园头挖树头。”当他说出这4“头”下联后，老伯伯随即兑现了诺言。

除一看即知的嵌“猴”联外，猴联中也有用典者。北宋太平宰相晏殊有两位体形反差巨大的幕僚：“瘦猴”王琪和“肥牛”张亢。一天晏殊请客，酒酣耳热之际，王琪拿张亢的绰号逗乐：“张亢触墙成八字。”牛脑袋撞墙，犄角会在墙上撞出一个“八”字痕迹。闻此，张亢便反唇相讥：“王琪望月叫三声。”郦道元《三峡》引有“巴东三峡巫峡长，猿鸣三声泪沾裳”二句，这“叫三声”即暗讥王琪是猴。如此精巧雅致的高级玩笑，自引得满座皆欢。

当然，并非所有的猴联都用于斗嘴。1932年，清华大学举行入学考试时，著名史学家陈寅恪先生所拟试题中，即有一题以“孙行者”为上联，让考生“对对子”；这个出自《西游记》中的名猴“孙行者”，难煞了众多考生。对答较好的如“王引之”（清代训诂学家）或“祖冲之”（南北朝数学家），而后来成为北大教授的周祖谟，则以时贤“胡适之”对之，令陈寅恪叹服不已。

地各异。例如正月十五举行谜会，悬有这样一谜：

此时此地（打越剧一）

“此时”指正月十五元宵佳节，“此地”正在猜谜，谜底应猜作：《元宵谜》。如果换在春节里悬挂此谜，那谜底就要猜作《春灯谜》了。倘若大伙儿在文化宫里坐着猜谜，谜面文字仍是如此：

此时此地（打京剧二）

“此时”是指大伙坐在文化宫里，“此地”正在打灯谜，而灯谜又名“文虎”，这样一来谜底就可猜成：《坐宫》《打虎》。

接下来谈谈第二种情况，有些灯谜须将谜作者的姓氏暗扣入内。如果你遇到谜条后特意署上作者尊姓大名的，尤其得留神，别忘了用“题外暗扣法”试试。倘若笔者署名江更生悬挂这么一条谜：

我今方年少（打河流一）

你猜时请将笔者的姓氏“江”入谜扣底，“方年少”是不老的意思，扣个“嫩”，所以谜底是“嫩江”，这儿的“我”字须暗扣出谜者姓氏。

最后说说一些暗扣诗文作者或有关人物姓名的灯谜。比较明显的，如：

遥知不是雪，为有暗香来（打《红楼梦》人名二）

谜面是宋代王安石《咏梅》诗中名句，这谜就是用暗扣方法制成的，猜的时候须将诗人的姓氏也算将进去：这是王安石作的梅花诗，写梅花香气袭人之意。谜底为：王作梅、花袭人。又如已故上海老谜家薛寒梅有这样一条暗隐人物姓氏的灯谜，谜面用了古典小说《水浒传》里话语：

“你这黑厮为何坏俺山寨规矩？”（打唐代诗人二）

熟悉《水浒传》的读者一定知道这是宋江在责问李逵时说的，明乎此，暗藏的姓氏“宋”和“李”便成了解谜的关键所在。再联想到谜面是个问句，谜底便昭然若揭了，原来是“宋之问、李白”。

由此可知，猜谜还得留心题外之意。

“海派灯谜”举隅

◎刘茂业

灯谜虽属小道，却亦同其他的文艺作品一样，有着各种不同的风格和流派。如有用成句挂面，拢意扣合为主的“南宗谜”；有谜面为自撰七言诗句，讲究平仄协律，以扣字为主的“北派谜”；等等。这里介绍一种具有沪上本地风光的“海派谜”——海派文化风格的灯谜，其谜法的主要特点可概括为：新颖独创，机巧灵活，诙谐活泼，俗中见雅。

比如：“并非军事演习”（打经典抗日电影名一），谜底：《地道战》。此谜用反扣法，“地道”犹言“地地道道”。“通俗唱法”（打早期电影歌曲名一），谜底：《大路歌》。“通俗唱法”唱出的当然是“大路货的歌”。“电”（打动物名一），谜底：“卷尾猴”。以单个“电”字作面较难配底，此谜却别出机杼，巧妙地利用传统十二生肖与地支的对应作借代，“猴”即地支中的“申”，“卷尾猴”变成卷起尾巴的“申”，成为“电”，想象力丰富，也颇形象。“临终望儿归”（打滑稽戏剧名一），谜底：《死要面子》。“面”作动词“面见”解释，“子”作“儿子”解。其他如：“内人”（打上海三字俗语一），谜底：“肉里分”。谜底本意指“辛苦赚来的血汗钱”，这里“分”作“分开”解，把“肉”的里面分开，就可成“内人”，以拆字法成谜。上述谜作都十分通俗、洒脱和有趣，海派味十足。

“海派谜”，可以说同整个海派文化是一脉相承的。

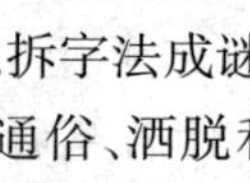

猜灯赛谜华山巅

◎柳叶

2015年，灯谜界的一场重头戏——第二届中华灯谜文化节华山国际谜会成功举办。谜会由中华灯谜学术委员会等主办，9月下旬，来自全国各地（包括港澳台）及美国、新加坡等国的320余名谜人会聚华山，共襄新世纪以来最大的灯谜盛会。

谜会包括灯谜展猜、制谜大赛、当代灯谜活动图片展等多项内容。而其中最引人注目的属华山巅峰灯谜电控决赛，有幸进入十强的是来自全国东、南、西、北、中五大赛区，通过激烈的网络预先选拔比拼，产生的男女冠军各五人。这些脱颖而出的猜谜达人，齐集西岳，仿照金庸武侠小说高手过招，华山论剑，切磋谜技，在五云峰上巅峰对决，堪称名副其实的“打虎（灯谜又名“文虎”）上山”。

这里略选几条当时的谜赛试题，以飨读者。如：“神州安定，前程似锦”（打四字经济形势用语一），谜底：“稳中向好”。“稳”扣“安定”，“中”指“神州中国”。“路怒症要控制”（打三字市政名词一），谜底：“管道气”。谜底别解为“管控好道路上的气恼”。“不敢问来人”（打三字股市术语），谜底：“恐慌盘”。谜面出自唐宋之问的五绝《渡汉江》，谜底“盘”原本是指股票的盘面，现别解作动词“盘问”。这些谜作，都饶有谜趣，赢得猜谜高手们竞相抢射。

每月二谜

1. 蒋干、李典（打七字俗语一）
2. 下达禁飞令（打四字成语一）

上期答案

1. 贾政的三子为贾环（打四字成语一）
   谜底：珠玉在前（注：老大贾珠，老二宝玉）
2. 伙食费中饭金少（打三字蔬菜俗名一）
   谜底：大头菜（注：大头，别解为“多的一头”；“芜菁甘蓝”俗称“大头菜”）

和青年同志们谈写信

◎王　力

前年我在《语言学习》上发表了一篇《谈谈写信》，读者有赞扬的，有骂的。后来《语言学习讲座丛书》还收了这篇文章。有一位青年同志写信来批评我说："我看了你这篇文章毫无所获。我看见的是你摆起大学教授架子来训人。你教过我们写信没有？"现在《自学之友》的编辑同志又要我谈写信了。

我答应了编辑同志的要求，我准备再挨骂。

我这篇文章没有什么新意，只是把旧话再说一遍，加以解释。

第一件事是写信要字迹清楚，不要潦草。这首先是礼貌问题。字迹清楚是表示对收信人的尊敬，特别是对长辈应该如此。字迹清楚可以节省收信人的看信时间。否则收信人看了半天看不懂，不耐烦看下去了，吃亏的还是你自己。最近有一位青年同志写信给我，想考我的研究生，字写得太潦草了，有些字还是他自己发明的草书，我看了半天才看懂。我老了，不想收研究生了。如果我要收研究生的话，恐怕我也不收这样的研究生。因为——这也许是我的偏见吧——我认为，连字都不肯写端正的人，要他用严谨的态度来做学术研究是不可能的。

特别是自己的姓名要写清楚。糟糕的是，不少青年同志写信给我，姓名写得十分潦草，看不清楚。我写复信时，在信封上只好照描，信寄得到寄不到我不负责。地址也要写清楚，否则复信也会收不到的。

第二件事是写信封要合规

格。我经过几年和青年同志通信后，看见不少同志写信封不合规格，我感慨地说："中小学语文教师应该教学生学会写信封！"

收信人的姓名地址，如果是横写的，应该在信封1/3处写，不应该顶格写。因为信封的右上角是要贴邮票的。即使留有余地贴邮票也不好看。

收信人的姓名后面要加上"同志""先生"等字样。这也是礼貌。无论古今中外，都遵守这个规矩。"文化大革命"以后，许多人不懂这个规矩了。甚至机关干部发公函，也有不称收信人为"同志"或"先生"的。有的青年同志在信内称我为尊敬的王力教授，而在信封上却光秃秃地写个"王力收"。可见他不是不尊敬我，只是不懂写信的规格。我在上次《谈谈写信》里讲了这个问题。有一位同志写信来批评我说："同志是光荣的称号，如果你是个劳改犯，也叫你同志吗？"这话是不合逻辑的。我并没有让你把劳改犯尊称为同志。你不叫我"同志"，叫声"先生"总可以了吧！

有的同志在信封上称我为教授，但是把"教授"二字写小些，有的把"教授"二字放在括号内，这也是"文化大革命"以前没有看见过的。既然教授是个尊称，为什么要写成小字或是加括号呢？这也是不合规格的，应该改正。

信封上不要写"父亲大人安启"或"王力伯伯收"等字样。因为信封是给邮递员（或送信人）看的，邮递员不应该把你的父亲称为他的父亲，也不必把你的伯伯称为他的伯伯。为了这件事，我更挨骂了。有一位读者来信说："我们习惯上写'父亲大人安启'，否则，他老人家不高兴，亲戚朋友也笑掉大牙。"一位中学教师来信说："叫我怎样教学生啊？这是违反社会习惯的。"

另一位读者来信说："信封上写什么得依照习惯，不能由苏步青、王力来规定。"（大约苏步青教授也批评过。）我诚惶诚恐，不敢规定什么。至于说是社会习惯，则不尽然。我曾经问过北京、上海等地的人们，他们并不写“父亲大人安启”。我有8个儿女，大的63岁，小的27岁，他们写信给我，也并不写“父亲大人安启”，我并不生气。我要声明，这并不是我教他们的，而是他们在学校里学会的。恰恰相反，我们的社会习惯，是不在信封上写“父亲大人”。有人要求我拿出前辈人的证据来，这并不难。许多世家子弟藏有祖先家信，可以作为证据。

许多人用的是机关学校的信封，而没有加上自己的名字，那也是不妥当的，因为令人误会是机关学校的公函。至少应该加上自己的姓，以免引起误会。有人不用机关学校的信封，但也只写机关学校的名称，不写寄信人的姓名，那就更不妥。

第三件事是写信要开门见山，不相干的话少说。有一位读者写信给我，共写了9页信笺，说他的身世，说他的遭遇，说他要为“四化”作出贡献，说他的宏伟计划，最后才说：“请你寄给我一套《古代汉语》。”（他不知道写书人没有书出卖。）今天我收到一位老同志的信，共22页，索性先来一个大纲：（1）自我介绍；（2）学术见解；（3）科研规划。最后才说出一点小小的要求。我说这样写信没有必要。书信大致可以分为两类，第一类是汇报情况；第二类是有所要求。在后者的书信里，应该是开门见山，不宜拐弯抹角。

第四件事是写信要明白如话，不要掉书袋，不要写半文不白的语句。人为什么要写信？这是因为远隔两地，不能对面说话，只能写信以代面谈。所以我们写信应该和日常谈话一样，这样才令人感到亲切。如果你掉书袋，对方会觉得你是卖弄才华，反而感到不亲切了。况且文言文不是容易学会的。在封建社会里，读书人十载寒窗，还有许多人写不出通顺的文章，考不上秀才。今天我们要学各种科学，如果同时学写文言文，那就更难。这几年来，和我通信的青年，写半文不白的信的，多数是不通顺的。前年我在《谈谈写信》里举了一个例子：有一位青年同志在病床上给我写信，说是在“弥留”时写信给我。一位读者写信批评我，说我不应该挖苦青年。其实我并不是成心挖苦青年，只是举出一个典型的例子，让青年同志们引以为戒，不要写半文不白的信，这是吃力不讨好的事。毛泽东同志多次告诫我们不要写半文不白的文章，我们应该遵从毛泽东同志的教导。又有一位读者来信说：古代成语有许多好东西，应该继承。这位同志是误会了我的意思。我并不是一般地反对古代成语，古代成语有许多已经进入现代汉语的词汇里，我们日常谈话也用得着它们，为什么不能写在书信里呢？我反对的是已死的古代词语和“也、矣、乎、哉”一类的文言虚词。写信应该明白如话，你平常和别人谈话不说“也、矣、乎、哉”，你在写信时，最好也不用“也、矣、乎、哉”。

第五件事是口语里没有的词语不要写在书信里。我在《谈谈写信》里举“您们”为例。口语里不说“您们”（nínmen），书信里也就不该写“您们”。关于这件事，我受到很多的攻击。有人写文章和我辩论，说“您们”是不应该反对的。昨天我还收到一篇短文，说“您们”是新生事物，叫我不要枪毙它。我一向主张言文一致，所以我反对写“您们”。但是我并没有权利枪毙它。“您”（nín）是封建社会的产物，只在北京一带流行；从前还有个“怹”（tān）字，现在不用了。但是，口语里并没有“您们”和“怹们”。那也不要紧。中国几千年来没有“您们”，不见得就是没有礼貌。刚才说的那位同志和我辩论的文章很有分量。他说最近话剧《丹心谱》里用过“您们”。我说，《丹心谱》作者写“您们”是他的自由，但是演员在舞台上说 nínmen 则是不妥当的，因为口语里没有的东西，说出来不真实。这个问题不很重要。既然

从改诗的笑话说起

◎吕叔湘

相传有两个改诗的笑话。其一：有人说“清明时节雨纷纷，路上行人欲断魂。借问酒家何处有？牧童遥指杏花村”这首诗太啰唆，每句头上的两个字都应当去掉。他说：随便

许多人反对，那就各行其是吧。写到这里，我查了一查《现代汉语词典》，词典里只收“你们”，不收“您们”，那是对的。不写“您们”，那么，要写尊称的时候，该怎么办呢？旧版《现代汉语词典（试用本）》说：“注意：复数不说‘您们’，只说‘您二位’‘您几位’。”有人批驳说：“如果有360个人，难道要说‘您360位’吗？”我认为，旧时说“诸位”，现在说“同志们”不就可以代替“您们”了吗？对父母也不必说“您二位”，可以说“爸爸妈妈”。再者，就叫“你们”也不是没有礼貌。叫“你们”也未尝不可。

末了，附带说一说，许多人写好信后把信笺折成方胜形，我看大可不必。（方胜，指古代妇女戴的方形的首饰，用彩绸等制作，由两个斜方形部分叠合而成。这里指这种形状的东西。——编者注）这是封建社会的习惯，最初是表示爱情。《西厢记》说：“不移时把花笺锦字，叠做个同心方胜儿。”不知从什么时候起，折成方胜的信就寄给随便什么人了。这不是开玩笑吗？我打开信封后，还要费工夫把方胜拆开，才能看信。这对收信人是不方便的。希望同志们把这个习惯改一改。

（载《应用文写作知识》，1983年8月档案出版社出版）

什么时候都可以下雨，何必清明。行人总是在路上，不言而喻。酒家何处有？已是问话，借问多余。路上的人都会指点杏花村，不光是牧童。因此这一首七绝应当改成五绝："时节雨纷纷，行人欲断魂。酒家何处有？遥指杏花村。"

其二：有人说"久旱逢甘雨，他乡遇故知，洞房花烛夜，金榜挂名时"这首诗太平淡了，需要加一把劲，在每句头上加两个字。经他改造过的这首诗是："十年久旱逢甘雨，千里他乡遇故知，和尚洞房花烛夜，童生金榜挂名时。"

这些当然都是笑话，修改诗句的依据大多数是歪理。但是也不能说没有一句改得有三分道理，比如"千里他乡遇故知"就不一定不如"他乡遇故知"。这也说明鲁迅先生"写完后至少看两遍，竭力将可有可无的字、句、段删去，毫不可惜"的教导，应用到具体的例子上去并不是处处都很容易做到，因为究竟哪些是"可有可无"有时候是很难说的。如果我们把上面的诗句的原本和改本拿去征求从来没有读过原诗的人的意见，是不是句句都是原本得多数票，也还难说呢。

为什么老师改学生的作文，编辑改投稿人的稿子，学生和投稿人往往不服？这里边当然有"儿子是自己的好"的心理作用，可是也不能说其中没有"得失寸心知"的因素。

我这样说，没有取笑鲁迅先生的话的意思。我丝毫没有这种意思。我的意思倒是要劝写文章的人认真照鲁迅先生的话去做。鲁迅先生说"至少看两遍"是经验之谈，看一遍是不够的。还有一点鲁迅先生没有明说，但是也很要紧，就是，看的时候不要只从自己的角度去看，还要从读者（包括老师和编辑）的角度去看，才能发现哪些字、句、段是可有可无的。总之不要写完之后一遍都不看就交上去或寄出去就是了。

（原载《语文报》1982年第15号，张兵荐）

「温顿列车」

（文中有十处差错，你能找出来吗？答案在本期找）

◎宛丘 设计

向你挑战

温顿本是伦敦的一个股票交易员。

1938年底，欧洲风云徒变，大战一触既发。在去往瑞士度假的途中，温顿被告知有一大批犹太儿童被纳粹扣留在捷克。他立马改道前往布拉格，企图游说德国军方放过可怜的犹太儿童。不管营救危险而艰辛，温顿最终还是救出了669个孩子，并用8列火车运到了英国。

战争暴发后，温顿加入了英国皇家空军。战后，他与心爱的格丽特结了婚。但战前的救人举动，他从未对人提起过。1988年的一天，格丽特打扫阁楼，从旧箱子里发现了一个清单，上面记录着温顿解救的孩子的信息，以及接纳这些孩子的家庭信息。格丽特颇为振动，不由得热泪盈框。后来，格丽特向社会批露了此事。

很快，BBC邀请这位老英雄聊往事。节目中，主持人问：“现场有谁曾被他所救，请站起来好吗？”温顿身后有数排人站了起来。老英雄缓缓起身，望了望这些如今都已年过半百的“孩子”，又缓缓地坐下，什么都没说，只是用右手食指抹了一下右眼，又糅了一下左眼，紧紧抿着嘴，让自己保持平静。

2009年的一天，为了纪念温顿营救犹太儿童70周年，一列“温顿列车”从布拉格开抵伦敦。当绉纹满面、白发苍苍的“温顿小孩”聚首时，场面一度泪奔失控。温顿没法不低调了。英国女王接见了他，并授予他爵士勋位。捷克总统也为老人颁发了白狮勋章。但他依旧内敛、淡然，说：“有人生来伟大，有人追求伟大，有人硬被人说成伟大。”温顿认为自己属于第三种，并不伟大，只是做了一件该做的事。

也许正是这种简单、豁达，让他获得了不可思议的长寿。直到2015年7月1日，温顿才告别他平凡而传奇的一生，享年106岁。

火眼金睛

图中差错知多少？

傅惟本　曹　春
段羡菊　吕爱军　提供

1 | 2
3 | 4

（答案在本期找）

ISSN 1009-2390

YAOWEN-JIAOZI

咬文嚼字®

5

2016

『笙，生也，象物贯地而生也。』

——《释名·卷二十二》

邮局订阅本刊 邮发代号4-641
统一刊号 CN 31-1801/G
价：5.00元

上海世纪出版集团

雾里看花

什么是“过瓦”

沈新春

图片为某街头一贩卖冬枣的小摊。告示牌上标明了价格：5元/斤（过瓦）。“过瓦”令人摸不着头脑，到底是什么意思呢？猜猜看，答案见本期。

皇帝的老子

严　君/文　何梦笔/画

1922 年 9 月,刘少奇同志领导了安源煤矿大罢工。罢工胜利后,在商量庆功大会标语时,刘少奇说:“我看这一条就写‘工人万岁’吧!”一位老工人疑惑地问:“自古以来,只有皇帝才叫万岁,我们工人喊得起吗?”“喊得,咱们工人还是皇帝的老子哩!”刘少奇比划着说,“你看看,‘工人’二字合起来是个‘天’,皇帝是‘天子’,不正是咱们工人的儿子吗?”

咬文嚼字®

2016年5月1日出版

5

总第257期

主管：上海世纪出版集团

主办：上海咬文嚼字文化传播有限公司

编辑、出版：《咬文嚼字》杂志社

集团网站：http://www.shwenyi.com

E-mail：yaowenjiaozi2 @ 163.com

官方微博：

http://weibo.com/yaowenjiaozish

电话传真：021-64330669

发行电话：021-60878388

邮购电话：021-60878392

地址：上海市打浦路443号荣科大厦17楼

邮政编码：200023

发行：上海市报刊发行局

发行范围：国内外公开

订阅处：全国各地邮局

邮发代号：4-641

ISSN 1009-2390

CN 31-1801 / G

印刷：中华商务联合印刷有限公司

广告经营许可证：沪工商广字

3100320050020 号

定价：5.00 元

语林漫步

“地名”杂谈

◎白岩尖

前不久，在网上看到一桩新“公案”：郑州市把郑东新区的“祭城路”改名为“平安大道”，引起市民强烈反弹。祭城路源于西周的祭(读 zhài)国，位于今郑州市东北部的郑东新区一带，已有3000多年历史。郑州市民认为，政府的这一改名举动，“断了郑州数千年文脉”，让人接受不了。《大河报》曾在官方微博上做调查，发现有87.3%的市民对此表示强烈反对。据报道，有市民已将一纸诉状递到了法院，发誓“死磕”到底，要求政府改回来。

地名既是地域空间的名称，也是一种文化符号，它沉淀了人们的历史记忆，凝结着人们祖祖辈辈的家园情怀。地名的变易，一定要进行全面而慎重的评估，考虑稍有不周，就有可能引发争议。

在我国历史上，最受诟病的地名变易，当属西汉末年王莽对地名的大规模更改。王莽代汉称帝后，进行了所谓的“复古改制”，其中就包括对地名的普遍改易。王莽对秦汉以来形成的行政区划名称传统进行有意破坏，把“郡”“县”改成了“亭”“乡”“聚”。对先秦以来形成的地名命名规则，也进行了“无厘头”式颠覆。古代常以山水为方位标志给地理空间命名，山南水北称“阳”，反之称“阴”。王莽打乱这一规则，甚至完全颠倒过来，如把“泥阳”改成了“泥阴”，把“辽阳”改成了“辽阴”。地名的构成本来都有事理或语言逻辑依据，王莽对此也毫不理会，如把“无锡”改成“有锡”，把“谷远”改成“谷近”。有学者据《汉书·地理志》统计，被王莽变更的地名有近八百个。后起义军攻入长安，王莽被杀，这场地名变易闹剧才得以结束。所有被改易的地名都恢复了过来。

在漫长的封建专制时代，帝王有至高无上的权力，或者为了展示皇权，或者为了宣扬武功，或者为了避讳，肆意更改地名是寻常之事，但大都是局部性更改，像王莽一样对传统地名进行彻底颠覆，还未有他例。

我国疆域辽阔，历史悠久，民族众多，由于政权更替、人口迁移等原因，政区变化复杂而频繁，地名常与实际脱节，甚至出现一地多名或多地同名现象。如东晋十六国时期，北方及巴蜀地区，曾有20多个少数民族割据政区；各政权各行其是，滥设州郡，仅徐州、兖州等九州之名就有好多个。混乱代代积压，并且越来越严重。据学者研究，清代中期，就有近60个重名县。民国初期，随着行政区划的现代化变革，县的建制增多，重名县曾一度达到130余个。

在每个时代的和平发展时期，由于区域建设、社区改造等原因，也可能导致地名名不副实，如果调整不及时或调整不适当，也会造成混乱。

地名混乱无疑会带来社会管理上的困难。根据实际情况，对脱离实际、混乱的地名进行调整，当然是必要的。据历史记载，唐朝天宝初年，就曾更改“不稳定及重名”的地名10余处。据学者研究，这是世界上最早的“地名规范化工作”。不过，地名的此类“规范化工作”，并未被其后历代王朝“自觉”地继承下来。民国政府曾大力推动过地名规范化工作，调整了部分重名，对一些带有歧视少数民族性质的地名进行了更改。但总体上说，成效有限。

新中国建立后，国家十分重视地名的规范化管理工作，制定了一系列地名管理法规、条例及规范，成立了中国地名委员会，建立了各级地名管理机构。在地名工作者的努力下，历史遗留下来的地名“乱象”得到了一定程度的纠正。第一，对县市级以上的重名进行了调整。如陕西省与吉林省原来都有“西安”，1952年吉林的“西安”改成了“辽源”。第二，更改了地名中的生僻字。如1956年将黑龙江的“瑷珲”改成了“爱辉”。第三，对外国列强强加于我国的地名进行了清理。如位于中印边境的世界最高峰本叫“朱母朗马阿林”（见《清皇舆全览图》，“朱母朗马”是藏语，义为“大地之母”，“阿林”是满语，义为“山”），为了纪念曾测量喜马拉雅山脉的乔治·额菲尔士，西方人后来将其命名为“额菲尔士峰”，1952年我国政府根据其原名，将其正名为现名“珠穆朗玛峰”。第四，更改了带有大国沙文主义色彩的地名。如1962年将与越南接壤的“镇南关”改为“睦南关”，1964年又改为“友谊关”。第五，对一些具有民族歧视色彩的地名进行了更改。如1953年将新疆首府“迪化”改成了“乌鲁木齐”。

不过，并不是所有的调整都得到了社会各界的认可。特别是改革开放以来，一些地方政府为了发展旅游对历史地名的改易，如将安徽“徽州”改成“黄山”、将湖南“大庸”改成“张家界”等等，一直饱受争议。有专家说：“这一二十年来，一些改名大多并无必要，甚至莫名其妙。”

数十年来，我国的地名规范化工作成绩有目共睹，但混乱仍然存在，特别是县级以下地名，重、错、俗、洋等现象还十分严重。国家正在进行第二次全国地名普查，日前普查领导小组明确指出，各地要加强地名文化保护，清理、整治不规范地名。我们认为，这是一件“功在当代，利在千秋，造福子孙”的大事。希望有关部门大力推动，认真总结经验教训，多听取各界意见，力争拿出让社会满意的成绩单来。

微型讲坛

"望"字的演变

◎苏培成

现代的"望"字是由三千多年前的甲骨文、金文逐渐演变来的。它的前身甲骨文作，金文作、，这三个字都带有图画性，表示的意思容易明白。甲骨文中间是侧视的人形。人的上部突出一个竖起来的大眼睛，也就是"目"，表示不是一般的看，而是极目远望。人的脚下是土块，象人登高举目远瞩。金文有两种写法。金文在眼睛的右侧是月亮的"月"，象人登高望月。金文的左上是"亡"字，表示字的读音；左下是"人"字，右侧是"月"，合起来表示人望月。

汉字由甲骨文、金文发展为小篆，图画性减弱，符号性增强。写字毕竟不同于画画，图画性变为符号性是汉字走向成熟的表现。金文演变为小篆，字形上有两点改变值得注意：一是把眼目的"目"讹变为君臣的"臣"。在甲骨文里"目"和"臣"同形，要注意分辨。二是把人登在土块上讹变为，不再表意。读 tǐng，与天干的"壬"不同。古文字中字形的讹变经常见到，往往会削弱字形的理据性。小篆是朔望的"望"。东汉许慎所著《说文解字》(简称《说文》)，是汉字学重要著作。《说文》用六书理论对九千多个小篆的字形做了分析。许慎没有见过甲骨文，所依据的小篆、古文、籀文有些是讹变的字形，得出的结论有些也是靠不住的。《说文》对小篆字的解释是"月满与日相望，臣朝君也。从月，从臣，从。

𡈼，朝廷也。”把𡈼解释为廷的省形字，也是没有根据的。金文朢演变为小篆望，其中的“亡”仍旧表示读音，这是汉字走向形声化的反映。小篆望的意思是远望。《说文》对小篆望的分析是：“望，出亡在外，望其还也。从亡，朢省声。”“朢省声”是说朢字省去“臣”后的剩余部分表示望的读音，这种分析是不能成立的，因为“朢省声”剩下的是月和𡈼，不成字，没有读音。而望中表音的是“亡”。

汉字由小篆演变为楷书，把匀圆的线条发展为横、竖、撇、点的笔画，便于书写。小篆朢发展为楷书朢，小篆望发展为楷书望。朢和望见《康熙字典》，都表示向远处看，已经成为异体字。新中国建立后对楷书的字形进行了整理，涉及“望”的有两项：一项是 1955 年 12 月 22 日文化部、文改会发布的《第一批异体字整理表》，规定望是规范字，朢是被淘汰的异体字；另一项是 1965 年 1 月 30 日文化部、文改会发布的《印刷通用汉字字形表》，把𡈼改为“王”，这就成为现代的“望”字。这两项改动都是必要的。现在“望”读 wàng，是表示向远处看的规范字。

《好奇心》参考答案

1. “不许向里看”！——“不许向里看！”
2. 霓红灯——霓虹灯
3. 不仅——不论
4. 装祯——装帧
5. 风糜——风靡
6. 手迹——字迹
7. 纂写——撰写
8. 夸耀——夸奖
9. 缔听——谛听
10. 脍灸人口——脍炙人口

有此一说

『抱布贸丝』之『布』正解

◎孙凯

人教版高中《语文》教材必修2选有《诗经·卫风》中的《氓》。“抱布贸丝”一句课文注解“拿布来换丝”，值得商榷。

布，古代货币名称。布币，春秋早期出现，直至战国晚期铸行并流通的铲形货币。“布”是“镈”的同声假借字，在古代通用。布币是从青铜农具镈演变而来的。按布币形状划分，可分为空首布、平首布两大类。最初的布币，保留着其作为工具的模样，留有装柄的銎，原始而厚重，故称为空首布；后来逐渐减轻，变薄，变小，币身完全成为片状，称为平首布。

布币是中国春秋战国时期流通于中原诸国的铲状铜币。铲状工具曾是民间交易的媒介，故最早出现的铸币铸成铲状。后来逐渐减轻，变薄，变小，币身完全成为片状，便于铸造和携带

典籍中有许多有关“布”或“刀布”的记载。《管子·国蓄》：“先王为其途之远，其至之难，故托用于其重：以珠玉为上币，以黄金为中币，以刀布为下币。”“刀布”明显是货币。《荀子·荣辱》：“又蓄牛羊，然而食不敢有酒肉；余刀布，有囷窌，然而衣不敢有丝帛。”杨倞注：“刀布，皆钱也。刀取其利，布取其广。”等等。

《诗经·卫风·氓》“抱布贸丝”一句，古代注家也多将“布”释作“货币”。如毛亨传云：“布，币也。”郑玄笺：“币者，所以贸买物也。”

“国角尾省”质疑

◎孙铜川

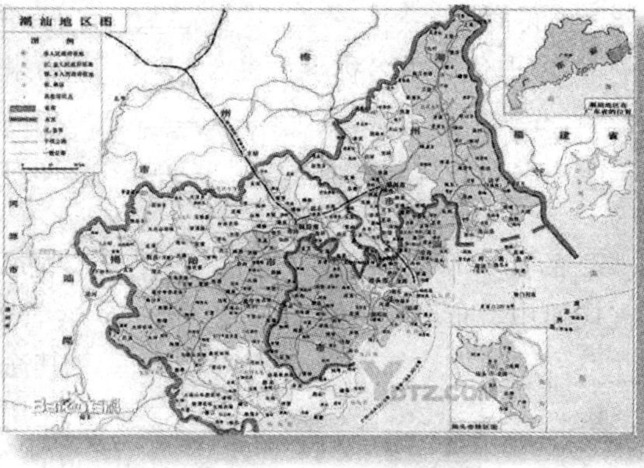

有“国角省尾”之称的潮汕地区

广东省揭阳市2016届高中三年级学业水平考试语文卷阅读题引用的文章中，有一篇写道：“从历史上看，潮汕一直以‘国角尾省’自称——它所表现的不仅仅是地理位置的偏僻，更多的是基于在‘居中自傲’的中原王朝，这样的称谓表明了潮汕文化一直处于中原主流文化的边缘和受排斥……”这里提到的“国角尾省”一词，值得商榷。

查阅资料可知，潮汕人经常用“省尾国角”一词来描述潮汕地区，包括潮州、汕头、揭阳三市。这个词源自潮汕方言潮州话。潮汕地处东南一角，北有山，南临海，居于粤之东，距离省城广州有二三百公里。从地图上看，称其为“省尾国角”倒也名副其实，无怪当地人以此自嘲。

“国角省尾”即国之“角”、省之“尾”，误为“国角尾省”则莫名其妙，我国并没有叫“国角尾”的省。

词语春秋

话说“喝彩”

◎陈璧耀

何为“喝彩”？现代辞书释义为“大声叫好”。为何“喝彩”呢？说是为了“表示赞赏”。所以，“喝彩”就是“为表赞赏而大声叫好”。这是现在通行的常用义，或者说就是当下最基本的意思。

只是“大声叫好”为何要说“喝彩”？这“喝”的是什么“彩”呢？

从相关的文字材料看，“喝彩”的意思，最初并非表示赞赏的“大声叫好”，而是与赌博有关的一种呼喊，即掷采时呼喊所盼望的某个骰子的“彩”（最初写作“采”，“喝彩”也多有写作“喝采”的）。

唐人段成式《酉阳杂俎》卷五的《怪术》篇，记载了一个宋居士的掷采咒语云：“伊谛弥谛弥揭罗谛。”说是只要把这个咒语“念满万遍，彩随呼而成”。这个“彩”，就是赌徒最渴望的骰子的好的齿采，博戏中是被称为“贵采”或“王采”的。

成语有“呼卢喝雉”，就是形容掷采时狂呼乱叫渴盼赌胜的情景的。《晋书》卷八十五《刘毅传》，有一段文字写刘裕和刘毅“于东府聚樗蒲（chūpú，古代博戏之一种）大掷”，说众人所掷皆黑犊，唯“毅次掷得雉，大喜”，于是夸口“非不能卢，不事此耳”。刘裕心恶之，“因按五木（以樗木所制的五枚椭圆形骰子）久之，曰：‘老兄试为卿答（我来替你掷一个卢）。’”传文说是“既而四子俱黑，其一子转跃未定，裕厉声喝之，即成卢焉”。果然“喝彩”成功，刘裕掷了一个卢。

卢和雉是樗蒲戏中的两种

齿采，都属贵采。按唐人李肇《唐国史补》卷下的说法，樗蒲戏的五枚骰子，分为黑白两色，以黑为上，白为下，其中两枚黑色刻为犊，两枚白色刻为雉，“掷之全黑者为卢，其采十六(谓齿采所对应的策数，即棋子可移动的步数)；二雉三黑为雉，其采十四；二犊三白为犊，其采十；全白为白，其采八”，这四种都是贵采，卢和雉位列前二，所以后人多以“卢雉”泛指掷采赌博的行为。掷采而喝采，喝的就是贵采的采名。因此，或许可以这么说，喝彩的初义，其实就是成语的呼卢喝雉。

用于掷采的骰子，原来是叫投子的，因其材质多为玉石，所以也叫“明琼”，唐以后改为兽骨或兽角。就改称骰子了。如今流行的正方体骰子，六个面上分别镂刻有从幺到六的圆点，其中幺和四为红色，其余是黑色。因骰子有此红黑二色的缘故，所以也叫色(shǎi)子，掷骰子因此又叫掷色或掷采，唐代时则称“彩战”或“投琼”。

据清人赵翼《陔余丛考》卷三十三引《言鲭》所说，“唐时投琼，惟‘幺’一点加红，余五子皆黑色”，则“四”原来似非红色。后来“四”之加红，说是因玄宗“赐绯”的缘故。《言鲭》说，一次玄宗与贵妃彩战，眼看要输了，唯一的希望，就在那枚还旋转着的骰子上，如果是“四”，便可反败为胜，于是玄宗“连叱之”，不断地喝叫，最后果真停在了“四”上。玄宗很高兴，就“顾高力士令赐绯”，让高力士把黑色的四改成了红色，“遂相沿至今云”。赵翼因此认为，“今骰子于‘四’上加红”，此即其“所本”。宋张端义《贵耳集》卷下也有“唐明皇与贵妃喝采，若成卢即赐绯”的说法，这或许可以看作“喝采”一词最早的出处。

采原是骰子上点数的色采标记，但掷采却是以骰点图案所组合的各色采名来决定胜负的，而不是简单的点数相加。所以喝采，喝的就是骰点的采名，也就是像卢或雉之类的贵采。后来词义扩大，喝彩就有

为什么可以“听香”

◎夏先培

闲时上网浏览，见有网文探讨日本香道，其中有个耐人寻味的称谓——听香。听香即闻香，来源于汉语。为什么不叫“闻香”“嗅香”，而叫“听香”？文章的解释是：“闻与听的区别，在于闻是一个主动的动作，凑上去，深呼吸，将香气吸入肺中，然后大感惬意，这时候，人是被目标指向的，香是被动的。而听不然，不论醒着还是睡眠，耳朵都无选择地随时接收来自四面八方的各种声音，分辨某一特定声音需要的只是警醒和专注。听香的时候人是被动的，不是你去捕捉香气，而是香

了如今用以表示赞赏而大声喊好的意思。最初多用于演艺界，是对伶人高超演技的赞赏，如《京本通俗小说·菩萨蛮》写郡王府的新荷姐，“手拿象板，立于筵前，唱起绕梁之声，众皆喝采”。又如元人马臻《西湖春日壮游即事》诗之“新腔翻得梨园谱，喜人王孙喝采声”，这个喝采，则是对梨园子弟翻唱新腔的赞赏。

艺人如果在表演中出现失误，也会有人故意大声叫好以示嘲笑的，这就是“喝倒彩”了。如张天翼《谭九先生的工作》：“演戏呢，也一定会弄得一塌糊涂，台底下的人都喝着倒彩。”鲁迅《集外集·“说不出”》：“看客在戏台下喝倒采，食客在膳堂里发标，伶人厨子，无嘴可开，只能怪自己没本事。”伶人遇到喝倒彩，是怪不得看客的，唯有退而自省，赶紧长点本事才是。

气来侵袭你……”这解释很有趣，但可惜与“闻”“听”二词的本义恰好相反。《说文解字·耳部》：“听，聆也。”“闻，知声(听到声音)也。”段玉裁注：“往曰听，来曰闻。”这就是说，耳朵主动去获取声音叫“听”，声音传来被耳朵接收叫“闻”。王力主编《古代汉语·常用词(十一)》对“听”和“闻”作了如下辨析：“‘听’是一般的听，‘闻’是听见，意义不同。‘闻’与‘听’的关系等于‘见’与‘视’的关系，所以《礼记·大学》说‘心不在焉，视而不见，听而不闻’。”可见如果一定要用“主动”和“被动”来区分“听”和“闻”的话，那只能说“听”是主动的，“闻”是被动的。当然，“闻香”的“闻”是“嗅”而非“听到”的意思，但这个意义正是由“听到”通过“嗅到”辗转引申而来。

那么究竟应该怎样解释“听香”这种似乎不合常理的说法呢？

1985年笔者到湖北出差，顺路去看望住在堂姐家的伯母。当我走进院子里的一间小屋，去看圈养着的小猪时，伯母在身后招呼：“莫去，你冇听见臭啊？”伯母是我老家湖南安化人，而在当地方言中，“闻(嗅)”也说“听”，“你冇听见臭啊？”意思就是“你没闻到臭气吗？”

钱锺书先生1962年在《文学评论》发表《通感》一文，将心理学术语“通感”引入文学研究和语言研究的领域。所谓“通感”，指的是人的各种感觉(如视觉、嗅觉、味觉、听觉等)之间的互通。钱先生指出，中国古代和外国的不少文学作品中，都有“通感”修辞的例子。在众多诗人作家的笔下，“颜色似乎会有温度，声音似乎会有形象，冷暖似乎会有重量”。杜牧《阿房宫赋》“歌台暖响”，用“暖”描写歌声，宋祁《玉楼春》词“绿杨烟外晓寒轻，红杏枝头春意闹”，以“轻”形容“晓寒”，以“闹”描绘“春意”，都是脍炙人口的好例。

其实，“通感”也并非只是文学作品中的修辞手法，而是普遍存在于大众语言中的一种词义引申方式。例如“味”本指“滋味”（味觉），又引申兼指“气味”（嗅觉）。又如“闻”的本义如上所述是“知声”，指听觉；引申为“嗅到”，如《韩非子·十过》“入其幄中，闻酒臭（酒气）而还”；再引申为“嗅”，如“你闻闻这个”。这是听觉与嗅觉相通。再如“轻”和“重”，本来都指人的肌肉对物体重量的感觉，后引申为指声音，如“声音的轻重”“轻言细语”。“重”还可用于指色彩和气味，如“浓墨重彩”“这屋里气味很重”。这是触觉与听觉、视觉、嗅觉的通感。

与“闻”相映成趣的是，“听”在某些方言中也由听觉向嗅觉引申。据笔者所知，除安化外，湖南邵阳、江西萍乡及北京附近某地都可用“听”表示“嗅”。中国古代就有“听香”的说法。例如《浙江通志》卷四十三：“听香亭。嘉靖《宁波府志》在慈溪县东南，一名临香亭。宋绍兴中建。”又元代叶颙《樵云独唱》卷二有古风《题听香亭梅花卷》和《再赋听香亭》；明代胡翰《胡仲子集》卷三有文章《书听香亭集句后》；明代张羽《静居集》卷一有五言古诗《听香堂》。听老辈说，旧时长沙还曾有个“听香园”。我常常想：究竟这些“听香”是文人雅士们故作新奇之语呢，还是他们方言土语中极为平常的说法，本来并不那么“高大上”呢？

网言网语·幸福

理性的人，往往不求福，而求无祸，因为无祸才是真正的福。每天早上，与家人告别，快快乐乐地出门，去做应该做的事情；每天晚上，平平安安地回家，与家人团聚，其乐融融。其实，这就是幸福，它一直在你的生活里，只是你没有发现而已。

（蔡　玫／辑）

一针见血

“东盟”与“东亚”

◎毛纬武

《萧山日报》2016年2月16日第6版刊载的《青秀山》一文说：“东盟友谊园，展现着东亚10国友善和宽容……”句中的“东亚10国”有误。“东亚”即亚洲东部，只有中国、日本、韩国、朝鲜和蒙古这5个国家，哪来“东亚10国”？根据上下文，应为“东盟10国”。

东南亚国家联盟，简称东盟，也叫东南亚国家协会(东协)、亚细安组织(亚细安)、东南亚合作组织(东合)，是集合东南亚区域国家的一个政府性国际组织，也是东南亚地区以经济合作为基础的政治、经济、安全一体化合作组织。东盟的成员国有印度尼西亚、马来西亚、菲律宾、新加坡、泰国、文莱、越南、老挝、缅甸、柬埔寨等10个国家。其实，东南亚地区有11个国家，除上述10国外，还有东帝汶，它是东盟的候选国。可见，“东亚10国”是“东盟10国”之误。

元代哪有“中台察院椽吏”

◎辜良仲

2016年2月27日《人民日报·大地》载文《居然隐者风》，其中说：“中青年时代的他(黄公望)是个读书人和落魄官人，当过中台察院椽吏，遭受冤枉入狱，出狱后看破红尘，浪迹江湖，在浙江一带卖卜为生。”元代大画家黄公望做过“椽吏”？元代没有“椽吏”之官职，应为“掾吏”。

黄公望(1269—1354)，元画家，平江常熟(今属江苏)人。字子久，号一峰、大痴道人等。工书法，通音律，能散曲，擅山水，对明、清山水画影响甚大，后人把他与吴镇、倪瓒、王蒙合称“元四家”。传世画作有《富春山居》《天池石壁》《九峰雪霁》等。

“掾”音yuàn，原为佐助之

义，古代属官的通称。掾吏，为官府中佐助官吏的通称。黄公望曾做过御史台（也称“中台”）察院的掾吏。“椽”音 chuán，指放在檩上架着屋顶的木条。如椽子、椽笔。

掾、椽两字，音义迥然，只是形似罢了，写用当慎辨之！

冷粥回锅如何“泄”

◎谢云秋

《扬子晚报》2016 年 1 月 8 日 B4 版《好粥》一文中写道：“热粥这个东西其实很娇贵。冷了，就没有了豆子的香味。再回锅热粥就会泄了。”粥冷了再回锅热，怎么就会“泄”了呢？泄，《现代汉语词典》释义有：液体、气体排出；泄露；发泄。这三个义项都解释不了句意。根据生活经验推断，引文是想说，“热粥”冷后再回锅热的话，就没有原来那样稠了。表达这一意思应用“澥”。

澥，读 xiè，义为（糊状物、胶状物）由稠变稀，正合文意。

何来“度碟”

◎王心言

《羊城晚报》2014 年 11 月 26 日 B5 版刊有《医生收“红包”，古代这样罚》一文，其中说：“宋代，杭州有一医院名‘安济坊’，它是这样考核所辖从医者的：每年治疗 1000 人以上，十全八的，奖度碟一道……管理‘安济坊’的僧人，如三年内治愈 1000 人的，赐予紫衣和祠部碟一道……”这里的“度碟”“祠部碟”，应是“度牒”“祠部牒”。

牒，文书或证件。度牒，古代僧道出家时由官府发给的凭证，因僧道不纳税，不服兵役、劳役，历代都限额颁发。一般由尚书省祠部司颁发，故也称“祠部牒”。唐宋时，官府可出售度牒，以充军政费用。上文所说的医生，实际是指僧医，僧医行医必须持有度牒即祠部牒。

碟，盛菜肴或调味品的小盘子。没有“度碟”“祠部碟”一物。

到底是谁改了嫁

◎方德佺

“因为，她11岁的时候父母离婚了，并各自组成了新的家庭。她随母亲改了嫁，于是有了继父。”这是《品读》2016年第2期刊发的文章《爱是温暖人心的太阳》中的句子。然而读后容易令人产生疑问：到底是谁改了嫁呢？

很明显文章要表达的意思是“她”的父母离婚后，母亲改了嫁。但是“她随母亲改了嫁”一句主语成了年仅11岁的“她”，好像是说“她”改了嫁，这当然与事实不符。究其原因是“她随母亲改了嫁”句义杂糅而造成歧义：既想表达父母离婚后“她”随了母亲过日子，又想表达母亲在离婚后改了嫁。既然文中已交代了离婚的父母“各自组成了新的家庭”，那么改成“她随母亲一起生活”即可。

有“炎炎寒冬”吗

◎晋　相

《北京晚报》2016年2月1日第34版《古人御寒取暖之术》一文中写道：“……即使是炎炎寒冬，这样的房间怎会感觉出一丝寒意？”句中的“炎炎寒冬”有问题。

“炎”可以指（天气）热，与“冷”互为反义。“炎炎”是形容阳光灼热或火势猛烈，如“夏日炎炎”“炎炎似火”等。既然是“寒冬”，自然不会“炎炎”。“严严”可指寒冷、凛冽。改成“严严寒冬”庶几可通，此处应是音同致误。

“荒草离离一派肃杀”？

◎谢三山

2016年2月3日《扬子晚

报》B4版刊载的《六合江边有书院》一文说："终日待在办公室里，想望着深冬时节的郊区野外，必然是万木萧萧荒草离离一派肃杀。"其中的"荒草离离"与"一派肃杀"相矛盾。

荒草即野草。离离，义为"茂盛的样子"。左思《咏史》："郁郁涧底松，离离山上苗。""郁郁""离离"对文见义。"荒草离离"意思是野草长得一片茂盛。"一派肃杀"是指秋冬天气寒冷，草木一片枯落。可见"荒草离离一派肃杀"逻辑不通。

夜深人静时君子兰会吸二氧化碳吗

◎陈两森

《马家军大解密》（上海人民出版社）一书中第94页写道："夜深人静时，君子兰还能吸收空气中的二氧化碳，经过光合作用，放出氧气……"这里无疑是对植物习性的误解。

查阅百科书可知：绿色植物有两种作用——光合作用和呼吸作用。在进行光合作用时，它吸进二氧化碳，吐出氧气；而呼吸作用时恰恰相反，吸进氧气，吐出二氧化碳。到了晚上，阳光没有了，光合作用停止，这时植物就只进行呼吸作用了。所以在"夜深人静"时，君子兰并不会进行光合作用，也就不可能吸收二氧化碳放出氧气了。

"雀起"？"鹊起"！

◎陈关春

《琴余断想》（四川教育出版社2003年12月出版）中《短文一束·民歌？民歌！》一文有这样的句子："《游览船》接着被搬上了银幕，1929年、1936年和1951年三次被拍摄成影片，在全世界放映，声誉雀起……"其中"雀起"应是"鹊起"。

雀，是麻雀的别称，也可泛指小鸟。麻雀不能高飞，汉语中没有"雀起"一词。和声誉搭配的是“鹊起”。鹊，通称喜鹊，头背色黑褐，背呈青紫色光泽，肩、腹部白色，尾巴显长。鹊可以飞得很高。鹊起，即喜鹊高高飞起，比喻名声兴起、传扬。声誉鹊起，亦说声名鹊起，形容知名度迅速提高。

“脊髓”“骨髓”大相径庭

◎盛祖杰

中国日报网2016年1月21日发布了一则《猴子换头成功》的新闻，消息称：“由于骨髓神经未能对接，猴子脖子以下的身体部分处于瘫痪状态。”句中的“骨髓”无疑是“脊髓”之误。

脊髓是脊椎动物中枢神经系统的颅外部分，位于脊柱的椎管之中。脊髓两旁发出成对的脊神经，分布到全身的皮肤、肌肉和内脏器官，是神经与脑之间的通路。骨髓则是主要的造血组织，位于骨骼的腔隙之中。切断了脊髓势必造成身体瘫痪，文中正是这种情况，而切断骨髓还不会导致瘫痪。

“躬其一生”？

◎屠林明

谢比勒是突尼斯汉语基础教学的开拓者，培养了一批相关专业的学者，促进了突尼斯人民对中国文化的理解与接纳，躬其一生投入于此，是中突文化交流的使者。

这是2015年3月26日的《人民日报》第24版《谢比勒：一个人的坚守》一文中的一句话，其中“躬其一生”有误。

躬，即自身、亲自、亲身。躬逢其盛，即亲身遇上了这件盛事，或亲身经历了这个盛世。事必躬亲，义为不管什么事一定要亲自去做。躬行，就是亲自实行。“躬其一生”说不通。

揣摩上引语句意思，“躬其一生”可以用“穷其一生”等。“穷”即穷尽、用尽，“穷其一生”即用尽他的一生。这就是说，谢比勒一生都在从事突尼斯的汉语教学。

“襄樊”早已改“襄阳”

◎毛萧山

《余杭晨报》2016年2月8日第3版刊载的《除夕日南航增加60余航班送旅客返乡过年》一文第2段说：“……从广州前往南昌、郑州、海口、三亚、湛江、襄樊、南宁、重庆、常德、芽庄、马尼拉等地航班基本客满。”末段说：“广州始发主要加班航线包括武汉、长沙、襄樊、宜昌、重庆、贵阳、南充、海口、长春等……”文中两次出现的地名“襄樊”都为“襄阳”之误。

襄阳，是历史名城。曾与樊城合并，称“襄樊”。2010年12月9日，经国务院批准，襄樊市更名为襄阳市。襄阳位于湖北省西北部、汉江流域中游、秦岭大巴山余脉，由于其贯通南北、承启东西的地理位置，自古即为交通要辏，有七省通衢的美誉。因地处襄水之阳而得名，它是湖北第二大城市和省域副中心城市。现通用的是“襄阳”而非“襄樊”。

兵马俑在咸阳？

◎刘曰建

2016年2月18日《北京日报》所刊《豆腐》一文，在介绍安徽屯溪老街毛豆腐名声时这样说道：“就像西湖没了‘三潭印月’就不像西湖，咸阳没了兵马俑就不该叫咸阳一样，毛豆腐、屯溪老街与黄山在印象中就如同一体，不可分割。”其中兵马俑的地理位置说法不当。

“兵马俑”全称是“秦始皇陵兵马俑从葬坑”，位于秦始皇陵东侧1.5公里处。而秦始皇陵在西安市临潼区骊山镇东5公里的下河村附近。因临潼区属西安市，故可以说西安的兵马俑。而咸阳是西安西边的一个地级市，虽然因秦始皇定都咸阳，使其成为“中国第一帝都”，但与兵马俑却无关联。

《金瓶梅》“最初”不是“出现于康熙时期”

◎陈福季

西苑出版社出版的2015年秋冬卷《汉学研究》上刊出《中国诗歌艺术和诗律学》一文，文下的一个标注中写道：“《金瓶梅》，这部小说最初出现于康熙时期。”这里对《金瓶梅》一书的出现时间描述有误，与事实不符。

事实上《金瓶梅》是明代小说，原名为《金瓶梅词话》，题名兰陵笑笑生，万历年间刊行，全书一百回。现存最早的《金瓶梅》是明万历刻本，显然要早于文中所注的“康熙时期”。

“井干枯必早”？

◎周　振

《报刊文摘》2015年12月28日第3版的《好名》一文，最后一段有这样的话：“‘有名世所疑’‘多才世所妒’，乃是必然结果。古人诗说：‘井干枯必早，木直伐必先。’”其中“井干枯必早”应为“井甘枯必早”。

《逸周书·周祝》和《庄子·山木》中有类似的表述，前者为“甘泉必竭，直木必伐”，后者为“直木先伐，甘井先竭”，都是说长得直的树木（因适用广）最先受到砍伐，甘洌的水井（因汲取的人多）最早干枯，比喻正直的人容易招怨，有才能的人往往会受到攻击、迫害。可见，“井甘枯必早”才符合上述引文的语境。

是“阒然无声”不是“阗然无声”

◎蒋伯忠

《雷神之水　北美风情西欧城》（文汇出版社出版）一书的开篇之作《雷神之水》写美加边境的尼亚加拉瀑布：“走了约四十几分钟，我们来到了尼亚加拉河的岸边。这儿人迹罕至，阒然无声。”第二篇《飞天入地看飞瀑》中写乘直升机在低空盘旋所见到的尼亚加拉：“人迹罕至，阗然无声的瀑布源头——尼亚加拉河——河面宽阔，河水丰盈……”两处“阗然无声”的“阗”皆为“阒”之误。

“阗”，音 tián，意为“充满”，如“喧阗”，形容声音大而杂或喧闹，哪里会“无声”？“阒”，音 qù，形容没有声音。“阒然”即寂静无声的样子。因此，原文中应是“阒然无声”。

天津并无“津渝线”

◎殷光达

2015 年 12 月 27 日的《今晚报》刊登了一则题为《38 车相撞堵车三公里》的消息，副标题和正文中多次出现的事故发生地点“津渝线”应是“津榆线”之误。

秦皇岛市的山海关古称榆关，因此从天津到山海关的公路称为津榆公路，后改称津榆线。渝，是重庆市的简称，如成都到重庆的铁路称为成渝铁路。天津到重庆距离遥远，在全国公路网中并没有以天津和重庆两市作为起始点命名过的道路，因此也就不存在“津渝线”。

印章是“钦”的吗

◎杨西仑

2016 年 2 月 3 日《平顶山日报》第 6 版刊载的《日藏宋刊〈东坡集〉回“家”》一文写道：“第一册《序目》卷首钦有‘仁政侯长昭黄雪书屋鉴藏图书之印’‘昌平坂学问所’‘浅草文库’‘日本政府图书’‘内阁文库’五颗藏书印……”这里的“钦”应为“钤”。

钤，读 qián。作名词时有官印的意思，如“钤记”，指旧时的一种官印或机关公章；作动词时有盖印章的意思，如钤盖、钤章。钦，读 qīn，有恭敬、敬重等意思，没有印章或盖印章之义。因此，印章是“钤”出来的，而不是“钦”出来的。

热线电话

“你好，我是64330669……”（51）

◎姚博士

为何称“赤字”

问：常在财经新闻里看到“赤字”一词，为什么叫“赤字”？

——上海 钟华久

答：“赤字”指在经济活动中支出大于收入的差额数字，簿记上登记这种数目时，用红笔书写，故称。《现代汉语词典》《现代汉语规范词典》以及《汉语大词典》等权威工具书，都做类似解释。

“赤字”是现代财务领域的重要概念，当是个外来词，很可能来自日语。黄河清《近现代辞源》：“指经济活动中支出多于收入的差额数字。1934年《新知识辞典》：日语‘赤字’，指支出超过收入的意思。”

也有人认为，“赤字”是汉语“本土”词语。曾有人撰文说，南北朝西魏时期，陕西武功人苏绰，于大统十一年（公元545年）任大行台度支尚书兼司农卿时，制定了朝廷的记账制度，规定凡记账一律“朱出墨入”，即用红色表示财政支出，用黑色表示财政收入。由于大大地便利了财政管理，会计学上一直沿用至今。这就是“赤字”的来历。

这个说法明显不可靠。首先，根据经济史，我国根本就没有存在过“用红色表示财政支出，用黑色表示财政收入”的记账制度，所谓“会计学上一直沿用至今”更是子虚乌有。其次，就算历史上真的有这种制度，

"赤字"表示的也是"财政支出"数字,而非"支出大于收入的差额数字",此"赤字"和彼"赤字"明显是不同的概念。

其实,这个误解是没有读懂古文所致。《周书·苏绰传》:"绰始制文案程式,朱出墨入,及计账户籍之法。"稍作推敲不难判断,"朱出墨入"说的是"文案程式",而非"计账户籍之法"。据经济史,苏绰的"记账户籍之法"后世已失传,其真实面目不得而知。一般认为,作为"文案程式"的"朱出墨入",是指朝廷发出的文书用朱(红色)标,上呈朝廷的文书用墨(黑色)标。有人甚至认为,这就是现在"红头文件"的来历。

"揽胜"还是"览胜"?

问:前不久,见到一篇介绍位于千岛湖中心湖区状元半岛上梅峰风景的文章,标题是《梅峰揽胜》。有人说,这里的"揽胜"应该写作"览胜"。到底是"揽胜"还是"览胜"?

——浙江千岛湖　章慧明

答:我们认为,用"览胜"固然可以,但用"揽胜"也不能算错。

揽,本指持、把持,即把某物握在手中。《释名·释姿容》:"揽,敛(聚集)也,敛置于手中也。"现代汉语中的"揽总""独揽大权"中的"揽",就是此义。引申指采摘、摘取。《楚辞·离骚》:"朝搴阰之木兰兮,夕揽洲之宿莽。"王逸注:"揽,采也。"这种用法在现代汉语中,也很普遍。如毛泽东《水调歌头·重上井冈山》:"可上九天揽月,可下五洋捉鳖。"

古代汉语中有"揽胜"一词,字面意思是"采胜",即"采集美好景色",比喻"观赏美景"。如清代俞蛟《潮嘉风月记·丽品》:"游于滇楚,临流揽胜,慷慨悲歌,久之赋归。"由于"胜"和"秀"意思相近,古汉语中也常用"揽秀"指"观览美景"。如元代李季、丁复《同永嘉李季和望钟山联句》:"揽秀目颙颙,讨幽心养养。"

不难发现，在实际语用中，人们用的是“揽胜”的比喻义“观赏美景”，而不是其字面意思“采集美景”。也许正因为如此，在现代汉语中，人们多倾向以“览”替“揽”，直接用“览胜”表示“观赏美景”。览，意思即“观赏”。《现代汉语词典》未收“揽胜”，“览胜”条目释义为：“观赏胜景或游览胜地：黄山览胜。”《现代汉语规范词典》“揽胜”“览胜”都列入词条，但以“览胜”为“主条”，释义为：“观赏或游览胜景、胜地：庐山览胜。”而“揽胜”释为：“现在一般写作‘览胜’。”

可见，古汉语中用“揽胜”，现代汉语中多用“览胜”，从词源上看，“揽胜”比“览胜”资格老。在表义上，二者其实也略有不同。“揽胜”虽然表示“观赏美景”，但受“揽”的影响，词义上也多少含有对美景主动“采集”之义。而“览胜”只表示“观赏美景”。二者的修辞效果也不一样，“揽胜”比较含蓄，而“览胜”比较直接。

我们认为，“揽胜”与“览胜”并非全等异形词，目前让二者同时并存，让人们自由选择使用，比较妥帖。

“交水电费”还是“缴水电费”？

问：我是贵刊的忠实读者，长期订阅贵刊，有一个问题请教，是“交水电费”还是“缴水电费”？

——上海　潘任杰

答：两种说法都可以。

交，本指两者相交，引申指汇合、交错、交叉、交往、交换等。大约在唐代，“交”引申指交付、交出。如“交印”即交出官印，比喻卸职。白居易《和梦得夏至忆苏州呈卢宾客》诗：“交印君相次，褰帷我在前。”

缴，本读 zhuó，指生丝线，后来系在箭上的生丝线也称缴。汉代时，缴有了另外一个读音 jiǎo，指缠绕，后来也引申指事情或问题纠缠不清等。唐代时，门下省有给事中一职，专门审议皇帝诏令，如果发现问题便交还给皇帝或有关部门，此称“缴还”，此“缴”读jiǎo。从此以后，缴读jiǎo时，便逐步有了交付、交出之义。如“缴送”指交还、归还。“缴纳”指把规定的财物交给公家。“缴进”指上交。再如“缴付”“缴收”“缴卷”等等，其中的“缴”都是交付、交出之义。学者认为，在表示交付、交出之义时，“缴”是“交”的假借字。清代朱骏声《说文通训定声》：“假借为交。按今用为缴纳字。”

由于“缴”和“交”都有交出、交付之义，两字于是发生了纠缠。如上面提到的“缴纳”“缴付”“缴卷”，旧时也写作“交纳”“交付”“交卷”。这种“混用”状况，到民国时期还普遍存在。不过，从语料看，“缴”字相对用得较多。

新中国建立以后，“缴”和“交”开始出现分化。表示被迫或迫使“交出”用“缴”，如“缴获”“收缴”“缴枪”“缴械”等。表示为履行义务而“交出”，既可以用“缴”也可以用“交”，如既可以说“缴费”“缴税”“缴房租”“缴款”“缴纳”，也可以说“交费”“交税”“交房租”“交款”“交纳”。表示一般意义上的“交出”，只用“交”，如“交付”“交割”“交换”“交账”等。

不过，在表示为履行义务而“交出”时，现在似乎出现了较多选用“交”的趋势，即现在人们多说“交费”“交税”“交房租”“交款”“交纳”等，而说“缴费”“缴税”“缴房租”“缴款”“缴纳”正在逐步减少。这可能与现在的社会心理变化有关。如今公民素质在逐步提高，人们履行义务的“自觉”意识明显增强；并且社会强调“人性化”管理，一般也不提倡用“强制”手段让人履行义务。而“缴”含有“被迫”“迫使”的意思，与现在的社会心理多少有些抵触。

付水电费是一种“义务”，是必须履行的，所以既可以说“缴”也可以说“交”，而现在说“交”相对较多。

追踪荧屏

“廪瘐”？“廪庾”！

◎李景祥

央视科教频道2016年2月18日播出的《百家讲坛》节目，讲述了汉武帝两次派张骞出使西域的故事。在引用《史记·平准书》的记载描述国富军强的情况时，屏幕显示原文：“汉兴七十余年之间，国家无事，非遇水旱之灾，民则人给家足，都鄙廪瘐皆满，而府库余货财。”这里的“瘐”字有误，应是“庾”。

“庾”读yǔ，指露天的谷堆。《说文·广部》：“庾，一曰仓无屋者。”段玉裁注：“无屋，无上覆者也。”《诗经·小雅·楚茨》：“我仓既盈，我庾维亿。”毛传：“露积曰庾。”也有人认为庾是储存从水路转运来的粮食的仓库。《说文·广部》：“庾，水槽仓也。”段玉裁注：“谓水转谷至而仓之也。”庾还泛指粮仓，如杜牧《阿房宫赋》：“钉头磷磷，多于在庾之粟粒。”廪(lǐn)，也是粮仓之义。“廪庾”是同义字连用，也可作“庾廪”。上述“都鄙廪庾皆满”表示天下粮仓都很充实。

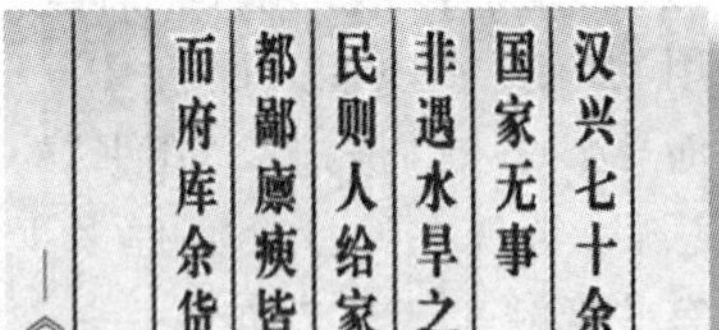

瘐，也读yǔ。狱中囚犯或因饥寒而得病，或因受刑而致病，都称为“瘐”，囚犯因此而死在狱中则称为“瘐毙”或“瘐死”。鲁迅《呐喊·药》：“路的左边，都埋着死刑和瘐毙的人。”误“庾”为“瘐”应是形似致误。

“八蜡庙”之“蜡”字怎么读

◎李华山

2016年2月22日央视戏曲频道播出元宵戏曲晚会。在《闹元宵》节目中，有一段由豫剧名家金不换饰《逛庙会》的唐成，演唱从“一”到“十”的戏曲故事：一匹布、二度梅、三愿意、四郎探母、五世请缨、六国封相、七星庙、八蜡庙、九龙山、十老安刘。其中“八蜡庙”的“蜡”，剧中读的是 là。“蜡”有多读，也确有 là 的读音，不过，“八蜡庙”的“蜡”却不该读 là。

京剧《八蜡庙》又名《拿费德恭》《招贤镇》，取材于清代无名氏所著侠义公案小说《施公案》。讲黄天霸、褚标等人奉施世纶之命捉拿淮安招贤镇绰号“追魂太岁”的杀人凶犯费德恭之事。该剧第一场为费德恭在八蜡庙的庙会上强抢民女、杀死丫环，所以定名为《八蜡庙》。“八蜡庙”之“蜡”字，应读 zhà。

庙名“八蜡”，系从古时的蜡祭而来。蜡祭的“蜡”要读为 zhà。蜡祭是周代在每年的农事完毕之后，为报答众神的保佑而在野外举行的祭祀。《礼记·郊特牲》：“蜡也者，索也。岁十二月，合聚万物而索飨之也。”祭祀对象有八：一祭神农；二祭后稷；三祭古时田官之神；四祭始创田间、庐舍、开道路之神；五祭猫虎神，因它们吃野鼠野兽，保护了禾苗；六祭堤防神；七祭水沟神；八祭昆虫神，以免它们为害。后世也还有大同小异的其他说法，各地的八蜡庙所祭祀的对象也略有不同。

八蜡庙、蜡祭之“蜡”，与蜡烛、蜂蜡之“蜡”无关。京剧《八蜡庙》现在还有演出，戏迷朋友都知道那个“蜡”要读 zhà。

“索性”可不是“所幸”

◎蔡维藩

电视剧《嫂子嫂子》第六集中张青云率众抬棺下葬大少爷，路上受到齐明虎率领的警察队伍持枪阻拦，一时剑拔弩张，气氛紧张。紧急关头张青云突然亮出胸前捆绑的炸药，要与对方同归于尽。其间演员有一段“视死如归”的台词，屏幕显示的文字是：“我们丁家的男人都死了，所幸今天大家都死绝了。你开枪，开枪啊！”其中“所幸”令人啼笑皆非。

所幸，《汉语大词典》《现代汉语词典》等众多辞书中均不出条，而实际上语用实践中使用甚多。随着人们风险、防范意识不断增强，灾害、事故报道渐多，“所幸没有人员伤亡”“所幸并无大碍”一类可以令人略感欣慰的说法亦屡见报端。人们对“所幸”可能还有不同看法，其结构如何、合不合传统构词法，可能还难以达成共识。但其含义基本上还是清晰的，大致相当于“幸运的是”“幸亏”等意思，传达出一种对不幸中的万幸、有惊无险的庆幸。而“所幸今天大家都死绝了”要表达什么意思呢？总不该是“幸运的是今天大家都死绝了”或“幸亏今天大家都死绝了”一类意思吧？

其实演员并没有过错，应该是后期制作字幕时竟在不经意间将使用更广泛的“索性”误成了“所幸”。索性，表示直截了当，干脆。如“既然已经做了，索性就把它做完”。用在例句中可以说是恰到好处。

朝花夕拾

咬嚼日记摘钞(1)

◎郝铭鉴

作者自白

本人自2013年起,不再介入《咬文嚼字》工作,但多年养成的积习未改,仍旧关注语言文字问题。开始是以微博的形式,记录自己的思考;为了不受字数的束缚,现在改用日记。承蒙《咬》刊同仁不弃,设一专栏选用。鉴于这些文字都是白天触发的题目,晚上睡觉前写出,故借用鲁迅先生的"朝花夕拾"名之,和回忆无关。都是无甚高论的急就章,难免粗疏和错讹,还望读者朋友赐教。

又遇"鬓毛衰"

看央视《中国诗词大会》。一档策划得不错的节目,既有文化内涵,又不乏观赏价值。

其中有一道题目,填写"少小离家老大回"的下一句。这是贺知章《回乡偶书》诗中的名句,自然不难,选手一下子就答出了"乡音无改鬓毛衰"。这个"衰"字,总有人说不能读shuāi,要读cuī。场上的选手读的正是cuī,主持人表示认可。其实,读cuī是经不起推敲的。

"衰"是一个象形字,从最初的字形看,象一个人穿着避雨的簑衣。它是"簑"字的本字,读音为suō。由于簑衣是用草编成的,经不起风吹雨打,又引申出减弱、残败等义,读音为shuāi。贺知章致仕回乡时,已是80多岁高龄,乡音可能依旧,头发难免稀疏,所以"鬓毛衰"的"衰"读shuāi是合情合理的。"衰"确实也有cuī的读音,但主要用于丧服或等次等义,和"鬓

『杯水车薪』

看一电视访谈节目，访谈对象是一位音乐人。主持人对他说："据说您的身家已经有几个亿。"这位音乐人说："夸大了，夸大了！我帮不少人发了财，这是事实；至于我自己嘛，不过是杯水车薪。"听时不觉一愣，但很快恍然大悟。

记得央视一次青年歌手大赛，其中有一个环节是文化知识测试。评委问一位参赛歌手："杯水车薪的意思是什么？"这位歌手稍作思考后说："用一杯水作为车夫的薪酬。"这位歌手显然不知道"杯水车薪"这则成语，应付比赛，只能瞎蒙。而接受访谈的这位音乐人是听说过"杯水车薪"的，可惜同样是望文生义，结果也出了洋相。

"杯水车薪"本是孟子打的一个比方。孟子说："仁之胜不仁也，犹水胜火。今之为仁者，犹以一杯水救一车薪之火也……"这意思是说，仁一定能胜不仁，好比水一定能克火。但今天的为仁者(势单力薄)，好比是用一杯水救一车柴燃成的大火……后来便用"杯水车薪"四字，比喻力量微小，无济于事。这位音乐人将其从字面上理解为一杯水一车薪，意思是数量不多，微不足道，偏得太远啦！

毛"扯不上关系。

有人主张改读，是从押韵考虑的。贺诗的第一句是"少小离家老大回"，末字"回"音 huí，"衰"读 cuī 确实和"回"是押韵的。但这是以今律古，顾前不顾后。全诗最后一句是"笑问客从何处来"，"来"字音 lái，和 cuī 还是押不上啊！而"回"和"来"在古代倒是押韵的。李白诗《望天门山》："天门中断楚江开，碧水东流至此回。两岸青山相对出，孤帆一片日边来。"诗人不正是以"开""回""来"押韵吗？而且，"回""来"是处在关键的二、四句上。可见，"衰"是不必改读的。改 shuāi 为 cuī，只会破坏全诗的韵律美。

“鳇鱼”风波

一则新闻在网上传播：春节期间，某游客在景点吃鱼，吃掉一万多元，游客把此事发到网上，大呼黑店宰客。店家辩解说，游客吃的是鳇鱼，此乃珍贵鱼种，自己明码标价，不存在任何欺诈行为。随着新闻不断发酵，媒体也跟着大做“鳇鱼”文章。

鳇鱼是怎么得名的？某艺人在电视里娓娓道来：话说清乾隆年间，黑龙江渔民打到一条怪鱼，其大无比，作为贡品献到宫中。御膳房精心烹制，先让太监试吃，后呈于乾隆皇帝，乾隆刚一入口，便觉鲜美绝伦，拍案叫绝。因为这种鱼曾为皇帝品尝并赞赏，人们便称之为鳇鱼。故事虽然生动，但恐怕只能归于穿凿一类。

其实，在乾隆之前，鳇鱼早已得名。字书《正字通》中收有“鳇”字，其释义为：“鳇，鳣也。今俗名鳇鱼。”原来，鳇鱼便是古代大名鼎鼎的鳣（zhān）鱼。《诗经·周颂·潜》：“有鳣有鲔。”贾谊在《吊屈原文》中，将鳣和鲸并称：“横江湖之鳣鲸兮，固将制于蝼蚁。”在鱼类中，鳇属硬骨鱼纲，鲟科。体似纺锤，长可超5米，重可逾千斤。其味鲜美，称其为珍贵鱼种，并非夸大之辞。就字说字，“鳇”属于形声类，从鱼，皇声，皇兼表义，言其大也，和皇帝没有一毛钱的关系。

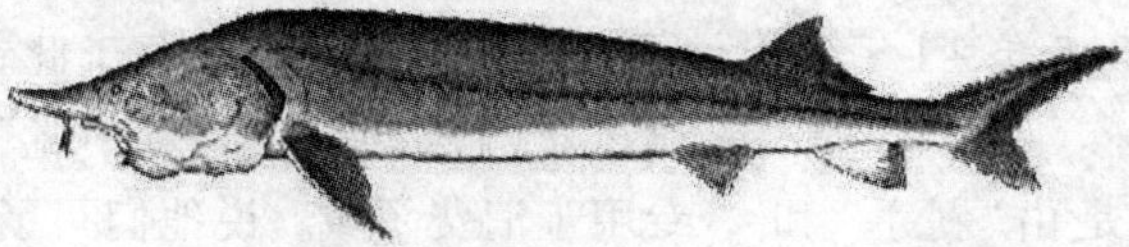

鳇鱼，鲟鱼的一种，学名为达氏鳇。主产于黑龙江水域，身躯庞大，一般体重50～100公斤，大者可达1000公斤，为大型肉食性鱼类

时尚词苑

疯狂的“剁手党”

◎赵丽华

11.11 购物狂欢结束，天猫成交额达 571 亿元

问题来了！

网购“败家”哪里强

四川双流“剁手党”

四川

全国省份排名

第6名

成都

总交易额

7.8亿元

全国城市排名第6

双流

全国县域消费排名第5

第一	上海
第二	北京
第三	杭州
第四	深圳
第五	广州
第六	成都

四川“剁手党”们下的订单

414.2万单

180万单

02-03版 | 要闻·热读

《天府早报》2014 年 11 月 12 日第 2－3 版《要闻》标题

网络购物日益普及，有一种新型群体随之产生：剁手党。他们热衷网络购物，“无休止”购物，一般以女性居多。因此，“剁手党”一词就常常出现在报刊上。例如：

（1）近些年，跨境电商发展迅猛，进口方面令国内消费者“海淘”不亦乐乎，出口方面则让国外网购“剁手党”更尽情地“买买买”。（《人民日报》2015 年 12 月 7 日）

（2）同中国消费者一样，越来越多的欧美消费者开始选择在网络上当“剁手党”。（《人民日报海外版》2015 年 11 月 27 日）

“剁手党”是由“剁手”和“党”组成。金庸的《射雕英雄传》一书中有这样的片段：九指神丐洪七公有次因贪吃误了大事，一发狠剁掉了自己的手指头，但一遇美食仍然把持不住。“剁手党”的“剁手”或源于此。通过转喻机制，新词“剁手党”专用于消费领域。说他们买了又买，周而复始，乐此不疲。一方面拼命地想购物，另一方面又往往在大量购物后为自己冲动的购物行为而后悔莫及，甚至冒出要“剁手”的想法。

“剁手党”的“剁手”使用了夸张辞格，贴切地反映了当下“过度消费”“冲动浪费”等“疯狂”消费行为的盲目性和危害性。所以“剁手党”具有明显的嘲笑或自嘲的意味。例如：

（3）每次和小惠见面，我越发觉得她比我想象中的还要好。她穿着干净整洁却不奢华，每次和她一起吃饭，她总是选择特别平价的小饭馆，从不浪费。接触多了，我才发现，小惠不像我们公司那些姑娘，每月工资一发就在网上购物，成了“剁手党”，不仅月光，还把信用卡刷爆。（《兰州晨报》2015年12月11日）

（4）最近，一些沉溺于网络购物的“剁手党”纷纷在微信朋友圈里晒出账单。……一些人被自己不知不觉的巨大花销震惊，面对账单的天文数字，更是大呼：“真该剁手了！”（《人民日报》2014年12月15日）

新词“剁手党”的产生与我们的社会生活有着密不可分的联系。当前盛行网络购物，随着“电商大战”愈演愈烈，在为我们生活提供便利的同时，也培植了一大批“剁手党”。“2015年的双11，天猫全球狂欢节全天交易额达912.17亿元，其中无线交易额为616.42亿元，无线成交占比68.67%，‘剁手党’们在疯狂的采购之时，谁又能想到自己的购物方式，某天会发生如此巨大的改变？”（《北京青年报》2015年12月17日）再从构词方式来看，“××党”是一种流行的词语模，可表示某一群体的意义，如“学生党”“考研党”“逃票党”……而“剁手”有了新的转喻义。新词“剁手党”新颖、生动，形象地道出了消费者在“疯狂”消费后懊悔、失落的心情。因而，“剁手党”使用范围较广，几乎适用于所有“买买买”的群体。

如今，通过网络来购买商品，大家已经习以为常。我们应该避免冲动、盲目的“疯狂”消费，要做理性的消费者。

“小众”：从“仿词”演变为常用词

◎烨 谦

在现代汉语中，词语“大×”与“小×”往往是成对的，如大事、小事，大人、小人，大制作、小制作，大麻烦、小麻烦……不过也有不成对的，前辈语言学家吕叔湘先生就曾专门写了关于“有大无小”“有小无大”的短文。比如有“大白话”，没有“小白话”；有“小夜曲”，没有“大夜曲”。本文所关注的是跟“大众”相对应的“小众”。

《现代汉语词典》从试用本到2005年第5版，只收“大众”“大众化”为词条，没收“小众”。直到2012年第6版，才收了“小众”。尽管上世纪五六十年代也偶有“要大众化，不要‘小众化’”“不是大众是‘小众’”一类的用例，可是这样的“小众化”和“小众”都是临时性的“仿词”（修辞格“仿拟”的一种方式），并不是现代汉语词库中的正式成员。然而到了本世纪初，“小众”的用例由少到多，层出不穷，因此词典的编纂者当然要正视语言现实，不能不把“小众”收为词条了。“小众”，从“仿词”到常用词，为什么会有如此大的变化呢？

原先，现代汉语词汇中，只有“大众”，没有“小众”，这是受了“大众”词义的限定，《现代汉语词典》（包括最新的第6版）的释义是“群众；民众”。上文所说的“大事、小事，大麻烦、小麻烦”是因为“事”与“麻烦”确实有大有小，而“群众”与“民众”是不分“大”“小”的。但是在社会语言生活中，人们常常要表达“人数少的群体”这个意思，却找不到合适的词——“缺位”了。于是聪明的语言使用者便用“小众”来填补这一缺位。比如冰球运动在全国范围内还是“小众”的体育项目，收藏印章是收藏界的“小众”品种。又如：

（1）现在讲大众创业和万众创新，最后真正创业当老板的肯定是少数人，不是大众，是小众。（《人民周刊》2016年第3期）

（2）近年随着香港旅游发展局大力推广本地特色游，一些可以多角度体验香港的“小众”路线逐渐崭露头角。（《人民日报》2015年7月10日）

“小众”既然是“人数少的群体”，就隐含着“不易被大多数人所接受/接纳”的意思。因而，“小众”还派生出“非主流、不流行、不普及”等引申义。例如：

（3）诗歌作为文本的阅读如今十分小众，诗人也往往躲在私人写作的领域里。（《解放日报》2016年1月18日）

（4）近年来，随着娱乐多样化，人们生活方式的急速变化，古老的评弹日渐小众化，生存发展面临新挑战。（《新闻晨报》2015年12月30日）

2010年代，“小众××”风生水起，小众电影、小众音乐、小众项目、小众商品、小众品牌、小众市场、小众文化、小众脸……比比皆是。丰富多彩的“小众××”，反映了多元化的社会意识，也折射出追求特色、彰显个性的时代特征。

网言网语·意见

有时不堪重负的原因，是我们太在意别人的意见。决定做什么事或不做什么事，主要考虑别人的想法，是许多人的思维定势。但别人的意见，并非都是真知灼见，太在意往往徒增烦恼和痛苦，更为严重的是，会给我们的行为带来消极影响。有哲人说，别人的看法对于我们并非直接存在，而只是间接地存在——只有当别人的看法对某事某物产生了影响，从而影响到我们自身的时候，才值得我们认真考虑。

（崔国胜/辑）

碰碰车

手铐脚镣不是刑具

◎辛欣

《咬文嚼字》2016年第1期载有《"手镣脚铐"? "手铐脚镣"!》一文,其中有句话说:"镣和铐都是刑具。""据《现代汉语规范词典》,'铐'是手铐,'镣'是套在脚腕上的刑具。"

什么是刑具?《现代汉语词典》:"用来逼问口供或施加刑法的器具,如夹棍、老虎凳、绞架等。"这里的"刑法"指"对犯人的体罚"。刑讯逼供已为现代文明司法所摈弃。我国《刑事诉讼法》明确规定"严禁刑讯逼供"。联合国大会1984年通过了《禁止酷刑和其他残忍、不人道或有辱人格的待遇或处罚公约》。"手铐脚镣"既然是刑具,如今的刑事诉讼中就不该使用。然而,在有关司法的电视新闻和平面媒体的图片新闻中,加戴手铐脚镣的场面又时有所见。问题到底在哪?实际上,"手铐脚镣"不是"刑具",而是"戒具"。

戒具,限制人行动自由的手铐、脚镣等,也可称"械具"。《监狱法》中规定了在何种情形下可以使用戒具。《看守所条例》规定:"对已判处死刑、尚未执行的犯人,必须加戴械具。""对有事实表明可能行凶、暴动、脱逃、自杀的人犯,经看守所所长批准,可以使用械具。""对被押解的人犯,可以使用械具。"公安部《关于看守所使用戒具问题的通知》指出:"要依照规定使用统一制式的手铐、脚镣和警绳,其他戒具一律禁止使用。戒具的制式标准由公安部另行制定。手铐的最大重量不得超过0.5公斤,脚镣的最大重量不得超过5公斤。"在某些场合下,手铐脚镣等还被称为警械(可见《人民警察使用警械和武器条例》)。

学界早就注意到,"戒具"和"械具"在不同法规中用字各

再谈“生彘肩”与“斗卮酒”

◎叶书奇

哙即带剑拥盾入军门……项王按剑而跽曰：“客何为者？”张良曰：“沛公之参乘樊哙者也。”项王曰：“壮士，赐之卮酒。”则与斗卮酒。哙拜谢，起，立而饮之。项王曰：“赐之彘肩。”则与一生彘肩。樊哙覆其盾于地，加彘肩上，拔剑切而啖之。项王曰：“壮士，能复饮乎？”樊哙曰：“臣死且不避，卮酒安足辞！……”

这是《史记·项羽本纪》在叙述鸿门宴时，描写樊哙闯入宴会与项羽正面交锋的场面。司马迁通过饮酒、啖肉的描写充分反映了樊哙的豪勇。其中“斗卮酒”和“生彘肩”相对，正是理解此段的关键。不能正确理解“生彘肩”和“斗卮酒”的含义，就没有办法体会《史记》对樊哙豪勇气概的刻画。

既然是要突出樊哙的豪勇，那么“斗卮酒”和“生彘肩”必然是常人无法接受的食物，否则无法体现出樊哙的非常之处。“生彘肩”最自然的理解就是未熟的猪肩，文义理解上也非常通顺。1990年第9期《中学语文教学》刊登有一篇《〈鸿门宴〉的‘生彘肩’和两个‘再拜’》，认为“生”是“全”字的讹误。《咬文嚼字》2016年第2期

异，以致言人人殊。这恐怕只好留待法学界和立法机构来研判，姑且不论。但有一点必须明确，事关刑事诉讼中的一个基本原则——“严禁刑讯逼供”，因此不能称手铐脚镣为刑具。

也发表了《“生彘肩”的“生”宜解为“全”》一文，支持了这个观点。他们的依据主要有以下几点：

1. “茹毛饮血”在秦汉时代已经是历史传说，项羽举办宴会不可能会吃生猪肉。

2. 项羽欣赏樊哙，都已经称赞他为“壮士”了，所以不会给他吃生猪肉来刁难或挑衅。

3. “全”字在古籍的印刷、流传过程中，有讹写作“生”字的情况，证据是《庄子·养生主》中“三年之后，未尝见全牛也”一句在《吕氏春秋·精通》和《论衡·订鬼》中都写作“生牛”。

此说看似可通，实际值得商榷。

首先，“生彘肩”是只针对樊哙一个人的，并不是说项羽宴会上吃的就是生猪肉，也正因为当时已经不再“茹毛饮血”，樊哙能吃下一个生彘肩才显得更加豪勇，而如果只是吃“全彘肩”，就一点震撼效果都没有。

其次，项羽在看见樊哙闯入时的动作是“按剑而跽”，可见对樊哙是有所忌惮的，称呼他为“壮士”也并不是表达喜爱之情，而只是表明樊哙是个体格健壮的勇猛之士。“壮士”在《史记》中共出现40次，都是对勇猛之士的客观称呼，本身并没有好恶之情。另外，项羽设鸿门宴的目的就是杀死刘邦，宴会途中突然杀出一个不知底细的樊哙，在当时那种紧张的局势下，正常人都会先试探他的虚实。项羽利用常人无法接受的“生彘肩”和“斗卮酒”来试探、刁难樊哙才是合情合理的。

第三，“生”和“全”在字形上确实有讹误的可能性，但是上述两篇文章并没有给出确切的证据，文中所给出的例证也是不成立的。三处原文如下：《庄子·养生主》：“始臣之解牛之时，所见无非牛者。三年之后，未尝见全牛也。”《吕氏春秋·精通》：“宋之庖丁好解牛，所见无非死牛者；三年而不见生牛。”《论衡·订鬼》：“宋之庖丁学解牛，三年不见生牛，所见皆死牛也。”后两个例子虽然脱胎于《庄子》，但是语境是不同的，后两个例子的“生牛”是和“死牛”相对，指的是活牛，如果改成“全牛”反而文义不明，所以这两处并非“全牛”的讹误。退一步说，即使这两处确实是误字，也不能证明《史记》中的“生”就是误字。确定一个字是否讹误是需要慎重考虑的，如果只是因为个人主观意见而判定是否讹误，那么岂非所有的“生”字都可以变成“全”字的误字？

与“生彘肩”相对的还有“斗卮酒”。按照最自然的理解，“斗”是容量单位，“卮”是酒杯名称，“斗卮”应该就是容量为一斗的酒杯。能被项羽用来刁难樊哙，那斗卮应该是当时容量最大的酒杯，不是一般人使用的。《汉书·律历志》：“十升为一斗。”但是由于很多人没有见过考古文物或缺乏相关知识，不知古今度量衡有差异，以当代的度量衡判断，认为不可能出现十升的酒杯，就不敢解释“斗”为“升斗”之“斗”，由此产生许多臆说。如清代李笠《史记订补》就认为“斗”是衍字，王伯祥在《史记选》的注释中则认为“斗”是一种大酒杯，信从这两种说法的很多。但实际上，考古学者根据大量出土文物已经确定了当时的一升就是现在的五分之一升（200毫升），一斗就相当于现在的二升（2000毫升），在秦汉已经有二升（2000毫升）的容器是完全可能的。1972年长沙马王堆1号汉墓发掘以后，随葬出土了斗卮的实物，容量就在二升左右，证实了《史记》中的“斗卮”就是容量为一斗的酒杯，所有臆说都不攻自破。裘锡圭先生1984年发表的《斗卮和题凑》就已经详细说明了这个问题。

综上所述，从对“生彘肩”和“斗卮酒”的训释来看，对古书中词语的训释不能主观臆断，在另立新说之前，也要考虑多个方面，搜集大量可靠的证据，同时还要善于利用考古新发现的资料。

文章病院

“边币”的得名

◎木　子

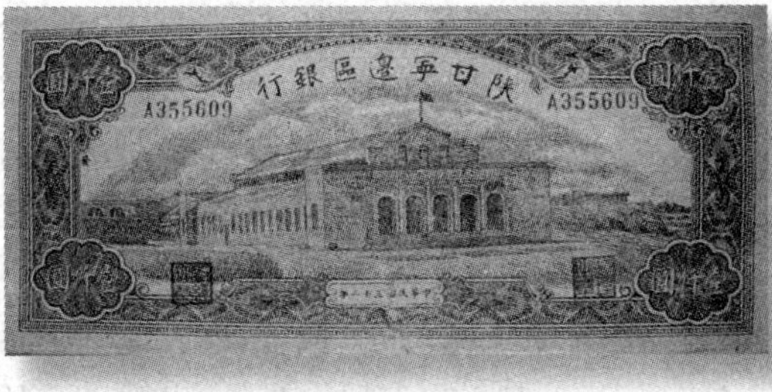

陕甘宁边区银行发行的1000元边币

《辽宁老年报》2016年1月7日第7版刊登的《日军曾造假“边币” 在抗战根据地高价收购物资》一文说：“边币也叫边票、抗币，是抗战时期中国共产党领导的各敌后抗日根据地所发行的货币，它因币面印有‘边币’二字而得名。”这种说法只对了一半。毛主席在《改造我们的学习》中曾讲到过“边币”，《毛泽东选集》的注释为：边币就是抗战时期陕甘宁等边区政府发行的纸币。可是说“币面印有‘边币’二字”，就不对了，哪一种边币上也找不到“边币”二字。

1937年卢沟桥事变后，我国进入全面抗战阶段，根据国共两党协议，陕甘宁边区政府于1937年9月成立，10月1日陕甘宁边区银行成立，边区使用国民政府发行的法币。1941年皖南事变后，国民政府停发八路军、新四军的军饷，并对陕甘宁边区实行经济封锁。我边区政府乃于1941年1月28日决定发行陕甘宁边区银行币，简称“边币”，于3月18日正式投放市场，边币成为边区唯一法定货币。在那前后，我党领导的其他敌后抗日根据地也有成立银行

何来“歉抑”

◎阎德喜

《读书文摘》2015年第11期的《编后》对清华大学校长梅贻琦先生赞赏有加，称他“歉抑地对待头顶的殊荣，敏于行而慎于言”。其中的“歉抑”应是“谦抑”。

“谦抑”即谦逊、谦退。如唐沈传师《次潭州酬唐侍御姚员外游道林岳麓寺题示》诗：“含香珥笔皆眷旧，谦抑自忘台省尊。”文中的梅贻琦校长深受师生的爱戴，又有特殊的荣誉，可他却不以此为傲，而是更严格地要求自己，说话谨慎，办事认真。此正所谓“谦抑”也。

“歉”即对不住人的心情，如“抱歉”。“歉”与“抑”不能搭配，汉语中没有这个词。

并发行货币的。如1938年3月20日晋察冀边区银行成立，当年发行了五种纸币。晋冀鲁豫边区于1939年10月15日成立冀南银行，所发行的纸币上分别印有“太行”“太岳”“平原”“鲁西”等字样，分区使用。豫鄂边区于1941年年初成立豫鄂边区建设银行，所发行的纸币主要在豫鄂皖三省交界的大别山区使用。这些边区银行发行的货币也都简称为“边币”。山东抗日根据地于1938年8月18日成立北海银行，所发行的货币通称“北海币”，如今也有收藏者将之归入边币之列。

察看各种边币上的文字，有银行全称、面值、年份等，却找不到“边币”二字。可见边币并不是“因币面印有‘边币’二字而得名”的。称其为“边币”，是因为那是边区银行发行的货币。

芍药、海棠不是秋花

◎沈阳仁

2016年1月28日《辽沈晚报》B05版刊出《“城市作业本”的独特风采》一文，文中提及加拿大温哥华的街心花岛或街角花园时，这样说道：“春时水仙、郁金香；夏日百合、玫瑰；秋令芍药、海棠；冬来雪沐芳草……随着四季流转，芬芳不断。”然而，芍药、海棠不属秋花，温哥华之秋，人们是看不到芍药花和海棠花的。

芍药是芍药科多年生草本植物，初夏开花，有白、红等颜色，在我国北方各地多有种植。花供观赏，根可入药，以杭白芍最为医家乐用。海棠为蔷薇科落叶乔木，春季开花，花苞深红色，绽开后为淡红色。花供观赏，果可食用。温哥华地处北半球，其季节轮替与我国相似，那儿芍药、海棠的开花时间也与我国差不多，都不在秋天。上述文章所说“夏日百合、玫瑰”确实都是对的，但开花时节都在海棠、芍药之后。

芍药，别名将离、离草。被人们誉为“花仙”和“花相”，是“六大名花”之一

应该是“经纪人”

◎张志达

在《我知道那晚你干了什么》(上海人民出版社2015年出版)的《鬼獒》一篇中,有这样一个情节:老福家的藏獒生了一窝小藏獒,其中有一只十分罕见的鬼獒,长大后凶狠无比。爱好者从全国各地纷至沓来,竞相出高价求购。究竟能卖多少钱呢?老福心里没有底。这时,老村长对他说:“那我就明说了,我当这只鬼獒的经济人,帮你把这只罕见的鬼獒卖个高价,但你赚的钱里,我得占两成。”(第113页)其中的“经济人”,显然是“经纪人”之误。

纪,本指丝缕的头绪,也指散丝的头绪,引申指整理、管理。经纪,即筹划、管理、经营。所谓“经纪人”,按《辞海》的说法,是指为买卖双方介绍交易以获取佣金的中间商人。国家工商行政管理总局《经纪人管理办法》指出:“本办法所称经纪人,是指在经济活动中,以收取佣金为目的,为促成他人交易而从事居间、行纪或者代理等经纪业务的自然人、法人和其他经济组织。”经纪人可分交易商经纪和代理经纪两大类,前者只为专业的做市商服务,后者则为机构或个人投资者服务。我国现阶段的经纪人,主要有农业经纪人、房地产经纪人、文化经纪人和体育经纪人等。

《火眼金睛》提示

图1,“不在”应为“不再”。

图2,“坞产业”应为“钨产业”。

图3,“全名”应为“全民”。

图4,“妮大衣”应为“呢大衣”。

"毂纹"？"縠纹"！

◎江城子

2016年《国家人文历史》2月(下)刊有《金带钩与金带扣：品位地位尽在腰间》一文，提及号称"中华第一带钩"的九镶带钩时，文中写道："不少专家认为带钩应产自战国，因为带钩上镶嵌的白玉，是战国古玉，镶嵌手法是战国的典型技术，白玉上的毂纹，也是战国时期最典型的装饰纹饰。"其中的"毂纹"应为"縠纹"之误。

縠，读作hú，指绉纱一类的丝织品。《战国策·齐策四》："王之忧国爱民，不若王爱尺縠也。""縠纹"指绉纱似的皱纹，常用来比喻水的波纹。上引语句用"縠纹"指白玉上的纹路。毂，读作gǔ，指车轮中心的圆木，周围与车辐的一端相接，中有圆孔，用以穿轴。也用以代称车轮，借指车。如"毂击肩摩"，意为车毂相击，人肩相摩，形容行人车马往来拥挤。"毂纹"是不成话的。把"縠纹"写成"毂纹"，应是形近致误。

网言网语·成功

社会给每一个人安排了一个不同的位置。人是个性化的人，位置也是个性化的位置。特定的人，适合特定的位置；特定的位置，适合特定的人。成功是什么？成功就是站在自己的位置上，稳稳的，不要左顾右盼，不要瞻前顾后，把自己做到极致。人生中的许多失败都可归结为，没看清自己的位置，在自己的位置上摇摇晃晃，缺乏站稳的定力。

(乔　桥/辑)

网语漫谈

"×货"之谜

◎徐默凡

如今，在"互联网+"的热潮下，在网店购买外国名牌已经成为稀松平常的事情。但是对于网店广告中说的那些"×货"——A货、B货、C货、尾货、水货、仿货等等，你是否分辨得清它们的不同含义呢？让我们来一一辨析吧！

水货

"水货"是一个比较老的词语了，最早指通过水路走私的货物，后来泛指所有通过非正常途径进出口的货物。水货也就是走私货，质量和正品完全一样，只是因为逃避了关税而售价便宜。但是后来有很多不良商家用劣质假冒产品来冒充"水货"，渐渐改变了"水货"的含义，再加上语素"水"本身也容易引起"注水掺假"的联想，于是"水货"有时候也成了劣质假冒产品的代名词。

尾货

"尾货"较早的含义是指店铺中卖剩下的货物或者换季时上个季节的存货。商家为了减轻库存，往往会让利促销，俗称"甩尾货"。

不过现今网店中的"尾货"有了专门的含义，为了说清楚，必须同时解释这三个概念：专柜货、原单尾货和仿单货。

"专柜货"又称"专柜正品"，是通过完全正常的渠道生产和销售的商品，网上购买和实体店铺购买的售价相差无几。

"原单尾货"又称"原单正品"，简称"原单"或"尾货"，是指国外品牌委托国内厂家代工生产商品，国内厂家在完成正式订单后多余出来的那部分产品。多余的原因主要有以下几种：一种是国外品牌提供的原材料有少量剩余，国内厂家为了确保交货数量而多生产出来的商品；第二种是国外品牌因为某种原因退货或换货，由此而产生的出口转内销商品；第三种是一些略有瑕疵而导致检验不合格被淘汰下来的商品。以上这些尾货和正品在质量上几乎没有差别，即使是第三种的残次品，往往也只是略有瑕疵，并不影响使用。但是尾货的价格和专柜货相比却很有优势，因此受到很多年轻人的追捧。不过，买尾货也有一定的风险，首先从保护知识产权的角度讲，大量出售的尾货是侵犯了商标权利人的利益的；其次，真正意义上的外贸尾货并没有那么大的规模，网上出售的大量尾货其实多是劣质假冒产品。

“仿单货”又称“仿货”，就是非授权厂家仿照正品生产的假冒商品，比较低劣的仿货可以仅根据几张正品的照片来生产，原材料、细节部位等和正品差异甚大，说穿了，所谓“仿货”就是假货。

A 货、B 货和 C 货

A 货、B 货的说法来自于质量检测分类，正规厂家的产品都需要经过质量检测这个步骤，检测中质量合格的就打上一个“A”印记投放市场，不合格的就打上“B”印记作为次品另行处理。所以 A 货、B 货原来是指商品的质量等级。这一用法现在还存在于玉石翡翠业的行话中，翡翠 A 货就是未经任何后期人工处理的优质天然翡翠，翡翠 B 货指的是质量比较差的天然翡翠经过酸洗、充胶后的加工品，翡翠 C 货则是在翡翠 B 货的基础上，在后期的充胶过程中添加染料，使翡翠的颜色更加漂亮，但是价值也更低。

A 货、B 货和 C 货这一用法到了网络购物中，都是用来指“仿货”，也就是假货，但保留了从高到低的等级标准。A 货又叫精仿货，是仿冒得比较精细

“我好方”，该怎么办

◎徐　瑞

春节期间，面对亲戚们没完没了的盘问，你会方吗？考试之前，面对大量仍未复习的内容，你会方吗？约会之时，面对心爱的人却不敢表白，你会方吗？方，俨然成为了一个网友们表达慌张情绪的常用词。面对快节奏的工作、学习、生活，大家难免都会感到紧张焦虑。为了不被这种情绪困扰，我们该怎么做呢？从网友们对“方”的使用上，我们找到了答案。

“方”其实就是“慌”。最早是某位网络游戏主播，由于受

的，甚至可以以假乱真，有的商家为了夸耀自己的仿造技术，还造出了“超A货”的说法。而B货的仿冒质量就要差一点，C货就更加等而下之了。

总结一下，“水货”和“尾货”质量没有问题，但前者涉嫌逃税后者涉嫌侵权，而且市面上的“水货”或“尾货”往往并不是真正的“水货”或“尾货”，而是假货，所以还是不买为妙。“仿货”则是假货的伪饰说辞，“A货”是“仿货”中的佼佼者，但归根到底还是假货。

网络语言中“×货”泛滥，其实也在告诉我们一个不争的社会现实：中国人都希望使用优质名牌货，不过现在洋品牌虽然质优但价格实在离谱，远不能满足中国人的庞大需求，于是“×货”就趁虚而入抢占市场。中国制造业不能总是对洋品牌亦步亦趋，必须要走自主创新的“供给侧改革”之路。中国品牌崛起之日，就是“×货”绝迹之时。

到母语方言的影响，在使用普通话说“慌”字的时候，不小心说成了“fāng”。这种音变现象正是将普通话中的声母h，读成了f。这当然不是主播有意为之的，可是当他大叫道“我好fāng”的时候，却着实把大家逗乐了。这种有趣的发音很快就被网友们竞相模仿，并干脆利用发音同样是fāng的汉字“方”直接代替了发音不标准的“慌”。于是，如今网上便很少看到正确的“慌”，反而是处处可见的“方”了。

更为有趣的是，一个“方”字让大家很快联想到了正方形的形象概念。机智的网友们很快便制作了一大批滑稽的表情图片，它们无不是头部为方形的卡通人物。有的面色慌张，直呼“宝宝好方”，有的则痛哭流涕，伤心地说“方哭了”。这样一来，不止读音和表达十分幽默，视觉上也颇具喜感。

玩笑之后，虽然一定程度上缓解了大家慌张时的不安情绪，但是慌张的消极因素却很难被根除。于是，为了朋友们真正快快克服慌张情绪，网友们再次大显身手，进一步创造了两个有趣的表达。一方面，有的人张开双手说道：“别方，抱紧我。”用最温暖的拥抱给予了朋友最大的支持。另一方面，有的人则进一步沿着形象性的线索，想到了与方形对立的形状——圆形，说道：“别方，咱们圆着呢。”用“方”的反面否定“方”，表达“别慌张，放轻松”，同时还具有肯定对方准备得充分圆满，足以应对挑战的意思，可谓是一举两得。

“方”本来是“慌”不标准的错误读音，应当被杜绝。但是网友们对“别方”的后续处理，不但幽默风趣，而且饱含正能量，成为了网友们互相鼓励、彼此支持的友好交际。所以，当你再次感到“很方”时，记得用自信而乐观的态度面对周遭的一切，因为“别方，有我们的怀抱，咱们圆着呢”。

谈联说谜

"金蝉脱壳"的灯谜

◎江更生

"金蝉脱壳法"又名"自行抵消法",即在谜面或谜底上利用自行抵消文字,仅以剩余的文字扣合谜面与谜底。先介绍在谜面上自行抵消的情况。如果谜面上出现一些含有减字意思的字词,如"出""没""不""空""走""离"等,可以考虑用此法。如:

大油田出油(打字一)

我们一看谜面,就可发觉此谜有自行抵消的可能:"大油田"三个字里"出油",剩下"大""田"二字,"大田"合为"奋"字即为谜底。又如:

孤老不孤有人助(打字一)

谜面仍可自行抵消:"孤老"里不(要)"孤"字,剩一"老"字,"有人助",把"老"与"人"合起来则为"佬",便是谜底。

但是,"金蝉脱壳法"用得最多的情况还是谜底文字的自行抵消,这就不如摆在面上那么容易发现了,不过它还是有线索可寻的。它大多是集锦式的谜底,包含两个以上的词,而且总是一部分谜底为"被减数",另一部分谜底为"减数",并且谜底中嵌有表示抵消意思的字词,如"失""少""无""去""解""隐""藏""走""不"等。如:

婴儿学步(打《水浒传》诨号三)

谜底:行者、小遮拦、没遮拦

这谜就是在谜底中自行抵消的,最后一个"没遮拦"别解为谜底在"行者、小遮拦"中没有"遮拦"二字,也就是在谜底中自行抵消了"遮拦"二字,如此只剩"行者小",别解为走路的人年龄很小,以此切合谜面。

《品花宝鉴》中的灯谜

◎刘茂业

清朝小说中富含打灯谜的“桥段”，它既可使小说内涵丰富，情节生动有趣，还能一秀作者在“文学小样式”上的学识和才华。戏曲史家钱南扬曾有论述：“清代小说，以谜语点妆事实者，莫先于《红楼梦》，莫多于《镜花缘》，莫精于《品花宝鉴》。《红楼梦》多古体而鲜今体，《镜花缘》皆今体，多平浅而鲜精警，《品花宝鉴》则寖寖乎将登大成之域。”（见《谜史》第八章）他甚至还认为小说推动了当时谜语的进步。

备受钱先生推崇的《品花宝鉴》灯谜，出自小说第九回《月夕灯宵万花齐放　珠情琴思一面缘悭》中，如“任他万水千山远，雁帛鱼书总得来”打《易经》一句“行险而不失其信”，谜底解释作“行走至险远处，也不会失去书信”。“落花人独立，微雨燕双飞”猜一字，谜面出自唐翁宏五律《春残》，上句“人独立”扣“亻”，下句用“人”状飞燕，“微雨燕双飞”即用一双“人”放入“雨”字中，成为“两”，合成谜底就是“俩”。胡适后来还用“双燕归来细雨中”来猜“两”字，模仿此谜的痕迹明显。“降生辰巳之年”打《诗经》一句“不属于毛”，辰年巳年出生者是属龙和蛇的，十二生肖中唯有这两种动物身上不长毛。“不着一字，尽得风流”打唐诗句“白也诗无敌”，“白”本指“李白”，现别解为“空白”，来照应谜面上的“不着一字”。这些灯谜都十分精巧，已故广东谜家胡寄云也赞之曰“说部（指古代小说之类）灯虎，未见有如是之工也”（见《怀蝶室谜话》）。

杜宇曾为蜀帝王

◎柳叶

今年新春期间，传来中国青春片和女性题材电影的开拓者，曾执导过《女大学生宿舍》《庭院深深》《小娇妻》等多部影视剧的著名导演史蜀君不幸病逝的消息。稍后几天，恰值元宵灯节，上海古猗园、市工人文化宫等地都举行灯谜擂台赛，沪上谜人分别挂出猜射“史蜀君”的谜作，不约而同地以灯谜这种别具一格的形式，纪念这位杰出的第四代女导演。

请看“擂台赛”上的两则灯谜。其一，“三国刘备、刘禅，五代孟昶”，打已故电影导演名一：“史蜀君”。谜底中的“史”，本来是姓氏，现在解释为“历史”，“蜀”解释为蜀国，“君”解释为“君王”，而三国时代的刘备、刘禅父子，以及后来五代时的孟昶，恰都是历史上著名的蜀国国君，通过灯谜独特的别解手法，谜底与谜面对应相扣，宛如天成，妙不可言。其二，以“望帝杜宇”为面，谜底同样猜“史蜀君”。谜面采撷自我国古代的神话故事：杜宇是传说中的古蜀国国王，号“望帝”。当时，蜀国洪水为患，百姓无处安身，杜宇命鳖灵治水，后又将帝位禅让给鳖灵。他热爱百姓，死后化作鹃鸟，每年春耕时节，鹃鸟鸣叫，大家知道他们的国君又在思念故国和百姓了，遂称鹃鸟为杜鹃。如唐代胡曾《咏史诗·成都》中有“杜宇曾为蜀帝王”句。

这两例灯谜，谜底都别解成“历史上的蜀国国君”。一个用史实布面，一个借神话说事，异曲同工。真所谓戏法人人会变，各有巧妙不同。

《什么是“过瓦”》解疑

原来，“过瓦”是“过搲”之误。搲，读wǎ，义为舀，如用瓢搲米。一些商贩为了防止顾客“挑肥拣瘦”，采取让顾客直接用碗瓢等工具舀取的方式进行售卖，方言中称“过搲”。

用字简练，含意微妙

◎高连宝

世称“京胡圣手”的徐兰沅先生，是京剧大师梅兰芳先生的姨父。他常和梅兰芳一起探讨剧目。徐兰沅 8 岁学戏，因嗓音有限，改行操琴。1914 年起为伶界大王谭鑫培大师拉琴，直至谭去世。1928 年梅的琴师茹莱卿患病，徐兰沅又开始了与梅兰芳 28 年的合作。

徐兰沅（1892—1977），北京人。京剧琴师，被梨园界誉为“京胡圣手”

徐兰沅先生曾撰给梅先生一副“长联”：

看我非我，我看我，我也非我

装谁像谁，谁装谁，谁就像谁

上下联虽共有二十二字，但实际只用了八个单字。梅兰芳先生称此联“用字简练，含意微妙”。

每月二谜

1. 得了冠军说亚军（打四字成语一）
2. 并非多事之秋（打四字新称谓一）

上期答案

1. 蒋干、李典（打七字俗语一）

   谜底：一人做事一人当（注：典、当，质押）

2. 下达禁飞令（打四字成语一）

   谜底：人命关天（注：命，令；关，关闭）

语言能力事关国家综合实力提升

◎陆俭明

"人之所以为人者，言也。"2014年世界语言大会形成的"苏州共识"指出："语言是人类文明世代相传的载体，是相互沟通理解的钥匙，是文明交流互鉴的纽带。"实践表明，语言能力对个人、国家和整个人类意义重大，提升语言能力事关国家综合实力提升。

人类语言既千差万别，又具有共性。首先，语言具有交际性。人与人之间思想、情感的交流主要靠语言，人思考问题也要凭借语言这一工具，语言还是记录、传承人类文化与文明的主要载体。可以说，人类社会的存在与发展离不开语言。其次，语言具有资源性。我们正处在大数据、云计算、网络化、万物互联的信息时代，国家与国家之间、地区与地区之间交流日益频繁、多样，语言是其中必备的要素。再次，语言具有情感性。语言是一个民族的印记，是一个区域人群的情感纽带。因此，对于一个多民族、多语种、多方言的国家来说，制定好语言规划和语言政策，处理好国家通用语和各民族语言的关系，处理好不同语言之间的关系，对于构建和谐社会，确保国家稳定，促进经济、政治、文化、社会发展，具有至关重要的作用。世界历史上，不少民族冲突、政治危机乃至国家分裂的导火索就是语言问题。

国家语言能力，首先指社会整体的母语素养与水平以及外语能力与水平，同时包括国家处理海内外各种事务所需要的语言能力，以及掌握和利用语言资源、提供语言服务、处理语言问题等能力。90%以上的人类信息依存于语言文字，国家语言能力与获取信息能力、信息资源储备利用保护能力、国际空间开拓能力和国际竞争能力成正比。在信息化时代，国际交往和国际利益的争取与维护尤其需要强大语言能力的支撑。因此，语言人才、语言技术乃至语言意识、语言规划的竞争在国际竞争中的地位越来越重要。显然，国家语言能力不仅关涉软实力提升，而且关涉硬实力提升，关涉国家安全。发达国家对语言越来越重视，一些国家已从战略高度对待语言问题。以美国为例，本世纪以来先后出台了《国家外语能力行动倡议》《国防语言转型路线图》《语言与区域知识发展计划》《国家安全语言计划》《国防部语言技能、区域知识和文化能力的战略规划：2011—2016》等一系列语言政策措施。

我国是一个多民族、多语种国家。我们党和政府历来重视语言文字工作。2000年10月通过的《中华人民共和国国家通用语言文字法》，以立法形式规定普通话、规范汉字为国家通用语言文字。此后，我国又明确提出要构建和谐的语言生活，实现语言文字的标准化、信息化，并推出了一系列语言文字方面的标准。但也应看到，我国在语言文字方面尚存在不少问题。比如，社会整体语文素养出现一定程度的滑坡，学校外语教学语种偏少，国民外语能力与水平偏低，民族语言研究人才缺乏，国民语言意识普遍薄弱等。这与我们建设负责任大国、坚持开放发展的要求相比还有较大距离。

深入推进“一带一路”建设，需要全方位推进务实合作，打造政治互信、经济融合、文化包容的利益共同体、命运共同体和责任共同体。为此，需要实现政策沟通、设施联通、贸易畅通、货币流通、民心相通。这“五通”的实现又需要以“语言互通”为基础和前提。没有语

粤语与普通话中的同词异义

◎寂 岭

粤语是中国众多方言中的一种，通常是指以广州话为代表，在广东、广西以及港澳地区所流行的方言。粤语生动形象，具有特色，本报(《雅言》)八十六期四版就提到粤语当中的“三音节”短语。

其实，粤语和普通话有着微妙的联系。普通话当中的“夜宵”“客人”“要紧”，在粤语当中则是“宵夜”“人客”“紧要”，好在这并没有造成理解上的障碍。如今普通话吸收了不少粤语中的词语，“买单”就是个很好的例子。这个词源于粤语地区，相当于“结账”。现在很多人在饭店准备付款时都会说“买单”，说“结账”的反倒成了少数。

粤语区的报纸在行文上难免会受到粤语语法的影响，对于非粤语区的人来说，读报就会有似懂非懂的感觉，“同词异义”是其中一个原因，比如报纸标题《儿子生性病母倍感安

言互通，政策难以沟通，更谈不上民心相通，也会影响设施联通、贸易畅通、货币流通。

提升个人与国家的语言能力是一项系统工程，需要国家和社会各方面协同努力。其前提是要增强全民包括相关领导干部与普通民众的语言意识，特别是语言能力意识、语言规划意识、语言安全意识、语言维护意识、语言科学传播意识等。而营造提升语言能力的良好氛围更是任重道远，需要国家和全社会积极行动起来。

（原载《人民日报》2016 年 2 月 17 日）

慰》，非粤语区的人怎么看都会觉得荒唐，这里断句的关键就在于“生性”一词。在《现代汉语词典》中“生性”意为“从小养成的性格、习惯”，我们会说一个人“生性活泼”和“生性多疑”等等。普通话当中的“生性”是本义，指的是一个人的性格；而粤语中的“生性”（读音为 saang1 sing3）则是“懂事、有出息”的意思，是对“生性”本义的延伸，常见于长辈对晚辈的赞许。比如说：这个小朋友十分“生性”，不需要父母操心。

解决了“生性”的问题，可先别“得意”，因为粤语当中的“得意”也是个十分有趣的词。

在《现代汉语词典》中，“得意”作形容词用，有“称心如意，感到非常满意”的意思，例子有：得意之作、得意洋洋、自鸣得意等。粤语中得意读作“dak1 ji3”，也作形容词用，表示“可爱、有趣”，多用来形容孩子或物件，例如：这只小猫十分“得意”！“得意”在普通话中的意思比较主观，是自己高兴、满意的意思；而粤语“得意”的意思相对较为客观，是让人觉得有趣的意思。

“得意”之后，我们不妨再来看看同仁堂的对联。

图上对联写着：炮制虽繁必不敢省人工；品位虽贵必不敢减物力。（北京同仁堂店前对联）图中的“人工”在《现代汉语词典》中，有“人力，人力做的工”的意思。这副对联看似没什么特别，然而让粤语区的人看这副对联，他们会觉得很奇怪，到底为什么要省“人工”呢？原因很简单，因为粤语区的人对“人工”（jan4 gung1）的第一印象就是“工资”。例如：这家公司的人工不错！

说完“人工”，我们来看看“醒目”。

在《现代汉语词典》当中，“醒目”作形容词用，意为“形象明显，容易看清”，多用来形容文字和图画，如：大字标题十分醒目。而粤语中的“醒目”（sing2 muk6），有两层意思：若是用来形容文字、图画，意思和普通话相同；但如果是形容人的话，则有“聪明伶俐、机灵、反应快”的意思。例如：这个人非常醒目，不容易上当。

最后是“口齿”。

《现代汉语词典》当中，口齿作名词用，指“说话的发音，说话的本领”，如：口齿清楚、口齿伶俐；而在粤语当中，“口齿”（读音为 hau2 ci2）指的是说话者的信用。粤语中说一个人“有口齿”，也就是说这个人不信口开河。两者均属于“口齿”的引申义，只是前者着重于描述谈话的状态；后者偏重于说话的效果和可靠性。

以上这些词只是普通话和粤语当中同词异义的一小部分，但是我们能够了解到，在普通话和粤语当中同样的词语，它们所指的意思未必完全相同，有时更会延伸出另外的含义。好了，看了以上这些，不妨试试能不能看懂这段短文，并且找出合适的替换词吧！

小李是个很生性的孩子，在家里主动负责家务和照顾一只很得意的小猫。他从不乱花钱，因为他知道父母人工不高，这让父母感到非常欣慰。数学老师也称赞小李，说他是老师的得意门生，能够灵活地运用课堂上的知识。有一天，小李在远处看到有张海报，标题十分醒目，原来是话剧社在招募社员，小李有点心动，于是决定去报名。社长十分高兴，因为小李会用缝纫机，能够省去了不少做戏服的人工。小李生性善良，乐于助人；他很醒目，懂得随机应变；更重要的是做人有口齿，言出必行，从不缺席排练，没有像一些新成员一样中途退出，社员们都很喜欢他。

（原载《雅言》2015 年 12 月 25 日）

向你挑战

好奇心

（文中有十处差错，你能找出来吗？答案在本期找）

◎宛丘 设计

有一天，林肯总统正走在华盛顿的大街上。忽然，他看到不远处围了一大群人。他凑上前去，发现墙壁上有一个小洞，洞旁写着几个醒目的大字：“不许向里看”！林肯也顺着小洞向里看，原来里面是用五彩缤纷的霓红灯组成的《智慧》杂志的广告。

林肯大笑起来。他觉得这家杂志的广告很有创意，于是吩咐秘书为他订了一份。《智慧》杂志果然很独特，不仅内容、版式、装祯、封面设计，还是印刷质量，都称得上一流。

一天，林肯处理完公务，又拿起新到的《智慧》杂志翻阅。翻着翻着，他突然发现，在这份杂志中间有两页没有被裁开。林肯顿觉失望，没了读下去的欲望。但转念一想，它既然是一本风糜各地的杂志，在质量把关上应该是十分严格的，怎会出现这样的问题呢？难道这回又有什么新花样？

他又拿起杂志，小心翼翼地用小刀裁开了连页，发现其中的一节内容被纸糊住了。林肯想，被糊住的地方大概是印错了。但印错的内容又是什么呢？好奇心又驱使他刮开了糊着的纸。最后，他发现了几行手迹：

恭喜您！您因好奇心获得了本刊1万美元的奖金，请将杂志退还本刊，我们将调换杂志并寄给您奖金。

——《智慧》编辑部

林肯对这种启发读者智慧的做法极其欣赏，便提笔纂写了一封信，并附上自己的一些建议。不久，林肯收到了编辑部的回信，信中说：“总统先生，谢谢您的夸耀。在我们这次特意制作的300本杂志中，只有8个人获得了奖金，绝大多数人只要求更换杂志。您果然是真正的智者。我们缔听教诲，并采纳您的建议，我们决定将杂志改名。”

这本改名后的杂志，就是至今仍然脍灸人口的《读者文摘》。

火眼金睛

图中差错知多少？

宋宜嘉　杨顺仪
董　榜　苏　石　提供

（答案在本期找）

ISSN 1009-2390
05>
9 771009 239166

YAOWEN-JIAOZI

咬文嚼字®

6
2016

鼓

『鼓，郭也，张皮以被之，其中空也。』

——《释名·卷二十二》

邮局订阅本刊 邮发代号4-641

统一刊号 CN 31-1801/G

：5.00元

上海世纪出版集团

施蛰存“每况愈上”

严　君／文　何梦笔／画

施蛰存家住上海愚园路。住宅原来包括底层、二楼的前楼和三楼的亭子间。后来愚园路新开一个邮政所，施先生让出底层搬到二楼。1957年，“整风办”勒令被划为“右派”的施先生搬出二楼，施先生只好住进三楼的亭子间。有一次，几位教师闲聊，施先生慢悠悠地笑道：“别人家每况愈下，我倒是‘每况愈上’。”

咬文嚼字®
2016年6月1日出版
6
总第258期

主管：上海世纪出版集团
主办：上海咬文嚼字文化传播有限公司
编辑、出版：《咬文嚼字》杂志社
集团网站：http://www.shwenyi.com
E-mail：yaowenjiaozi2@163.com
官方微博：
http://weibo.com/yaowenjiaozish
电话传真：021-64330669
发行电话：021-60878388
邮购电话：021-60878392
地址：上海市打浦路443号荣科大厦17楼
邮政编码：200023
发行：上海市报刊发行局
发行范围：国内外公开
订阅处：全国各地邮局
邮发代号：4-641
ISSN 1009-2390
CN 31-1801/G
印刷：中华商务联合印刷有限公司
广告经营许可证：沪工商广字
3100320050020号
定价：5.00元

语林漫步

从“六安”的读音说起

◎狮子坡

4月27日，在中央电视台《新闻联播》的一则新闻报道中，主播郭志坚将安徽“六安”的“六”读作了 liù。随后许多网友纷纷指出，郭志坚的读法是错的，“六安”的“六”应读 lù。4月28日，郭志坚发微博回应：“谢谢广大观众对‘六安’地名发音的关注。对于媒体工作者来说，发音书写的唯一依据是经过国家权威部门审定的字典，相信大家一看就明白了。”在微博后附上了《现代汉语词典》第6版相关页码的照片，照片显示“六”在该词典中只收录 liù 这个读音。郭志坚以此强调，他没读错，“六安”的“六”就应该读 liù。

微博中写的是“字典”，但贴出的却是《现代汉语词典》的相关照片，郭志坚似乎把“字典”和“词典”混为一谈了。当然啦，也许是一时笔误，且不去管了。

语言文字很复杂，没有人敢说，他能认识所有的字，能读对所有的字音。所以，勤查工具书是每个人必须养成的习惯。郭志坚遇到问题，能自觉地向工具书“请教”，这一点是值得肯定的。然而，任何一部工具书，都有自身的功能、条目范围、查检方法以及编纂意图等等，查检者务必熟悉、领会。在《现代汉语词典》第6版中，“六”确实只收一个读音 liù，但此字头下所收录的词条中并没有“六安”一词。该词典未收（或有意或无意）“六安”这个地名，并不说明它主张“六安”

的“六”也读 liù。有媒体询问过《现代汉语词典》编写组的有关人员，得到的回答是：在过去的《现代汉语词典》中，收有“六安”词条，“六”注的音都是 lù。2005 年出版的《现代汉语词典》第 5 版，2012 年出版的《现代汉语词典》第 6 版，均没有收录“六安”词条，这是一个疏漏。现在正在编纂《现代汉语词典》第 7 版，其中会收“六安”，“六”将注 lù 这个音。“六安”的“六”到底该读什么音，“相信大家一看就明白了”。

任何工具书都不是“万宝全书”，都会有这样那样的缺陷，甚至会出现错误。如果所查问题正好碰上工具书的缺陷或错误，怎么办？所以，查工具书不能只查一种，要多查几种，要进行多方面比较。郭志坚要是多查几种工具书，就不会读错“六安”的读音了。《辞海》《汉语大词典》《汉语大字典》等权威语文类工具书，都给“六安”的“六”注过音，注的都是 lù。《中国古今地名大词典》由国家主管地名工作的民政部组织编写，“六安”的“六”注的也是 lù 这个音。仅以《现代汉语词典》为依据，遇到问题只查这一种工具书，出现失误是难以避免的。

再说，从事语言文字工作的一线人员，必须具备一定的语文素质及文化修养，有一定的语言文字分析、研究能力，遇到问题如果只能查查工具书，显然是不够的。“六安”的“六”读什么音，作为央视《新闻联播》的主播，应该能借助有关资料，做出正确的判断。

地名的读法，通常遵循“名从主人”的原则，即当地人怎么读，就怎么标音。“六安”已有 2000 多年历史，原本是一个郡国名，始置于西汉元狩二年(前 121)。东汉建武十三年(37)并入庐江郡。北宋置六安县。明清时置六安州。1912 年改为六安县。1978 年设六安市(县级)，1999 年升设六安地级市。“六安”的“六”，当地人一直读 lù 而非 liù。这就是权威工具书将其注音为lù的原因。当地人的读法，其实源自“六”的古代读音。同理，南京“六合”的“六”，也读lù不读liù。除了“六安”“六合”以外，全国还有许多地名都依据“名从主人”的原则，按当地方言音读，这些方言音也大都源于其古代读音。如山东“东阿”的“阿”读ē，不读ā；河北“蔚县”的“蔚”读yù，不读wèi；湖北“黄陂”的“陂”读pí，不读bēi；安徽“蚌埠”的“蚌”读bèng，不读bàng；浙江“台州”的“台”读tāi，不读tái；广东“番禺”的“番”读pān，不读fān；等等。

为什么在一些地名中一直保留着古代读音的特点呢？这是一个十分有趣的问题，分析的角度不同，得出的结论可能也不一样。我们认为，这与古代的社会文化有关。我国古代有“故土”情怀，除非出现“不可抗力”因素，古人大都世世代代居于某地。古人在京城或外地做官，致仕后往往“告老还乡”，回到故里。就是在外地去世了，也会把遗体运回家乡，葬于故土。地名便被世居于此的人们代代口耳相传，发生音变的可能性相对较小。并且，家乡的地名也是家乡的符号，能勾起家园情怀；重乡情的人们，不忘故土，会在潜意识里记住家乡的一切，也包括家乡地名的读音。

当然，由于人口的流动、普通话的大力推广等等原因，地名中的特殊读音会受到不同程度的冲击，势必有人按普通话中的一般读音去读。如果读的人多了，地名中的特殊读音也是可以改读的。比如广西的“百色”，其“百”过去一直读bó，现在读bǎi。不过，改读的情况很少见。“六安”的“六”，不排除有人读liù，但当地人大都倾向读lù，远没有到改读的程度。六安市民政局地名规划科相关人员曾表示，“六安”的“六”读lù在当地没有异议。据说，安徽省民政厅及安徽省语委也表示，“六安”的“六”应读lù。

追踪荧屏

韩愈反对“把佛骨从印度迎回来”？

◎李景祥

法门寺，又名“真身宝塔”，位于陕西省宝鸡市扶风县法门镇，始建于东汉末年桓灵年间。素有“关中塔庙始祖”之称，周魏以前称作“阿育王寺”，隋文帝时改称“成实道场”，唐高祖时改名“法门寺”。法门寺被誉为皇家寺庙，因安置释迦牟尼佛指骨舍利而成为举国仰望的佛教圣地

央视综合频道2016年2月26日播出《中国诗词大会》第三集。其中有这样一个单项选择题：“下列选项中的哪一项和古代‘快递员’的辛苦生活有关？A.三十功名尘与土，八千里路云和月。B.一封朝奏九重天，夕贬潮州路八千。C.一骑红尘妃子笑，无人知是荔枝来。”第一位挑战者单计环选C，答案正确。接着他还把三条答案进行了简短说明。他说选项B讲的是韩愈因“反对唐宪宗把佛骨从印度迎回来供奉在宫里”而获罪。两位评委嘉宾并没有否定这种说法。然而根据史实，韩愈反对供奉在宫中的佛骨，并非从印度迎回，而是来自凤翔法门寺。

凤翔府(今宝鸡市)扶风县法门寺的佛塔内，藏有释迦牟尼一节指骨舍利。唐代时每

中药论"味"不论"位"

◎蔡维藩

古装电视剧《神医喜来乐》第1集中有一句台词:"这回的药材可不比以往,每一位都得精挑细选。"演员说得没错,是字幕错将"味"字误为"位"了。

"味"用作量词时指的是药物的品种。"位"作量词时则一般多用于人,且含有尊敬义。中医药方多由数种药物调配而成,每一种便是一"味"。用"位"让人忍俊不禁。

三十年开塔一次,请出舍利供人瞻仰。传说,每逢开塔之年,皆会人泰年丰。元和十四年(819)又逢开塔之年,正月,唐宪宗派人把舍利迎到大内,供养了三天。上有所好,下必甚焉,影响所及,各地都兴起了狂热的崇佛之风。时任刑部侍郎的韩愈反对佞佛,上《谏迎佛骨表》,言辞激烈,因此触怒唐宪宗,被贬潮州。这就是那"一封朝奏九重天,夕贬潮州路八千"两句诗的由来。佛骨也许源自印度,但在韩愈的时代已然保存在我国法门寺,不用大费周章去一趟印度。

微型讲坛

北京到底是 Beijing 还是 Peking？

◎于海阔

经常有人提出疑问："北京"的拼音明明是 Beijing，但北京大学的英文校名为何不是 Beijing University 而是 Peking University？"青岛"的拼音明明是 Qingdao，为什么在青岛啤酒的商标中却为 Tsingtao？生活当中这些看似有些古怪的拼音到底是怎么回事呢？其实，这里沿用的是以威妥玛拼音为基础创造的邮政式拼音，而非出于我们今天普遍使用的汉语拼音方案。

众所周知，我国古代没有标准的汉语拼音方案。古人常用的汉字注音方法有直音（同音字注音）和反切（取上字声母及下字韵母和声调）等等。后来，西方传教士及外交家为了学习汉语、传教和翻译的需要，

北京大学校徽

开始尝试用拉丁字母为汉字注音。意大利传教士利玛窦 1605 年在北京出版了《西字奇迹》，该书成为系统地用拉丁字母制订汉语拼音方案的开端。后来法国传教士金尼阁对其进行了修正，史称"利金方案"。此后还出现了马礼逊方案、萨默斯方案等。但影响最大的要数英国外交家、剑桥大学教授威妥玛（Thomas Francis Wade，1818—1895）在 1859 年出版的《寻津录》和 1867 年出版的《语

Thomas Francis Wade（1818—1895），英国外交官、著名汉学家，曾在中国生活四十余年，因发明用罗马字母标注汉语发音系统威妥玛注音而著称，此方法在欧美广为使用，现逐渐被汉语拼音取代

言自迩集》中创立的威妥玛式拼音法。后来他的学生翟理斯（Herbert Allen Giles）对该方案进行了改良，因而又称“威翟方案”。自清末至1958年，该方案一直是国际流行的中文拼音方案，影响巨大。它的最大特点是用送气符号（‘）表示送气的声母，其写法与前单引号相同。

1906年春在上海举行的“帝国邮电联席会议”对中国地名的拉丁字母拼写法进行统一和规范，以翟理斯所编《华英字典》（1892）中的拉丁字母拼写法（即威翟方案）为依据并进行了调整。为了适应打电报的需要，会议决定不采用任何附加符号。这种拼音系统被称为“邮政式拼音”，在1912年中华民国成立之后继续使用，成为20世纪上半叶西方国家拼写中国地名时最常用的系统。也就是说，邮政式拼音是在威妥玛拼音基础上进行修改的结果，但只用于地名的拼写。下面几例是两种拼音的对比：

北京：Peking（邮政式拼音），Pei-ching（威妥玛拼音）；

天津：Tientsin（邮政式拼音），T'ien-chin（威妥玛拼音）。

威妥玛拼音基本上以北京音为准，而邮政式拼音也照顾到一些方言语音，如：

汕头：Swatow（邮政式拼音），Shan-t'ou（威妥玛拼音）；

金门：Quemoy（邮政式拼音），Chin-men（威妥玛拼音）。

威妥玛拼音虽然影响不小，但一直未成为官方标准。然而，有关使用拉丁字母为汉字注音的努力一直没有停止。1928年中华民国教育部公布第一套法定的拉丁化拼音方案——国语罗马字(简称国罗),但由于种种原因流传时间较短,影响不大。1958年2月11日第一届全国人民代表大会第五次会议正式批准了《汉语拼音方案》,中国的地名改用汉语拼音拼写。在此之后,汉语拼音在国际上的影响不断扩大。1977年,联合国地名标准化会议决定采用《汉语拼音方案》作为拼写中国地名的国际标准;1979年联合国秘书处决定采用汉语拼音作为在各种罗马字母文字中转写中国人名和地名的标准;1982年,国际标准化组织(ISO)决定采用《汉语拼音方案》作为拼写法的国际标准。

邮政式拼音和威妥玛拼音法并未完全消失。北京大学(Peking University)、清华大学(Tsinghua University)、苏州大学(Soochow University)的英文校名用的就是邮政式拼音。同时,为保证历史的延续性,少量享誉海内外的商标至今仍旧使用威妥玛拼音法,例如:茅台Moutai,中华Chunghwa等等。

汉语拼音推行之后,威妥玛拼音法虽在国内基本不再使用,但在西方学术界仍较为流行。某些历史名人的英文拼写方式也采用了威妥玛拼音,例如:孙逸仙Sun Yat-sen,毛泽东Mao Tse-tung,蒋介石Chiang Kai-shek,宋庆龄Soong Ching-ling,宋美龄Soong May-ling,等等。这是需要特别留意的,有人在把这些人物译回汉语时就闹过笑话。有些使用威妥玛拼音的专有名词已被吸纳为英文的外来语,例如:功夫Kungfu、太极Taichi、易经I Ching、清明节Chingming Festival、宫保鸡丁Kungpao Chicken等等。碰到这些词时,也要特别留意,否则也会闹笑话。简而言之,威妥玛拼音还没有完全退出历史舞台,在相当长一段时期内仍将发挥重要作用。对其进行一些了解,有助于了解历史,也有助于消除误解。

由"癌"的改读
谈分化同音词的读音

◎苏培成

英文的cancer传到日本，日本为翻译这个词专门造了个"癌"，日语读がん。后来中国从日本引进"癌"这个词就读为yán，逐渐流行。可是这个词进入汉语后和"炎"同音，造成了"肺癌"和"肺炎"同音、"胃癌"和"胃炎"同音等问题。"癌"和"炎"写出汉字来字形不同，可是读出音来却无法分辨。这就给应用带来很大的困扰。大夫对病人说，你得的是胃yán，病人吓一跳，不知是"胃癌"还是"胃炎"。为了解决这个问题，人们对"癌"和"炎"这两个词的读音加以分化，使它们变得不同音。于是参考一些方言的读法把"癌"改读为ái。1962年版《新华字典》首先采用了这个读音，其他语文工具书陆续跟进，到现在这项改读已经被语言社会所接受。又如"一二三"的"一"本来读yī，可是在打电话时唯恐对方把"一"错听为"七"，于是就改读为"幺（yāo）"，这是同义换读。

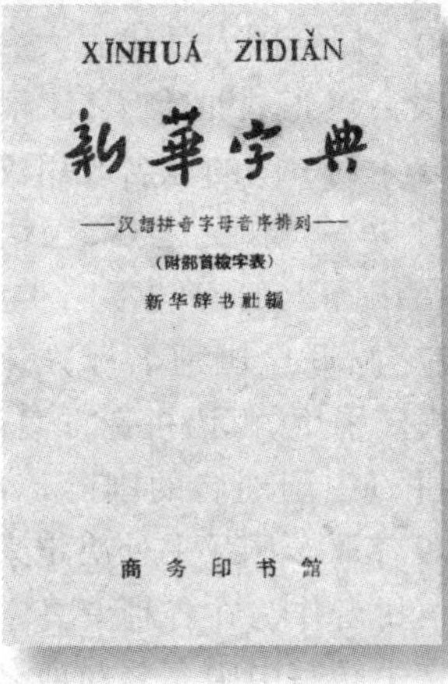

《新华字典》，商务印书馆1962年版

就汉语文来说，分化同音词的读音开始得很早。清代赵翼《陔余丛考·呼箸为快》条说："俗呼箸为快子。陆容《菽园杂记》谓起于吴中。凡舟行讳住讳翻，故呼箸为快子。”这是为了避讳。

1876年贝尔(A.C.Bell)发明电话，1877年爱迪生(T.A.Edison)发明留声机，人类的语言生活进入了传声时代。传声技术促进了共同语的普及和文体的口语化。人们要求使用的语言不但写下来能够看得懂，而且读出来能够听得懂。听不懂的语言无法适应传声技术时代的要求，所以分化同音词的读音就成了语文工作中十分重要的问题。下面再举几个改换说法的例子：

学校要举行“期终考试”，为了避免把“期终”误解为“期中”，于是就改为“期末”。初版图书的“初版”，为了避免误解为“出版”，于是改为“第一版”。“受奖”和“授奖”读音相同，但是意义不同。“受奖”是得到奖励，“授奖”是颁发奖状、奖品等。为了避免误解，于是把“授奖”改为“颁奖”。“治癌”和“致癌”与此类似，为了避免误解，于是把“致癌”改为“患癌”或其他说法。改革开放初期曾经有过“治穷致富”的口号，意思很好；但是“治”和“致”连用，人们就会听成“治穷治富”，难于理解。

传声技术时代要求避免同音词造成的误解，使用语言时要多多留心。

《不要用简单的方式考验人性》参考答案

1. 侯选——候选
2. 枯躁——枯燥
3. 艰守——坚守
4. 骋请——聘请
5. 至高点——制高点
6. 必需——必须
7. 哏咽——哽咽
8. 陷井——陷阱
9. 贡养——供养
10. 休养——修养

一针见血

“龟蚨”？“龟趺”！

◎杨昌俊

2016年4月5日的《镇江日报》第3版，刊有一组《网友寻访杨一清墓，发现山上有新盗洞》的摄影报道，其中文字说明写道：“在高铁南站旁友谊水库边，网友们见到了一些残破的石马、龟蚨和石狮。”其中的“龟蚨”应写为“龟趺”。

趺，读作fū，本义是脚背，引申出碑刻等底座的意思。“龟趺”一词，指石碑、石柱下的龟形石座，又名赑屃、霸下。在寺庙、陵园等建筑中常见到。据明代杨慎《升庵集》记载：“俗传龙生九子，不成龙，各有所好：一曰赑屃，形似龟，好负重，今石碑下龟趺是也。”

蚨，读作fú，“青蚨”是古代传说中一种形似蝉的虫子。传说用青蚨血涂钱，可以引钱使归。因用以代称钱。

把“龟趺”写成“龟蚨”，则失其语源，怕是形近音似致误。

不是“润笔”是“润色”

◎王中原

2016年3月4日《中国楹联报》第3版登有《春联润笔》一文，文中有“斗敢润笔，改联如下”“笔者依照老人的心意润笔，敬请老人谅解，方家指正”等句，这些“润笔”都是“润色”之误。

“润笔”指给做诗文书画的人的报酬，文中并未提及报酬一事，放在句中更难解其意。“润色”即修饰文字，正符合引文要表达的意思。此外，引文中的“斗敢”显为“斗胆”之误。

“六一居士”是哪六个“一”

◎辜良仲

2013年2月23日《北京晚报·五色土》刊登了《元宵谁家“人似玉”》一文，文中写道：“欧阳修的大号是‘六一居士’……‘六一’为：‘藏书一万卷、金石遗文三千卷(天下第一)、一琴、一棋、一壶酒、一双鹤。'”这里的“金石遗文三千卷(天下第一)”和“一双鹤”与文献记载颇有出入。

欧阳修著有自传性散文《六一居士传》,六一居士的自号便出于此。原文写道:“客有问曰:‘六一,何谓也?’居士曰:‘吾家藏书一万卷,集录三代以来金石遗文一千卷,有琴一张,有棋一局,而常置酒一壶。’客曰:‘是为五一尔,奈何?’居士曰:‘以吾一翁,老于此五物之间,是岂不为六一乎?’”以此看来就很清楚了,欧阳修的金石遗文(拓本)只有一千卷,他的号也与鹤无关。

“道臧”?“道藏”!

◎厉国轩

《益寿文摘》2016年2月19日第4版《旅游是最好的养生之道》一文说:“旅游时,各种经史子集、碑版铭文、佛经道臧、文物古董和各地的民俗风情时时可以见到。”这里的“道臧”应是“道藏”之误。

藏(zàng),可指佛教或道教经典的总集。通常将包括周秦以下道家子书及六朝以来的道教书籍称为“道藏”。实际上道藏内容丰富,除经书外,还有涉及医学、化学、天文、地理等学科的论著。在指佛道典籍时,“臧”与“藏”不通用。

“姨夫”是父母的亲兄弟吗

◎郭志国

“中国家庭在内部有独特的结构,这就是‘长幼有序’。这也可以从对亲人的称呼中看出。比方说,称呼父母的亲兄弟(男性),英语只有‘uncle’一词,汉语的称呼却分为‘伯伯、叔叔、舅舅、姨夫’等,长幼、内外(“内亲”与“外戚”)分明。”这是2015年1月上半月《半月选读》杂志摘选的一篇文章《从家文化看企业管理》中的一段话。这里把“姨夫”说成是父母的亲兄弟，明显不对。

我们知道，在我国占据大部分人口的汉族中，称呼父亲的亲兄弟时，比父亲年龄大的称呼伯伯，比父亲年龄小的称呼叔叔；称呼母亲的亲兄弟时，不论年龄比母亲大还是小，一律称呼舅舅。这是常识。而姨夫，不管是现实生活中还是各种辞书中，都是指母亲的姐妹的丈夫，不是父母的亲兄弟。因此，汉语中称呼父母的亲兄弟只有伯伯、叔叔和舅舅。

我国的家教始于《颜氏家训》？

◎江城子

《中国老年》2015年11月（上），刊有《传承好家风，重视长者的价值》一文，其中写道：“说一个人品德不好，都爱说这个人缺少家教。而中国家教之始，则源自《颜氏家训》。”《颜氏家训》影响深远，但若说我国的家教源自这部书，则显得夸大其词。

“家教”一词有多种义项。按文章所指，应是指家庭礼法或长辈对晚辈的训示，其形式在先秦便已有，如《周公诫子》《孔鲤过庭》等就是著名典故。从广义来讲，父母教授子女生活技能以及待人处事的道理，都可称为“家教”。那么，我们可以说，自从家庭产生，也就有了家教。

南北朝人颜之推所作的《颜氏家训》是我国第一部家训著作，也可以说是我国第一部以“家教”为内容的专书，但却不可说它是我国“家教之始”。

“兔落鹘起”讲不通

◎黄殿容

季羡林先生著于望九之年的散文佳作《听雨》，在描述雨点儿不断滴打在薄铁皮上的声响时说道：“有时如兔落鹘起”。这“兔落鹘起”当系“兔起鹘落”

之误。

“兔起鹘(hú)落”语出宋代苏轼《文与可画筼筜谷偃竹记》:“故画竹必先得成竹于胸中,执笔熟视,乃见其所欲画者,急起从之,振笔直遂,以追其所见,如兔起鹘落,少纵即逝矣。”“兔起鹘落”的字面意思为兔子刚出窝,鹘立即降落捕捉,比喻书画家用笔的矫健敏捷。而“兔落鹘起”有悖于常理,汉语中没有这一词语。

是“名堂”,不是“明堂”

◎董鸿毅

2016年3月22日《上海老年报》第1版登有一篇题为《台上讲故事　台下做好事》的报道,并有一个副标题《全国“老有所为”先进典型人物唐秀芳,40年来讲“小故事”讲出“大明堂”》,其中“大明堂”应是“大名堂”之误。

“明堂”一词有多种义项,查阅辞书,现在比较常用的,可以指古代帝王宣明政教、举行典礼等活动的地方,也可以指打晒粮食的场地或院子。然而无论哪个义项,都无法代入引文中解释。“名堂”一词也有几个义项,可以释为成就、结果,正符合引文的内容主旨。标题中将“大名堂”误写成“大明堂”应是音同致误。

“讨阀”还是“讨伐”?

◎朱学斌

笔者曾到广东省东莞市的虎门镇,参观了爱国民主人士蒋光鼐先生的故居。在小洋楼的展厅里,墙上一段介绍蒋光鼐先生个人事迹的文字引起了我的注意:“1913年参加讨阀袁世凯的二次革命。北阀时曾任第十师副师长、第十一军副军长。”这里“讨阀”和“北阀”使用错误,应该更正为“讨伐”和“北伐”。

阀,本义为阀阅,即仕宦人家自序功状而树立在门外左边的柱子。引申指功绩、仕宦门第等。“讨阀”“北阀”均说不通。

伐，义为征讨、攻打。“讨伐”即征伐，征讨。“北伐”即向北方进军征讨，也特指1926年至1927年国民革命军的北伐战争。

何来“戈阳腔”

◎余培英

2016年3月8日《珠江商报》A11版刊载的《粤曲流传已有三百年》一文这样写道：“明万历年间，出现戈阳腔、昆山腔，由‘外江班’传入广东，继而出现了广东‘本地班’……”其中的“戈阳腔”应为“弋阳腔”。

“弋(yì)阳腔”也叫“弋腔”，古代戏曲声腔，大约元末明初时起源于江西弋阳一带。特点是台上演员独唱，后台众人帮腔，只用打击乐器伴奏。由于传播甚广，并同各地方言、曲调或剧种结合，在它的直接、间接影响下，产生了青阳腔、潮剧等不少新的剧种，或成为当地戏曲的组成部分，对高腔这一声腔系统的形成，起了巨大作用。弋阳腔因发源地而得名，误“弋”为“戈”应是形近致误。

不是“作伐”是“作法”

◎居容人

王安忆在长篇小说《天香》（人民文学出版社2011年出版）第一卷《造园》中，提及“有些不通人情”的南直隶巡抚海瑞时，这样写道：“果然，海大人到任后，先就拿华亭徐家作伐。论起来，华亭徐对海瑞有恩……其时却全不论这些，逼着徐家退田。这一着是杀鸡给猴看，凡有产有业人家无一不胆寒。”（第82页）引文中的“作伐”用错了，应是“作法”。

“作伐”一词，语出《诗经·豳风·伐柯》：“伐柯如何，匪斧不克；取妻如何，匪媒不得。”大意是说：如何砍柴？非得用斧头不可；如何娶妻？非得有媒人不可。后因此把“作伐”“伐柯”“执柯作伐”等用为做媒的典故。《初刻拍案惊奇》第二十卷：“奴家愿为作伐，成其配偶。”

“作法”一词，有做样子，以示警诫之意。《红楼梦》第九回：“虽不敢呵叱秦钟，却拿着香怜作法。”“作法”与“作伐”，虽是音近，语意却相差甚远。小说中海瑞先拿有恩于他的徐家开刀，以儆效尤，显是“作法”，不是“作伐”。

“凤阁侍郎”？“凤阁侍郎”！

◎浦东轩

《营养师》2015年12月22日刊登的《食疗鼻祖孟诜的长寿奥秘》一文说：“传说有一天，他（孟诜）到风阁侍郎刘祎之家里串门，看到武则天钦赐给刘的银锭。”这里的“风阁侍郎”是“凤阁侍郎”之误。

引文中所说故事见于《旧唐书·方伎传·孟诜》。刘祎之系唐代学者，少以文藻知名，唐高宗时任中书侍郎。武则天光宅元年（684）改中书省为凤阁，中书侍郎遂改名为凤阁侍郎。武则天为何要改中书省为凤阁，未见史书记载，也许她认为自己是人中之凤吧。我国历史上并无“风阁侍郎”的官职。

朱元璋与朱棣是兄弟？

◎陈福季

《中国性史图鉴》（时代文艺出版社出版）一书说：“明太祖死后才一年，政治上就发生了突变，他的弟弟燕王朱棣起兵推翻了明太祖之孙建文帝，自立为帝，并把京城从南京迁到北京，是为永乐帝。”这段话中把朱棣说成是朱元璋的“弟弟”，无疑犯了个常识性错误。

明成祖朱棣是明朝第三位皇帝，在位期间国力强盛，史称“永乐盛世”。他身为明太祖朱元璋之子，史料确凿。《中国人名大辞典》“明成祖”条即说：“明太祖第四子。名棣，封燕王。”毫无疑问,朱棣是朱元璋的第四子,绝非“弟弟”。

是“陆军巡阅使”还是“陆军检阅使”?

◎董寅生

《随笔》2016年第1期刊载的《从逼宫夺印到贿选总统的连环戏》一文中有这样一句:“冯玉祥受吴佩孚的排挤,丢了地盘,被曹锟安置在北京,做了空头的陆军巡阅使。”这里的“陆军巡阅使”,应是“陆军检阅使”。

在北洋军阀统治时期,巡阅使可能与清朝统摄数省的总督有点类似,部分巡阅使的实权往往比前清的总督更大。比如曹锟曾任直鲁豫巡阅使,张作霖曾任东三省巡阅使,陆荣廷曾任两广巡阅使,吴佩孚曾任两湖巡阅使,这几个大军阀都一度将两三个省经营成了完全听命于他们个人的独立王国。

陆军检阅使的职能是检阅各地陆军,审查军事训练。自从袁世凯去世以后,北洋政府对各地军阀已无统帅的权威,检阅使也就成了安排失势军人的一个闲差。引文中冯玉祥正因失势而担任了这个职务。事实上,当时也并无“陆军巡阅使”这一军职了。

“偃文息武”欲何为

◎温守江

《领导文萃》2016年2月上半月刊中有《溥仪反腐为何惨败》一文,文中说:“特别是康熙时期,国际上有地位,充满自信,力主偃文息武。一方面,通过沿袭明代制度,约束马上英雄们的草根气……”文中的“偃文息武”显然是误用了。

偃、息,均有“停止”之义,如成语“偃旗息鼓”。若说“偃文息武”,则文武皆息,实不知其欲何为。联系上下文,此处应为“偃武修文”之误。修,昌明、修明。偃武修文，义为停止武事，振兴文教。除可改为“偃武修文”外，笔者以为“修文息武”亦可通。

不是“也斜”是“乜斜”

◎王雅楠

《喜剧世界》2016年第2期刊有《毕业那一年》一文，其中写道：“我忙跑上去，怯怯地问道：‘老师，找谁报到呢？’可人家只也斜了我一眼，手指报刊栏，很不耐烦。”看后愕然，“也斜”作何解释？句中的“也斜”显然是“乜斜”之误。

“乜”音miē，“乜斜”在《现代汉语词典》中有两个义项：一是眼睛略眯而斜着看（多表示瞧不起或不满意）；另一义是指眼睛因困倦眯成一条缝。上述文章中说“我”询问报到事项，而工作人员却态度傲慢，爱答不理，这里采用的明显是“乜斜”的第一个义项，符合文章情境。

“乜”与“也”字形相似，是致误之因。

只有“转圜”，没有“转寰”

◎马秋影

2016年第5期《世界知识》中有一篇题为《“五海联动”构建中国周边海洋安全大布局》的文章中写道：“争取中日钓鱼岛争端实现转寰，在新的现状基础上实现‘搁置’。”其中“转寰”应为“转圜”。

“圜”读huán时指环绕。“转圜”本义为转动圆形器物，常代指便易迅速之事。《汉书·梅福传》：“昔高祖纳善若不及，从谏若转圜。”颜师古注：“转圜，言其顺也。”现代汉语中用作动词，表示挽回、调停或斡旋。如钱锺书《围城》：“这事弄得太糟了，怕不容易转圜。”“寰”指广大的地域，如“寰宇”“寰海”等。“转寰”一词难以索解，应是音同形似致误。

词语春秋

有"害群之马"吗

◎陈璧耀

汉语的有些成语，其文字或结构还有意义，会随着时代的变化而有变化。如出自《庄子》的"每下愈况"，早在宋朝其结构就错序为"每况愈下"，意义也发生了变化。"害群之马"从语源上说，也源出《庄子》，但原来却是写作"害马者"的，其结构形式和意义也都有所变化。

"害马者"出自《庄子》的《徐无鬼》，写黄帝等七个高人，去具茨山寻访一个叫大隗的至人，迷路了，找不到可问路之人，只遇见一个牧马小童，就试着向他问路。不料小童不但知道具茨山，还知道至人在哪里。黄帝很是惊讶，进而向他请教"为天下"的大问题。小童遂以"牧马"喻之："夫为天下者，亦奚以异乎牧马者哉！亦去其害马者而已矣！"认为治理天下和牧马是一个道理，只要除去那些危害马的东西就可以了。文章说"黄帝再拜稽首，称天师而退"。他从小童的话里似领悟了"为天下"的真谛，于是不再去找至人，而对牧童恭敬地再拜稽首，称之为"天师"就回去了。

牧马小童或可视为庄子的化身，所说的"害马者"，就是成语"害群之马"的语源。

晋郭象注"害马者"为"马以过分为害"（意谓牧马如若超过了马的自然本性就是有害的），唐成玄英疏为"谓分外之事也。夫治身莫先守分，故牧马之术，可以养民"（所谓害马者就是指马自然本性之外的东西。治身的首要是守住人的自然本性，所以牧马的方法可以用来养民）。这是道家所主张的"无事""无为"思想，意谓养民的要旨，在不过多地生事与扰民。这便是"害马者"的意思——超过马的自然本性的东西对马是有危害的。而"害群之马"却是专指对马群造成危害的某一匹马，这就与"害马者"所要传达的意思完全不同了。北周王褒《太傅燕文公于谨碑铭》中有“国无害马之伦”（《艺文类聚》四六第826页）的说法，这个“害马之伦”的意思，与“害马者”倒是比较接近的，只是这个说法后来没有沿用下来。

“害马者”被改写为“害群之马”，始见北宋刘安世的《应诏言事》：“盖此等行为巇崄（xīxiǎn，险恶），若小得志，则复结朋党，恣其毁誉，如害群之马，岂宜轻议哉！”（《续资治通鉴长编》卷二六引刘氏《尽言集》）刘安世改写了庄子的原文，很明显是借马来说人事的，是一种比喻手法，说的并不是马。

据牧民所说，马虽有优劣，但无论烈马或驽马，就其对整个马群而言，是不会造成什么危害的，所以不会有什么“害群之马”。其实不但是马，其他动物如牛羊也一样，也不会有什么“害群之牛”或“害群之羊”。唯有人，才会对人类或人群造成程度不等的各种危害，所以刘氏借说马以喻人事，就把“害马者”改写成了“害群之马”。然就字面义而言，此诚为误改，因为如牧民所说是没有“害群之马”的。但虽说是误改，如今却早已约定俗成，只是要明白，这只是一种借喻，其字面义是不能成立的。

如今一些辞书和成语词典，有释“害群之马”的字面义为“危害马群的劣马”或“危害马群的马”的。其实可以不必如此释义，因为如前所说，这不合实情，马并不会对马群造成什么危害。人们使用这个成语，用的也一直只是它的比喻义，如茅盾《子夜》第五章所说的“我在厂里好比是一家之主，我不能容忍那种害群之马”，杨沫《青春之歌》的“赶走害群之马的走狗”等，都是用来比喻危害社会或集体之人的。

所以，“害群之马”是一条只用其比喻义的成语，与马是无关的。所谓的“害群之马”，其实就是“害群之人”，而对马群会造成危害的“马”或“劣马”，实际上是没有的。

碰碰车

『白蚁防制』不算错

◎宋怀常

《咬文嚼字》2016年第4期封底《火眼金睛》栏目刊有一张写有“白蚁防制”的照片，拍摄者认为“防制”是错的，应为“防治”。其实，用“防制”也不算错。

在医疗卫生领域，“防制”一词比较常见，为预防、控制之义，特别是在有关传染病、病媒生物方面。病媒生物包括传统的“四害”（苍蝇、蚊子、老鼠、蟑螂）等传播疾病的生物。查阅2005年8月4日全国爱卫会印发修订后的《国家卫生城市标准》，其第八部分就是“病媒生物防制”，文中还多次使用了“防制”一词。此后，“防制”一词越来越频繁地出现在各级政府文件、媒体报道中。相关科研著作也不少见，如复旦大学出版社出版的《实用病媒生物防制技术》、苏州大学出版社出版的《病媒生物防制应用指南》等。

而在实际工作中，一些地区根据实际情况，扩大了生物防制的范围，将白蚁等有害生物包括进来，统称为“有害生物防制”。从事此项工作的人员需要专业知识，原劳动和社会保障部制定了职业标准，统称为“有害生物防制员”，需通过考试方能从事，相关教材也已出版多年。

从词义上来讲，“防治”是“预防、治理”之义，相对来说强调了“治”字，隐含着对有害生物根治甚至赶尽杀绝之义。而“防制”是“预防、控制”之义，强调控制，并非简单杀灭，还要通过长期监控、净化环境等措施，控制其种群发展，从而尽可能减少对人类的伤害。有害生物虽对人类有害，但也是大自然的一部分，也是不可能被灭绝的，讲“控制”更切合实际，也更符合人与自然和谐发展的观念。用“防制”看起来更好一点。

热线电话

“你好，我是64330669……”（52）

◎姚博士

“老爷”为何不“老”

问：我是一名中学生，想请教一个问题：经常在影视剧中见到许多人用“老爷”称呼别人，但被称呼的对象有时并不“老”，这是为什么？

——湖南 周 发

答：这个问题涉及汉语中的“敬词”的用法。

老，本指年岁大，与“幼”或“少”相对。如“老爷爷”“人老了，走不动了”等。也指年龄大的人，如“尊老爱幼”“敬老院”等。还指老练的、富有经验的，如“老于世故”“老手”等。

作为敬词，“老”常用于对老年人的尊称。如人们常敬称董必武为“董老”，谢觉哉为“谢老”。再如“老先生”一般是对年高德劭者的敬称，“老大爷”“老伯伯”“老爹”是对老年男性的尊称，等等。现在常在姓前加“老”字，如“老张”“老赵”等，用以称呼年龄比自己稍大的人，也有尊意。

作为敬词，“老”所用对象有时不是老人。《周礼·地官·司徒》中有“乡老”一词，指的就不是老人，郑玄注：“老，尊称也。”《红楼梦》第六回：“你老拔一根寒毛比我们的腰还壮哩！”句中的“你老”指的是才十八九岁的凤姐。郭沫若《北伐途次》十一：“南军的官长，你老不要着急，队伍是一定进了城的。”句中的“你老”指的是部队官兵，显然也不是老人。

老爷，旧时对官绅的称呼，大概出现于南宋。清李慈铭《越缦堂日记·光绪庚辰六月二十四日》："老爷之名，实起南宋，而《元史》始见之。"清王应奎《柳南随笔》卷五："前明时缙绅惟九卿称老爷，词林称老爷，外任司道以上称老爷。"后来，"老爷"变成对有一定身份的男子的尊称。如鲁迅《呐喊·故乡》："他的态度终于恭敬起来了，分明的叫道：'老爷！'"可见，"老爷"与年龄无关，并不一定要"老"！

需要指出的是，"老爷"这个旧时的敬词早已退出历史舞台，现在再没有人尊称别人为"老爷"了，只出现在影视剧或文学作品中。相反，现在用"老爷"还多含有讽刺意味。如："当干部不是做官当老爷，而是为人民服务！"

"沙场"有"沙"吗

问：在影视剧里经常听到"沙场"一词，古诗文中也常见到，指的是战场。战场为什么称"沙场"？

——云南　石　瑶

答：汉语中有一些含有"沙"的词语，如沙门、沙发、沙龙等等，是外来词，其"沙"都是音译字；但"沙场"不一样，是十足的汉语"本土"词语，其"沙"是有具体含义的。

沙，本指水中细碎的石粒。《说文·水部》："沙，水散石也。"也指水边的沙地、沙滩。《集韵·支韵》："沙，水傍。"引申指沙漠。《山海经·北山经》："广员三百里，尽沙也。"清代郝懿行注："沙，此即所谓沙漠。"

沙场，本指平坦的沙地。如三国魏应璩《与满公琰书》："沙场夷敞，清风肃穆，是京台之乐也。"也指沙漠。如唐代李咸用《关山月》诗："雪压塞尘清，雕落沙场阔。"自唐代起，诗文中普遍用"沙场"指代战场。如李白《军行》："骝马新跨白玉鞍，战罢沙场月色寒。"元代朱凯《昊天塔》第四折："杨延景全忠全孝，舍性命苦战沙场。”《古今小说·葛令公生遣弄珠儿》：“唐代兵被梁家杀得七零八落，走得快的，逃了性命；略迟慢些，就为沙场之鬼。”等等。

以“沙场”指代战场，当与古代战场的环境有关。

外族入侵是古代战争的重要动因。而入侵华夏的少数民族，大都来自北方的荒漠之地。因此，古代的战场多在北方多沙的地理环境中。对此，典籍中多有描述。如《汉书·匈奴传》：“幕北地平，少草木，多大沙，匈奴来寇，少所隐蔽。”句中描述了“匈奴来寇”之地“少草木，多大沙”的环境特点。杜甫《送人从军》：“弱水应无地，阳关已近天。今君渡沙碛，累月断人烟。”诗句中也把“从军”的具体地点说成“沙碛”之地。清代傅昂霄《饮马长城窟》：“君不见长城之北青海边，平沙直上黄云天。沙中白骨堆何年？”诗句对北方黄沙满天、白骨成堆的古战场，进行了形象描绘。

既然古代的战场多在北方多沙的地理环境中，汉语中用“沙场”指代战场，也就顺理成章了。

“书声朗朗”还是“书声琅琅”？

问：“书声朗朗”还是“书声琅琅”？

——上海　禾　种

答：现代汉语中，倾向用“书声琅琅”。

朗，是形声字，从月，良声，本指明亮，如“明朗”“晴朗”“天朗气清”“豁然开朗”等。引申指声音清晰、洪亮。如“朗读”“朗诵”“朗声”“朗笑”等。

叠字连用，“朗朗”为形容词，也有相关两义：一指明亮、光线充足。如“朗朗乾坤”“秋月朗朗”等。一指声音清晰、洪亮。《汉语大词典》释义：“朗朗，形容声音清晰响亮。”可用于鼓声。如唐代韩愈《奉使常山早次太原呈副使吴郎中》诗：“朗朗闻街鼓，晨起似朝时。”可用于读书声。如《醒世恒言·马当神风送滕王阁》:"惟有王勃端坐船上,毫无惧色,朗朗读书。"等等。

琅,也是个形声字,从王(即玉),良声,本指琅玕,即形状像珠的美玉或美石。

叠字连用,"琅琅"是象声词,本指石玉相击的声音。如汉代司马相如《子虚赋》:"礧石相击,琅琅礚礚。"也引申形容珠玉以外其他声音的清晰、响亮。那么,在此义上"琅琅"跟"朗朗"的区别在哪呢?

古代佩玉之风盛行。玉是贵重之物,"琅琅"作为象声词,多含有"喜爱"的意思。如宋代苏舜钦《秀州通越门外》诗:"密树重萝覆水光,珍禽无数语琅琅。"诗句用"琅琅"描摹珍禽的鸣叫,"珍爱"之情溢于言表。古代重玉,玉被视作高洁的象征,因此,"琅琅"也用于"尊崇"的对象。如唐代韩愈《祭柳子厚文》:"嗟嗟子厚,今也则亡。临绝之音,一何琅琅。"文中"琅琅"用于柳宗元,"尊崇"之意十分明显。古人重视教育,甚至有"万般皆下品,唯有读书高"的观念,所以也用"琅琅"形容读书的清朗、响亮之声,以表示对读书的"尊崇"。如明代高启《送高二文学游钱塘》诗:"读书闭阁人罕识,明月夜照声琅琅。"也许随着玉在人们生活中的地位的降低,"琅琅"的这种用法逐渐在汉语中消失。

可见,在古代汉语中,"朗朗"和"琅琅"都可以用来形容或描摹声音的洪亮、清晰,用于"喜爱""推崇"的对象时,多用"琅琅"。用于读书声时,"朗朗"和"琅琅"都可使用。

在现代汉语中,一般用"朗朗"形容声音清晰、洪亮,如"歌声朗朗""笑语朗朗""朗朗上口"等等。"琅琅"表示金石珠玉相击之声,如"玉音琅琅""珠玉琅琅""金玉琅琅"等等。除此之外,"琅琅"通常用于描摹响亮、清晰的读书声,如"书声琅琅""琅琅书声"等。也许,这是人们潜意识里表达对读书声的喜爱、对教育的重视吧。

咬嚼日记摘钞（2）

◎郝铭鉴

“老奸巨猾”的“猾”

朋友家的孩子，刚读中学，颇爱语文。他问我一个问题：你知道“老奸巨猾”的“猾”是什么意思吗？我说：“猾”在这里是一个形容词。谁知话音未落，这位小考官便作出判决：错！

他告诉我，“猾”是名词，指一种野兽。其外形似猫，比猫稍大，毛色白如雪。在老虎面前，猾故意翻跟头，待老虎张嘴时，猾嗖地一下，蹿到老虎嘴里钻进腹部，直到把老虎内脏啮得粉碎，致老虎于死命。孩子得意地说，这是他几天前刚从电视里听来的。

说来也巧，电视里的这档节目，我也看过。那位主持人在讲时绘声绘色，但我没想到有人会信以为真。这种说法当然也有来历，明末字书《正字通》在解释“猾”字时便说：“猾，海兽名。猾无骨，入虎口，虎不能噬，处虎腹中，自内啮之。”查《汉语大词典》可知，这种说法出自明焦竑的《焦氏笔乘》。不过，尽管故事有趣，至多只是《山海经》式的民间奇谈，用来作为咬文嚼字的依据，难免有误导之嫌。

猾，形声字，从犬，骨声。它的本义是乱。《尚书·舜典》中有一个典型的用例：“蛮夷猾夏。”历来注家都把“猾”释为“乱”。“猾”以犬为形符，当与动物性喜骚扰有关。由乱引申出狡黠、奸诈义，于是猾又成了形容词。成语“老奸巨猾”，奸、猾同义,老、巨是用来突出奸、猾的程度的。猾在工具书中,可以有"海兽"这一义项,但和成语"老奸巨猾"无关;"猾"的传说很可能是古代文人根据猾的字义附会出来的。

压光？亚光？哑光？雅光？

电视里介绍一款唇膏时,称它的特点是"哑光"。这不禁让我联想到了30年前的一次调查。唇膏里有哑光唇膏,书刊用纸中有哑光纸。它们都是色泽比较含蓄,看上去不张扬,不嘚瑟,有一种特别的气质。

我所作的调查是:"哑光"的"哑"字用得对吗?问了印刷厂的朋友,说法不一;又问了纸张研究所的专家,仍是言人人殊。除了"哑光"的写法外,至少还有三种写法:压光、亚光、雅光。30年前,词典中查不到这个词;30年后,词典中还是查不到这个词。常用词居然查无影踪,不能不说是工具书的一个小小的疏忽。

这四种写法,都有一定的理据,可以说是一组异形词。如果择优选用的话,该用哪一种呢?

我意首先可排除"压光"和"亚光"。这和读音有关。人们提到这个词时,口语中是第三声,而"压"是第一声,"亚"是第四声。更何况"亚"还有次一等的意思,不符合这个词的本义。

"哑光"在读音上没有问题。但"哑"一般和声音有关,炮弹不炸是"哑炮",只靠形体不用台词的戏剧是"哑剧",健身器材形似铃而不发声是"哑铃",光线能用"哑"吗?当然,我们可以用通感来解释,用"哑"也许更耐人寻味,但毕竟有点不合习惯。

我倾向于用"雅光",因为它不仅描绘了一种光泽特点,还显示出一种审美眼光。

朱光潜论"推敲"

《咬文嚼字》新辟《重读经典》专栏，今年第3期推出的是朱光潜先生的同名文章《咬文嚼字》。朱先生从郭沫若的剧本《屈原》切入，举了一个个咬嚼的实例，其中也谈到了贾岛的"推敲"。

朱先生说："我很怀疑韩愈的修改是否真如古今所称赏的那么妥当。"在朱先生看来，"推"固然显得鲁莽，但如果是孤僧步月归寺，门是他自己掩的，自然非推不可。而"敲"不免有点拘礼，既然是敲，寺里自然有人应门，气氛就不像推那么冷寂。所以，推还是敲，不仅是文字上的分别，还有意境上的分别。

一桩似乎已成定论的"公案"，朱先生提出新解，我很敬佩这种挑战精神。就"鸟宿池边树，僧敲月下门"这两句来说，朱先生的论述确实持之有故，言之成理。然而，就贾岛全诗来说，恐怕还是"敲"字更胜一筹。

贾岛这首《题李凝幽居》，从题目便可看出，突出的是一个"幽"字。全诗共八句：

闲居少邻并，草径入荒园。
鸟宿池边树，僧敲月下门。
过桥分野色，移石动云根。
暂去还来此，幽期不负言。

闲居少邻、野草入园，貌似荒凉不堪，其实并不是渲染冷寂，而是围绕"幽"字着笔的。贾岛本人很欣赏这种幽居生活，所以诗的最后两句是："暂去还来此，幽期不负言。"他郑重承诺，离去只是暂时的，以后还要重访幽居，享受宁寂。就这个主题来说，当然"敲"字更具有表现力。何况"僧敲月下门"，朱先生认定是和尚敲自己的寺门，其实也可能是敲拜访的主人的家门，如果是后一种情况，那就非敲不可。但无论是敲谁的门，"敲"都比"推"更能烘托幽静的气氛，这和"鸟鸣山更幽"是同样的道理。

『放鸽子』

电视台某栏目做街头调查，题目是"你被别人放过鸽子吗？"有些受访者听不懂。一名十多岁的姑娘一本正经地说："我从来没养过鸽子。"网上也有人说，我知道"放鸽子"是指骗人，但为什么是放鸽子呢？放猫咪、放乌龟不行吗？若是在北京、广州做这个街头调查，瞠目不知所对者也许更多。

"放鸽子"又称"放白鸽"，是一个上海方言词。旧时它是有特定含义的，指用女色做诱饵设计骗局。通常都是女人用甜言蜜语，哄得男人晕头转向；而一旦把女人带回家，这些女人都会瞅准机会，把男人的家产洗劫一空。为什么叫"放白鸽"呢？想来和信鸽有关。鸽子有超强的记忆力，在外面放飞以后，哪怕在千里之外，也会飞回自己的窝。这些骗人的女子，正具有鸽子的这一特点，一旦得手就会飞回去的，所以这种骗术被称为"放白鸽"。

今天，"放鸽子"一词虽然还在用，但词义已经有了明显的变化。一般不再指色情骗局，而是泛指骗人；而且，骗的程度已大大减轻，有时甚至只是疏忽，没有欺骗的成分。比如，你和朋友约好看电影，到时因为忘记没有去，朋友就可以说："你今天放我鸽子。"

网言网语·幸福

什么是幸福？有人说，幸福就是欲望得到满足。但欲望一旦满足了，就会觉得无聊。无聊，又会让人痛苦。痛苦的人显然不能获得幸福。欲望是永远得不到满足的，如果视欲望得到满足为幸福，幸福是永远够不着的。其实，幸福是一个过程，即不断追求的过程。

（黄文健／辑）

“补短板”和一种语言现象

◎何俊萍

要说“补短板”，得从“短板”说起。

“短板”，顾名思义，最短的那块板。在铁桶、铝桶之前，人们使用的盛水桶都是木桶，由许多块木板箍成圆筒形，配上底。木桶盛水量的多少，不取决于桶壁上最长的那块，而取决于桶壁上最短的那块木板。这就是“短板”的由来。美国管理学家彼得由此衍生并上升到日常生活和管理学领域，提出了著名的“木桶理论”，或者叫“木桶定律”“短板效应”。即一个人、一个单位，甚至一个社会，如果有某一方面欠缺或相对薄弱，就会降低整体水平。“短板”由本义衍生为缺点、短处、薄弱环节，或者不擅长之处。英语译为 weak point 或 shortcoming。

木桶存在“短板”，怎么办？对木匠而言，有两种办法，要么换一块，要么把短的那一块加长补齐。相对而言，“换”意味着前功尽弃，且成本高，而“补”工序比较简单、成本比较低，于是就有了“补短板”一说。况且，现实生活中的“短板”是客观存在的，是无法替换或抹去的，因此只有“补”这一种方法：补齐或补好。“补短板”这一短语的含义就是补足短处，克服缺点，完善薄弱环节，以提升整体水准或整体战斗力。例如：

（1）补齐青春短板，焕发灿烂年华(《人民日报》2013 年 5 月 16 日)

（2）工程教育要补上伦理“短板”(《光明日报》2014 年 7

月22日）

"补短板"这一短语被大家普遍接受且广泛运用，原因有二：一是契合了汉语习用的"1+2"的音节规律和"动词＋宾语"的短语结构，如"踢足球""打零工""喝喜酒"。二是其比喻义通俗易懂又形象生动，"灼"准了社会的痛处，符合人们要求提升提高的价值认同。有一块"短板"，终归不完美；"短板"补齐，才完美无缺。

按说，"补短板"原本就在汉语词汇库中存在着，并被应用着。可是去年年底以来"补短板"居然像雨后春笋一样快速冒出，如草根明星一般迅速蹿红，红遍各大报刊和网络空间，成为一个人人用、人人知的"高频词语"。

个中原因跟近年来的一种语言现象密切相关，姑且叫作"政治引领语言"或"政治催热语言"，即某个"平常"词或短语被政治文件、领导讲话引用后，就会广泛沿用，成为当年广为传播的流行语，有的还经过引申产生新义。比如"中国梦、顶层设计、新常态、打虎拍蝇、获得感、创客"等，都与以习近平同志为总书记的党中央的治国理政新理念密切相关，它们相继进入《咬文嚼字》杂志公布的当年"十大流行语"榜单。

2015年11月10日，习近平主持召开中央财经领导小组第十一次会议，提出要在适度扩大总需求的同时，去产能、去库存、去杠杆、降成本、补短板，从生产领域加强优质供给，减少无效供给，扩大有效供给。同时，中央在研究实现全面建成小康社会目标时，提出"十三五"时期经济社会发展，关键在于补齐"短板"，特别是补好扶贫开发这块"短板"。

（3）认真找短板　扎实补短板（《人民日报》2016年2月5日）

随后，各地纷纷按照中央的要求，把"找短板""补短板"作为工作的主基调。只是结合各地实际，"补短板"的内涵各有不同。

比如上海，先是聚焦"五违"

开启『撕』模式

◎刘东怿

如今，电视中的娱乐文化时时影响着人们的生活，有的还丰富了人们的语言表达方式。2014年10月10日，大型户外竞技明星真人秀《奔跑吧兄弟》正式开播，其中“撕名牌”这个王牌游戏环节赢得了大众的喜爱，并且在年轻人当中流行开来。于是“撕”成了当红流行词，“开撕”“互撕”“对撕”等词语活跃在许多报刊、电视等媒体中。例如：

（1）今晚《奔跑吧兄弟》邓超孙俪“开撕”（标题，《沈阳日报》2015年12月18日）

（2）即便最后没有争出定论，这也绝不会是媒体人之间的“互撕”。（《人民日报》2015年7月14日）

（3）你对于最近“两大粉丝群对撕、偶像经纪人备受质疑”这种现象有什么看法？（《广州日报》2016年1月21日）

“撕”的基本义为用手把东西扯裂。例如：

（4）开学不久，南京建邺区

问题，推进区域环境综合整治，如今又加了一个“道路交通综合整治”。

（4）“补短板”成为上海两会最热话题(《上海观察》2016年1月25日)

此外，全国各地各行各业也开展了如火如荼的“找短板，补短板”行动。

从结构上看，“补短板”目前仍是一个动宾短语。中间可插入补语：“补齐短板”；可加上“短板”的具体内容：“补好市容这块短板”；还可以拆开来说：“把短板补上”；等等。随着使用频率的增高，使用范围的扩大，“补短板”很可能凝结成一个“短语词”（吕叔湘先生的用语），届时也许会被《现代汉语词典》等工具书收为词目。

小学生小叶，用一张从语文练习本上撕下的纸片，向本报写了封“求救信”。（《华东新闻》2000年2月25日）

（5）本来被袁伟民称为一家人的媒体和俱乐部，为几十万转播费而撕破脸皮。（《江南时报》2000年2月16日）

以上两例中，被“撕”的对象有所不同，例（4）中被“撕”的是练习本的“纸片”，是具体的事物，而例（5）中被“撕”的“脸皮”所指的是情面，是抽象的事物。可见，基本义“撕”的对象较为宽泛。

最初，“撕”的引申义指女人之间的争斗，带有贬义色彩。该引申义的产生是由于近几年一些女人争斗题材的电影、电视剧受到观众热捧，比如被称为“从头撕到尾”的系列电影《小时代》，再如宫斗剧《甄嬛传》《武媚娘传奇》等。“撕”能够形象地体现女人争斗的激烈程度。例如：

（6）电影《小时代》成就了“撕”这个网络热词，电影中的“时代姐妹花”们为了情感、事业、自尊、金钱将“姐妹互撕大戏”演绎出一次次高潮，又在下一秒相拥而泣说着“我爱你”。（《羊城晚报》2015年7月23日）

此后，“撕”可以用来描写双方互相攻讦揭短，仍带有贬义色彩。例如：

（7）一个名为“北京九叔”的微信号和九鼎投资开撕，九鼎投资公司董事长吴刚本周遭其实名举报，举报理由是吴刚涉嫌9项违规行为。（《京华时报》2016年1月14日）

（8）阿里京东“开撕”。11月3日，京东宣布已向国家工商总局实名举报阿里巴巴集团扰乱电子商务市场秩序，在“双十一”促销期间胁迫商家“二选一”，即如果商家参加天猫的“双十一”活动，就不允许参加其他平台的促销。（《经济参考报》2015年11月6日）

现在，“撕”的引申义进一步地演变，专指双方互相比拼较量，语言色彩由贬义转为中性。例如：

欢迎“治愈系”需要“治愈系”

◎吴梦捷

近年来，“治愈系”一词的使用频率逐渐攀升，如“治愈系电影”“治愈系女神”“治愈系植物”等层出不穷。“治愈系”是个借词，源自二十世纪末的一类日本音乐的名称。此类音乐节奏舒缓，让人产生放松、舒畅的感觉。“治愈”原指人们身体的伤病经治疗后得到康复的状态，而在“治愈系”中则专指心灵上的慰藉、心理上的安抚。因此“治愈系”就是指具有治愈精神创伤功能的方法或事物。请看：

（1）在这个压力丛生、情感快餐的时代，每个人心里都或多或少埋藏着一些苦闷和忧伤。于是，一段舒缓的音乐，一本文笔优美的书，一次寻找自我的旅行……都成为自我疗伤的办法。这些方法都被称为“治愈系”。（《陕西日报》2012年5月18日）

（2）作为2015年现象级图书，《秘密花园》除了其治愈系功能，还将读者由传统被动的单一阅读模式转向主动的手绘创造，体现出“以分享为动力”的社交媒体对于图书的带动作用。（《中国文化报》2016年1月13日）

（9）三季度综艺节目开撕啦！随着第三季《爸爸去哪儿》的开播，荧屏综艺节目也迎来了第三季度的激烈竞争。（《巢湖日报》2015年7月16日）

“撕”模式的开启意味着社会竞争的激烈。不过，有序的合法的竞争能让竞争者之间相互学习、共同提高，有利于社会的进步。

例(1)中“自我疗伤”强调的是精神、心理层面的治疗。例(2)中所提及的《秘密花园》是一种绘本,它的“治愈系功能”体现在读者通过“自主涂色”的方式收到减轻压力、舒缓情绪的效果。

“治愈系”的使用范围渐次扩大,它从一开始的音乐领域融入到文学、影视等许多领域,因为现代都市人需要不断地从休闲娱乐中释放沉重压力和调整精神状态。而这些“治愈系”作品恰恰以细腻、真实的情感讲述生活中的故事,用诚恳的语言揭示小道理和小技巧、小策略,让读者或者听众、观众从中找到自己的影子并产生共鸣,重获面对压力、面对现实的勇气。例如:

(3)作为殿堂级导演,斯皮尔伯格用新作《换谍者》,为纷争不已的这个世界贡献了一部广义上属于治愈系的电影,让我们对人性保持警惕,也保持信心。(《中国妇女报》2016年1月16日)

(4)治愈系文学作品电子书在2015年受到追捧,除《解忧杂货店》外,《乖,摸摸头》《从你的全世界路过》等著作也在榜单中名列前茅,这一现象与亚马逊中国2015年度图书排行榜趋于一致。(《解放日报》2016年1月27日)

“治愈系”一词的流行与现代生活息息相关。人们渴望得到压力释放与情感慰藉,所以那些能令我们内心平静、舒畅的事和物,都可以用“治愈系”来形容。比如:

(5)家里的饭菜,则凝聚着无言的关心与慰藉。不用多说什么,做饭本身就能暖心。我相信,回家吃饭是治愈系的。(《人民日报》2015年7月30日)

“治愈系”如今无处不在,“治愈”的方式方法也有很多。只要我们珍惜身边美好的事物,善待周边的人,懂得在忙碌的工作与生活中找到平衡点,相信每个人都可以发现属于自己心灵的那一片“净土”,做一个“治愈系之王”。

有此一说

“白帘”？“白练”！

◎晋 相

《中国老年报》2016年1月22日第4版刊出《神奇迷人四面山》一文，文中讲到重庆江津四面山瀑布时说：“险峻神奇的水口寺瀑布、景象独具的土地岩瀑布和比翼双飞的鸳鸯瀑布等，飞珠溅玉，各领风骚，美轮美奂。匹匹白帘，宛若敬献给游人的洁白哈达。”其中的“白帘”值得一议，笔者认为改成“白练”比较妥当。

“练”是把生丝或织品煮得柔软洁白，而经过这道工序的白色丝绢也称“练”或“白练”。也有人把白色丝绸统称为“练”。古人常用“练”“白练”来比喻江河之水、瀑布。谢朓《晚登三山还望京邑》诗：“余霞散成绮，澄江静如练。”徐凝《庐山瀑布》诗：“今古长如白练飞，一条界破青山色。”

“帘”是用布帛、苇、竹等做成的遮蔽门窗的物品，有门帘、窗帘以及某些像帘的设备等等。未见过有把瀑布比为“白帘”的。

布帛可用量词“匹”，《孔雀东南飞》之“三日断五匹”，说的是能在三天里织成五匹布。窗帘、门帘等即使是用布帛做成的，量词一般也不用匹，而是要用幅、块等。为什么呢？长度不够。《汉书·食货志下》：“布帛……长四丈为匹。”四丈为匹。门窗大小有限，门帘、窗帘都不会有四丈长。上述文章中的“匹匹白帘”也不符合表达习惯。

误以“白帘”为“白练”，应是音近致误。

“大相径庭”：“径庭”何义

◎陈运舟

记得1987年高考语文试题中，有一道题要求考生指出“大相径庭”这一成语中“径”的含义，出题人给出的答案是“门外的路”。现在几乎所有的工具书都做如是解释，如《新华成语大词典》（商务印书馆）：“径：门外小路。庭：厅堂前的院子。”审视古今汉语中的用例不难看出，这个成语要表达的意思是：彼此相差甚远，后来也表示矛盾很大。“门外的小路”与“厅堂前的院子”有可比性吗？为什么古人把它们硬拉来比较，并且还得出了“相差甚远”的意思？

笔者认为，是现在人们把“径”和“庭”的含义理解错了。

“径”的义项中确有“小路”的意思，但与此处无关，此处应取其“直”义。“径”有“直”的意思，《集韵·径韵》：“径，直也。”清徐灏《说文解字注笺》：“径，戴氏侗曰：‘小道径达，故因之为径直之义。’”其实，偏旁中有“巠”的字大多含有“直”义。如植物的“茎”和动物的“胫”，汉刘熙《释名·释形体》：“胫，基也。直而长似物茎。”可见“直”是它们的共同特征。

“庭”虽然能指庭院，但也与此处无关，此处的“庭”也表示“直”。古时“庭”通“廷”，表示“直”。《后汉书·郭太传》注引《苍颉篇》云：“廷，直也。”《尔雅·释诂下》：“庭，直也。”《诗经·大田》中的“播厥百谷，既庭且硕”，就是指庄稼长得又“直”又大。部件中有“廷”的字也常含有“直”的意思，如“挺”，

《集韵·迥韵》:“挺,直也。”《荀子·劝学》中的“虽有槁暴,不复挺者”,后一句的意思就是“无法再伸直了”。

可见,“径”和“庭”都是“直”义。从视觉上讲,笔直望去,总是又深又远,所以“径”和“庭”又从“直”引申出“远”的意思。“径庭”即表示“远”的意思。张衡《西京赋》:“望窈窕以径庭,眇不知所返。”意思是望过去,里面又深又远,迷惑不知归路。

既然“径庭”可表示“远”,那么,“大相径庭”便可直接解释成“相差很远”,没有必要“强作解人”,硬扯到“小路”“厅堂”上去。《庄子·逍遥游》:“吾惊怖其言,犹河汉而无极也,大有径庭,不近人情焉。”意思是:我惊诧于他的言论,感觉像天上的银河般没有边际,因(与常理)相差太远,显得不合乎世情了。而这里的“大有径庭”也正是“大相径庭”的出处。

最先把“径”解释成“门外的路”的人可能是清代的宣颖。清朝学者王先谦在他的《庄子集解》中引用宣颖的话说:“径,门外路;庭,堂外地;‘大有’谓相远之甚。”然而,从“庭”(堂外地)到“径”(门外路),相距会很远吗?不会吧。这种解释很勉强,余不信。

网言网语·平等

什么是平等?有哲人说,人人都有权利享受自然所赐予的恩典,人人都有义务尊重别人的这种权利。受各种条件的制约,享受自己的权利与尊重别人的权利,有时会产生矛盾。出现这种情况怎么办?许多人都强调自己的权利,而对别人的权利视而不见,甚至肆意践踏。这就是平等难以真正达成的原因。因此,要想真正地享受平等的权利,必须以尊重别人的平等权利为前提。

(蔡　玫/辑)

文章病院

新君岂能称“狐”

◎董　榜

骆宾王起草著名的《为李敬业讨武曌檄》。此文文笔犀利，慷慨激昂……结尾号召全体军民响应，并以凄婉的笔调以动人心：“一抔之土未干，六尺之狐何托”“试看今日之域中，竟是谁家之天下！”檄文送到武则天手里，她读后拍案道：“有如此才，而使之沦落不偶，宰相之过也！”

这是《文写讨武曌檄　诗抒率真性情》（《洛阳日报》2016年3月3日第12版）一文中的一段话，其中“六尺之狐”是错误的，应为“六尺之孤”。

光宅元年（684），武则天废去刚登基的中宗李显，另立李旦为帝，自己以皇太后身份临朝称制，这引起一些忠于唐室的大臣勋贵的愤怒。身为开国元勋英国公李勣嗣孙的李敬业，以已故太子李贤为号召，在扬州起兵，建立匡复府，自任匡复府上将、扬州大都督。骆宾王被罗致入幕府，为艺文令，创制军中的书檄。其最为著名的《代李敬业传檄天下文》（后人改题为《讨武曌檄》），概括了武则天的滔天罪行。

“一抔之土未干”指唐高宗李治刚死亡不久，“六尺之孤何托”指接替李显为帝的睿宗李旦失去辅佐，没有照应。嗣圣元年（684）春二月六日，李显被废为庐陵王，第二天，李旦以豫王的身份即皇帝位。古时成年男人身高七尺，有“堂堂七尺男儿”之说；未成年则不满七尺，如李密《陈情表》“内无应门五尺之僮”。“孤”，本指孤儿。《说文解字》：“孤，无父也。”段玉裁注：“《孟子》曰：‘幼而无父曰孤。’引申之，凡单独皆曰孤。”

毛泽东写过《美猴王》诗？

◎谢三山

《报刊文摘》2016年2月5日第8版《猴画里的文人故事》一文中说：“画家来楚生1964年也画过一张《美猴王》，题识上写道：‘今日欢呼孙大圣，只缘妖雾又重来……’当时正是革命年代，画上呼唤大圣的诗句出自毛泽东所作的诗《美猴王》。”读了这段文字，不禁要问：毛泽东写过《美猴王》诗吗？

暂且不论历史上是否有人作过题为《美猴王》的诗，查阅现有的资料可知，毛泽东并未写过。文章中所引诗句其实出自毛泽东所作的七律诗《和郭沫若同志》。

1961年郭沫若在北京民族文化宫观看了《孙悟空三打白骨精》的演出后，写了七律《看〈孙悟空三打白骨精〉》送给剧团同志。全诗是：

人妖颠倒是非淆，
对敌慈悲对友刁。
咒念金箍闻万遍，
精逃白骨累三遭。
千刀当剐唐僧肉，
一拔何亏大圣毛。
教育及时堪赞赏，
猪犹智慧胜愚曹。

毛泽东看到郭沫若这一诗作后，便作了《和郭沫若同志》：

一从大地起风雷，
便有精生白骨堆。
僧是愚氓犹可训，
妖为鬼蜮必成灾。
金猴奋起千钧棒，
玉宇澄清万里埃。
今日欢呼孙大圣，
只缘妖雾又重来。

上述文章作者在引用诗句时以画名代诗名，似乎太过想当然。

称乌镇茅盾故居为『茅家』合适吗

◎周 振

《书刊报》(绿色版)2016 年 1 月 4 日第 8、第 9 版刊登了一篇长文《乌镇——古风醇浓江南》,其中有这样的话:“在茅盾的乡土文学作品中,乌镇给了他太多的创作源泉。从茅盾故居斜对面的‘林家铺子’到市中的茶馆‘访卢阁’,从茅家一路之隔的‘修贞观’到市河边商业街的‘汇源当铺’……都收入茅盾的笔下。”其中称“茅盾故居”为“茅家”合适吗?

这里说的乌镇茅盾故居,位于浙江省桐乡市乌镇观前街 17 号,坐北朝南,前临观前街,后靠雁飞阁商场,西沿新华路,东邻立志书院。原是茅盾曾祖父沈焕于光绪十一年(1885)前后在汉口经商时寄钱回家购置的。自沈焕至茅盾,四世同堂居于此。茅盾自 1896 年 7 月 4 日诞生至 1910 年春离乡求学,在此生活了十三个春秋。家,本义指本人和共同生活的眷属的固定住所或住处;引申义指家庭(以婚姻和血缘关系为基础的社会单位,一般包括父母、夫妻、子女等亲属)、家族(同一血统的几代人构成的群体,通常包括若干家庭)等。“茅家”的“家”,既可指前者,也可指后者。茅盾姓沈,名德鸿,字雁冰,发表作品常用笔名“茅盾”。他不姓茅,他的故居怎么会是茅家?

同样的例子,如鲁迅是浙

乌镇茅盾故居

乡试第一叫“会元”吗

◎肖遥生

长篇历史小说《大清一品》（中国华侨出版社）在写到绰号为“石板师爷”的石太生时，有这样一句话：“三次乡试，本是得会元的文章，却被考官弃如敝屣。”此处的“会元”应是“解元”之误。

根据清代的科举制度，士子从童生到进士，需要经历童生试、乡试、会试、殿试，分别取得秀才、举人、贡士、进士的功名。童生试合格者取得参加正式科举考试的资格，而正式的科举考试分为乡试、会试和殿试。乡试，也称为“大比”，诸生每届三年集于省城（包括京城）应试，因在秋八月举行，故又称“秋闱”。取中者叫举人，可参加次年在京师举行的会试。乡试的第一名叫解元。会试，因举子会集京师参加考试而得名，又因在春三月由礼部主持，亦称“春闱”“礼闱”。取中者叫贡士，可参加殿试，会试的第一名叫会元。在“乡试”当中自然不会产生能得“会元”的文章。

江绍兴人，原名周树人，其浙江的故居在绍兴市东昌坊口17号（今鲁迅路208号）新台门内，此新台门叫周家新台门，不是鲁家新台门。巴金是四川成都人，原名李尧棠，“巴金”是他发表作品所用笔名中影响最大的一个。他成都的故居是一所五进三重堂的深宅大院（今成都正通顺街130号位置，1971年被拆除），称李家院子，不能称巴家院子。

可见，乌镇茅盾故居，应该称沈家。

“傈傈族”?“傈僳族”!

◎王友谊

《小说月刊》2015年第8期刊有《关于少数民族小学数学教学特征研究》一文。文中有这样一段话:“这里除几个是汉族学生外,其余都是本地的少数民族傈傈族的学生,没有任何基础,没有受过任何学前教育……”此处“傈傈”实为“傈僳”的误写。

傈僳族是我国少数民族之一,发源于康藏高原北部,是中国、缅甸、印度和泰国的一个跨国性质的少数民族。“傈僳”是其民族自称的音译,唐代时已见诸史端。樊绰的《蛮书》称之为“栗粟”,历史上也有“力苏”“黎苏”“俚苏”等不同写法。反之,“傈傈”是不存在的,无据可查。可见,“傈”与“僳”字形相似,是致误之由。

砖缝中哪来“稗子草”

◎谢云秋

2016年3月18日《扬子晚报》B4版的《你总会看见幸福》一文说:“争吵就像砖缝中的稗子草,它能一点一点地将城堡瓦解,将爱情中的你我淹没。”然而,砖缝中会长“稗子草”吗?

稗(bài),是一种一年生的草本植物,俗称“稗子”“稗草”,形状像稻,但稻叶表面有细毛,而稗叶光滑无毛。稗是水稻田里的一种害草。农民通过秧苗期“拣稗草”、生长期“拔稗草”加以清除。稗,除了稻田以外,还生长在其他低湿的地方,如沼泽、沟渠旁、低洼荒地等,但城堡的砖缝显然不适于其生长,更谈不上瓦解城堡了。

网语漫谈

另类“大写”

◎徐　瑞

我们都知道，日常生活中书写重要金额的数字时都需要进行大写。这种大写是为了对重要数字信息进行技术规范，防止篡改数据造成经济犯罪或财物纠纷。在2004年与2006年的《咬文嚼字》中，侯嘉亮、黄今许两位作者便分别对汉语中大写数字的来历进行了有趣的说明。对数字的“大写”实际上是一个用复杂汉字代替简单汉字的过程。然而除了大写数字，生活中却还有另一种“大写”活动。“做人就要做一个大写的人”“进错了厕所，真是大写的尴尬”，这些直接涉及表达的“大写”又是怎么一回事呢？

“大写”当然不只是把字写得大一点。1903年高尔基写下了著名散文诗《人》。这首诗思想上揭示了人类与宇宙、自然的关系，形式上还把俄语“人”一词统统大写，用来表示一种理想化的人格。于是“大写的人”便很快在俄语区成了一个十分流行的短语。上世纪50年代，该作品传入国内。然而，和拼音字母不同的是，方块的汉字并非对应成组、区分大小写的字符。汉字不能进行相应的“大写”操作，诗歌中的“人”字便难以处理。但俄语短语“大写的人”已经成了一个常见的习语，于是，翻译时一方面不改动诗歌中的“人”，另一方面直接借译引进“大写的人”这一概念。如此一来，“大写的人”便随着诗歌风靡起来，使得人们开始争相模仿。流沙河的《理想》就是一个很好的例子：“平凡的人因有理想而伟大，有理想者就是一个‘大写的人’。”

人们当然不满足于只使用一个固定短语。因为“大写的”是一个强调理想化人物的褒义词,所以大家便开始单独使用这个修饰词,并扩大了它的修饰范围。上世纪90年代,《人民日报》就多次使用“大写的”来修饰理想而美好的事物:“‘大写的’民族”“大写的城市”“大写的好材料”……这样的例子比比皆是。渐渐地,“大写的”也可以修饰理想化的美好事物了,并一度成为具有文化内涵的强调性褒义词,常见于相对严肃的文本中。

近年来,“大写的”再次走红,网友们让它以另一副姿态走入了网络交际的世界中。有的强调美好的人、事、物:“猫咪居然会说话,大写的萌啊”“男神大写的帅把我迷得神魂颠倒”;有的则居然被用来强调负面情绪:“粪车爆炸的场面简直是大写的恶心”“舍友跳舞滑倒真是大写的活该”。更有甚者,直接将“大写的”与低俗讳词连用,形成极致的消极表达。这些反面用法似乎与“大写的”原本形容美好事物的功用大相径庭。

或许是受到计算机操作的影响,输入汉字时可以对字体进行放大调整,形成纯粹形式上的“大写”。网友们便真的将“大写”理解作只是把字写得更大了,就像把要说的话突出得更明显一样,不再关注“大写”原本严肃的文化意义,直接运用字面意义作为表意强调。

如今的“大写”已经是一种强调的表达方式,它的实在意义被渐渐转移,使得“大写的”成了一个与众不同的强调词。“大写”虽然放大了日常交际的话题焦点,放大了修饰使用的范围,却缩小了原本深刻的文化内涵与理想的崇高赞美。

《火眼金睛》提示

图1,“震撼来袭”应为“震撼来袭”。

图2,“肺炎”应为“肺炎”。

图3,“承若”应为“承诺”。

图4,“竟发”应为“竞发”。

网络语言中的"事件词"

◎徐默凡

"事件词"是网络语言中的一种特殊词汇现象，学界对此并没有准确界定和系统研究。"事件词"这个命名也是我们为了讨论方便，临时取用的。

所谓"事件词"就是概括自一个完整事件的词语，这个事件往往是某一时段的社会热点，人们要频繁论及这一事件，于是就产生了一个相对固定的词语形式。这一语言现象是在2007年前后兴起的，我们逐年摘录一个"事件词"举例如下：

正龙拍虎（2007年）

2007年10月，陕西省林业厅宣布发现华南虎，并公布村民周正龙拍摄到的华南虎照片，周正龙获得奖赏。这一轰动性消息随即引来广大网友的质疑，一网友称老虎的原型实为老虎年画。周正龙假冒事件因此被揭露，周也成为天下人耻笑的对象。

范跑跑（2008年）

2008年5月12日，中国四川汶川地区发生特大地震。地震时，作为中学老师的范美忠丢下学生不管自行逃跑。事后更在天涯社区中发表了"跟你们一起死没有意义"等令人震惊的言论，于是被网友戏称为"范跑跑"，并引发了一场关于"师德"的讨论。

楼脆脆（2009年）

2009年6月27日，上海闵行区莲花南路、罗阳路口西侧"莲花河畔景苑"小区内一栋在建的13层住宅楼全部倒塌，由于倒塌的高楼尚未竣工交付使用，所以事故并没有酿成特大居民伤亡事故，但是造成一名施工人员死亡。这次建筑事故被称为“楼脆脆”事件，迅速发酵，折射出公众对房屋建筑安全的担忧和对房地产开发商忽视房屋质量的愤怒。

我爸是李刚（2010年）

2010年10月，据猫扑网网友爆料：在河北大学新区超市前，一辆黑色轿车将两名女生撞出数米远。被撞一女生抢救无效死亡，另一女生重伤。肇事者口出狂言：“有本事你们告去，我爸爸是李刚。”后经证实，该男子名叫李启铭，父亲李刚是保定市某公安分局副局长。但是，事后也有人声称，李刚的儿子并没有讲过这句话。事实真相如何，已无从查考。

五道杠少年（2011年）

“五道杠”是湖北省武汉市设立的少先队总队长队标。“五道杠少年”指中国少先队武汉市总队副总队长黄艺博，他佩戴着少先队总队长“五道杠”的臂章拍了一系列“官相”十足的照片，2011年5月被父母在网上发布，迅速走红网络。其实，网友们围观的不是“五道杠总队长”，而是这个社会的“官本位”意识，还有这种为“官本位”意识推波助澜的不良教育理念。

杜甫很忙（2012年）

2012年3月，微博上突然流行一组图片“杜甫的一天”，人教版高中必修3语文课本中的杜甫图像被恶搞，正在仰天沉思的杜甫被涂鸦成各种形象：端着狙击枪凝视远方的，开着坦克向前冲的，戴着墨镜骑电动车出门的，骑着自行车去买菜的，吃洋快餐的，坐在桌前切西瓜的……这一组“杜甫很忙”的课本涂鸦图片，让诗圣杜甫突然又成了“微博红人”。

中国大妈（2013年）

2013年4月15日，在做空力量的攻势下，黄金价格一天下跌20%，与此同时大量中国女性冲进店铺抢购黄金制品，她们被称作是抄底黄金市场的“中国大妈”。《华尔街日报》甚至专创英文单词“dama”来形容这些购买力超群的“中国大妈”。

航母 style（2014 年）

航母 style 指中国首艘航母“辽宁号”指挥员在起降舰载机过程中的手势动作。航母起飞指挥员以半蹲为姿势，右手蜷缩伸出食指和中指，指向飞行甲板前端，代表“允许起飞”信号。2014 年 1 月，中国辽宁号航母在南海巡航的原始画面曝光。“航母 style”换了新姿势，指挥员右膝跪地，左手高举，喜感不输当年。

为国护盘（2015 年）

2015 年 5 月到 7 月初，中国股市放量下跌，酿成股灾，沪深两市市值集体蒸发上万亿。在股市下跌期间，网民倡议“为国护盘”，意思是不要为了个人利益抛售股票，而要为了国家整体利益维护股市的稳定，坚持不抛售股票。

从上述例子可以发现事件词的一些特点：

首先在构成上比较复杂，以三音节、四音节为多，还有少量是五六个音节的固定词组。这是因为事件词要通过关键语素来勾勒人、事、言、行等完整的事件要素，必须具有一定的复杂性。

其次，事件词的语义也比较具体，往往直接指向这个事件本身，并无抽象的概括性语义。典型的事件词和社会流行语不同，流行语也可能源自某个事件，但由于构成流行语的语素组合本身就富有意味，所以脱离了事件背景也可以被大众理解。事件词的语义只是指向了特定事件，如果不了解事件的前因后果，就不太能理解该词语。比如 2008 年新年，网络上突然开始流传香港明星陈冠希和女艺人之间的不雅照片，引起社会轰动。广州电视台街头采访一位市民对此事件的看法，这位市民说："关我什么事，我是出来打酱油的。"这个事件催生了两个网络词语，一个是"艳照门"，一个是"打酱油"，按照我们的分类，前者是事件词，后者就是一般流行语。"艳照门"只是描述这个事件本身，而"打酱油"则进一步引申为"不想谈敏感话题""与自己无关""自己什么都不知道"等各种意思，迅速流行。

最后，由于语义性质的制约，事件词的用法也相对受限。一种用法是直接指向特定的人或事，类似专名的用法，这种用法一旦脱离当时当地的热点聚焦，使用频率肯定会下降。比如2009年起，随着通货膨胀向普通商品蔓延，各种蔬菜水果的价钱轮番上涨。于是产生了一连串事件词，从"蒜你狠""豆你玩"，到"姜你军""糖高宗"，再到"油你涨""苹什么"，层出不穷的新词看似调侃，实际已变成释放生活压力的缓冲地带。不过，随着物价的平稳，这些词语很快就退出了语言生活。但是，后来随着大蒜价格的上涨，"蒜你狠"这个词语又复活了，再次用来指称大蒜的非理性涨价事件。另一种用法是事件词通过语义引申和泛化，产生了一些抽象的概念意义，这样的事件词就有可能保有较长时间的活力。比如上面举例的"中国大妈"渐渐脱离当年狂买黄金的语境，成了一个人群的泛化称谓，就有可能产生很高的使用频率。

事件词的诞生与发展是语言成分与社会嬗变互动的结果，事件词如实记录了历年来的社会事件和公众人物，堪称社会生活的活化石。从语言发展史来看，事件词类似于古人的典故用法，包含了大量的信息，浓缩了特定人物、特定事件的背景信息，不了解这些背后的故事，就无法理解和使用这些词语。虽然目前的事件词所表示的事件并不"故"，也没有入"典"，但是随着时间的推移，它们中的一部分也许会逐渐成为未来的"典故"。

谈联说谜

谜中巧藏“古今字”

◎江更生

灯谜，往往是一种利用汉字一字多形、多音、多义特点，故意“别解”，从而达到底面意思相合产生谐趣的文字游戏、益智娱乐。所以我们适当地了解一些汉字的结构、形体演变及字义引申与假借等知识，不但对于正确理解和使用汉字十分有益，而且对于顺利进行猜射灯谜活动也是非常有帮助的。

倘若我们能够了解一下汉字发展、沿革，掌握一些“古今字”的情况，那就更好了。因为在灯谜里常会出现一些利用“古今字”进行扣合的作品，不懂得“古今字”的原委，就无法破解这些巧藏“古今字”的灯谜。

那么什么叫“古今字”呢？一般来说，不同时代记录同一个词（或语素）使用不同形体的字，使用年代较早的是古字，使用年代较晚的是今字。如：“莫”的本意是太阳落在草丛中，表示日暮、傍晚，后来“莫”字被假借作否定性无定代词和否定副词，为了在书面语中不至于混淆，就又在“莫”字下再加形符“日”成“暮”字来表示“傍晚”的意思，于是“莫”和“暮”就成了一对古今字。通常大致可分作：为本义而造的后起区别字（今字），除上述“莫/暮”，尚有“然/燃”“队/坠”“县/悬”等；为引申义而造的“今字”，如“见/现”“知/智”“内/纳”等；为假借义而造的后起区别字，如“女/汝”“反/返”“说/悦”等，不一而足。

这里举两条利用唐诗作谜面巧藏“古今字”的灯谜：

近乡情更怯(打新词语一)谜底:反恐

向晚意不适(打外国作家一)谜底:莫里哀

前者是采撷初唐诗人宋之问《渡汉江》诗句,其下句为“不敢问来人”,意思是诗人长年离家在外,得不到一点故乡的音信,不知故乡情况如何,家人是否安好。因此越走近故乡,内心就越发恐慌。谜底里的“反”是“返”的古字,作回乡解,底应作“返家恐惧”解,以此扣面。后者谜面是借用了晚唐诗人李商隐的《登乐游原》诗句,当别解为“到了傍晚时间,心情不快”,引申为傍晚有些悲哀。谜底中的“莫”应作“暮”的古字解,“莫里哀”应解为“暮时心情不快”。还见有人用“傍晚多云”打当代作家“莫言”,也是用“古今字”扣合,“莫”作“暮”(傍晚)解,而“云”别解为“诗云子曰”的“云”(说话)来扣“言”字。

另外,笔者读中学时猜过一谜“引火烧身”,打当时小学学科一,谜底为“自然”。起先不解,问了前辈才知道“然”是“燃”的古字,这才了然,原来是“自身燃烧”之意。我曾效颦制过两条蕴含“古今字”的灯谜,一条是:

聪慧的爱侣(打称谓一)谜底:知情人

这儿,“知”应当是“智”的古字,“知情人”当作“智情人”即“聪明的情人”解。另一条是:

法海狩笑祭金钵(打中学古文篇目一)谜底:《捕蛇者说》

此谜中的“说”应为“悦”的古字,运用《白蛇传》故事情节,法海和尚用金钵来捉拿白蛇精压置雷峰塔下,“法海祭钵狩笑”是在说“捕蛇者大悦”,故而相扣。

如果我们不明白“古今字”的关系,对于上述这些灯谜是会束手无策的。

家祭无忘告乃翁

◎刘茂业

南宋爱国大诗人陆游临终前，仍念念不忘国家统一大业。他在著名的七绝《示儿》诗中，留下了“王师北定中原日，家祭无忘告乃翁”的遗嘱，告诫儿子，当大宋军队收复中原失地的那一天，家中祭奠时，一定不能忘了把这喜讯告诉你们的父亲。感情真挚，可泣鬼神。

《文化娱乐》杂志1983年第12期《虎将佳谜录》栏中，有条灯谜即用“家祭无忘告乃翁”为面，打报刊名一，谜底:《宁夏日报》。“宁夏”由我国的一个自治区名解释作“华夏安宁”，“日”解释作“日子”，“报”解释作“传达、报告”，以“等到华夏统一安宁之日禀告(父亲)”的意思扣合谜面，贴切明了。

1986年9月，上海市青年宫举行规模盛大的“第二届中秋赏月谜会”，在谜会的原创灯谜创作大赛板块中，来自上海的年轻谜手戴英夔以“王师北定中原日，家祭无忘告乃翁”打六字教育用语“全国统一报考”，从数千条创作赛来稿里拔得头筹，评为冠军。这儿的“考”原指父亲，后多指已故的父亲，谜底别解为“当国家统一时，禀报你们的亡父”，一气呵成，自然浑成，非常契合谜面的诗意，确实是不可多得的佳构。

每月二谜

1. 舍外孙(打三字自谦称谓一)
2. 中国好，中国妙，中国刮刮叫(打三字陶瓷珍品一)

上期答案

1. 得了冠军说亚军(打四字成语一)
   谜底：真金白银(注：白，说)
2. 并非多事之秋(打四字新称谓一)
   谜底：问题少年(注：别解为“问题少的一年”)

似曾相识燕归来

◎曾洪根

北宋著名词人晏殊，自幼聪慧，十四岁时以神童入试，被赐进士出身，受皇帝重用。后来当了宰相，为人刚直清廉，重视人才，人称“太平贤相”。

有一年暮春的一个黄昏，他去游西湖，面对流水落花，不禁感慨，拟写一首《浣溪沙》，但写到下阕的首句“无可奈何花落去”，就再也续不出下句。第二年他又奉旨南下，路过扬州，驻留在大明寺，看到墙上的许多题词，便品评起来。从中发现江都尉王琪诗才不凡，便让人请来相见。在把酒倾谈之间，晏殊面对晚春景色，不觉又忆起去年未完的《浣溪沙》来，便对王琪说：“去年老夫游西湖，偶得‘无可奈何花落去’之句，却一直未得下句，今日重见此景……”

在晏殊沉思之际，王琪站起来拱手答道：“何不对‘似曾相识燕归来’？”晏殊听了，立刻拍手称妙，便把这一句写入了他的词中。后来“无可奈何花落去，似曾相识燕归来”被传为千古佳句，晏殊与王琪联句之事也传为千古佳话。

网言网语·真理

全城人都以钟塔上的时间为准，而你有一块怀表，你以自己的时间为准。有一天，你发现钟塔上的时间是错误的，而你的时间是正确的，你能让全城的人相信你吗？尽管真理掌握在你手里，如果没有足够的权威，你没法让人相信真理。

（乔　桥/辑）

重读经典

好文章的标准（一）

◎朱德熙

什么样的文章是好的，什么样的文章不好，得有一个标准。有了这个标准，我们就有了一个方向。

由来已久，有一种时髦的华而不实的文章，讲究漂亮。其实，华而不实都不太恰当，这种文章不但“不实”，而且也谈不上“华”，根本就不漂亮。有些年轻的同志，愿意堆砌一些形容词。形容词很多，但没有什么实在东西。这种文风不应提倡。而这种文风现在不但在中小学里非常流行，甚至于在社会上、报纸杂志上也经常见到。这种文风不是一种好的文风。特别是，不应当向初学写作的人提倡，它会害人的。所以，我觉得应该提倡两条：一是准确，二是自然。

准确就是符合客观实际，不歪曲，画马像马，画人像人。如果画马像牛，就不准确。自然就是不造作，不装腔作势，要说老实话、心里话。在这个问题上，我要多举一些例子。

先讲自然。

拿穿衣服来讲，不能穿奇装异服，打扮得非常奇怪、惹人注意，其实效果不好。真正的美应是很平淡的，写文章尤其如此。我记得朱自清先生引用过一篇小学生的作文，有这样两句话：“冬天到了，树上的叶子都落光了。”朱先生非常称赞这两句。这两句有什么稀奇？没有。但非常自然，有一股味儿。这就使我想起《红楼梦》里的凤姐作诗，头一句“一夜北风起”就很自然，不是造作的。

最近在一个新的儿童刊物《东方少年》上，我评改了一篇小学生的文章。大人喜欢装腔作势，而小孩是天真的，所以小孩的文章有时是非常好的，这篇文章就是如此。它题为《我的童年》。有这样一段："那一年，我随着妈妈来到老家新会，住在一个亲戚家里。我们住的房子门前，是一条蜿蜒的小河，左右是一望无际的田野，屋后是一座苍翠的大山。每天早晨，当我还在梦中，嘹亮的山歌就已经唱遍了全村，而且往往把我唤醒。当我扶着门把，往外头看的时候，总会传来一阵一阵的牛叫声，哞——哞——的。在一只全身乌黑发亮的牛背上，骑着一个放牛娃。他叫阿聪，是我家一个远亲的孩子。他的头发像壶盖，盖在脑袋上。"我很欣赏最后两句。我是写不出来的。非常自然。你可以想象那个小孩的头发是多么有意思。它什么漂亮的形容词也没用，都是非常普通的字眼。文章接着写道："他经常把捉来的小黄鸟送给我，即使我玩着玩着把鸟弄死了，他也不生气，第二天又给我送一个来。虽然他说的广东话我听不懂，但我们还是成了好朋友。我很惊讶他的能干，除了放牛，他还会喂鸡、喂鸭，每天上山还带回一大捆劈柴。有时农活忙，他还帮助锄草。他才比我大两三岁，就会做那么多事情。"这一段后边，她忽然来了这么两句："可惜我很怕牛，所以一直没有骑过它。"这两句放的地方不对，但我觉得很好。作者是个女孩子，胆子比较小，她一定非常羡慕那个男孩子骑在牛背上的自在神情。她想骑，但是不敢骑，因此十分遗憾，这就自然地把她当时的心情表现了出来。

我们在上写作课时，不要让学生走堆砌词藻的路。前几天我在《人民日报》上看到一篇文章，是两个人写的，其中说道："我们俩都是放牛娃出身，参加红军后，都做宣传员工作，红军时期的歌曲和歌谣，至今回忆起来，记忆犹新。""记忆犹新"，大家都喜欢用。我不能否定这个词，它是可以用的。但现在一来就是“记忆犹新”。这个句子老实讲是不好的。“记忆”与“回忆”是重复的。这就是不愿意说大白话。其实你就说“一直到今天我还记着”,不就非常好吗?干吗要绕呢?这是弄巧成拙。这个例子虽然小,但这是一个“路线”问题,走这条路会越陷越深,十分糟糕。之所以走这条路,就因为脑子里有一个标准,认为“记忆犹新”才是漂亮字眼,而“我没忘记”是大白话,只有用“记忆犹新”,才表示我有文化,其实我很不喜欢这个词。过去人常说“光阴似箭,日月如梭”,这是很好的比喻,但你也“光阴似箭”,我也“日月如梭”,说了一大堆是什么意思?一点也不让人感动。你就说“时间过得真快”比这要强得多。那些东西已经是陈词滥调了,油水都让人榨干了,剩下的都是渣滓了,你为什么还老用它们?再比如《人民日报》有一篇文章讲龙井茶:“龙井茶产于西子湖畔的杭州西湖人民公社,清明期间,是采集龙井茶的黄金季节。”干吗用“黄金季节”?就说“最好的时候”不很好吗?“满山茶树,青翠欲滴,芳馨馥郁……”我认为这些话都十分造作,远不如那个小学生写的“他的头发像壶盖”。当然,我不能说得太极端,不是“芳馨馥郁”一类的字眼就不能用。要用得是地方。不要以为这些字眼是万能的,放到哪儿都是漂亮的。字本身没有漂亮不漂亮之分,用得是地方就漂亮,否则,就不漂亮。

因此,有一个提倡什么文风的问题。当然,作家的文风不一样,有的平淡,有的华丽。我这里要讲两点:第一,我比较喜欢平淡,这是个人爱好;第二,就初学写作者来讲,不宜先学花哨的东西,基本功是学平淡、学自然,就像一个人学唱京戏,一开始就教他花腔不会唱好,应当先练基本功。(待续,见下期)

(选自《写作论》,北京师范大学出版社 1984 年出版。文章有删节,标题为编者所加,原标题为《写作和写作教学》)

不要用简单的方式考验人性

（文中有十处差错，你能找出来吗？答案在本期找）

◎宛 丘 设计

向你挑战

丹麦著名医学家、诺贝尔奖得主芬森，晚年想培养一个接班人。在众多侯选者中，芬森选中了一个叫哈里的年轻医生。但芬森有一点顾虑，他担心这个年轻人不能在十分枯躁的医学研究中艰守职责。芬森的助理乔治提出建议：让芬森的一个朋友假意出高薪骋请哈里，看他会不会动心。

然而，芬森拒绝了乔治的建议。他说："不要站在道德的至高点上俯瞰别人。哈里出身于贫民窟，怎么不会对金钱有所渴望？我们如此设置难题考验他，一方面给他一个轻松的高薪工作，另一方面又希望他选择拒绝，这就要求他必需是一个圣人……"最终，哈里成了芬森的弟子。

若干年后，哈里也成为丹麦著名的医学家了。当他听到芬森当年拒绝考验自己的事后，老泪纵横，哏咽地说："假如恩师用巨大的利益做诱饵，来评估我的人格，我肯定会掉进那个陷井。因为当时我母亲患病在床需要医治，而我的弟妹们也等着我责养上学。如果那样，我就没有现在的成就了……"

人存活于世，一方面要为社会付出，另一方面要从社会获得回报。只有如此，人才能成为人，社会才能成为社会。要求别人"无私地付出而不求回报"，其实是不合情理的。一个人的人格好不好，休养高不高，往往和他成长、生活的环境有关。有人说，环境可以把一个坏人变成好人，也可以把一个好人变成坏人。对社会资源的拥有，并非"均衡"拥有。绝大多数社会成员，都有缺少的东西，都有在乎的东西，拿这些东西去诱惑他，很少有人能经得住考验。

社会是复杂的，人性也是复杂的，不要用简单的方式去考验人性。

“明得”何义

胡隆佳

电视连续剧《遥远的婚约》中，许多剧情发生在某大学的中文系。该校一些办公室里都挂有一块横匾，匾上写着校训：“明得尚行”。“尚行”即尊崇高尚的品行。《庄子·刻意》有言：“刻意尚行，离世异俗。”以“尚行”作校训，好理解，也合理。但“明得”就有点莫名其妙了。查阅古今辞书，都没有“明得”这一词形；“明”与“得”组合在一起，也难以说通。“明得”显然是“明德”之误。

《大学》开篇就说：“大学之道，在明明德。”第一个“明”是动词，“彰明、弘扬”的意思，第二个“明”是形容词，意谓“光明的、美好的”；“明明德”就是“弘扬美好的品德”。在具体运用中，往往省去第二个“明”字，说成“明德”。如“明德慎罚”(《荀子·成相》)、“明德除害”(唐李德裕《授张仲武招抚使制》)等等。

弘扬美德，加强品德修养，是学校教书育人的目的之一。因此，许多学校都以“明德”为校训，如华中科技大学、广东外语外贸大学、北京第二外国语学院、福州大学等等。

火眼金睛

图中差错知多少？

（答案在本期找）

陈　健　董子源
伯　淮　罗琼文　提供

1 2 3 | 4

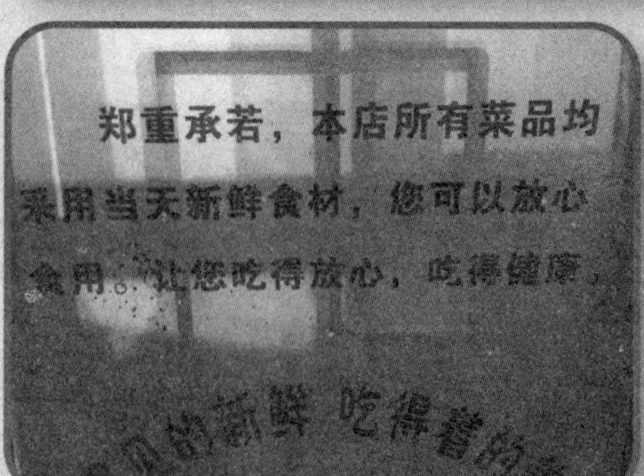

ISSN 1009-2390
9 771009 239166 06

YAOWEN-JIAOZI

咬文嚼字®

7

2016

箜篌

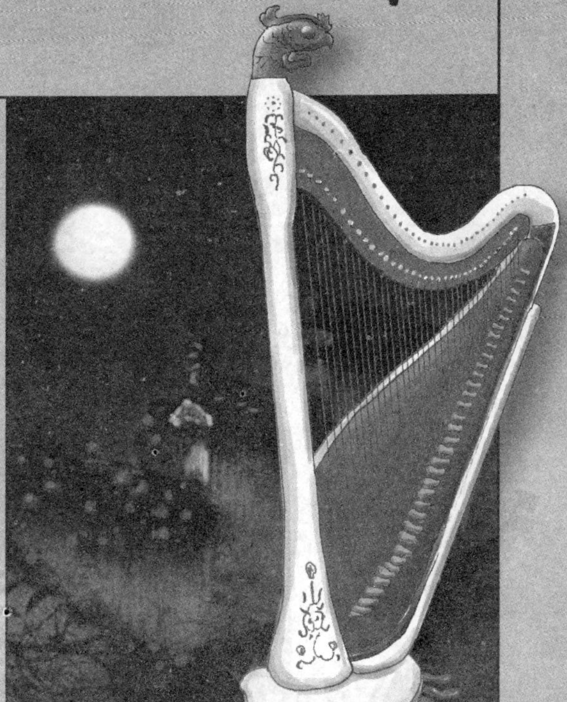

『箜篌，此师延所作，靡靡之乐也。后出于桑间濮上之地，盖空国之侯所存也。』

——《释名·卷二十二》

局订阅本刊 邮发代号4-641

一刊号 CN 31-1801/G

5.00元

上海世纪出版集团

“他是我的儿子呀”

严　君/文　何梦笔/画

李小棠在复旦大学读书的四年里，学校许多领导都不知道他是巴金先生的儿子。毕业后，李小棠在上海市政协文史室一干就是20多年。1993年巴金89岁生日时，有位市领导去寓所拜访，看到李小棠也在，感到很奇怪：“你怎么也来了？”巴金笑呵呵地说：“他是我的儿子呀！”

咬文嚼字®

2016年7月1日出版

7

总第259期

主管：上海世纪出版集团
主办：上海咬文嚼字文化传播有限公司
编辑、出版：《咬文嚼字》杂志社
集团网站：http://www.shwenyi.com
E-mail：yaowenjiaozi2 @ 163.com
官方微博：
http://weibo.com/yaowenjiaozish
电话传真：021-64330669
发行电话：021-60878388
邮购电话：021-60878392
地址：上海市打浦路443号荣科大厦17楼
邮政编码：200023
发行：上海市报刊发行局
发行范围：国内外公开
订阅处：全国各地邮局
邮发代号：4-641
ISSN 1009-2390
CN 31-1801/G
印刷：中华商务联合印刷有限公司
广告经营许可证：沪工商广字
3100320050020号
定价：5.00元

千万别为难考生

◎白岩尖

语林漫步

又是一年高考季，高考作文再一次成为社会各界关注的焦点。有人点赞，有人扔蛋。总的来看，肯定者多于批评者。

我们认为，今年高考作文题的最大特点，是整体上“接地气”了些，基本上摆脱了一窝蜂地“考查学生思辨能力”的倾向。语文教育确实应该重视思维训练，但语文思维强调形象思维，侧重体验、感悟及联想。如果过分重视逻辑思辨能力，有可能把语文学科导向逻辑抽象的方向，从而模糊学科特点。当然，我们并不是说语文学科不需要逻辑抽象思维，只是强调不要过分，不要走偏。

值得注意的是，今年上海卷的“评价他人生活”是一个转向，抛开了过去“思辨”的传统。上海是最早“自主”命题的省市，试题特点鲜明，广受好评，对全国其他省市有引领作用。有人统计，过去某年全国曾有90%的作文题都侧重考查学生的理性思辨能力，这很可能跟上海的“引领”有些许关系。希望上海的这次“转身”，也能起到引领作用，毕竟引导学生关注社会、体验生活、感悟人生，更符合语文学科的特点。

上海特级教师余党绪先生指出：“高考作文就是高考作文。不必负载太多的东西，它也负载不了那么多的东西。你让它承载它承载不了的东西，它就走样了。”这种说法，是很有见地的。我们主张回到语文学科的“主轴”上来，让语文更“单纯”一些，如果负载太多，真的会既“伤害”了语文，也“为难”了学生。

同时，我们也主张回到学生的实际上来。考生毕竟是十八九岁、尚未踏入社会的“愣头青”，无论是理解能力、知识结构还是社会经验，都还很“嫩”，考查不要超过他们的实际。高考也不过是进入高等学校继续深造的入门考试，本身就说明学生的能力还有待进一步提高。因此，不要人为设置障碍，故意“刁难”考生。下面几点，尤其要注意。

题目要让考生看懂。这是最低要求，如果考生连题目都看不懂，他如何做题，你如何考他？今年这方面的意见，最集中的是对江苏试题。其试题材料是：“俗话说，有话则长，无话则短。有人却说，有话则短，无话则长——别人已说的我不必再说，别人无话可说处我也许有话要说。有时这是个性的彰显，有时则是创新意识的闪现。”有考生说，读题读到破折号就卡壳了：“有话”怎么能“短”？这是要限制人家话语权哪？特别是，“无话”怎么能“长”？这是要憋死人家啊？这位考生的问题是他没有看破折号后面的话。其实在这则材料中，“俗话”所说的“有话”“无话”中的“话”是指自己的话，而“有人”所说的“有话”“无话”中的“话”是指别人的话。材料显然有“偷换概念”之嫌，人为增加了理解难度。考生在仓促之中，发生理解误差，是可以理解的。后面一句也有问题：“有时这是个性的彰显，有时则是创新意识的闪现”，难道“个性的彰显”和“创新意识的闪现”不能兼容吗？表述明显不严密，同样可能影响考生的正常理解。

题材要让考生熟悉。考试不能超越考生的生活范围，要用考生熟悉的材料考学生。今年人们意见最大的是北京的考题：《白鹿原上奏响一支老腔》记述老腔的演出每每“撼人胸腑”，令人有一种“酣畅淋漓”的感觉。某种意义上，可以说“老腔”已超越其艺术形式本身，成为了一种象征。请以“‘老腔’何以令人震撼”为题，写一篇议论文。老腔是陕西省非常古老的民间戏曲表演形式，陕西作家陈忠实的长篇小说《白鹿原》中写到过。后来《光明日报》发表了陈忠实的一篇散文《白鹿原上奏响一支老腔》，介绍北京人民艺术剧院排演《老腔》的“盛况”。北京考题考陕西的“老腔”，超出了考生的熟悉范围。要是考生没看过小说《白鹿原》，没读过散文《白鹿原上奏响一支老腔》，对“老腔”也没有任何其他接触，他如何做题？你如何考他？

意图要让考生明白。考查点明确，该写什么，让学生一目了然，不要“绕圈圈”。今年全国卷I的材料是一幅漫画，如右图。要求“结合材料的内容和寓意，选好角度，确定立意，自拟题目”，写一篇不少于800字的文章。这是一幅优秀的漫画作品，能引起人们丰富的联想。但作为高考作文考题的材料，又“太宽泛”，高中学生很可能难以抓住漫画的真正寓意，或无从下笔，或离题万里。有人说，他写的是《论考试成绩与头发的关系》：头发多的55分挨揍，61分就被鼓励；头发少的98分挨揍，100分才被鼓励。为了考出好成绩，要剪头发。还有人说，他写的是《我和同桌的恩怨》：有一次考试我考了55分，看到同桌考了100分，崇拜地亲了他一口，结果挨了他一巴掌。另一次我考了61分，同桌看我及格了，鼓励地亲了我一口。我想，上次你打了我，我不能吃亏呀，于是还了他一巴掌。等等。当然，这都是调侃。但如果真有人这样写，到底怎么给分呢？

考试就像给人做体能测试，如果人还没有进入测试场就被挡在了场外，怎能知道他的体能状况？千万别为难考生，不要人为提高“门槛”，如果考生连“门”都摸不到，考试就失去了意义。

校园丛谈

“敕勒川”是河流名称吗

◎周　振

由西安出版社出版的《智慧树·同步讲练测》系列练习册，小学二年级下学期“语文园地三”第四题就古代民歌《敕勒歌》提出两个问题。其中一个是填空题：“这首诗歌里写了一条河，名叫____；还有一座山，名叫____。”如此设计，显然是把“敕勒川”认定为河流名了。然而，“敕勒川”是河流名吗？非也！

川，本义确实指河流、流水、河道。《说文》：“川，贯穿通流水也。”在甲骨文中作（有时作），左右为岸，中间为水，甚为形象。“高山大川”“海纳百川”“川流不息”中的“川”皆为此义。但除此之外，“川”其实还可以释为平川、平坦的陆地。张相《诗词曲语辞汇释》卷六：“川，陆地也。”宋苏轼《书晁说之考牧图后》：“川平牛背稳，如驾百斛舟。”《敕勒歌》出自《乐府诗集·新歌谣辞》，其中的“敕勒川”是一处地名，指敕勒人生活的原野，位置在阴山脚下。诗中“风吹草低见牛羊”等句正是描绘了广阔的草原风光。将“敕勒川”当作河流未免有望文生义之嫌。

一针见血

“肯肇”？“肯綮”！

◎周平果

《书刊报》(绿色版)2016年3月21日第11版刊有《让世界惊叹的梅兰芳之手》一文，其中有这样的话：“中国人之于梅兰芳，往往轰然道好，人云亦云。究竟梅兰芳好在何处，迄鲜道中肯肇者。”其中“肯肇”为“肯綮”之误。

肯，本义为依附在骨头上的肉。綮(qìng)，腓(féi)肠肌，即小腿胫骨后面隆起的扁长肌肉。肯綮，指筋骨接合处。筋骨接合处，最为要害，故引申比喻问题的关键或要害。如郭沫若《历史人物·夏完淳》：“他的著书现存的有《幸存录》一种，评议明末政局极平允而中肯綮。”上述文章中说的上世纪三十年代，无人能指出“梅兰芳之手”的奥妙之处。这“奥妙之处”亦即关键、精髓之处，用“肯綮”来比喻，恰如其分。“肇(zhào)”指开始，“肯肇”无解，汉语中无“肯肇”之说。

吕蒙正的母亲不可能学过“四书”

◎董　榜

2016年5月13日《洛阳日报》第9版刊出的《吕蒙正以德立家》中写道：“吕蒙正的母亲，早先在娘家学过‘四书’‘五经’，平时也教儿子认些字。”这段话中说吕蒙正的母亲学过“四书”，有违常识。

吕蒙正(944—1011)，北宋初年宰相。根据史料记载，他的母亲刘氏，在吕蒙正初次拜相期间去世，这无疑是北宋年间。然而“四书”这一概念是南宋著名理学家朱熹提出的。他将《礼记》中《大学》《中庸》两篇拿出来单独成书，和《论语》《孟子》合为四书。因其论述分别出于儒家早期的四位代表性人物曾参、子思、孔子、孟子，所以称为《四子书》，简称为《四书》。

刘氏不可能学过“四书”，却可以学习“五经”。五经，指儒家的五部经典，包括《诗》《书》《礼》《易》《春秋》。汉武帝时设五经博士，教授弟子，也奠定了这五部书作为儒家经典的地位。

是“雄赳赳”，不是“雄纠纠”

◎李光羽

“雄赳赳，气昂昂，跨过鸭绿江……”这是著名的《志愿军战歌》开头的歌词，我小时候就唱，隔一花甲，记忆犹新。但在2015年11月号《上海采风》第55页读到的一篇文章，却将“雄赳赳”误为“雄纠纠”。

“赳”是形声字，从走，丩（jiū）声。“赳”常叠音为“赳赳”，用以形容雄壮威武的样子，《尔雅·释训》：“赳赳，武也。”

“纠”的古字是“丩”，表示相纠缠，从糸后表意更明确。辞书对“纠”字的释义是：缠绕、集合、改正、督察。“赳”和“纠”虽然音同形似，但只要真正搞清含义，“雄赳赳”就不会错写成“雄纠纠”了。

何谓“赠炭”？应是“兽炭”！

◎厉国轩

《羊城晚报》2016年2月11日《春节团拜古已有》一文说：“唐人包佶的《元日观百僚朝会》，对皇宫的团拜作了生动绘画：万国贺唐尧，清晨会百僚……御炉分赠炭，仙管弄云韶。日照金觞动，风吹玉佩摇……”其中，“御炉分赠炭”原诗为“御炉分兽炭”。

兽炭，兽形的炭，亦泛指炭或炭火。清光绪间编四川《荣昌县志》：“石炭，俗名煤炭，古名兽炭，其形似兽，故名。”古今文人笔下“兽炭”一词频频出之。如北周庾信《谢赵王赉丝布启》：“覆鸟毛而不暖，然（燃）兽炭而逾寒。”鲁迅《铸剑》、郁达夫《寂感》诗中也用到“兽炭”

一词。

缓刑不是刑罚

◎蔡维藩

有关刑事诉讼的新闻报道中，常见“判处缓刑”的说法，如2016年3月19日《大连晚报》A7版的报道《无照驾车闯下祸》中说：“犯包庇罪，对王某某判处缓刑；犯伪证罪，对刘某某判处缓刑。”然而，“缓刑”是被“判处”的刑罚吗？

“判处”义为判决处以某种刑罚。我国《刑法》规定的刑罚分为主刑和附加刑。主刑的种类有：管制、拘役、有期徒刑、无期徒刑、死刑。附加刑有：罚金、剥夺政治权利、没收财产。由此可见，缓刑并不属于刑罚，自然也不会被判处。

缓刑，又称暂缓执刑，是一种对经法律程序确认，已构成犯罪并应受刑罚的人，先不执行判决的刑罚，而是由特定机构在一定期限内进行考查，最后决定是否适用刑罚的制度。缓刑是在刑罚具体执行过程中的具体运用，我们可以说“宣告缓刑”“实施缓刑”，但不能说“判处缓刑”，这不符合司法规范。

令人难解的“蹋终”

◎刘振修

《怀念父亲梅兰芳》（中国社会出版社2005年1月出版）一书在描写抗战时期的梅兰芳时，这样写道：“坚持听收音机播放自己的唱片，有时在洗手间里关上门大声喊几声嗓子……始终保持着自己的嗓子没有损伤，也没有蹋终。”这里“蹋终”应为“塌中”。

戏曲声乐术语中有“倒仓”“塌中”之说。戏曲演员在青春期的变声过程被称为“倒仓”。相对的，演员在中老年时期因气力衰退而导致的嗓音变化则称“塌中”。倒仓和塌中都是因自然生理变化而产生，这两个变声时期对戏曲演员的职业生涯很重要，都可能导致嗓声不再适合演唱。梅兰芳因保养得当而没有“塌中”，误写为“蹋终”则让人不明所以。

见涿县，倒是河北省有过一个涿县，且已于1986年改设涿州市。此地与黄帝蚩尤之大战无关。

黄帝何处战蚩尤

◎李振芳

《老年日报》2016年2月21日《史海探幽》专版头条《历史上高俅是个什么样的人？》说道：“黄帝部落与蚩尤部落在河南涿县附近打仗，后来黄帝取得了胜利，擒杀蚩尤。”其中将“河北”误为“河南”，“涿(zhuō)鹿”误为“涿县”。

《中国历史大辞典》(音序本)“涿鹿之战”的释文：“相传黄帝之时，诸侯相侵伐，凌虐百姓，而蚩尤最暴，作乱，‘于是黄帝乃征师诸侯，与蚩尤战于涿鹿之野，遂禽杀蚩尤’(《史记·五帝本纪》)。涿鹿，山名，在今河北涿鹿东南。”明确指出黄帝决战蚩尤的地点就在今河北省涿鹿县东南的涿鹿山。河南省未

“积菜粉”是啥菜

◎马秋影

2015年12月10日《江城晚报》第19版所刊《婆婆的菜单》一文中有一句：“孙女爱吃的积菜粉、香辣肉丝、烧茄子等时常会出现在餐桌上。”其中“积菜粉”应为“渍菜粉”，是东北人舌尖上的美食。

“渍菜粉”即酸菜猪肉粉条。“渍”读zì，本义是浸泡，“渍菜”即酸菜。在特定条件下，将大白菜置入容器压实后，加水浸没，经乳酸菌在无氧环境下发酵产生乳酸，形成独特的酸味。

“渍”为什么会误成“积”？可能因为在东北方言中，这两个字读音相同。《东北方言词典》(吉林文史出版社2005年版)

中，“渍”的注音是jì，释义是“用温水加其他调料泡制（蔬菜）”。

“耳聒”应是“耳郭”

◎盛祖杰

《世界知识》2016年第9期刊有《“南海军事化”：黑锅不该中国背》，其中写道：“自2015年夏天以来，伴随着南海地区局势的再度复杂化，‘军事化’一词不断跃入人们的耳聒。”这个“耳聒”是什么意思呢？

“聒（guō）”的字义是喧扰，嘈杂。汉语中有“聒耳”一词，指声音嘈杂刺耳，古今多有用例，如嵇康《与山巨源绝交书》：“宾客盈坐，鸣声聒耳。”郭沫若《反正前后》：“这种鸡公车……叽呀叽呀的声音非常聒耳。”然而，字序颠倒成“耳聒”就不知所指了。

推测引文中的“耳聒”应该是名词，指耳朵的某个部位。我们知道，头部两侧耳朵的外露部分称“耳郭”，有汇集声波的作用。“郭”指物体的外框，古汉语中，“郭”从不与“聒”通用。

是“澶渊之盟”不是“檀渊之盟”

◎严志清

《生命时报》2016年5月10日第23版（“生命智慧”专版）上刊有一篇题为《贼喊捉贼》的文章，开头写道：“李允则是宋朝盂县人，在宋辽战争中，得到真宗器重，曾在雄州担任知州。当时宋辽订立了‘檀渊之盟’，边境形势平稳。”文中的“檀渊之盟”应该是“澶渊之盟”。

“澶”读chán，澶渊，古代湖泊名，故址在今河南濮阳县西。“澶渊之盟”是历史上北宋与辽（契丹）订立和约的事件。宋真宗景德元年（1004），辽萧太后与圣宗亲率大军南下，深入宋境，宋真宗畏惧，欲迁都南逃。因宰相寇准的坚持，才勉强至澶州（今河南濮阳）督战。宋军坚守辽军背后的城镇，又在澶州城下打了胜仗，射死辽大将萧挞凛。辽恐腹背受敌，提出和议。宋真宗遂派人赴辽营谈判，终于十二月间（1005年1月）与辽订立和约。因澶州亦名澶渊郡，史称“澶渊之盟”。“檀”读 tán，“澶”与“檀”读音不同，可能是字形相近而搞错。

“下了盅”？

◎何立洲

《新民晚报》2016 年 4 月 18 日刊有《武松中了美人计》一文，文中写道：“武松像是被下了盅，还不知道养娘和张都监是串通好谋害他的”，未作任何反抗，轻易就被拿到了张都监跟前。其中的“下了盅”当为“下了蛊”之误。

“蛊”音 gǔ，是个会意字，从虫，从皿，辞书的解释是：“古代传说把许多毒虫放在器皿里使互相吞食，最后剩下不死的毒虫叫蛊，用来放在食物里害人。”引文中说武松失去了警惕，稀里糊涂地被捆绑了起来，就好像是被人“下了蛊”一样。

“盅”音 zhōng，是没有柄的小杯子，如茶盅、酒盅。“下了盅”令人难以索解，汉语中没有这种说法。“盅”与“蛊”音义皆不同，误“蛊”为“盅”当是形似所致。

不是“麋集”是“麇集”

◎阎德喜

载于《书屋》2016 年第 4 期的《“咏觞曾不羡兰亭”——记抗战时期陪都甲申红岩雅集》中写道：“1944 年，岁次甲申，因战争原因，一批麋集在陪都重庆的文人雅士，仿兰亭之制……”其中“麋集”乃“麇集”之误。

“麇”是个多音字，读 qún 时有成群义。麇集，即聚集、群集。上述文章中，在重庆的文人雅士聚集在一起，称之为“麇集”还是挺形象的，无可非议。

“麋”即麋鹿，哺乳动物，也叫四不像。可能是习性使然，它的群集特点并不突出，所以汉语中没有“麇集”这个词。

“麋”与“麇”形似，大概是致误之因。

“负芨”？“负笈”！

◎杨昌俊

2016年4月（下）的《杂文月刊》刊有《知识拯救的生命》一文，其中写道：“少年时负芨远行，走一站是一站，自然没一张固定的书桌……”引文中的“负芨”应为“负笈”。

笈，读作jí，是一种盛器，多用竹、藤编织而成，常用以放置书籍、衣物等，引申指书籍、典籍。如“笈囊”，指笈与囊，常用作书袋的泛称。“负笈”一词，顾名思义，义为背着书箱，也指游学外地。

芨，读作jī，一指白芨，兰科，多年生草本植物，紫红色花，可供观赏，中医以其白色块茎入药；一指芨芨草，花淡绿色，可作饲料。把“负笈”写成“负芨”，怕是形似音近致误。

莫将庾亮改了姓

◎李也白

2016年6月7日的《作家文摘》载有《皇帝“减膳”》一文，其中一段写道：“东晋成帝司马衍（321—342）年幼即位，一生困苦，刚当上皇帝就遇上权臣苏峻造反，遭叛军劫持。乱平后，政务被舅舅虞亮把持，恣行诛杀。”这段文字和史实略有出入，而且写错了一个人名，司马衍的舅舅应是庾亮。

庾亮（289—340），东晋颍川人，字元规。他是晋明帝的皇后的哥哥，晋成帝的舅舅。晋明帝去世后，晋成帝幼年即位，庾太后临朝，庾亮以外戚身份与王导一起辅政。咸和二年（327），为了解决朝廷隐忧，庾亮执意征召苏峻入朝，导致苏峻叛乱，史称“苏峻之乱”。

庾氏家族是晋朝世家之一，庾亮更是其中的代表人物。

将“庾亮”误为“虞亮”，应是“庾”“虞”读音相近所致。

王昭君是蜀中才女吗

◎辜良仲

2016年3月6日《华西都市报》刊载的《蜀中才女的朋友圈》如是数典：“纵观两千多年的历史长河，蜀中女子中名气大的，莫过于卓文君、王昭君、武则天、薛涛、黄崇嘏、花蕊夫人、黄娥等人，及至近代，赵一曼、董竹君可以算是新时期女性的代表。”读罢不禁感到疑惑：蜀中有才女王昭君、黄娥吗？

王昭君，西汉南郡秭归人，名嫱，字昭君，晋代避司马昭讳，改称为明君或明妃。元帝时被选入宫。竟宁元年（前33），匈奴呼韩邪单于入朝求和亲，她自请嫁入匈奴，被称为宁胡阏氏（yān zhī），因促进了汉朝和匈奴关系而彪炳史册。王昭君的故乡秭归县位于今湖北省宜昌市，并不属于四川。

“黄娥”应是“黄峨”之误。黄峨（1498—1569），明文学家，字秀眉，四川遂宁人。她是文学家杨慎之妻，夫妻两人之作被近人合编为《杨升庵夫妇散曲》。能列入蜀中才女的是黄峨，而非黄娥。

“响堂”？“享堂”！

◎佘培英

2016年4月3日《珠江商报》A2版的《抗清英烈陈邦彦》一文说：“1982年锦岩公园重建之时为纪念陈岩野先生，在锦岩山南麓新建陈岩野先生响堂和碑像。”其中“响堂”应为“享堂”。

享，本作“亯”，象宗庙之形，其本义是将祭品供奉给祖先、神明。“享堂”指祭堂，供奉祖宗牌位或神佛偶像的地方。“响”有多个义项，可指声音、发出声音等。“响堂”为河北省一处地名，用在这里显然与文意不符。文中误“享堂”为“响堂”，应是音同所致。

词语春秋

“鸠占鹊巢”原是借喻新娘婚嫁

◎陈璧耀

“鸠占鹊巢”如今形容强占别人家园或位置等恶劣行径，为典型的贬义成语。然其初义并无强占之意，情感上也不含贬的色彩，而是用来借喻新娘喜庆的婚嫁场景的。

这条成语源出《诗经·召南》的《鹊巢》篇，原文是“鸠‘居’鹊巢”，而非“鸠‘占’鹊巢”。为说明问题，先引录该诗首段如下：

维鹊有巢（喜鹊呀有个窠巢），
维鸠居之（鸠鸟哇要去住它）；
之子于归（这个女子出嫁了），
百辆御之（百辆车来亲迎她）。

《鹊巢》是《召南》的第一篇，《召南》在十五国风中位列第二，与第一的《周南》合称“二南”，是《诗经》中领头的两组诗。朱熹《诗集传》说，《周南》第一篇《关雎》是“王者之风”，《召南》第一篇《鹊巢》则是“诸侯之风”，写“诸侯之子嫁于诸侯”，“此诗之意，犹《周南》之有《关雎》也”。因而《鹊巢》也像《关雎》一样，是一首非常重要的诗。

以上是传统的古注说法。如今一般认为《关雎》只是一首写男女恋爱之诗，《鹊巢》则是男女婚嫁，只是恋爱与婚嫁双方都是贵族。诗人以比兴手法，把新郎喻为鹊，把新娘喻为鸠，新郎备好了婚房，去迎娶新娘，新娘就要来住新郎备好的婚房了，如郑玄笺：“犹国君夫人来嫁，居君子之室。”这就是“鸠居鹊巢”最初的喻义：女子出嫁之后以夫家为家。

如今年轻人结婚，男方也

常被要求先买好婚房，而且房产证上还必须写有新娘名字，甚者据说有准岳母要求准女婿只写新娘一人名字的。此类婚嫁行为，不妨说是现代新版的"鸠'占'鹊巢"，而非原来喜庆的"鸠'居'鹊巢"。

"居"字古今都是中性词，"占"则多含贬义。我国传统的宗法社会中，男性历来都是社会主体，女性大多依附于男性，因而男婚女嫁的结果，便是女方住进男方家里，这在旧时很正常。《鹊巢》所反映的便是这种传统的社会现象，所以用了中性词"居"。

但"鸠居鹊巢"用于婚嫁初义的比喻用法似仅此一例，后来未见类似用法，而其情感色彩却全都转向了贬义。如唐刘知几在《史通》卷三的《表历》中，对班固《古今人表》把上起庖牺下迄秦皇都编入断代史《汉书》的做法进行了严厉批评，认为这种把非汉代人物放入汉代史书的做法，无疑就是"鸠居鹊巢"，是非常不妥当的。这里"鸠居鹊巢"的情感色彩就已趋于贬了，后来"居"演化为"占"，就完全成了典型的贬义成语。如纪昀《阅微草堂笔记·如是我闻(四)》之"我自出钱租宅，汝何得鸠占鹊巢？"又有演化为"夺"和"僭"的，如《三国演义》三十三回："公孙恭曰：'袁绍存日，常有吞辽东之心；今袁熙、袁尚兵败将亡，无处依栖，来此相投，是鸠夺鹊巢之意也。'"《醒世恒言》卷十七："若是小婿承受，外人必有逐子爱婿之谤。鸠僭鹊巢，小婿亦被人谈论。""夺"和"僭"也都明显带有贬的色彩。

以下再说说"鸠"是个什么鸟。

毛亨传释为"鸤(shī)鸠"，而"鸤鸠"古人又有两说：一谓布谷，一谓八哥。今人也或取布谷，或取八哥的。王先谦《诗三家义集疏》认为应是八哥而非布谷。他说"今布谷鸟南北多有，小儿聆声能识，其不居鹊巢甚明"，而湖南则有"阿鹊盖大屋，八哥住现窝"的民谚流传，所以应为八哥无疑。之所以会有布谷之说，他认为是"'布'与'八'、'谷'与'哥'，皆双声字"的缘故，北人"闻南方呼'八哥'，以为即是'布谷'"，所以才有此误释。

至于鸠为何要去居鹊巢，毛亨传认为"鸤鸠不自为巢"，所以才去"居鹊之成巢"。朱熹则明确说是"鸠性拙不能为巢"的缘故。至于要去"居鹊之成巢"，则是因为"鹊善为巢，其巢最为完固"的缘故。但鹊巢又为何会让鸠住进去呢？王先谦有一个说法，说是"鹊性好洁，鸲鹆（qúyù，鸤鸠之别称）伺鹊出，遗污秽于巢，鹊归见之，弃而去，鸲鹆入居之"。这鹊巢之所以会被鸠住进去，那是因为鸠故意弄脏了鹊巢，而鹊喜欢干净整洁的缘故。看来鸠为了能入居鹊巢，是很动了些小脑筋的。

可能正是因为鸠历来被认为拙于为巢的缘故，常用的自谦语中，就有一个成语叫"鸠巢计拙"，比喻自己不善经营而拙于生计。只是鸠之所谓"拙"，似仅拙于为巢而已，因为从它动脑筋去污秽鹊巢以使鹊"弃而去"，以及入居"最为完固"的鹊巢看，它应该是很有些智慧和辨识能力的。因此，"鸠性拙不能为巢"的说法，从本质上去分析的话，或许并非是笨拙而是因为懒吧。

网言网语·战争

战争无疑会给社会造成惨重的损失，但人们在评估战争损失的时候，往往只考虑战争给人类造成的物质损失。其实，任何物质的损失都不是最大的损失。战争最大的损失，是心灵损失。战争往往会造成心灵世界失序、混乱，颠倒固有的价值观念，让人不分是非，不辨善恶。

（蔡　玫／辑）

借题发挥

轨道怎能“辅”

◎汤生根

2016年5月5日《合肥晚报》第1版头条报道《地铁2号线有望下月开始辅轨》，标题中的“辅轨”应是“铺轨”。

铺，有两个读音，读pù时作名词用，如床铺、店铺；读pū时多作动词用，即把东西展开或摊平放置，如把被褥展开放在床上叫铺床。建设地下铁道，需要把一根根钢轨铺展开，安装好，即铺设轨道，简称“铺轨”。这是铁路建设的常用语，报道要说的也是这个意思。

辅，读fǔ，通常作辅助义，如辅币、辅食、辅料。“辅轨”从字面看似与“主轨”相对，疑指辅助用的轨道，但与引文标题想表达的意思明显不符。将“铺轨”误为“辅轨”，是形近致误。

地铁2号线有望下月开始辅轨

站点主体土建已完成，24座站台将设全封闭屏蔽门系统

□叶四青 本报记者 吴奇

你知道吗，在轨道交通2号线上，有不少设备藏在不起眼的地方，“默默无闻”不为人知，但是在未来服务市民时却必不可少。

昨日，记者获悉轨道交通2号线已经完成站点主体土建，机电安装标段已陆续进场施工，铺轨、供电等标段正在招投标流程中，即将掀起新一轮建设浪潮。

揭秘

每天进车站时的新鲜空气从哪来

据悉，2号线机电设备安装本月已经全线展开，包括车站及区间的通风空调系统、给排水系统、车站的动力照明系统等，全线共分为8个标段同步展开。目前，随着车站主体结构封顶，还有很多附属工程，包括风亭风井和设备等需要一一配备起来。

其实，在2号线上，有不少设备“默默无闻”不为人知，但是在服务市民时却又必不可少。

比如，每天早上列车运营之前，会有超大的风机进行换气，把车站和区间的废气排出去，把新鲜的空气吸进去。风机一般乘客是看不到的，就设置

停站

停站时间各站或不相同

地铁门关了，但一些乘客还没来得及上车或下车，这样的场景在国内其他城市并不少见。车里的人还没有下完，外面的人都没上车，门就关闭了，类似的场景未来会在合肥2号线发生吗？

据了解，地铁列车开门时间要综合车站客流、全线行车间隔等来制定，停站时间过长会影响运行效率。根据初步的全线站停时分表，合肥2号线多数站点的停靠时间为25秒到30秒。作为换乘线路的大站点，车辆在大东门站初定停站30秒，方便市民上下车或者与1号线换乘，金寨路站

■相关新闻

凤阳路东延工程有望近期开工

本报讯 再过不久，合肥的4条交通要道都将延长。昨天，记者从环保部门获悉，凤阳东路(东二环－郎溪路)道路东延工程，正在进行第二次环评公示，有望近期开工。此外，大众路、凤台路和琥山路也将分别延伸。

本次环评中的凤阳东路路段，西起东二环，东至郎溪路。此工程规划道路红线和实施宽度均为24米，全长约2公里，设计时速40公里。本次施工含道路、桥梁、排水、绿

对神灵不该用“进贡”

◎吴导民

2016年4月22日《报刊文摘》第4版刊出《医院院长收钱后烧香进贡》一文，文中说该院长每次收钱“都不忘跪拜‘神灵’、烧香进贡……”以“神灵”为对象，“进贡”一词则用得不妥。

医院院长收钱后烧香进贡

被查时裤兜里藏避难符

据中央纪委监察部网站4月19日报道，近日，江苏省灌南县纪委通报了县第四人民医院原院长李启能违纪事实。

2010年夏天，在一次游玩中，有人对李启能说：“你今年有场劫难，将会影响你下半辈子走势。”为了“消灾”，李启能买下了其推荐的佛珠。巧合的是，当年秋天，李启能遭遇车祸，受了点皮外伤。这场车祸后，李启能的心态发生了剧变，他认为正是这串佛珠让他逢凶化吉。

2011年7月，李启能被任命为县第四人民医院院长。药品供应商、工程承包商等对其阿谀奉承，对于“进贡”来的钱物，李启能照单全收。除此之外，李启能还将其个人贷款利息2万余元从医院账上报销，挪用医院合作医疗备用金10万元……每次收钱，李启能都不忘跪拜“神灵”、烧香进贡，把这些当做“神灵”的“恩惠”。

干着违纪违法的勾当，李启能内心也是极度害怕。2012年，第四人民医院对房屋进行装修，李启能邀请风水师徐某前来指点，为自己能“安稳着落、避灾避难”。按照徐某指示，他在医院东南边地基下放置罗盘，并将医院东南边的小门封堵。在得知县纪委对自己展开调查后，李启能四处打听，有人告诉他新安镇大圈村有位“大师”能帮人“驱避劫难”。李启能重金请其量身定制十二道“避难符”，贴身携带，连睡觉都不舍离身。被宣布接受组织调查当天，当“避难符”被从裤兜里掏出时，李启能神情落寞，终于明白“伸手必被捉”。

查辞书可知，“进贡”一词一般释义有两个。一是指古时藩属对宗主国或臣民对君主呈献礼品，如《醒世恒言·杜子春三入长安》：“元来波斯馆，都是四夷进贡的人，在此贩卖宝货。”二是给人送礼求方便（含讥讽意），如《人民文学》1979年第9期：“和王守信的燃料公司一样，电业部门也要不断给‘上头’进贡。”可见“进贡”的对象通常是指宗主国或上位的人。当以“神灵”等抽象概念为目标时，我们通常用“供奉”一词，表示摆设供品来祭祀。若将“进贡”改成“敬供”庶几可通。

通奸岂能移送司法机关

◎杨临伟

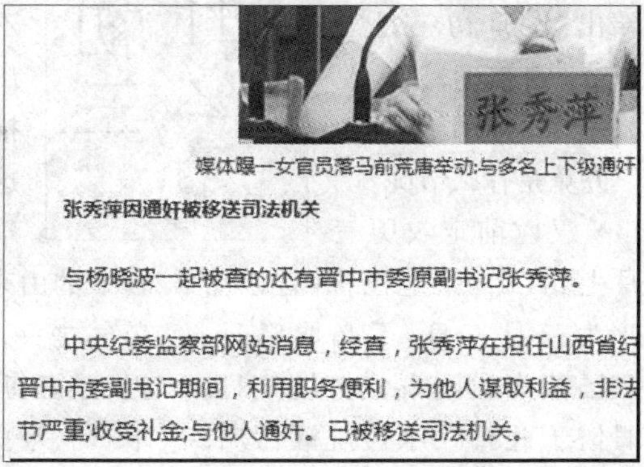

媒体曝一女官员落马前荒唐举动:与多名上下级通奸

张秀萍因通奸被移送司法机关

与杨晓波一起被查的还有晋中市委原副书记张秀萍。

中央纪委监察部网站消息，经查，张秀萍在担任山西省纪

晋中市委副书记期间，利用职务便利，为他人谋取利益，非法

节严重;收受礼金;与他人通奸。已被移送司法机关。

2016年5月11日以来，一篇题为《媒体曝女官员落马前举动：与多名上下级通奸》的报道在各大媒体广为传播，其中一个小标题为《张秀萍因通奸被移送司法机关》，显然不合法理。

通奸，是一种不正当性关系，是指男女双方没有夫妻关系而发生性行为（多指一方或双方已有配偶）。在我国，这样的行为属于违反社会主义道德，但是并不受司法机关的追究。新修订后于2016年1月1日起施行的《中国共产党纪律处分条例》第一百二十七条规定：与他人发生不正当性关系，造成不良影响的，给予警告或者严重警告处分；情节较重的，给予撤销党内职务或者留党察看处分；情节严重的，给予开除党籍处分。任何人都不会因为“通奸”而被移送司法机关。从文章介绍的情况来看，张秀萍之所以被移送司法机关，是因为其涉嫌受贿之故。

农历三月初三究竟是什么节

◎董金明

2016年3月24日《上海老年报》第8版《几多弹词误指清明》一文指出："弹词演员误以夏历(农历)三月初三为清明节的，屡屡有之。"之后却推导出"三月初三是寒食节"的结论，让人哭笑不得。农历三月初三究竟是什么节呢？

汉以前定农历三月上旬巳日为上巳，魏晋以后改为三月三日，不必取巳日。上巳节为我国古代传统节日，旧俗于此日在水边洗濯污垢，祭祀祖先。《后汉书·礼仪志上》："是月上巳，官民皆洁于东流水上，曰洗濯祓除去宿垢疢，为大洁。"写的就是上巳时的情形。

寒食与清明是两个关系密切的传统节日。春秋时晋文公回国即位，曾随他共患难的介子推却携母隐居山中。晋文公放火烧山欲逼出介子推，不料却烧死了坚持不出的他。为纪念介子推，文公下令于每年这一天禁火寒食进行祭祀，相传这便是寒食节的由来。清明为我国农历节气之一，因与寒食节时间相近，也渐渐成为了重要的祭祖节日。寒食节随着朝代和地域不同，日期多有变更，但始终在清明节前几天，并称"寒食清明"，唐代后逐渐被清明节取代。

清明通常为公历的4月4日或4月5日，寒食节现也以清明日期为基准推算。农历三月初三是上巳节，和寒食清明皆无关。

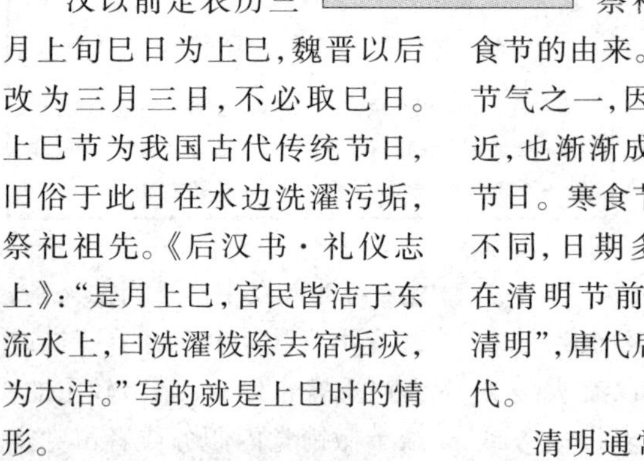

农历)
屡有
图》中
清明
三月
发故
仍有
佩德、
坟归
此皆

几多弹词误指清明

斯言

期？

从历史上说，三月初三之为令节，是由三月上巳发展过来

如此，它仍非清明之谓。

寒食的节俗，后世渐归于淡，其中的上坟民俗则叠加于清

警鸽不能“弑”

◎李悠然

《解放日报》2015年12月28日载《鸽子啊，在上海的蓝天上》一文，文内第一个小标题是《旧警察局留下的警鸽一只也不能弑杀》。这里所用“弑杀”一词显然不妥。

> **旧警察局留下的警鸽一只也不能弑杀**
>
> 火红的夕阳坠落在鳞次栉比的高楼大厦间，溅起了一片血红。流云红霞，满世界一片辉煌。绚丽壮观的上海大剧院、上海博物馆、人民政府大厦等建筑，巍然耸立在广场四周。一群白鸽倏地从灿烂的天际滑过，撒下一串清脆优美的哨声……年逾古稀、满头华发的袁建东站在博物馆前的平台上，望着自由飞翔的鸽群，心潮澎湃，激动不已，前尘往事如

“弑”读shì，指的是下对上关系的杀害，如臣弑君主，子弑父母。

引文中“弑杀”一词为现代用法，但警鸽与人之间显然不是上对下的关系，可以说“杀”，却不能说“弑”。

《一根手指与一座奇迹之桥》参考答案

1. 侧目——瞩目
2. 兰图——蓝图
3. 邻近——临近
4. 去逝——去世
5. 事必恭亲——事必躬亲
6. 半途而费——半途而废
7. 坐以待弊——坐以待毙
8. 捉摸——琢磨
9. 勾通——沟通
10. 凭添——平添

追踪荧屏

卖不出去时 岂能“待价而沽”

◎黄典荣

2015年10月16日，央视中文国际频道播出的《华人世界》节目中，主持人王洲说道：“当时，巴厘岛政府为了发展旅游业，宣布让国有企业迁出市区。一时间，很多国有企业的地皮是待价而沽，卖不出去。”对于卖不出去的货物，岂能“待价而沽”呢？

待价而沽，也作“待贾而沽”，出自《论语·子罕》：“子贡曰：‘有美玉于斯，韫椟而藏诸？求善贾而沽诸？’子曰：‘沽之哉，沽之哉！我待贾者也。’”这段话讲的是子贡问孔子，当有一块美玉时，是将其藏于柜中还是找商人卖掉。孔子答说，当然要卖，只是要等识货的商人。“沽”在这里义为卖出。这个成语是指等待好价格出售，也可比喻怀才待用。

节目中，巴厘岛的国有企业因政策而急于卖地，显然不是静待高价的立场，并已点明“卖不出去”，再“待价而沽”不合情理。主持人可能是误解了“待价而沽”的含义。将其改为“供过于求”庶几可通。

王爷不会“轰殁”

◎欧阳春

电视连续剧《绝命卦师》第40集中，一个太监奔跑着高呼：“六王轰殁了！太后轰殁了！皇后轰殁了！”（字幕同步显示）其中“轰”字为“薨”字之误。

薨（hōng），古代称诸侯、宠妃或有爵位的大官死去。殁（mò），亦指死。“薨殁”属同义并用，指王侯死亡。如北齐颜之推《颜氏家训·风操》：“梁孝元年少之时，每八月六日载诞之辰，常设斋讲；自阮修容薨殁之后，此事亦绝。”

在封建等级社会，不同阶层的人，其死亡有不同的称谓。最高规格是皇帝的死，称“崩（驾崩）”；诸侯和有爵位的大臣，还有皇后、太后、太子等人的死，俱称为“薨（薨殁）”；大夫的死称为“卒”；士人的死称为“不禄”；平民百姓的死叫作“死”。上述台词中，形容王爷、太后、皇后之死，应用“薨殁”。古今汉语中，没有“轰殁”的说法。

朝花夕拾

咬嚼日记摘钞(3)

◎郝铭鉴

众里寻“她”千百度

瓜田先生的大著《趣说字里行间》,收有《原来“她”活下来如此不易》一文。几年前读时印象深刻,今日重读一过,仍觉津津有味。此文是黄兴涛先生的《“她”字的故事》的转述,这里让我也来做一次文抄公。

1823年,第一个来华的新教传教士马礼逊,用中文写了一本关于英语语法的书《英国文法凡例传》。他在称人或称物的代词上碰到了难题,万般无奈之下,只得把“he、she、it”分别译为“他男、他女、他物”,把“his、her、its”译为“他男的、他女的、他物的”。“I saw her”译为“我见他(妇人)”,“This is his”译为“这个是他(男人)的”,“That is hers”译为“那是他(妇人)的”。如此拖泥带水的译法,即使译文妙笔生花,也会看得人眼花缭乱。

到了“五四”时期,中国人自己意识到了这个问题,大概在1917年前后,刘半农首先提出起用“她”字的建议。周作人响应称“极好”,但他又担心“她”字需要铸字,势必带来新的不便,便主张在“他”字后面加一个小小的“女”字。叶圣陶支持周的方案,而且身体力行,在他的作品里不时可见到“他女”字。胡适极不赞成。在翻译莫泊桑小说时,凡遇第三人称女性,不是坚持用“他”,便是改称“那女的”。瓜田先生认为这个做法是颇为滑稽的。如果哥哥问弟弟:“妈妈到哪里去了?”弟弟说:“那女的买菜去了。”你能接受吗?

1919年2月15日,另一位“五四”干将钱玄同站了出来。他针对英文“she”提出三种对译方法:一是像日本人“彼女”那样,译成“他女”,“女”字不必用小号字;二是新造一个字,左边是“女”,右边是“它”,即写成“妊”字;三是干脆把英文“she”照搬到中文里面。

周作人对这三种方法,一种也不满意。他也推翻了自己原来提出的“他”加小“女”的方案,改为建议用江浙人口中的“伊”来指称第三人称女性。这一建议得到了钱玄同的赞同。“伊”在江浙人口中,本是男女兼顾的,现在则和“他”字各司其职,“他”指男性,“伊”指女性。但这一方案并未起到一锤定音的作用,在“五四”知名作家的作品中,有一以贯之用“他”的,有用刘半农提出的“她”的,也有用周作人提出的“伊”的。

稍稍沉寂之后,1920年4月,关于“她”字的争论战火重燃。有一位署名“寒冰”的论者,提出反对“她”字的五点理由:一、“他”字完全能够满足表达需要,不必更改;二、大众已习惯“他”字,何苦自寻烦恼;三、第三人称要改,第一、第二人称也要改,改不胜改;四、“她”字在古代指姐,不便赋予新义;五、“他”“她”在口语中同音,没有必要强分阳性阴性,统一用“他”,看上下文便知是男是女。

刘半农、孙祖基等人立即挺身迎战。他们对寒冰的观点逐条驳斥:一、“他”字两性兼用,严重影响阅读和理解。“他”字曾经适应过人们的需要,“她”字出现则是为了适应人们新的需要。二、正如“他”字有个从无到有的过程一样,“她”字也有一个由生到熟的过程。人们用熟了,字典上自然就有了。三、女性第三人称与第一、第二人称是有区别的。第一、第二人称用于对谈,指称明确,不易混淆;第三人称语境复杂,不加区分是不行的。四、“她”字虽有古义，但已废而不用；另赋新义，顺理成章。汉字中有大量先例，“虚字几乎十个里有九个不是古义”。五、“他”“她”在口语中没有区别，书面语中如能区分开来，其作用也是不容忽视的。

到底用“伊”还是用“她”，刘半农做了一个比较。“伊”的好处是能从读音上和“她”区分开来，但其他方面还是“她”字更好：口语用“伊”的地区太窄，难求普遍；“伊”字没有女字旁，不如“她”字明确；“伊”字偏于文言，用于白话，不甚协调。

文人之争难解难分之际，半路又杀出程咬金。让人大跌眼镜的是，把“她”从“他”中分离出来，本是为了提高妇女的地位，谁知竟得不到女性的支持。有一家名为《妇女共鸣》的女性杂志只接受“伊”而拒绝“她”。该刊编者认为：“她”字丢掉了人字旁，是不把妇人当人看，对妇女的人格公然进行污辱。1935 年 8 月，该刊刊出了《本刊拒用“她”字启事》，对自己的观点做了进一步的阐述：“本刊对于女性第三身的代名词，用‘伊’字，而拒绝用‘她’字。因为女性第三身用‘她’，男性第三身用‘他’，物件第三身用‘牠’。‘人旁’‘女旁’‘牛旁’相比衬，男性是‘人’，女性是‘女’，物件是‘牛’，岂非是含着点女性非‘人’的意思吗？”她们万万没想到，今天“她”字不仅用来做女性第三人称，还可以用来指称那些形象美好的、值得珍爱的事物，我们在饱含感情谈到自己的祖国时，就可以用“她”字。

“她”为什么能笑到最后？黄兴涛先生认为：恰恰是因为“她”跟“他”同音。“这种形异声同的有节制的改变，既顺应了新时代的精确性分化要求，也遵从了汉语自身可以一音多字的简便特点。”

“回看射雕处，千里暮云平。”一般人大概不会想到，这个几乎天天见面的“她”字，竟蕴藏着如此多姿多彩的故事吧？

“烤子鱼”小考

晚上陪朋友吃饭，邻座指着一盘烤子鱼说：“这鱼分明是油里炸的，不是火上烤的，为何称烤子鱼呢？”这正是我20年前曾经问过的问题。

20年前，我以出版社总编辑的身份，参加《中国食经》编委会，任该书的副主编。我想当然地认为，“烤子鱼”的“子”是指鱼的形体小，“烤”是指烹饪方法，但总觉得这个“烤”字名不正言不顺，于是便向身边的专家请教。我问过上海饭店业协会的会长任伯尊、中国烹饪协会的副秘书长聂凤乔、烹饪专栏作家林苛步……但没有得到明确答复，《中国食经》后来回避了“烤子鱼”的写法。但这个问题仍在我脑子里挥之不去。以后每碰到业界高人，我还是继续发问，几年以后，终于拼出了一个答案：

一、烤子鱼学名凤鲚。头小而尖，体侧而扁，尾细而长，呈银白色。

二、烤子鱼营养丰富，味道鲜美。常用来制作罐头，称凤尾鱼；油炸作冷盘，称烤子鱼。

三、烤子鱼的“子”，和鱼的形体无关，而是鱼子的“子”。烤子鱼生活在近海，春夏间洄游至河口产卵，此时捕获的雌鱼肚子里全是子。

四、烤子鱼的“烤”，也和烹饪方法无关。这是一个方言用字，正确的写法应是囥。囥，音kàng，藏的意思。囥子鱼，即肚子里藏了很多子的鱼。

五、方言字一般人不熟悉，“囥”在传播过程中发生了讹变，读音由kàng变成了kào。古人为此专门造了一个“鮳”字。明黄省曾《鱼经》：“有鮳子鱼，其生也带子。”鮳子鱼即囥子鱼。

六、“鮳”字一看便知是鱼名，但很冷僻，于是不断被同音字替代。工具书中有靠子鱼、拷子鱼等写法，当代通行的写法是烤子鱼。

7-29

微型讲坛

多音字的增加和减少

◎苏培成

本文说的多音字指的是多音多义字，指一个字用不同的读音表示不同的意义，而不是指多音同义字(异读字)。从汉字的历史演变看，字的读音一面产生分化，出现多音字；另一面不断调整，去掉那些不必要的多音。结果就是使汉字里的多音字保持在一定的比例上，比较适合应用。这是我们研究汉字读音时应该很好地注意的。

多音字的增加主要有两个原因，一个是词义的引申，一个是汉字的假借。词义引申时常伴随着读音的改变，形成了多音字。例如：

降。《说文·阜部》：“降，下也。”指由上走下来。《韩非子·外储说左下》：“登降肃让，以明理待宾。”古巷切，读 jiàng。引申为投降。《左传·襄公元年》：“彭城降晋。”下江切，读 xiáng。

饮。指喝。《论语·述而》：“饭疏食，饮水。”於锦切，读 yǐn。引申指使喝水。《左传·宣公十二年》：“将饮马河而归。”於禁切，读 yìn。

背。《说文·肉部》：“背，脊也。”指脊背。《盐铁论·利议》：“议论无所依，如膝痒而搔背。”补妹切，读 bèi。引申为用脊背驮。李商隐《李贺小传》：“从小奚奴，骑疲驴，背一古破锦囊。”读 bēi。后作“揹”。《第一批异体字整理表》把“揹”并入“背”。

词的多数引申义和本义读音相同，例如“兵”的本义是兵器，引申指军队都读 bīng，本文不讨论这方面的问题。

由于文字的假借，母字与假借字的读音常有变化。例如：

夫。《说文·夫部》：“夫，丈夫也。”成年男子的通称。《孟子·梁惠王下》：“内无怨女，外无旷夫。”甫无切，读 fū。假借为发语词。《左传·隐公四年》:“夫兵,犹火也。”防无切,读fú。

女。《说文·女部》:“女,妇人也。”指女子。《诗·郑风·出其东门》:“出其东门,有女如云。”尼吕切,读nǚ。假借为汝,表示第二人称。《诗·郑风·萚兮》:“叔兮伯兮,倡予和女。”忍与切,读rǔ。

卒。指步兵。《左传·僖公二十八年》:“子玉收其卒而止。”臧没切,读zú。假借为“猝”,指仓猝,急速。《墨子·七患》:“心无备虑,不可以应卒。”仓没切,读cù。

汉字简化时用近音代替,类似于古代的假借。例如:

干。干戈的干读gān,代替枝榦的榦,读gàn。

只。仅只的只读zhǐ,代替一隻两隻的隻,读zhī。

斗。升斗的斗读dǒu,代替鬥争的鬥,读dòu。

多音字的减少,也有两条路:一是改读,一是改写。改读时义项不减少,只是读音并入其他。这种例子很多。例如:

擘。《玉篇·手部》:“擘,裂也。”指分裂。《史记·刺客列传》:“既至王前,专诸擘鱼,因以匕首刺王僚。”博厄切,读bò。擘又指大拇指。《尔雅·释鱼》:“蝮虺博三寸,首大如擘。”《集韵·锡韵》蒲历切,读bì,后改读为bò。

养。《说文·食部》:“养,供养也。”指养育。《礼记·大学》:“未有学养子而后嫁者也。”余两切,读yǎng。又指供养、侍奉。《孟子·梁惠王上》:“彼夺其民时,使不得耕耨以养其父母。”余亮切,读yàng。后改读为yǎng。

胜。指打胜仗。《孟子·公孙丑下》:“战必胜矣。”诗证切,读shèng。又指力能担任、经得起。《韩非子·扬权》:“枝大本小,将不胜春风。”识蒸切,读shēng,后改读为shèng。

1985年12月发布的《普通话异读词审音表》减少了普通话中的一些多音字,方便了使用。例如:

叶。叶公好龙的叶审定为

yè，不读 shè。

吃。统读 chī。口吃（结巴）的“吃”本读 jí，现改读 chī。

从。统读 cóng。从容的从本读 cōng，现改读 cóng。

改写就是不改变字的读法，而是改变字的写法。改写可以减少多音字，但是增加了字数。例如：

舍。有两个读音，都写作舍：指房舍，读 shè；指舍去，读 shě。后来舍去的舍写作“捨”。《醒世恒言》第三十四卷：“道人道：你莫非懊悔，不捨得这车子钱财么？”《简化字总表》规定“捨”简化为“舍”，“舍”又成为多音字。

扇。有两个读音，都写作扇。指扇风的用具时，是名词，式战切，读 shàn；指摇动扇子使生风时，是动词，式连切，读 shān。后来动词的扇写作“搧”。《金瓶梅词话》第五十二卷：“只顾搧扇子。”《新华字典》《现代汉语词典》都把“搧”作为异体并入“扇”，使扇成为多音字。

那。作指代词时读 nà，作疑问词时读 nǎ。《水浒传》第二十八卷：“只见那箇人走将入来，问道：那箇是新到囚徒武松？”“五四”前后疑问词“那”改写为“哪”，“那”成为一音字。

全部消除多音字是做不到的，但是适当减少是可能的，特别是对群众中已经存在的减少趋势要积极加以引导。

网言网语·敌人

人们多认为，最真诚的人是朋友，这可能是一种假象。在你犯错误的时候，朋友往往不会勇于指责；在你“头脑发热”时，朋友也往往不会“泼冷水”。其实，敌人是最真诚的，从敌人那里我们可以发现有关自己的真相。所以，我们应该重视敌人的批评、抨击，真实的自己，可能就在其中。

（乔　桥 / 辑）

时尚词苑

跑好『最后一公里』

◎刘东怿

2014年1月20日，习近平总书记在中央党的群众路线教育实践活动第一批总结暨第二批部署会议上提出要解决好联系和服务群众"最后一公里"问题。2015年2月27日，习近平总书记在中央全面深化改革领导小组第十次会议上再次指出打通"最后一公里"的重要性。于是"最后一公里"的说法引起人们的关注与思考，同时"最后一公里"很快成为当红流行语，常常出现在报纸杂志中，并进入人们寻常的语言生活。例如：

（1）法无规定不可为，法定责任必须为，不能只记上半句，不认下半句。期待当地相关部门尽快拿出切实可行的措施，打通慈善落地的最后一公里。（《京华时报》2015年10月19日）

（2）快递员是连接消费者和商家的纽带，他们的表现关乎用户体验。无论是技术进步还是商业模式创新，都要通过快递员完成"最后一公里"，否则再火爆的购买行为都无法转化为实实在在的交易。（《人民日报》2016年5月3日）

"最后一公里"的说法源自外语（last kilometer），基本意义可以理解为长途跋涉中最后一公里的路程〔见例（3）〕。最初进入汉语时，多用于物流配送，指配送的最后一个环节。后来引申形容"三网"（电信网、广播电视网、互联网）连接到用户的最后一步〔见例（4）、例（5）〕。

（3）优秀的马拉松运动员，他的竞技能力就表现在跑好最后一公里上，跑不好最后一公里，再优秀的运动员也是事倍功半，甚至是前功尽弃。（《云南日报》2014年2月14日）

（4）与电信网相比，有线电视网进军数据业务最大的优势

就在“最后一公里”，即光纤入户方面占有先天优势。(《文摘报》2000年4月13日)

(5)上海市电信公司在建成ATM骨干网之后，大力发展“最后一公里”的宽带接入，加快推进宽带多媒体通信网的信息实用化进程……(《人民日报》2001年5月31日)

随后，“最后一公里”用来指某项科学技术中很难攻克的一关。例如：

(6)人们常说的“最后一公里”气象预警，就是各级部门利用各种手段和途径，包括卫星广播等技术，使气象信息能够覆盖传统通信手段无法到达的偏远地区。(《人民日报》2008年2月14日)

习总书记所讲的“最后一公里”是指党的各项政策能够真正地落实，并惠及群众的关键步骤〔见例(1)〕，“最后一公里”也可以泛指为完成一件事情最后的并且最关键的步骤〔见例(7)〕。

(7)很多地方交通拥堵状况得不到改善，公交系统未能有效发挥作用，就在于打通了出行最先一公里，而没有做好最后一公里，导致出行难的问题始终存在。(《法制日报》2015年8月25日)

我们发现，“最后一公里”的引申义，通常不是指具体的里程数，而是指抽象的距离。例如：

(8)随着“大众旅游时代”的兴起，广大游客对旅游品质的期待日益提升。吃、住、行、娱、购之后，如厕问题成为游客旅游体验的“最后一公里”。(《北京日报》2016年5月2日)

(9)从三甲医院到县级医院，再到基层卫生院和村级卫生站，专家下乡、分级诊疗、双向转诊，为村民寻医问诊打通了“最后一公里”。(《浙江日报》2016年5月1日)

人生中的一次次任务就像是一场场长距离赛跑，有辛苦，也有收获。即将到达终点时，请踏踏实实跑好“最后一公里”，勿因急于求成的心态和行为，让所作的努力付之东流。

哪来的『梗』

◎冬方

在日常生活中，我们常常听到有些年轻人这么问："这是什么梗？"在报刊上，我们也不时看到"梗"的新用法。这个"梗"俨然是个当红流行词。例如：

（1）刷爆朋友圈的"主要看气质"是什么梗？竟然那么火！（《河南日报》2015年12月6日）

（2）在同一部电影中，各种新梗老梗交替出现，于是乎我们看到了故事在小清新与重口味两重天地中来来回回地摇摆，间或还有哥特风格的无缝切换。（《北京日报》2016年3月31日）

"梗"的词典义是草本植物的茎或枝，如"花梗""菜梗"。不过，流行词"梗"，跟词典上固有的"梗"并无联系，简直是风马牛不相及。"梗"的流行义是指引人发笑的事情。例如：

（3）每当回忆幼年往事，长辈们笑得花枝乱颤，而我只能故作呆萌。因为，那些大人口中好笑的梗，我大多毫无记忆。（《中国青年报》2014年12月17日）

（4）《满腹经纶》（相声）中将"陕西师范大学"调侃成"陕西吃饭大学"就是青曲社进陕师大演出时表演的一个"梗"。（《北京晚报》2014年2月5日）

由于使用频率不断提升，流行词"梗"迅速演变成一个多义词，它也可以指电影、电视剧中的桥段。例如：

（5）这部爆米花电影被业内人士认为是商业定位精准，营销到位，运作成熟。不足的是，故事依然沿用老梗老套路缺乏创新。（《深圳特区报》2016年2月29日）

"梗"也可以指一个比较热门的话题。例如：

（6）关于何润东结婚的梗在近年屡屡被提及，因为他多次在受访的时候高调宣布，自

已答应爸爸将会在40岁前结婚。(《信息时报》2016年3月11日)

如今,“梗”已经有成为类词缀的趋势,“××梗”式的词语越来越多。如“身高梗、经典梗、撞脸梗、黄鸭梗、历史梗、剧情梗、言情梗、创意梗、幽默梗”等。值得注意的是,这些列举的用例大多来自网络语言,所以“××梗”式的词语往往有一定的时效性,随着时间的行进,不断地会有新词加入,旧词消失。

为什么“梗”的流行义与其词典义之间没有联系呢?这就不得不说一说“哏”。原来,“梗”之所以产生现在的流行义乃是将“哏”误写成“梗”的结果。相声表演中有逗哏者与捧哏者,他们逗与捧的目的是抖开包袱,推动情节的发展,形成叙事的高潮与结局。因而,所谓的“哏”是指经过细密组织、铺垫,而达到的喜剧效果。更具体一点,“哏”还可以指几句搞笑的台词或一个笑点。例如:

(7)黄国伦初到大陆,因为两地“某些笑的哏不太一样”,有时候在综艺节目上讲一些在台湾会引起哄堂大笑的哏,这些哏抛给大陆观众,“他们听不懂,没反应”。(《人民日报海外版》2015年12月14日)

将“哏”误写为“梗”,来源于台湾演艺圈。普通话中,“哏”读gén,“梗”读gěng,读音近似。台湾地区历来使用闽南方言,因此,一部分台湾人在说国语(普通话)时,会把前鼻音韵母和后鼻音韵母混淆起来,以致有人误把“哏”写成“梗”了。此后,以讹传讹,错别字竟然成了流行字。台湾相声瓦舍的著名演员冯翊纲先生和当代优秀的华语小说家、台湾辅仁大学张大春先生都曾公开提到这个问题。他们指出“梗”是讹字,正字应该是“哏”,其中张大春先生还推测“哏”字之所以会被误用为“梗”,是出于电视公司听写字幕的人员“无知的创造”,才使得“梗”有了现在的流行义。

“傲娇”：从动漫游戏中走来

◎赵丽华

“傲娇”，原为日本动漫游戏用语，是对日语词“ツンデレ”的意译，专门形容“平常说话带刺，态度强硬高傲，但在一定的条件下害臊地黏腻在身边”的人物，多用于恋爱中的女性。借入现代汉语后，“傲娇”的语用功能逐渐发生了改变。若用汉语构词法来分析，“傲娇”可以看作是由“骄傲”“娇气”二词各取一个语素并列组合而成，“傲”有“自以为了不起，看不起别人”之意；“娇”，可以解释为娇生惯养，经不起艰苦，习惯于享受。因而，我们不妨将新词“傲娇”理解为“骄傲+娇气”或“骄气+娇气”，但是“傲娇”的语用状况却与汉语固有的词语“骄娇二气”很不一样。

首先，“傲娇”不限于用于“恋爱中的女性”〔见例(1)〕，也不限于用于人，它可以用于多种事物〔见例(2)、例(3)〕。

(1)“碰上了这样的时代，又恰好看到了机会，如果不做，怕将来后悔。”堂弟有些傲娇地说，不在赚多少钱，实在是“想做点事”。(《人民日报》2015年6月23日)

(2)英国的“傲娇”或许在于它认为自己“砝码”在手：既有亮眼的经济数据，又有貌似强大的民意支持。(《人民日报海外版》2015年5月28日)

(3)为何才过两三年，一贯“冷艳傲娇”的台湾半导体企业就不得不想方设法来大陆设厂呢？道理很简单，此乃两岸经济整合大势所趋。(《人

民日报海外版》2016 年 3 月 30 日）

其次，“傲娇”的感情色彩也发生了显著变化。2016 年 4 月 4 日，《文汇报》刊载了一篇题为《30 年前“傲娇”的白玉兰，被忘却了么》的文章。作为上海市的市花，白玉兰在上海人心中具有一种特殊的情怀。每年春季，满树繁花时的白玉兰朵朵挺拔向上，极似一树白鸽在飞舞。它也正象征着上海的城市精神——清丽高雅、勇当先锋而又奋发向上。可见，此处的“傲娇”没有一丝“贬意”，应属贬词褒用。又如：

（4）摩登斑马、迷你袋鼠、傲娇羊驼等一批萌宠明星出现在上海欢乐谷乐园，掀起一波合影潮。（《新民晚报》2016 年 4 月 8 日）

（5）小朋友们纷纷点赞电影中人物形象，傲娇可爱的沙果、壮硕温暖的年兽是他们的最爱。（《新民晚报》2016 年 2 月 2 日）

对一篇新闻报道而言，适时使用当前流行的新词新语，可增添文章的可读性，从而达到吸引读者的效果。以上二例，“傲娇”分别修饰“羊驼”“沙果”，结合语境来看，具有“娇羞、可爱”之意，为褒义。

毛泽东曾经用“骄娇二气”来批评某些领导干部的不良作风。所谓“骄娇二气”就是骄傲之气和娇弱之气，指某些干部经不起一点锻炼，受不了一点委屈，又自视甚高，骄横跋扈。而新词“傲娇”，尽管在语义上与“骄娇二气”有相通之处，但从上引诸例来看，其主要用法都不作批评用语。

当下，“傲娇”何以会变成流行新词呢？原因之一，语言的经济原则起了作用。同样表达一种意义，简洁的双音词比四字格词语更能满足使用者的需求。原因之二，动漫、动画电影等“二次元产业”的兴盛，以“95 后”“00 后”为主体的青少年二次元文化群体的持续壮大，为新词“傲娇”的流行提供了客观条件。

有此一说

另眼相看“必须的”

◎汪惠迪

“必须”表示事实上或情理上一定要做到某种程度，是个副词。它用在动词或形容词前边，做状语，例如：大家必须按时到达集合地点 | 待人必须诚实可靠。有时，“必须”可以用在主语的前边，例如在讨论执行某项任务的人选时，我们可以说：“必须他去！”这句话里的“必须”用在句子头上，跟“他必须去”的意思不一样，其差别显而易见，无须赘述。

由于“必须”跟“必需”同音，二者在意思上又多少有些共同之处，因此容易混淆。例如：

（1）穿着整齐清洁是对别人的尊重和体现自身修养所必须的。

（2）如果外语不好，出国留学报读语言课程还是必须的。

（3）对房地产采取限购措施虽有副作用，但无疑是必须的。

这三个句子结构相同，基本格式是“× × × 是必须的”。“必须”能放在“是……的”中做谓语吗？不能。这个“必须”是“必需”的误用，“必需”是“一定要有、不可或缺”的意思，是个动词，可以放在“是……的”中做谓语，所以上面三个句子只要把“必须”改成“必需”就行了。

本文要讨论的是流行语“必须的”。先看用例。2016年6月6日人民网转发了《景德镇日报》的一篇特写，标题是《见义勇为，必须的》，副标题是《记景德镇市十大法治人物赵庆

“见义勇为，必须的”

——记景德镇市十大法治人物赵庆兵

2016年06月06日18:08　来源：景德镇日报　手机看新闻

人民网转载《景德镇日报》的文章标题

兵》。赵庆兵是公交车司机，他曾帮助一位女乘客追回被两个小偷扒走的金手镯。事后这名乘客将一面“见义勇为”的锦旗送到公交公司，以示感谢。赵庆兵说：“见义勇为，必须的。”

这个“必须的”可以表达当然、应该的、那还用说、理所当然或毫无疑问等意思。在现实生活中，常见铁哥们儿或铁姐们儿在聊天时爱用“必须的”或“那是必须的”表态，意思是自己非常赞同，而且有时还带点自信或自傲的意味。在搞笑节目和电视剧中，“必须的”已成为演员或剧中人的口头禅。有样学样，在现实生活中，“必须的”也成了许多年轻人的口头禅。

“必须的”在网上网下高频使用，影响所及是有人在书面语中该用“必需的”的时候用了“必须的”，成为语病，而且是高频语病。这是必须小心的。

赵庆兵说的“必须的”涵义丰富并带有感情色彩，在书面上显然是不能改成“必需的”的。网言网语有时是不跟你讲什么法的，简直是“妄言妄语”，但是它鲜活，它走红，它流行。奈它何？唯有另眼相看了。

网言网语·信仰

表面上看，我们的思想是自由的，可以信马由缰，可以天马行空。其实，在我们的内心深处，有一个神秘的力量，它比思想更强更有力，是它在控制我们的思想。这个力量，就是信仰。

（崔国胜／辑）

文章病院

先秦时代没有“大米”吗

◎王宗祥

2016年1月7日《新民晚报》B9版刊有《资深吃货观〈芈月传〉》一文。该文作者说他在观看《芈月传》剧时，发现了几种穿越的食物，首先是香甜可口的桂花糕。该文写道：“《芈月传》剧中所讲述的是先秦时代的故事，所以那个时代的人是绝对做不出桂花糕来的。因为用于制作桂花糕的大米，那会儿还长在东南亚，尚未传入我国。楚王宫却在这会儿做起了桂花糕，实在是太超前了。”说先秦时代的人不能做桂花糕，是因为那时我国无大米，大米还长在东南亚，这是值得商榷的。

我国种稻历史最古的实证，是20世纪70年代在浙江省余姚市罗江镇渡头村河姆渡遗址出土的炭化稻谷(《中国考古学大辞典》，上海辞书出版社2014年出版，第223页)，年代距今六千多年。当时发现由稻谷、稻壳、稻秆、稻叶交互混杂形成的厚达20～50厘米的堆积层，可见那时稻作农业发达。这比远古传说黄帝“艺五种”(黍、稷、菽、麦、稻，《史记·黄帝本纪》)的时间还要早两千多年。到目前为止，在我国长江和黄河流域新石器时代遗址中，有几十处发现了距今六千至四千多年前的水稻，其中有粳稻，也有籼稻。

在距今三千多年前殷墟遗存的甲骨文中，有稻、秜(野生稻)字。我国第一部诗歌总集

“洋碱”应为“洋枧”

◎杨西仑

2016年第8期《读者》上的《剃头匠》一文,在写到剃头匠给人刮胡子时说:“刀磨好了,剃头匠用手在爷爷的脸上抹上一层薄薄的泡沫,应该是肥皂,爷爷说是洋碱。”这里“洋碱”应该写作“洋枧”。

“枧”音 jiǎn,在方言中指用于洗涤去污的肥皂。如王力《广州话浅说》:“番枧,肥皂。枧就是硷的别字;番就是洋。亦简称枧。”“洋枧”是肥皂的旧称。

“碱”,指含氢氧根的化合物的统称。有涩味,能使红色石蕊试纸变蓝,能跟酸中和而形成盐。虽然“碱”也可用作洗涤,但真正起到像皂类一样洗涤去污作用的,非“枧”莫属。因此,上述引文中的“洋碱”应为“洋枧”。

《诗经》中,有水稻种植、收获的记载。如《小雅·甫田》:“乃求千斯仓,乃求万斯箱。黍稷稻粱,农夫之庆。”

我国是世界上最古的水稻起源中心、种稻最古的国家。大约在周代,我国的水稻南传越南。汉代,我国的粳稻东传日本。

相传《招魂》为屈原所作。《招魂》里记载了多种多样的食品。如“稻粢穱麦”,“稻”即稻米。再如“粔籹蜜饵”,“蜜饵”即蜜糕。

《芈月传》剧里写楚王宫制作桂花糕有可能超前,因为当时不一定有这种糕,但原因绝不是没有大米。

“五刑”到底是哪“五刑”

◎王　轲

《读书》2016年第4期刊登的《酷刑与文明——凌迟的谱系学考察》一文中写道：“这些法律在历代演变中也保持了相当的连续性和权威性，以公元七世纪公布的《唐律疏议》为例，其中确立的‘五刑’一直到一九〇五年基本上都被沿用，‘笞’‘杖’‘徙’‘流’‘死’为序的刑法安排在不同朝代也仅是局部细节略有变更。”其中“徙”刑应为“徒”刑。

《唐律疏议》又称《永徽律疏》，是唐朝刑律及其注疏的合编，共三十卷。为中国现存最古、最完整的封建刑事法典。查阅《唐律疏议》（上海古籍出版社2013年版），“五刑”包括“笞”“杖”“徒”“流”“死”。其中，“笞”刑指用小荆条抽打受刑者的臀部，“杖”刑指用大荆条、大竹板打受刑者的背、腿和臀，“流”刑指将犯人流放到边远地区，“死”刑指将犯人处死。关于“徒”刑，《唐律疏议》曰：“徒者，奴也，盖奴辱之。”徒刑，即强制犯人劳役。而“徙”指迁徙，与刑罚无关。

网言网语·未来

生活中确实有这样的人，走路时不小心被一块石头绊倒，于是怒气冲天，大发雷霆，爬起来猛踢石头两脚，结果又把脚踢伤，给自己造成更大的伤害。人生在世遭遇伤害在所难免，伤害既然产生了，它就已经成为过去。纠缠过去，不如看向未来，看通往未来的路上，是否有新的危险。

（黄文健／辑）

辽圣宗如何能游松花湖

◎晋 相

松花江被丰满水电站拦截，形成松花湖

2016年4月19日《沈阳晚报》第14版刊有报道《第11届吉林市开江鱼美食节即将开幕》，其中说："据史书记载，辽代自圣宗起，直至天祚皇帝，每年都千里迢迢从京城出发，带领群臣及后宫嫔妃们到松花湖巡游、春猎，在春寒料峭之时，凿冰取鱼，举行'头鱼宴'。"然而，松花湖是一个人工湖，建成至今不足百年，辽代时的皇帝如何能带人巡游呢？

1937年，侵占东北的日军奴役中国劳工开始在吉林市郊小丰满地区兴建丰满水电站，用混凝土筑坝拦截松花江水。1942年大坝开始蓄水。1943年5月29日首台水轮发电机组开始发电。1945年8月，因日本战败投降而停工。1948年3月吉林市解放，人民政府继续施工，至1953年才真正完工，并将因水坝拦截松花江而成的人工湖命名为"松花湖"。

辽代帝室实行四时捺钵（契丹语的译音，即皇帝的行营）制，按四季轮替迁移行营。至辽圣宗朝时，春捺钵地点定于混同江（今松花江鸭子河一段）附近。当时"松花江"之名都尚未产生，"松花湖"更是无从谈起。

八个样板戏中并无《龙江颂》

◎毛纬武

2016年3月10日《萧山日报》第11版的《老家的古戏台》一文说:"十多岁时,正值'文革'时期……可怜巴巴的只剩下八个革命样板戏,赶来赶去看电影,赶来赶去看戏文,看的都是这些样板戏。什么《红灯记》《沙家浜》《龙江颂》《智取威虎山》等等。"这里提及的《龙江颂》并未被列入"八个革命样板戏"的行列。

京剧《龙江颂》

根据史料记载,自1966年起,"革命艺术样板""革命现代样本作品"一类说法便多次出现于报刊评论中。到1967年5月31日,《人民日报》发表社论《革命文艺的优秀样板》,正式提出了"八个革命样板戏"一说,分别为:京剧《智取威虎山》《海港》《红灯记》《沙家浜》《奇袭白虎团》、芭蕾舞剧《红色娘子军》《白毛女》、交响音乐《沙家浜》。事实上,包括引文中所提《龙江颂》在内,在这之后又陆续出现了不少样板戏,样板戏总数不止八个。通常所说的"八个革命样板戏"中并无京剧《龙江颂》。

《火眼金睛》提示

图1,"嗽叭"应为"喇叭"。
图2,"践行"应为"饯行"。
图3,"哩脊"应为"里脊"。
图4,"丙戍"应为"丙戌"。

“第一支毛笔”是春秋时期出土的吗

◎魏焕哲

“到春秋时期（公元前7—前4世纪）才从湖北随州擂鼓墩曾侯乙墓中出土了第一支毛笔，此后从战国到秦汉，从墓葬中出土的毛笔就较多了。”这几句话引自2015年11月4日《语言文字周报》所载《毛笔和钢笔》一文。引文内容无论在时间判定上，还是史实描述上都存在谬误。

曾侯乙墓出土的毛笔

春秋时期是我国古代奴隶社会瓦解时期，得名于鲁国编年史《春秋》。《春秋》编年起自鲁隐公元年（前722），讫于鲁哀公十四年（前481）。现在一般把公元前770年到公元前476年划分为春秋时期。可见，若按世纪大略而言，春秋时期的起讫时间当为公元前8—前5世纪，而不是引文括注的“公元前7—前4世纪”。

曾侯乙墓位于湖北随州西北的擂鼓墩。查阅资料可知，曾侯乙墓发掘于1978年，墓主人姬姓，氏曾名乙，系战国早期南方小诸侯国曾国国君。曾侯乙墓出土随葬品众多，如举世

“火烧连营”不是江上作战

◎木　子

《沈阳日报》2016年4月7日第9版刊出《南方的河流》一文，其中有句话说：“南方人在陆地上仗没打够，把仗打到江上，草船借箭，火烧连营。”草船借箭是在江上，但火烧连营可不是在江上啊！

《三国演义》第四十六回《用奇谋孔明借箭　献密计黄盖受刑》讲周瑜要诸葛亮监造十万支箭。诸葛亮并未造箭，而是借20只船，每船30名军士，船上布幔草束，四更时分趁着漫天大雾直发曹军水寨，擂鼓呐喊，曹操命水军和旱寨共万名弓弩手乱箭齐发，使诸葛亮“借”到了箭。这是“草船借箭”。

《三国演义》第八十四回《陆逊营烧七百里　孔明巧布八阵图》，讲刘备为报关羽、张飞被杀之仇，起兵东征。他“树栅连营，纵横七百余里，分四十余屯，皆傍山林下寨”。东吴大都督陆逊火烧连营，刘备大败，“仅存百余人，退入白帝城”。不久，刘备就死在那儿了。这是“火烧连营”。显然，“火烧连营”与江上作战并无关系。

与江上作战有关的是“火烧连船”，即赤壁之战。《三国演义》第四十九回《七星坛诸葛祭风　三江口周瑜纵火》。故事接在“草船借箭”之后，讲黄盖诈降，趁东南风率20只船接近曹军水寨时放火。火借风威，风助火势，曹军之船都用铁环锁着，无可逃避，大败。那是连船，不是连营。

闻名的曾侯乙编钟、曾侯乙尊盘等，引文中所说的毛笔也包含其中。由此可知，曾侯乙墓是战国时期墓葬，发掘于1978年。引文的表述既不合史实，也不合逻辑。

『无远弗介』讲不通

◎张志达

《证券市场研究》2012年12月1日第44期第4页说："中国当前的司法腐败，造成更严重的官商勾结，有法不依的普遍现象，蚕食到无远弗介的恶劣地步！"其中用"蚕食"作为主语"现象"的谓语动词，显属使用不当，当用"侵蚀"为妥；"勾结"后面应该用顿号，这里都姑且不说。这里要探讨的是："无远弗介"是什么意思？能否这样说？

"介"的意义有处于两者之间、铠甲、耿直等，可以构成介绍、媒介、介质等词，但从无"弗介"的说法，"无远弗介"是讲不通的。应为"无远弗届"，一般写作"无远勿届"。

"届"义为到；"弗"与"勿"一样，都有不的意思，可以用作否定副词。"无远勿届"出自《尚书·大禹谟》："惟德动天，无远勿届。"意为只有德行能感动上天，没有什么遥远的地方不能达到。上述引文中，用"无远弗届"表示司法腐败、官商勾结、有法不依之类现象已经侵蚀到资本市场的方方面面，是妥帖的。

"轮彀"应是"轮毂"

◎万经伟

2016年3月30日《报刊文摘》第5版《"科技天才"李一男的抛物线人生》一文中说："……但去年至今，电动车轮彀问题备受诟病。"其中的"轮彀"应是"轮毂"。

"彀(gòu)"指张满弓弩。"轮彀"让人不明所以。毂，读gǔ，指车轮的中心部分，有圆孔，可以装轴。"轮毂"误写为"轮彀"，恐是因字形相近所致。

网语漫谈

友谊的小船说翻就翻?

◎徐 瑞

一句"友谊的小船说翻就翻"迅速掀起了网络的"翻船体"造句大赛——"听说你是学语言学的,那你一定会说很多门语言吧?""友谊的小船说翻就翻。""科比退役了,好难过。""科比是谁?""友谊的小船说翻就翻。"一时间,各行各业、男女老少的友谊小船几乎都翻了一遍。然而,为什么友谊会是小船?这艘小船又怎么说翻就翻呢?

许多网友也对这个有趣的网络现象进行了说明,大多数人认为"友谊的小船"发端于"友谊"的英文单词"friendship"。英文单词主要通过"在词根上添加词缀"的派生方法构成。"ship"一词本义是船舶,作为词缀使用时常表达某种状态、地位或性质。"friend"是朋友的意思,"friendship"便是指朋友双方共同凝结的情感。将"friendship"当中词缀"ship"的意义实在化便可以理解作"友谊之船"。经典美剧《老友记》就曾用这种办法赞美了友谊:"什么船是永不沉没的?""友谊之船(a friendship)。"汉语中,将友谊与船舶关联的例子也同样屡见不鲜。欧阳修在《朋党论》中用"同心而共济,始终如一"来形容君子间的友谊,成语同舟共济、风雨同舟也常被用来描写友谊。由此,"友谊的小船"这一说法便易被接受了。

船舶作为水上航行的交通工具,利用稳定的浮力承载客货。当船只重心偏移、不平衡时就会导致翻船。友谊的关系也同样如此。两个好朋友乘坐在同一艘友谊之船上，如果其中一方发生了异于另一方的变化导致关系不平衡，那么友谊之船也就可能翻沉。但是，“友谊的小船说翻就翻”这种说法又来自哪里呢？

有人说，将英语“friendship”拆开，前半音译、后半意译就成了“翻的ship（船）”；有人说，澳大利亚绘本作家盘米拉·艾伦的作品《谁弄翻了小船》用五只农场动物登船的故事最早描写了“友谊小船说翻就翻”；也有人说，微博中的一张恶搞配图将《让我们荡起双桨》中的歌词改成了“让我们荡起双桨，小船儿说翻就翻”，最早使用了这一说法。来源众说纷纭，但让“翻船体”真正走红的却是作者“喃东尼”。他绘制了两只企鹅友谊小船翻沉的漫画，用来搭配“翻船体”造句，生动可爱。于是，这组漫画很快便被网友们接受并改配文字，真正掀起了“翻船体”的造句大赛。

小到你减肥成功，我却依旧胖着，大到两个国家外交摩擦，发生冲突，“友谊的小船说翻就翻”都可以被用来描述友谊关系中失衡的现象。“翻船”的理由更是五花八门，有不了解对方而造成误会的，有无法满足对方需求的，甚至还有因为闺蜜早早脱单而羡慕嫉妒的，只要是其中一方有违另一方意愿都可能导致“翻船”。休谟说“友谊是人生最大的快乐”，“友谊的小船”毕竟来之不易。人们争相模仿“翻船体”调侃的同时，也应该看到友谊可贵的一面。人际相处中难免会有摩擦，彼此的体谅才是化解矛盾的关键。

除了友情，网友们还另造了一个与“翻船体”相对的“沉船体”，用以调侃爱情关系。热播电视剧《太阳的后裔》便难以幸免：“爱情的巨轮说沉就沉，刘时镇大尉与姜医生真是说分手就分手了。”后来“翻船”的搭配对象进一步拓展，几乎所有搞砸了的事都可用上，如“网红的小船说翻就翻”“油价的小船说翻就翻”等等。

你咋不上天呢

◎史桢英

近日，网络中时常会出现这样一句话："你咋不上天呢？"这句话最早在网络上流传可以追溯到2015年年末，当时在微信朋友圈中出现一则"点开全文"式段子，"教你如何教训东北人……(下方一片空白)"，然后点击"点开全文"，屏幕下方便显示着："合上，瞅把你能的，你咋不上天呢！"这个段子一经出现就被大规模地转发和模仿。

从一个"咋"字我们可以很容易地窥视到这句话的方言性质，"你咋不上天呢"就是一句地地道道的东北方言。这个段子以东北话来反击那些想知道"如何教训东北人"的人，很有些以其人之道还治其人之身的意味。那么，"你咋不上天呢"究竟是什么意思呢？这还要从"上天"这个关键词说起。

"上天"作为谓语动词，字面意义就是"升天""登天"。虽然目前由于科学技术的发展，人类乘坐飞机或宇宙飞船上天已经成为现实，但在古人的观念里，"天"是可望而不可即的。所以他们往往将某件极其艰难的事情与"上天"进行类比。枚乘在《上书谏吴王》中写道："必若所欲为，危于累卵，难于上天；变所欲为，易于反掌，安于泰山。"李白在《蜀道难》中有言："蜀道之难，难于上青天！"

在东北方言中，"上天"一词的意义得到进一步发展和延伸。当东北人说："瞧你厉害的，你咋不上天呢？"就是在给对方泼冷水，意味着对方再怎么厉害也不过如此。这里的"上天"就继承了"艰难到极点""不可能做到"的意义。而当他们说："小区的人真是一点公德心都没有！真把门口当自己家呀！你咋不上天啊！"则是在对小区某些人的行为表示强烈不满，这里侧重的是"上天"的不可思议，并用它来形象化地说明某些事情不符合常理、规范、原则等等。

可见在东北方言中，“你咋不上天呢”绝不是什么好话，态度上是决然的否定，语气中还隐含些许的谩骂和讥讽。但它以表达强烈情感的反问句式、接地气的方言特征依然受到了广大网民甚至是新闻媒体的青睐，在《“黄牛”向便衣卖票证 网友：你咋不上天呢？》这样的新闻标题语中，“咋不上天呢”几乎成为网民心声的代言。

与此同时，通过网络媒体和社交平台的传播，这句话的用法更为丰富了，情感功能也越加多样化。除了表示否定和讽刺的用法外，也可以当成一句戏谑和调侃的话语。有的网民甚至用这句话来进行正面的褒扬，例如：“女神你那么美，咋不上天呢？”就是以反语的形式对女神美貌进行赞美。从讽刺到戏谑，再到赞扬，“咋不上天呢”的负面意义不断消解，语言的幽默感和趣味性不断增加。

在上述三种情况下，“你咋不上天呢”仅仅是在情感色彩上发生变化，其最初的意义或多或少得到保留。慢慢地，“咋不上天呢”走上另一条语义泛化的道路。在微博中，有的网友无奈地抱怨道：“没有网没有电没有水，你咋不上天呢？”也有的网友惊讶地感叹道：“教室当影院，咋不上天呢？”不论是表达抱怨还是震惊，“上天”的主体都是虚化的。这时“咋不上天呢”脱离了原始意义的束缚，转而成为一句发表感叹的通用语，这种用法起到了一种“陌生化”的效果，丰富了这句话的情感表达，也增加了它的适应性和使用频率。

看似简单的一句“咋不上天呢”经过从方言口语到网络流行语的“华丽转身”，竟能体现如此多样的情感意义，产生如此丰富的表达效果，无怪乎网友动辄在微博或微信朋友圈里来上一句“你咋不上天呢？”我们由此可以看到东北方言的巨大感染力，同时也能够感受到网民寻求新鲜、张扬个性、释放压力的心理需求。

谈联说谜

谜中暗寓『通假字』

◎江更生

我们在猜谜中，常会用到一些古汉语的知识，除了要懂一些“古今字”外，还有“通假字”方面的知识多少得了解一些。因为灯谜常常会出现利用“通假字”扣合的情况。

“通假”就是“通用、借代”的意思，即用读音相同或者相近的字代替本字。由于种种原因，书写者没有使用本字，而临时借用了音同或音近的字来替代，因此，有的人认为部分通假字便是古人所写的白字(别字)。大多是将音同本字者，借来代用，也有的是将原先的字写错成了白字(别字)，天长日久，积非成是，成了约定俗成的“通假字”了。

通假字在读古书时成了拦路虎，对制谜者来说却成了开拓谜材的好帮手。例如有这么一条谜，谜面为成语：

闻鸡起舞(打昆虫一)谜底：跳蚤

乍一看莫名其妙，如果你识破它用“通假字”进行扣合的机关，便会感觉到此谜的趣味十足。原来这里的“蚤”是“早”的通假字，闻公鸡啼叫之时必是早晨，故扣“蚤”(早)字；“起舞”在此别解为跳舞，故而相扣“跳蚤(早)”。再看下面一条例谜：

不是人人患便秘(打成语一)谜底：有的放矢

这条谜谜底上的“矢”应别解作“屎”的通假字，犹如毛泽东《送瘟神》诗句“千村薜荔人遗矢”中的“矢”字，谜底作“有的人还是会拉屎的”解。又如下列三条灯谜，也都是巧用通假字进行扣合的作品：

拜金主义(打名胜誉称一)谜底：天下第一泉

父在山东勤攻读(打外国名校一)谜底：耶鲁大学

白头吟(打宗教名词一)谜底：唱诗班

既是"同怀",岂能"使之"

◎岳　伟

2016 年第 1 期《中学生学习报·三悦文摘》初中版第 20 版刊发了一副对联"人生得一知已足矣,斯世当以同怀使之"。这是一副非常有名的对联,然而下联中的"视之"被编者误为了"使之",令人啼笑皆非。

这副对联最早出自清人何溱,是他从王羲之《兰亭集序》中集字创作,此事被清徐时栋记录在《烟屿楼笔记》中。

联语的意思是"人的一生得到一个知己就足够了,这一世都应当看作是志趣相投的挚友"。同怀,本义指情投意合,引申为志趣相投的好友,南朝谢灵运《登石门最高顶》:"异无同怀客,共登青云梯。"此联中"同怀"与"知已"同义相对。20 世纪 30 年代,鲁迅曾写此联赠予瞿秋白,后被人们所传颂。既然是"同怀",岂可"使之"?

第一条谜底里的"泉"是"钱"的通假字,整个谜底别解为拜金者认为"天底下第一位是钱";中间一条,谜底里的"耶"通"爷",如《木兰辞》里"阿耶无大儿"的"耶"字,谜底至此当别解为"父亲在山东使劲地学习着";最后一条,谜底里的"班"通"斑",作花白头发解,谜底应是"吟唱诗歌的头发斑白"之意来与谜面吻合,谜面在此借用了汉代才女卓文君的诗题《白头吟》。

据此看来,我们掌握一些通假字知识,对于破解这类灯谜还是大有裨益的。

有趣的“离合字谜”

◎刘茂业

平常说话中，由于汉字的同音字较多，为了使听者明白，人们往往会将要说的字，分拆成几个部分，比如“弓长张”“立早章”，等等。受此启发，上世纪 80 年代，谜界开拓出一种新的文义字谜——“离合字谜”。这种字谜有别于传统的字谜，它将谜底一个“母字”拆离成几个“子字”（先“合”后“离”），或将几个“子字”合并成一个“母字”（先“离”后“合”），要求“母字”“子字”连贯成义，共同切合谜面。

我们来看两条“离合字谜”中的妙作。一条是“一叶落知天下秋”，要求打离合字一，谜底：“飘示西风”。谜面是采撷了宋代唐庚《文录》中所引的唐人诗，谜底母字“飘”拆成“示、西、风”三个子字，连缀成“飘示西风”，“示”指“表明”，以“一片树叶飘落，预示西风起秋天到”之意照应谜面。另一条是以“满眼风光北固楼”打离合字“京口一景”。此谜面句出自辛弃疾名词《南乡子·登京口北固亭有怀》，北固楼，坐落于江苏镇江北固山，“京口”即现今镇江的古称。谜底将一“景”字剪裁成“京、口、一”三个单字，连同本字一起成底。“满眼风光”与“一景”呼应，“北固楼”同“京口”谐契。

由上述两例可知，这种谜底虽称之为“字”，实际上已成为一个词、短语或句子。这种灯谜与其他字谜猜法迥然不同，它以会意为主，谜底既要有别解，又要由原字加上所分拆的一个个独立的字组合起来方能相扣。

一联三改成佳品

◎曾洪根

清朝时候，杭州灵隐的冷泉亭上，挂有一副对联：

泉自几时冷起

峰从何处飞来

传说清朝有名的文人俞樾曾和他妻子到飞来峰下游玩，坐在冷泉旁边休息，欣赏这副对联。俞樾把对联稍做修改：

泉自有时冷起

峰从无处飞来

妻子一听，觉得改得不好，立即表明自己的看法：

泉自冷时冷起

峰从飞处飞来

过了几天，俞樾带着次女秀孙又来到冷泉旁边。秀孙望着亭子，沉思了一会儿，说道：

泉自禹时冷起

峰从项处飞来

俞樾知道，上联“禹时”是指大禹治水的时候，至于那“项处”却不大好理解，便向秀孙追问。秀孙笑着说：“项羽歌曰：‘力拔山兮气盖世’，这座峰不是他从别处拔起，怎能飞到这里来呢？”

俞樾听罢，深为女儿的智慧所震惊，连连鼓励她奋发向上，取得更大的进步。

每月二谜

1. 艾（打四字成语一）
2. 弟子韩干早入室（打二字网络语称谓一）

上期答案

1. 舍外孙（打三字自谦称谓一）

   谜底：小女子（注：别解为“小女之子”）
2. 中国好，中国妙，中国刮刮叫（打三字陶瓷珍品一）

   谜底：唐三彩（注：唐，中国）

重读经典

好文章的标准（二）

◎朱德熙

（接上期）

再说准确。

首先，事实要准确。

讲一件事情，如果事实根本不对，就不好了。不光是学生的文章容易出现这种错误，就是报纸也一样。比如《人民日报》上有一篇文章讲葡萄酒："据史料记载，我国葡萄酒酿造始于汉朝以前，比法国至少早七八百年。"法国是有名的葡萄酒生产国，而我国，不是本来就有葡萄的。汉朝张骞出使西域，才把葡萄种子引进中国。汉朝以前连葡萄都还没有，怎么能酿葡萄酒呢？根本就不符合事实。因此，说比法国早七八百年，完全没有根据。这种事情常常发生。

我还看到一篇文章，叫《参观纽约庞贝馆》。庞贝是古罗马的一个城，因为火山爆发被毁灭了，后来又被发掘出来。这篇文章写的不是庞贝本地，而是在纽约的一个博物馆里利用各种手段进行介绍。文章里写道："公元前七十九年八月二十四日晚上，一声惊天动地的巨响，意大利的维苏威火山爆发，顷刻之间，毁灭了罗马帝国全盛时代的两个古城——庞贝城和克窟拉隆城。"这里的介绍完全是错误的，时间不对，地点也不对。维苏威火山爆发不是公元前七十九年，而是公元七十九年。而且，克窟拉隆城也译错了。刚好《光明日报》在前几个月发表了一篇题为《埃尔克拉罗人之谜揭开了》的文章，就是讲的这个事情。"埃尔克拉罗"是对的。这本来是篇知识性的文章，结果时间和地点都弄错，是十分严重的问题。写文章事实不能歪曲，这是最基本的要求。有人总是粗枝大叶，结果不符合事实的错误就常常出现。

其次，逻辑上要准确。

有一篇文章报道邓小平访

问尼泊尔，其中有一段对加德满都的描写："尽管现在加德满都还是冬天，早晚比较凉，然而，在中午和暖的阳光下，穿毛衣也不嫌热。"这就非常奇怪，冬天穿毛衣当然不嫌热了！文章的意思是想说尽管加德满都还是冬天，但在中午时穿一件毛衣也就够了，而作者和编者居然都没有发现错误，把它发表出来了。这并不是什么难于发现的毛病。

我再举一个例子。《人民日报》曾有一个标题《廖副委员长会见或宴请日本朋友》。到底是会见了，还是宴请了？为什么要用"或"？记者写这个新闻时也许遇到了困难，因为接见的日本朋友不止一拨，有的是会见了，有的是宴请了，于是来一个"或"。但是，用"和"也不行。该怎么办？我想来想去，只有一个办法，就是在"会见"和"宴请"之间加一个顿号，既不用"或"，也不用"和"。"会见、宴请日本朋友"就很好嘛！

还有一个例子。有一篇高中学生的作文，题目是《万花纷谢柿犹红》，讲怎样做西红柿酱，我给他评改了一下。文章一开头讲："夏天是西红柿的旺季，大量上市的时候堆积如山，一时吃不完，价格一日数跌，甚至堆在路边卖不掉，眼睁睁看它腐烂。过了这一阵，特别是到了冬天，它又成为稀缺商品，无处寻觅，有多少人在想，如果有办法把夏天吃不完烂掉的西红柿保存到冬天，那该多好啊。"这可不行啊！"把夏天吃不完的西红柿保存到冬天"是可以的，再加上个"烂掉"就糟了，因为"烂掉"与"保存"之间是矛盾的。既然"烂掉"了还怎样保存呢？这种毛病并不大，自己是可以挑出来的。只要写文章的时候站在读者的立场上挑挑毛病，就完全可以修改好自己的文章。另外，这篇文章里还说："成熟的西红柿鲜嫩可口，营养丰富，人们爱吃它，细菌也爱吃它。正因为它营养丰富，水分又大，细菌一旦在里面安家落户，传种接代，它立刻就要腐烂，所以贮存的方法第一是灭菌，第二使细菌无法再侵入，不能再繁殖。为了灭菌，家庭用的普通蒸锅就够了。把西红柿切碎，装到瓶子里，上锅一蒸，就可以将细菌杀死。但是，如果蒸的时间太长，西红柿就不能保持原型，失去了外形的美观。"这就出问题了。既然已"把西红柿切碎，装到瓶子里"，还有什么外形呢？这不就自相矛盾吗？只能说失去了原来的色泽。这种逻辑上的毛病，是完全可以自己发觉的，所以，我们就要培养学生检查自己文章的能力。

准确，不光是事实要准确，逻辑上没毛病，还要在写文章时注意微妙的地方。

举一个正面的例子。刚才讲到《东方少年》上的那个小学生的文章，有一段描写年画："我常常搬一个小板凳，坐在湖边上，看那满湖的荷花和那些欢蹦乱跳的鲤鱼。有时，竟看好几个小时。荷花那秀美的身姿，迷人的色彩吸引着我，把我带到童话般的世界里。我想到我曾经看到过的那幅年画。在花心的莲蓬上坐着一个胖乎乎的小男孩，花红的小兜肚，脚上系着铃铛，脖子上有一圈花瓣做成的小链子，胖胖乎乎的小手上拿着一个刻着'福'字的连心锁。"我看到过这种年画。这个同学的描写非常准确。这不是很容易的。它把年画的细节和味道都抓住了。

对于初学写作的人，首先应该强调的不是生动，而是准确。其实，准确就是生动。大家不要追求离开准确的生动。像小学生描写年画、描写头发像"壶盖"，就很准确，也相当生动。准确和生动并不是两回事。我们不能片面强调生动，否则，就会有很多流弊，就会引导学生追求漂亮的字眼，打好多没有必要的比喻，结果没有什么好处。

（选自《写作论》，北京师范大学出版社 1984 年出版。文章有删节，标题为编者所加，原标题为《写作和写作教学》）

向你挑战

一根手指与一座奇迹之桥

（文中有十处差错，你能找出来吗？答案在本期找）

◎宛丘 设计

19世纪中叶，纽约突飞猛进，发展速度令世人侧目。有人建议，在繁华的纽约建造一座大桥连结曼哈顿与布鲁克林。这位建议者，便是来自德国的约翰·罗布林，他曾是黑格尔的学生，后来成了最优秀的建筑师。按照他的设计兰图，大桥全长1600余米，是当时世界上最长的桥梁，也是世界上第一座斜拉式钢索吊桥。

通过多方面的努力，大桥终于得以在1869年动工建造。遗憾的是，就在邻近动工时，约翰·罗布林患破伤风不幸去逝。建桥工作落到了他32岁的儿子华盛顿·罗布林身上。华盛顿事必恭亲，亲临施工第一线。桥墩的水下施工，让华盛顿·罗布林患上了严重的疾病。病情越来越严重，华盛顿全身瘫痪，只有一根手指能活动，说话能力完全丧失。大家都认为，这项工程将半途而费，因为桥梁的设计图纸在华盛顿·罗布林的脑子里，只有他才知道如何把这座大桥建成。

值得庆幸的是，华盛顿·罗布林的思维并未受到影响，他并没有坐以待弊，而是苦苦地捉摸如何完成这项伟大的工程。一天，他灵光一闪，想出一种与他人勾通的方式。他编了一套他妻子能读懂的“指语”，然后用唯一能动的手指敲击他妻子的手，而把大脑里的设计告诉妻子，再由妻子把设计意图转达给建桥的工程师们。华盛顿就这样用一根手指指挥工程，直到1882年大桥最终竣工。

这座大桥就是举世闻名的布鲁克林大桥，它与帝国大厦、昔日的世贸中心双子塔楼，一直被视为纽约的地标。而华盛顿·罗布林的传奇故事，更是给大桥凭添了华美的光彩，被世界各地的人们津津乐道。

三峡大坝在何处

屠林明

游览雄伟壮观的三峡大坝，是我期待已久的梦。终于梦想成真，登上了去三峡大坝的游轮。

看到游轮上放着供游客取阅的景点介绍，便拿来浏览。这份用繁体字书写的材料说：三峡大坝位于长江三峡的第三个峡谷——西陵峡中部

三峡大坝

THE THREE GORGES DAM PROJECT

三峽大壩位於長江三峽的第三個峽谷——西陵峽中部的宜昌市三門坪鎮，是人類有史以來最大的水利樞紐工程。

的宜昌市“三門坪镇”……。当时心中一愣，“三門坪”是什么地方，举世闻名的三峡大坝真在此处？还好，并没有老糊涂，马上明白是材料写了别字，“三門坪”是“三斗坪”之误。

“三斗坪”的“斗”读 dǒu，是旧时的容量单位。传说，过去这里是个交通要道，有人用三斗米做本钱开了一个店铺，为过往行人提供方便。日久，此地便被称为“三斗坪”。也有人说，此地贫瘠，过去年成不好时，每亩还收不到三斗粮食，故称“三斗坪”。作为量词用时，“斗”从古以来都写作“斗”。因此，用繁体字书写，“三斗坪”还是写作“三斗坪”。

“三斗坪”为什么会误成“三門坪”呢？原来，“斗”读 dòu 时，表示打斗、争斗，其繁体字是“鬥”；而“门”的繁体字是“門”。二者形体十分相似，这应该是有关人员以“門”代“鬥”的原因。

“三斗坪”的“斗”不读 dòu，跟打斗、争斗无关，无疑不能繁写成“鬥”。繁写成“門”，更是错上加错。

火眼金睛

图中差错知多少？

朱宝珠 龙启群
徐长庚 龙 泉 提供

（答案在本期找）

2 / 1 / 3	4

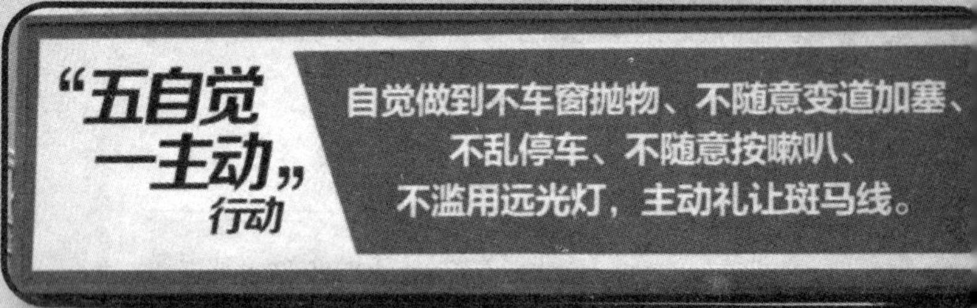

ISSN 1009-2390
07>
9 771009 239166

YAOWEN-JIAOZI

咬文嚼字®

8

2016

琵琶（古作『枇杷』）

『本出于胡中，马上所鼓也。推手前曰「批」，引手却曰「杷」，象其鼓时，因以为名也。』

——《释名·卷二十二》

邮局订阅本刊 邮发代号4-641

统一刊号 CN 31-1801/G

：5.00元

上海世纪出版集团

这是中国人的打法

严　君/文　何梦笔/画

孙中山年轻时跟《泰晤士报》的一个记者过往甚密。一天,这名记者和孙中山打网球,不小心把球打到孙中山的前额上了,他调侃道:“这是英国人的打法。”孙中山忍痛跑过去挥拍打记者的屁股,笑着说:“这是中国人的打法。”

咬文嚼字®

2016年8月1日出版

8

总第260期

主管：上海世纪出版集团
主办：上海咬文嚼字文化传播有限公司
编辑、出版：《咬文嚼字》杂志社
集团网站：http://www.shwenyi.com
E-mail：yaowenjiaozi2 @ 163.com
官方微博：
http://weibo.com/yaowenjiaozish
电话传真：021-64330669
发行电话：021-60878388
邮购电话：021-60878392
地址：上海市打浦路443号荣科大厦17楼
邮政编码：200023
发行：上海市报刊发行局
发行范围：国内外公开
订阅处：全国各地邮局
邮发代号：4-641
ISSN 1009-2390
CN 31-1801 / G
印刷：中华商务联合印刷有限公司
广告经营许可证：沪工商广字
3100320050020 号
定价：5.00 元

语林漫步

也谈“方言”与“文学创作”

◎狮子坡

上海作家金宇澄的《繁花》是近几年最优秀的长篇小说之一，获得了第九届茅盾文学奖。小说运用了大量上海方言，如“十三点”“赤佬”“事体”“今朝”等等。但并没有造成大的“阅读障碍”，小说不仅受到上海读者的欢迎，也得到全国其他“非沪语区”读者的追捧。于是，“方言写作”成为一个热门话题，各界议论纷纷，甚至有人提出了“方言写作是否影响普通话推广”等问题。我们认为，如此担心完全没有必要。

推广普通话是我国的“国策”，但普通话与方言之间并不存在不可调和的矛盾，推广普通话并不排斥方言在一定范围内使用。普通话不断地从方言中吸收有用成分来丰富、发展自己，作家在创作中使用方言，在一定程度上展现了方言的魅力，是对方言表情达意潜力的挖掘，有利于普通话对方言有用成分的吸收。

文学与方言，一直都有着千丝万缕的联系。许多作家的创作都带有一定的方言特点，许多作品都有方言的痕迹。如鲁迅的作品里就有很多绍兴话，沈从文的作品中就有许多湘西方言，老舍作品里的北京话色彩十分鲜明，莫言作品里的山东话味道非常浓厚，贾平凹作品中的陕西话特色更是十分明显。古代也一样。据学者研究，宋元话本多带有“中州”（今河南一带）口音。明清通俗小说，常带江淮地区的口语特征。古代小说一般不署名，或署化名，现在许多学者就从小说中的方言入手，考证小说的原作者。

文学作品难以摆脱方言的影响，原因在哪？有人认为，作家为了表现“乡情”，为了描写“乡音”，为了展现家乡的民俗风物，有意在作品中使用具有“乡土”气息的方言语词。除此之外，我们认为，也与语言的“表达力”有关。

现在大部分人都掌握一种方言，同时还会普通话，“牛”一点的还能说一两门甚至好几门外语。那么，“表达力”最强的是哪种“语言”？一般是方言。因为方言是绝大部分人习得的“第一语言”，牙牙学语时就开始接触，掌握得最熟练最精准，用它最能准确地表情达意。我有一个朋友来自广东，有次他跟我说，平时他说普通话，做梦时却说方言。看似一句玩笑话，却不无道理。因为方言早已融入他的血液中，变成了他的文化基因，成为隐藏在他生命里的潜意识，不经意间便会“自然流露”出来。我们在日常生活中常发现，有许多人在正常的交流中说普通话，但一生气或一激动，口中就蹦出了方言。这就是古人所说的“每于急语中，忽入以方言”(《醋葫芦》第二回总评)。到街头里弄去听听吧，大凡吵架骂人最“得势”者，基本上都操方言。

文学创作是语言运用的最高层次。在创作状态下，作家情感细腻、思维精密，为了准确地表情达意，选择自己最熟练的表达形式方言，是很自然的事情。并且，方言中有些语词表达效果独特，很难找到可以替代的成分。鲁迅先生说：“方言土语，很有些意味深长的话，我们那里叫‘炼话’，用起来是很有意思的。恰如文言的用古典，听者也觉得趣味津津。”(《门外文谈》)

文学作品中适当地运用方言，一般也不会带来大的阅读障碍。比如《繁花》中有大量的上海话，却得到了非上海读者的追捧，这说明小说中的上海话非上海读者能看懂。其实，我们在阅读《金瓶梅》《红楼梦》等古典文学作品，以及鲁迅、沈从文、老舍、莫言、贾平凹等现当代作家的作品时，可能有时也会觉得其中某些语词或句子“怪怪的”，但大致能“猜出”意思来，能读懂作品的意思。

为什么“非方言区”的人能读懂方言呢？这是因为汉语的各方言之间以及它们与普通话之间，有共同的来源，词汇、语法的核心元素一致，都来源于古汉语。有些方言语词甚至就是古汉语语词，比如“事体”“今朝”等；有的虽然为方言所特有，但构成元素还是源于古汉语，比如“赤佬”等。文学作品中的方言，大家“连蒙带猜”，大致能明白意思。“非方言区”的人能读懂方言，最大的“功臣”，其实是汉字。汉字是表意文字，许多方言说出来可能听不懂，但只要写出来，大家都大致能明白。文学大师从来没有鄙视过方言土语。胡适提倡新文学，曾提出文学改良的八项主张，其中之一就是“不避俗字俗语”。

不过，方言也不能无限制地“滥用”。因为文学创作的核心价值是文学，而不是方言，是为了创作的需要而使用方言，而不是为了方言的需要而进行文学创作。文学作品是给读者看的，如果因为方言的“滥用”而让人看不懂作品内容，文学创作也就失去了意义。《繁花》中虽然大量使用上海方言，但为了解决“沪语小说除了上海人别人看不懂这个问题”，金宇澄说他“做的最大努力就是改良上海话”，尽量让外地读者能看懂。这就是《繁花》的成功之处，是它受“非沪语区”读者“追捧”的真正原因。

然而，现在有些地方确实出现了“为了方言而创作”的倾向。在这种意识支配下，必然导致故意使用方言中的特殊成分，故意让“非方言区”的人看不懂。这种做法不仅于文学无意义，“方言保护”的作用也是很有限的。因为真正的“方言保护”，是让更多的人了解方言，让更多的人来学习方言，甚至让更多的人在适当场合说方言。“创作”出来的东西，别人都看不懂，能达到这个目的？

朝花夕拾

咬嚼日记摘钞(4)

◎郝铭鉴

“穿帮”的前世今生

朋友来电,谈电视剧中的穿帮镜头,不由得让我想起上个月的一场争论:“穿帮”的“帮”字写得对吗?

所谓“穿帮”,多指文艺作品特别是影视作品中出现漏洞,或者精心设计的骗局露出破绽,或者吹牛撒谎被人识破。这点似乎没有异议。但“bāng”字该怎么写,却是见仁见智,各执一词。

曾有专家认为,“穿帮”应写作“穿煲”,这是广东的方言词。随着电饭煲之类厨房用具的普及,人们知道“煲”就是内壁陡直的锅,“穿煲”就是烧穿锅子。这不是“露馅”的另一种形象的说法吗?《汉语方言大词典》对“穿煲”的解释是:“原指瓦煲穿了窟窿,盛物即漏,引申为秘密败露。粤语。”翻翻广东报纸,不时可见到“穿煲”一词,如《充阔追女仔穿煲》《名贵瓷瓶碰瓷当场穿煲》。然而,另有专家不认可这种说法。这不仅因为“帮、煲”读音有明显差别,更重要的是,“穿帮”为吴方言词,写作“穿煲”于语源不合。

在吴方言里是怎么写的呢?常见的写法是“穿崩”。“穿”即洞穿,“崩”即溃裂。这是两个同义语素的组合。《汉语大词典》引用了多条书证,其中有《文明小史》:“他这一去,那话儿就穿崩了,如何使得?”人们一听到“穿崩”,就明白原来掩盖的东西被戳穿了。在吴方言的口语中,这个词至今仍十分活跃，不过在写法上出现了变化，由“穿崩”变成了“穿帮”。这很可能和读音有关。在吴方言中，“崩”读音为 bāng，但在普通话中读作 bēng，“穿崩”进入普通话以后，人们依照普通话读音改写成了“穿帮”。《现代汉语词典》《现代汉语规范词典》都认可了这种写法。

如今“穿帮”已成了流行全国的常用词，人们对“帮”字做出了新的解释：鞋帮。鞋帮磨穿以后，脚趾头就会露了出来，这和“穿崩”的本义不谋而合，而且更为形象。对于词语的这一发展，我们应该鼓掌欢迎才是。

“毛躁”和“毛糙”

很久不读时尚刊物了，今天随手翻了一本，读到一篇《洗头学问大》的文章。文中介绍的洗头方法，据说可解决头发“分叉、干枯、毛躁、黯哑、脆弱”等五大问题。头发历来恼人，不打理披头散发，多打理又成油头粉面，连佛家都说：“三千烦恼丝，一丝胜一丝。”要想摆脱烦恼，只有削发做出家人。如今有如此妙法，一举可解决五大问题，时尚人士怎能不欢呼雀跃？

不过，我关注的是这篇文章的用词问题。五大问题之一的“毛躁”，作者从头至尾用的都是“躁”字，其实这是一个别字，正确的写法应是“糙”。“毛躁”和“毛糙”，看上去都属毛氏家族，一加辨析，便知两者读音不同，意义有别。

毛躁的躁，音 zào，急躁的躁。办事不牢称毛，性情不稳称躁。所谓毛躁，就是毛手毛脚，心浮气盛，给人的感觉是不沉着，不持重。这是用来形容人的。头发无所谓毛躁不毛躁。

毛糙的糙，读音不是 zào 而是 cāo，粗糙的糙。这里的“毛”，义同毛坯的毛，义为没有经过精心处理，有一种原始的不光洁感。“糙”则和毛同义，同样是指表面的粗糙。头发毛糙，换一个形象的说法，一蓬乱草差可拟。这是头发打理的一个重点。

或许有人会问：文中的“毛躁”可以改为“毛燥”吗？“毛燥”一词在常用的工具书里查不到，但在电视上，在广告里，确实经常会不期而遇。想来，这是化妆行业的一个创造。不过，这里还是不用为宜。“毛糙”是因头发毛鳞片不闭合造成的一种手感，而“毛燥”则是缺少水分的结果，它和五大问题之一的“干枯”有相似之处。“毛躁”改为“毛燥”，头发的五大问题不就变成四大问题了吗？

又有高人被“裏”坑

很多年前，北京某高校百年校庆，印了一套藏书票。也许是为了显示历史的厚重吧，用的全是繁体字。让人哭笑不得的是，其中有一张“鹏程万里”，印成了“鵬程萬裏”。记得当时《光明日报》曾发过一篇短评，批评堂堂高等学府，闹出如此低级笑话，未免有辱斯文。

最近读报，又看到一条报道，北京国子监大街的一处院子口，高悬一块牌匾，上书四个大字：“聖人鄰裡”。据说，这块牌匾已挂了10年，没人指出这个“裏”的异体字“裡”，是个大大的别字。天呀，紧挨着的就是孔庙，就是古代最高学府国子监，岂不是把孔夫子的台都坍光了？

早在七八年前，《咬文嚼字》评选年度十大差错时，就曾把“故里”的“里”误写为“裏”列为其中之一。全国有不少名人故里，但凡用繁体字写景点介绍，就很容易张冠李戴，误“里”为“裏”。其实“里”本有其字，这是一个会意字，上面是田下面是土，有田有土，自然成了乡人聚居的地方，所以“故里”“邻里”都应用“里”。“里程”的“里”由此引申而来，同样应该用“里”。

它和本义为内衣的“裹”，风马牛不相及。

这个错误的流行，肯定有人会归咎于汉字简化。毋庸置疑，同音替代确实会留下用字的陷阱。但是，更深层次的原因，还是和国人对语文的态度有关。一方面是过度迷恋繁体字，总觉得繁体字别有风韵；另一方面又不肯对繁体字负责，简单转换一下就用，连核对的程序都没有。如果这种态度不改变，被“坑”的事肯定还会不断发生。看吧。

“象火形”的“象”

《咬文嚼字》在解释“幽”字时，有一句话是“象火形”。读者来信批评说，“象”是一个别字，应该用单人旁的“像”。这恐怕也是编辑的一个心病，遇到这类表述，往往吃不准该用“象”还是用“像”。

其实，“象火形”的“象”字并未用错。在文字学著作中，这种用法是很常见的。不信，可翻翻《说文解字》，如解释“木”字时的“下象其根”，解释“带”字时的“象系佩之形”……，用的都是“象”字。

“象”是一个象形字，本义指大象；因为大象是陆地上最大的哺乳动物，颇具代表性，故“有形之物皆曰象”，如表象、幻象、迹象、景象、天象、物象、气象、星象……。“象”不仅可做名词，还可引申做动词，义为模拟、仿效，“象火形”即模拟火的形状，正是做动词用的。

这里关键是要弄清楚同为动词的“象”和“像”有什么区别。用简单的话说，“象”是以此状彼，“像”则是彼此相类。说得更明白一点，“象”是主观上的模仿，是甲有意要表现出乙的特点；“像”则是客观上的判断，认定甲、乙之间有相同或相似之处。正因为此，“象”的结果可能像，也可能不像；“像”的原因可能和模拟有关，也可能和模拟无关，比如鸡蛋像土豆，并不是鸡蛋去模拟土豆。

简直有点像绕口令，还不知说清楚没有。

“爱里的心”，妙！

电视里有一条新闻，说的是西藏阿里地区有39名儿童来沪免费治疗先天性心脏病。这是范冰冰小姐牵头组织的一项已经坚持多年的公益活动。“爱里的心”是这项活动的名称。

大凡明星出场，无论是演出还是宣传，在冠名时总喜欢用谐音修辞。可惜我们看到的名称，不是生拼硬凑，便是胡搅蛮缠，实在让人不敢恭维。“爱里的心”同样用的这种手法，却经得起反复咀嚼，越嚼越有味道。

“爱里的心”——阿里的心！这是一个必要的背景交代：孩子们都来自阿里。先天性心脏病是儿童的常见病，发病率高达7‰～8‰。地处西藏的阿里，是“高原中的高原”，先天性心脏病是其他地区的2～3倍。这一交代突出了公益活动的示范意义。

“爱里的心”——爱你的星！这是主办单位的感情表达。他们把孩子千里迢迢接到上海，是基于对这些孩子的爱。这里的“星”你可以理解为演艺明星，但更应该理解为是让孩子人生的天空变得美丽的星。

“爱里的心”——沉浸在爱里的心！这才是活动的主题。这些“心”在病理学上是患病的，是不幸的；但是在现实中，它们受到了爱的浸润、爱的呵护，又是幸运的。参加这项公益活动的，不仅仅有范冰冰小姐工作室，还有北京麦特文化发展公司、阿里红十字会、上海远大心胸医院，它们汇成了爱的海洋。孩子们的“心”在接受手术之前，先接受了一次爱的洗礼。

“爱里的心”——汉语魅力的一次绝妙的展示。

8-11

一针见血

心脏也有“气质”？

◎盛祖杰

《世界知识》2016年第11期《病人眼中的协和》一文中，作者记述自已在某省一家医院接受了心脏多普勒检查，“之后这个医生告诉我左心室偏大，得追加检查看究竟是功能性的还是气质性的”。其中，“气质”无疑是“器质”之误。

器质，《现代汉语词典》释为：“身体器官的组织结构。”心脏是人体内推动血液循环的器官，其组织结构包括心肌，心腔内的瓣膜，冠状动脉、静脉以及独特的传导系统等。无论哪个部件发生病变，都属于“器质性”心脏病。如若运用各种检查技术都未能发现器质性病变，而只有自述的病症，就将被界定为“功能性”疾病。

“气质”是指人的生理、心理素质和稳定的个性特点，也指风格、气度等。心脏不具备这些属性，“气质性”当然无从谈起。

没有“江篱”，应为“江离”

◎国　轩

《家庭百科报》2016年4月1日刊登有《〈离骚〉中的诸多中药》一文，其中引《离骚》“扈江离与薜芷兮，纫秋兰以为佩”后说：两句诗“记载了江篱、芷、兰三味中药”。其中“江篱”应为“江离”。

“江离”亦作“江蓠”，香草名。篱，篱笆，用竹、木、芦苇等编织成的围墙或屏障。“蓠”只有在指藩篱时才通“篱”。故“江蓠”不能写作“江篱”。

“驻驳”？“驻泊”！

◎董　榜

曾经显赫一时的“老船”离开了大海。未来，它将变成海洋科普教育基地和海洋科技人才实训基地，驻驳在青岛的海军公园。

这段话出自2016年6月1日《中国青年报》第11版的《老船与海》，其中“驻驳”应是“驻泊”之误。

泊，读bó时义为停留。“驻”和“泊”同义，“驻泊”可指居留某地、军队屯驻等，引文中则指船停留。“驳”做动词时可指转运货物，用在此处与文意不符，汉语中也无“驻驳”一词。将“泊”误为“驳”，应是音同所致。

“子午”是何时

◎李景祥

2016年5月26日《北京晚报》第33版的《重庆：父辈的青春足迹》一文写道：“七十年沧桑，作为赵家人第一个回到四川盆地，怎不感慨万千？楼群灯火依稀暗淡，山城进入子午了。”其中“子午”一词令人费解。

“子午”一词可指南北。古人以“子”为北，以“午”为南。康有为《上清帝第六书》：“若针之子午未定，舵之东西游移，则徘徊莫适，怅怅何之？”这个义项与文意不符。引文中的“子午”应是指代时间。古时我国将一昼夜分为十二时辰，以地支命名。夜间十一时至一时为“子”时，白昼十一时至一时为“午”时，子午即指夜半和正午。唐吕岩《延寿》诗：“子午常餐日月精，玄关门户启还扃。”联系上下文，作者似想表达时间已至半夜，那么用“子时”或“子夜”即可，若用“子午”则让人分不清是白天还是黑夜。

“必自卑”并不“卑微”

◎周　振

2016年4月13日《报刊文摘》第3版的《自卑》一文，在讲到《礼记·中庸》中的“君子之道，辟如行远，必自迩；辟如登高，必自卑”一句时，如此解读：“要去远方，先得知道自己的狭隘；要登高，先得明白自己的卑微。”将“自迩”解释为“自己的狭隘”，“自卑”解释为“自己的卑微”，未免有望文生义之嫌。

迩，读 ěr，从辵（chuò），尔声，义为近、浅。“辟如行远，必自迩”中“迩”与“远”相对应，“自”在这里释为从、由，句意为“譬如要去远方，必先自近处起步”。同理，下一句中的“卑”与“高”相对，应释为地势低下。“辟如登高，必自卑”，意为“譬如要登高处，必先自低处开始”。这两句话都是儒家行事修身之道的体现。

引文将“自迩”“自卑”解释为“自己的狭隘”和“自己的卑微”，看似表达了谦谨自省，但却脱离了上下文，自然也就曲解了文意。

不是“神龙架”，是“神农架”

◎吴导民

2016 年 4 月第 4 期《茅山道讯》刊出《北纬 30 度的茅山》一文，文中讲到在北纬 30 度附近的景观时，写道：“……从气势磅礴的长江三峡到苍茫的神龙架……”这里“神龙架”错了，正确的地名应是“神农架”。

神农架林区位于湖北省西部边界，东接湖北省襄阳，西接重庆市巫山县，是我国著名的生态保护区，确实处于北纬 30 度附近。神农架的得名源于华夏始祖之一的神农氏，据传神农在此架木为梯，采尝百草。神龙为我国传统图腾，是一种神话中的生物，我国并无叫神龙架的地方。引文将“神农架”误为“神龙架”，可能是音近所致。

“黄蜂”岂有“皮肤”

◎辜良仲

2016 年 6 月 10 日《光明日报》“生态”版刊载有《游戏黄蜂》一文，其中这么说：“秋天，挖红苕或挖地的时候，常会从土中挖出一窝黄蜂。这种蜂体量有一指节半粗长，棕黄色的皮肤，眼睛大、突出在外，飞时发出嗡嗡声，被称为‘土甲子’。”这里说黄蜂有“棕黄色的皮肤”不妥，应改“皮肤”为“外壳”。

皮肤，覆在人和高等动物体表，直接与外界环境相接触的组织，有保护、感觉、分泌、排泄或呼吸等功能，通常由表皮、真皮、皮下组织三层组成。

黄蜂，又称胡蜂、马蜂，是昆虫纲膜翅目胡蜂科的动物。昆虫有别于脊椎动物，其身体构造无内骨骼支撑，体外裹有由几丁质构成的壳，称外骨骼。黄蜂作为一种昆虫，虽无皮肤，但有外壳。

“淖”应是“焯”

◎余培英

2016年5月15日《珠江商报》A7版的《放心濑粉》一文这样写道：“食用前，夹起一团濑粉放在滤勺里，在热水中淖一下，倒进大碗里……就形成了一碗香喷喷的濑粉，诱得人直流口水。”其中“淖”应为“焯”。

淖，读nào，指烂泥、泥坑，如泥淖、污淖。“淖一下”不知所云。

焯，有两读，读chāo时作动词，指把蔬菜等放在开水里略微煮一下就捞出来。上述引文正是此意。

“味爽”？“昧爽”！

◎江城子

2016年第16期《南方人物周刊》刊有《盛宣怀的两重面孔》一文，文中写道：“据他(盛宣怀)儿子回忆，见他往往‘丙夜不息，味爽而兴’，就和母亲商量，让她劝告父亲‘节养’。”其中“味爽”应为“昧爽”。

昧，读作mèi，本义是光线昏暗。爽，本义是明亮，清朗。“昧爽”一词，也可写作“昧旦”，是古代表达时间的用语，形容天将明未明之时，即拂晓、黎明，还有明暗之义。上述文章说盛宣怀“丙夜不息”，“丙夜”

指三更时候，为晚上十一时至翌日凌晨一时。说他三更还不休息，与此对应“昧爽而兴”，即黎明就起来工作。

味，即味道。“昧”误为“味”，显然是字形相近导致。

“运交华盖”指的是啥

◎得　喜

《文学自由谈》2016年第1期刊登的《丧钟为谁而鸣？》有这样一段话：“他说，《壁虎村》的意义，要等五十年才能被人所识……他，包括我，都无法去求证《壁虎村》五十年后是否会运交华盖。”显然，“运交华盖”在这里是被当成交好运来用的。实则错矣！

华盖，古星名。旧时迷信，认为人的命运中犯了华盖星，运气就不好，即“交华盖运”。如鲁迅《自嘲》诗：“运交华盖欲何求，未敢翻身已碰头。”

“运交华盖”指的就是没交好运。上述文章说《壁虎村》的意义，五十年后可能被人所识，这是好事，显然不能说“运交华盖”。

美尼尔氏病患者会控制不住手吗

◎木　子

《沈阳日报》2016年4月24日《万泉》副刊上发表的《我想在你脸上“游”一刀》中写道：“每年春夏季是旅游热季，也是涂鸦者最手痒痒的时节，就像美尼尔氏患者没法让自己的手平静下来，他们始终把‘素质教育’当耳旁风，一到许多历史遗迹面前都要乱刻乱画。”称那些不文明的旅客是“患者”是否恰当，这里姑且不论。但“美尼尔氏”病会出现手无法平静的病征吗？

美尼尔氏病患者会出现剧烈的眩晕、耳鸣、恶心、呕吐、耳聋等症状，却没有像引文中“没法让自己的手平静下来”那样的症状。会出现这种病征的，可能是帕金森病的患者。帕金森病的病征之一，就是因神经末梢的控制能力降低，以及肌肉萎缩引起的手部震颤，这确是患者无法自控的。用帕金森病代替美尼埃病，大概能表达出引文的意思。

“纱縠行”？“纱縠行”！

◎晋　相

《文史知识》2016年第4期《与君世世为兄弟》一文，讲苏轼与苏辙兄弟二人一生浮沉宦海等事。文章的第一句是：“北宋仁宗景祐三年丙子（1036），四川眉山纱穀行一个苏姓耕读世家的男孩顺利降生。”所说的这个男孩就是苏轼，苏轼出生于“纱穀行”吗？显然不是，应为“纱縠行”。

《东坡志林》卷三《先夫人不许发藏》的第一句是“昔吾先君夫人，僦（jiù，租赁）宅于眉为纱縠行”。苏轼母亲程氏老夫人于庆历六年（1046）“僦宅于眉”，即在眉山租房，“为纱縠行”。“纱縠行”，顾名思义，是经营“纱縠”的。古时的纱，多是蚕丝制品；縠（hú）是有绉纹的纱，即绉纱。《汉书·江充传》：“充衣纱縠禅衣。”颜师古注：“纱縠纺丝而织之也。轻者为纱，绉者为縠。”纱和縠都属于高档衣料。

“穀”是庄稼、粮食的总称。粮穀的穀，如今已简化为“谷”了。苏家并未开过“纱谷行”。

“此事兹大”何解

◎阎心士

《生活文摘报》2015年10月30日刊登的《县官被绑架，红了烂尾项目》一文中写道：“当大众对一个细节表示出集中关注时，往往是因为‘此事兹大’，对准了社会的痛点或者兴奋点。”其中“此事兹大”应为“兹事体大”。

兹：此，这个；体：体制，规模。“兹事体大”意思是，这是件大事情。上述引文说人们之所以关注细节，是因为这件事特别重大，用“兹事体大”概括很得当。

“此事兹大”说不通，这是一种病态说法。

“漫涣”应为“漫漶”

◎杨西仑

2016年5月4日《平顶山日报》第6版《元结碑历史疑云探秘》一文中有句话写道：“从正面看该碑（指颜真卿撰书的元结碑），左下角字迹损毁严重，加上其他边沿缺损，共失去223个字，行中漫涣不清难以辨识的字有10个。”这里的“漫涣”应为“漫漶”。

漫漶（huàn），形容文字、图画等因磨损或浸水受潮而模糊不清。这里讲的是元结碑因为年代久远、“元末为兵暴毁”等原因而造成损毁及部分文字模糊不清的现象，其中的文字“难以辨识”，正可用“漫漶”来形容。涣（huàn），散开，如“涣散”。汉语中没有“漫涣”的说法。

谁解“虢夺”义

◎阎德喜

《文学自由谈》2016年第1期刊登的《喜剧的“胜利”》中写道：“残暴力量不但没有丝毫的减退，反而依然虢夺着善良人们的生命。”其中“虢夺”应为“褫夺”。

“虢（guó）”有两个义项：①周朝国名；②姓。汉语中没有“虢夺”这个词。

“褫”读chǐ，义为夺去，“褫夺”即剥夺。上述文章说人们的生命被夺去，应是“褫夺”。

道德岂可“枉顾”

◎兰学军

2016年5月10日《生命时报》在头版刊文《则西之死掀动医疗暗潮》，其中写道：“莆田派系野蛮生长，百度竞价枉顾道德，部队医院灰色地带，癌症患者盲目投医。”这里的“枉顾”应是“罔顾”。

“枉顾”是一个敬辞，指屈尊看望。日常生活中，我们经常会对来访者说“承蒙枉顾”，意在尊重对方。

罔，可指没有义，汉语中有“罔顾”一词，表示没有顾及，放在引文中正合适。将“罔”误为“枉”，应是音同致误。

“乾隆”不是国号

◎龙启群

电视连续剧《乾隆秘史》第一集中，旁白介绍说：“弘历登基，改国号乾隆。”这里显然是将“年号”误为“国号”了。

国号即指国家的称号，中国古代的国号即是朝代名称。女真族首领努尔哈赤于1616年建立后金，后皇太极于1636年改国号“金”为“清”，至清朝灭亡都未再改过国号。年号，是封建帝王纪年的名号。清朝沿用了明朝的一世一元制，每个君主任内用一个年号。清高宗弘历的在位年号是乾隆，所以也称乾隆皇帝。弘历并未改过国号，电视剧里无疑误解了国号的概念。

应为“工于心计”

◎刘志国

《文史天地》2016年第4期《中统局长徐恩曾“大义灭亲”》一文中有这样一句话：“徐恩曾头脑活络，功于心计，在抓捕顾顺章、侦破行刺汪精卫案等方面都有显著成绩，一直颇受老蒋器重。”这里的“功于心计”应为“工于心计”。

工于：长于；善于。心计：计谋，心里的打算。“工于心计”，指擅长用心谋划。而“功”的释义中，没有“长于、善于”的义项。“功于心计”说不通。

微型讲坛

女性可以称“先生”吗

◎张善存

钱锺书先生的妻子，著名作家、翻译家、外国文学研究家杨绛女士于2016年5月25日以105岁高龄去世，各媒体纷纷以“杨绛先生”的称谓予以报道。有人困惑：“先生”向来是对成年男性的一种普通称呼，大家为什么不约而同称她为先生呢？其实，“先生”这个称呼由来已久，而用以称呼女性是近代以来的事。

“先生”一词作为称谓，随着我国历史的发展，有着甚为广泛的指示对象。在春秋战国时期，“先生”主要用来指代父兄或年长而有学识的人，如《论语·为政》：“有酒食，先生馔。”何晏集解引马融曰：“先生，谓父兄。”《孟子·告子下》：“宋牼将之楚，孟子遇于石丘，曰：‘先生将何之？’”赵岐注：“学士年长者，故谓之先生。”至汉代，“先生”的称呼更为宽泛。可以指称老师，《礼记·玉藻》：“（童子）无事，则立主人之北，南面，见先生，从人而入。”孔颖达疏：“先生，师也。”可以指以相面、卜卦、卖唱、行医等为职的人，《史记·淮阴侯列传》：“（蒯通）以相人说韩曰：‘仆尝受相人之术。’韩信曰：‘先生相人如何？’”除此以外，文人学者可通称先生，妻子可称丈夫为先生。“先生”还能称道士、称先祖、称致仕之人等，用途非常广。但是，以上这些对象通常都是男性，女性自然也不被称为“先生”。

据著名语言学家邢福义先生考证，将女性称为先生这一用法，大体上跟中国现代史同步。目前最为有说服力的权威文献是毛泽东1936年9月18日写给宋庆龄的信(《毛泽东书信选集》，人民出版社1983年出版)：

庆龄先生左右：

武汉分别，忽近十年。每从报端及外来同志口中得知先生革命救国的言论行动，引起我们无限的敬爱。一九二七年后，真能继续孙中山先生革命救国之精神的，只有先生与我们的同志们。……尚有赖于先生利用国民党中委之资格作具体实际之活动。兹派潘汉年同志前来面申具体组织统一战线之意见，并与先生商酌公开活动之办法，到时敬求接洽，予以指导。……同时请先生介绍与先生比较接近的诸国民党中枢人员……与汉年同志一谈，不胜感幸。

顺问近安

毛泽东

"九一八"五周年纪念日

周恩来总理在邀请宋庆龄参加开国大典的信中，也称她为"宋先生"。国民党方面称宋庆龄为"宋先生"也十分普遍。事实上，在那个时代，许多与宋庆龄同时代的知名女性，也经常被称作先生，如何香凝、许广平、冰心等。纵观这些被称作"先生"的女性，从中我们不难发现她们身上的一些共同特点：都在各自领域取得了非凡成就，都曾为文化事业做出贡献，都享有崇高的社会威望。称呼这些杰出女性为"先生"，一是社会文化心理的反映，表示民众普遍的敬重之意；二是语用层面的考量，表达说话者的敬仰之情。

众所周知，在古代以男权为主导的传统社会，女性社会地位较低，受教育机会较少，往往没有被称为"先生"的可能。20世纪以降，女性地位不断提高，杰出的知识女性代不乏人。那么，作为通称的"先生"向女性开放，既是情理之中的事情，也是社会文明进步的一大标志。

“槑”字不“呆”

◎倪培森

“槑”字在现代网络流行语中，被网友读作 dāi，与“呆头呆脑”的“呆”同音。“呆”用来形容头脑迟钝、傻笨之人，因此，今人将两个“呆”字合在一起，创造出“槑”字，其语义是形容人十分傻笨，比呆还呆，呆得令人发笑。

河南开封包公祠“梅花堂”匾额

其实汉语中本有“槑”字，其读音和语义与现在网友所用完全不同。

《集韵·灰韵》：“梅，或作槑。”上海辞书出版社 1999 年出版的《辞海》（缩印本）第 907 页和北京大学出版社 2012 年 12 月出版的《异体字应用辨析字典》第 189 页，都注明“槑”其实是“梅”的异体字。华夏出版社 2003 年 1 月出版的《汉字源流字典》第 425 页解说得更详细：“古文写作‘[illegible]’，从两树相并，上象形，会树上结有甘酸梅果之意。”由此可知，“槑”字读音 méi，是“梅”的异体字，字义与“呆”字毫无关系。我们在把“槑”作为网络语言运用时，也应知晓其本义。

时尚词苑

“爆款”来袭须理智

◎刘东怿

相信大家对“爆款”一定不陌生。每当新一轮电视剧热播、电影热映之际,影视剧中的新颖服装往往会成为当季“爆款”。于是,商家们立即抓住商机,用“爆款”来吸引人们的眼球。当前,“爆款”一词正活跃在各种报刊、电视等媒体中。例如:

(1)放在专柜最外面的经典款回力实在醒目,几乎进店的每个人都会拿手抚摸一遍。这款也是当之无愧的“爆款”。店员告诉记者:“这鞋几个尺码都断货了,就43码还有几双。”(《钱江晚报》2010年9月25日)

(2)由于主题更加丰富、工艺和面料更有科技含量,因此每届奥运会的领奖服都会成为老百姓乐于购买和穿着的“爆款”。(《人民日报海外版》2016年6月3日)

“爆款”是一个偏正结构的词,词义为销售火爆的某一款产品(或指当下热卖的款式),如服装、首饰、化妆品、箱包等商品。例如:

(3)如果说以前的春晚一夜间捧红的是一首新歌或是一个新星,那么这两年的春晚就会让某个明星演出时穿的服装第二天成为网店的主打甚至是下一季“动批”的“爆款”。(《信息时报》2013年3月27日)

(4)安吉万达广场冠超市推出多款爆款商品,购物满一定金额的也可参与抽奖活动赢取大礼。(《南宁日报》2016年5月30日)

“爆款”除了用来形容热卖的具体商品,还可以用来指人气高的一些事物,使用范围相当广泛。例如：

（5）在内容制作来看，其实这样水准的电视剧，国产剧不是拍不出来。但他也表示，《太阳的后裔》这样的爆款，国产剧在现有条件下不可能实现。（《重庆时报》2016年4月21日）

（6）《盗墓笔记》《他来了请闭眼》《奇葩说》……越来越多的“爆款”热门节目直接诞生于互联网，在线视频平台上，专业自制内容正在撼动版权购买内容“一哥”的地位。（《经济日报》2016年5月17日）

值得注意的是，有时“爆款”还可以形容当红人气明星。例如：

（7）今年2月24日开始，以中韩同步周播方式上线的《太阳的后裔》，助力宋仲基成为又一个爆款男神。（《广州日报》2016年5月31日）

也许有人会问：“爆款”这个词起于何时，来自何方？由于它的流行途径是先网络后纸媒，因此准确的答案恐难找到。有一种说法似可作为参考：2009年淘宝网已经成为中国最大的零售平台，销售额屡创新高，特别是通过特价秒杀等方式，单品在几小时之内就可以达到5000以上的销售量，网友将这种单品称作“爆款”。

“爆款”虽好，可是年轻人不必追风，要理智，找到适合自己的那一款才最重要。

网言网语·修养

“毁谤他人会弄脏自己的嘴巴。”揭人之短，毁谤别人，其实是在向别人介绍自己，给自己贴信口胡说、不值得信赖的标签。因为人们大都不会相信，肮脏的嘴会说出真理来。

（崔国胜/辑）

『分分钟』：方言词融入普通话

◎吴梦捷

“我与你永共聚，分分钟需要你。”1980年，香港歌星林子祥演唱的粤语歌曲《分分钟需要你》获得第三届十大中文金曲颁奖音乐会金曲奖。此歌曲传播范围非常广，其中“分分钟”即每一分钟、每时每刻。歌手莫文蔚于1999年发布的流行金曲《阴天》中也有广泛流传的一句：“开始总是分分钟都妙不可言。”此处的“分分钟”也表示“每分钟”的意思。“分分钟”是粤方言的一个方言词(广西柳州等地的方言也有“分分钟”这个词)。在汉语中，一些量词的重叠可以表示“每一”的意思(如“天天、年年”等)，所以“分分钟”中的“分分”即“每一分”。近年来“分分钟”已经逐渐成了媒体上的常用词，请看：

(1)人们讽刺电视台恨不能把电视剧“分分钟都插进广告卖掉”。(《人民日报》2011年11月29日)

(2)机器人的优势在于超快的计算和搜集能力，因此才有分分钟完成1000多字文章的本事。(《扬子晚报》2015年9月11日)

相对于天(日)、周、月、季、年等时间词来说，“分”是个表示短时间的词，所以“分分钟”还可以用来形容短时间内发生的事情。例如：

(3)当时我觉得做个3D煎饼打印机是个“分分钟秒做”的简单事儿。(《北京日报》2015年9月28日)

(4)《花千骨》在爱奇艺上的用户达到3.19亿，比之前分分钟能挤炸服务器的《来自星星的你》还要高出1.4亿之多。(《扬子晚报》2015年9月9日)

除此以外，“分分钟”又引申出“随时”的意思，并多用于结果句，表示不良的后果可能发生。例如：

（5）若强行通行的话，分分钟会造成车内和发动机进水，车辆等着入厂大修吧！（《广州日报》2016年4月18日）

（6）气候这玩意儿，只能顺毛捋，不然分分钟跟你翻脸，有苦头吃。（《今日早报》2015年6月1日）

由于某些短时间内发生的变化往往是令人猝不及防的，因此“分分钟”还可以用来表达超出说话人预期的巨大变化。这种表达方式有突出、强调的作用，并且在语义上含有“甚至、简直”的意味。请看例句：

（7）张一山已经不是曾经的刘星了，现在的演技分分钟飞上云霄。（《广州日报》2016年6月15日）

（8）黄磊最近在真人秀节目中表现出惊人的智商，让网友分分钟想跪。（《京华时报》2015年9月23日）

例（7）中的张一山相比过去的童星时代，演技突飞猛进，变化十分显著，“分分钟飞上云霄”夸张地凸显了这种巨大的变化。例（8）黄磊惊人的智商是出乎观众预料的，“分分钟想跪”幽默诙谐地描述了“网友”迅速做出的异常反应。

都市人生活节奏快，“分分钟”明快简洁的特点正好适应了表达的需要，它及时地从网络热词演化为纸媒热词。方言词“分分钟”融入普通话正是方言传播和网络发展碰撞的结果。

《天才》参考答案

1. 出类拔粹——出类拔萃
2. 振奋不己——振奋不已
3. 俯允——答应
4. 不孚众望——不负众望
5. 名列前矛——名列前茅
6. 真象——真相
7. 而且——又
8. 姣姣者——佼佼者
9. 而矣——而已
10. 隐溺——隐匿

热线电话

“你好，我是64330669……”（53）

◎姚博士

“汇聚”和“会聚”的区别

问：编辑同志，我是贵刊忠实读者，想请教一个问题，“汇聚”和“会聚”在用法上有区别吗？

——北京　李向阳

答：当然有区别。

“汇”的繁体字本为“匯”，是个形声字，从匚，淮声，本指古代的一种器物。这种器物大概作“聚集”物品之用。后来“匯”又常指河流相会合。并进一步引申指聚集、综合等。也许正因为常用以指“河流相会合”，后来“匯”中的三点水被移到“匚”的外面，写成了“滙”，“水”成为这个字的形符。简化字颁布实施，“滙”被简化成“汇”，也是个形声字，从水，匚声。

“会”的繁体字为“會”，象有盖子的食器之形，指盖子。引申指聚集、会合、集合、符合、相聚等义，进一步引申指人与人相遇、会面、聚会、会盟等。后来，人们为一定的目的而成立的团体或组织，也称“会”，如工会、农会、学会等等。

“汇”和“会”都有“聚集”之意义。由于人与人见面、碰头、聚集常用“会”，因此在具体的运用中出现了一个倾向：用于“人”时多用“会”，用于“物”时多用“汇”。如“人们很快就从四面会聚到广场上”“无数条小溪汇聚成一条大河”等等。

可见，“会聚”和“汇聚”的区别就是，前者常用于“人”，而后者常用于“物”。

“释永信”的“释”

问：经常见到佛家弟子名号前都有一个“释”字，如“释小龙”“释永信”“释慧明”等，“释”是什么意思？

——四川 彭 华

答：“释”是佛门弟子的姓。

“释”本是佛教创始人释迦牟尼的简称。后来泛指佛教，如佛教也称“释教”、佛家弟子也称“释子”、佛典也称“释典”、佛门也称“释门”等等。

佛教刚刚传到我国时，传教者多是外国僧人。为了称呼的方便，人们便按照我国习惯，为这些僧人起个汉姓。最初多以僧人的国为姓。如东汉的“竺法兰”是“天竺”人，故姓“竺”，东吴的“康僧会”来自康居，故姓“康”。再后来，也用“佛、昙、僧”作为僧人的姓。僧人的出家弟子，也要放弃自己的俗姓，而跟从师父的姓。南北朝时，佛教进入兴盛时期，我国本土的出家人骤增。僧人的姓，非常混乱。东晋僧人道安认为，出家人的姓氏混乱不利于佛教的发展，于是倡言：“佛以释迦为氏，今为佛子者，宜从佛之氏，即姓释。”并“身体力行”，率先以“释”为姓。南朝梁慧皎《高僧传·释道安》：“初，魏晋沙门，依师为姓，故姓各不同。安以为大师之本，莫尊释迦，乃以‘释’命氏。”后来僧众响应，均以“释”为姓。

僧人统一姓“释”，表明“天下佛子是一家”，大大增强了佛教的内部团结与组织的统一，是佛教“中国化”过程中的一个里程碑式的重大事件。

不过，不出家的佛教信徒居士，则不姓“释”，仍姓其“俗姓”。

老和尚为何自称“老衲”

问：经常在影视作品中，见到上了年龄的僧人自称“老衲”，能解释一下吗？

——浙江 周 华

答：老衲，是老年僧人对自己的谦称。

老，本义指年龄大，与“幼”或“少”相对，也引申指迟暮、衰败等。如“老媪”即年老的妇女；“老化”即生物体的组织或功能逐渐衰退；“老气横秋”即老年人摆老资格、自以为是，或是青壮年没有朝气、暮气沉沉的样子；等等。老，也常用在相关的词语前面，表示老年人对自己的谦称。如：老年男人常谦称自己为“老朽”“老拙”——“老朽走到这边，只求有吃残的饭，赐点充饥，就很感激了。”“长兄年力鼎盛，万不可蹉跎自误。你切记老拙今日之言。”老年妇女常谦称自己为“老身”“老妾”——“老身蔡婆婆，楚州人氏。”“老妾漂流至此，吃尽千辛万苦，留得性命，实属万幸。”

衲，本义为补、缀，引申为拼凑而成。因为僧衣由许多碎布拼缀而成，故称“衲”。后来，“衲”成为僧徒的自称或代称。

老年僧人常以“老衲”自称，如唐代戴叔伦《题横山寺》诗：“老衲供茶盌（wǎn，即“碗”），斜阳送客舟。”也有借用于道士者，如清代蒲松龄《聊斋志异·种梨》：“道士曰：‘一车数百颗，老衲止丐其一。’”

网言网语·修炼

人最大的敌人，就是自己的心魔。而最大的心魔，是人心中的欲念。一心想满足自己物欲或者肉欲的人，注定会被自己的心魔吞噬。因此，每个人都须要修炼，修炼的过程，就是控制心魔的过程。

（乔 桥/辑）

锁定名人

误把“杏林”作“杏坛”

◎江城子

李国文先生的散文集《历史的真相》(江苏文艺出版社2010年出版)中《草间偷活沉吟不断》一文,说的是明末清初诗人吴伟业的经历,其中写道:“他的连捷高中,他的奉旨完婚,他的翰林高就,他的讲学东宫,也使得满朝文武惊诧,艺苑杏林艳羡。”其中“杏林”为“杏坛”之误。

杏坛,在山东省曲阜市孔庙的大成殿前,相传为孔子讲学之处

杏坛,相传为孔子聚徒授业讲学处。《庄子·渔父》:“孔子游乎缁帷之林,休坐乎杏坛之上。弟子读书,孔子弦歌鼓琴。”后人因此在今山东曲阜市孔庙大成殿前,为之筑坛、建亭、树碑、植杏。北宋时,孔子四十五代孙道辅监修曲阜祖庙,将大殿北移,于其旧基筑坛,环植杏树,即以“杏坛”名之。“杏坛”也泛指授徒讲学之所。

杏林,相传三国时吴国人董奉隐居庐山,为人治病,不受报酬,只是要求被治愈的重病人种杏树五株,较轻的病人种杏树一株,十年后竟得杏树十余万株,蔚然成林。杏子成熟后,董奉就用杏子来换取粮食,

不是“翁姑”是“舅姑”

◎居容人

茅盾文学奖获奖作品《山河入梦》(格非著,上海文艺出版社 2012 年出版)一书,在叙及主人公谭功达见恋爱对象白小娴的母亲时,这样写道:“谭功达见她第一次登门,就自说自话,提出这样非分的要求,日后若是与小娴成了亲,仗着翁姑的权威,还不知道要闹出什么事来!因此心中颇有不快。”(第 74 页)引文中的“翁姑”一词,似有不妥,按亲属关系相称应为“舅姑”。

亲属关系通常由血缘与婚姻形成,我国对亲属关系的指称,可谓血系分明、男女有别、长幼有序。古时夫妻可以互称对方父母为“舅姑”。唐朱庆余《近试上张籍水部》:“洞房昨夜停红烛,待晓堂前拜舅姑。”此处“舅姑”,指的是夫的父母,即公婆。《礼记·坊记》:“昏(婚)礼,婿亲迎,见于舅姑。”郑玄注:“舅姑,妻之父母也。妻之父为外舅,妻之母为外姑。”此处“舅姑”,指的是妻之父母,即岳父母。

翁姑,义为公婆,是妻子对丈夫父母的称呼。《聊斋志异·小翠》:“妇即命女拜王及夫人,嘱曰:‘此尔翁姑,奉侍宜谨。’”小说中,谭功达若日后与白小娴成婚,则可称其父母为“舅姑”,但称“翁姑”则不合适。

救济周围的贫苦百姓或羁旅在外而困窘的人。后因以“杏林”代指良医,以“杏林春满”“誉满杏林”等称颂医术高明。因此,原文中与“艺苑”并列的应是“杏坛”而非“杏林”。

“开元通宝”不是年号钱

◎杨昌俊

茅盾文学奖得主王旭烽的《爱情西湖》（浙江摄影出版社2012年2月出版），是一部以“西湖十景”为题材而构成的长篇小说。在《雷峰夕照》一章中，记录了雷峰塔地宫发掘的全过程，其中这样写道：“（正方形石板）上面堆满岁月的尘埃，还撒落了几十枚古钱币。发掘现场总指挥、浙江省考古研究所所长曹锦炎告诉大家，这是唐开元年间通用的开元通宝。”（第266页）作者借考古研究所所长之口，说唐开元通宝是开元年间通用的，显然认为它是年号钱，这与史实不符。

年号钱也称纪年钱，表示新纪元的开始，盛行并形成风气，是在宋代以后。唐代以前的钱币，多以形制或重量为名称。唐初沿用隋五铢钱，唐高祖武德四年（621）七月，“废五铢钱，行开元通宝钱”。“开元通宝”，简称开元钱或通宝钱，四字出自欧阳询之手笔，有人回环读作“开通元宝”。标

“阴鸷”当为“阴骘”

◎王宗祥

格非先生长篇小说《望春风》中第一章《父亲·德正的新房》，写儒里赵村大队支部书记赵德正准备结婚要盖新房。因为屋顶的椽子没有着落，赵德正打算把一些无主的坟包里的棺材板剖开做椽子。小说写道：“木匠们嘴上不好说，心里都担心沾上晦气，伤了阴鸷，背地里把赵德正的祖宗八代都骂了个遍。”（《收获》2016 年第 1 期，第 143 页）文中用“阴鸷”有误，应为“阴骘”。

鸷（zhì），本义为一种凶猛的鸟，引申指凶猛。阴鸷，义为阴险凶狠。说“伤了阴鸷”则意不可解。骘（zhì），有阴德之义。阴骘，亦即阴德。如宋代梅尧臣《欧阳郡太君挽歌》之二：“暮年终飨福，阴骘不应欺。”说木匠们“心里都担心沾上晦气，伤了阴骘”，则灼然意通理顺。

准开元钱重二铢四累，每十枚重一两。钱文中的“开元”并非年号，是取“开国奠基”之意，“通宝”则是“流通宝货”之意，它行用于整个唐代。武宗会昌五年（845）曾铸新的开元通宝，背面有“昌”字或“京”“洛”“益”“荆”“襄”“蓝”“越”等字，俗称“会昌开元”。此后，南唐和闽国也曾铸造“开元通宝”。“开元通宝”的问世，宣告了中国铢两货币的终结，走向通宝币制，成为以后历朝的铸币标准。

开元是唐玄宗的年号，比开元通宝行用之年晚了近百年。

追踪荧屏

不是“玄纹樽”是“弦纹樽”

◎何立洲

2016年5月16日央视中文国际频道播出《远方的家·长城内外》第146集，介绍国家非物质文化传承人孟玉松研制恢复宋代汝瓷烧造工艺的故事。其中讲到她在1984年到北京故宫博物院珍宝馆鉴赏北宋汝官瓷弦纹樽的细节时，字幕中错将“弦纹樽”写成了“玄纹樽”。

“弦”音xián。弦纹，《中国古陶瓷图典》解释为陶瓷器装饰纹样之一，作细而长的线条形，水平展开并环绕器物周匝。弦纹的出现与原始制陶中轮制方法的产生有关，由于使用工具及处理方法不同，有凹凸、粗细、尖方、圆弧等不同形状，也有单线弦

宋定窑白釉弦纹樽

“九省通渠”还是“九省通衢”？

◎雷　冰

2015年11月6日上视纪实频道《沙场》播出《变身“土豪”的埃及军购》，在谈到埃及所处的特殊地理位置时，节目中说：“因为它本身就是一个九省通渠……”（字幕同步显示）其中“渠”应为“衢”。

衢（qú），大路。“通衢”就是四通八达的道路。李商隐在《正月十五夜闻京有灯，恨不得观》中就有“月色灯光满帝都，香车宝辇隘通衢”的诗句。“九省通衢”现在一般用来形容武汉的便利交通。因为武汉市可与四川、陕西、河南、贵州、江西、安徽、江苏、湖南以及广西九省（区）相通。上述节目中用“九省通衢”来形容埃及的地理位置便利，是恰当的。

而“渠”指人工开凿的水道、壕沟。“九省通衢”不能写成“九省通渠”。

纹与复线弦纹之别。此外，还有彩绘、堆贴等方法形成的弦纹。“玄”音xuán，陶瓷纹饰中没有所谓的“玄纹”，当然也就没有“玄纹樽”。将“弦纹樽”写成“玄纹樽”应是音近致误。

何为“胰导素”

◎新德

东视星尚频道《X诊所》专栏2016年6月6日播出《健康吃米点金术》节目时，荧屏同步打出的嘉宾的话是“人体会分泌胰导素”。何为“胰导素”？应是“胰岛素”。

胰岛是胰脏的内分泌部分，是许多大小不等和形状不定的细胞团，散布在胰脏的各处。胰岛素是由胰脏内的胰岛β细胞受内源性或外源性物质——如葡萄糖、乳糖、核糖、精氨酸、胰高血糖素等——刺激而分泌的一种蛋白质激素。它的主要功能是调节代谢，是人体中唯一降低血糖的激素。胰岛素分泌减少时会引起血糖升高以致糖尿病。

胰岛素这一名称是医学界通用的专门名词，没有“胰导素”一称。

“事故”？“世故”！

◎龙启群

电视连续剧《邮差》第5集中，邮局职工们聚在一起写春联，有几个年纪大的“书法高手”先写了，同事们嚷嚷着让擅长书法的年轻小伙徐仲良“露一手”，他推辞了一阵子后，说“那我就班门弄斧吧”，这才拿起笔来。此时，他的一个同事说：“小伙子很shìgù啊。”同步字幕显示“小伙子很事故啊”。这里的“事故”应为“世故”。

“事故”和“世故”同音不同义。“事故”指的是意外的变故或灾祸，如安全事故、交通事故、医疗事故等。“世故”指处世经验，引申可形容处世圆通而富有经验。电视剧中徐仲良落笔挥毫自是不会出什么“事故”，年纪轻轻却懂得藏拙，可称得上“世故”。

文章病院

孙悟空穿的是“直缀”还是“直裰”？

◎温守江

《齐鲁晚报》2016年3月23日《青未了·随笔》栏目刊载《孙悟空的经典造型》一文，其中提到《西游记》第十四回《心猿归正　六贼无踪》中，孙悟空因打死六贼被唐僧气走后，观音菩萨给唐僧送来锦衣花帽，用以收服悟空。文中有三处提到衣服，其中有两处用的是“直缀”，另一处则是“直裰”，显然不统一。孙悟空穿的究竟是“直缀”还是“直裰”？

《辞海》（上海辞书出版社）中“缀”的读音有两个。一是zhuì，义为缝，连接、接合，装饰、点缀。二是chuò，义为拘束；或通“辍”，停止之义。裰，音duō，义为缝补。直裰，古人在家所着的便服，亦指僧袍、道袍。

直裰

查《西游记》原著多个版本，其中第十四回中该部分用字均为“直裰”，且书中还有多处用到该词。如第十八回《观音院唐僧脱难　高老庄行者

“翠薇”？“翠微”！

◎辛良仲

2016年4月29日《四川经济日报·悦读》载《刘道平诗词六首》，其中一首《也咏竹》云：“曾与青山共翠薇，虚心惯看白云飞。”笔者认为，其中“翠薇”当改作“翠微”。

“翠微”见于《尔雅·释山》：“山脊，冈。未及上，翠微。”清代郝懿行注：“翠微者……盖未及山顶孱（chán，弱）颜之间，葱郁葐蒀（fényūn，盛貌），望之芊芊（草木茂盛）青翠，气如微也。”指青翠掩映的山腰幽深之处。查阅辞书，“翠微”还泛指青山，或形容青翠的山色。“翠微”一词经常出现于诗词当中，与所引诗境也相契合。

薇，读wēi，古书中指巢菜，一年生或二年生草本植物，结荚果，中有种子五六粒，可食，也称“野豌豆”。“翠薇”显然不合诗意。

降魔》中，说猪八戒变的妖精“穿一领青不青、蓝不蓝的梭布直裰，系一条花布手巾”。第二十二回《八戒大战流沙河　木叉奉法收悟净》：“那悟净才收了宝杖，整一整黄锦直裰，跳上岸来……”显然，上述文章中“直裰”是正确的，“直缀”则为误用。

正如《辞海》释义所说，直裰用作僧道服装。《中国古代服饰》（商务印书馆）中对其有明确叙述：“宋代僧道也穿直裰，也称直掇、直身，以素布制成，对襟大袖，衣缘四周镶有黑边。”由此可见，《西游记》中孙悟空、猪八戒、沙悟净所穿的确为直裰，只是颜色不同而已。

“剥皮萱草”？“剥皮楦草”！

◎李景祥

萱　草

《中国老年报》2016年4月26日第4版《朱元璋编印反腐教材》一文中写道：“对贪官也制定了极为严酷的惩治措施，它规定官吏贪赃银六十两以上的要斩首示众，采用朱元璋发明的‘剥皮萱草’酷刑。”剥皮，不用解释大家都明白，那“萱草”又是什么呢？

《大明律》规定的五种刑是笞、杖、徒、流、死。虽然有死刑，却不足以威慑那些贪腐之官。所以朱元璋又针对贪官们制定了一些酷刑，其中有种叫“剥皮楦草”。楦，读xuàn，可指用东西填实撑大物体中空部分。所谓“剥皮楦草”，就是把被处死者的皮剥下来，用草充实缝好，然后悬挂起来，以警示后人。

萱草是一种多年生的草本植物，花呈漏斗状，橘黄色或橘红色。既可供观赏，又能供食用。宿根还能入药。“剥皮萱草”难以索解。

“马崽坡”当为“马嵬坡”

◎董金明

2016年6月7日《新民晚报》A26版《杨贵妃当初叫丑女——杨贵妃故乡野河山散记》一文写道：“历史有时就这样凑巧，杨贵妃生命的终点地也在离我们村不足15公里的马崽坡。”“马崽坡”一词多次出现在文章中，其实均应当写作“马嵬坡”。

马嵬坡杨贵妃墓，实为杨贵妃的衣冠冢，省级重点文物保护单位。墓呈半球形，冢高约3米，整座墓冢都用青砖包砌

马嵬（wéi）坡即马嵬驿，在今陕西兴平市西，因晋代名将马嵬曾在此筑城而得名。它的出名与唐朝发生的安史之乱有关。据《新唐书》载：唐玄宗与杨贵妃逃到马嵬驿，在官兵的威逼下，唐玄宗与杨贵妃诀别，让人把她带走，勒死在路旁的祠庙里，用紫色褥子裹尸，埋在大路边。

唐代诗人刘禹锡《马嵬行》云：“绿野扶风道，黄尘马嵬驿。路边杨贵人，坟高三四尺。”同朝诗人白居易《长恨歌》道：唐玄宗回銮后要为杨贵妃改葬，结果是“马嵬坡下泥土中，不见玉颜空死处”。“崽”音 zǎi，指幼小的动物。“嵬”“崽”音义迥异，“马嵬坡”不能写作“马崽坡”。

两汉都城莫混淆

◎温守江

2016年3月的《领导文萃》刊有《吕后精明不逊刘邦》一文，其中写道："（刘邦）活捉了彭越，将他贬为庶人，充军四川。充军途中，刚出京城，彭越刚好遇上了从长安东来的吕雉皇后。"这里的说法不禁使人生疑，难道当时汉朝的京城不是长安吗？

对汉高祖刘邦与吕后处置梁王彭越一事，《史记·魏豹彭越列传》如此记载："于是上使使掩梁王，梁王不觉，捕梁王，囚之洛阳。……上赦以为庶人，传处蜀青衣。西至郑，逢吕后从长安来，欲之洛阳，道见彭王。……吕后许诺，与俱东至洛阳。"由此可见，彭越被流放蜀地，是从洛阳出发向西行，途中在郑地遇到从长安而来的吕后。引文的描述大致与史实相符，但却将洛阳误当成当时的汉都城。其实当时都城为长安。

洛阳的确曾是西汉王朝的都城。《史记·高祖本纪》："高祖都洛阳，诸侯皆臣属。……高祖欲长都洛阳，齐人刘敬说，及留侯劝上入都关中，高祖是日驾，入都关中。"此段所记述的是汉高祖五年（前202）发生的事，洛阳虽一度被定都，但同年刘邦就在齐人刘敬和留侯张良的劝说下迁都长安（关中地区）。而捕杀彭越是汉高祖十一年（前196）的事。

洛阳再次成为汉王朝的都城，则是经过王莽之乱后的东汉时期。《后汉书·光武帝纪上》："冬十月癸丑，车驾入洛阳，幸南宫却非殿，遂定都焉。"这是建武元年（25）发生的事。引文的作者可能是混淆了两汉的都城。

茯苓不是鲜果

◎李沈阳

《沈阳日报》2016年6月9日第4版载文《历史上满族人过端午节，一过就是五天》。文中引用一位专家的说法："端午节期间，宫中要开'粽席'。用膳时，皇帝喝菖蒲酒，赏众人喝雄黄酒，皇帝使用的是带有'艾叶灵符'纹饰的餐具，膳后用的果茶是桑葚、樱桃、茯苓等适时的鲜果。""鲜果"是新鲜的水果，桑葚、樱桃确实是端午时的应季鲜果，但"茯苓"能算鲜果吗？

茯苓夹饼，是北京一种滋补性传统名点。皮薄且白，夹心精选多种果仁，辅以桂花、蜂蜜、白糖和茯苓粉，甜香味美，入口即化，清爽适口

茯苓是寄生在松根上的一种真菌，外形似甘薯。外皮呈淡棕色或黑褐色，内部为粉色或白色，有玉灵、茯灵、万灵桂、茯菟等许多别称。茯苓的主要用途是入药，有利尿、开胃健脾、养颜等功效。茯苓还可用来制点心馅料，与糖、油、淀粉等混合调制。北京有一种传统名点——茯苓夹饼，因其馅料中含有茯苓而得名。

可见，不能把茯苓归入鲜果之列，也没有单独吃茯苓的。

宋太祖没读过《太平御览》

◎李华山

《北京晚报》2016年6月8日第34版《宋朝学霸》一文讲宋人读书诸事，其中写道："宋太祖坚持每天读三卷《太平御览》，他说：'开卷有益，我认为实在不算是一件辛苦的事。'宋太宗也做出表率，表示'他无所爱，但喜读书'。"宋太祖赵匡胤在世时，《太平御览》尚未问世。"坚持每天读三卷《太平御览》"的不是宋太祖，是宋太宗赵光义。

《太平御览》，百科全书性质的类书，引用古今图书及各种体裁文章共2579种。与同时编纂的史学类书《册府元龟》、文学类书《文苑英华》和小说类书《太平广记》合称为"宋四大书"。作为循部依类检索古代资料的宝库，该书有很高的史料价值

《太平御览》是宋代初年编成的一部类书，初名《太平总类》，由李昉、徐铉等人奉宋太宗之命编纂。太平兴国二年（977）三月开编，太平兴国八年（983）十月完成。全书以天、地、人、事、物为序，分55部，各部之下又分若干类，有些类下又有子目，共500多万字，编为1000卷。书成之后，宋太宗每日读三卷，遇有太忙未能当天读完三卷时，则要改日有空闲时间时补读。他用一年时间通读了一遍，加上当时年号"太平"，故赐书名为《太平御览》。

宋太祖赵匡胤于开宝九年（976）冬十月驾崩，他连编书之事都不知道，当然也就不会有书成之后每日读三卷之事了。

网语漫谈

声势浩大的“国民”浪潮

◎姜欣幸

当下流行的“国民 ××”这种说法，最先兴起于韩国。韩国偶像文化盛行，娱乐圈中知名度比较高的明星大多会获得一个“国民 ××”的称号，比如“国民妖精”“国民前辈”“国民妹妹”等等。这一形式应用到中国之后，适用范围逐渐扩大——从“国民老公”“国民媳妇”到“国民岳父”“国民儿子”“国民闺女”，我们集齐了“国民”一家人；“国民床单”的走红带动了“国民”家具和日用品的发展，一连串的“国民冰箱”“国民手机”甚至“国民门帘”纷至沓来，“国民”标签在贴遍家庭成员之后，也占据了家装用品的一条龙市场；除此之外，“国民校花”“国民男神”“国民初恋”的出现，无不证明了“国民”标签的风靡。

根据词典的解释，“国民”最初指一国或藩封所辖的百姓，近代以来指具有某国国籍的人，即该国公民。在古代，《周礼·春官·墓大夫》中有“令国民族葬”，《史记·东越列传》中有“威行于国，国民多属，窃自立为王”，其中的“国民”都是本来意义；现在，我们经常看到的“国民人均收入”“国民性格”和“国民素质”中“国民”的意义也都是其本来意义，即一个国家的公民。

然而，随着“国民 ××”浪潮的席卷，“国民”的意义悄然发生了变化。一条橘红底色、牡丹花图案的床单被发布到微博之后，网友们的旧日记忆被纷纷唤起，大家发现这样的床单在以前几乎每家都有一条，于是这条床单被亲切地称呼为

“国民床单”，即大多数人非常熟悉的、曾经用过的床单；演员海清因为在电视剧中多次出演善良贤惠的家庭主妇，被网友冠以“国民媳妇”的称号，指大家都喜欢的媳妇；作家韩寒因为有一个可爱的女儿而被网友戏称为“国民岳父”，网友借此称号表达对韩寒女儿的喜爱。在这些“国民××”的模式里，“国民”的意义已经不再指一个国家的公民，而是指“被大多数人接受和欣赏的、公认的”。观察之后不难发现，“国民”新意义的产生并非另起炉灶，其原始意义“具有某国国籍的人”中暗含了一个意义，即：数量庞大的群体。“国民”的新意义就是以其原始意义作为基础，保留了其中暗含的“数量庞大的群体”之义，然后将意义进一步扩大为“被大多数人接受和欣赏的、公认的”，运用在“国民××”的结构中，作为定语，对其后的“××”起到修饰作用。

“国民××”在使用和传播过程中意义还发生了进一步的演变。与在“国民媳妇”中表示“被大多数人喜欢的”不同，在有些情境下，“国民”这个前缀已经完全脱离了其本来的意义，变成了对品质的认定和宣传，比如商家使用的广告词。以手机为例，中兴、海信等品牌都在其手机广告中称自己的产品为“国民手机”，“国民”在此处的意义从“被大多数人接受和欣赏的、公认的”变为了“高品质的、好的”，用来宣传自己的产品。与此类似，一些娱乐活动的通讯稿常常会把寂寂无名的艺人宣传为“国民××”，这也是同样出于对艺人和活动的宣传需要。在这个过程中，“国民”的意义不断虚化，脱离原来的意义，变成了“优质的、好的”。

“国民××”这一说法为什么经久不衰？首先，它暗合了互联网时代人们表达夸张化的需要。由于网络时代信息爆炸，要想在万千信息流中引起别人的注意，有时候不得不采用一些夸张的表达方式。同时，网络交流中人们不在同一

闲话“男友力”

◎陈迨雪

近几个月来，广大网民共同见证了一股新兴力量的飞速崛起。在网络平台上，这种力量不仅攻陷了众多媒体的版面，更是吸引了数以万计的目光聚焦。这股具有神奇魅力的力量就是——男友力！在百度搜索引擎上以“男友力”为关键词进行检索，检索结果竟然可达753万条！与“男友力”形式相仿的其他网络热词如“时尚力”“女友力”等也有百万条搜索记录。从这些令人咋舌的数字中我们不难感受到“××力”

空间，这就导致我们格外需要借助夸张的语言来向对方表达自己的感情，“国民××”的出现，恰好满足了这种表达需求。其次，四字词语是网络语言偏爱的一种形式，比如“良心卖家”以及之前流行过的“喜大普奔”等等。与之类似，“国民××”这个四字词语生动新颖，读来朗朗上口，同时又可以用来做总结，适合运用在新闻标题中，可以传入主流媒体，是一种便于传播的表达方式。此外，“国民××”能够用最简洁凝练的方式表达更多的意义，人们使用它的时候方便快捷，省时省力，这也使得它在日常交流中的使用率大大提高。

“国民××”从在中国出现开始，使用率不断提高，目前已经基本变成一种相对稳定的表达方式。“国民××”内部有词义演变的理据，可以说是网络时代语言发展的具体表现，也是我们的语言随时代发展的一个小缩影。

的用词热潮。下面举一些简单的例子：

“男友力教程”火了
然而作者是个女孩

陈坤“爸爸力”爆棚
为儿子想换工作

刘诗诗优雅出席活动
亮蓝色镜框时尚力 MAX

从这些例子中我们可以发现网络新词“××力”都是由一个比较常见的双音节词和附加成分“力”结合而成一个“2+1”格式的词。这种词语格式在汉语日常规范用例中已是比较常见，比如“影响力”“亲和力”“凝聚力”和“杀伤力”等。不过两种语境中的“××力”还是存在显著差异的。日常用语“××力”中的修饰成分“××”多是由动词充当，除了上述例子中的“影响”“凝聚”“杀伤”，还有“号召”“诱惑”等。而网络新词“××力”的修饰成分“××”则主要是名词，比如“男友”“暖男”“时尚”“爸爸”等。网络用语中的“××力”表达源于日语中的“女子力”(じょしりょく)。“女子力”这个汉语表述是对日语中“じょしりょく”这个词语的直译：“じょ”——“女”，“し”——“子”，“りょく”——“力”。日语中“女子力”一词指的是女性的魅力指数。由此可见，网络新词“××力”是由外国原料进口至国内后经过本土化加工改造而生成的产品。

和日语中用“女子力”描摹女性特征的用法相似，“××力”在网络语言中主要也是被标签化使用——是对人物某一方面特征明显的属性进行标注和突出。比如“Kimi 变身暖男给弟弟念故事书　哥哥力 Max”中的“哥哥力”的具体指向就是对比自己年幼的同伴表现出比较亲密的疼爱、照顾的姿态和行为。又如“2015 维多利亚的秘密回到纽约　超模们的时尚力 MAX”中的“时尚力”的具体指向是这些超模凭借高挑身材、精致妆容以及设计精美而前卫的服装所散发出的时尚靓丽气息。还有“这些爱情故事的女主角集合在一起,就是一部提升妹子‘女友力’的教科书”中的“女友力”的具体指向则是指女性身上表露出的——包括善良、温柔、可爱等——具有典型女性气质并对男性产生相当吸引力的特质。不难发现,“××力”所描画的这个特质通常倾向于正面、积极,指向的都是具有褒义色彩的特质。也就是说,人们在网络语境中使用“××力”的时候,往往是出于对某个人物身上一种惹人注目、值得称道的特质的肯定和赞赏。因为“××力”中的修饰成分“××”本身已经具有比较丰富的内蕴了——比如“男友”往往包含了强壮勇敢、体贴温柔等多方面意义——所以“××力”具有比较全面、强大的表达力和解释力。

“男友力”是“××力”这个格式的网络新词中最具代表性的用例,而根据对“男友力”在网络语境中的具体使用范围的分析,我们发现其在网络娱乐新闻标题中的使用之广泛令人瞩目。一方面,娱乐新闻标题经常对明星人物的举止行为加以主观性较强的描画,以此作为新闻的“爆料点”吸引读者的眼光;另一方面,网络新闻由于版面设置的原因对标题格外看重,故网络标题青睐具有趣味性、新奇性的词语。“男友力”等“××力”格式的网络新词恰好能够对明星人物的定向特征进行直观明确的定位,从而满足娱乐新闻受众的猎奇心理和趣味阅读需求。“××力”在网络娱乐新闻标题中的广泛应用便归因于此。

随着信息技术的快速发展和广泛传播,网络俨然成为大众不可或缺的生活空间。网络语境对灵活、个性的语言使用所具有的强大包容在“男友力”一词中便足以窥得。我们有理由相信在网络这个神奇的语言容器中,更多新奇独特的词语会不断涌现;而这些新词也为现代汉语的使用抹上了几笔亮丽跳脱的墨彩。

谈联说谜

什么是谜格

◎乔山浩

谜格，是灯谜中种种特殊规律的总称。它要求猜谜者按照各个规定的格式，把谜底中的字词进行一番加工，使其能与谜面照应吻合。

谜格的产生大概可以追溯到灯谜盛行的明代，在明代郎瑛的《七修类稿》上提到了“所宜所不宜之格”。另一位以写传奇剧《宝剑记》出名的李开先在灯谜专著《诗禅》里也写到了谜格。据《韵鹤轩笔谈》介绍，明末扬州有位谜家马苍山曾整理了十八种谜格——“会意、谐声、典雅、传神、碑阴、徐妃、卷帘、寿星、粉底、虾须、燕尾、比干、双勾、钓鱼、含沙、锦屏、回文、重门”，世称“广陵十八格”。其中“会意”“典雅”“传神”三种今天已作为会意谜体，其余的十五种谜格均沿袭至今，仍被使用着。

“谜格”是灯谜发展到一定时期的产物。因为猜灯谜已成为相当普及的娱乐活动，需求量甚夥，而灯谜不比别的娱乐可以重复游戏，谜条一旦用过，谜底露过面了，再悬将出来，无疑失去考智意义，毫无趣味可言，所以迫切希望大量创作灯谜问世。在谜作供不应求的情况下，谜作者穷则思变，从谜格中获得启示，开掘谜材的来源，把按常规不能制作灯谜的材料，或从字形上加以变化，或从字音上加以改造，或从字序上进行调动，使它能成为制作灯谜的材料，创造出更多的灯谜来，于是产生了许多谜格。正如清末谜学大师张起南在《橐园春灯话》里所说的那样：

> 可谓谜料者，大都被前人攫去，不得不以人力补天工，庶几另辟一新世界。是格者，不得已而用之者也。

由此可见谜格是为了解谜家谜源危机应运而生的，它为灯谜创作拓阔了路子，同时也增加了灯谜的难度，在一定的

晋江校园灯谜赛

◎柳 叶

今年“五一”劳动节期间，第三届中华灯谜文化节暨国际校园灯谜精英赛，在素有“灯谜之乡”美誉的福建晋江举行。谜会以灯谜文化在校园的传承与发展为切入点，是谜坛新生力量的一次检阅，共有国内小学、初中、高中、高校各代表队，以及新加坡学生代表队等近400人参与。

这里选择几条当时比赛的笔试谜题，以窥豹一斑。如“左右对歌很开心”（打6笔字一），“对歌”两字的左边和右边分别是“又”“欠”，两者合成谜底“欢”，而“欢”是“快乐、高兴”的意思，所以谜面上又称“很开心”，本谜用拆字兼会意双重谜法相扣。“秦始皇与唐高宗”打学科名一：“政治”。秦始皇即嬴政，唐高宗即李治，以两个皇帝名连缀成底。“安全归来”打法律名词一：“平反”。“平”是“平安”，“反”与“返”为古今字，作“归来”的解释。“自浅斟细酌”打四字曲艺名词一：“单人小品”。“单人”指独自一人，“小”意谓“略微”，“品”别解为“品酒”。以上灯谜都通俗易懂，很接地气，适合学生猜射。

程度上，也提高了灯谜趣味的浓度。

谜格从明代至今，经过几代谜家的努力，已达几百种之多，但真正具有使用价值的也就这么十几种。它们和谜体相辅相成，互为表里，成了灯谜扣合技法中的重要手段。我们要掌握猜制灯谜的规律，谜格不可不知。别误认为谜格五花八门，使人眼花缭乱，其实它有一定的定式，反倒可以按图索骥，成为猜谜的一把好钥匙。由于世上总是猜谜者多于制谜者，所以谜格虽是因制谜而生，却更多为猜谜者所用呢！

格中之王“卷帘格”

◎江更生

灯谜发展到现在，谜格已淘汰了一些，较为有趣而常用的有四种，它们是——“卷帘格”“秋千格”“徐妃格”和“求凰格”，合称为“四大谜格”。

内中最为吸引猜谜者的，当推“卷帘格”了。因为猜这种谜格时，须将谜底犹如珠帘倒卷一般反方向念，逆读后以此文义与谜面意思相合，而谜底又规定必须在三个字以上（含三字）。

笔者小时候曾见过一条独字的“卷帘格”灯谜，至今难忘。它的谜面为：

到（卷帘格，打四字市招一句）谜底：应时名点

市招，是一种商家或坊间招贴的广告语，像“各种花露”“生猛海鲜”“理发请进”“禁止招贴”，等等。乍一看上列谜底，如坠五里雾中，不知如何契合的。若按格法去求解，即将谜底中的四个字反过来看，便为“点名时应”。凡上过操场或课堂的，一定会记得点名时的情景。当老师或点名者叫到某某名字时，在场的他（或她）一定会应声答道：“到！”所以扣合逆读后的谜底“点名时应”，猜者在报底时，再放下“珠帘”，变为“应时名点”（注：此乃饮食店的招贴，意为“应时而上市的著名点心”）。

由于谜底按格法逆读后，会产生让人与原底风马牛不相及的别解谐趣，因而卷帘格深受猜谜者的欢迎，从而获得了“格中之王”的令誉。这里试举一例：

宋齐梁陈（卷帘格，打楼市用语一）谜底：全朝南

南北朝时期，是中国历史上的一段大分裂时期，南朝依次是

宋、齐、梁、陈；北朝则是北魏、东魏、西魏、北齐、北周。谜面的意思是说“南朝”俱已齐全，而谜底按格法逆读则为“南朝全”，正好两相吻合，非常贴切。

卷帘格灯谜，比较难猜，必须逆向思维，因此产生的趣味也就浓郁得多了，我们多看几条谜例，便可体会到此格的谐趣所在：

1. 谢绝送礼（卷帘格，打文化用品一）谜底：情人卡

2. 只此独有（卷帘格，打唐诗篇目一）谜底：《无家别》

3. 年逾而立（卷帘格，打古书合称一）谜底：十三经

4. 不忘南京大屠杀（卷帘格，打鲁迅小说一）谜底：《狂人日记》

第一条谜底按格法，逆读为“卡人情”扣合，别解为“卡住了别人送人情”；人情，作“礼品”解。第二条谜底倒读作“别家无”，别解为“别家没有”之意照应谜面。第三条谜底逆序为“经三十”，别解为“经过了三十岁”。最后一条，谜底反过来念为“记日人狂”，正好与面句之意切合，故扣。

这种以逆转谜底字序为能事的谜格，因为逆向后常有意想不到的“别解”效果，特别有趣，故而猜的人爱猜，制作者也乐撰。然而一条好的“卷帘格”灯谜，应如清代大谜家张起南在《橐园春灯话》中所说的那样：“必事实确凿，字字贴切，不可移易。又须读之，自成文理，无佶屈聱牙之弊，乃为上乘。”这里的“读”自然是逆向而读的意思了。

每月二谜

1.《红楼》男女有反抗者（打四字成语一）

2. 技术掌握（打二字群众组织一）

上期答案

1. 艾（打四字成语一）
谜底：一五一十（注：五十曰艾）

2. 弟子韩干早入室（打二字网络语称谓一）
谜底：学霸（注：霸，曹霸，见杜甫《丹青引》）

“交通灯谜”趣谈

◎刘茂业

从3月下旬起，上海开展道路交通违法行为大整治。本文选择几条和道路交通相关的灯谜，权作为这次交通整治宣传和助力。

比如，就以“交通整治”为谜面，打常用词“道理”。这里，“道”别解为“道路”，“理”别解为“治理”，简洁明了。又如“酒后莫驾车”打企业常用语二：“开会、出差”。谜底须顿读成“开/会出差”，以“酒后若开了车，就会出现差池”来反扣谜面，颇具教育意义。还有如“交通法则”，打成语“行之有效”。“交通法则”是“行路者必须效法遵守的规则”，“行”解释为“通行、行路”，“效”解释为“效法”。“堵车”，打物理单位“卡路里”，谜底作“车辆卡在路中”之解。“交通警”，打机械名词“工作管路”，“交通警”的工作职责就是管理道路交通，此谜很切题意。

再来看两条打交通用语的谜作：“独奉老庄学说”打“单行道”，“独”就是“单独”，“奉”就是“奉行”，“老庄学说”即“道学”；“降孙皓天下棂一统”打“宁停三分”，取古典名著《三国演义》结局故事成谜，魏蜀吴三国鼎立，争斗天下几十年，最终三分归晋，天下一统。谜底“宁”指“安定”，“停”指“停歇”，“三分”即指“天下三分”。

《火眼金睛》提示

图1，“喧嚣”应为“喧嚣”。
图2，“殒落”应为“陨落”。
图3，“拾壹”应为“拾壹”。
图4，“勤能补掘”应为“勤能补拙”。

编者按

北京大学教授苏培成先生，从事现代汉语、现代汉字研究数十年，著有《二十世纪的现代汉字研究》《现代汉字学纲要》等著作，“对语言文字学做出了继往开来的重大贡献”（周有光语）。近几年，苏先生在《光明日报》《中国教育报》《中国语文》《辞书研究》等报刊上发表数十篇文章，探讨语文现代化、汉语应用、汉字运用等问题。2015 年 5 月，人民教育出版社将这些文章结集成《语言文字应用论集》出版。本栏本期所刊文章，皆选自《语言文字应用论集》一书，相信读后，你一定会深受启发。

识字教学不要勉强谈字理

◎苏培成

字理识字是有较大影响的识字教学法。湖南贾国均先生对这种教学法有很好的论述，他说：“所谓字理，即汉字的构形理据。字理识字教学法是依据汉字的组构规律，从汉字形与义、音的关系着手进行识字教学的方法。它注重通过对汉字的象形、指事、会意、形声、转注、假借等构形理据的分析来突破字形这个难关，达到提高识字教学效率的目的。”字理识字是有科学依据的。因为汉字记录的是汉语语素，所以汉字是语素文字。为了便于记认、便于应用，字形要与它记录的语素建立联系，表意字的字形和形声字的意符与语素的意义有联系，形声字的音符与语素的读音有联系，这就是字理。

遵照这种联系分析字形，就可以帮助学习者掌握字形和字义的关系，帮助识字用字。

字理识字教学法和其他教学法一样也有局限，它的局限主要是来自汉字的本身。汉字字数很多，到目前为止，有些字的造字理据我们并不清楚。现在能看到的最古的成批汉字是殷商时期的甲骨文，甲骨文有一半字到现在还不认识，已经认识的字也有许多说不出理据来。六书里的假借字，字形和字义没有什么联系，说不出字形和字义的关系。另外，从甲骨文到现代汉字，汉字的形音义都发生了种种变化，有些本来是有字理的，在变化中失去了字理，成为无理据的记号。据周有光先生的研究，现代汉字的声旁有效表音率只有 39%。根据我的抽样计算，现代汉字的理据度大约在 50%上下。从事字理研究和教学的教师们应该看到这个事实：不是每个字都能说出字理来，说不出字理的字就不要勉强谈字理。在字理识字教学中，凡是能说清楚字理，而且字理易于被小学生接受的，就要利用字理。有些字单从现代的字形不易说清字理，通过溯源可以说清字理的，教学中可以适当联系字源。对那些说不清字理的字不能强作解人，可以采用别的识字方法去教学。没有任何一种教学方法是万能的。字理识字教学方法实际是以字理为主，同时吸收别的教学方法的长处，以达到提高识字教学效率的目的。这样不是削弱了字理教学，而是保持了字理识字的科学性。

字理教学拒绝"实用字义"。在字理教学法推行过程中，产生了"实用字义"的说法。有人认为"探求字义可分为字源字义和实用字义两部分"，"汉字的字源字义是经过专门研究考证过的汉字本义"。"有些汉字因时代演变或现代简化，现已很难形象地析解讲清其字源，人们只有依据其现代字形凭生活经验想象并推断其字义，这就是实用字义。不同的人（如外国人、中国人,小学生、成年人)可以依据汉字音形义的特点做出最易理解的联想,这有利于快速和牢固地识记汉字。”笔者认为,“字源字义”“实用字义”的说法是不准确的。字理识字并不是要探究字义。例如,现代“庆”字的字义是祝贺,字典里说得明明白白,用不着我们去探求。我们探求的是如何对字形进行分析,通过分析找出字形与字音、字义的联系。

字形分析可以分为字源分析和现状分析,有些字两种分析的结果是一致的,有些字并不一致。

如“沐”,两种分析都是从水木声的形声字;如“江”,字源分析是从水工声的形声字,现状分析是半意符半记号字,因为现在的“江”并不读工。小学识字教学主要采用现状分析,有的可以结合字源分析。不论是哪种分析,都要依据汉字的客观的事实,而不能“凭生活经验想象并推断其字义”。字理识字教学法要以汉字字理的研究为基础,不能脱离汉字的字理而去主观猜测、随意联想。否则,会陷入矛盾之中,无法自圆其说。用这种方法来教学,有害无益。试看实用字义解说汉字的例子:

春　春天到了,温暖的阳光(日)普照大地,人们三人一伙地结伴而行,踏青赏花。[按:如果说“春”是三人一伙结伴而行,那么“秦奉奏泰”又该怎么分析?恐怕只能另解。学生对此会问:同样是“春”字头,为什么有的是三人结伴而行,有的又不是三人结伴而行了呢?]

以　“人”用锄(⺊)挖起泥(丶)。[按:这样的字义分析太牵强了,而且“以”除了表示用之外,还表示因为、以免等意义,那又该如何解释?]

眨　“目”困“乏”了就眨一眨。[按:眨眼不一定就是困乏。“泛、贬、砭”的乏怎么解释?]

这样的实用字义识字方法不但给小学生许多错误的汉字知识,而且潜移默化让小学生感到学问无非就是随便联想。字理识字教学法要以科学的字

网络语言的特点及其局限

◎苏培成

本文所说的"网络语言"指的是生活在城市里的一部分青少年网民在网络交际中使用的语言，它与一般社会交际所用

理研究为基础，离开了科学的字理研究，字理识字就走进了误区，就断送了前途。

语言文字学家殷焕先先生说过，把"裕"讲成丰衣足食这种"胡编"也是可以的。有人把殷先生的说法作为可以采用实用字义的理由。殷先生是我十分尊敬的前辈学者，他如果能看到实用字义带来的不良后果，一定会修正自己的论述。

近年来有人提出所谓"全息识字法"，该识字法是任意曲解汉字的歪风的代表。请看它对"儒"字的解说："儒字从人从需，讲的是人的需要，需要什么？一需粮食，二需教育。营养食物从母乳起，教育从孺子起，所以，儒字由人和需组成，与'乳'同音。"又对"孀"解为：表示内心像打了霜的寡妇，看别人成双成对地出入，内心十分凄凉。这种曲解汉字用了两个方法，一个是声旁表义，一个是同音相通。声旁表义就是把形声字讲成会意字，把不表意的声旁说成是表意成分。这实际是取消了形声字，六书成了五书，背离了六书的理论。汉字的同音字很多，把同音字任意打通，可以随意联想。全息识字法就使用这两种办法极大地扩展了"胡编"的空间，走上了伪科学的歧途。这种望文生义，牵强附会，生拉硬扯，故弄玄虚，完全和科学背道而驰，其结果必然是糟蹋汉字，破坏传统文化，妨碍识字教学，危害青少年一代。

（《中国教育报》2004 年 4 月 3 日）

的全民语言有所不同。网络语言主要在网民中流行，使用网络语言的虽然只占网民中的一小部分，但是网络语言的影响却不可忽视。当前，如何对待网络语言已经成为社会语文生活中的热点。

网络语言是全民语言的社会变体，它有三个特点。第一，它的交际方式是通过电脑和网络来进行的，使用十分方便，传播十分快捷。如果没有电脑和网络，网络语言很难在其他形式的媒体上生存。第二，使用网络语言的网民，主要是有一定文化知识的青少年。他们是网络高手，有的人上网成瘾，一会儿不上网仿佛天要塌下来似的。他们思想活跃，富有激情，崇尚个性，追求创新；他们不满足用规范的语言来表达自己的看法，而是要别出心裁，独树一帜。第三，网络语言这个叫法并不确切。语言的组成有三个要素，就是语音、词汇和语法，网络语言并没有自己的语音和语法，它与全民语言的主要不同只在一部分词汇和语体。从严格的意义上说，它够不上语言。在本文里我们也把它叫作网络语言，只是采取社会流行的说法。

网络语言的最大局限就是缺乏规范性。语言文字作为最重要的社会交际工具，必须有全社会统一和明确的规范，交际各方在使用语言进行交际时必须遵守这个规范。如果没有这种规范，或者虽有规范但是交际各方各行其是，交际就无法顺利进行，社会生产和社会生活也就会受到破坏，后果非常严重。衡量语言文字是否合乎规范有三条标准，就是看是否具有必要性、明确性和普遍性。用“三性”来衡量网络语言，它是不怎么合格的。把“妹妹”说成“mm”，把“气死我了”说成“7456”，把“网络高手”说成“大虾”，把“网络新手”说成“菜鸟”，没有必要。许多网络词汇的构成十分随意，没有规律，表达的意思也不够明确。把“这样子”说成“酱紫”，把“东西”说成“东东”，只会造成混乱。从表面看网络语言似乎影响很大，其实使用者不多，普遍性不够。在社会交际中，“偶”无法代替“我”，“杯具”无法代替“悲剧”，“围脖”无法代替“微博”。许多一时走红的网络词语转瞬即逝，没有长久的生命力。

缺少规范性使网络语言只能在小圈子里活跃，只能在虚拟空间生存，很难进入全民语言。个别词语也许有机会能够进入全民语言，如“给力”，但是多数词语只是匆匆的过客。网络词语具有的戏谑和调侃色彩，使得它们的使用范围大受限制，不能用在严肃的和比较重要的交际领域。有人把淘宝体里的“亲”用在招聘微博里引来大量网友的围观，有的网友称赞它“好有创意”。可是把这个“亲”用在公安部门的追逃公告里立即就受到批评，它的戏谑性破坏了公文的严肃性。网络语体一般是在特定环境和特定群体中流行，而它的快速传播加剧它的新鲜感和生命力的磨蚀，最终也会像“浮云”一样消失。

推行语言文字规范化是国家重要的语文政策，是使语言交际顺利进行的基本条件。既然网络语言的最大局限是缺少规范性，这就使它很难得到国家的支持。最近一个时期网络语言的滥用引起了社会的关注，文化界教育界的有识之士呼吁加强对网络语言的管理，主张那些不具备“三性”的网络语言不要进入语文工具书，不要进入语文教材，不要进入高考作文。政府主管语言文字工作的部门出台一些规定，对网络语言的使用做出限制也是必要的。对于那些沉迷网络语言的青少年网民要加强引导，要告诉他们必须切实学好普通话和规范汉字，必须努力提高自己的语文素质和应用能力。如果他们只会使用网络语言，而不会使用普通话和规范汉字，他们就会成为语文的“残疾人”，在社会生活里找不到立足之地。

（《光明日报》2012年1月7日）

向你挑战

天　才

（文中有十处差错，你能找出来吗？答案在本期找）

◎宛　丘　设计

罗伯特·罗森塔尔是美国著名的心理学家。1968年，罗森塔尔在加州一个学校做过一个非常有名的实验。

新学期开始时，在罗森塔尔的授意下，这所学校的校长将三位教师请进办公室。校长对他们说：“根据对你们教学成果的考查，你们三位是本校最出类拔粹的‘天才’教师。因此，我们特意挑选了一批全校最聪明的‘天才’学生组成三个班，让你们分别执教。‘天才教师’教‘天才学生’，你们一定会取得好的成绩。”三位老师听了振奋不已，都兴高采烈地表示，一定竭尽全力教导学生。校长又做了一些叮嘱，如对待这些孩子要像对待普通孩子一样，不要让他们知道他们是被特意挑选出来的，等等。三位老师都一一俯允。

一年之后，这三位老师果然不孚众望，三个班的学生成绩名列前矛。这时，校长告诉了三位老师真象：这些学生并不是刻意选出来的最优秀的学生，而是随机抽调的最普通的学生。老师们既对这个消息感到震撼，而且为自己高超的教学水平而感到自豪，更加坚信自己是“天才”教师。这时校长又告诉他们另一个事实：他们也不是被特意挑选出的全校教师中的姣姣者，也不过是随机抽调的普通老师而矣。

世上本没有什么天才，所谓的天才，不过是靠自己的努力、自己的奋斗，不断发掘出自身内在的潜力；而那些“非天才”的普通人，只不过是尚未经过这一过程，一直让自己的潜力隐溺着罢了。

恐怖的“捕杀”

雷群明

路过一处旧宅，见墙上挂着一条横幅——“严禁养鸡喂狗 违者捕杀”。读后令人感到惊恐，难道违反“严禁养鸡喂狗”规定的人会遭到“捕杀”？在现代文明社会，会有如此的“严刑苛法”？横幅显然不可能是这个意思。

“违者”即违犯规定的人。违者+表示惩处义的动词，是汉语中的常见格式，如“违者必究”“违者革职”“违者罚款”“违者严处”等等。在这个格式中，“违者”是其后动词的“惩处”对象，如“必究”“革职”“罚款”“严处”的对象都是“违者”。照此理解，横幅上的“违者捕杀”，“违者”成了“捕杀”的对象！

不难明白，横幅想表达的意思其实是，谁若违犯“严禁养鸡喂狗”的规定而“养鸡喂狗”，那么他所养的鸡、所喂的狗，便会被捕杀。遗憾的是，横幅将“捕杀”的对象搞错了，让人顿生恐怖之感。

还有人指出，即使没有表达上的漏洞，横幅也是值得一议的。就算“严禁养鸡喂狗”是一个合理的规定，但“捕杀”的处罚合理吗？像“捕杀”这样充满“暴力”色彩的词语出现在横幅上，悬挂在大街小巷，合适吗？

火眼金睛

图中差错知多少?

张　勇　陈广严　张世忠　蒋劲松　提供

（答案在本期找）

1
2 | 4
3

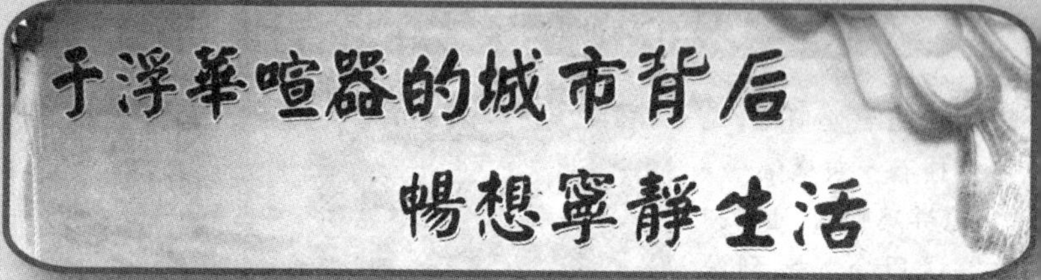

ISSN 1009-2390
9 771009 239166 08>

YAOWEN-JIAOZI

咬文嚼字®

9

2016

二胡

（又名『胡琴』，唐代已出现，

『胡琴，制如火不思（蒙古族弹拨乐器），卷颈，龙首，二弦，用弓捩之，弓之弦以马尾。』

——元朝《元史·礼乐志》

至邮局订阅本刊 邮发代号4-641

内统一刊号 CN 31-1801/G

价：5.00元

上海世纪出版集团

我没有伞

严　君/文　何梦笔/画

京剧丑角演员贯盛吉的表演自成一格,人称“贯派”。在舞台上,在生活中,他总是那么逗。去世前,贯盛吉病了很长时间。有一天他情况很不好,家里人怕他过不去,左右忙着。他瓮声瓮气地说:“你们别忙,我今儿不走。外面下雨,我没有伞。”

临死了,还逗。这是真正的丑角。

咬文嚼字®
2016年9月1日出版
9
总第261期

主管：上海世纪出版集团
主办：上海咬文嚼字文化传播有限公司
编辑、出版：《咬文嚼字》杂志社
集团网站：http://www.shwenyi.com
E-mail：yaowenjiaozi2@163.com
官方微博：
http://weibo.com/yaowenjiaozish
电话传真：021-64330669
发行电话：021-60878388
邮购电话：021-60878392
地址：上海市打浦路443号荣科大厦17楼
邮政编码：200023
发行：上海市报刊发行局
发行范围：国内外公开
订阅处：全国各地邮局
邮发代号：4-641
ISSN 1009-2390
CN 31-1801 / G
印刷：中华商务联合印刷有限公司
广告经营许可证：沪工商广字
3100320050020 号
定价：5.00 元

语林漫步

从“批斗”莫言说起

◎陈家槽

日前，有篇题为《莫言批斗会昨在北京举行》的文章在网络上“疯传”。乍一见，还真被弄糊涂了：开“批斗会”的时代早已过去，北京怎么还会出现这等怪事？赶紧看内容。原来，莫言在今年“两会”期间，提出了将中小学学制从 12 年缩短为 10 年并取消小升初、初升高考试的提案。7 月 13 日，有关单位在北京召开“基础教育学制改革研讨会”，与会的教育专家基本上都不同意莫言的观点，一致认为：莫言虽然对这一问题做过大量调研，但此观点缺乏理论支撑与科学依据，不符合我国中小学教育实际。这明显是一场正常的学术讨论！在学术交流中，某人的观点受到批评甚至指责，都属正常现象，与“批斗”有本质上的不同。所谓“莫言批斗会”真是从何说起！由此，我想到了标题问题。

标题是文章的眼睛。好的标题，不仅能提示文章内容，还能激起读者的阅读兴趣，给人以启发。然而，为文章取个好标题似乎并非易事，“问题标题”见诸各类媒体，俨然语文生活的常态！

从语文运用角度看，文章标题一要正确，二要准确。正确，即没有语文差错；准确，即符合文章内容。这是低标准。

上个世纪 80 年代，吕叔湘先生曾写《新闻标题》一文，专门分析新闻标题的语文问题。时间过去快 30 年了，吕先生所分析的问题，不但没有减少，反而还出现愈演愈烈的迹象。媒体上的许多标题，既不“正确”，也不“准确”。下面各举一例。

2005年10月，台湾著名诗人余光中先生回到故乡重庆。游子归故里，以诗解乡愁，余光中挥毫写下了一首诗："六十年的岁月/走过了天涯海角/无论路有多长/嘉陵永恒的水声/终于唤我/回到记忆的起点……"重庆一家报纸在报道此事时，用的标题是《阔别60载，余光中回故里诗性大发》。"诗性"显然是"诗兴"之误。

2003年10月15日9时，我国载人飞船神舟五号发射，成功将航天员杨利伟送入了太空，中国成为继俄罗斯和美国之后第三个将人送入太空的国家。举国上下，一片欢腾。有家报纸在报道时，标题竟然是《神舟五号载人飞月成功》。神舟五号升空后，先在近地点200公里、远地点350公里的初始轨道上飞行，变轨后进入距离地球343公里的圆型轨道飞行。在此轨道环绕地球飞行14圈后返回地球，于预定地点着陆。神舟五号一直绕着地球飞行，何曾"飞月"？典型的"题不对文"！

好的标题，有时还携有"语义附加值"——在揭示内容的同时，拟题者利用双关修辞，让标题产生"附加"含义，从而表明对文章内容及所涉及的相关事件的态度。这是高标准。

据传，历史上何应钦担任湖南省代理省长时，某年清明节去岳麓山给母亲扫墓，不料翌日某报报道此事时用的标题是《何省长昨日去岳麓山扫他妈的墓》。上世纪30年代，何应钦"抗战消极，内战积极"，先后和日本人签订了臭名昭著的《塘沽停战协定》《何梅协定》，社会声誉极其不佳。"他妈的"显然是借用国骂痛骂何应钦，表达对他的强烈不满。1943年，著名报人张友鸾担任《新民报》社会新闻版主编。当时百业凋敝，学生毕业后找不到工作，青年学子"出路"成了大问题，怨声载道。正好四川大学通讯员写了一则报道该校厕所管道堵塞的消息。张友鸾大笔一挥，为这则消息拟了个标题：《川大出路成问题》。标题既表明四川大学厕所管道出了问题，也暗讽该大学学生就业出了问题。据说川大的校长阅后大怒，但又无从发落，只好悻悻作罢。这些标题一直广受好评，为人们津津乐道。

赋予标题“语义附加值”，显然不能违背语文运用及社会道德规范。然而，现在有些媒体人，特别是新媒体的编辑、记者，为了赚取“眼球”效益，不顾媒体人的职业操守，故意让标题出现耸人听闻、让人傻眼的“附加”含义。大致有两种类型：

歪曲新闻事实。曾在一张报纸上看到一则标题：《刘德华死亡内幕——被暗杀》。当时心中着实紧了一下，还真以为刘德华“摊上大事”了。赶紧看内容，原来是刘德华出演的角色在剧中被暗杀了。《重磅消息：范爷有了！》也曾在网上“热传”。范爷就是著名女演员范冰冰，大家都知道，她还没有正式结婚呢。看了内容才知道，原来范冰冰在为一款新车做代言。“有了”并非有身孕，而是有了这款车。这种标题严重扭曲了新闻事实，而这正是拟题者的目的，他们就是要利用这种方式夺人眼球。

违背公序良俗。某报曾刊一则题为《干了 112 天终于湿了》的新闻，内容是南方某地干旱 112 天后终于下雨了。标题为什么不直接说成《干旱了 112 天终于下雨了》？其实大家都明白，这是故意借用“谐音”表达粗俗的语义！有家报纸曾刊登一篇报道雾霾侵袭北京的新闻，标题是《雾霾再袭，沙逼北京》。“沙逼”字面上的意思是“风沙逼进”，但大家也明白，拟题者其实看中的是字面背后粗俗的“谐音”义。这种标题，故意用低俗、下流的方式赚取人们的注意力，严重违反了社会道德文明规范。

拟就如此标题的人，无疑就是典型的“标题党”。“标题党”无视社会责任，肆意损害新闻的公信力，危害性不容忽视。愿媒体诸公慎之，戒之！

朝花夕拾

咬嚼日记摘钞(5)

◎郝铭鉴

本帮名菜"腌 dú 鲜"

晚餐有一道菜——"腌 dú 鲜"。咸肉,鲜肉,竹笋,加水煮开以后,施以小火,眼前食材滚动,耳边咕嘟有声,让掌勺者心旷神怡。最后dú成,肉质腴滑,汤味醇厚,又有鲜笋特有的清香,难怪上海人情有独钟。

几乎无人不吃"腌 dú 鲜",可是你要问这个 dú 字该怎么写,十有八九会挠头。上海媒体上习惯写作"笃"字,只是用了一个近音字而已。"笃",音 dǔ,和"腌 dú 鲜"的口语读音不一致;何况,"笃"并没有烹饪方法这一义项。据饮食文化史专家聂凤乔先生考察,这个称之为 dú 的烹饪方法,全国各地各显神通,五花八门,写法至少在10 种以上。如《北京鸿宾楼菜谱》作"独",《天津传统食品》一书作"渡",辽宁《全羊席菜谱》作"都"……大都像上海一样,用谐音字代替;也有的另造新字,北京出版的《清真菜及烹调技术》一书,竟造出了一个让人目瞪口呆的"熣"字。

20 年前的一天早上,陪聂凤乔先生在延安饭店吃早饭,曾专门讨论过这个 dú 字。聂先生认为,中国饮食文化源远流长,但烹饪用字却严重缺位,大都有音无字,厨艺界一听即懂,字典中却无迹可寻。不少烹饪用字是后起字,追究起来原是厨师们的创造。比如煸啊,焖啊,焐啊,炝啊,熗啊……这些字清一色是形声字,以火为形符,找一个音近字为声符,流行一段时间以后，便堂而皇之地进了字典。所以，聂先生主张造一个 dú 字。

他告诉我，这个字其实已经出现，但没有引起更多人的注意，至今仍是“妾身未分明”。它的写法是：火字旁加一个笃字——熓。用火字旁已成共识，这个“笃”字更是入木三分：笃，既可以形容咕嘟咕嘟的声音，又可以表示做这道菜要持续烧煮，不能急于求成。我觉得言之成理，当即约请他为《咬文嚼字》写烹饪用字专栏。遗憾的是，这组烹饪用字文章刚开个头，聂先生便溘然与世长辞，当年讨论的情景仍历历在目。人生无常，思之泫然。

“痛风”一解

住了十多天的医院。住院期间，每天听到的，不是这个病，便是那个病。我发觉病的名称，大都是发病部位加上疾病种类，比如胃溃疡、肺结核、阑尾炎、胆结石……所以总能见词明义。当然也有例外，“痛风”便有点难以捉摸。

我所在的病区，有不少痛风病人。我一直以为，痛风的“风”和伤风的“风”是一回事。中医有六淫之说，风、寒、暑、湿、燥、火，都是致病的邪气，而风是六淫之首。痛风便是痛于风。病区的医生却另有一解。

所谓痛风，是一种代谢障碍病。它的发病机理是：食物中的嘌呤成分，因得不到有效分解，从而导致尿酸升高，最后形成尿酸盐，沉积在手指、脚趾、膝、肘等关节中。发病时关节疼痛、肿胀以至变形。这种病来势凶猛，大多在午夜发作，可使病人在梦中痛醒。但每次发作，不经治疗，在一两周内，症状也会消失。医生告诉我说，因为它来如风，去如风，所以叫作“痛风”。

不是痛于风，而是痛如风。一种挺有趣的解释，姑录以备考。

“北风那个吹”吹错了吗？

芭蕾舞剧《白毛女》，当年因为工作关系，看了不下20遍。朱逢博唱的“北风那个吹，雪花那个飘”，仿佛至今仍在耳边回响。没想到有人会怀疑这两句歌词的合理性。

表示怀疑的人是张春桥。他在1988年12月17日写给大女儿的信中说，自己服刑期间喜欢东想西想，一天想到了《白毛女》的插曲：“‘北风吹，雪花飘’，对不对呢？照理，北风一吹，雪花就不飘了，天就晴了。似乎应当是‘东风吹，雪花飘’。”并说，如果大外孙有兴趣的话，请他在这年冬天注意观察，究竟是东风吹，还是北风吹才有雪花飘？

张春桥的怀疑有道理吗？

我不懂气象学，也没有留心观察过，但我知道，文学作品中雪花是常常和北风结伴的。比如唐朝诗人岑参的《白雪歌送武判官归京》，开头就是这么两句：“北风卷地白草折，胡天八月即飞雪。”如果塞外的天气不典型，不妨再看看《水浒传》，《林教头风雪山神庙》中，有一段关于下雪的经典描写：“正是严冬天气，彤云密布，朔风渐起，却早纷纷扬扬卷下一天大雪来。”“朔风”不就是北风吗？

但我相信张春桥不是信口开河。他肯定有这方面的生活经验。然而，即使现实生活的确如他所说，“北风那个吹，雪花那个飘”仍然是站得住的。北风给人的感觉是寒冷，雪花给人的感觉同样是寒冷，这两个意象叠加在一起，便构成了作品需要的特定氛围。而东风给人的感觉是温暖，“等闲识得东风面，万紫千红总是春”，东风是春天的象征。改成“东风那个吹，雪花那个飘”，不是挑战人们的审美习惯吗？美学中的毕达哥拉斯学派有一句名言：“美即和谐。”朱光潜先生说过：黄莺翠柳是和谐的，苍鹰古松是和谐的。黄莺鸣于古松，苍鹰站上柳条，那便成了笑话。东风雪花同样如此。

话说“峨眉山”

四川的峨眉山，奇峻挺拔，峰峦起伏，素有“峨眉天下秀”之誉，为我国著名旅游胜地。朋友在编一本旅游书，其中谈到了峨眉山。上午在电话中给我提出一个疑问：峨眉山的得名，据《太平御览》引《益州记》，是因为“两山相对，望之如峨眉”。女孩子的眉如蚕蛾的触须一般细长而弯曲，故称“蛾眉”；那么，峨眉山的正确写法，应该是蛾眉山吧？

我的回答是：这个想法是合理的；不过，还要看到另外一点——我国山水命名，往往会刻意加上山符或水符。比如湖南的九疑山，有九座山峰，《湘中记》说：“九疑山在营道县，九山相似，行者疑惑，故名九疑。”毛泽东在诗中写过这座山：“九嶷山上白云飞，帝子乘风下翠微。”毛泽东用的是民间习惯用名“九嶷山”，“疑”字上面有一个山字头。峨眉山正是如此，人们称它“峨眉”，甚至称它“峨嵋”，两个字中都有山字。

水也不例外。比如陕西有霸河，这是渭河的支流，叫这么一个威风八面的名字，缘于秦穆公欲彰显霸功。但是我们知道，霸河后来加了水旁，演变成了“灞河”。又如湘江和漓江，《嘉庆重修一统志》引宋柳开《湘漓二水说》：“二水本一水也，自阳海山西北流至县东五里分水岭，始分为南北二水。盖昔人以二水相离，故命之曰相，曰离，后人又加水云。”可见湘江、漓江开始都没有水，水旁是后人加上去的。

锁定名人

是“金镂玉衣”吗

◎江城子

张抗抗的长篇小说《情爱画廊》(江西教育出版社 2010 年出版),叙及秦水虹同周由谈起中国的玉文化时,这样写道:“……古代贵族的墓葬中,就把玉器作为最贵重的陪葬品,像金镂玉衣什么的;从古至今流传下来的美玉的故事,恐怕好几部书也写不完。”(第 114 页)熟悉历史的人知道,玉衣特指汉代帝王、后妃和王侯们玉制的殓服。作者把其中规格最高的“金缕玉衣”写作“金镂玉衣”,就错了。

缕,读作 lǚ,指麻线、丝线,泛指线状物,引申出详尽、细致之义。古人认为,玉器能使尸身不腐,帝王更是不计成本地制作玉衣,来保护自己的尸身,以待将来重生。玉衣,一般称为“玉匣”或“玉柙”。据学者考证,这种葬服在战国末期可能已具雏形。《吕氏春秋》中记载的“含珠鳞施”,很可能是汉代玉衣的前身。玉衣,全部用玉片制成,据《续汉书·礼仪志》载,由于等级的不同,玉片之间分别用金丝、银丝或铜丝连接。因此,玉衣有金缕、银缕、铜缕之分,这三种玉衣在考古中都有发现。1968 年 5 月,在河北省满城发掘的西汉中山靖王刘胜夫妇墓中,就出现了二人所穿的用金线编缀玉片的“金缕玉衣”。三国时魏文帝曹丕下诏禁用玉衣,从此不再出现此物。

镂,读作 lòu,指可供雕刻的坚铁,引申出雕刻之意。“金缕玉衣”写成“金镂玉衣”,便无法说通。

一针见血

“脉搏”能打通吗

◎兰学军

2016年5月23日《厦门日报》刊登了一篇题为《打通民意脉搏　倾听官兵心声》的文章。看到这个题目不禁感到疑惑：“脉搏”能打通吗？

搏，即跳动；脉搏，是心脏收缩时，由于输出血液的冲击引起的动脉跳动。既然脉搏是动脉的跳动，“打通脉搏”便无从谈起了。

脉搏虽然不能打通，却可以触摸。触摸脉搏并进行测量，在临床诊断上有重要意义，中医称为“把脉”或“切脉”，是“望闻问切”四诊中的切诊。引文标题可改为《触摸民意脉搏　倾听官兵心声》。

应是“不扶自直”

◎阎德喜

《书屋》2016年第5期刊有《书屋絮语》一文，其中引用了一则谚语：“白沙在泥，不染自黑；蓬生麻中，不扶自植。”其中的“不扶自植”当是“不扶自直”之误。

“蓬生麻中，不扶自直”出自《荀子·劝学》，意思是蓬草长在麻田中，不用人扶助，自然挺直。比喻人生活在好的环境中，自然能健康成长。

李三才说的是“锦诈万年”吗

◎周　振

《报刊文摘》2016年4月25日第3版刊登的《李三才之肆》一文，讲述了“海瑞之后第二个敢于直言批评皇帝的明朝大臣”李三才的故事。文中说到李三才给万历皇帝上了一份奏章，其中有“欲锦诈万年，而不使小民适朝夕之乐”之句，“锦诈万年”令人生疑，有这种说法吗？

锦，一种用彩色丝线织成

的有花纹的丝织品，常用来形容优美华丽，如“锦鸡”“锦心绣口”。诈，本义指用手段诓骗（如“诈骗”），引申指假装、冒充（如“诈降”）。万年，指长久的时间。“锦诈万年”，岂不是说“长久地用花言巧语的手段去诓骗”吗？这显然不符合上述引文的语境。

查《明史·李三才传》，原来李三才说的是“绵祚万年”。绵，指接连不断；祚（zuò），义为福祉。绵祚万年，义为福祉绵延万年或福祉悠远绵长。

“众荫自偃”？“众萌自偃”！

◎陈力勇

2016年6月3日《光明日报》刊载有《搁笔那些事儿》一文，叙述自古以来那些因已有他人高作而搁笔之事，该文开头为了说明好文章的力量“足以让人油然生出一种敬意”，引用了一句“名言”：“长风一振，众荫自偃。”这里的“荫”当是“萌”之误。

“荫”作名词时，其义是林木遮住阳光而成的阴影，“众荫自偃”显然不通。“萌”的意思是“植物的芽”，引申为初生的草木。“长风一振，众萌自偃”，出自杨炯为同是“初唐四杰”的王勃所作的《王勃集序》，义为长风吹过，软嫩的草木都纷纷倒下，赞扬了王勃作品对当时萎靡文风的纠正作用。上述引文中误“萌”为“荫”，应当是形似所致。

是“绩麻”，非“续麻”

◎得　喜

《人歌人哭大旗前》（生活·读书·新知三联书店2016年出版）中的《讽刺的使命——荒芜》一文中，有作者赠俞平伯先生的一首七律，首句是“朝读夕耕夜续麻”。“朝读夕耕”好理解，然而，“夜续麻”是什么意思呢？稍想不难明白，是“夜绩麻”之误。

在《现代汉语词典》中，“绩”的一个义项是：“把麻纤维披开接续起来搓成线：纺绩｜绩麻。”“绩麻”最早在《诗经》中就出现过：“不绩其麻，市也婆娑。”在此后的文学作品中就更为多见了。最有名的用例是宋范成大《夏日田园杂兴十二绝》其七：“昼出耘田夜绩麻，村庄儿女各当家。童孙未解供耕织，也傍桑阴学种瓜。”诗中的“绩麻”即搓麻线。

上文所提到的七律，是写作者在干校时的生活。一天到晚，除了读书和劳动外，夜里也不得休息，还要干搓麻绳之类的活儿。此处用“绩麻”是非常形象的。

“绩麻”不能写成“续麻”。汉语中也没有“续麻”这个词。

炮弹无需“印信”

◎杨昌俊

2016年5月的《国家人文历史》刊有《国共双方军事工业比拼》一文，说到军工人员生产山炮弹的故事时这样写道：“……以黄金和粮食等硬通货从苏联手中购回各种机械，动员日本技术人员，先后突破了发射药、炮弹钢、弹体加工、自制印信和黄铜药筒压制的技术难关。”其中“印信”应为“引信”。

引信，也叫信管，是炮弹、炸弹、地雷等的引爆装置。引文中军工人员要制作的显然是引信。印信，是各种公私印章的总称，军工制造中自不会去造印信。将“引信”误为“印信”，应是音近致误。

“蝇墨”？“绳墨”！

◎苏开省

2016年6月13日《中老年时报》副刊载有《毋不敬》一文，在引用荀子的一段话时写道：“礼之于正国家也，如权衡之于轻重也，如蝇墨之于曲直也。故人无礼不生，事无礼不成，国无礼不宁。”句中的“蝇墨”显然是“绳墨”之误。

绳墨，是木匠用以打直线的墨线，比喻规范、法度。引文讲的是礼对于端正国家风气的作用，如同绳墨对于画直线的作用。“蝇”即苍蝇，未见过“蝇墨”一词，也讲不通。

北洋军何来“正朔”

◎居容人

2016年7月的《国家人文历史》刊有《吴佩孚：中国“biggest man”的统一梦》一文，其中写道：“这一阶段，吴佩孚始终在北洋陆军第三师任职。这个北洋第三师就是清末的北洋第三镇，是北洋军的正朔，其装备和编制都是严格按照清末营制饷章规定……”这里的“正朔”难以索解。

“正”与“朔”，是我国古代历法中的两个概念。正，读作zhēng，指夏历一年的第一个月。朔，指月球运行到地球和太阳之间时的月相，朔发生的那一天在夏历中被定为每月初一。“正朔”一词，指帝王新颁的历法。古代帝王易姓受命，必改正朔。《礼记·大传》：“改正朔，易服色。”孔颖达疏：“改正朔者，正，谓年始，朔，谓月初，言王者得政，示从我始，改故用新。”故夏、商、周、秦及汉初的正朔各不相同。自汉武帝开始，农历一直沿用夏历。正朔也指一年中的第一天，即农历正月初一。

引文中的“北洋军”并无“正朔”可言，作者想强调“北洋第三师”的渊源传承，用“正宗”庶几可通。

“卸鞍解髻”？“卸鞍解羁”！

◎周平果

《老年知音》杂志2016年第3期刊载有一首题为《卸鞍》的诗：“卸鞍解髻脱缰绳，了却重负一身轻。伏枥不泯千里志，且看老骥健步行。”其中“卸鞍解髻”似为“卸鞍解羁”之误。

“羁”是会意字，从网(罒)，从革，从马，合起来表示用皮革制成的网来络住马，也就是指马笼头。引文中作者以“老骥(年老的骏马)”自比，而鞍、羁、缰绳都是马具，“卸鞍解羁”比喻解除羁绊，显然十分契合。同样是马具的“辔”(pèi)用于此处似也合适。

髻，指盘在头顶或脑后的头发。“解髻”也就是解开发髻。但马没有髻，“解髻”不合诗中的语境。

何谓“盘嘴弄舌”？应是“搬嘴弄舌”！

◎谢云秋

《扬子晚报》2016年4月27日B4版《晚上吃什嘛》一文中说：“莫愁湖那边有个养鹩哥的人曾悄悄介绍，要养就养鹩哥，好看又聪明。八哥不行，不聪明，盘嘴弄舌的。”文中“盘嘴弄舌”不当，似是“搬嘴弄舌”。

查阅辞书，“盘”的多个义项中，没有一个可以与“嘴”组合成词。汉语中有“搬嘴”一词，指搬弄是非。如钱锺书《围城》：“他是个小人，哈哈！他这个人爱搬嘴。”“搬嘴”与“弄舌”同义，似乎符合文中的意思。

“母亲的跪乳之恩”？

◎李景祥

《北京晚报》2016年5月21日第17版刊有《梦回老宅》一文，作者讲早年居住在北京市枣林前街22号院时的往事，其中有句话说：“长大之后，才知母亲那时是多么不容易……对母亲的跪乳之恩永难相报。”能把母亲的深恩说成“跪乳之恩”吗？

明代无名氏所编，以格言警句为主的启蒙读物《昔时贤文》(又名《今古贤文》)，经明清两代多次增补，于清同治八年(1869)经周希陶重新编排，定名为《重订增广贤文》刊印，流传至今。该书讲到孝亲，有“鸦有反哺之义，羊知跪乳之恩”之句。传说乌鸦为慈孝之鸟，小乌鸦长大后要衔食喂养老乌鸦以报恩；小羊羔出生后都会跪在地上吃奶，以谢母恩。人们常用“乌鸦反哺，羊羔跪乳”，指为人者更当孝亲报恩。

上述文章说“母亲的跪乳之恩”，把话说反了。

“裹腹”还是“果腹”？

◎李悠然

《新民晚报》2015 年 8 月 8 日有一篇《说点吃面的事》，第一段讲某人“中午想简单点，也省点钱，吃碗面裹腹就算了”。这里的“裹腹”应是“果腹”。

“果腹”的说法，出自《庄子·逍遥游》：“适莽苍者，三餐而反，腹犹果然。”这里的“果”是形容像果实一样饱满，“果腹”即指填饱肚子。“裹”是一个形声字，从衣，果声。裹的释义主要为缠绕、包扎，如“包裹”之“裹”；也用于夹杂的意思，如“裹胁”“裹挟”之“裹”。“裹腹”按字面理解，似指包住腹部，和引文中“吃碗面”的目的显然不符，只有用“果腹”才符合文意。

“发放国债”？

◎马秋影

《世界知识》2016 年第 10 期中的《“欧佩克时代”即将终结？》一文指出，由于国际石油价格下跌，“沙特开始通过发放国债维持财政收支”。此处的“发放”应为“发行”。

“发行”可指发出新印制的货币、邮票、公债等。国债，又称国家公债，作为筹集财政资金的债券，正是由中央政府所发行，用以平衡财政收支的。

“发放”一词有多种义项，现多指把钱物等发给需要的人，如发放助学金、发放救灾物资、发放许可证等，都是无偿的福利。在经济困窘，无法维持财政收支的情况下，政府又怎会“发放”国债呢？

武则天“不行于色”？

◎周广西

2016年5月9日《书刊报》第03版所载的《“无字碑”之谜》一文中的一句话这样写道：“武则天深藏机锋，不行于色，不露于外……”其中的“不行于色”应为“不形于色”。

形本指形状、形体，可以引申作动词，义为表现、显露。“色”即脸色。“不形于色”就是不在脸上显露出神情，常用来形容人处事冷静、有城府。“脸色”可以显露，但无法行动，所以只能“形”不可“行”。

“不拘言笑”？

◎董宝林

《辽沈晚报》2016年6月19日刊有《父亲的眼神》一文，其中写道：“父亲是一个不拘言笑的人，小时候我的同学到家里来玩，都不敢看他的眼睛。”“不拘言笑”当为“不苟言笑”。

苟：随便，马虎。不苟：不随便，不马虎。“不苟言笑”谓态度庄重。而“不拘”是指“不拘泥”“不计较”，如“不拘一格”“不拘小节”。“不苟”和“不拘”意思迥异，不能混淆。

刘邦“自立为关中王”？

◎李华山

2016年3月22日《辽宁老年报》第3版刊有《明修栈道　暗度陈仓》一文，其中有句话说：“刘邦首先攻下咸阳，自立为关中王。”这与史实不符，刘邦何曾“自立为关中王”？

据史书记载，在秦末诸侯逐鹿时，“义帝”楚怀王曾与义军订下“先入定关中者王之”的约定。公元前207年，刘邦率军最先入关，并接受秦王子婴投降，按约确实可以称“关中王”，但因惧项羽所率楚军，并未自立为王。公元前206年，项羽自行分封，将刘邦封为汉中王。刘邦从未“自立”为王，更不曾为“关中王”。

“火坑”绝非“火炕”

◎马吉林

《世界知识》2016年第12期刊载的《洪秀柱选莫天虎：能为国民党铺出活路吗》最后一段写道：“在洪秀柱仅一年半的任期中，莫天虎担负着洪秀柱的殷殷重望，也做好了‘跳火炕’的心理准备。”其中“跳火炕”应为“跳火坑”。

“火坑”在佛教语中有特定内涵。六道轮回中，以地狱、饿鬼、畜生三恶道受苦最烈，佛经多譬为“火坑”。现代汉语中，多喻指极悲惨困苦的境地。如邹韬奋《我们的灯塔》：“劳苦大众无论由农村跑到城市，或由城市跑回农村，满地荆棘，都是火坑，真所谓‘走投无路’。”“跳火坑”即指进入一个极端艰苦的境况，引文正是想表达此意。

“火炕”是北方传统民居中用土坯或砖砌成的床，下设烟道，可以烧火取暖。炕面平整，无“坑”可跳。

“钟鼎”上有“甲骨文”吗

◎杨西仑

2016年6月21日《平顶山日报》上的诗歌《也许，我读懂了你》中写道：“也许，我读懂了你，这片历尽沧桑的土地。在爬满甲骨文的钟鼎上，读你笔走龙蛇的灵性。”“钟鼎”上的文字应是金文，而非甲骨文。

甲骨文和金文都是我国古代的文字。甲骨文起于商代，多刻在龟甲或兽骨上，金文则是铸刻在青铜器上的一种文字。商代也已经出现了金文，并且有些族氏铭文的写法比同时期的甲骨文更显古老和象形。金文因铸刻于钟鼎之上，也称钟鼎文。甲骨文和金文有着很大的差别，因此，在“钟鼎上”“爬满”的是“金文”而非“甲骨文”。

词语春秋

“飞蛾投火”为哪般

◎陈璧耀

成语“飞蛾投火”或“飞蛾赴火”的喻义,《现汉》和《辞海》都说是“比喻自取灭亡”;一些成语词典也大多如此释义,如《中国成语大辞典》和《成语辞海》。难道飞蛾之“投火”或“赴火”,真就是为了找死吗?

“飞蛾投火”的语源,辞书都取《梁书·到溉传》的“如飞蛾之赴火,岂焚身之可吝”。只是引例太过简略,于是见有“焚身”二字,便说是“比喻自取灭亡”。这其实是脱离了语境的断章取义。

查《梁书·到溉传》,到溉是梁高祖萧衍的大臣,“少孤贫”,但“聪敏有才学”,与高祖君臣关系非常融洽。他有个孙子叫到荩,“早聪慧”,是个少年才子。一次祖孙俩“从高祖幸京口,登北顾楼赋诗”,到荩受诏赋诗立就。高祖览后大为赞赏,开玩笑地对到溉说:“荩定是才子,翻恐卿从来文章假手于荩(恐怕你以前的文章都是他代笔的吧)。”并因此“赐溉《连珠》(古代一种文体)曰:‘研磨墨以腾文,笔飞毫以书信。如飞蛾之赴火,岂焚身之可吝!必耄年其已及,可假之于少荩。’其见知赏如此”。这是说高祖对到溉也很赏识,认为他文章写得好,就像飞蛾赴火一样,为追求完美,哪怕弄坏了身子也在所不惜。只是如今年岁已大,高祖因此嘱咐他以后就让年少的孙子来代写。

梁高祖在此用“飞蛾赴火”作比,决非“自取灭亡”的意思,而是告诫到溉,不要再像飞蛾赴火那样,太过竭尽心力地去追求文章的完美,以致弄坏了自己的身子。而如今的一些辞书却仅

齐白石画作《油灯飞蛾》，现藏于中国美术馆

以所引“如飞蛾之赴火，岂焚身之可吝”二句，就释义为“比喻自取灭亡”，显然是断章取义的一种误释。

据《艺文类聚》卷九七《蛾》所引晋苻朗《苻子》的说法，飞蛾之赴火，是因为“不安其昧而乐其明，是犹夕蛾去暗，赴灯而死也”。这是说飞蛾有趋光性，不喜欢黑暗，喜欢光明，尤其是晚上，但凡有点光亮的地方，就会不顾命地飞去，终至“赴灯而死”。另据所引支昙谛《赴火蛾赋》的说法，飞蛾平时“翔无常宅，集无定栖”，因为趋光，所以一旦“烛曜庭宇，灯朗幽房”，便会“纷纷群飞，翩翩来翔”，乃至“赴飞焰而体燋，投煎膏而身亡”。飞蛾完全是因为趋光而赴火以致或“体燋”或“身亡”的，如民谚所说的“飞蛾扑火自烧身”。

鲁迅先生《秋夜》有一段很形象的描绘：“后窗的玻璃上丁丁地响，还有许多小飞虫乱撞。不多久，几个进来了，许是从窗纸的破孔进来的。他们一进来，又在玻璃的灯罩上撞得丁丁地响。一个从上面撞进去了，他于是遇到火，而且我以为这火是真的。两三个却休息在灯罩上喘气。”这小飞虫就是飞蛾，之所以会“遇到火”，就是由其舍命的趋光性决定的。因此“飞蛾赴火”的本意只是“趋光”，而非找死。“光”便是飞蛾所追逐的目标。为了这个目标，是可以不顾命地“撞进去”的。

所以，“飞蛾赴火”的初义，只在强调飞蛾所具有的趋光性。

用作比喻，最初的喻义，便是“舍命地奔赴某个目标”。这在古书中有不少例子，只是目标各有不同。如《魏书·崔浩传》载，鲜卑人在慕容垂的号召下，“同类归之，若夜蛾之赴火”。这里的目标就是投军，投奔到慕容垂的军队里去。又如李德裕《虚名论》之“趋之者如飞蛾赴火，唯耻不及”，这里的目标则是追逐虚名了。又《新唐书·李德裕传》载，李德裕曾有谏言说“小人于利，若蛾赴烛”，以及支昙谛《赴火蛾赋》中所说的“悉达有言曰：‘愚人忘身，如蛾投火。’诚哉斯言，信而有征也”，这里的目标又是逐利和贪财了。所以“飞蛾赴火”的初义，只是追逐某个所向往的目标，为了这个目标，是可以不惜献身的。

据说飞蛾在赴火时，是“知往而不知返，知进而不知退”（南唐谭峭《化书·三·飞蛾》）的，常因趋光“不知返”而“撞进去”，于是就会“遇到火”而“自烧身”，如支昙谛所说的或“体燋”或“身亡”，这才引申出“自取灭亡”的新义来的。这个新的喻义，如今已成了常用义。

因此，成语“飞蛾投火”或“飞蛾赴火”，从语义演变的角度说，应该是有两个义项的。其一就是如今常用的基本义，“比喻自取灭亡”。其二则是最初的喻义，“比喻舍命地奔向某个目标”。虽说眼下已无此类用例，但如今常用的基本义，却正是由这个初义衍生而来的。

《上帝不会亏待你》参考答案

1. 伪妆——伪装
2. 轰然——哄然
3. 篾视——蔑视
4. 出奇不意——出其不意
5. 防碍——妨碍
6. 补尝——补偿
7. 招慕——招募
8. 形踪——行踪
9. 雀屏中选——被选中
10. 培驯——培训

追踪荧屏

不是“一推二五六”

◎蔡维藩

电视剧《狼牙英雄》第21集中有一句台词:“团长,您别出了事一推二五六!”所要表达的意思不难揣摩,但“一推二五六”的说法却无理据。此处正确的说法应该是“一退(推)六二五”。

同常说的“二一添作五”一样,“一退六二五”也源于传统的珠算口诀,其主要用途是进行旧制斤两的换算。旧制1斤为16两,1两=1/16斤=0.0625斤。用算盘换算时,退1(两)则折合0.0625斤。一退六二五“本是一句珠算斤两法口诀,十六除一是0.0625,借用作推卸干净的意思。‘退’是‘推’的谐音,有时就说成‘推’”(《现代汉语词典》)。欧阳山《三家巷》二七:“陈家的老的、小的,只是个一退六二五,说他们做买卖的人素来不结交官府,推得干干净净!”

随着旧制衡器的废除,以及后来市制的退出,算盘逐渐被取代,“一退六二五”已失去实用数学意义。但这个词语的比喻义却沿用至今,历久不衰。

招降吴三桂的是努尔哈赤吗

◎木　子

央视军事农业频道2016年3月19日播出的《讲武堂》节目中，讲到李自成打进北京后想招降吴三桂。此时主持人说："可是关外努尔哈赤他们，也是想把吴三桂拉到自己手里。"然而当时努尔哈赤早已作古，他又如何能招降吴三桂呢？

爱新觉罗·努尔哈赤（1559—1626），后金开国皇帝，他统一女真各部，是清朝的奠基者，所以在清建立后被尊为清太祖。李自成于崇祯十七年（1644）攻下北京，明朝灭亡，而这一年距离努尔哈赤去世已十八年了。当时清朝皇帝是刚即位的顺治帝，他是皇太极之子、努尔哈赤之孙，而陈兵关外的是努尔哈赤之子多尔衮。因为明朝覆灭，驻兵山海关的吴三桂部队成为一支孤军，在两面受敌的同时，也成了李自成和多尔衮竞相拉拢的对象。想要"把吴三桂拉到自己手里"的，应该是"多尔衮他们"。

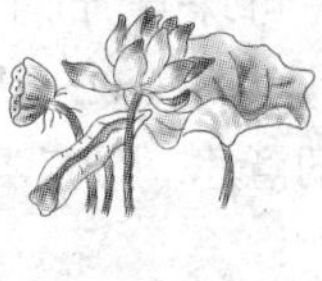

“定山湖”在哪里

◎盛祖杰

电视剧《毛泽东三兄弟》第9集中，毛泽东和小弟泽覃在谈论革命道路的曲折艰辛时，哥哥对弟弟说：“你看眼前的这条黄浦江，从太湖发源，往东呢，流到了定山湖……再从吴淞口流到了长江。”其中的“定山湖”，演员如此说，字幕如此写，其实应该是“淀山湖”。

淀山湖位于上海市青浦区，邻接江苏省昆山市，是上海最大的天然淡水湖泊，面积62平方公里，是上海的母亲河——黄浦江的源头。

“淀山湖”湖滨有“淀山”，是山因湖名还是湖因山名？有不同说法。一说是湖因山而名。据杨嘉祐先生在《上海博物馆馆刊》创刊号上发表的《淀山湖的变迁与元李升〈淀山湖送别图〉》一文考证：“因水中有淀山，而称淀山湖，故名。”又一说是山因湖而名。据清光绪《青浦县志》：“淀山因湖而名。”不过，查阅资料，“淀山湖”从未被称为“定山湖”。

热线电话

“你好，我是64330669……”(54)

◎姚博士

“武当山”的“当”：dàng 还是 dāng？

问：武当山的“当”有人读 dàng 有人读 dāng，到底应该如何读？

——湖北　问清华

答：武当山，古称“太和山”，位于湖北西北部，道教圣地。有七十二峰、三十六岩、二十四涧等胜景。主峰天柱峰海拔 1612.1 米，峰顶建有金殿，俗称“金顶”。

“武当”之名最早见于《汉书》，汉高祖五年(前 202)，置武当县。县以山名。后来，“武当”又见于《后汉书》《水经注》《洞天福地岳渎名山记》《元和郡县图志》《太平御览》《太平寰宇记》等典籍，但没有提到得名缘由，“武当”二字的含义无从判断。

北宋徽宗宣和年间(1119—1125)在武当山天柱峰东北的展旗峰下建紫霄宫祭祀玄武大帝。南宋，玄武信仰深入民心，人们普遍认为玄武大帝在武当山修道成仙。元代道士刘道明撰《武当福地总真集》，说武当山原名太和山，玄武在此修道成仙后改名“武当”，意思是“非玄武不足以当之”。按照这种解释，“当”当“承受”讲，读作 dāng 比较合理。

可以说“亲生父母”吗

问：经常在媒体上见到“亲

生父母”，“父母”怎么能“生”？这种说法到底对不对？

——上海　周　华

答：通过语义分析，我们不难明白，这种说法是没有问题的。

语法学上把动作的主体，即发出动作或发生变化的人或事，称为施事；把动作的对象，即受动作支配的人或事，称为受事。如“领导检查工作”中的“领导”是施事，“工作”是受事。根据语言类型学，施事＋动词＋受事是汉语中最基本的语序。

语言运用丰富多变，在特定的语境中，为了特定的需要，施事＋动词＋受事的语序，常处于变化之中。以“领导检查工作”为例：

如有人问：领导检查的工作有问题吗？答：领导检查的工作没有问题。对话中，“领导检查工作”转化成“领导检查的工作”。为了表达的简洁，“领导”有时可省略，对话变成——问：检查的工作有问题吗？答：检查的工作没有问题。“检查工作”转换成“检查的工作”。

如有人问：检查工作的领导是谁？答：检查工作的领导是王局长。对话中，“领导检查工作”转换成了“检查工作的领导”。为了简洁，“工作”有时可以省略，对话变成——问：检查的领导是谁？答：检查的领导是王局长。“领导检查”转化成“检查的领导”。

按传统语法分析，“检查的工作”和“检查的领导”都是定语＋中心语的“定中”关系。但语义关系明显不同，“检查的工作”是动词＋受事，而“检查的领导”，是动词＋施事。

我们再来分析“亲生子女”和“亲生父母”的语义结构。

正常语序是“父母亲生子女”，“亲生”可看作动词，“父母”是施事，“子女”是受事。跟上述例子同理，“亲生子女”和“亲生父母”都是由“父母亲生子女”转化而来的“定中”关系，但语义结构有明显区别。“亲生子女”是动词＋受事，即（自己）亲生的子女，“子女”是动词“亲生”的受事。“亲生父母”是动词+施事，即亲生（自己）的父母，“父母”是“亲生”的施事。

汉语中，既有“亲生父母”的说法（如“亲生之母”），也有“亲生子女”的说法（如“亲生女儿”）。《明成化说唱词话丛刊·仁宗认母传》：“既不是草头王，如何不知亲生之母。”“亲生之母”即生育自己的母亲。周而复《上海的早晨》第一部六：“秦妈妈待她就像亲生的女儿一样。”“亲生的女儿”即自己生育的女儿。

“亲生父母”“亲生子女”虽然在语法结构上都是定语+中心语，但在语义结构上有明显区别：前者是动词+施事，后者是动词+受事。认为“亲生父母”有问题的人，显然是把它的语义结构等同于“亲生子女”了，即把“父母”理解成“生”的受事了。

君王为何称“孤”道“寡”

问：古代君王常自称“孤”或“寡人”。然而，他们大都不是“孤儿”，更与“寡妇”无关。为什么他们要称“孤”道“寡”呢？

——北京　陈吉德

答：“孤”与“寡人”，都是上古侯王的自谦之称，并非他们真的是“孤”是“寡”。

孤、寡，本来都是少的意思，自称孤、寡，有表示自己是少德之人的意思。《老子》第三十九章：“故贵以贱为本，高以下为基，是以侯王自谓孤寡……”《集韵·模韵》也说：“孤，侯王谦称。”

我国古代强调“以德治天下”，孔子明确提出“为政以德”的主张，后来孟子也继承发展了“德治”思想。但孔孟主张的“德”，只有尧舜圣王才具备，而一般王侯是不敢说自己是“有德”的。这就是上古王侯谦称“孤”“寡人”的原因。

还须指出，在意义上“孤”和“寡人”还是有区别的。《左传·庄公十一年》：“且列国有凶，称孤。”杜预注：“无凶则称寡人。”意思是，如果国家有灾祸，王侯称“孤”，无则称“寡人”。

学林

字理和字理识字

◎苏培成

字理指构字的理据，也就是字形与字音、字义的联系。汉字的字理十分复杂，我们在这篇短文里，只就字理与字理识字教学的关系谈一点看法，请各位指正。

字理识字是汉字教学中一个有影响的流派，特点是讲求构字的理据，把字形与字音字义联系起来，避免死记硬背，提高识字教学的效率。它先教独体字，后教合体字。独体字的基本模式是“溯源—对照”，合体字的基本模式是“分解—组合”。例如教“马、女、妈”这三个字时，先教“马”和“女”这两个独体字，然后再教“妈”这个合体字。老师告诉学员：“女”表示“妈”与女性有关，“马”表示“妈”的读音与“马”声韵相同。汉字中有一大批字适合用这种识字方法。如：

象形字：日月山水人手户目木火牛羊鱼燕

指事字：刃本末甘凹凸

会意字：从及化戒库吠鸣拿尖炎集兼森众磊

形声字：疤懊松柏杨柳江河湖海洲忠想峰群终紫鲤鲫骡

这些字结构比较简单、字理容易理解。对这些字采用字理识字教学，教者顺手，学者愉快，能收到较好的教学效果。

可是并不是所有的汉字都适合用这种方法。有些字的字理至今弄不清，自然无法采用。另外也有一批字，字理虽然清楚，但是比较复杂，涉及的问题较多，理解困难，也不适合采用这种方法。例如：

春。小篆作萅（为了便于排印，我们把小篆字形楷书化），是从艹、从日，屯声的形声字。在隶书楷书里面，艹和屯演变为𡗗。𡗗不成字，没有音义，需要死记。

青。《说文》：“青，东方色也。木生火，从生、丹。”小篆青是由生和丹组成的会意字。生和丹怎么生出青的意思呢？《说文》说是“木生火”，也并没有讲明白。章太炎《小学答问》说：“丹为巴越之赤石，青从丹、生声，宜本赤色之名。”查一查《新华字典》，“青”可以表示绿色、蓝色或黑色，章太炎又说它表示赤色，这样的字理越说越糊涂。

法。小篆作灋，是从水、从廌、从去的会意字。意思是说法公平如水。廌是神兽，懂得抵触不正直者使他离去。灋省去廌成为法。法字里面的去既不表音又不表义，没有字理。

夜。小篆是从夕、亦省声的形声字。演变为楷书夜，完全看不出原来的理据，变成了无理据字。

害，指伤害，是从宀、从口，丯声的形声字。从宀、从口和害有什么联系？有人解释说：“伤害之言，从家中发起。”这很牵强，而且其中的音符丯是生僻字。这样的理据也只能死记。

人们识字为什么重视字理呢？因为通过学习字理可以减少死记硬背。如果像上面说的“春、青、法、夜、害”等字，都有字理却不易说清，也很难用于字理识字。在教学中如果要谈这些字的字理，也无法完全离开死记硬背。与其背字理，还不如直接去背汉字的形、音、义，更直截了当。从事字理识字教学的老师们要面对这样的现实，不要把汉字的字理理想化。而笔画减省的字即使不讲字理，学习也不十分困难。

简化字大约占通用字的三分之一。有不少简化字有理据，如“尘、灶、态、绣”，自然可以用字理识字，可是也有不少简化字没有理据，对这样的字更不必绕回繁体字去讲字理。例如“类”字，米和大组成了“类”，没有道理可讲。“類”

“听力理解”漫谈

◎方绪军

自上世纪80年代以来，我国陆续推出的外语考试和面向母语非汉语者的汉语考试，大多有“听力理解”和“阅读理解”部分。这两个术语应该是分别译自国外英语考试项目中的 Listening Comprehension 和 Reading Comprehension，二者分别表示“通过听来理解”和“通过读来理解”的意思。虽然“听力理解”这个术语现在我们已经习以为常，但这个译法值得商榷。

从较早的文献看，一开始 Listening Comprehension 并不是译为“听力理解”。比如，赵九龄和郑奇辉发表在《外国语》杂志1979年第1期上的《美

是“类”的繁体字，《说文》分析为从犬、頪声的形声字，意思是“种类相似，唯犬为甚”。要通过繁体字“類”讲简化字“类”的字理是自找麻烦，不如直接去讲简化字。

总之，识字教学要重视字理，要尽可能地利用字理。对于那些不适合讲字理的字不必勉强去讲，更不能没有根据地乱讲。近些年来，有人提出了“依据实用字义灵活地解析字理”的主张。这种主张对识字教学有害无益，不是识字教学的好方法。例如：

春。春天到了，温暖的阳光（日）普照大地，人们三人一伙地（夫）结伴而行，踏青赏花。

以。“人”用锄（乚）挖起泥（丶）。（“以”即“用”义）

妄。要想使妇“女”灭“亡”，那是“妄”想。

国的 TOEFL》一文将 Listening Comprehension 和 Reading Comprehension 分别译为“耳听会意”和“阅读理解”。显然，“耳听会意”后来并未被广泛接受。我们很难确定“听力理解”是从什么时候开始使用的，但可以知道在 1980 年代初就有人在用了。比如，《国外外语教学》杂志 1981 年第 4 期发表华先发翻译的《评述听力理解测验》一文就使用了“听力理解”。最初人们把 Listening Comprehension 译为“听力理解”可能是受了将 Reading Comprehension 译为“阅读理解”的影响。将 Reading Comprehension 译为“阅读理解”是合适的，但将 Listening Comprehension 译为“听力理解”却欠妥。“听”和“读”是两种基本的言语理解行为，但“听”和“读”这两个词都不能直接用在“理解”的前边，说“听理解”和“读理解”都不成话。好在“读”有个双音节同义词“阅读”，它可以与“理解”组合在一起形成“阅读理解”，但汉语中却很难找到一个常用的与“听”同义的双音节动词，将 Listening Comprehension 译成“耳听理解、聆听理解、倾听理解”似乎也不合适。于是就拿双音节的“听力”来“凑”成一个“听力理解”。

“阅读理解”和“听力理解”的结构方式不同：“阅读理解”表示通过阅读行为来理解或边阅读边理解，其中“阅读”是行为；而“听力理解”中“听力”是名词，不是行为。顾名思义，“听力”是“听的能力”，那么，“听力理解”就应该理解为“凭听的能力来理解”。“听力”的这种用法似乎只存在于“听力理解”这个孤例中，在汉语里很难找到它在其他短语中这么用。“听力理解”与“听力检查、听力测试、听力训练、听力减弱、听力下降、听力恢复”等短语的结构方式都不同：“听力检查、听力测试”表示检查、测试听的能力，“听力减弱、听力下降”表示听的能力减弱、下降。这样，“听力理解”在汉语中就成了一个结构“特别”的短语。而“阅读理解”就不同，在汉语中有许多与之结构类似的短语，如“阅读欣赏、阅读学习”就表示通过阅读来欣赏、学习，或一边阅读一边欣赏、学习。另外，“阅读参考、阅读评论、阅读分析、阅读思考、阅读研究”等短语与“阅读理解”的结构也比较接近，其中“阅读”也都是表示行为。

“听力”和“听力理解”之类术语在语言教学领域中已经广泛使用。在一些文献中还出现了“听力能力”“听力技能”“听力策略”“听力任务”“听力材料”“听力文本”和“听力理解能力”之类的提法，这些提法在结构和含义方面都不易理解。

其实，汉语的“解”就有“理解、解释”的意思（如“这字该作何解”），我们可以用汉语中一个现成的双音节词“读解”来对译 Reading Comprehension，相应地，Listening Comprehension 就可以译为“听解”。“读解”和“听解”在字面上分别与 Reading Comprehension 和 Listening Comprehension 对应，也能准确表达二者的含义。而且“读解”和“听解”这两个术语结构方式相同，它们与其他词语形成组合的情况也大体一致，比如，与“读解能力、读解测试、读解材料、读解速度、读解方式”等相应的就可以用“听解能力、听解测试、听解材料、听解速度、听解方式”等。

值得注意的是，在日语里也有“読解（读解）”和“聴解（听解）”这两个词，在一些日语考试项目里，就常有“读解”和“听解”这两个部分。更重要的是，使用“听解”一词，我们在讨论相关问题时就能够避免“听力能力、听力理解能力”之类的“名不正言不顺”的尴尬，所谓的“听力能力、听力理解能力”实际上就是“听解能力”。

《火眼金睛》提示

图 1，“弦窗” 应为 “舷窗”。
图 2，“雄心” 应为 “熊心”。
图 3，“按健” 应为 “按键”。
图 4，“凉羔” 应为 “凉糕”。

“存在感”与“刷存在感”

◎刘东怿

社交网络给人们提供了方便的、快捷的、能够展现自我的平台。刷微博或刷微信朋友圈时，会发现每天都有人在晒自拍、晒风景、秀美食、秀恩爱……也会有人给这些照片进行评论或点赞。人们通过这样的沟通方式得到所需要的“存在感”，这样的行为正是我们经常提到的“刷存在感”。随着人们越来越注重自己的情感表达，“存在感”一词的出现频率也越来越高。无论在人们日常交流中，还是在报纸、杂志、电视等媒体中，都会发现“存在感”的身影。例如：

（1）为何李娜在退役后依然能够获得商业上的成功？一方面，在于她职业生涯的出色战绩；另一方面，她依旧频繁出现在与网球相关的比赛与活动中，存在感十足。（《人民日报海外版》2016年4月8日）

（2）在赛场卖萌、跟观众耍宝、到媒体间“调戏”记者、去青奥村抢镜……呆萌的砳砳“猛刷存在感”，从暖场标配升格为镇场之宝。（《人民日报》2014年8月24日）

所谓“存在感”，即感受到自我的存在，是一个人获得他人的注意和重视后产生的感觉。可见，“存在感”最开始是用来描述人的感觉。现代人常常会通过刷微博或微信的方式来获取“存在感”。因此，“刷存在感”以及表达强烈渴望得到“存在感”情绪的“怒刷存在感”“狂刷存在感”“强刷存在感”“猛刷存在感”等一系列词组也经常活跃在人们视野中。例如：

（3）回顾一下拉博夫的作秀史就不难发现，从暂退娱乐圈之后，他就不得不用各种方式狂刷存在感，频频用实际行动向公众宣布——我要涉足行为艺术界。（《京华时报》2015年11月13日）

（4）虽然能提升业绩和流水，但在阿里巴巴与苏宁云商联手、京东商城不断在市场刷存在感的背景下，国美电器到底能在市场挽回多少"失地"，可能还要看消费者的选择。（《国际金融报》2016年2月1日）

"存在感"不仅能够称说某人受到关注后的感受，还能够说明某一事物有分量、有地位。例如：

（5）一些媒体在报道中指出，中国已不仅仅是"世界工厂"，中国作为"世界市场"的存在感日益增强。（《人民日报》2011年1月13日）

有时，"刷存在感"也可以指故意博人眼球，吸引人们注意力，带有一定的讽刺意味。例如：

（6）这样的旅游看似划算，却把人折腾得很累，"上车睡觉下车拍照"，奔波几天，除了在朋友圈秀照片刷下存在感，并没有享受到太多旅游的乐趣。（《健康时报》2016年5月6日）

（7）在正面战场节节败退的"伊斯兰国"（ISIS），在伊斯兰教斋月期间，又在用非人道方式怒刷存在感。（《国际金融报》2016年7月11日）

为什么有人喜欢不停地"刷存在感"呢？主要是因为现代人已经习惯了通过外界来证明自己的存在，即通过别人的眼睛，让别人对自己作出反馈与评价，这样才能感觉到自我的存在。再者，现在是网络盛行的时代，互联网为人们创造了很好的平台，只要动动手指就可以达到"刷存在感"的目的。然而做什么事情都要有度，"刷存在感"也要适可而止。过度地追求"存在感"会让人迷失方向，只能让人得到虚荣心的满足，无法真正地得到他人对自己的认可。

“工匠精神”的语义泛化

◎张　舒

“工匠”这个名称由来已久。“工匠”即手工业者，手工业是一项自古有之的传统职业。“工匠精神”是指工匠对自己的产品精雕细琢、精益求精的精神理念。随着工业化的推进，手工业者的社会地位日趋下降，“工匠精神”渐渐淡出了人们的视野。直到今年全国“两会”上，“工匠精神”郑重其事地出现在《政府工作报告》中：“鼓励企业开展个性化定制、柔性化生产，培育精益求精的工匠精神，增品种、提品质、创品牌。”报告中倡导的“工匠精神”如今已经成为了流行语，并发生了语义泛化。

说起“工匠精神”，我们还得提一下日本的“匠人精神”。在手工业者越来越得不到重视的今天，在日本，“匠人”却依然是一份备受尊敬的职业。不久前，知乎网站上有一个热门讨论话题——“日本的工匠精神到底是怎样的？”经过讨论，我们不难归纳出“工匠精神”的内涵：它指的是一种精工制作的意识，拥有“工匠精神”的工匠们会对一个产品的每个环节、每道工序都精益求精，力求达到完美，追求极致卓越。这是“工匠精神”的原始含义。例如：

（1）佛山恒安瑞士大酒店瑞士甜品师周师傅特意介绍了三款最有特色的瑞士甜品：芝士挞、巧克力蛋糕和胡萝卜蛋糕，就让我们来看看瑞士人是怎样把工匠精神运用到饮食文化中。（《广州日报》2016年7月11日）

上例的相关报道中，记者将周师傅在制作瑞士甜点时精益求精的精神与瑞士人制作军刀和手表的精神对比，以此来说明周师傅具有“工匠精神”。此处的“工匠精神”就是“工匠的精神”，特指手工业者对待产品制作的态度。

《南方周末》近来刊出一篇文章《呼唤“工匠精神”》，文中指出，中国如今急需“工匠精神”源于中国制造需要从粗制滥造的低端制造转型为精工细作的高端制造。其实，何止制造业需要“工匠精神”呢？如今，“工匠精神”的语义正在悄悄地泛化，它不再是工匠们的专属品。例如：

（2）提升实践理性还要求领导干部以工匠精神对待事业，耐得住寂寞，少些好大喜功、急功近利，多些真抓实干、为官善为。（《人民日报》2016年7月8日）

例（2）中要求领导干部要有“工匠精神”，并将“工匠精神”的内涵理解为“对待事业，耐得住寂寞”。这就是一种语义的泛化。

“工匠精神”的语义泛化表现在两个方面。第一是词语本身语义的泛化，原先“工匠精神”特指精益求精地制作产品的态度，而如今，泛指工匠在制造一件完美产品时需要具备的所有品质，甚至连优秀工匠的个人品行都被包含进了“工匠精神”中，既含例（2）所提到的“耐得住寂寞”，也含北京大学经济学院党委书记董志勇用“精益求精、持之以恒、爱岗敬业、守正创新”四个词语所概括的内容。第二是语用空间的扩展，原先“工匠精神”只用于工匠，而如今，社会舆论似乎希望人人都具备“工匠精神”。除了例（2）中的领导干部，从大学毕业生到“好声音”的编导，都该具有“工匠精神”；著名作家王安忆认为文艺创作者也要有“工匠精神”。语用空间的扩展与“工匠精神”的语义泛化有很大的关系。

社会的价值导向和人们模仿、类推的求新心理，让“工匠精神”几乎天天见报，成了当红的流行语。

文章病院

头上不会冒汗吗

◎辛　欣

2016年6月8日《语言文字报》第3版《课堂点评要准确多样》一文说道：“学生读作文过程中，贾老师认真地指导学生修改，一名学生站起来说：‘我觉得改成额头直冒汗比较好。’‘对！’贾老师激动地握住学生的手，‘我们心有灵犀一点通，我也是这么想的。头上怎么会冒汗，额头上才会冒汗啊！虽说额头是头的一部分，但具体位置要说准确。’”在有关作文的具体语境中，学生的修改意见可能是正确的。但老师在点评中理直气壮地说“头上怎么会冒汗，额头上才会冒汗啊”，却明显有悖生理和生活常识。

从生理上讲，排汗是动物的一种排泄功能。人和大多数高等动物会从皮肤排泄出汗液，是机体通过皮肤散热的主要方式。人的额头和脸颊、头皮等处都分布有足够的汗腺，在一定条件下都可以排泄汗液，怎么就能说头上不会冒汗呢？尤其是怎么能说只有“额头上才会冒汗”呢？诚然，因为有头发遮蔽，头顶上些许冒汗往往难以被人察觉，但汗湿头发一直是“直冒汗”的直观体现。从语言表达的角度讲，无论是口头用语还是书面用语，“满头大汗”都是一个常用语，就是把它当成语看，一点也不为过。

同时要注意到，既然已经确认“额头是头的一部分”，肯定额头上可以冒汗，却又否定头上可以冒汗，无异于自摆乌龙，在逻辑上也是说不通的。

是“斩衰”不是“斩哀”

◎陈　丹

《草木缘情——中国古典文学中的植物世界》（商务印书馆2015年出版）第265页有这样一段话：“……诸侯为天子、臣为君、子为父及妻妾为夫所服的丧服，谓之‘斩哀’，属于最隆重的丧礼服饰，用最粗的麻布裁制，不缉边，服期三年。其他丧服又有齐哀、大功、小功之分，服期一年至三个月不等，丧服缉边。”其中“斩哀”应为“斩衰”，“齐哀”应为“齐衰”。

明代衰服中斩衰示例，左图为男式，右图为女式

“衰”字古通“缞”（cuī），即丧服上衣。所谓“斩衰”是古代丧葬礼制“五服”中最重的一种丧服。同理，“齐（zī）衰”是另一种稍轻的丧服。“斩哀”“齐哀”都说不通，历史上从无这种说法。“衰”误为“哀”恐是形近致误。

何为“隐而不发”

◎刘冬青

2016年6月28日《北京日报》第17版发表了《虚位国会——民国初年的“宪政”闹剧》一文，其中在第12段写道：“在清末中国政权中心浸淫多年的袁世凯，对自己的临时大总统之位‘有名无实’应该一清二楚。但是他对此隐而不发，接受了《临时约法》。很明显，如果这一条再不接受，南方的孙中山和革命党恐怕不会把临时大总统之位让给他。”文中“隐而不发”为“引而不发”之误。

“引而不发”，出自《孟子·尽心上》：“君子引而不发，跃如也。中道而立，能者从之。”引：拉引，拉弓；发：射箭。射箭时拉开弓却不把箭放出去，比喻善于引导或控制，也比喻做好准备待机而动。

从文中可以看出，袁世凯先不采取行动，默默接受了《临时约法》，而后又采取了一系列的手段，最终窃取了革命果实。用“引而不发”是恰当的。汉语中没有“隐而不发”的说法。汉语中还有“隐忍不发”一词，意思是克制忍耐不向人发泄、透露。用在上述语境中，似乎也通。

网言网语·愉快

愉快的人总有愉快的原因，但最根本的原因就是：他是一个愉快的人。谁经常笑，谁就愉快；谁经常哭，谁就痛苦。愉快取决于愉快的心情。

（崔国胜/辑）

“梁上置檀，檀上置椽”？

◎沈阳仁

《沈阳日报》2016年6月14日第11版刊有《八角重檐大政殿》一文，向读者介绍建于公元1625年的沈阳故宫大政殿。文中写道：“大政殿采用中国古建筑的抬梁式技法，即柱础上立柱，柱上架梁，梁上置檀，檀上置椽、望板来构成屋顶。”句中之两个“檀”字均为“檩”字之误。

我国传统的木构或砖木结构的房屋的屋顶，都要用到檩、椽。檩（lǐn），是架在屋梁或山墙之上，用来托住椽子及屋面板的横木。其在最高处也就是在屋脊处的那一根还有“脊檩”之称。椽（chuán）子是架在檩上，承受屋面板和屋瓦的长条形木料。檩子承重量大，要用较粗的木材，而椽子则要细一些。

沈阳故宫大政殿殿顶。大政殿俗称八角殿，始建于1625年，是清太祖努尔哈赤营建的重要宫殿。原名笃恭殿，后改大政殿

沈阳故宫里殿宇房舍所用的木料，包括檩子，都是产自长白山区的松木，属于上好的红松木材，没有檀木的。

雍正时崇明县不属上海

◎厉国轩

《家庭百科报》2016年1月22日刊载的《清代名医巧治怪病》一文说:“清雍正元年(1723),上海崇明县有一姓张的读书人,酷爱读书。”然而在清雍正时,崇明县并不属上海。

崇明县位于长江入海口,由崇明、长兴、横沙三岛组成,其中崇明岛为我国第三大岛。崇明岛于唐武德年间始露出水面。唐神龙元年(705)设镇,取名崇明,意为高出水面而又平坦明净之地。南宋嘉定十五年(1222)隶通州(今江苏省南通市)。元至元十四年(1277)升崇明州,隶扬州路。明洪武二年(1369)由州为县,先隶扬州路,后隶苏州府,兼隶太仓州。清沿袭之。民国时期隶南通。新中国建立后隶属南通专区。1958年12月1日,划归上海市管辖。

由上可知,清朝时崇明隶属于江苏省,直至1958年12月才划归上海市。因此,上文中雍正年间的“上海崇明县”说法与史实不符。

网言网语·修养

有才而性缓,此属大才;有智而气和,斯为大智。当下社会,最容易犯的毛病是浮躁,是缺乏平和之心、平静之态。现在的人们,不缺干劲,但缺韧劲,不缺激情,但缺沉稳。浅水喧哗,深水沉静,欲成大事者,必先学会沉稳。

(乔　桥/辑)

《孙子兵法》讲了三十六计？

◎郑文安

《汉字中的思维之美》（文汇出版社 2015 年 3 月出版）书中写道："中国古代著名的兵书《孙子兵法》，通篇都在讲兵家谋略，一共六千多字，十三篇，三十六计。三十六计中最后一计'走为上计'，我们也常说'走为上策'。"这个说法有误。

孙武（约前 545—约前 470），字长卿，春秋末期齐国乐安人。中国春秋时期著名的军事家、政治家，尊称兵圣或孙子

《孙子兵法》成书于公元前五世纪初的战国时期，作者孙武为吴国破楚立下奇功。《孙子兵法》十三篇分别为计篇、作战篇、谋攻篇、形篇、势篇、虚实篇、军争篇、九变篇、行军篇、地形篇、九地篇、火攻篇、用间篇，全书并无"三十六计"一语。据考"三十六计"语出《南齐书·王敬则传》。王敬则对檀道济说："檀公三十六策，走为上计。"三十六之数原为虚数，言多而已。后来《三十六计》成书，则将此数坐实了。《三十六计》作者已无从考查，成书年代一般认为在元明以后。《三十六计》和《孙子兵法》是两本不同的书，《三十六计》书中所用的典故大多出于战国以后的朝代，孙武不可能将其写入《孙子兵法》。

"九·一八"多了点，"一二·八"错了点

◎李光羽

《上海采风》2016年1月号第47页刊有《从作家到间谍》一文，赞扬抗日战争中台儿庄大捷的幕后英雄夏文运。文中写道："'九·一八''一二·八'之后，日本侵略者企图分裂中国……"这里提到的两个历史事件本应耳熟能详，却因间隔号加错而面目全非。

引文中的"九·一八"，指的是1931年9月18日日本关东军制造借口炮轰沈阳北大营的军事侵略事件，史称"九一八事变"。由于"九一八"三字用来表示日期，只能是9月18日，不可能发生歧义，产生误解。所以，用间隔号是多余的。文中的"九·一八"，应该写作"九一八"。

"一二·八"，当然也是表示日期，按引文所说应与"九一八"密切相关，照间隔号的位置看，是发生在12月8日的事件。然而，作为日军侵华事件而为人熟知的，只有"一·二八事变"。那是"九一八"之后，日本急于扶植废帝溥仪成立伪满洲国，为了转移国际视线，于1932年1月28日在上海挑起的军事侵略事件。使用"一二八"三个字表示日期，有可能发生歧义。按国家标准《标点符号用法》，这里月份后应加间隔号，或是"一·二八"，或是"一二·八"。当然，这个间隔号不能点错位置。联系上下文，那段时期的12月8日可不曾有过与日军有关的大事。因此此处的"一·二八"，不能写作"一二·八"。

二郎神的老爹是李天王？

◎晋 相

2016年6月27日《沈阳日报》第4版刊载了《关于“镜子”的那些事儿》一文，其中写道：“在古代志怪神魔小说里则往往出现照妖镜，比如《西游记》中二郎神大战孙大圣，二郎神的老爹托塔李天王就手持照妖镜来参战，只是，此神物在老孙身上不起作用。”读过《西游记》的人不禁会感到疑惑，二郎神怎会成了李天王的儿子？作者的记忆恐怕有误。

托塔李天王

《西游记》第六回里讲述了玉帝派他的外甥二郎显圣真君去花果山捉拿孙大圣，二郎神在战前曾提出“请托塔天王与我使个照妖镜”。孙大圣与二郎神见面时问道：“我记得当年玉帝妹子思凡下界，配合杨君，生一男子，曾使斧劈桃山的，是你么？”由此可以得知，二郎神的父亲姓杨，而托塔天王则是三坛海会大神哪吒的父亲李靖。

二郎神是我们耳熟能详的道教神，其人物形象出现在《西游记》《封神演义》《二郎宝卷》等文学作品中，民间信仰中也有多种源流，如蜀中传说里二郎神是战国名臣李冰的次子。但无论哪种传说中，二郎神都不是托塔李天王的儿子。

华语圈

关注全球华语大有可为

［中国内地］郭熙

不知道从谁开始，“有海水的地方就有华人”成了一句证明华人世界分布的名言。其实，这句话还可以进一步拓展：“有华人的地方就有华语。”一代又一代的华人，在走向世界各地的同时，也把祖国的语言带到了世界的各个角落。

世界各地的华语形式多样。这跟华人原来的方言有关，也跟新住地的语言有关，还跟移入的时代有关。关注各地华语的时候，不能不关心华人各自社会的语言背景和移入环境。

近年来，全球华语研究有不少进展：《全球华语词典》《全球华语大词典》先后出版；《全球华语语法》前六卷已经完成，后面各卷也在紧锣密鼓地编纂；研究各地华语的论著和书刊越来越多。不过，除了上面说的两部词典外，各地华语的研究更多的是集中在学术层面；各地华人社会华语运用的实际情况，尚未得到全社会的充分关注。《咬文嚼字》一直关注国内语言应用的方方面面，在国内人民的语文生活中产生了不小的影响。现在，特设《华语圈》专栏，把分布在世界各地的华语“咬一咬”“嚼一嚼”，应该也是非常有意义甚至很有趣的事儿。

例如，为什么是“华语”而不是“汉语”？这本身就有“嚼”的空间。《现代汉语词典》等主流词典都说“汉语”是“汉族的语言”，已经欠妥；放眼世界，“汉语”更无法负载“全球华人的共同语”这一含义，“新加坡汉语”“马来西亚汉语”的说法好像很难让人接受。有学者用“大华语”指称全球华语，以引起人们对它的注意。它和“华语”又是什么关系？“华语”是一种语言，“大华语”是一种视角。“华语”本身已是跨国跨境的概念，所以我们在提及世界各地华语的时候，只要在前面加上限定成分，说成“新加坡华语”“马来西亚华语”等等即可。

我们期待着面向全球华语的“咬文嚼字”。初步研究已经显示，各地华语无论是语音、词汇、语法还是文字，都有很多题目好做；如果上升到篇章层面，更会有很多好话题。通过“咬”可以发现许多语言事实，引发我们去思考，去咀嚼，促进全球华语和谐发展。

关注全球华语大有可为。

（作者是暨南大学
海外华语研究中心主任）

“本店奉送啡和茶”

[中国香港]汪惠迪

内地的朋友到香港旅游，一定会发现香港的酒楼和茶餐厅特别多，尤其是茶餐厅，是大众消费场所，餐饮皆有，中西兼备。有的茶餐厅大门口可以看到招徕顾客的告白：本店奉送啡和茶。将啡和茶并列在一起，一看就明白，啡指的是咖啡。

咖啡是英语 coffee 的音译，咖和啡是译音用字，不单独表意，二者组合后才能表意，所以咖啡是个双音节单纯词，不是合成词。但是在特定的语境下，啡居然像茶一样，成为一个单独使用的语素，而且事实证明它还有一定的构词能力。例如咖啡色，香港多半叫啡色；不加糖和奶的咖啡叫斋啡（black coffee），内地大多叫清咖；一杯咖啡一杯奶茶可简称一啡一茶；报上的专栏可称为啡话；cyber cafe（网吧／网络咖啡馆／网络咖啡屋）叫网啡，内地

上海虹口多伦路8号"公啡咖啡馆"旧址

大多叫网咖,店名多为"×啡网咖"。

啡字独用并非始于今日。上海虹口有家"享有百年盛誉"的咖啡馆叫作"公啡咖啡馆",是上世纪二三十年代中外白领和文化名人休闲、聚会之地,如今已进入历史。"公啡"何解,尚有待方家指教。

(作者是本刊特约编委)

从英国首相文翠珊之名谈起

[中国香港]李斐

英国公投脱欧后,保守党党魁 Theresa May 于7月13日接替卡梅伦,成为继"铁娘子"撒切尔夫人之后的第二位英国女首相,媒体对她的关注和报道较多。

然而翻开报纸,这位英国女首相的中文译名在内地和香港却有所不同。内地按照其英文发音,直译为"特雷莎·梅",这种翻译方式简单明快,且语音一一对应,给人庄重、正式的感觉,符合我国外交场合的语言风范。而香港媒体则以"文翠珊"三字为其中文译名,乍一看,还让人以为是一名华裔女性的名字。这样取名是因为"翠珊"二字的粤语发音接近 Theresa,而"文"则近似英文 May 的粤语发音。按照中文名字的习惯,姓在前,名在后,所以"文翠珊"就成了这位英国女首相的名字了。香港的翻译除了贴合粤语发音外,还能够给香港人以亲切之感。“文翠珊”这个名字从字面上给人的直觉是“文化、珠翠、珊瑚”，既有文化内涵，又体现了女性特色，似乎很有“好意头”啊！

从文翠珊之名，自然就联想到了撒切尔的港式译名“戴卓尔”。撒切尔夫人是英国的第一位女首相，因其雷厉风行的作风，被人们称为“铁娘子”。撒切尔夫人的英文名字为 Margaret Hilda Thatcher，在内地其全名译为“玛格丽特·希尔达·撒切尔”，这与“特雷莎·梅”的翻译方式一样，从语音直译，既显示出该名字的主人是外国人，也具有庄重的色彩。“戴卓尔”是按照粤语发音对 Thatcher 的翻译，与内地的翻译相比，这种翻译不太能让人直接把具有该名字的人联想为外国人。但其特点是符合华人取名的原则，“戴”为华人常见姓氏，“卓尔”会让人联想到成语“卓尔不群”。

如果说名字的本质是一种符号，那么内地和香港的翻译各有理据，因其使用目的、使用场合不同，才会有了各自不同的翻译。

（作者是香港岭南大学
中国语文教学与测试中心
博士、高级语言导师）

与同事公司吃一盘炒粿条

[印尼]韩理光

小薇是在印尼苏门答腊岛棉兰土生土长的华人。她从小上印尼学校，在家里和华人圈子里都讲福建话；福建话是闽南方言的泛称。10 多年前中文解禁，她去上华语补习班，几年下来会读写一些华文了。

近年来，小薇在网上交了不少外国的华人朋友，这下她可有了用华语或华文跟各地朋友交流的平台了。

一次，她上网在聊天室跟

一群来自各地的网友聊天。她说:“中午,我在餐厅吃午餐,因为食量小,有一次与同事公司吃了一盘炒粿条。”

这句话,相信除了印尼、新加坡、马来西亚的华人外,其他地区的华人和中国朋友,听了可能都会觉得“怪怪的”。她的意思是:跟同事一起/合着/共同吃一盘炒粿条。

写到这儿,要先解释一下粿条。粿条就是条状的河粉,印尼新马华人都说粿条,广东香港澳门人都说河粉,简称河,如干炒牛河(不勾芡的牛肉炒河粉)。

最后说回“公司”。在印尼新马,“公司”除指“经济实体”(名词)外,还可用在动词前做副词,表示一起或共同的意思,这种用法源自闽南方言。

(作者是印尼华文作家)

太太赞我“班赖”

[马来西亚]洪迎晶

马来西亚华人大多是中国福建省和广东省的移民及他们的后裔。华人最早移民到马来西亚的历史可以追溯到15世纪的马六甲王朝时期。马来西亚华人由于生活在一个多元民族和文化的环境里,自然而然地吸收了汉语不同方言或其他民族语言里的词语,因此他们所讲的华语富有本土色彩,被称为“大马华语”。当地华人一听就懂,一看就明,但是来自其他国家的华人就不能全听懂看懂了。请看下面这段文字:

今早,由于赶时间,我不得不在马路上频频割车,开始还算顺利,哪里知道在一次进牙时,牙箱忽然咔嚓一声,发生故障,接着引擎死火。我赶忙按下紧急信号灯,让车慢慢滑向紧急车道停下。幸好没发生意外,坐在身边的太太在松了一口气后还赞我班赖。

“割车”意为“超车”，是受了马来语的影响。马来话“超车”叫 memotong kereta, memotong 是“割”的意思，故产生“割车”一词。要理解“进牙”和“牙箱”，得先解释“牙”的来历。“牙箱”是汽车变速箱的俗称，因箱内有齿轮，而齿轮英语叫 gear，其发音跟闽南话的“牙”接近，所以“牙”是闽南话的译音字。“进牙”就是“进挡”。据此，“自动挡”叫“自动牙”，不叫“自牙”，但“手动挡”却叫“手牙”，不叫“手动牙”。“死火”源自粤语，本指引擎因故障而熄火。马来西亚不少华人祖籍广东，加之受港剧影响，所以马来西亚华语中有不少粤方言词语。他们觉得说“汽车引擎熄灭”别扭，说“汽车死火”则备感亲切。至于“班赖”，是马来语 pandai 的音译，意思聪明伶俐、能干，常用于非正式场合，或跟关系密切的人交谈时用。上面的话用普通话说，得改写成：

今早，由于赶时间，我不得不在马路上频频超车，开始还算顺利，哪里知道在一次进挡时，变速箱忽然咔嚓一声，发生故障，接着引擎熄火。我赶忙按下紧急信号灯，让车慢慢滑向紧急车道停下。幸好没发生意外，坐在身边的太太在松了一口气后还赞我机灵呢。

（作者是马来西亚电台主播兼电视访谈节目主持人）

网言网语·人生

每个人都像登山的游客，一路披荆斩棘，一路坎坷艰辛，最后各自登上了山顶。巅峰看风景，自然美不胜收。但千万不要忘乎所以，忘记了下山的路。山顶只是人生路上的一处风景，没有人能永远站在山顶上看风景。每个人迟早都要下山，山脚才是他真正的栖居地。

（蔡　玫／辑）

谈联说谜

简单有趣『秋千格』

◎江更生

如果我们了解了“卷帘格”的格法要领，再来看“秋千格”的话，那就容易得多了。因为它的格法与“卷帘格”如出一辙，也是将谜底的字序逆向以后来与谜面相扣的。唯一的不同之处是谜底的字数规定为两个字。正是这个规定，让猜谜的人可少走许多弯路，只消在两个字的逆序上寻思追索谜底便行了。话虽这么说，但是逆向构成的词语与还原后的谜底的意思迥然不同，这才产生了让人回味咀嚼的谐趣。所以“秋千格”受人欢迎，得以名登“四大谜格”之中。

关于格名的出处，据传“鞦韆”（qiūqiān）本是一种引自北方的民俗运动，在架子上悬挂两绳，下拴木板，人在板上荡木晃动。一说本作“千秋”，出自汉宫祝寿词“千秋万岁”。后倒读为“秋千”，又转为“鞦韆”。后来玩谜的人就将两字逆读的谜格命名为“秋千格”了。请看一例：

票贩子（秋千格，打中药名一）

谜底：牛黄

大家知道，人们将票贩子喊作“黄牛”，按格法将两个字的谜底逆读后成为“黄牛”，适与谜面之意契合。又如下列一谜：

谢绝馈赠（秋千格，打《唐诗三百首》篇目一）

谜底：《送别》

此谜的谜底也为两个字，应是王维五言古诗篇名《送别》，按格法须将两字反观成“别送”，不正好与“谢绝馈赠”的意思吻合吗？且看下面一条，谜面为一种食疗佳品名：

百合汤（秋千格，打厨房用物一）

谜底：水斗

按格法，将“水斗”这两个字反过来读，成“斗水”与“百合汤”相扣。这里的“斗”和“合”

弹棉匠的『绝对』

◎曾洪根

昆明市区附近的富民县有一处瀑布，景色壮美。传说明末清初有一天，一位弹棉花的工匠路过富民大叠水瀑布时，看到瀑流飞泻的奇观壮景，便随口出了一副对联的上联：

白水如棉，不用弓弹花自散；

其后数十年间，没有人对出下联，为此，上联一时传为“绝对”。

后来一位织布工人路过此地，正是夕阳晚照、落霞满天之时，他看了瀑布的佳景，又看看这“绝对”，于是不假思索，顺口就说出了下联：

红霞似锦，何须梭织绣方成。

这副对联后来也被铭刻于黄果树瀑布。

上联从日常生活去生发想象，由白水想到棉花，由棉花想到弹棉花，读来感到亲切；下联从神话传说去生发想象，由红霞想到云锦，由云锦想到“机杼劳苦”的织女，把读者的艺术感受引向更新更佳的层次。可以说，上下联的想象和比喻，一俗一雅，一近一远，珠联璧合。

都要别解为容积单位，旧时一斗等于十升，一升等于十合（读作 gě），换言之，“百合”即为一“斗”，而“汤”是“水”的意思，故而相扣。

最后，我们再来看一条：

当即挥毫（秋千格，打文化用品一）

谜底：书立

按“秋千格”的规定，如法将两字谜底“书立”逆读作“立书”，此处的“立”别解成副词，作“立刻”解，如成语“当机立断”中的“立”。而“书”则别解为动词，作“书写”解，由此扣合谜面。“书立”是一种夹书放书，将竖放的书本固定不倒的工具，一般以铁、不锈钢、塑料为材料制成。于此可见，“秋千格”谜虽然简明，却蕴藏着浓郁的趣味。

韵味悠长『对联谜』

◎刘茂业

所谓“对联谜”，就是一种采撷对联作为谜面的联谜合璧灯谜。

“对联谜”可以分为两种，一种是以对联的特点成谜。比如“新年纳余庆；嘉节号长春”打票据用语一。谜面系五代十国时期后蜀的孟昶所撰，相传这是历史上的第一副春联，所以谜底即“第一联”（别解成“第一副对联”）。又如“一门父子三词客；千古文章四大家”打国际名词一。谜面楹联出自四川眉山三苏祠，作者乃清代的张鹏翮。上联言老泉父子三人均为填词名家，下联文章四大家是指韩愈、柳宗元、欧阳修、苏轼，对联主要是对苏门的盛赞，因此猜“前苏联”（作“前人关于苏门的联语”解）。再如“旭日灿星照学府；春风化雨育新苗”打出版印刷用语一。谜面是学校的常用联，故谜底作“校对”，“校”由原先的 jiào 音异读成“学校”的“校”，“对”指对子。

另一种则是取对联的意思成谜。如“贾岛醉来非假倒；刘伶饮尽不留零”打交通名词——“通过量”。谜面为旧时一副谐声妙联，“假倒”谐音唐朝苦吟诗人贾岛，“留零”谐音魏晋文学家、诗人，“竹林七贤”之一的刘伶。这两位饮酒，前者喝醉并非假的倒下，后者一气喝得连零星的都不保留，确实“通（全部，通通）过量”了。还有一条“英名盖世三岔口；杰作惊天十字坡”，打语言学名词二：“吴语、夸张”。谜面系画家吴湖帆赠京剧艺术大师、有“江南活武松”美誉的盖叫天（原名张英杰）之联，将其姓名、艺名和戏名皆巧妙地镶嵌其中。谜底“吴”借指对联作者吴湖帆，“语”是说这副联语，“夸”是夸奖，“张”借指张英杰，扣合谜面，简洁精炼。

谜人名姓谜中藏

◎柳叶

一般来说，猜灯谜是毋须了解出谜者姓甚名谁的，借用钱锺书先生著名的比喻，就是何必要认识那下蛋的母鸡呢。但灯谜手法五花八门，丰富多彩，有一种谜法就必须知晓谜作者的姓名才有可能将谜底猜出。换言之，谜人的姓氏乃至名号都已融入谜中，可谓别出心裁。

很多年前，沪上灯谜名家朱育珉曾创作过一谜："说与旁人浑不解"，打现代作家。谜笺上还特地注明"作者朱育珉"。如果猜谜者忽略了这个细节，那是破不了谜的。此谜谜底为"朱自清"，单从谜面（出自宋人刘季孙的七绝《题屏》）上看，扣合"自清（自己清楚）"之意不难理解，而"朱"字信息却要从作者的提示中获取。这种猜法给人有"谜"不厌诈的感觉，谜面上"明修栈道"，旁注的作者又"暗度陈仓"，曲尽"谜"妙，颇为有趣。笔者在一次谜会中也曾尝试戏作："自比一朵花"，打港台艺人"刘若英"，"刘"用以借代敝人姓氏，"英"即"花"，手法同上谜相类似。

除了姓氏外，更有甚者，可使自己的姓名全部放入谜作之中。已故台湾谜家朱家熹先生有一名作："老衲乃是出家之人"，打宋代人名"朱熹"。"朱家熹"这人一出"家"不就成"朱熹"了吗？此谜将作者姓连同名完全暗藏于谜内，把这一谜法发挥得淋漓尽致，极具巧思。

每月二谜

1. 人人守住底线（打字一）
2. 良心一点没有，令人可憎（打字一）

上期答案

1. 《红楼》男女有反抗者（打四字成语一）

   谜底：水土不服（注：《红楼梦》贾宝玉语"男人是泥做的，女人是水做的"喻其浊清，故以"水土"扣"男女"）
2. 技术掌握（打二字群众组织一）

   谜底：工会

称"兄"道"弟"及其他

◎吴小如

重读经典

语言本是人们互相交际的工具，除口头外，还有书面语言，而书面语言作为交际工具往往比口头谈话还复杂，讲究也更多。

我几年前写过一篇小文，题目就叫《称"兄"道"弟"》。在那篇小文中我有个结论，即向人称"兄"时对方未必年长，自己称"弟"时本人未必年轻。这类称呼，主要体现在人们的书信往来上，当然口头上有时也涉及这个问题。

先说称"兄"。大家都看过鲁迅写给朋友、学生的信，像曹靖华、李霁野、黄源乃至许广平，都是鲁迅的学生。鲁迅给他们写信时，几乎都称"某某兄"。连许广平在同鲁迅结婚前，鲁迅的信上也是对她称"广平兄"的。这是老一辈学者的谦虚，但也属于一种惯例。而作为学生，却不能因老师称自己为"兄"便忘乎所以，也跟老师称兄道弟，平起平坐，那是非常失礼的。这类例子很多。沈从文先生、林庚先生、吴晓铃先生都是我的老师；甚至周作人，原是我老师俞平伯先生的老师；他们给我写信时，最初也都把上款写作"小如兄"的。至于谊在师友之间的老一辈学者，如常风先生、周一良先生，则更是以"兄"呼我。吴晓铃先生直到晚年，在写文章时提到我，才称为"小如学弟"，而在书信往还时仍有时写作"小如兄"。我因受老师们的影响，给我的学生写信时亦多以"兄"称对方。结果却遇到两件出人意料的事。一是有个学生给我写信也居然对我称"兄"；另一是在"文革"中红卫兵给我贴大字报，说我邀买青年人的欢心，把浓厚的封建思想灌输给学生，竟称自己的研究生为"××兄"。对于前者，我只好改称"某某同学"；而对于后者，我搬出了《鲁迅全集》，才免挨一场批斗。当然，我的老师中也有一直呼我为"弟"的，如俞平伯、游国恩、吴晗等先生都是如此。这也是习惯称谓。五十年代初，我一度给浦江清先生做助手，但我并不是受过浦先生亲炙的弟子。浦老在称呼上很讲究礼貌，当他注释的《杜甫诗选》出版要赠我一本时，在题款上曾大费斟酌，并跟我本人商量。浦老说："你不是我的学生，我们只是年辈不同的同事。我送给你书，照理应写'小如兄'；可是你现在是我的助手，也算半个学生吧，写得太客气了反而显得生疏。你看怎么题款才好？"我答："我现在就是您的学生，您千万不要同我客气。"最后先生是这样题的："小如学弟惠存指谬，江清。"此书我至今珍藏在箧，永远铭记浦老对我的厚爱。

关于自称为"弟"，实际是长者（或辈分长，或年龄大）对比自己年轻的人的一种谦称，用时务宜慎重。如沈从文师最初给我写信，总自称为"弟"。后来因为关系太密切了，才免去这一礼节性的自称。又如许宝骙先生，是俞平伯师的内弟，论辈分我自然是晚辈。有一次我给许老写信，上款书"尊敬的许老"；许老回信时带有半开玩笑性质，上款题"尊敬的小如兄"，而下款竟题作"弟许宝骙"。我看了很受教益，觉得老辈待人接物不仅文明礼貌，而且平易谦虚。再如启功先生（字元白），我同他的交谊已近半个世纪。但他比我长十岁，关系在师友之间，所以我每次给他写信，始终称"元白先生"。而启老给我回信，也一直称"小如先生"，只是下款署"弟功"，表示谦逊。直到近十年，由于交谊日深，他上款才署"小如兄"，不再以"先生"呼我，但下款仍署"弟"字。由此可见，自称为"弟"者并非本人比对方年轻，相反，倒是长辈或年长者才可自称“弟”某某。如果年辈有差距，自己又比收信人年轻，下款自称为“弟”，反倒是狂妄无礼的表现了。

由此可见，称“兄”道“弟”看似平常交际用语，其中却颇有讲究。尤其是所谓“世交”，即父一辈和子一辈两代人都是好朋友，就更宜注意分寸。我父亲有一位老友，给我写信，上款例称“世兄”（这是父辈友人对子侄辈的称谓），下款则署“世愚弟”，表示自己是对方的父辈友人。这种已不习见的称呼，倘不明其内涵之义，千万要慎重使用，免得闹出笑话。几年前我曾为两个门人评判过一桩有关称谓的公案。他们都是1955年北大中文系毕业的高材生，毕业后一位在城里工作，一位留在北大，彼此一直过从甚密。有一次，城里的那位同志偕夫人出城，在城外这位同志家吃了午饭。回去后写了封信向城外的这位老同学致谢，内有“承留午饭，愚夫妇深为感谢”的话。城外的同志抗议，说信中自称“愚夫妇”，乃长辈对晚辈讲话的口吻，彼此本是同窗好友，岂能居高临下！城里的同志不服，说“我用的是谦词，怎么说自己妄居长辈”？两个相持不下，最后说，我们找吴老师请教，看究竟谁是谁非。我听说后，对城里的那位同志说：“这次你称呼错了，‘愚’字确是以上对下、以尊对卑、以长对幼的所谓‘谦词’，平辈之间是不能用的。”

我在拙文《称“兄”道“弟”》中曾提到长辈对晚辈可自称“世愚弟”，这个“愚”便是长辈对晚辈的谦称。如果自己确属晚辈，对长辈自称“愚侄”或“愚晚”，那也意味着自己辈分虽晚，而年龄却不小或社会地位并不低。总之，称“愚”的一方必须辈分大，或年龄长，或社会地位高，才有资格向对方如此“自谦”。与“愚”字相类似的自称，如“仆”、如“走”或“下走”，也都是长对幼、尊对卑的谦词。虽然“仆”和“走”这两个词儿都出自司马迁《报任安书》，原是平辈间的自称谦词；但自明清以后，这几个词都是上年纪的人对年轻人自称时所用，倘年辈晚者给年长者或前辈写信时也自称为“仆”或“走”，就显得有点倨傲，对收信人不够恭敬了。我在六十岁以前，无论给自己的学生或素不相识的年轻人写信，一直不用“仆”或“走”自称。直到七十岁上下，才开始用这两个词儿，因为自己比收信人往往年长到三十或四十岁以上，不怕对方说我“倚老卖老”了。自新时期以来，有时与港澳地区的青年朋友通信，发现寄信人每自称为“仆”，且不止一人如此。由于交情不深，也不便指出对方这样称呼是不妥的，只好听其自然。但我确信，他们如出一辙地这样向年长者或前辈自称为“仆”，想必是有所依据和有所师承的，只是他们所师承的人未必真属“通儒”耳。另外还有一个词儿，即“足下”。这在唐代以前，朋友间彼此相称均可用之，远者如司马迁对任安，近者如韩愈对孟郊，均在上款中径称对方为足下（如“少卿足下”“东野足下”，任安字少卿，孟郊字东野）。宋、明以后，“足下”一词逐渐变化了“档次”，往往是长对幼、尊对卑的称呼了。如老师对学生，每称“足下”，这就意味着不是平辈关系，而近于居高临下了。

有人会说，你现在谈这些称谓之词是否有开倒车的嫌疑。我说不然。中华为礼仪之邦，这些称谓词恰好是民族文化在人际关系间的一种反映。你尽可不用这些词儿，却不可不懂这些词儿的用法。比如在今天，日本的年逾七十的汉学家与我通信，其遣词造句基本上还是唐宋古文或明清知识阶层中彼此常用的词语，如果你不懂而在回信中偶或用错了某一个词儿，对方就会讥笑你缺乏古汉语的知识或没有高级知识分子的文化素养。这确是我切身体会和亲自经历过的经验之谈，并非哗众取宠或危言耸听。

（原载《语文建设》1995年05期，文章有删节）

向你挑战

上帝不会亏待你

（文中有十处差错，你能找出来吗？答案在本期找）

◎宛 丘 设计

在这次战役中，已有12名敌人倒在他的枪口下。成功的关键，是他一眼就能从一望无际的绿色波涛中，识别出迷彩服与草丛的区别：一个稍深，一个稍浅；一个稍亮，一个稍暗。因而，他总能轻而易举地将身着绿色伪妆的敌人，从绿色草丛中寻找出来，然后一枪将其击毙。他就像一个农民，能熟练地从稻田里认出稗子，而将它们拔除。

他之所以拥有这种特殊能力，是因为，他是个色盲。

色盲曾使他十分困扰。一次绘画课上，老师让大家画一幅春天的图画。画完后，他向大家介绍，自己画的是绿色的草地、黄色的屋顶、红色的太阳。教室里暴发出轰然笑声，一些同学还向他投来了篾视的眼神。原来他涂成了棕色的草地、黄色的屋顶、灰色的太阳。然而，美术老师出奇不意地给了他100分，并告诉他："你虽然不能分辨一些颜色，但这对你并没有什么防碍！你要坚信，上帝不会亏待你，你一定会得到补尝！"

因为色盲，有很多报考专业受限，中学一毕业，他就跟着父亲做了农民。战争爆发后，他报名参军。但是体检时，因为视力的缺陷而被淘汰。在同龄人光荣地为国而战时，他却只能默默地耕田劳作，他恨死了自己的眼睛。

正当他心灰意冷时，部队来到他的家乡招慕狙击手。因为是绿色盲，他拥有特殊的辨色能力，能准确地从草丛中判断出敌人的形踪。他雀屏中选，经过培驯，被派遣到前线。

战争结束后，他被授予英雄勋章。他就是宾得，二战时盟军一名优秀的狙击手。

犯罪如何能受奖励

张胜强

偶然看见路边的一块宣传牌，上面写着“举报毒品违法　犯罪活动有奖”，不禁心中暗自发笑——什么时候“举报毒品”成了“违法”行为，而“犯罪活动”反倒“有奖”了？宣传语显然不会是这个意思。

根据《中华人民共和国禁毒法》第九条，国家鼓励公民举报毒品违法犯罪行为，对举报有功者给予表彰和奖励。这才是宣传语所要表达的意思！其实，只要中间不停顿，把标语的上下两行话连起来读，就不会发生误解。

宣传语如果两两相对上下行排列，由于受诗、对联等阅读格式的影响，转行处会有一个停顿。如果这个停顿跟宣传语内部的语义结构不一致，就会产生误解。按照语义结构，上述宣传语如果要停顿的话，停顿只能在“活动”之后。但按照人们的阅读习惯读，停顿在“违法”之后。这就是误解产生的原因。

图中差错知多少？

盛祖杰　滕　哲
甄文亮　王文军　提供

（答案在本期找）

1 | 2
3 | 4

ISSN 1009-2390
09>
9 771009 239166

YAOWEN-JIAOZI

咬文嚼字®

10
2016

古琴

“昔神农氏继宓牺（伏羲）而王天下……于是始削桐为琴，绳丝为弦，以通神明之德，合天地之和焉。”

——东汉桓谭《新论》

邮局订阅本刊 邮发代号4-641、
统一刊号 CN 31-1801/G
：5.00元

上海世纪出版集团

雾里看花

什么是“挽面”

林燕祥

图片拍摄于某街头。“挽面”是什么意思？是一种面食吗？结婚吃还要预约？猜猜看，答案本期找。

“我也要压迫它”

严　君/文　何梦笔/画

有一次,郁达夫请一位军界的朋友到饭馆吃饭。饭毕结账,郁达夫从鞋垫底下抽出几张钞票付给服务生。朋友十分诧异:“郁兄,你怎么把钱藏在鞋子里呀?”郁达夫笑笑,说:“这东西过去一直压迫我,现在我也要压迫它。”

咬文嚼字®

2016年10月1日出版

10

总第262期

主管：上海世纪出版集团
主办：上海咬文嚼字文化传播有限公司
编辑、出版：《咬文嚼字》杂志社
集团网站：http://www.shwenyi.com
E-mail：yaowenjiaozi2 @ 163.com
官方微博：
http://weibo.com/yaowenjiaozish
电话传真：021-64330669
发行电话：021-60878388
邮购电话：021-60878392
地址：上海市打浦路443号荣科大厦17楼
邮政编码：200023
发行：上海市报刊发行局
发行范围：国内外公开
订阅处：全国各地邮局
邮发代号：4-641
ISSN 1009-2390
CN 31-1801 / G
印刷：上海文艺大一印刷有限公司
广告经营许可证：沪工商广字
3100320050020 号
定价：5.00 元

语林漫步

“福”嘛，不妨多一“点”

◎武陵仁

前不久，一位爱好古董的朋友发来一封电子邮件。信中说，他买了一件仿古瓷罐，但罐身上的“福”多了一点(如图)。买了“错字古董”，这位朋友心中有些不爽。

陶瓷工艺品上出现错别字，早就是个见怪不怪的问题。山东书法家张茂荣先生说，他曾参观过一个高规格的陶瓷展览，当场就发现好几处错别字，如毛泽东名句“人间正道是沧桑”中的“沧桑”误成了“苍桑”，郭沫若名联“写鬼写妖高人一等，刺贪刺虐入骨三分”中的“入骨三分”误成了“入木三分”，杜牧诗句“轻罗小扇扑流萤”中的“流萤”误成了“琉萤”，唐代诗人“王右丞”误成了“王右烝”，干支“甲戌”误成了“甲戍”，等等。

与规范书写相比，上述瓷罐上的“福”的左边确实多了一短横，但它到底是否如张先生所见，也是一个典型的文字差错呢？回答这个问题之前，我们先来谈谈文字的“装饰”功能。

从普通语言学理论看，文字是记录语言的书写符号系统。然而，文字的功能是“立体”的，除了“记录语言”外，还有审美、文化记忆等等其他功能。“装饰”也是其中之一。也就是说，除了充当遣词造句的书写符号，文字也可作为“装饰”之用。

汉字起源于原始图画，经历

了甲骨文、金文、小篆、隶书、楷书等发展阶段。一般把甲骨文、金文、小篆等称为古文字，把隶书、楷书等称为今文字。古文字还保留着十分明显的图画性质，如在甲骨文、金文、小篆中，“日”就像一轮太阳，“月”就像一弯月亮。在今文字阶段，汉字演变成抽象符号，字形从“象形图画”变成了“几何图案”，最终形成了横平竖直的方块字形制。不论是古文字的“象形图画”，还是今文字的“几何图案”，都有很强的“装饰性”。因此，自古以来，汉字一直出现在各种物品上，发挥着独特的“装饰”作用。

在西安半坡古文化遗址中，一些精美彩陶上出现了装饰性刻画符号，学者大都相信，这些符号和早期文字有关联。在商周青铜器上，大量文字都作“记事”用，属“记录汉语”的书写符号性质，但也有一些单作“装饰”图案用。秦汉以后，作“装饰”用的文字图案，同样普遍出现在木器、瓷器、铜器等各种器物上。现在，在年画、春贴、窗花、刺绣、灯笼、折扇、贺卡、请柬、布料等物品上，还能时常见到这类装饰性文字图案。

文字是音形义的结合体，人们在以文字的字形“装饰”美化物品时，自然也会借其字义、字音表达某种美好的愿望。因此，出现在各类物品上的，通常是“福”“禄”“寿”“喜”“财”“春”等等表示吉庆祥瑞等意的字。

为了增强“装饰”效果，这类文字多与其他相关图画配合使用，并且写法灵活，形态千变万化。有学者统计，“福”字的写法就在200种以上。总的来看，变化大致有这么几种：一是字形的变化。众所周知，“天圆地方”是我国传统文化中最重要的审美思想。受此影响，器物上的装饰性文字，大多呈正

“福”字图案

方形和圆形。然而，或者为了适应器物及所在位置的形状特点，或者纯粹为了增加美感，这类文字有时也呈长条形、菱形、不规则图形等其他形态。二是笔形的变化。汉字由横、竖、撇、点等笔画按不同方式组合而成，或者为了增强美化效果，或者为了表示某种特定含义，装饰性文字的部分笔画或某些部件，常用某种图形来代替。比如，因与“禄”谐音，民间把“鹿”视为祥瑞之物，因此“禄”字左边的“示”字旁有时被画成一只站立的鹿。再如，为了表达新人“心心相印”的含义，“囍”的中间部分，有时被画成两颗相连的心的形状。三是笔画的变化。汉字的笔画本是固定的，不能多写也不能少写，但为了表示某种特定含义，人们在写某些字的时候，常在某处多写一笔。山东曲阜孔府前上房中堂有一个“寿”字，中间就多了一短横。相传，此字出自慈禧之手，为了表示“添寿”之意，这一笔是慈禧有意增加的。

我们回到文章的开头，再来看看那个瓷罐上的“福”字。我们认为，这个字出现在瓷罐上，显然也属器物上的装饰性文字，多写一笔正常，不能简单地视为错字。其实，“福”的这种写法，是为了表示“添福”之意，也是有意为之。这样写“福”字，民间很普遍，并非上述仿古瓷罐首创。听了我的解释，我的这位朋友不仅打消了心中的疑虑，而且还生出了些许满意之感。

最后还想说一说，外国的字母文字，同样具有装饰功能。现在许多服装上，就常印上英文单词，既好看又洋气。然而，也常有人因为不知道单词的含义而“出洋相”。有媒体报道，节目主持人李湘有次竟然穿着一件印有“vamp”单词的T恤出镜，殊不知这个单词有“荡妇”的意思。还有，著名演员孙俪曾有一张写真照片在网上传播，照片中的她也穿着一件T恤，前胸印有一个英文单词：hustler。孙俪显然不知道这个单词在英文中有“妓女”“骗子”等含义。

朝花夕拾

咬嚼日记摘钞(6)

◎郝铭鉴

"厚积"才能"薄发"?

怎么也没有想到,"厚积薄发"这条成语,许多工具书中竟查不到!《现代汉语词典》,没有;《中国成语大辞典》,没有;《辞海》,没有;《汉语大词典》,还是没有。这不能不说是辞书编纂工作的一个小小的遗憾。

急于查这条成语,是因为遇到了一场争论。一位语文老师在作文课上对学生说:"你们要多读书,多观察。古人说过,厚积才能薄发。没有足够的积累,是写不出好文章的。"这位老师的话,我们完全能够理解,而且十分赞同。分歧的焦点在于:"厚积才能薄发"对吗?有人说这是成语的误用,也有人说这是成语的活用,一时争执不下。这场争论的发生,我看和工具书中"厚积薄发"缺位是直接有关的。

"厚积薄发"语出苏轼的《稼说·送张琥》。张琥是苏轼的好朋友,在张琥即将赴京城时,苏轼写下了这篇杂文式的文字,用种庄稼打比方,谈做学问的道理。文章最后一句是:"博观而约取,厚积而薄发,吾告子止于此矣。""博观而约取,厚积而薄发"这十个字的临别赠言,概括了苏轼的人生经验,饱含着朋友间的真诚情义,可谓言简意赅,语重心长,耐人寻味。

苏轼在十个字中,对朋友提出了四点告诫,前两点关系到学习态度,后两点关系到治学态度。在学习方面,"博观"是指视野开阔,广采博览,求知若渴，爱书如命；“约取”是指眼光独到，目标明确，沉潜涵泳，取其精华。在治学方面，“厚积”是指培植根茎，重视积累，完善结构，追求扎实；“薄发”是指自我约束，甘于寂寞，质量第一，宁缺毋滥。苏轼提出的这四点，构成了完整的学术精神，只有在这些方面加强修炼，才有望成为大学问家。

如果上面所说不谬的话，那么不难看出，“厚积才能薄发”是站不住脚的。苏轼从两个方面提出治学的要求，引用者却把“厚积”和“薄发”误解成了条件关系，似乎“厚积”成了“薄发”的前提，“薄发”成了“厚积”的目的，“厚积”就是为了“薄发”。这显然不是苏轼说的意思。如果要说条件，“厚积薄发”作为整体才是条件：只有“厚积薄发”，才能写出有真知灼见的文章；只有“厚积薄发”，才能言人之所未言，发人之所未发；只有“厚积薄发”，才能不断攀登学术的高峰……

“措大”的“帽子”

过去读书，常见到“措大”一词，似懂非懂。查了一点资料，才算有点明白。《汉语大词典》对它的解释是：“旧指贫寒失意的读书人。”为何要称“措大”？古人倒是有明确说法的。唐代李匡乂《资暇集》卷下：“正言其能举措大事而已。”清人王应奎《柳南随笔》卷二沿袭了这一说法：“古称秀才曰措大，谓举措大事也。”

可能有人会问，“举措大事”分明是正面肯定语，《汉语大词典》何以要戴上“贫寒失意”的“帽子”呢？本人对此的理解是：

旧时的读书人，在科举的大背景下，都是有梦的人。这个梦便是“朝为田舍郎，暮登天子堂”，便是“学成文武艺，货与帝王家”。所以，尽管他们手不能提，肩不能挑，生活处境尴尬,但一个个目空一切,恃才傲物。他们以为自己是安邦定国的栋梁之臣,是经天纬地的救世之才。这样一个群体形象,即使在封建社会里,恐怕也是并不受欢迎的。民间流传那么多嘲弄秀才的故事,正是这一社会心理的反映。“举措大事”其实只是一句反话,“措大”是一个有着强烈讽刺意味的称呼。

为此,我们看到,“措大”的前面经常会加上一个字:或者是“穷”,或者是“酸”。“穷措大”说明了读书人的社会地位,“酸措大”概括了读书人的性格特征。

“执著”和“执着”

总有人问:“执著”还是“执着”?

毫无疑问:这是一组异形词。它本是佛家语,最初的词形是“执著”,意思是不知变通;后来由贬转褒,转义为坚持不懈。

刚到出版社时,我是写作“执着”的。老编辑告诉我,这个写法是错的,应该写作“执著”。正巧,当时姚文元读《五灯会元》,毛泽东作了批示,我为响应号召,也急着找来读了。这是一本典型的佛家书,在书中果然看到了“执著”:

曰:“无修无念,又何异凡夫邪?”师曰:“凡夫无明,二乘执著,离此二病,是曰真修。真修者不得勤,不得忘。勤即近执著,忘即落无明。此为心要云尔。”

自此以后,我便“改邪归正”,写作“执著”。

就字论字,“着”是“著”的俗字,宋代以后才出现。“著”是一个多音字,势力范围极大:可以读 zhù,如显著;可以读 zháo,如著火;可以读 zhuó,如穿著;可以读 zhāo,如棋高一著;还可以读轻声 zhe,作时态助词,用在动词后面,表示动作、状态的持续,如看著、听著……。自从“着”字横空出世以后，“著”字的地位便面临挑战，节节败退，除了读 zhù 的“著”保持原貌外，其他一律改写为“着”：“著力”成了“着力”，“著急”成了“着急”，“著装”成了“着装”，“著重”成了“着重”，“看著”成了“看着”，“听著”成了“听着”……可见，俗字往往能野蛮生长，后来居上。

唯有一个例外：“执著”，人们仍然坚持写作“执著”。工具书也竭力维护这个习惯，只收“执著”不收“执着”。《现代汉语词典》尽管感受到了形势的变化，但仍一直以“执著”为主条，“执着”的释义是：同“执著”。《现代汉语异形词规范词典》在经过一番考察以后，认定“执著”通用性强，以“执著”为推荐词形。这也许和“执著”是佛家语有关吧，人们在潜意识里存着对宗教的敬畏。

然而，青山遮不住，毕竟东流去。著、着分家，是汉字的大势所趋，它有利于汉字的学习和运用。保留“执著”的用法，不但影响了现代汉字的读音规律，也违背了异形词整理的系统性原则。“执著”的“著”，就是附着、黏着的意思，按照现代汉字的义项分工，理应写作“着”，为什么“执著”要头上出角、别树一帜呢？终于，我们看到工具书开始改变立场，在《现代汉语词典》第6版中，改以“执着”为主条，“执著”的释义是：同“执着”。我相信这是一只报春的燕子，“执着”的时代已经来临。

这里还要补充说明一个词：土著。何谓“土著”？就是和那块土地有着特殊关系的原住民。这个“著”就是黏着的意思。“土著”的“著”，读音本是 zhuó，随着著、着分家，“土著”也应该写作“土着”。为何“土著”的词形至今没变呢？原来“著”的读音变了，不读“土 zhuó”而读“土 zhù”，和著名、显著、著述的“著”同音。这应该是另外一种变化方式吧。

借题发挥

“失怙”岂能作“失牯”

◎金　甲

《文汇报》2016年7月19日第10版载有《茅盾，革命家与文学家的完美结合》一文，第一部分的小标题是《少年失牯，立志“以天下为己任”》。这里的“失牯”无解，显然是“失怙”之误。

怙（hù），义为依靠，倚仗。《诗·小雅·蓼莪》：“无父何怙，无母何恃！”后常以“怙”“恃”分别指代父、母。丧父称失怙，丧母称失恃，父母双亡称失怙恃。例如“孩失其怙，幼丧其亲”（白居易《祭乌江十五兄文》），“生有甥女，早失恃”（《聊斋志异·公孙九娘》），“愈生未再周月孤，失怙恃”（韩愈《乳母墓铭》）。

牯（gǔ），《辞海》：母牛，亦指阉割过的公牛，又指公牛，亦泛指牛。上述文章写了茅盾十岁丧父，其父去世之前还把他叫到床前，教育他“大丈夫要以天下为己任”，因而茅盾以此立志。标题以“失怙”形容少年时期的茅盾，是符合实际的。汉语中没有“失牯”的说法。

少年失牯，立志“以天下为己任”

1896年7月4日，乌镇观前街沈家的长房长孙出生，取名德鸿，小名燕昌。这个并不富裕的大家族，无地无租，主要靠开两家杂货店维生。茅盾的父亲沈永锡16岁中秀才，却无意读书做官，反而崇尚实业救国，迷恋声光电学，还立志悬壶济世，追随杭嘉湖的妇科名医陈我如学习中医；茅盾的母亲，是陈我如的爱女陈爱珠，不仅通读四书五经，而且会算术女红、诗词歌赋。5岁时，茅盾由母亲开蒙，读《字课图识》《天文歌略》《地理歌略》，没有适合小孩的历史课本，母亲自己动手编写，从三皇五帝鸿蒙初开写起，写一节教一节。就这样，当那些私塾里的孩子在摇头晃脑背诵《三字经》时，茅盾已初识新学，打开眼界。

海瑞未做过首辅

◎何立洲

话剧《大明四丞相》反思人性复杂——

明朝四首辅同台舌辩是非功过

■ 严嵩　■ 徐阶　■ 张居正　■ 海瑞　本报记者 胡晓芒 摄

本报讯（首席记者 朱光）得到国家艺术基金扶持的话剧《大明四丞相》，昨晚在上戏剧院首演，运用艺术手法让明朝四位丞相徐阶、严嵩、海瑞与张居正同时出现在舞台上，在评议中展开人物对比，令人反思人性的复杂多样。

在史书上，明朝内阁首辅严嵩是一名奸臣，而徐阶的主要功绩就是扳倒了严嵩，从而担任首辅之职。因而，徐阶被公认是一位忠臣。但是，在不少名臣眼里，徐阶的计谋多端并不逊于严嵩。如后来的首辅朱国桢曾表示，徐阶家的地产据传有18万亩，两个儿子都唯利是图乃至鱼肉百姓，家仆则仗势欺人……以致徐阶的两个儿子，被判去充军。张居正上台后，免除徐家公子充军之苦。而严嵩家的地产其实还不到徐家的十五分之一……

全剧开场时，严嵩就以鬼魂的形式出现，时常对“宿敌”徐阶的举动提出质疑，并在“翻旧账”的时候，探究徐阶做出各种选择背后的真实动机。如此，就使得原本并不生活在一个时间段的四位丞相，得以出现在同一个舞台上。他们各自行为相对比，就显得更为鲜明。

该剧又名《徐阶》，由上戏出品，编剧是戏文系教授陆军，导演是导演系教授龙俊杰。原本的故事，使得一位原本聚焦于松江府出身的明朝宰相徐阶，扩展为对明朝四位丞相的整体呈现。每个人在各自的境遇下做出不得已的选择，得到的后世评价却各异，这其中的奥秘值得观众反思。

《新民晚报》2016年8月5日《文体新闻》版有一篇报道，标题是《明朝四首辅同台舌辩是非功过》，题下即四幅演员饰演四首辅的剧照，分别标注严嵩、徐阶、张居正和海瑞。正文中也有“明朝四位丞相徐阶、严嵩、海瑞与张居正”的字句。其实四人中只有严嵩、徐阶、张居正做过内阁首辅，海瑞从未入过阁，更谈不上做首辅。

首辅，亦称“首揆”，明代对首席大学士的习称。嘉靖、隆庆和万历初期，首辅职权重，主持内阁大政。

要做首辅，先须入阁。明初朱元璋废丞相，大权独揽，另设华盖殿、谨身殿、武英殿、文华殿、文渊阁、东阁等大学士，为皇帝顾问。成祖即位，命官职较低的翰林院编修、检讨等官入午门内文渊阁当值，参与

『粹炼』？『淬炼』！

◎董 榜

2016年5月28日《环球时报》第5版有一篇报道，标题为《集成服装链条，粹炼中国品牌》，其中“粹炼”系“淬炼”之误。

淬，从水，卒声，本指金属热处理中的一种方法，就是把加热到一定温度的工件浸入冷却剂（油、水等）中急速冷却，以提高其硬度和强度等。《汉书·天文志》：“火与水合为淬。”淬炼即是指淬火和冶炼，比喻不断精进以求完美，正合文章题意。

粹，从米，卒声，本义为纯净无杂质的米。《天工开物·粹精》：“播精而择粹。”汉语中并无“粹炼”这个词，将“淬炼”误为“粹炼”，应是音同形似所致。

在接受《环球时报》记者专访时表示，互联网对服装产业的冲击只是表象，背后蕴藏着让中国服装业彻底蜕 板碰长板，极致变极致，让这个系统以最极致的方式去面对消费者。这样，工匠精神才能蔓延开来，传承下 很多制约因素。第一，从设计上说，欧洲的版师已经传承几代人了。欧洲人研究了一辈子人体工学，这是西方

依文集团董事长夏华接受《环球时报》专访时称

集成服装链条，粹炼中国品牌

机务，称为“内阁”。仁宗以后，内阁权位渐高，入阁者多为尚书、侍郎。入阁的大学士虽无宰相之名，而有宰相之实，称之为丞相未为不可。

海瑞虽是明后期的名臣、清官，誉满天下，但他只是举人出身，做官从基层做起，在京也只做过户部主事。嘉靖四十五年，在户部主事任上曾上书批评世宗皇帝，被逮入狱。这就是历史上著名的海瑞骂皇帝。隆庆年间做过应天巡抚，推行一条鞭法，曾令徐阶等退田，万历时又先后任南京吏部右侍郎和南京右都御史。他一生从未入阁，更谈不上做首辅，称他为丞相、首辅与史实不符。

一针见血

“纳降”非“投降”

◎阎德喜

《国歌中的“义勇军”原型》（刊于《读书文摘》2016 年第 8 期）中说到“九一八”事变前吉林省军署参谋长熙洽降日一事：“谁知熙洽竟然开城纳降，叛国投敌。日军轻取长春，又兵不血刃占领吉林省城。”文中的“纳降”乃“投降”之误。

纳，接受。“纳降”即接受敌人的投降。引文中的熙洽畏敌如虎，不敢抵抗日军，打开城门向日军投降，这怎么是“纳降”呢？“纳降”和“投降”虽一字之差，但意思完全不同，使用者不可不察。

“壤外”应为“攘外”

◎张骏鹏

2016 年 7 月 4 日《连云港日报》B2 版《笃守信仰选择 熔铸红色风骨》中写道：“对蒋介石的‘安内壤外’，一心剿灭共产党……”句中的“壤外”应为“攘外”。

攘，义为排斥。攘外，即排除外患，与“安内”相对。壤，从土，襄声，指泥土、疆域等。“壤外”不可索解，汉语里没这个词。

“碧叶涟涟”？“碧叶田田”！

◎辜良仲

2016 年 7 月 29 日《眉山日报》载有《荷花别样红 美景醉游人》一文，文中写道：“盛夏时节，当你身处遂宁世界荷花博览园，看着十里荷塘碧叶涟涟，朵朵莲花亭亭而立……”这里的“碧叶涟涟”应为“碧叶田田”。

“田田”，可指莲叶盛密貌。朱自清先生名篇《荷塘月色》就用“田田”一词形容荷叶相连貌：“曲曲折折的荷塘上面，弥望的是田田的叶子。”“碧叶田田”正合上述引文之意。

“涟涟”通常用来形容泪流

不断的样子。“碧叶涟涟”让人不知所云。

“环睹萧然”错矣

◎阎心士

刊于《书屋》2016年第7期的《曾国藩的廉洁之道》中，有对湘军大将李续宾、李续宜兄弟的称赞：“人称他们‘皆以清洁自矢，廉俸薪资，悉供军用；家无长物，环睹萧然’。”文中的“环睹萧然”错矣，正确的是“环堵萧然”。

环，围绕。堵，墙壁。“环堵”的意思就是四周环着每面一方丈的土墙，形容狭小、简陋的居室。“萧然”，冷落衰败的样子。晋陶潜《五柳先生传》：“环堵萧然，不蔽风日。”上述引文中的李氏兄弟虽为湘军大将，但廉洁自律，家里没有像样的东西，只有残破的四堵墙，正可以用“环堵萧然”形容之。

“睹”即看见，从这个意义上说，“环睹”即环顾、环视，说“环睹萧然”也没大错，但从原文的语境说，还是用“环堵萧然”更恰当。

是“右丞”，不是“右丞相”

◎李景祥

《沈阳日报》2016年7月14日第12版《“作家”是什么意思》一文中讲了一个故事：“唐朝有个宰相叫王玙，好为人作碑制，有送润毫者，有一次误敲了右丞相王维的大门，王维就说：‘大作家在那边。’在王维看来，写碑文不是宰相该干的事。”读后不禁要问：王维当过丞相吗？宰相和丞相是什么关系，哪个官大？

王维（701？—761），唐玄宗开元九年（721）进士，曾任太乐丞、右拾遗、给事中等职。安史之乱时，曾受伪职，乱平后降为太子中允，最后官至尚书右丞，王维的诗文作品集就叫《王右丞集》。尚书右丞为正四品下，官不算大。

宰相或丞相是在皇帝之下的统领百官者，其具体职名、职权，历代皆有不同。唐玄宗开元年间，曾设左右丞相，为尚书省长官。后来，以“同中书门下平章事”为正式的宰相职衔。人们通常以宰相或丞相来泛指最高行政长官，宰相、丞相没有高下之分。大诗人王维从未做过宰相或丞相。

另外，文中之“碑制”当系“碑志”之误。碑志是刻在石碑上的文字，也包括写好了尚未刻上去或从碑上抄录、拓印的文字。常见的有墓表、墓志、碑记等。

“曩日”非“囊日”

◎刘曰建

2016年8月12日《北京青年报》B4版《“雅丁”》讲述了漫画家丁聪的趣闻，文中写道：“囊日观丁聪先生画作，只对线条和形象稍感会心而已……”此处“囊日”当为“曩日”。

查《现代汉语词典》可知，曩(nǎng)是指以往、从前、过去的。如曩年、曩时。“曩日”即过往、往日，正合文意。

囊，指口袋、像口袋的东西。“囊日”难以索解，汉语中没有这个词。误“曩”为“囊”应是音近形似所致。

戴高乐从未来华访问

◎毛纬武

《余杭晨报》2016年7月18日第11版刊有《漕桥有个全国唯一的湖羊原种场》一文，文中一句话这样说道：“法国前总统戴高乐四十多年前访华时，中方就曾以杭州出产的湖羊羔皮大衣相送。”然而，戴高乐从未来华访问过。

戴高乐是法兰西第五共和国的创立者，也是二战中领导法国人民战败德国的领袖。他于1958年12月21日至1969年4月27日连任两届法国总统。戴高乐执政期间，积极地推行戴高乐主义，与政治体制不同的中国展开对话交流，并于1964年1月宣布同中国建立大使级外交关系。无论作为法国总统，还是在其退休之后，戴高乐都希望能够访问中国，并设想在1971年夏天访华。但是1970年11月9日他就因心脏病猝然逝世了。戴高乐访华的愿望一直未能实现，其梦想成为了永远的遗憾。

“旄旎”？“旖旎”！

◎何东余

《中国电视报》2016年7月7日B24版《闲情偶记》栏目有一篇文章《邢岫烟的宁静致远》，文中写道：“邢岫烟不动声色接上的诗句‘绿萼添妆融宝烛，缟仙扶醉跨残虹’绝对是佳句。其格局宏大，既旄旎又豪气，并不输给那些公子小姐们。”句中的“旄旎”一词令人疑惑，疑是“旖旎”之误。

“旖旎”是个联绵词，音yǐnǐ，表示柔和美好的意思，如风光旖旎、春风旖旎等。根据引文文意，句中若用“旖旎”是十分恰当的。

旄，音máo，古代用牦牛尾装饰的旗子，也指旗帜、仪仗。《汉书·苏武传》：“（武）杖节牧羊，卧起操持，节旄尽落。”节旄，指符节上所缀牦牛尾饰物。汉语中没有“旄旎”这样的说法。

“话风”和“话锋”

◎董金明

2016年7月22日《新民晚报》A21版《特长》中有这样一句话：“她话风一转，一脸严肃而诚恳。我很喜欢你这个人，勤快、肯吃苦、待人和善。”这里，“话风一转”显然是“话锋一转”之误。

话锋，话头，也就是谈话的焦点。丁玲《一九三〇年春上海（之一）》中有“若稍说到正题，他不是冷着脸不答辩，便是避开正面的话锋，做侧面的嘲讽了”这样的叙述。《特长》一文是说母亲转移了话题，用“话锋一转”十分妥帖。

话风，可解释为说话的习惯、风格。“话风一转”语义欠通顺，汉语中也没有这种说法。

“桅墙”？“桅樯”！

◎杨昌俊

2016年7月下的《国家人文历史》刊有《美国共同体是怎样诞生的》一文，其中有句话这样写道：“1776年6月28日，在纽约长岛，早已在此守望多日的大陆军哨兵终于看见天际线那头出现了一片桅墙帆影。”引文中的“桅墙”，应当写为“桅樯”。

桅，亦称“桅杆”，指竖立于船舶甲板上的圆木或长杆。在帆船上主要用以扬帆，在机动船上则用以悬挂旗帜和装设航行灯、无线电天线和雷达天线等。樯，也指船上的桅杆，引申指帆船或帆。“桅樯”是两个同义语素组成的双音节合成词，指桅杆，也借指船只。

墙，指房屋、院落、城邑等四围的屏障或外围，多为土筑或砖砌而成，垂直于地面，引申指器物上像墙或起隔断作用的部分。

樯与墙，两者偏旁是木土之差，语义、用法相差甚远。把“桅樯”写成“桅墙”，或许是音同形近致误。

岂能“信口拈来”

◎得　喜

《南方周末》2016年8月4日登载一篇题为《我心目中的陆谷孙先生》的文章，文中有这样一句话：“先生信口拈来的句子，繁花似锦一般……”句中的“信口拈来”乃“信手拈来”之误。

“信手拈来”即随手拿来。信手，随手；拈，用两三个指头夹、捏取某物。“信手拈来”常用于形容写文章时运用材料、驾驭语言的随意或从容。宋陆游《秋风亭拜寇莱公遗像》诗：

“巴东诗句澶州策，信手拈来尽可惊。”在《南方周末》的这篇文章中，陆谷孙先生学识渊博，学贯中西，讲课时旁征博引，即使是“信手拈来”的句子，也无不恰切，文采斐然。“信手拈来”用得恰到好处。

那么，为什么不能说“信口拈来”呢？因为“拈”是手指的动作，而用嘴是无法完成这个动作的。这就是汉语中没有“信口拈来”一词的原因。

拖坯≠脱坯

◎董　榜

2016年7月15日《洛阳日报》第11版所刊《老屋》一文中有这样一段话：“1980年春上，叔叔成家，作为家中长子的父亲需另立院落。父母亲在乡邻的帮助下，挖地基，拉石头填地基，和麦糠泥拖坯，上山砍檩条，杀芦苇秆编笆，和泥做瓦烧窑。”此处的“拖坯”当作“脱坯”。

“脱坯”是砌土坯墙、盘炕等的前期材料制作环节，指用模子把泥制成土坯。制作过程一般是，将黏土、麦芒、稻壳等材料和成泥后填入模具中，待成形后将模具取下。“脱”在这里是取下之义。

拖，即牵拉之义。“拖坯”似指拖拉土坯，和文意不符。

“赧颜”应是“赧颜”

◎阎南岗

《读书文摘》2016年第8期刊登的《提前怀旧：内部片》一文中说：“被哄的这位有几分赦颜……也不还嘴，傲然地进去。”句中“赦颜”是“赧颜”之误。

《现代汉语词典》对“赧颜”的释义是：因害羞而脸红。“赧”读nǎn，义为脸红。引文中是说，一个内部片持票者，因熟人的嫉妒而被哄，因而脸红。用“赧颜”来形容非常准确。

赦，赦免。汉语中也没有“赦颜”这个词。

时尚词苑

“马甲”与“换马甲”

◎吴梦捷

“马甲”，“背心”的别名，是一种无领、无袖的上衣。别名“马甲”最初只在上海、江苏、浙江一带使用，后来渐渐流向全国。由于马甲制作简单，穿脱方便，受到男女老少的喜爱。各种马甲几乎适用于四季：夏天有汗马甲，冬天有棉马甲、皮马甲、羽绒马甲，春秋季则穿毛线马甲、羊绒马甲。此外，还有跟西装配套的西装马甲，等等。

在某些特殊场所，为了让大众便于在人群中辨认从事某种行当的工作者，就请他们穿上规定颜色的马甲。比如，证券交易所的交易员要穿“红马甲”（“红马甲”已经被《现代汉语词典》收为词条了），许多国家和地区的证券交易所均认可并采用“红马甲”；上海世博会的志愿者都穿“绿马甲”，他们热情地为游客提供服务，提供方便；打扫马路的环卫工人则穿上“黄马甲”，便于驾车者识别，以保证安全；站岗或巡逻的交通警察，还要穿上“荧光马甲”……这些具有特定作用的马甲，就不再限于简单的衣着功能了，而是具备了标志的功能。

正因为一部分马甲已经演变成为了标志，所以，“马甲”又衍生出新的引申义，专指假象的“遮掩物”。请看：

（1）与入股类似，投资理财也成为许多行贿受贿行为热爱的新“马甲”。（《人民日报》2016年5月18日）

（2）POS机刷卡怎么还穿“马甲”（标题，《北京青年报》2016年1月4日）

例(1)中,“投资理财”作为“行贿受贿行为”的“保护套”,掩盖了事物的本质,故称为新“马甲”。例(2)中的“马甲”是指一些小商家为了节省POS机刷卡产生的手续费,通过不正规渠道购买“另类”刷卡机,导致消费者交易凭条上的商户名称与实际不符的行为。

如上文所说,社会上,有人穿上某种马甲,就是一种工作者,如果换上另一种马甲,则变成了另一种工作者。因此,现今又出现了“换马甲”一说。例如:

(3)首付贷“换马甲”路径起底:虚增评估 按揭变首付(标题,《证券日报》2016年3月29日)

(4)警惕网络传销换“马甲”(标题,《人民政协报》2016年7月26日)

“换马甲”就是“换汤不换药”,只是改变了事物的表面形式,但其本质并没有发生变化。例(3),按银监会的规定,购买房屋的首付款,银行是不能“贷”的,可是有的银行违规,改用别的名称,如换上“换房贷”“消费贷”“过桥贷”等“马甲”后继续推行“首付贷”。例(4)是一篇评论的标题。众所周知,“传销”是经济领域的“毒瘤”,是被国家明令禁止的。评论中,列举了网络传销的种种骗局——换上“马甲”的传销,比如打着“在家创业”“网络创业”“电子商务”“网络理财”“微信营销”“消费多少返多少”等旗号,甚至打着“慈善救助”等幌子,欺骗群众参与传销。不法分子改头换面,在字面形式上玩花样,掩盖了传销的真面目。

一些商家、企业通过不断地改变“外在经营模式”,也就是通过“换马甲”的方式来推广业务,这种行为严重影响了社会诚信精神的传承和发展。由“换马甲”引发的歪风邪气是不可容忍的。无论是执法部门还是消费者都要时刻警惕,识破不法分子各种“换马甲”的行为。

“洪荒之力”一夜走红，红得发紫

◎刘东怿

8月8日，里约奥运会女子100米仰泳半决赛中，中国选手傅园慧以58秒95的好成绩晋级决赛。她在赛后接受记者采访，一句“我已经用了洪荒之力啦”让人们认识了这个活泼直爽、自信开朗、幽默乐观的90后女孩，也让“洪荒之力”一夜之间成为流行热词，点燃了这个夏天。如今，“洪荒之力”不但在网络上怒刷存在感，并且也活跃在报刊、电视等媒体中。例如：

（1）这才是奥林匹克应该带给我们的，这正是我们期待的“洪荒之力”，期待中国体育爆发更多“洪荒之力”。（《武汉晨报》2016年8月9日）

（2）用“洪荒之力”打击网络谣言（标题，《广州日报》2016年8月10日）

追根溯源，“洪荒之力”这个词语开始流行出自去年夏天热播的仙侠玄幻剧《花千骨》，“洪荒之力”在剧中频频出现，用来指法力无边且不受控制的“妖神之力”。因而在去年应用该词语大多描写突然爆发的一些冲动的不良想法，有一定的贬义色彩。例如：

（3）如果不能控制体内的“洪荒之力”，一定要找朋友倾诉，找到合适的发泄口，千万莫做冲动出格的事，伤了别人也伤自己。（《重庆晚报》2015年9月23日）

“洪荒”是古汉语固有的词，我国古代传统的启蒙读本《千字文》的开篇便是：“天地玄黄，宇宙洪荒。”其大意为“天是

黑青色的，地是黄色的，宇宙形成于混沌蒙昧的状态中”。“洪荒”的词义即为混沌蒙昧的状态，用来指远古时代。由于“洪荒之力”这一词语实在是太火了，中国地震台网中心为此给出了科学解释。“洪荒”是指地球形成后的早期状态，一切都在混沌蒙昧之中。那时候，地壳很薄，地震频发，温度极高，造山运动引发了多次大洪水。经过几轮造山运动后，地球上的大气环流逐步形成，地壳也趋于稳定。由此可见，“洪荒之力”的威力确实强大。

作为流行词语，“洪荒之力”既可以用来形容人突然爆发体内潜能而超常发挥，还可以用来形容某事物的发展超出人们意料。例如：

（4）里约奥运开赛后，中国泳将制造出两个截然不同的舆论波。一个是孙杨和澳大利亚选手霍顿争金夺银后的严肃口舌漩涡；一个是女将傅园慧用“洪荒之力”挺进女子100米仰泳决赛，最后摘得铜牌一夜成为新晋“网红”。（《联合早报》2016年8月10日）

（5）降水比常年多两成——雨神还有洪荒之力吗？（标题，《北京晚报》2016年8月14日）

（6）今年暑期档电影扎堆上映，今日就有8部电影同时上映……这个周末的电影市场又是一场恶战。那么，本周影市将有哪些片子会爆发洪荒之力呢？（《羊城晚报》2016年8月14日）

即使身负“洪荒之力”，依然需要一步一个脚印的付出。挑战总是留给有准备的人，当挑战来临之时，他们才能用“洪荒之力”迎接它。

锁定名人

“盏盏之数”是多少

◎温守江

亦舒的散文集《刹那芳华》（东方出版社，2015年3月出版）中收有《顿首》一文，其中写道：“随着岁月，我们对一件事一个人的看法，总会改变，少年时好友，今日成为陌路，当年心头所好，如今茫然，谁也逃避不了变迁。可是相信你我尚不至于要为着盏盏之数跑去向三年前敌人顿首。”此处“盏盏之数”，读来着实令人茫然。察文中之意及“盏”字之形，作者显然是将“戋戋之数”误写为“盏盏之数”了。

戋，读jiān。《现代汉语词典》收有“戋戋”一词，释义为：“少；细微：为数戋戋｜戋戋微物。”这种用法古今汉语中十分普遍。如《聊斋志异·小官人》中有：“戋戋微物，想太史亦当无所用，不如即赐小人。”叶圣陶《城中·前途》：“年来生计所需，继长增高，弟戋戋所入，不足以勉力追随，时有竭蹶之虞。”

在《顿首》一文中，乙因不过三五万港元的酬劳，便可对昔日的敌人甲说尽好话，又是道谢，又是顿首，可见讨生活实在是不容易。“戋戋之数”用在此处，是为了说明酬劳之微薄，正符合文章想表达的“生活真正逼人”的含义。

盏，读作zhǎn。意思是浅而小的杯子。《方言》第五：“盏，杯也。自关而东，赵魏之间曰㭢（jiān），或曰盏。”后也用作酒、茶或灯的计量单位，如一盏酒、一盏灯。“盏盏之数”显然讲不通，用在文中不妥。

“那祇角”？“那抵角”！

◎张震东

“原始野生的牛角，竟有70多公分长，人是无论如何招不住那祇角一触的。”这句话见于陈忠实先生所著散文集《白鹿原上》（江苏文艺出版社，2013年2月出版）中《关于一条河的记忆和想象》一文。且不说“公分”改为“厘米”才规范，句中的“祇角”恐是“抵角”之误。

“抵”读作dǐ，指用角顶、相触。《汉书·武帝纪》“作角抵戏”，颜师古注引应劭云：“抵者，相抵触也。”抵角，本义为牛、羊等用来顶触的角。多用来喻指犯颜直谏的人。《陈书·后主记》：“而世无抵角，时鲜犯鳞。”上述引文内容正合“抵角”本义。

祇，音qí，可以指地神，也可以用来形容很大、盛大。无论哪个义项都不合文意，汉语中没有“祇角”这个词。

是“行伍”非“行武”

◎杨宏著

《北京故事》（石钟山著，作家出版社，2016年1月出版）第11—12页说：“老所长是个好人，他从部队转业，直到退休一直在派出所工作，也就是说，老所长自从参加工作，便一直和行武打交道。”句中“行武”一词应为“行伍”之误。

此处“行”读音为háng。“行伍”原指古代军队编制，五人为“伍”，五伍为“行”，故以“行伍”泛指军队。《荀子·乐论》：“带甲婴胄，歌于行伍，使人之心伤。”沙汀《随军散记》十一：“杨家瑞——一个支队长，行伍出身，曾经做过红军的团级指挥员。”在古今作品中，“行伍”皆为军队的意思。

将“行伍”写作“行武”，除“伍”“武”音同以外，恐也因“武”在军事用词中出现颇多，而想当然地以“武”代“伍”了。

追踪荧屏

“版画”“板话”大不同

◎姜伟光

2016年7月24日央视国际频道播放的连续剧《延安颂》第36集中，在列举延安文艺座谈会后取得的丰硕成果时，屏幕出现了“李有才版画”字样。其中的“版画”有误，应为“板话”。

“版画”是美术创作的一种形式，《现代汉语词典》对“版画”的解释是：“用刀子或化学药品等在铜板、锌板、木板、石板、麻胶板等板面上雕刻或蚀刻后印刷出来的图画。”例如，天津杨柳青、苏州桃花坞等地的年画，就属于木刻版画。

上述电视剧中提到的《李有才板话》是赵树理创作的一部中篇小说，描写了农民李有才以“快板”为武器，智斗地主阎恒元的故事，是一部解放区文艺的代表作。快板，是我国曲艺的一种，特点是语言合辙押韵，说唱时伴有竹板打节拍，节奏较快。有些地方叫“顺口溜”“练子嘴”。“板话”的“板”显然指的是“快板”，切不可因同音与“版画”混淆。

“慎得慌”？“瘮得慌”！

◎徐立辉

东方卫视2016年5月6日播出的《笑傲帮》节目，有一段烧饼和曹鹤阳表演的相声《朋友圈》。逗哏的烧饼讲了一些“有事就说，说不明白就烧纸”“实在不行就托梦”的怪话，捧哏的曹鹤阳则说：“怎么那么慎得慌”（字幕同步显示）。这里的“慎”字有误，应是“瘮”。

“慎”的释义为小心、谨慎。“慎得慌”令人难以索解。瘮，读shèn，释义为使人害怕。节目中，烧饼说的怪话让人害怕，正可以用“瘮得慌”。误将“瘮”写为“慎”，应是音同致误。

网言网语·人生

人生就像一口锅，掉到了锅底，无论哪个方向的路，都是向上的。因此，不要畏惧困难，困难越大，迎来拐点的可能性越大。面对困难，不要留下任何时间去抱怨，要间不容缓地去寻找隐藏在困难后面的转机。

（崔国盛/辑）

有此一说

也说“名列前茅”的“茅”

◎陈运舟

成语“名列前茅”在当下众多辞书中均释为名次排列在前面，这当然不错。然而，对其中“茅”的含义，几乎都认为是指茅草，如《中国成语大辞典》（上海辞书出版社）：“春秋时楚国用茅草做报警用的旌旗，行军时拿着走在队伍前头，作报警的信号，故称‘前茅’。”此说值得商榷。

古代，人们把牦牛尾或野鸡尾羽着于旗竿顶端作为装饰，这种旗称为旄或旌。旄，清人段玉裁《说文解字注》说：“以牦牛尾注旗竿，故谓此旗为旄。”《周礼·春官·旄人》唐贾公彦疏：“《山海经》‘有兽如牛，四节有毛’是也。其牛尾可为旌旗之旄也。”旌，《说文》：“游车载旌，析羽注旄首，所以精进士卒。”段玉裁：“所谓注旄于干首者，盖夏后氏但用牦牛尾，周人加用析羽……先有旄首而后有析羽注之，故许云析羽注旄首。”古籍中，旄、羽旄、旌、旄麾为军旗的代称，行军作战时用以开道、指挥。如《尚书·牧誓》：“王（周武王）左杖黄钺，右秉白旄以麾。”《孟子·梁惠王下》：“今王田猎于此，百姓闻王车马之音，见羽旄之美。”

先秦时期，作为军旗的旄，有时借作茅草的“茅”。如《公羊传·宣公十二年》：“郑伯肉袒，左执茅旌，右执鸾刀，以逆庄王。”清王引之《经义述闻》：“茅当读为旄……《新序·杂事篇》载此事正作‘旄旌’。”

“前茅”一词，出自《左传·宣公十二年》：“军行，右辕，左追蓐，前茅虑无。”意为军队行进时，右军紧跟主帅的车辕行进，左军打草做夜宿的准备，前军则举着牦牛尾或野鸡尾羽装饰着旗竿顶端的旗帜开路，随时戒备着，防止意外的事情发生。

“前茅”的“茅”作茅草解，其谬误盖源于晋人杜预《春秋

「负隅顽抗」？「顽强对抗」！

◎韩学燕

在今年举办的第十五届欧洲足球锦标赛上，名不见经传的冰岛队首度入围洲际大赛便闯进八强，成为本届欧锦赛最大的一匹黑马。1/4 决赛虽以 2∶5 大比分负于东道主法国队，但他们以出色的发挥和顽强的斗志，赢得了对手的尊重和观众的掌声。然而，在 7 月 5 日天津《渤海早报》第 10 版的《遇到“山王工业”冰岛不冤枉》一文中，关于这场比赛有这样一段话：“冰岛与法国一战，‘最大黑马’在上半场就连吞 4 弹，比赛至此没有了悬念，尽管冰岛队之后依旧负隅顽抗……”这里用到“负隅顽抗”一语，值得一议！

“负隅顽抗”是个成语。“负隅”，也作“负嵎”。负，依靠；隅，山势弯曲险阻的地方。《孟子·尽心下》：“有众逐虎。虎负嵎，莫之敢撄。”负隅顽抗，意为依恃险要地势等条件，做顽强抵抗，含贬义。李存葆《高山下的花环》八：“扼守在堑壕中的敌人想负隅顽抗，我们劈头盖脸便是一顿猛扫。”《现代汉语词典》：“（坏人）凭借险要的地势等条件顽固抵抗。”特别括注了“坏人”这一前提条件。把这样一个含贬义的成语用在冰岛足球队上，很是不妥。

体育场上向来是“场上是对手，场下是朋友”，哪能把“负隅顽抗”一词用在失败的一方呢？使用“顽强对抗”庶几可通。顽强，一般指强硬或坚强、不屈服；对抗，即抵抗，用力量制止对方的进攻。将顽强对抗用在足球场上双方的攻防态势转换上，恰如其分。

经传集解》：“茅，明也，或曰时楚以茅为旌识。”用茅草作旗帜，既无史实依据，也无可操作性，实为望文生义之训。

碰碰车

写作『洋碱』没有错

◎王宗祥

2016年第8期《读者》上的《剃头匠》一文，是这样写剃头匠给人刮胡子的：“剃头匠用手在爷爷的脸上抹上一层薄薄的泡沫，应该是肥皂，爷爷说是洋碱。”《咬文嚼字》2016年第7期刊有《“洋碱”应为“洋枧”》一文，文中认为“‘洋碱’应该写作‘洋枧’”。笔者认为写作“洋碱”没有错。

判定肥皂可以写作“洋枧”的依据是王力《广州话浅说》：“番枧，肥皂。枧就是硷的别字；番就是洋。亦简称枧。”既然“枧”的本字是“硷”，那么写作“碱”就没问题，因为“硷”同“碱”。

“肥皂”为土生土长的汉语词。《汉语大词典》对肥皂有两条释义：①古代用皂荚或肥珠子等捣烂制成丸，用以洗涤去污者，均称“肥皂”；②近代洗涤去污用的化学制品，通常制成块状，沿旧称。对近代化学制品的肥皂，词条还说一般用油脂和氢氧化钠制成，而工业上用碱土金属盐。可见称肥皂为“碱”其来有自。

《近现代辞源》（上海辞书出版社，2010年出版，第217页）中“肥皂”条列出了曾有过的多种不同名称：“洋碱、洋硷、石碱、石硷、胰皂、皮皂、胰子枧、色盆，其中‘色盆’为西班牙语sapon的音译。”而在第865页“洋碱”词条下还举了使用实例。如1884年姚文栋译《日本地理兵要》卷七：“卤盐洁而良，固非洋碱所能企及也。”1904年《江南商务局详送开办章程请咨汴省文》：“凡某处物产仿西法制造各项用物，如制茶、压油、纺纱、打米、造纸、造糖、洋碱、洋胰、洋烛、洋火之类，各该处官绅商民报明查实，准创议人承办……”

要之，肥皂在近现代历史上有多种称呼，其中称“洋碱”由来已久，不能简单地当成一个错误。

此“百和”非彼“百合”

◎孔庆勇　杜军和

2012年《咬文嚼字》第5期封二《雾里看花》栏目里登有一张照片,《解疑》认为照片中“夏蕊浓焚百和香”中“焚”字与“和”字有误,应该分别为“芬”字和“合”字,此句应为“夏蕊浓芬百合香”。这是值得商榷的。

百合

“夏蕊浓焚百和香”其实是句古诗,它出自唐代诗人白居易的《石榴树》(也作《石楠树》)一诗:“可怜颜色好阴凉,叶剪红笺花扑霜。伞盖低垂金翡翠,薰笼乱搭绣衣裳。春芽细炷千灯焰,夏蕊浓焚百和香。见说上林无此树,只教桃柳占年芳。”

“春芽细炷千灯焰,夏蕊浓焚百和香”,意思是说:春天,石榴树的嫩芽枝头萌生,呈紫红色,就像千灯之焰;夏日,石榴花怒放,花蕊火红,如同在炉中焚烧百和香那样,此处是以“香”喻“花”。百和香是选择多种香料加以配制的香,因此称为“百和香”。传说汉武帝曾“焚百和之香”迎西王母。南朝梁何逊《咏七夕》:“月映九微火,风吹百和香。”宋柳永《玉楼春》词:“九枝擎烛灿繁星,百和焚烟抽翠缕。”而“百合”是百合科百合属多年生草本球根植物。此处“百和”并非“百合”。

学林

联系诗词的平仄谈汉字声调的变化

◎苏培成

汉语是有声调的语言,声调能区别意义。例如音节 mai 读上声时是“买”,读去声时是“卖”;音节 sheng 读阴平时是“生”,读阳平时是“绳”。声调的类别古今不同,个别字所属的声调类别古今也常有变化。上古汉语的声调情况学者间认识并不一致,这里略去不谈。魏晋以后共同语有四个声调,就是平声、上声、去声和入声。现代汉语的吴方言、粤方言、闽方言等还保留着入声,而北方许多方言和西南方言里的入声已经消失,原来读入声的字改读为其他声调。现代普通话的四声是阴平、阳平、上声和去声。

我国的古典诗词很讲究格律,以声调为支撑的平仄是格律的重要组成部分。所谓“平”指平声,包括现在的阴平和阳平;所谓“仄”指的是上去入三声,“仄”的意思就是不平。古典诗词有严格的平仄格式,让平仄互相交错以显示语言的音韵美。例如:

春夜喜雨　杜甫

好雨知时节,当春乃发生。
(仄)仄平平仄,平平仄仄平。
随风潜入夜,润物细无声。
(平)平平仄仄,(仄)仄仄平平。
野径云俱黑,江船火独明。
(仄)仄平平仄,平平仄仄平。
晓看红湿处,花重锦官城。
(平)平平仄仄,(仄)仄仄平平。

诗中的“节、发、入、物、黑、独、湿”是入声字。画圈的字表示可平可仄。

有一批字的声调古今不同。要了解某个字在中古时的声调，可以查阅《广韵》《集韵》等韵书，同时还可以参考唐宋诗词的平仄格式。下面举出四个字来略作说明：

一、看。看的意思是视，今音读 kàn，属仄声。《广韵 · 寒韵》："看，视也。古寒切。"《广韵》寒韵字在中古都读平声，按平仄说属平声，折合成今音是 kān。唐 · 李白《望庐山瀑布》："日照香炉生紫烟，遥看瀑布挂前川。"按照七绝的平仄格式，遥看的"看"属平声，读 kān。"遥看"不能改为"遥望"，因为"望"读去声，属于仄声，与七绝的平仄格式不合。宋 · 苏轼《题西林壁》："横看成岭侧成峰，远近高低各不同。"横看的"看"与遥看的"看"相同，中古读平声，绝不读去声。

二、笼。笼的意思是遮盖、罩住，今音读 lǒng，属仄声。《广韵 · 东韵》："笼，《西京杂记》曰：'汉制，天子以象牙为火笼。'卢红切。"《广韵》东韵字在中古都读平声，按平仄说属平声，折合成今音是 lóng。唐 · 杜牧《泊秦淮》："烟笼寒水月笼沙，夜泊秦淮近酒家。"根据平仄格式，第一句里的两个"笼"都属于平声，读 lóng。这个"笼"如果按今音读为 lǒng 就成了仄声，与平仄格式不合。宋 · 秦观《沁园春 · 春思》词："宿霭迷空，腻云笼日，昼景渐长。"《沁园春》开头一句的平仄格式是：㊀仄平平，㊀平平仄，仄仄仄平。腻云笼日的"笼"属于平声，折合成今音读 lóng，一定不读上声，如果读成上声就违背了平仄格式的要求。

三、黑。黑的意思是像煤或墨的颜色，今音读 hēi，属平声。《广韵 · 德韵》："黑，北方色。呼北切。"《广韵》德韵字都读入声，黑字带有塞音韵尾，有点像广州话的读法，属仄声。唐 · 杜甫《春夜喜雨》："野径云俱黑，江船火独明。"按平仄格式"黑"属仄声。唐 · 卢纶《塞下曲》四首之三："月黑雁飞高，单于夜遁逃。”按照平仄格式，月黑的“黑”属仄声，一定不属于平声。

四、出。出跟“进”“入”相对，今音读chū，属平声。《广韵·术韵》：“出，进也，见也，远也。赤律切。”《广韵》术韵字都读入声，出字带有塞音韵尾，有点像广州话的读法，属仄声。唐·王维《渭城曲》：“劝君更尽一杯酒，西出阳关无故人。”按平仄格式，西出的“出”属仄声，一定不属于平声。唐·白居易《忆江南》：“日出江花红胜火，春来江水绿如蓝。”按平仄格式，日出的“出”属仄声，一定不属于平声。

通过上面对这四个字的分析，我们想说明的是有些汉字的声调古今不同，平仄不同，读音也有改变。既然如此，我们是不是可以按古音来朗读这些诗词呢？不可以。虽然语言学家大略知道这些诗词在唐宋时的读法，但是听众是现代人，不懂唐宋古音，所以还是要按普通话来读。按普通话来读，有些诗词的平仄格式会发生变化，影响了平仄的格律美。是的，这是没有办法的事。等到对这些古典作品的格律进行分析时，再讲明一些字古音的读法和它所体现的平仄格式就行了。

《完美的，未必是假的》参考答案

1. 10几年——十几年
2. 膺品——赝品
3. 凤毛鳞角——凤毛麟角
4. 决对——绝对
5. 暇疵——瑕疵
6. 狂语——诳语
7. 至少3万元以上——至少3万元
8. 增殖——增值
9. 地点，时间——地点、时间
10. 像貌——相貌

文章病院

应是“冷炙”

◎董城关

贞元二年(公元786年),十八岁的韩愈进京参加进士考试,一连三次均失败,直至贞元八年(公元792年)第四次进士考试才考取。之后他在长安求仕,拜谒权贵,可谓“朝扣富儿门,暮随肥马尘。残杯与剩灸,到处潜悲辛”。

这是《一代文宗　文以载道》(载《洛阳日报》2016年7月15日第9版)中的一段话,其中的“剩灸”是“冷炙”之误。

灸,读jiǔ,形声字,从火,久声,本义为用艾火烧灼。灸法是中医的一种疗法。炙,读zhì,会意字,从肉从火,本义为把去毛的兽肉串起来在火上熏烤。后引申为名词,指烤熟的肉食。

“朝扣富儿门,暮随肥马尘。残杯与冷炙,到处潜悲辛”,出自唐代伟大诗人杜甫的《奉赠韦左丞丈二十二韵》。杜甫当时应试落第,困守长安,心情落寞,于是就写了这首诗以吐胸中不快。“残杯”是指喝剩的酒,“冷炙”指已凉的饭菜或剩余的饭菜。诗句中用这两个词,是为了表达在权贵门下讨生活的低微地位。后人从“残杯与冷炙”中提炼出成语“残羹冷炙”,指吃剩的饭菜,也比喻别人施舍的东西。鲁迅《且介亭杂文·拿来主义》:“只好磕头贺喜,讨一点残羹冷炙做奖赏。”

上述引文中,“灸”显然是“炙”之误。尽管“剩炙”也说得通,但引用杜甫诗句,应保持原貌,不能擅改,所以“剩”也得改成“冷”。

《史记》在二十四史之中

◎晋　相

《沈阳日报》2016年7月1日T6版《盛京博览》专版刊有《满风旗韵清宁宫》一文，文中写道："历史的目光，总是那么挑剔，无论是《史记》《二十四史》，还是《资治通鉴》，浩如烟海的'史家绝唱'始终将目光在帝王将相身上久久停留……""二十四史"是否都是"史家绝唱"，我们姑且不论，这里只想说文中把《史记》列在"二十四史"之外，似乎不妥。

"二十四史"为我国古代二十四部纪传体史书的总称。清乾隆年间编辑《四库全书》时，确定以纪传体史书为正史，并且规定凡未经皇帝批准的史书，皆不得列为正史。当时诏定的正史，一共有二十四部。它们是《史记》《汉书》《后汉书》《三国志》《晋书》《宋书》《南齐书》《梁书》《陈书》《魏书》《北齐书》《周书》《隋书》《南史》《北史》《旧唐书》《新唐书》《旧五代史》《新五代史》《宋史》《辽史》《金史》《元史》《明史》。司马迁的《史记》为二十四史的第一部，纪传体史书的体例就是司马迁首创的。鲁迅先生把司马迁的大作誉为"史家之绝唱，无韵之离骚"。可见"二十四史"就包括《史记》在内了，怎能把《史记》与"二十四史"并列呢？

《火眼金睛》提示

图1，"麻癖"应为"麻痹"。
图2，"老子号"应为"老字号"。
图3，"途径"应为"途经"。
图4，"鲜炸"应为"鲜榨"。

阿英和钱杏邨是同一个人

◎梁卓尧

《解放日报》今年7月8日刊有《万宜坊：与邹韬奋为邻》一文，文中列举了许多曾与邹韬奋为邻的著名人士，说："除了邹韬奋先生，万宜坊13号住过胡敦复……；38号，著名文学家钱杏邨……"后文又说："另外，蒋光慈、阿英等作家也曾居住在万宜坊。"显然，文中把"钱杏邨"和"阿英"当成两个不同的人了。事实上，这只是同一个作家的两个名字而已。

阿英（1900—1977），中国现代著名作家、文学史家。原名钱杏邨，阿英是其笔名，安徽芜湖人（据《辞海》）。他青年时代积极参加五四运动。1926年加入中国共产党。次年冬与蒋光慈组织革命文学团体"太阳社"，编辑《太阳月刊》等。抗日战争中，担任《救亡日报》主编。新中国成立后，历任天津市文化局长、全国文联副秘书长等职。其著述超过一百部。如小说集《义冢》、剧本《碧血花》《海国英雄》、文学论著《现代中国文学论》《晚清小说史》等。

现代人较熟悉的名字是阿英，而上世纪三四十年代，钱杏邨之名亦颇多见于各种书刊之中。上述文章误认为是两个不同的人，是对文坛故实不够熟悉所致。

《什么是"挽面"？》解疑

"挽面"是民间流传的一种古老的美容技法。在潮州语中，"挽"是拔的意思，"挽面"就是利用粉、纱线等去除姑娘脸上细小的汗毛，使面容光彩照人。这种美容之法，一些地区也称"开面""开脸"等。旧俗中，只有女人出嫁时才能享受这种待遇。

我国哪有畲族自治区

◎毛　杭

2016年8月25日《萧山日报》第9版《走进景宁　探访“中国畲乡”》一文说：“景宁是全国唯一的畲族自治区，畲族民俗风情不可不看。”这里的“自治区”错了，应为“自治县”。

我国在各少数民族聚居的地方实行区域自治，设立自治机关，行使自治权。自治区、自治州和自治县都是民族自治地方。全国设5个自治区，为省级行政区划单位，包括内蒙古自治区、新疆维吾尔自治区、广西壮族自治区、宁夏回族自治区、西藏自治区。另设有30个自治州和120个自治县（自治旗）。上述引文中提及的景宁是畲族自治县，县政府在鹤溪镇，区域内生活有畲、藏、苗、彝、侗、黎等少数民族。我国没有畲族自治区。

何来27个省

◎蔡维藩

2016年8月3日《语言文字报》头版新闻《中青年语言学者在京研修》报道：“来自27个省的69位中青年学者参加了研修。”然而我国有27个省吗？

《宪法》第三十条规定了我国的行政区域划分：“全国分为省、自治区、直辖市。”全国目前有省级行政区划单位共34个，包含23个省、5个自治区、4个直辖市、2个特别行政区。由此可知，“27个省”是不存在的。引文想表达的可能是27个省级行政区划单位，但直接将其简称为“省”是不符合规范的。

“掩卷”怎能“细读”

◎王连杰

2016年7月9日的《燕赵都市报》第14版刊有一篇读《张充和诗文集》的书评，标题是《温馨诗意的古典情怀》。此文最后一段，有对赏读该书的总结：“掩卷细读，颇为受益”。“掩卷”怎么“细读”呢？掩即关上、合闭；“掩卷”，就是合上书本。多为阅读中有所感触的举动。李白有诗云：“观书散遗帙，探古穷至妙。片言苟会心，掩卷忽而笑。”苏辙也有“学成竟无用，掩卷空自疑”之句。表达的都是这样一种状态。因此，“掩卷”或许会“茫然”，“掩卷”可以“长思”，而“掩卷”不可能“细读”！文章想说的也许是“开卷细读”吧。

何谓「户镛」

◎厉国轩

《中国集邮报》2016年7月19日第4版《地煮天蒸望雨风——小暑实寄封欣赏》一文在解释二十四个节气中的小暑时，引了唐代元稹《小暑六月节》一诗，遗憾的是，将“户牖深青霭”一句错成了“户镛深青霭”。

“牖”音yǒu，本指窗户。《说文》：“穿壁以木为交窗（窗）也。”“户”，本指单扇门，后泛指门。因此，“户牖”即门窗也。陈毅《太行山书怀》诗：“朝来启户牖，山光照四壁。”“户牖深青霭”是说，小暑时节，气温突然攀升，且又开始多阴雨，因此，门窗上也蒙上一层晦暗潮湿之气。

“镛”音yōng，大钟，古代一种打击乐器。《说文》：“大钟谓之镛，从金，庸声。”

可见，“牖”与“镛”音义迥异。乐器“镛”与窗子“牖”风马牛不相及。

华语圈

宁养服务暖人心

［中国香港］田小琳

生与死，常常被我们用在一起造词：生死存亡，生死攸关，生死与共，同生共死，同生死、共患难，等等。可见，这是一对紧密相关的概念。

生老病死是人生经历的必然过程，随着社会的现代化文明化，人们越来越尊重生命。一个婴儿的诞生带给亲人无限的欢乐，也给社会贡献了新生力量。而当一位病患者或者耄耋老人生命走向尽头的时候，也应该受到家人和社会的照顾和关爱，让他们安然度过临终阶段，有尊严地走完人生的历程，这是对生命的最大祝福。

在香港，有一项服务叫作“宁养服务”。宁，安定，使安定；宁养，安定地养病。这种医疗服务属于临终关怀、善终关怀的服务范畴。这项服务的理念是融入现代癌症治疗的服务，当病人确诊为末期癌症的时候，就开始全面照顾病人在身心方面的需要，医护人员会因应病人、家人的选择及病情的发展，在不同阶段提供适合的治疗方案。

有关资料显示，“宁养服务”最早出现在20世纪60年代的英国，这项服务为晚期癌症患者提供镇痛治疗、心理辅导等，西方也称之为“姑息治疗”，日本称之为“安宁疗护”，香港就叫作“宁养服务”了。名称虽然不同，服务治疗内容是相通的。

香港医管局十多年前就已提供“宁养服务”了，现有十间公立医院设有“宁养中心”。这项服务经临床实证，成效显著。而且，通过一些香港基金的捐助，宁养服务计划也扩展至内地，“宁养服务”这个词语会为越来越多的人认识。

不限于末期癌症病人，对即将去世的病人给予的特殊照顾、关爱，现在统称为“临终关怀”或“善终服务”。这些词语广泛应用于香港、澳门以至马来西亚等地。台湾地区叫作“安宁照顾”或“安宁疗护”。

至于各地办的安老院、敬老院、护老院或老人院，与“临终关怀”是不同的概念，那都是为老年人安度晚年而办的社会福利机构。在港澳特区和台湾地区，大都由私人或慈善机构开办，政府给予资助，为老年人提供生活、娱乐、医疗、保健等方面的服务。

（作者是本刊特约编委）

马来西亚华文教育历史关键词

［马来西亚］邓月璇

要想了解马来西亚华文教育的情况，先得看看这一串如绕口令般的词语：华小、华中、独中、统考、董总、教总、董教总……不了解马来西亚国情的外国人，肯定对这些词语看得云里雾里，似懂非懂。让我们把目光转向历史。

华小是华文小学的简称，是华裔子弟接受母语教育的地方。1957 年马来西亚独立后，华文小学就陆续被纳入国家教育体制内。由于华文不是官方语言，因此马来西亚独立后，华文中学全部改为国民型中学（简称华中），而 60 所坚持以母语进行教学，拒绝接受改制的中学就转为独立中学，简称独中。于是，独中进入民办教育体制。

由于没有政府资助，学生上学要缴学费，校方则需对外募捐，以维持日常开销。华校董事联合会总会（简称董总）和华校教师会总会（简称教总）负起监管运作的责任，同时制定了一套考试机制，称为独中统一考试(简称统考)。统考文凭在国外大学很吃香,唯独在本国,教育部至今仍拒绝承认其学术资格。

董总与教总合称“董教总”,这两大华文教育最高领导机构携手关注政府各项教育政策和措施的执行,并保持高度警惕,以维护华文小学,使其不致变质。

历经半个多世纪的艰苦奋斗,董教总捍卫华文教育旗帜鲜明,不遗余力,深受华社爱戴。

饶有趣味的是本地马来文和英文媒体也因为董总、教总、董教总的存在而创造了马来西亚独有的马英词语 Dong Zong、Jiao Zong、Dong Jiao Zong。这是按标准华语用汉语拼音字母拼写的词语,以同样的词形分别进入马来语和英语,蔚为奇观。

在马来西亚,华小、华中、独中、统考、董总、教总、董教总等词语绝不是冷冰冰、孤零零的词语,它们是心手相连的手足,是一同串起马来西亚华文教育历史的关键词。越咀嚼,越感受到先辈们将近两百年来为捍卫华文教育,使薪传绵延所付出的血泪。

(作者是马来西亚《中国报》助理编辑主任)

也谈类似“咖啡”的语素

[马来西亚]杨欣儒

本专栏上期刊登了《本店奉送啡和茶》一文,读后,笔者灵感顿生,来个狗尾续貂。

咖啡作为一个语素,照理是不能分割的,正如“彷徨”“蝙蝠”等双音节语素,不像合成词那样可以自由组合。合成词如汽车,我们可以拆开来用,组成如汽油、汽艇、蒸汽,车间、车身、班车等词语,“彷徨”“蝙蝠”等是一个语素,拆开来就与原义无关了。同样的,我们只能说白咖啡、黑咖啡，却不叫“白啡”“黑啡”或“白咖”“黑咖”。

然而随着近年网络的神速发展，语言也跟着急速起了变化。语素，尤其是双音节语素，也突破了它原有的局限，变化多端起来，于是就出现了“斋咖”“清咖”“网咖”“网啡”等“腰斩”双音节语素的现象。

其他双音节语素也有类似被“腰斩”的情形，如“巴士”，是个音译词(英语 bus)。现在“长巴”(长途巴士)“旅巴”(旅游巴士)到处有，因为“巴”已经成了“巴士”的简称了。其他双音节多音节的语素也因简称而定型成为合成词，例如来自“迪斯科”的“迪厅”，来自“的士”的“打的”，“打的”甚至还可以拆开来说成“打个的”。

源自英语的“幽默”(humour)是双音节语素，现在也可以被拆开来使用，成了离合词，例如“幽他一默”。《庄子·秋水》中的联绵词“望洋”，现在也有人用仿拟法，把“望洋兴叹”活用为“望 × 兴叹”，如“望校兴叹”“望钱兴叹”，等等。

语言是活的，有些不能强拆的语素还是被拆开来使用了，而且定型下来，丰富了我们的词汇；有些则尚待时间的考验。

（作者是马来西亚华语规范理事会副主席）

面包车

[马来西亚]杜忠全

读本地报纸，看到一则中国新闻说，“一辆载客面包车转弯时翻下山谷，造成11人死亡”。新闻所说的“面包车”，当然是“指车厢外形略呈长方体的中小型载客汽车，因外形像面包而得名”(《现代汉语词典》2012年6月第6版)。马来西亚专用于上学、放学时接送学生的小型校车，就是类似“面包车”的小型客车。中国人因其形似而如此命名。

然而，同样是“面包车”，马来西亚却是指载着面包沿途兜售的小货车。“面包车”来了，铃声自远而近，屋里的大人小孩听到了，就坐不住地推门眺望，肚子也禁不住咕噜咕噜地作响了……

同一辆“面包车”，究竟哪种称说法才是华语的正确说法呢？看来，得按语言的社会使用情境来判断。同是“面包车”，在两种不同文化的环境中，各有所指，且所指迥异，一个以形似而得名，一个以功用而得名，然而两种理解都是理所当然的。

2010年5月出版的《全球华语词典》收录了“面包车”，释义是“指车厢外形略呈长方体的中小型载客汽车。因外形像长形面包，故称”。这个解释跟《现代汉语词典》差不多。《全球华语词典》标注“面包车”的使用地区是大陆，其实马来西亚也用，只不过词义不同。因此，应该给“面包车”增补个义项，并注明使用地区马来西亚。

在中国，要吃面包，人们得上店里买去，还没有用摩托车或客货车载了面包沿街叫卖这种营生方式，所以没有马来西亚人所称的“面包车”。

“面包车”词形相同，却因使用地区不同而异义异用，值得语言用户留意。

（作者是马来西亚拉曼大学金宝校区中文系主任）

呈现全球华语词汇风貌的辞书

［中国香港］汪惠迪

一部由跨国跨地区的华人学者合力打造的大型华语词典——《全球华语大词典》于2016年4月出版了，它填补了现代汉语(国语/华语)辞书的空白。

《全球华语大词典》的前身是《全球华语词典》。《全球华语词典》于2004年组建编纂团队,至2010年5月出版,历时六年;又六年,《全球华语大词典》出版。《全球华语词典》收录全球主要华人社区使用的特有词语大约一万条。《全球华语大词典》是全面反映全球华语词汇面貌的大型辞书,共收录华语词语大约88 400条,是《全球华语词典》的升级版。

站在全球华语词汇的观察点上,我们可以从词用的角度将这部词典所收录的词语分为三大类:一是全球各华人社区普遍使用的通用词语,二是全球主要华人社区使用的具有本社区特色的词语,三是主要华人社区常见的景点、景观、美食等文化词语。华语中常用的固有词语、异形词语、地区特有词语、名同实异词语、名异实同词语、同词异用词语等等都收录了。

对读者来说,最熟悉的莫过于通用词语,最吸引眼球的当推富有各社区特色的地区性词语了。地区性词语主要来自中国大陆、台湾和港澳特区,来自东盟十国及东北亚、北美、欧洲和大洋洲,它们往往成为全球华人相互沟通的障碍。例如港澳使用的"剥光猪""大眼鸡""炖冬菰""肥鸡餐""咸猪手"等,不谙港式广州话的人很难望文生义。而新马人民常用的"峇峇""娘惹""巴刹""组屋""令吉""拿督"等,别国的人民也不了解是什么意思。同样的道理,中国大陆特有的词语,境外和海外的华人也不解其义。《全球华语大词典》一典在手,就迎刃而解了。

全球华语的内部差异主要表现在词汇上。在全球经济一体化,文化交流多元化,信息传输网络化,汉语日益国际化的今天,《全球华语大词典》必将成为全世界炎黄子孙和学习华语的外国朋友不可或缺的工具书。

(作者是本刊特约编委)

网语漫谈

亲属称谓里的人伦关系

◎徐默凡

汉语里的亲属称谓特别复杂,其中还隐藏了人伦关系的诸多小秘密,让我们来揭示一二。

在同辈人中,我们特别重视出生的顺序,伯、仲、叔、季,哥哥、姐姐、弟弟、妹妹,长幼有序,不可混淆。比自己长一辈的亲属呢,以自己的"父亲"为基准,比父亲大的称为"伯父",比父亲小的称为"叔父",也是分得清清楚楚。但是,父亲的姐姐或者妹妹,似乎就不作区分,统一称作"姑妈"。而到了母亲这方面的亲属,男男女女都不分长幼:不管比母亲年长还是年幼,男的都叫"舅父",女的都叫"姨母"。这些称谓好像有点杂乱,其实背后还是有不少规律的:第一条规律,区别父系和母系亲属,凡是母系的都不讲究长幼。第二条规律,父系亲属还要区分男女,男性的分长幼,女性不分。那是不是全部男女有别,"重男轻女"呢?倒也不尽然。比如"伯父"的配偶和"叔父"的配偶都是女性,但她们的称谓是有区分的,前者叫"伯母",后者叫"婶母";但"舅舅"的女性配偶就都是"舅妈",不分长幼。所以这里有第三条规律,区分血亲和姻亲,姻亲跟随配偶而定辈分。所以"伯母"和"婶母"跟随"伯父"和"叔父"而区分,"舅母""姨父""姑父"则因为"舅舅""姨母""姑母"的不区分而不分。这真是"嫁鸡随鸡嫁狗随狗"啊!

仔细推敲,这些规律的背后隐藏着的就是封建家族的继承关系!凡是分长幼的,就是和继承权有关的,凡是不分的,就是和继承权无关的。父系男性血亲有继承权，所以需要分得清楚明白，甚至“惠”及女性配偶；父系女性血亲、母系亲属、姻亲没有继承权，所以都不需要分长幼。这种亲属称谓和重视父系轻视母系、重视血亲轻视姻亲、重视男性轻视女性的中国传统文化息息相关。

我们是一个格外重视人伦亲情的民族，所以在称呼语中还产生了一个特别的现象，即用亲属称谓来代替社会性称谓，不妨称之为亲属称谓的泛化。见到陌生人，即使毫无亲属关系，中国人也喜欢根据年龄性别将其称为“大爷”“大妈”“大叔”“阿姨”，这种称谓拉近了人与人之间的关系，使人倍感亲切。亲属称谓泛化的结果都是社会尊称，那么哪些亲属称谓被泛化为社会尊称呢？大致如下：

男性有大爷、大伯、大叔（叔叔）、大哥等。

女性有大妈（大娘）、阿姨、大姐等。

有没有发现和亲属称谓几乎一样的规律？重视父系，重视血亲！除了“阿姨”“大妈”以外，泛化为社会尊称的都是父系血亲，没有母系和姻亲的地位。还有一个有趣的现象，这些尊称都有一个“大”字，而没有“二伯”“三叔”“四哥”“五姐”什么事儿，更别提“小叔”“小姨”了。这是为什么？也和继承权有关啊！“大”就是第一顺位，就是家族的希望，未来的继承人，以大为尊的情绪自然也就泛化到了社会称谓上。

这里有个特例“阿姨”，推敲一下也不是没有原因的。在中国社会，女性和男性不同，她们和家族继承权无关，所以辈分再长也没有用，因此就会反过来以年轻为荣，夸奖一个女性长相年轻是很有礼貌的。因为这样的原因，在父母这一辈里，“大姨”“大姑”“大舅妈”等“大”字系列就落选了。而“阿姨”和“姨妈”相比，前者强调了未婚身份，就更容易被选中来作为年轻女性的泛尊称了。在南方，甚至“大妈”这样显老的

形形色色的『我』

◎邵康慧

自称，是说话人根据交际需要建立自己交际角色的行为。在网络语境中，网民在自称语使用时既要满足设定虚拟角色的需要，又要追求新鲜好玩的效果，因此催生了层出不穷的新兴自称语。让我们来“检阅”一番吧。

（1）皇家称谓：朕（寡人、孤）、本王、本宫、哀家等

近年来古装剧盛行，让尊贵的“陛下”和“娘娘”们走入了寻常生活。用作自称时，网民们似对位尊者更为倾心。举个简单的例子，除了一些现实生活中已为人母的女性喜用“本宫”来凸显自矜自尊的气质外，年轻女孩也常有使用，却鲜有自称“小主”的，因为小主是清宫戏里待选秀女或者是低级嫔妃的称呼，毕竟显得不怎么讨喜嘛。

从另一个层面看来，我们对传统文化仍有一种好奇心和

泛尊称也是基本不用的，一律称为“阿姨”，如果年纪大一点，就唤作“老阿姨”。

随着时代的演进，亲属称谓背后隐藏的封建等级关系已经逐渐消亡了，但是语言的发展变化总是滞后于社会的发展变化，所以语言会像活化石一样保留古代的人情世故。而且词语一旦成型，就会产生自己的系统力量，顽强地生存下去，比如最近网络语言中有两个和亲属称谓有关的词语——“中国大妈”和“大叔控”就是如此。“中国大妈”因为抢买黄金、世界各地跳广场舞等事件而出名，成为有一定经济实力但退休生活也相当单调的中老年妇女的代称。“大叔控”是指年轻女孩喜欢年长男性的现象，“大叔”专门指成熟稳重、经济优渥的成功男士。虽然“大妈”和“大叔”的具体含义都变了，但仍然继承了“大妈”和“大叔”这样的词形，这就是语言会长久保持其稳定性的一个明证。

陌生感，而这一类曾经无比“高大上”的自称迅速拉近了与历史的距离，上口有几分文绉绉的贵气，又不失生动有趣。在新浪微博上，如果我们关注北京故宫推出的“故宫淘宝”，就会收到“既然关注了，从此你就是本宫的人了！”这样的问候语，其商品和这句话一样，也是各种古代玩意儿和潮流创意跨界组合的结果，在年轻人中颇有市场。台北故宫博物院推出的“朕知道了”胶带亦曾风靡一时，这简单四字复制于康熙皇帝批阅奏折时在文末朱批的真迹，既明了利落，又霸气自信。

（2）宗教称谓：贫道、贫僧、老衲等

网民们用这类词自称时，词语的宗教色彩淡化，也不再是信徒的专用语言，主要是为了产生一种娱乐化效果，将自己装扮成仙风道骨的世外高人模样，如“你们且在这里，贫道自去修炼英语啦！”

这些词语的宗教意义也会产生自持警戒和禁绝人间烟火的意味，但有时候网民将之用于某些世俗场合，反而产生了强大的反差喜剧效果，如“老衲此次回家，被逼着连续相亲三天……”

（3）方言称谓：偶、窝、额等

用方言来自称，找不到本字，只好用同音字来记录，会产生轻松俏皮的色彩。例如“额滴神啊”，是喜剧《武林外传》中佟掌柜挂在嘴边的口头禅，属于陕西的关中方言，“额”即“我”，“滴”即“的”。后发展为网络流行语言，表达不可思议的感慨。语气夸张，尽显诙谐，看到这四个字简直言犹在耳！再比如“偶”来自台湾腔的闽南语，经常为年轻女性选用来显示自己的可爱。

此类来自方言的自称词有助于弱化普通话的规范程度，减轻书面语色彩，从而达到一种较为亲切的效果。

（4）长辈称谓：老娘、老子（劳资）、爸爸等

用老娘、老子自称，并非网络语言首创，是市井俚俗常见

的粗俗表达。但在网络上由一群文质彬彬的年轻人说出，似乎减少了一些粗俗，增加了一些谐谑。此外还有以“爸爸”自称的，与“宝宝”的自称流行语相伴相生，表情包里也少不了这样的话语：“别逼我，不然你将失去爸爸。”“我把你们一个个当朋友，可是你们呢？却把我当父亲。”

但不管怎么说，这些称呼语建立在“父亲—儿子”的尊卑关系上，使用时更偏向于抬高自己，贬低他人。即使是开玩笑，也违背常理，不仅无法使网友在交流时体会到平等的虚拟社交关系，更像一种话语权的绑架，多多少少让人心里有些抵触。

（5）其他：人家、宝宝、老夫等

除了以上四类，还有一些无法归类的网络自称，如人家、宝宝、老夫等。

女性更喜欢使用“人家”，因而具有性别区分的作用。可以实现娇嗔委婉和发嗲卖萌的表达诉求，具有独特的亲昵功能。

“宝宝”除了萌，也许还暗合了人们潜意识里自尊自大的心态。当话者以幼童自居，对听话者而言便无胁迫感，想传达的信息也就更容易被接纳。试想女孩子发来信息，“宝宝不开心了，宝宝有小情绪了”，毫无疑问是在表达负面的感情，但并不会感觉她有多“作”，反而会产生一种怜惜之情。

七十以上的男子可以谦称“老夫”，但在网络上，有时也为“少女”所用。面对韩剧里动人的情节，女性们纷纷表示“老夫的少女心活过来了”，本来“七十曰老”，但少女自称老夫营造出的年龄落差，却很真实地还原了那种怦然心动的瞬间体验。

为了构建理想的交际关系，自称词更新换代的步伐还远远没到停下的时候。花样百出的“我”，最终还是服务于“我和你”的关系：一方面，说话人在含蓄地向听话人吐露心声，表达言语用意；另一方面，听话人又设身处地来理解说话人的隐藏意图，理解其言外之意。这也就是所谓人称的艺术。

谈联说谜

一谜五底的故事

◎胡振华

1945年10月10日，是中华民国的国庆节。这天晚上，在四川重庆大学的大礼堂里，举行了一个盛大的联欢晚会，以庆祝国庆节并纪念抗日战争的胜利。与会者除本校师生外，还有众多重庆各界知名人士，熙熙攘攘，热闹非凡。就在晚会进行中，有人在台上挂出一条谜语，谜面是“日本无条件投降”，要求猜一中国历史人物。谜语一出，顿时轰动了全场，人们交头接耳，都在认真地琢磨谜底。不大会儿，一位西装革履的青年人兴奋地喊：“我猜着了，谜底是我国古代著名诗人屈原。”接着他解释说，是美国在日本广岛和长崎扔了两颗原子弹大伤了日本的元气，日本才投降的，是屈服于原子弹的威力。他的话音一落，便招来一阵掌声，表示他的观点得到赞同。但接着，有一位着长衫、戴眼镜的中年人反驳说：“不对，谜底应是西汉时出使匈奴被扣押在塞外牧羊一十九年的苏武。是苏联红军出兵我国东北地区，消灭了日本关东军主力，才迫使日本投降的。”此话也招来一阵掌声，却又引起了一阵骚乱，人们争相说话，各自坚持自己的观点，甚至互相指责，吵成一团。

就在争得面红耳赤、不可开交的时候，又有一位绅士大声说：“诸位，请安静。”待争吵声平息后，他慢条斯理地说：“刚才两位先生说出的谜底，都有道理。但两位说的都是外来因素，却没有从我国内部寻找缘由。我认为：八年抗战终于取得胜利，日本终于无条件投降，是蒋委员长领导全国人民奋勇战斗的结果。因此，谜底应是三国时期曹魏一方的谋士蒋干。就是蒋委员长领导下干出来的。”他的话音刚落，一位年轻女士大声叫道：“不对，毛泽东主席在他的《论持久战》一书中早就说过：中国人民必定会取得最后胜利。现在这一预言实现了，毛泽东带领中国人民实现了全国人民的愿望。所以，谜底应该是战国时赵国平原君门下的上宾毛遂。”

一时间，各派人又激烈争吵起来，各自坚持不同的观点，会场上一片混乱，眼看将要酿成一场斗殴。就在这时，一位长须老者用手杖敲着桌子，极力让喧嚣停止下来。他振振有词地说：“我国的抗日战争，是全世界反法西斯战争的一部分。抗战最后胜利，日本无条件投降，不但是我国军民浴血奋战的结果，也是全世界爱好和平的人民共同奋斗的结果。刚才四位的谜底，都只是促使日本无条件投降的一个因素，而不是全部。全面地说，谜底应是上古时代我国的一位部落首领共工氏。史书记载，他在和颛顼争斗时曾怒触不周山，致使‘天柱折，地维绝’‘天倾西北，地不满东南’。这也就是说，日本无条件投降，是全世界人民共同努力工作的结果。这样来理解，诸位以为如何？”老人的话引起了全场的深思，大家都赞同他的观点，便报以暴风雨般的掌声。

每月二谜

1. 检测产品受损失程度（打四字成语一）
2. 端详桃仁码洋数（打五字新词语一）

上期答案

1. 人人守住底线（打字一）
谜底：丛
2. 良心一点没有，令人可憎（打字一）
谜底：恨

语文试卷考灯谜

◎刘茂业

今年6月,一张"2016年福建漳州市中考模拟试卷(二)语文试题",引起考生乃至灯谜界的关注和热议。焦点是在这份考卷中出现了这样一题:根据提供的三份央视元宵《中国谜语大会》(第三季)材料,除回答出谜底外,还要求考生探究《中国谜语大会》热播的原因,以及联系实际谈谈中学生应如何弘扬传统文化,试题分值占到10分。

据悉,近年以来,无论是中高考(包括模拟及正式考试),还是中学平时自考,灯谜进入各地语文试卷,已频频"曝光",包括北京市及其东城区、石景山区、丰台区,山东威海、四川简阳、重庆育才成功学校、山西榆社中学等各类初高中考试。

首都一家考试研究中心在分析2014年北京市中考语文试卷中涉及"灯谜"等考题时认为,试题"有很强的'语文味',极具文化色彩,同学在做题的过程中也会发现,平时的套路好像不好用了。因为我们的考试在往考查能力的方向发展"。其实,猜射、了解灯谜,不仅是弘扬传统文化,对提升学生的语文水平亦大有裨益。

上述漳州中考模拟试卷里给出的三则谜题如下:"挥手告别"(打一字),谜面上的"别"作"不要"解释,"挥"不要了"手(扌)",就成谜底"军"。"珍珠玛瑙全有"(打一字),这种谜在谜法中称"包含法","珍珠玛瑙"四字都包含有"王字旁"(旧作

成双作对“求凰格”

◎江更生

求凰格,旧时称“锦屏格”,又有人叫它“鸳鸯格”。据说,格名出自古琴曲名《凤求凰》,取其巧相配偶之意。原先出现的时候,并未标示格名,后来为提请猜者注意,相沿成习,才将它定为谜格。例如有一条古谜,谜面采撷葫芦科的多年生藤本药用植物名“王瓜”,要求打《礼记》一句,谜底为《礼记·明堂位》中的“配以后稷”。谜底的意思是“后稷”二字正好与谜面上的“王瓜”相对偶,它以“后”对“王”,称谓上相对;又用“稷”与“瓜”相对,植物名相对。而且字的声调平仄也相对,“后稷”两个仄声字对“王瓜”两个平声字。这里的“配以”虽属附加字,然是点明“对偶”意思的关键纽带,绾在一起,意思连贯,浑成贴切。还有一条旧谜,谜面是用的地名“玉门关”,并标示“求凰格”,打五言唐诗一句。谜底为李白

……………………………………………………………………

“玉字旁”),谜底即为“王”(按:其实也可猜作“玉”字,最好提示该字笔画,就不会产生“一谜两底”了)。“老爸最棒”(打一神话人物),谜面是对父亲的夸奖,所以谜底就是《山海经》中“与日逐走”的“夸父”。这几例灯谜难度都不高,既可以帮助学生入门,也能够提高他们对猜谜的兴趣。

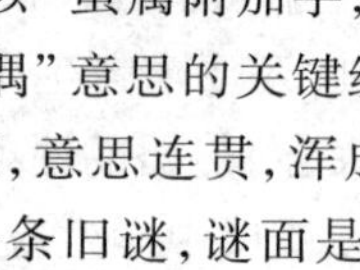

《宫中行乐词》诗句“金殿锁鸳鸯”。以“金殿锁”与“玉门关”相对，而“鸳鸯”二字是格名的昭示，意思是成双相配。此谜既词义对仗工稳，又平仄相协合律。

至此，我们可以明了“求凰格”的大致格法格规了，谜面字数不限，仿佛是一副对联的上联，而谜底要与它相对，又好像是对出的下联，同时缀上表示成双作对意思的“附加字”。随着时间的推移，“附加字”已不限于“对”“配”“鸳鸯”等字词了。灯谜界现今常用的“求凰格”附加字有以下这些：双、会、伍、齐、匹、比、联、合、偶、缘、夫妻、姻缘、良缘、比翼，等等。例如有这么一条谜：

地道（求凰格，打黄梅戏一）

谜底：《天仙配》

这里以“天”对“地”，名词相对；以“仙”对“道”，名称相对；“配”为表示成双作对的“附加字”。此谜妙在“地道”对“天仙”（仄仄对平平），乍看风马牛不相及，拆开一看，字字相对，对联中称为“无情对”，深合灯谜中“回互其辞”的巧思之意。又如：

尖刻（求凰格，打国名一）

谜底：比利时

该谜以“利”对“尖”（仄对平），形容词相对；“时”对“刻”（平对仄），时间名词相对；“比”乃表示成双作对的“附加字”。还有以植物为谜面打地名的：

紫苏花（求凰格，打新疆地名一）

谜底：乌鲁木齐

此处，以“乌”对“紫”（平对仄），颜色相对；“鲁”对“苏”（仄对平），地名相对；“木”对“花”（仄对平），植物相对；“齐”是表示成双作对的“附加字”。再看一条：

新市容（求凰格，打京剧一）

谜底：《古城相会》

上谜，以“古城”对“新市”（仄平对平仄），地名相对；“相”对“容”（仄对平），名词相对；“会”便是表示成双作对的“附加字”了。

重读经典

编辑要注意语言文字问题

◎吕叔湘

编辑的两大任务是选稿和改稿，这里只谈改稿。改稿包括两项工作，一项工作是把无用的词、句、段删去，把必需的词语加进去，把不合适的次序改过来。这一部分工作做得怎么样，不对原稿，光看报刊上印出来的文字，是不大容易判断的。另一项工作是发现稿件里的语病，把它改掉。这里所说语病包括事实方面的错误。语病是多种多样的，下面粗略地分成四类举例，出处不一一注明。

（1）**词汇**。词汇方面的语病就是所谓用词不当。例如：

这个学校校舍基本全部倒塌。

“基本”和“全部”矛盾。这里大概是“几乎全部”的意思。

第三届北京国际足球邀请赛7月20日即将在北京开幕。

“7月20日”的日期已定，不需要再加“即”字。可以改为“将于7月20日在北京开幕”。

误解成语的意思，因而用错，也是常见的：

我国足球队在迭遭失利后，连克五关，挂冠而归。

“挂冠”是辞职的意思，不是取得冠军的意思。

（2）**语法**。语法方面的毛病，最常见的是搭配问题。例如：

每个小朋友们的桌子上都摆着一本书。

“每”只能用在单数之前，不能跟“们”字用在一起。

美国总统里根今天任命副总统布什和国务卿黑格负责在

英国和阿根廷之间调解……

“任命”之后照例是接“某某为某官职”,不能接“某某去做某件事”。这里的动词不应该用“任命”,应该用“命令”或“指令”“指定”。

有时候问题出在词语的位置上。例如:

在1932年11、12月间,我们在党中央机关报上发现署名“歌特”的文章共计三篇。

根据上下文的意思,这一句应当是:

我们在1932年11、12月的党中央机关报上发现……

有时候是由于多写了一个字。例如1982年9月18日《人民日报》第一版一条加花边的新闻的大字标题:

全国早稻征购任务超额完成
十个主产省区的入库量超过征购计划的百分之三点九

“超过征购计划的百分之三点九”,那不是还不到征购计划的百分之四吗?这怎么能叫做“超额”完成呢?我们只说“哥哥大弟弟三岁”,不说“哥哥大弟弟的三岁”,这里的“大”就是“超过”的意思,两个句子里边都是不允许加进一个“的”字的。

有时候一个标点符号用错了也会造成重大的错误。例如:

两国都否认昨晚在联合国投票时的混乱态度,说明西方在两月之久的南大西洋冲突中两国的团结出现了裂缝。

这一句里的“两国”指英国和美国,“混乱”指联合国安理会要求英国和阿根廷停火,美国先投反对票后又要求弃权。整个这句话的意思是:对于安理会要求停火,英国是投的反对票,美国投反对票是站在英国一边,投弃权票就是不跟英国站在一边,先投反对票后又要求改为弃权是混乱,这种混乱说明作为西方成员的美国和英国之间出现了裂缝,但是英美两国都不认为美国态度的摇摆说明什么问题。在“混乱态度”之后用上一个逗号就把句子结构改变了,变成英美两国否认的是美国投票混乱，但这是事实，怎么否认得了呢？同时，“说明”的主语改变了，不再是美国投票的混乱，而是英美两国的否认混乱，于是又讲不通了——两国一致否认混乱，不正是非常团结吗？怎么能说是这就说明团结出现裂缝呢？总之，加上这么个逗号就整个的乱套了。

（3）**常识、情理**。有些错误不是单纯的文字问题，而是内容违背常识，不合情理。例如：

> 阳春三月，青海省黄河、湟水沿岸农业区麦苗吐绿，杨柳返青，五万亩果园也繁花似锦，争妍斗艳。

这段文字见报之后，就有“青海一读者”来信说：青海主要是春小麦，阳历三月在气候较暖的地区小麦也刚出芽，大地还不见绿色，在西宁、湟源等地有相当一部分地区春播还没完毕，已播的小麦也还没出芽。再说果园，新闻见报时，这里杏花还没开，梨花更不用说，哪来的“繁花似锦”？——可见写新闻报道首先要尊重事实，不能只顾套用花花绿绿的四字句，就信口开河。

> 从学生时代开始，他[栾茀]就有了夜读的习惯。这个夜读不是指读到十点、十一点，而是读到午夜以后，甚至通宵达旦，日复一日，年复一年。

这显然是夸大了。除非栾茀每天睡到九十点钟才起床，他的身体是支持不住的，但是报道里是说他白天跟别人一样工作的。

（4）**事实、出处**。新闻报道必须有根有据，有些事实需要核对，有些词语需要查证。例如：

> （1959年4月浙江舟山遭到台风袭击）事后，周总理风尘仆仆地赶到舟山，代表党中央、国务院慰问遇险的渔民。（接着还引用了周总理同渔民代表的谈话。）

这段报道见报之后，一位在舟山工作的同志来信说，周总理是处理了那次灾后事宜，但是没有亲自到过舟山。

哥德(歌德)生于1774年,《少年维特之烦恼》是他二十三岁那年的作品,1774年出版。

这里的错误是非常明显的。哥德(歌德)23岁写成的书,出版的年份跟他出生的年份相同,那不是他一年里边长了二十三岁吗?只要查查书就知道这三个数目之中第一个是错的,第二个是靠不住的。哥德(歌德)生于1749年,《少年维特之烦恼》出版的时候哥德(歌德)二十五岁。这部作品是不是两年前就已经写成?出版之前不久才写成的可能性更大。

报道错误有时候不仅仅是一个失真的问题,是会产生严重的后果的。《人民日报》1982年3月20日刊出一篇介绍兽医先进经验的通讯,把江西省兴国县的"兴"字错成"安"字,全国许多地方写信去联系,信寄到安国县,都以"查无此人"的原因退回原地。"兴"字错成"安"字,可能是排印错误,责任不在编辑,但也可能是原稿写得不清楚,编辑把它"描"错了,那就不完全是编辑的过错,写稿人也要负责了。这也是应当核对而没有核对的结果。

(选自《语文近著》,上海教育出版社,1987年出版)

网言网语·知识

人们往往认为,谁掌握的知识多,他就是一位博学的人。然而,不要太崇拜博学的人,不要过高估计博学的价值。重要的不是懂得知识的多少,而是懂得的知识是真理。知识和真理,不一定能画等号。苏格拉底虽然把愚昧和明智截然对立起来,但他并不认为愚昧就是无知。愚昧不是无知,愚昧是把谬误当成知。

(乔　桥/辑)

向你挑战

完美的，未必是假的

（文中有十处差错，你能找出来吗？答案在本期找）

◎梁北夕　设计

李先生是一位珠宝收藏家，精于珍珠鉴定。在10几年的收藏生涯中，他只有一次看走了眼，至今后悔莫及。

杭州岳王路有个买卖古董的地方。事实上，这里的东西大都是膺品，真正的宝贝凤毛鳞角。李先生就是在这里的地摊上发现了一颗嵌在银戒指上的大珍珠，摊主报价1000元。

按照这样的个头，决对不可能是1000元。李先生哑然失笑。仔细观察后，李先生确定这是一颗假珠，因为这珠子表面圆润，没有一点暇疵。这样的珍珠，大都是将小珍珠研磨成粉，再添加化学原料，用现代工艺精制而成。真珠不可能如此完美。

摊主见遇到内行，便不打狂语，坦言是从一小贩手里花300元收购来的，如果喜欢，可以用500元转手。李先生婉拒了。

几年后，李先生赴江苏参加一个藏友会。席间，有人称自己曾以500元的价格在杭州岳王路买到了一颗真珠，现在市价至少3万元以上，增殖了好几十倍。李先生看到这颗珍珠后大吃一惊，这正是当年自己在岳王路上看到的那一颗！打听购买地点，时间和摊主像貌，均一一吻合。这位藏友说，当时他也因为这珠子十分完美而怀疑是假货，但不敢确认，最后花500元买下权当研究。后来请权威机构鉴定，竟是一颗真珠！

完美的，未必是假的！如果眼中只有缺陷，不认完美，出现误判在所难免。

火眼金睛

图中差错知多少？

张东祥　刘冬青
韩学燕　邓秀林　提供

（答案在本期找）

1
2
3
4

ISSN 1009-2390
10>
9 771009 239166

YAOWEN-JIAOZI

咬文嚼字®

11

2016

唢呐

『出自波斯语 surnā，zurnā。古籍也译作「锁呐」「苏尔奈」「锁哷」「唆哪」等名。音量较大，音色洪亮，富有穿透力。』

——《辞海》

迎至邮局订阅本刊 邮发代号4-641
内统一刊号 CN 31-1801/G
价：5.00元
上海世纪出版集团

书窗
2016年金秋优惠
新版十年典藏（2006-2015）
扫我更优惠！
淘
平装价：340元
抢购价：279元
精装价：418元
抢购价：350元
赠《汉字应用水平测试指导用书》
赠
邮购地址：上海市黄浦区打浦路443号荣科大厦17楼《咬文嚼字》发行部（邮编200023）
更多优惠请登录：http://yaowenjiaozi.taobao.com
邮寄挂号费：3元

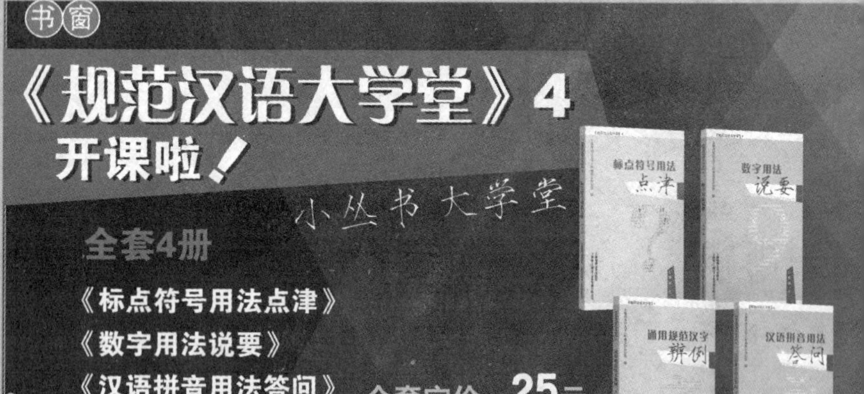

书窗
《规范汉语大学堂》4
开课啦！
小丛书大学堂
全套4册
《标点符号用法点津》
《数字用法说要》
《汉语拼音用法答问》
《通用规范汉字辨例》
全套定价：25元
标点符号用法点津
数字用法说要
通用规范汉字辨例
汉语拼音用法答问
邮购地址：上海市黄浦区打浦路443号荣科大厦17楼《咬文嚼字》发行部（邮编200023）
更多优惠请登录：http://yaowenjiaozi.taobao.com
邮寄挂号费：3元

“得按部队的规矩”

严　君/文　何梦笔/画

牛群在部队文工团时,有一天穿着军装出门,遇见了师爷马三立(牛群是常宝华的徒弟,常宝华是马三立的徒弟),连忙打招呼:“师爷!”谁知他一喊,马三立便躲。等牛群追到僻静处,马三立板起脸说:“一个军人满马路喊师爷像话吗?要喊也得按部队的规矩喊师长。”

咬文嚼字®

2016年11月1日出版

11

总第263期

主管：上海世纪出版集团
主办：上海咬文嚼字文化传播有限公司
编辑、出版：《咬文嚼字》杂志社
集团网站：http://www.shwenyi.com
E-mail：yaowenjiaozi2 @ 163.com
官方微博：
http://weibo.com/yaowenjiaozish
电话传真：021-64330669
发行电话：021-60878388
邮购电话：021-60878392
地址：上海市打浦路443号荣科大厦17楼
邮政编码：200023
发行：上海市报刊发行局
发行范围：国内外公开
订阅处：全国各地邮局
邮发代号：4-641
ISSN 1009-2390
CN 31-1801 / G
印刷：上海文艺大一印刷有限公司
广告经营许可证：沪工商广字
3100320050020 号
定价：5.00 元

语林漫步

从“表情包”说到人类交流方式的演变

◎施南仁

在里约奥运会上，以总成绩第三名进入女子100米仰泳决赛后，傅园慧极度兴奋，表情夸张，表示取得这个成绩用尽了“洪荒之力”。世人看到了一个快乐、阳光、纯真的中国姑娘。网民迅速将傅园慧的照片做成表情符号，在微信、QQ、微博等社交空间传播。稍后，网上还出现了大量依据傅园慧照片做成的“表情包”，供人下载。

什么是“表情符号”，什么是“表情包”？表情符号英文作emoticon，是由emotion（情绪）和icon(图标)构成的新词，指表达某种情绪的图标。“打包”在一起，供人下载的成套、成系列的表情符号，便是“表情包”。不过，现在大都将“表情包”当成“表情符号”的代称了。为什么在以网络、移动通信为技术基础的社交空间，“表情符号”或“表情包”大行其道，成为了时代的“新宠”？我们还得谈谈人类语言交流方式的演变。

人类语言以语音为物质形式，也称有声语言。人类用有声语言交流思想，传递信息。在使用有声语言的同时，人们也用控制语速快慢、语音轻重等方式，或以语气、笑声、沉默等等，来营造气氛、表达情感。有声语言是一种听觉符号，有效范围限于听力所及之处。用有声语言进行交流，必须“面对面”，交流各方必须同在一个时间点上、同在一个空间之中。处在不同的时空，没有办法捕捉到流动的听觉符号。

为了让交流顺利、准确、有效地进行，人类还运用丰富多彩的体态语言作为有声语言的辅助手段。一般认为，情态语言、身势语言是最常见的体态语言。情态语言指人面部的各种表情，如眼神、微笑、撇嘴等等。身势语言指人身体部位所做出的动作，如挥手、摇头、顿足、鞠躬、磕头、敬礼等等。在交流中，体态语言的用途主要是营造气氛、表达情感。绝大部分体态语言都是视觉符号，有效范围限于视力所及之处。使用体态语言，同样必须“面对面”，交流各方同样必须同在一个时间点上、同在一个空间之中。处在不同时空，也没有办法捕捉到流动的视觉符号。

在一个漫长的历史时期里，人类就是以“面对面”的方式，在相同的时空位置上交流。文字是人类最伟大的发明，它把有声语言流动的听觉符号，转变成静止的视觉符号。文字的出现，让人类找到了一种新的交流方式——书信交流。书信解除了有声语言交流的时空限制，使处在不同空间的人，也可以进行交流，同时使交流可以在不同的时间点上进行。书信改变了交流模式，是人类交流史上的伟大革命。

书信交流，在不同空间的人之间进行。然而，这种空间的阻隔，使交流各方无法捕捉到对方发出的视觉信息，交流各方无法用体态语言作为交流的辅助手段。体态语言的缺位，使交流缺少了营造气氛、表达情感的工具。不过，这难不倒先人，他们创造了一套特色鲜明的书信格式，在一定程度上弥补了这一不足。大致有两种形式：第一，直接把体态语言搬到信纸上。如过去书信中常出现“叩上”“稽首”“拜上”“鞠躬”“脱帽”“顿首”“敬礼”等等词语，其实就是身势语言的文字再现；传统书信中常用“欣”“喜”“恭”“敬”“谨”“肃”“惶恐”等等字眼，所起作用也大致和情态语言相当。第二，敬谦词的运用。敬词是表示对对方或他人尊重的词，谦词是表示降低自己身份的词。降低自己的身份，最终目的其实也是表示对别人的尊重。对对方的尊重,是情感最直接的表达,目的在于营造融洽的交流气氛。

书信交流,不在同一时间点上进行。写信人可以选择在自己比较方便的时候写信,收信人也可以选择在自己比较方便的时候看信。这也是书信交流的优势之一。然而,发出信息和接收信息之间存在时间距离,因为交通等等原因,这个距离往往很漫长,并且不可控。这无疑影响了交流效率,“优势”反而成了“劣势”。为了克服这一不足,在科技进步的推动下,陆续出现了电报、电话、短信、QQ、微信等等现代交流方式。

以电报交流,交流的各方还是处在不同的时空中,模式没有根本性的突破;但它大大地缩短了发出信息和接收信息之间的时间距离。而电话、短信、QQ、微信等等,让处于不同空间中的人,能在同一时间点上交流。这些新的交流工具的出现,突破了书信的交流模式,是人类交流史上又一次伟大革命。细分的话,有两个不同类型:

电话是一个类型。它让处于不同空间的人,用听觉符号(语音),在同一时间点上交流。用这种方式,相互看不到对方,无法直接用体态语言作为交流的辅助手段。不过,可以用语气、笑声等等,来营造气氛、表达情感。

短信、QQ、微信等是另一个类型。它们让处于不同空间的人,用视觉符号(文字),在同一时间点上交流。用这种方式交流,同样相互看不到对方,同样无法直接用体态语言作为交流的辅助手段。如何克服这一缺陷呢?

现代人实在是聪明啊!最初他们用“哈哈”“呵呵”“哒”“嗯”等等语气词,来营造气氛、表达情感。接着便发明了各种表情符号或表情包,喜悦、愤怒、恭敬、轻视、调皮、幽默、点头、跳脚等等,几乎所有体态语言所能表达的含义,都可以用表情符号来替代。

时尚词苑

横空出世的“供给侧”

◎何俊萍

2015 年 11 月 10 日，习近平总书记在中央财经领导小组会议上首次提出了“供给侧改革”：“在适度扩大总需求的同时，着力加强供给侧结构性改革，着力提高供给体系质量和效率，增强经济持续增长动力。”

由此，“供给侧”一词横空出世，成为新闻媒体中的高频词。从 11 月 10 日到 11 月 18 日，党中央和国务院 9 天之内 4 次提到“供给侧改革”，频率之高，密度之大，可见一斑。

那么，“供给侧”到底是什么意思呢？

“供给”是与“需求”相对的。对于现代经济而言，“供给侧”和“需求侧”犹如一枚硬币的两面。经济学中的“供给”是指生产者在某一特定时期内，在每一价格水平上愿意并且能够提供的一定数量的商品或劳务。《说文解字》：“侧，旁也。”即“旁边、边”之意。所以“供给侧”就是“供给边、供给一方、供给方面”的意思，它涉及“供给”的各个方面，包括劳动力、土地、资本、创新四大要素，它能决定中长期潜在的经济增长率。

“供给侧”并非中国的首创。我们可以追溯到上世纪 70 年代美国的供应学派（与以注重需求侧为核心的凯恩斯学派相对），应该说，供应学派是供给侧研究的先行者，也是使用“供给侧”一词的发轫者。

中国的“供给侧改革”虽与美国的供应学派理论有相通之处，但这是针对当下中国经济的现状推出的精准改革措施。

改革开放以来，特别是上世纪90年代以来，我国靠投资、消费、出口“三驾马车”，经济持续高速增长。进入21世纪后，我国经济进入“新常态”，为了实现平稳增长，光靠“需求侧”拉动显得乏力，必须在“供给侧”上改革发力。君不见，如今国人为了一个马桶盖、一个电饭煲、一罐婴儿奶粉，不远万里，蜂拥走出国门抢购；更揪心的是，我国的企业创新能力不足，产品简单重复。

由此，中央吹响供给侧结构性改革的号角，并在各行各业热火朝天地展开，首先是经济领域：

（1）工业领域供给侧改革：顺应分化趋势　做好优化文章（《经济日报》2016年7月26日）

（2）物流业或成供给侧改革先行军（《经济参考报》2016年8月2日）

（3）重庆市深化商贸领域供给侧改革（《重庆日报》2016年3月1日）

此外，供给侧改革在政治、文化、社会、生态、日常生活中也得到了极大的关注。例如：

（4）加快文化领域供给侧结构性改革（《学习日报》2016年6月13日）

（5）深化生态文明建设的供给侧改革（《中华工商时报》2016年5月18日）

自从习近平总书记首次提出了“供给侧改革”，“改革”二字与“供给侧”如影随形，黏合度极高；随着使用频率的提升，其灵活性也更强，有时，“供给侧”也能独立使用。例如：

（6）中国供给侧至少存在六大问题（《经济日报》2016年7月28日）

其实，“供给侧”成为高频词，也可从语言学角度找到一定原因。

从词语结构讲，“供给侧”是一个偏正结构的词，是由“供给”和“侧”组成，契合了汉语用语“2+1”的音节规律和“动词+名词”的结构，如展览馆、运动鞋、过渡期等。

那么，为什么提“供给侧”，

“标签”的新奇用法在流行

◎赵丽华

在我们的日常生活中，“标签”无处不在。比如，在我们购买的服装、食品中就会有标签，标签上标明了产品的相关信息，包括品牌、质地、产地等；在图书馆中每本书上都贴有标签，管理人员采用汉语拼音字母和阿拉伯数字组合的编码作为标记，对图书进行分类并上架，这样可以方便读者迅速地找到所需要的书籍。这些标签，都是传统意义上的“标签”。

《现代汉语词典》对“标签”的解释是“贴在或系在物品上，标明品名、用途、价格等的纸片”。在成为流行词之前，“标

……………………………………………………………………

而不提“供给方”呢？其一，“供给方”只是单纯地指在贸易过程中提供资源的一方，是从供应者来说的。而“供给侧”的内涵更加丰富，涉及供给的各个方面，包括劳动力、土地、资本、创新四大要素。其二，“供给侧”是一个新词，读起来掷地有声，有新鲜感，容易引起国人的警醒，引起各行各业的重视，从而达到改革的目的。

总而言之，供给侧改革在神州大地上已遍地开花，前景令人期待！但要注意的是，尽管供给侧改革很重要，但也不可能替代投资、消费、出口“三驾马车”的作用，毕竟供给侧与需求侧就像鸟的一对翅膀，只有在需求和供给两侧一起做“文章”，才能展翅高飞。未来语言库里，“供给侧”与“需求侧”应会并驾齐驱。

签”应是纸片或布片，主要起标识、分类的功能，其使用对象是具体的实物。但是，当下在报刊等媒体上出现的“标签”却有了不一样的流行用法。从使用的对象来看，“标签”已经广泛用于人，大抵有两类：

一类用“标签”说明人的内在的或外在的特点、特征。例如：

（1）面对镜头，吴敏霞总是习惯于躲闪，无论是在日常的训练课后，抑或夺冠的重要时刻。即便私下里，她的言语也不算多，在身边人眼里，“内敛”就是吴敏霞最显著的标签。（《文汇报》2016年8月9日）

另一类用“标签”标明人的身份、职业、职务等。例如：

（2）她的标签除了是“名媛”“交际花”“徐志摩太太”外，还是一位女画家。（《人民周刊》2016年第12期）

若用“标签”的当今流行用法来衡量，那么校园里乃至社会上那些外号都可以看作“标签”了。我们不由得想起古代文学名著《水浒传》，小说中一百零八将，个个都有生动形象的诨号，那不都是“标签”吗？比方说，取性格特点的，有“黑旋风”李逵、“霹雳火”秦明；取外形特征的，有“美髯公”朱仝、“九纹龙”史进、“一丈青”扈三娘；取兵器特色的，有“大刀”关胜、“双鞭”呼延灼；取身份或特长的，有“急先锋”索超、“神行太保”戴宗、“神机军师”朱武、“神医”安道全……真可谓琳琅满目，美不胜收。

“标签”不仅可以用于人，许多抽象的事物也可以贴上“标签”。例如：

（3）“有个性、很直观、互动强”，凭借这样的“标签”，网络直播快速成为年轻人喜欢的娱乐方式，在吸引众人注意力的同时，不断赢得资本和市场垂青。（《人民日报》2016年8月15日）

（4）近年来，在素质训练、能力培养越来越受到重视的情况下，“中式教育”似乎被打上了“死记硬背”“填鸭教学”“题

海战术”的标签。(《人民日报》2016年7月21日)

上述二例,“标签”的使用对象分别是“网络直播”和“中式教育”。

传统“标签”是不带感情色彩的,因为起初的“标签”主要是起到对事物特征进行概括的作用。然而,当下的“标签”,已是“形形色色”,人和各类事物均可以贴上“标签”。所以有些“标签”就带有明显的感情色彩。例如:

(5)其劣势,首先是“不诚信”的公众形象。希拉里纵横政坛多年,“老牌政客”标签如附骨之疽……(《人民政协报》2016年7月30日)

“标签”作为对事物特征简洁、直白的概括,确实可以对我们认识事物起到直观、便捷的作用。但是,“横看成岭侧成峰,远近高低各不同”,在提供便利之余,“标签”不应成为全面认识事物的“阻碍物”。我们要多角度地去认识事物,不要让“标签化”的思维影响我们探索生活的真谛。

另外,贴“标签”要贴得恰当,贴得准确,并不是人人、事事、物物都可以随便贴上“标签”的,应该因人而异,因事而异,因物而异。《家庭保健报》2015年12月27日刊登一篇短文《夫妻吵架黄金准则》,文中第二条“准则”便是“别急着给对方贴标签”。比如“你就是个懒人”“你怎么什么家务都干不好”等类似的总结性语言(即“标签”)会让被指责的人心情沮丧,更不愿意配合你的要求,最终加剧家庭氛围紧张。

网言网语·人生

每一条路的尽头,都是一条新的路的起点。人生的路,既是用脚在走,也是用心在走。当脚下的路走不通时,只要不停下心的脚步,就能走出一条新的路。

(蔡　玫/辑)

一针见血

“茔”是祖坟吗

◎毛志英

2016年第17期《中国剪报》第6版刊载的《中国古代经典家规家训》一文中写道：“包拯以公廉著称。他在晚年为子孙后代制定了一条家训，云：‘后世子孙仕宦，有犯赃滥者，不得放归本家；亡殁之后，不得葬于大茔之中。不从吾志，非吾子孙。’”接着对这条家训解释说：“即后代子孙做官的人中，如有犯了贪污财物罪而撤职的人，都不允许放回老家；死了以后也不允许葬在祖坟上。”这里将“大茔”解释为“祖坟”欠妥，“茔”不是祖坟。

茔，读 yíng，从土，荧省声，义为墓地、葬地。《汉书·楚元王刘交传》：“太夫人薨（hōng），赐茔，葬灵户。”颜师古注：“茔，冢地。”引文中的“大茔”，指的是安葬包拯家族故人的墓地，不允许葬入其中即不认同这种子孙。

祖坟，指埋葬祖宗的坟墓，如何能“葬在祖坟上”？“大茔”是祖坟所在地，而不是祖坟本身。

“滑稽奕梯”？“滑稽突梯”！

◎阎德喜

《俄罗斯散文经典》（学林出版社，2009年8月出版）中收入的《树号》一文，在介绍苏联作家米哈伊尔·左琴科时写道：“创作初期，他的作品大多为短篇小说，采用滑稽奕梯的故事形式……”其中的“滑稽奕梯”应是“滑稽突梯”。

查《现代汉语词典》等工具书，都不见“奕梯”的身影。后在《辞源》中查到与“梯”有关的“突梯”才恍然大悟，原来“奕梯”乃“突梯”之误。

汉语中有“突梯”一词，形容委婉圆滑。章炳麟《驳康有为论革命书》：“尊称圣人，自谓教主，而犹为是妄言。在己则脂韦突梯，以佞满人已耳。”引文中的左琴科以写幽默通俗小说成名，用“滑稽突梯”来形容是可以的。“滑稽奕梯”难以成词，将“突”误为“奕”应是形似所致。

“橄榄枝”能招来凤凰吗

◎杨昌俊

《东周烩·战国篇》（中央广播电视大学出版社，2013 年 1 月出版）在《终结者赵政》一章中，有这样一段话：“秦国自秦穆公以来，大部分时间都执行开放的人才政策，以各种优厚条件吸引人才，以宽容的心态尊重和信任人才。有了橄榄枝，何愁招不来凤凰。”（第 295 页）读完不禁生疑，“橄榄枝”能招来凤凰吗？恐怕得用梧桐才行。

凤凰，中国古代传说中的百鸟之王，常用来象征祥瑞，比喻德才高尚之人。梧桐，一种落叶乔木，传说是凤凰栖止之木。《诗经·大雅·卷阿》：“凤凰鸣矣，于彼高冈。梧桐生矣，于彼朝阳。”该诗称颂的是周王能够招揽贤士。后世多用栽种梧桐来表达招揽贤才之意。上述引文想表达对秦国招才政策的欣赏，可改为“有了梧桐树，何愁招不来凤凰”。

橄榄枝，即油橄榄的枝叶。在《圣经》记载的神话中，鸽子衔回的橄榄枝代表了大地的复苏。橄榄枝和鸽子也由此成了平安的好征兆，并被用来象征和平。有着西方神话寓意的橄榄枝和缘于中国古代传说的凤凰并无联系。

夫妻“鳒鲽情深”？

◎王宗祥

2016 年 7 月 4 日《新民晚报》A18 版刊《花树深情》一文，其中写道：“他对圣华照顾周到，凡事不让她操心，圣华也依赖他，夫妻鳒鲽情深。”此处“鳒鲽”是“鹣鲽”之误。

“鹣”“鲽”分别指比翼鸟和

比目鱼。《尔雅·释地》:“东方有比目鱼焉,不比不行,其名谓之鲽;南方有比翼鸟焉,不比不飞,其名谓之鹣鹣。”汉语中常用“鹣鲽”来比喻密友或相爱的男女。鳒,读 jiān,和“鲽”同义,指鳒科比目鱼。但汉语应用中并未见到有以“鳒鲽”代“鹣鲽”的用例,还是不要以鱼代鸟为好。

“春社”不同于“中和”

◎毛罗田

“中和节:又称春社日。这个节日有着饮中和酒、宜春酒的习俗,相传是可以医治耳疾,因而人们又称为‘治聋酒’。”这是 2016 年第 20 期《中国剪报》第 4 版《中国酒文化·节日饮酒习惯》中的一段文字。这里提及的“中和节”与“春社日”是否相同,有待商榷。

中和节起源于唐代,唐德宗在贞元五年下诏废止正月晦日之节,以农历二月一日为中和节,与三月三日上巳、九月九日重阳合称三令节。中和节的传统习俗中,人们以青囊盛百谷瓜果种互赠,称为献生子;酿宜春酒祭勾芒神,祈求丰年。随着历史演化,中和节已渐和农历二月二日的“龙抬头”(又称春耕节、春龙节)混同。

社日是指古时祭祀土神的日子,一般定立春后第五个戊日为春社日、立秋后第五个戊日为秋社日。春社日的时间随立春而定,和固定日期的中和节不相干,其节日起源也不尽相同。

“笔羹”?“芼羹”!

◎浦东轩

2016 年 8 月 23 日《上海老年报》第 6 版《葱不离怀,百病不来》一文引了一首七绝:“瓦盆麦饭伴邻翁,黄菌青疏放箸空。一事尚非贫贱分,笔羹皆用大官葱。”末句中的“笔羹”应是“芼羹”。

“芼”音 máo，可指杂在肉汤里的菜。“芼羹”是用菜和肉做成的羹。北魏贾思勰《齐民要术·羹臛（huò）法》：“食脍鱼莼（pò）羹：芼羹之菜，莼为第一。”引文所用七绝，据查为出自陆游《蔬园杂咏》中的一首，原文为“芼羹僭用大官葱”，即用葱来做菜肉羹。

“笔”是写字绘图的工具，不能吃，更不能杂肉做成羹，没有“笔羹”一说。

“敬送”应为“敬颂”

◎得　喜

《读书文摘》2015 年第 7 期刊登的《开国纪事：政协代表汇集北平始末》中，有毛泽东亲笔致宋庆龄的信。信的结尾写道：“敬送大安！”此处错矣，应是“敬颂大安”。

“敬颂”是敬辞，表示祝颂，多用于书信中表达祝福。“敬送”和“敬赠”义同，即恭敬地赠送。“敬送大安”，语意不通，在书信中从未见此用语。

毛泽东是文史大家，娴于书信体例。此信是写给宋庆龄的，应不会犯如此错误。查阅《毛泽东文集》（人民出版社，1996 年 8 月出版）第五卷的 238 页，信的原文果然是“敬颂大安”。

“瘰疠”应为“瘰疬”

◎厉中东

《家庭医学》2016 年第 6 期上刊载了《民国第一外交家顾维钧的长寿之道》一文，其中在介绍桑葚熬制出的药膏时这样写道：“老年服之长精神，健步履，息虚风，静虚火，兼治水肿胀满、瘰疠结核。”此处的“瘰疠”应是“瘰疬”。

“瘰疬”音 luǒlì，病名，俗称疬子颈，是一种感染性外科疾病。常发于颈部和耳后，摸上去为大小不等的核块，互相串连。其中小者称“瘰”，大者称“疬”。这种病相当于现代医学中的淋巴结核，是由结核杆菌侵入颈部而引起的。随着病情发展，可能产生疲乏、食欲不振、消瘦、低热等病征，严重时会溃破流脓。鲁迅《故事新编·理水》：“海苔里有碘质，可医瘰疬病。”

疠，读作 lì，即麻风病，有时也指瘟疫。“疠”和“疬”虽然都是病名，但所指完全不同。没有“瘰疠”，只有“瘰疬”。

“诈降”？“诱降”！

◎杨宏著

旅美华裔作家严歌苓著的《金陵十三钗》（北京联合出版公司，2012 年 2 月出版）第 85 页写道：“……这个老兵从全世界集中的历史资料中得知，日军在一九三七年攻打南京时多么无耻、诡诈，如何早早谋划好骗局，离间中国军队，同时一支一支部队地进行诈降。”句尾处的“诈降”用错了，应该用“诱降”。

“诈降”义为假装投降，如高云览《小城春秋》第二四章：“我是诈降的，我可以发誓。”引文中显然不是要表达这个意思。

诱降，即引诱敌方投降、归顺。毛泽东《揭破远东慕尼黑的阴谋》：“继之而来的必然是诱降活动。”日军先实行“离间中国军队”的阴谋，再逐支部队进行诱降，才是文章要表达的意思。

画眉是候鸟吗

◎辜良仲

2016 年 6 月 15 日《人民日报·大地》载李青松先生长篇报告文学《鸟道》，其中写道：“每年飞经这里的候鸟有数百种，常见的有天鹅、鹭鸶、长嘴滨鹬、白鹤、海鸥、大雁、黄莺、画眉、喜鹊、鹦鹉、海雕等等。”这里把画眉、喜鹊、鹦鹉归类为候鸟，有待商榷。

所谓候鸟，即是指随着季

节变化而迁徙，变更栖息地的鸟类。引文中的画眉、喜鹊、鹦鹉都是我们日常生活中常见的鸟类，它们或是因形象、叫声等而常被人饲养，或是本身就出没于人类生活区。这三种鸟类通常都不会因季节变化而迁徙，是终年待在某一地域的留鸟。

纪晓岚能和康熙对话吗

◎窦道阳

山西人民出版社 2013 年出版有《张学良口述历史》一书，第 47 至 48 页张学良向记录者唐德刚娓娓道来了纪晓岚的一段“典故”：“你知道清朝的大儒纪晓岚他说的话吗？生我的，我不敢。我生的，我不淫。其余无可无不可。这是纪晓岚说的话。在西山，康熙皇帝就问他，你怎么了，怎么回事？哎呀，老臣呐，好久没回家了。他好多日子没回家了，康熙怎么样？就赐给他两个宫女。”看完不禁生疑，纪晓岚真的可以和康熙对话吗？

纪昀，字晓岚，直隶献县（今属河北沧州市）人，清代学者、文学家，曾任《四库全书》总纂修官。生于清雍正二年（1724），卒于嘉庆十年（1805），主要活动轨迹是在清朝乾隆年间。也就是说，真实历史中的纪晓岚出生时，康熙皇帝已经驾崩两年有余了。倘若上述的“西山对话”真实存在，那么主人公也绝对不会是纪晓岚与康熙。显然是误把乾隆当康熙了。

“欠岁”？“歉岁”！

◎新　德

《家庭医学》2016 年第 6 期中的《民国第一外交家顾维钧的长寿之道》一文引用了一句话：“（桑葚）设逢欠岁，可充粮。”此处的“欠岁”应该是“歉岁”之误。

歉，可指收成不好；岁，可

指一年的收成、年景。“歉岁”义为歉收之年、灾荒之年，也称“歉年”，与“丰年”相对。

“欠”指不够、缺乏。汉语中没有“欠岁”的说法。上述引文中的话出自清王士雄《随息居饮食谱》，说的是遭遇荒年时，可用桑葚来解饥。原文中所用也为“歉岁”。

谁是“蔡孓民”

◎厉国轩

2016年8月12日《文汇报·文汇学人》第14版《新文化的“到手”与“入心”》一文说：“在谈中学古文的教材时，胡适则说：蔡孓民的《答林琴南书》、吴稚晖的《上下古今谈序》，‘又如我的朋友李守常、李剑农、高一涵做的古文，都可以选读’……”这里的蔡孓民系蔡孑民之误。

蔡元培（1868—1940），字鹤卿，号孑民，民主革命家、教育家，1917年任北京大学校长，提倡“思想自由”“兼容并包”的办学方针，使北大成为新文化运动的发祥地。引文中写下《答林琴南书》的正是蔡孑民，即蔡元培。孑读jié，单独、孤单之义。孓，音jué，通常和孑组成“孑孓”一词，指蚊的幼虫。现今尚留有署名“孑民蔡元培”的蔡先生墨宝，北京东城区的“孑民堂”也是为纪念蔡元培而设。可见蔡元培号“孑民”而非“孓民”。将“孑”误为“孓”，应是形似所致。

是“暧暧”不是“暖暖”

◎刘曰建

2016年8月16日《北京晚报》第35版刊载了《陶渊明的田园生活怎样过》，文中如此引用《归园田居》中的诗：“暖暖远人村，依依墟里烟。”这里的“暖暖”应为“暧暧”。

暧，读ài，指日光昏暗。“暧暧”即迷蒙隐约的样子。“暧暧远人村，依依墟里烟”，描绘的是远观山村的朦胧美。“暖暖”只让人觉得气候舒适宜人，无法表现出诗的意境。误“暧”为“暖”应是形似所致。

“霸王别姬”在何地

◎古　辛

2016年8月22日《人民日报》载文《一卷云台话郑谷》，文中如是数典：“最终这位心高气傲的西楚王陷入四面楚歌，英雄末路，兵败刘邦，在乌江边与爱妻生离死别，演绎了一出感天动地的《霸王别姬》，令人唏嘘不已。”这里有一个常识性错误，引文中所说故事的发生地不是乌江，应是垓下。

“霸王别姬”的故事广为流传，典出司马迁的《史记》，经后人艺术加工而成。《史记·项羽本纪》：“项王军壁垓下，兵少食尽，汉军及诸侯兵围之数重。……有美人名虞，常幸从……”这段故事也被称为“垓下之围”，“垓下”二字指明了故事的发生地。至于项羽在乌江自刎，已是他率军逃出垓下后的事。“霸王别姬”并不在乌江边。

不是“心怡”应是“心仪”

◎国　轩

2016年7月8日《每周文摘》第6版《最后的武生泰斗》一文说：“但他(王金璐）自己则心怡威风凛凛的武生行当，经常偷听武生组的课。”这里的“心怡”应是“心仪”。

仪，作动词时有向往之义。《汉书·外戚传》：“公卿议更立皇后，皆心仪霍将军女。”心仪，即指心中向往。

怡，义为快乐、喜悦。“心怡”即指心中喜悦舒畅。引文中想说的意思是，王金璐先生向往武生行当，只能用“心仪”，不能用“心怡”。

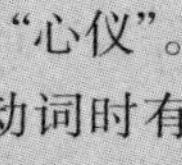

是“市长之殇”非“市长之觞”

◎吴导民

2016年1月22日《报刊文摘》第6版刊载了《墨西哥市长之觞》一文。初见标题还以为是讲某市长的喜宴觞饮之事。但读后发现，文章讲的是墨西哥一年轻女市长被人杀害的事情。人之被害是悲剧，非举觞庆喜之事，文中的“觞”应是“殇”之误。

新年第二天，墨西哥特米斯科市，上任不到一天的女市长希塞拉·莫塔被杀。

年仅33岁的希塞拉·莫塔是墨西哥左翼政党民主革命党的成员，曾于2012年至2015年担任墨西哥联邦众议院议员，是一颗冉冉升起的政坛新星。

1月2日早上7点左右，4名枪手闯入她的家中，残忍地杀害了她。随后，枪手乘坐一辆黑色皮卡逃离现场。莫塔遇害之后，有两名嫌疑人在与军警交火时被击毙，另有3人被拘押。其中一名嫌犯向警方供述，有人付钱要求他们置莫塔于死地，而这笔钱仅有2.9万美元。

墨西哥市长之觞

近百名市长遇害

莫塔任职的特米斯科市，是一个人口仅10万的小城市。这里此前曾是备受游客们青睐的旅游胜地。然而，近年来，这里毒品贸易横行，吓跑了不少游客。莫塔曾发誓要整顿这座毒品与有组织犯罪盛行的城市。

在墨西哥，与莫塔有同样遭遇的市长并不少。提魁奇奥市的女市长玛丽亚·桑托斯·萨拉萨尔即是一例。2008年，上任后3个月，萨拉萨尔遭到恐吓，一个贩毒集团让她辞职，“趁还来得及”，但她顶住压力，没有辞职。2009年1月，她和她的丈夫在外出时遇袭，但两人幸运地活了下来。当年10月，贩毒集团再度袭击了这对夫妇，这一次，幸运没有再度降临，丈夫被杀害了。萨拉萨尔本人送医后经抢救生还。

2010年1月23日，萨拉萨尔在外出办事途中，遭到一伙手持机关枪的蒙面男子的扫射。车上留下30处弹痕，萨拉萨尔身中3枪。伤好后，萨拉萨尔召开了一场电视新闻发布会，发誓要跟贩毒集团作斗争。2012年11月12日，在送自己的女儿去上学时，萨拉萨尔再度被绑架杀害。

一个代表市长的组织“墨西哥地方当局联盟”发表声明称，在过去10年，有近百位市长惨遭杀害，其中大多数人的死因归咎于毒品贸易冲突。

为什么这么多市长被杀

有分析指出，墨西哥贫困人口占40%以上，很多穷人为了生计，容易主动或被动地加入贩毒组织。在墨西哥，存在锡那罗亚集团、海湾集团、泽塔集团等大型贩毒集团。在墨西哥大多数城市，市长有权任命警察局长，而贩毒集团如果想把自己人安排在这些岗位上，就得行贿，或恐吓市长，或双管齐下。而市长要么选择与他们合作，要么就面临杀身之祸。

墨西哥的“贩毒教父”米盖尔·安格罗·菲利克斯·加拉多都曾在狱中写道：“战胜贫困才是灭毒最好的方法……我们需要重建村庄和农场，让墨西哥人能自给自足……我们必须牢记，不能只有镇压，而没有医疗保障、公路和安全。”（摘自1月10日《新京报》 作者 颜颖颛）

觞，指盛满酒的杯子，泛指酒器，也有向人敬酒或自饮之义。《吕氏春秋·达郁》：“管子觞桓公。”晋陶潜《连雨独饮》：“试酌百情远，重觞忽忘天。”没有死亡或谋害性命之义。

殇，本指未成年而死，后用来指死难者。比如有“国殇”一词，本指为国家作战而牺牲的人，后又泛指为国捐躯、为公而亡之人。墨西哥这一年轻女市长因决定“整顿这座城市毒品和有组织犯罪”而被敌手杀害，因此称“市长之殇”还是正确的。误“殇”为“觞”应是音同形似致误。

让马俊仁成为绝唱？

◎邢洪雷

《新民晚报》2016年2月5日刊载了《让马骏仁成为绝唱》一文，讲述了当年曾为国争光的马俊仁团队被披露出违规用药丑闻，并在结尾处写道：“但愿马家军和马俊仁都能成为历史的绝唱。”且不说标题中误“俊”为“骏”，将“绝唱”用在这里，显然不妥当。

“绝唱”一般指文学创作的最高造诣，如鲁迅对于《史记》的评价“史家之绝唱，无韵之离骚”。在现代汉语中“绝唱”还有另一种用法，指的是“生前最后的歌唱”。引文中应是想表达后一种义项。即使在表示“最后的歌唱”时，它也是一个褒义词。上述引文表达的是不希望丑闻重现，既然是丑闻，便不该用“绝唱”来形容。

新民新语

让马骏仁成为绝唱

关尹

时隔近20年，马家军又火了。当年《马家军调查》一书中未曾公开的第14章在网络上重见天日，其中所披露的马家军大面积服用兴奋剂之事，就像给中国体育扔下一颗炸弹。“马俊仁亲自给队员打针”、“队员私自体检遭毒打”、“大多数队员因吃药得了肝病”等细节，读来令人触目惊心。

关于马家军，大多数人的记忆，恐怕还是停留在上世纪90年代初的红极一时。1996年亚特兰大奥运会上，王军霞夺得中国首枚奥运长跑金牌后身披国旗绕场致谢的画面，也感动了无数国人。没想到，众人眼中的“东方神鹿”，原来是“东方药鹿”。

锁定名人

《狼图腾》的几处史实错误

◎董寅生

姜戎的《狼图腾》(长江文艺出版社,2004年5月出版)在最后一章《理性探掘——关于狼图腾的讲座与对话》中写道:"……晋朝残酷的'徙戎政策',即用武力驱逐异族出境,激起游牧民族的强烈反抗。……五个草原民族先后冲进中原,又先后建立16个国家,史称'五胡十六国'。"(第468页)此段描述有两处值得商榷。

西晋末年,大量塞外游牧民族南下与晋对峙。当时的胡汉冲突原因众多,但却并不包含所谓"徙戎政策"。自汉代起,西北方胡族就不断内迁,至晋代时胡汉矛盾已动摇了政权根基。以江统为代表的一些人提出"徙戎"主张,即强迫胡人外迁。《晋书·江统传》:"统深惟四夷乱华,宜杜其萌,乃作《徙戎论》。……帝不能用。未及十年,而夷狄乱华,时服其深识。"由此可见,西晋并未采用徙戎意见,自也不可能"激起游牧民族的强烈反抗"。胡汉杂居以及随之而来的对抗与融合,都是历史发展的趋势。

五胡十六国是我国历史上重要的变革时期。"五胡"指的是以匈奴、羯、鲜卑、羌、氐为主的众多游牧民族,"十六国"则指西晋灭亡前后中原地区相继建立的十六个政权。北魏崔鸿在当时为数众多的国家中选取了十六个政权,编写《十六国春秋》。十六国虽大多由游牧民族建立,但其中前凉、西凉、冉魏等则是由汉族建立。上述文章的描述显然欠妥,那个时期"先后建立"的国家远不止16个,更不是全由"草原民族"所建。

“鹓雏”“神龟”不可混

◎叶卫华

近读林语堂先生的《苏东坡传》(群言出版社,2009年4月出版),该书在第129页上提及苏轼的两句诗“腐鼠何劳吓,高鸿本自冥”。书中对这两句诗如此解释:“包含另一个《庄子》上的典故。楚王愿以高位请庄子做官,庄子谢绝,并且告诉国王的使者一个故事:有一个专吃腐肉的乌鸦,找到了一个腐败的老鼠,正在一棵树上大享其美味,这时一只仙鹤赶巧从旁飞过,乌鸦以为仙鹤来抢它的美味,就发出尖叫的声音想把仙鹤吓走,但是仙鹤高飞到白云中去了。”此处的解释值得商榷。

庄子是我国古代著名的思想家,道家学派代表人物之一。庄子曾多次表达了自己不愿做官、隐居向学的理念。庄子拒绝楚王之邀的典故出自《庄子·秋水》。楚王遣使请庄子,庄子一边垂钓一边说:“吾闻楚有神龟,死已三千岁矣,王以巾笥(sì)而藏之庙堂之上。此龟者,宁其死为留骨而贵乎?宁其生而曳尾于涂中乎?”这段话以神龟为喻,表达了庄子宁可“曳尾于涂(泥)”逍遥自在,也不愿“留骨而贵”投身官场。

书中解释用的典故同样出自《庄子·秋水》,惠子被人挑拨,以为庄子要和他抢梁国相位。庄子对他说:“夫鹓雏发于南海而飞于北海,非梧桐不止,非练食不食,非醴泉不饮。于是鸱得腐鼠,鹓雏过之,仰而视之曰:‘吓(hè)!’”这里庄子用“鹓雏”自比,同样清楚地表明了自己高洁的志向。上述文章将“鹓雏”释为仙鹤,将“鸱(chī)”释为乌鸦都略显欠妥。“鹓雏”本是神话中的鸟,不必强作解释。“鸱”通常解作鹞子或猫头鹰,被认为是乌鸦恐怕是受《庄子·齐物论》中“鸱鸦嗜鼠”一语的影响,但显是两种鸟类。

11-23

是“锦标赛”，不是“竞标赛”

◎夏传寿

2016年6月9日中央电视台中文国际频道的《传奇中国节》栏目播出了安徽当涂县第七届龙舟锦标赛，为广大观众献上了一道节日盛宴。美中不足的是，字幕制作组把“龙舟锦标赛”误写为“龙舟竞标赛”了。

“锦标”是指奖给竞赛优胜者的奖品，如锦旗、奖杯等。锦标赛即是夺取锦标的比赛，通常是为检查某一单项运动发展情况而定期举行，比较著名的有世界乒乓球锦标赛、国际羽联世界锦标赛等。节目中的龙舟锦标赛也是如此。

竞，指比赛、争逐。竞标即是竞相投标，投标者们互相竞争以争取中标。日常生活中常能听到召开竞标会，却未闻“竞标赛”的说法。误“锦”为“竞”可能是音近所致。

“同袍”不是“同胞”

◎欧阳春

电视连续剧《秀丽江山之长歌行》第43集中，阴丽华在宁平公主刘伯姬府中探望刘章和刘兴时，刘兴对阴丽华说了这么一段话：“阴姑姑，兴儿想知道父亲，还有三叔的英雄故事。伯姬姑姑说你是父亲和三叔的同胞，是他们最亲最近的兄弟。”（字幕同步显示）其中的“同胞”所要表达的意思实为“同袍”。

袍，指中式长衣、外衣。《诗经·秦风·无衣》：“岂曰无衣，与子同袍……岂曰无衣，与子同泽。”这里的“泽”指内衣、衬衣。同袍、同泽表现了军伍中的战友情谊。故后世“同袍”常用于军人间，用以互称。再后来也引申用在夫妻、兄弟、朋友、同僚之间。

同胞，指同一父母所生的兄弟姊妹。刘兴，东汉北海靖王，其父为光武帝刘秀次兄刘仲，而阴丽华为刘秀之妻，和刘秀兄弟自然不会是“同胞”。在上述电视剧中，编剧原创了大量故事情节，比如阴丽华曾化名阴戟，与刘秀兄弟三人并肩作战。在这样的背景下，如果要说他们是“同袍”，也算合情合理。

“本台的社论”？

◎龚　震

8月30日优酷网播出了网络综艺节目《不一样的偶像》，在其仿照央视《新闻联播》的《拉丝新闻》环节中，主持人方家翊说道：“首先是本台的社论。”这里用了“社论”一词，很不妥当。

报纸、期刊出版单位常以“社”为名，如人民日报社、求是杂志社等。因此，报纸、期刊代表本单位的立场、主张，评述当前重大问题或事件的文章，称“社论”。而电视、广播单位常以“台”为名，如中央电视台、上海人民广播电台等，因此，广播、电视媒体代表本单位的立场、主张，评述当前重大问题或事件的文章，称“本台评论”。《新闻传播学大辞典》中对“社论”这样解释：“代表了编辑部意见和主张的最权威、最重要的评论形式。广播、电视媒体则称为本台评论。”这一定义也是当前媒体的实践反映。虽然“社论”和“本台评论”功能相当，但各有使用对象，不能混淆。

网络视频节目，是基于互联网的新媒体形式，与电视节目很相近，若要模仿使用“本台的评论”尚可接受，而要发表“本台的社论”则显得不伦不类。

热线电话

“你好，我是64330669……”(55)

◎姚博士

“违反法令”还是“违犯法令”?

问：我是一份法制报纸的编辑，经常遇到“违反”“违犯”俩词，但常弄混。这两个词究竟如何区别？到底是“违反法令”还是“违犯法令”?

——北京 尹忠明

答：“违反”和“违犯”前一个构词语素都是“违”(即“背离”“不遵从”)，区别在后一个构词语素，前者是“反”后者是“犯”。辨析这两个词，关键还得弄清俩词中“反”和“犯”的区别。

反，本义即翻转，引申指调转、颠倒、返回、归还、回报、报复等。进一步引申指违背。《国语·周语下》“日反其信”，韦昭注：“反，违也。”

犯，本义即侵犯，引申指突袭、损害、触犯、冒犯等。进一步引申指违背。《周礼·夏官·大司马》“犯令陵政”，郑玄注：“犯令者，违令也。”

可见，“反”和“犯”都是“违背”之义，在语义上，“违反”和“违犯”都由同义语素构成，没有明显区别。“违反”和“违犯”的区别在语用上。

梳理语料不难发现，“反”和“犯”虽然都有“违背”之义，但在实际语用中，和法律、法规、禁令等搭配时，只用“犯”而不用“反”。比如古今汉语中，都只说“犯法”“犯禁”“犯命”，而不说“反法”“反禁”“反命”(古汉语中虽然有“反命”一词，但意思是“复命”之义，与讨论话题无关)。并且,和“犯”搭配的对象,如法律、法规、禁令等,大都是见于文字的“明文”,有明确的文字记载。

正因为“反”“犯”的这一语用区别,在实际运用中,和法律、法规、禁令等搭配时,倾向用“违犯”而不用“违反”。比如,一般说“违犯劳动合同法实施条例”“违犯刑法”“违犯法条”“违犯禁令”等,而很少说“违反劳动合同法实施条例”“违反刑法”“违反法条”“违反禁令”等。除法律、法规、禁令等以外,其他对象则多用“违反”。如常说“违反规律”“违反常规”“违反习俗”等,很少说“违犯规律”“违犯常规”“违犯习俗”等。

“此致”是何义

问: 我是在某大学读大一的学生,想请教一个问题,写信时人们常在末尾写上“此致”两字。这是什么意思?

——广西　江　宁

答:“此致”是传统书信的一个固定用语。书写位置有两种情况:或者紧接书信正文之后,不另起段,其后不加标点;或者在正文之下另起一段,空两格书写,其后不加标点。有时“此致”之下再另起一段,顶格书写“敬礼”两字(其后一般用感叹号)。“敬礼”下方靠右位置,署上写信人名字,写信人名字正下方,署上写信日期。“敬礼”也可不写,直接在“此致”下方靠右位置,署上写信人名字,写信人名字正下方,署上写信日期。

由于“此致”后没有标点符号,如果其下一行顶格有“敬礼”一词且有感叹号,很容易把它们连起来读,误以为是一个句子的分行书写,从而把“敬礼”当成“此致”的宾语。这种理解是不正确的。“此致”和“敬礼”没有语法、语义上的关联。

其实,“此致”是书信正文的结束语。“此”指前面所写的内容,“致”即给予、呈献,与

“致电”“致函”等词的“致”同义；“此致”的意思就是，前面所写的就是给予您（你）或呈献给您（你）的全部内容。类似格式也常出现在其他应用文体中。比如：命令正文结束后常有“此令”二字，意思是前面所写就是命令的全部内容；批复正文结束后常有“此复”二字，意思是前面所写就是批复的全部内容；通知正文结束后，有时也写上“此通知”，意思是前面所写就是通知的全部内容；等等。

“敬礼”是向对方表示敬意的客套话，顶格书写是表示对收信人的尊重。

“摘抄”还是“摘钞”？

问：经常看到一些图书以“钞”为名，如《北堂书钞》《宋稗类钞》《章太炎文钞》《革命诗词摘钞》等等。这些“钞”用得对吗，要不要改成“抄”？

——成都　彭尹川

答：“钞”和“抄”的区别，我们早在2008年第9期就刊文谈过，但还是常见有人弄混。有鉴于此，我们在此“旧事重提”，再谈一谈。

“钞”出现稍早，《说文》中有“钞”而无“抄”，“钞”字下释义为：“钞，叉取也。”可见，“钞”是一个动作，所用工具多为金属制造，故字从“金”。后引申指抢掠。进一步引申指誊写等等。不管是叉取，还是抢掠，或者誊写，都离不开“手”，所以稍后又出现了从“手”的“抄”。文字学界，一般把“钞”看作正体，把“抄”看作俗体。在古汉语中，“钞”和“抄”的出现频率，基本上是“半斤对八两”，不相上下。

后来，“钞”又从“誊写”引申指经过誊写、选录而成的集子。夏丏尊、叶圣陶《文心》二五：“古今人所作的笔记，真是数也数不清……书名有的就叫什么‘笔记’，有的叫什么‘随笔’，有的叫什么‘录’，有的叫什么‘钞’。”在此义项上，偶尔也写作“抄”。据《汉语大词典》,《南史·王僧孺传》中就出现过《百家谱集抄》十五卷、《东南谱集抄》十卷等。不过,作“钞”居多。此义项《汉语大字典》“钞”字下有,而“抄”下未列。《现代汉语词典》“钞”字下有“选取;选编(多用于集子名)”义项,并有“《革命烈士诗钞》”例,而“抄”字下未有此释义。

可见,在用作集子名或书名时,“钞”和“抄”都有用例,但“钞”的用例比较多,倾向于用“钞”。我们认为,让“钞”“抄”分工,做动词表示“抓”“取”“誊写”“抄写”等义时用“抄”,而做名词表示集子名称等义时用“钞”,是比较合理的处理。比如,用作动词表示摘要抄录用“摘抄”,用作名词表示书名、篇名则用“摘钞”。

“嘉宾”不宜自称

问:常在电视节目中见到这样的说法:“我是一号嘉宾……”“我是嘉宾某某……”这种说法对吗?

——甘肃 潘 丽

答:这是不妥当的。

嘉,本指美,善。《诗·豳风·东山》中有“其新孔嘉”一句,郑玄注:“嘉,善也。”引申指赞美,褒奖。如“嘉许”即称赞、夸奖,“嘉奖”即表彰奖励或给予的表彰奖励。

嘉,是一个敬词,常用在相关的词语前面敬称他人的事物或行为。如过去常用“嘉什”“嘉藻”敬称他人的作品,用“嘉命”“嘉谕”敬称他人的告语,用“嘉诲”敬称他人给予的教诲,用“嘉惠”敬称他人给予自己的恩惠,等等。

嘉宾,也是个敬词,是对宾客的敬称。陈毅《陪巴西朋友访杭州·梅家坞即兴》诗:“嘉宾咸喜悦,细看摘新茶。”“嘉宾”犹言贵客、尊贵的客人,这个词不宜自称。就像不宜说“我是到你家的贵客”“我是你尊贵的客人”一样。

文章病院

“高阳酒徒”是何人

◎陈福季

金城出版社出版的《历史的坏脾气》第11页上这样写道：“西方现代制度是文官治军，军人中立，军人不干政原则。而古代中国的制度安排，用西汉的一位高阳酒徒的话来说，就是以马上得天下，不能以马上治之。”那么，这里的“高阳酒徒”指的是谁？他说过“以马上得天下，不能以马上治之”的话吗？

先说“高阳酒徒”。这个称谓最早见于《史记·郦生陆贾列传》：“初，沛公引兵过陈留，郦生踵军门上谒……使者出谢曰：‘沛公敬谢先生，方以天下为事，未暇见儒人也。’郦生瞋目案剑叱使者曰：‘走，复入言沛公，吾高阳酒徒也，非儒人也。’”这里的“郦生”指的是郦食其（yìjī）（？—前203），秦末陈留高阳乡人。秦末农民起义时归刘邦，多有献计，封广野君。而引文中所说“马上得天下”的典故同样出于《史记·郦生陆贾列传》：“陆生时时前说称《诗》《书》。高帝骂之曰：‘乃公居马上而得之，安事《诗》《书》！’陆生曰：‘居马上得之，宁可以马上治之乎？’”可见，说出这段劝诫的人是“陆生”，也就是这篇列传的另一位主角陆贾（约前240—前170），他同样是刘邦的谋士，对安定汉初局势做出过很大贡献。引文作者很可能是因同样的史籍出处而混淆了两个典故。

是"芡"非"茓"

◎董宝林

2016年8月15日《辽沈晚报》第16版刊有《漏粉条的那些日子》一文,文中写道:"随着大粉匠'漏粉条喽!漏粉条喽!'的两声大喊,粉坊里所有的人立刻各就各位忙活起来。围着大铁盆和粉面子的四个小伙,先是把大粉匠早就勾兑好的茓放进盆里,然后倒些热水用力和面,很快汗流满面。"其中,"茓"乃"芡"之误。

"芡"的本义是一种水生植物,又名鸡头,种子称"芡实"。芡实经碾磨制成芡粉,做菜时加入芡粉可使汤汁变稠,这种烹饪手法就是我们平时所说的勾芡。而茓,读作xué,常用词语有茓子,就是用高粱秆、芦苇等编制的狭而长的粗席子,可以围起来囤粮食。也作踅子。"芡""茓"字形相近而致误。

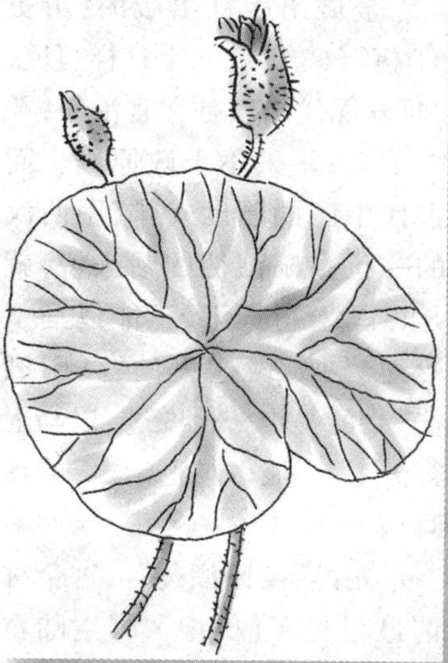

芡,睡莲科,一年生水生草本植物,其紫色肉质状花朵如鸡头。该植物可药、食两用,尤其在灾荒、歉收之年可以救荒。《本草纲目》:"芡可济俭歉,故谓之芡。"

“悬梯”？“舷梯”！

◎李景祥

2016年8月11日《北京晚报》第45版刊有一篇散文《当情侣遭遇雷雨》，其中在描述一段航空旅程时写道：“两小时过去了。他们彻底失去了耐心，只听见男的向乘务员要求下飞机。……机长没有办法，只好和地面联系，不一会儿，悬梯来了，舱门打开了，摆渡车也开过来了……”这里有一个常识性错误，供旅客上下飞机的是“舷梯”，不是“悬梯”。

舷，音xián，义为船、飞机等两侧的边沿。舷梯是专门供人上下飞机、轮船等用的梯子，通常为专门设计的斜梯，可以平稳地上下。机场设置的舷梯是停靠在飞机舷边可直接连接舱门的移动装置。

机场用舷梯

悬梯，一般指悬挂在高处的绳梯。直升机经常会用到悬梯，但由于其使用难度和不稳定性，客机一般是不会使用的。引文描述的场景下，能够被客机机长通过联系调来的只能是舷梯。

辈分不同不能用“和”吗

◎蔡维藩

2016年8月12日《语言文字报》第2版刊载了《〈推敲〉课堂撷英》一文，其中“课堂”授课老师说：“我们一般说爸爸和妈妈、爷爷和奶奶、哥哥和姐姐，大家一个辈分可以用‘和’。像‘我和爸爸’，两人辈分不同，不能用‘和’。要换一个字，换哪个比较好？”学生回答：“我觉得用‘跟’比较好。”老师加以肯定：“对，跟、随都可以。”看到这里不禁感到疑惑，辈分不同的人真的不能用“和”连接吗？

我国传统文化历来讲究尊卑有别，长幼有序。但是据此提出什么“两人辈分不同不能用‘和’”，恐怕少有理据，难以立论。现实生活中的“辈分”关系，和语言运用的“并列”关系，不能画等号。不同辈分的人物，在语言运用中，完全可以并列起来构成句子成分。曹先擢、苏培成《汉字形义分析词典》释“和”：“连接并列的名词：老师和学生都到齐了。”按传统观念，“老师”和“学生”显然“辈分”不同，可见不同辈分之间用“和”毫无问题。吕叔湘主编的《现代汉语八百词》中有“爸爸、妈妈和哥哥、姐姐都不在家”这一辈分关系更为明显的例子。现代小说中也可找到此类用例，如鲁迅《呐喊·故乡》：“母亲和宏儿都睡着了。”

还要指出，一字多义是普遍现象，“和”要改成“跟”的话，如果用的是其连词义，实际上等于没改；如果用其动词义，通则通矣，但改变了作者原意。这也表明“我跟爸爸”至少是有歧义的，结果反而无益于语义的精准表达。

不是“朝枝”是“杖朝”

◎晋　相

《文史知识》2016年第9期《孜孜大漠　精琢匠心——七十余载用心守护敦煌宝藏》一文中写道：“早期从事敦煌文物保护工作的前辈……现在他们中有的已经作古，在世的也已逾朝枝之年、耄耋之年，但始终未离开这一战线，八十多高龄的李云鹤先生至今还在一线从事文物保护工作。”其中的“朝枝之年”系“杖朝之年”之误。

“杖朝”为八十岁的代称。《礼记·王制》：“五十杖于家，六十杖于乡，七十杖于国，八十杖于朝，九十者，天子欲有问焉，则就其室，以珍从。”这里说的是我国古代的一种尊老礼制，人到了五十岁即可在家拄杖，到了八十岁则能拄杖出入朝廷。后来人们分别用“杖家”“杖乡”“杖国”“杖朝”来指代五十岁、六十岁、七十岁、八十岁的年纪。清赵翼《初用拐杖》：“我年届杖朝，卅载林下叟。”

耄耋(màodié)，指高龄、高寿。三国曹操《对酒》诗：“人耄耋，皆得以寿终。”引文所说的早期的敦煌文物保护者，自20世纪40年代起便投身于这项事业，如今在世的都已年逾八十，用“杖朝之年”和“耄耋之年”都是贴切的，“朝枝之年”则不知所云。

《火眼金睛》提示

图1，“侧隐”应为“恻隐”。

图2，“返季”应为“反季”。

图3，“象荷花辨”应为“像荷花瓣”。

图4，“价直观”应为“价值观”。

词语春秋

话说“弥封”

◎孙　凯

我们经常能在试卷上看到一条虚线，将考生信息和试卷正文分隔开来，上注“密封线”三字。“密封线”的作用一目了然，按线订合试卷即可遮蔽考生信息，为的是防止批卷人作弊。相似的方法古已有之，那时的名称是“弥封”。

“弥”是合的意思。弥封，又称“封弥”，指把试卷上填写姓名的地方折角或盖纸糊住，以防止舞弊。“弥封”这一方法的出现，是与我国的科举考试历史息息相关的。

弥封在唐代就出现了，当时似乎叫糊名。唐代刘悚《隋唐嘉话》卷下：“武后以吏部选人多不实，乃令试日自糊其名，暗考以定等第。判之糊名，自此始也。”这一制度在宋代得到继承。宋代高承《事物纪原·学校贡举·封弥》：“今贡举发解，皆用其事曰弥封。”不过，名称上有变化，称作“弥封”了。据史料记载，淳化三年（992），宋太宗采纳将作监丞陈靖的建议，对殿试实行弥封制，以杜“容私之弊”。咸平二年（999），礼部试时，选派官员专司封印卷首。明道二年（1033），仁宗“诏诸州，自今考试举人，并封弥卷首”。从此，“弥封考校”不仅施行于殿试、省试，也施行于诸州取解试了。宋吴自牧《梦粱录·诸州府得解士人赴省闱》：“所纳卷子，径发下弥封所封卷头，不要试官知士人姓名，恐其私取故也。却于每卷上打号头，三场共一号。”

然而，弥封之后还可以辨

满“洲”和株“洲”

◎陈扬桂

满洲和株洲中都有一个“洲”字。值得注意的是，这两个地名中的“洲”字都有水旁。可是，在不少的场合，满洲被人误写成了“满州”，株洲被人误写成了“株州”。

为什么满洲和株洲的“洲”字不能写成“州”字，这需要我们弄清这两个地名的来历。

先说满洲。满洲这个名字的出现，没有太长的历史。公元1636年，清太宗皇太极改国号为“大清”，把原来女真族的族名改为“满洲族”，辛亥革命后简称“满族”。由此可见，“满洲”这个名词最初出现于十七世纪，当时是一个民族的名称，而并非地名。

关于“满洲”一词的来历，有多种说法。一种说法是，“满洲”为女真首领努尔哈赤的祖先李满住的名字谐音。第二种说法是源自满语和蒙古语中“满洲利亚”谐音，“满洲利亚”意为吉祥、幸福、平安的土地。第三种说法是，满洲为“曼殊”的转音，“曼殊”为西藏人对文殊菩萨的称呼。

认字迹，还是有作弊的可能。大中祥符八年（1015）专设誊录院，派书吏将试卷抄成副本，考官评卷时只看副本，不仅不知道考生姓名，连考生的字迹也无从辨认。

弥封、誊录法是中国古代行之有效的防止作弊的方法。《儿女英雄传》第一回：“外头只知道是明日出榜，其实场里今日早半天就拆弥封填起榜来了。”

以上几种说法，都可以看作“满洲”得名的来由。但是，为什么满洲的“洲”不能写成“州”呢？这要从中国古代王朝五行五德轮替的理论来分析。按照五行五德的说法，明朝为火德。清朝要取代明朝，就必须以水灭火。皇太极用“满”和“洲”这两个都为水字旁的汉字为其部族名称，其用心可谓良苦。懂得了这一点，我们就不难知道，满洲的“洲”为什么要写成有水字旁的“洲”了。

再说株洲，株洲是湖南省的第二大城市，古称建宁，是炎黄文化的重要发祥地。中华民族的始祖、农耕文化的创始人——炎帝神农氏，就长眠在株洲境内炎陵县鹿原坡，江泽民为这里题写了“炎帝陵”一名。今天的株洲，地处武汉、长沙、广州三个重要城市的中心，是我国南方重要的交通枢纽，京广、浙赣、湘黔三大铁路干线以及武广高铁、沪昆高铁都在这里交会，与北方铁路枢纽城市郑州并称“北郑南株”。

昔日历史底蕴的深厚，今日城市面貌的繁荣，使得株洲在世人心目中名气很大。那么，“株洲”这个地名是怎么来的呢？

这是因为株洲地处湘水两岸，湘江流经这里形成许多沙洲，古代时，在这一片沙洲上生长着茂密的槠树，所以最初这里就被称为了“槠洲”。由于“槠”“株”同音，二字也被人们通用。至南宋绍熙元年（1190），这里被正式定名株洲，株洲彻底取代了“槠洲”之名，而一直沿用至今。株洲的“洲”字取自沙洲之“洲”，自然是“株洲”。

而“州”是古代的一级行政区划单位，所辖地区的大小历代不同，现在此“州”还保留在众多地名中，如苏州、广州、德州、杭州等等。误“满洲”“株洲”为“满州”“株州”，当是受此影响所致。

咬嚼日记摘钞(7)

◎郝铭鉴

梁思成是贼?

上海评弹团演出中篇评弹《林徽因》,剧场里打出一副对联:梁上君子;林下美人。上联说的是梁思成,下联说的是林徽因。一位朋友见到后大吃一惊,给我打来电话说:怎么能把一代建筑大师说成是贼?

“梁上君子”典出《后汉书》。东汉时有个名人叫陈寔,一天盗贼夜入其室,躲在屋梁上。陈暗中发现盗贼,表面上却不露声色,一本正经地告诫儿孙说:“夫人不可不自勉。不善之人,未必本恶,习以性成,遂至于此。梁上君子者是矣。”吓得盗贼赶快跳下来求饶。后人便用“梁上君子”指称盗贼。把梁思成说成是“梁上君子”,这确实是有点儿离谱的。

然而,且慢!恐怕还不能下用词不当这个结论。原来这副对联大有来历,它出自著名逻辑学家、梁思成夫妇一生的挚友金岳霖之手。林徽因是民国时代的“一代才女”,她出身名门,秀外慧中,既是梁思成事业上的伴侣,又是文学史上才气横溢的诗人、作家。她的感情生活也充满了传奇色彩,金岳霖先生曾因她终身不娶,“逐林而居”,演绎了一出让人感慨系之的情感剧。“梁上君子,林下美人”便是他在上一世纪30年代赠给梁氏夫妇的。

仔细品味这副对联,只有一个字的评价:妙!妙手偶得,妙趣横生,妙不可言。全联虽只有八个字,但它巧妙地嵌入了梁、林二人的姓；又对二人作了评价：一个是“君子”，一个是“美人”——梁思成是梁启超之公子，恂恂有君子风，林徽因则是集外貌美与才情美于一身，可见不是溢美之辞；更妙的是，梁主攻建筑学，整日爬梁登屋忙于考察，“梁上君子”四字顺手拈来，可谓不谋而合，而其中又不无调侃，咬之嚼之，其味无穷。把这样的至高无上的修辞境界说成是用词不当，未免有点不解风情。

其实，在现代文化史上，类似于“梁上君子”这样的调侃或自嘲，可以举出一批：眇一目者笑谓“一目了然”，塞一鼻者自称“一窍不通”，善饮酒者成了“醉名甚大”，善用色者坦承“色胆包天”，年高而发黑被人误解大呼“不白之冤”，敌机轰炸进防空洞则谓“入土为安”……有心者编一册《妙语集锦》，一定能够大卖。这些妙语，正是前辈文化人胸襟、情趣、才识、品味的结晶，豁达而不离本色，幽默而不失分寸，让人油然而生敬意。

称谓的“逆生长”

适逢儿童节，朋友圈里一片卖萌声，不由我想起称谓问题。

遥想当年，大约十多岁时，特别喜欢称呼自己是“年青人”。当时最流行的口号是：“年青人志在四方！”最喜欢唱的歌是：“我们年青人，有颗火热的心……”最轰动的电影的名字是：《年青的一代》。连毛泽东在莫斯科对留学生讲话，用的也是这一时髦的称谓：“你们青年人朝气蓬勃，正在兴旺时期，好像早晨八九点钟的太阳。希望寄托在你们身上。”

90 年代中期，到我办《咬文嚼字》时，“年青人”的称谓似乎已经显得“老土”，谁口中冒出一个“年青人”来，难免被人视为“桃花源中人”。取而代之的是“男生女生”。电视台相亲节目火爆，不绝于耳的是“我们男生”如何如何，或者“我们女生”如何如何。人们一下子回到了校园年代。开始听着有点刺耳，到后来不仅“男生女生”陶醉其中，连观众也觉得眼前多了一份青葱亮色。

曾几何时，“男生女生”摇身一变，又成了“男孩女孩”。第一次听任贤齐唱的“对面的女孩看过来，看过来……”，我还以为是跳跳蹦蹦的街头少女，谁知竟是会抛媚眼的不简单的大姑娘！这次是从校园一路后退，回到了“排排坐，吃果果”的幼儿园。杜甫诗曰“忆年十五心尚孩，健如黄犊走复来”，诗人用一个“尚”字，说明自己虽存童心，其实已不是孩子。现实生活正好相反，别说十五岁，即使到了而立之年，照旧是一个孩子。

万万没有想到，“男孩女孩”还没叫顺口，称谓又一次发生巨变：“宝宝”诞生了！“宝宝”本是常用的昵称，哪一个做爸爸、做妈妈的，一抱起自己的孩子，不是宝宝长宝宝短地叫唤？但现在的“宝宝”几乎全用于自称：“吓死宝宝了”，“宝宝不开心”，只要你打开网页，便会看到“本宝宝”满天飞。有人认为，这个称谓生动、亲切，不仅萌劲十足，而且善意洋溢，即使再严肃的语境，也会因为一声“宝宝”而化为轻松。“宝宝”之为用可谓大矣！

从“年青人”到“本宝宝”，纵观称谓的沿革，最具有概括力的一个流行语是：逆生长。这与其说是语言生活的变化，不如说是社会心态的变化。其中最大的推动力，非“装嫩心理”莫属。这也许是一个很有意味的社会学课题。

想起了《晋阳秋》

在我的阅读生涯中，有一阶段爱看当代小说。从《林海雪原》《青春之歌》开始，《苦菜花》《迎春花》《红日》《红旗谱》《烈火金钢》《野火春风斗古城》……凡是找得到的都找来看。有一本书叫《晋阳秋》，我在没看到以前，一直以为写的是“晋阳的秋天”，后来才知道闹了笑话。

《晋阳秋》是一部革命题材的小说，它反映的是“七七”事变以后，中国共产党在山西阎锡山统治地区，发动群众参加抗日斗争的故事。晋指山西，“阳秋”即“春秋”。这个词语是古代避讳的产物。晋简文帝的母亲郑太后，小名叫阿春，为避“春”字讳，“春秋”被改称“阳秋”。东晋史学家孙盛所撰的晋国史书便取名《晋阳秋》。我看的长篇小说，写的是山西斗争历史，山西简称晋正和古代晋国有关，故沿用了《晋阳秋》这个名字。

成语“皮里阳秋”，“皮里”指心里，“阳秋”同样是指“春秋”。不过，它说的不是历史，而是一种褒贬态度。这和孔子有关。古人说“孔子作《春秋》而乱臣贼子惧”，因为孔子能用一字褒贬，把乱臣贼子钉在耻辱柱上。这就叫“春秋笔法”。“胸中无块垒，皮里有阳秋”，表面上不予评说，内心处却自藏褒贬。皮里阳秋，此之谓也。

网言网语·婚姻

婚姻就像口香糖，“嚼”得长了，就会变得平淡无味。有人耐不住平淡，就放弃了，但无论丢在什么地方，都会留下难以抹去的痕迹。其实，平淡并非无味，只要用心去体会，自有清香盈齿间。浓郁是爱情的标签，平淡是婚姻的属性。婚姻的失败，大都源自不明二者的区别。

（崔国胜／辑）

网语漫谈

老套路和新套路

◎徐默凡

“真情往往无人问，偏偏套路得人心。”

“套路玩得深，谁把谁当真。”

“少一点套路，多一点真诚。”

“城市套路深，我想回农村。”

这些网络流行语你都听说过吗？这些流行语中的“套路”是什么意思？它又是怎么演变来的？

“套路”最早是一个武术术语，指编排成套的武术动作。武术运动主要包括“散打”和“套路”两种形式，散打是自由技击，套路则是以常规技击动作为素材编排而成的整套练习形式。中国武术各家各派都有表现自己门派特色的套路，如少林武术套路、武当武术套路等；也有各种徒手和兵器演练的套路，如长拳套路、南拳套路、刀术套路、剑术套路等。

武术中的“套路”经过语义泛化，在日常语言中用来指成系统的技术、方式、方法等，如公文写作的套路、球队的进攻套路、班级管理的套路等。此时的“套路”是中性的，甚至因其“系统规划”的正面含义而带有一定褒义色彩。

网络语言中的“套路”显然不是这个意思，指的是“事先编制好的用来迷惑别人的老套说法或者做法”，如“我也没复习”“这些题我都不会做”“我作业也没写完”……这些就是学霸们常常用来迷惑竞争对手的套路，然而最后他们每次考试都会得高分。

有时候“套路”用来指一

些套话，并非恶意欺骗别人，但是也不够真诚，往往不能兑现，如“改天一起吃饭(并不存心约)”“快了，快了，两分钟就到(快递员拖延时间)”“我去洗澡了(其实是不想和你聊天了)”，这些说辞按流行语来说，就是“套路，套路，全是套路”。

“套路”也会进一步往坏的地方发展，甚至带上“诡计”“陷阱”“圈套”的意思，如“店面到期，最后三天，亏本大甩卖(其实是卖假冒伪劣产品)”“我们这个健身房全国连锁，会一直开下去(其实三个月后卷款潜逃)”“只要你用心做，一年后就能年薪百万(引诱别人做传销)”……这些“套路”就已经违反道德，触犯法律了。

总的来说，网络语言中的“套路”基本是一种贬义用法。那么，这个“套路”是怎么从日常语言中带有褒义的“套路”演变来的呢？恐怕和“套”这个语素有关。日常语言的“套路”中的“套”是“成套”“成系统”的意思，没有贬义；但是“套”本身也有“套子”“圈套”的意思，这个贬义的义项在网络语言的“套路”中被激活了出来，使“套路”成了骗人的伎俩。不过，我们发现“套路”和“圈套”还有不同的地方，“圈套”是处心积虑要欺骗别人，千方百计不让人发现，而“套路”则是让人一眼就看穿，一点也不新鲜，往往无伤大雅，带有调侃的意味。这层意思其实也是来自语素“套”，因为“套”还有一个“老套”的意思，总的来说“套路”就是“老套”的“圈套”，也只能骗骗不领行情的老实人而已。

一个词语一旦发展出新的义项，老的义项就会受到沾染。“套路”的词义变迁就为之提供了一个绝好的例证：《现代汉语词典》“套路”一词的示例中有“改革的新套路”这样的说法，但现在读起来，就会觉得很别扭。为什么呢？受到了网络语言的影响：一方面，“套路”都是老的，何来“新套路”？另一方面，“套路”的贬义色彩也使它难以和“改革”相组合。

网络词语中的两面派——“灵魂歌手”

◎蔡世琦

近年来，随着歌唱类综艺节目的风行，“灵魂歌手”这一说法也随之流行，《张碧晨好声音夺冠　帕尔哈提颤音演绎离愁忧伤被封“灵魂歌者”》这样的标题红遍网络，这让很多人感到十分困惑，这“灵魂歌手”是怎样的歌手呢？

要解释这个问题首先要从“灵魂音乐”说起。灵魂音乐是一种起源于上世纪50年代的美国，结合了节奏蓝调和福音音乐的音乐流派，《美国流行音乐通史》中将其归纳为“带有福音歌宗教热情的节奏布鲁斯”。而灵魂歌手原本是指唱灵魂音乐的歌手，通常来说灵魂歌手都十分强调内心感情的自由表现，而且与黑人宗教有关，被誉为歌唱灵魂的歌手。后来人们便借用这个概念来形容那些用心唱歌的歌手，这些歌手不一定有好的歌喉，重点是凭借歌唱的热忱而表达动人的情感。譬如本文开头所说的帕尔哈提被称为“灵魂歌手”就是因为广大网友认为其嗓音穿透灵魂深处，深深触动听众的心。

而后由此发展出“灵魂××”这样的结构，比如“灵魂唱法”“灵魂发声”“灵魂唱腔”。有趣的是，词语的流行与其意义上的多元化发展往往是相伴而行的，以至后来这一用法已不再限于歌唱领域，“灵魂画手”“灵魂舞者”等用法也变得十分普遍，它们都借用了“用灵魂”来干这件事的概念，如“灵魂画手”的绘画技巧不一定高超，但其作品一定温暖人心。

不过“灵魂××”虽然重情感表达，但也隐含技术较差的含义，而且由于越来越多的综艺节目中出现所谓“以情取胜”的滥俗场面，“灵魂 ××”中所蕴含的技巧上不一定精妙的负面意义被逐步放大，甚至转化为在此事上毫无天赋、糟糕透顶却还执着于此的人。比如“高手在民间！灵魂歌手唱哭选秀导师”这个例子中，“灵魂歌手”唱哭选秀导师可不再是因为歌声饱含深情了，而是因为唱得十分难听却以自己喜欢为由仍执着地继续歌唱。

而随着这一概念不断泛化，是否热爱、执着也已不再重要，只保留下表现极差的含义，只要是某件事做得十分糟糕的人就可以被冠以“灵魂 ××”的称号。例如在“我是歌手·灵魂歌手专场”中，出现的“灵魂歌手”毫无例外都是把原歌翻唱得面目全非的“网络歌手”，这些上传自己唱歌视频的人到底是不是真的热爱音乐在这里并不被人关注，只是唱歌难听跑调就足够了。甚至于最后被称作“灵魂 ××”的是不是真人都不再重要，如“死亡颂唱者天赋满点！盘点那些动漫中的灵魂歌手”，这里面被冠以“灵魂歌手”称号的就是一群并不一定喜欢唱歌，只是五音不全唱歌难听的动漫角色们。

所以，“灵魂 ××”堪称一个词语中的“两面派”，您下次见到“灵魂 ××”的时候可要小心点判断，要知道这里面可能蕴含着两种截然相反的感情色彩，不注意的话可能就完全错会别人的意思了。

《交换火车票之后》参考答案

1. 穷乡辟壤——穷乡僻壤
2. 牟取——谋求
3. 辅助——扶助
4. ……等等——；等等
5. 不致于——不至于
6. 俯首即是——俯拾即是
7. 接剂——接济
8. 冲满——充满
9. 爆发户——暴发户
10. 同伙——同伴

话说社区词

[中国香港]田小琳

由全国科学技术名词审定委员会公布、语言学名词审定委员会审定的《语言学名词》(Chinese terms in linguistics)于2011年5月由商务印书馆正式出版。《语言学名词》收录语言学各分支学科的名词术语总共2939条。这些名词是科研、教学、生产、经营以及新闻出版等部门应遵照使用的语言学规范名词,具有权威性。

我们看到在词汇学这个分支学科里,加入了一个新成员,那就是"社区词"。社区词的概念其实很容易理解,《语言学名词》里是这样解释的:社区词(community expression),某个社区使用的,并反映该社区政治、经济、文化的特有词语。例如,中国大陆的"三讲""菜篮子工程",香港的"房奴""强积金",台湾的"拜票""走路工"。

原来,在使用汉语(华语)的不同社会区域,在各自社区的语言生活里,还流通着一些社区词。这里"社区"的概念是指不同背景的社会区域,不是指城市里的一个生活小区。举例来说,香港、澳门自1997、1999年先后回归祖国后,都是中国的特别行政区,实行一国两制。这样,港澳地区由于政治、经济、文化等背景与大陆有别,在语言生活里自然就产生并流通一些特有词语。由此类推,台湾地区亦然。世界各地的华人社会,如新加坡、马来西亚等国也会创造一些反映当地社会特色的社区词。

社区词与方言词、外来词、文言词一起,成为汉语(华语)一般词汇的来源,大大丰富了词库的库存。

《香港社区词词典》(2009)、

《全球华语词典》(2010)和《全球华语大词典》(2016),均由商务印书馆出版,收集了全球各华人社区的社区词。社区词以成千上万之数展示了它的风采,彰显了它是汉语(华语)词汇中一支不可忽视的生力军。读者有这些词典帮忙,眼界开阔了,沟通也方便了。

世界进入了互联网时代,地球被形容为一个村子,“天涯若比邻”不再是一个夸张的比喻。如果你要和港澳台的朋友交流,和世界各地的华人交流,共享他们的创造创新成果,那么,各地鲜活的社区词就不可不知一二了。

(作者是本刊特约编委)

从马航MH370失联谈起

[马来西亚]杨欣儒

2014年3月8日,马来西亚航空公司(马航)MH370航班发生空难,机上239名乘客和机组人员全部罹难。一开始马来西亚媒体报道这场空难说马航班机“失踪”,但报道续闻时,就跟随中国媒体,一律用“失联”了。

作为语言文字工作者,笔者对新词新语比较敏感。于是随手翻检中国出版的工具书,发现《现代汉语词典》《现代汉语规范词典》和《辞海》都没有收录“失联”,“失踪”就有。《现汉》对“失踪”的释义是“下落不明”并括注“多指人”。马航MH370失去踪影的是连人带机,而且失去联络,音信全无。由此笔者推测,中国不用“失踪”,而用“失联”比较贴切。只是“失联”尚未为早先出版的各大辞书所收录,今年4月出版的《全球华语大词典》收录了,释义是“失去联系;失去联络”。

在马来西亚媒体上经常可以看到“土崩”这个词语,例如某处发生土崩，附近的公寓岌岌可危。笔者翻阅了上举的三部辞书，发现都只收录“土崩瓦解”，并未收录“土崩”，而“土崩瓦解”并不是指“土崩”，而是指“像土崩裂，像瓦碎裂，比喻彻底崩溃、垮台”。

最近中国洪水泛滥，多处地方出现山体滑坡，于是“滑坡”一词开始出现在马来西亚华文媒体上。“滑坡”有两个义项，其一指“地表斜坡上大量的土石整体下滑的自然现象”，这个释义比较接近马来西亚华文报上所说的“土崩”了。还有媒体上几乎无日无之的“记者招待会”，其实此会并没有什么“招待”，所以马来西亚媒体常用“记者会”或“新闻发布会”。

马中两国早已建立全面战略伙伴关系，而且马来西亚连续7年成为中国在东盟的第一贸易伙伴与亚洲第三大贸易国。由于两国经贸文化等交往日益频繁，因此中国的新词新语不断地进入马来西亚的媒体，并通过媒体进入马来西亚华人的语言生活，滋润了马来西亚的华语，如改制、研发、瘦身、光盘(吃光盘中的食物)、收银台、首映式、加盟店、空气污染指数，等等。

笔者认为，海外华文媒体还有许多方面必须向中国学习，特别是词语的运用，这对于丰富我们的词汇有莫大的裨益。

(作者是马来西亚华语规范理事会副主席)

万种风情话公司

[马来西亚]邓月璇

《咬文嚼字》2016年第9期《华语圈》专栏刊登了《与同事公司吃一盘炒粿条》一文，作者说“公司”在印尼新马除指“经济实体”(名词)外，还可用在动词前做副词，表示“一起”或“共同”的意思，这种用法源自闽南方言。

我要补充两点。第一，“公司”还可用作动词。例如“他们公司，开了一家公司”，这句话里的前一个“公司”便是合伙、合成一伙（做某事）的意思。第二，“公司”用作名词时，除可指以营利为目的的商行、企业之外，还可转身为会馆或宗祠。也许很多人会很好奇地问，“公司”何以如此风情万种呢？它与会馆、宗祠有何关系？这就需要从头细说了。

“公司”曾是东南亚华侨初到南洋时组成的互助团体，最初成立的宗旨在于协助“新客”，为同姓氏宗亲联络乡谊及供憩息之用，今或称血缘姓会馆。马来西亚槟城的邱公司便是最大型的宗祠。

“公司”也有结社的意思，早期的东南亚华侨用“公司”来代表“帮会”，19世纪初中期的马来亚有四大公司叱咤风云，即“义兴”“海山”“合成”“华生”。尤以义兴与海山争夺矿场恶斗的历史最广为人知。这些帮会实力强大，横跨整个马来亚及新加坡。

“公司”对东南亚华人社会的主导使英国殖民地政府非常不舒服，于是不断地想方设法削弱他们的力量：英殖民政府曾多次修改社团法令，封闭帮会和驱逐党徒，并且规定所有的组织必须重新登记才能继续进行公开活动。因此许多“公司”的名字也随着改变，例如原来的海山公司便易名为惠州公司，后再演变成今日的惠州会馆。

从以商业活动为目的而成立的“公司”引申出来的词语还有“公司屋”和“公司工”。这些词语的产生也与南来华裔在此地生活的背景和环境有密切的关系。早年南来觅食，落脚在槟城的闽南渔民，他们在族人共建的渡头讨生活。单身的工人都集体居住“公司屋”至结婚才迁离。

（作者是马来西亚《中国报》助理编辑主任）

吃螺丝？

［马来西亚］杜忠全

在马来西亚，一旦听到有人说话不顺畅，人们就笑说：“哈，‘吃螺丝’了！”

问题来了，“螺丝”吃得？“螺丝”当然吃不得。可能是与“吃螺蛳”音同而致讹了。

《全球华语词典》（2010年5月出版）收录了“食螺蛳”，释义是“指说话口吃，不顺畅”，是港澳地区的粤方言词。常识告诉我们，嘴里含着东西讲话，多半是说不顺溜的。既然如此，何以一定得“吃螺蛳”呢？

以“吃螺蛳”指说话不顺畅，据知源于越剧班的行话。据说浙江人偏好吃螺蛳，在越剧班——或原先的绍兴戏班，因有此地域性的爱好，故越剧演员在取笑对方没把一句台词说顺溜，或在自我调侃时，就说“吃螺蛳”了，意即贪嘴忙着吃，以致台词都没法说好了。

地域性的“吃螺蛳”何以普及化？这或与江浙地区的经济和文化活动蓬勃有关。20世纪后半叶，台湾的江浙人对当地的“国语”语词产生了一定的影响，因音同而讹转的“吃螺丝”可能是这个时候产生的。马来亚独立建国前，江浙移民的比率虽不高，但在教育界从事语文教育的却不少；在中国改革开放之前的20多年里，台湾的语言文化对马来西亚和新加坡的中文具有输出与接受的关系。这，或许是原为地域性戏班行话的“吃螺蛳”及讹转的“吃螺丝”普及化的时代因素吧。

日前到广西一游，在当地的美食街闲逛时，见到一家小吃店有螺蛳炒粉，便入内点了一道尝尝。在马来西亚，人们不曾听闻什么螺蛳，舌头打结了，唯有“吃螺丝”的份！见此“螺蛳”，能不一尝？

（作者是马来西亚拉曼大学金宝校区中文系主任）

新加坡的"建国一代"

[中国香港]汪惠迪

新加坡全称新加坡共和国(Republic of Singapore),是东南亚的一个城市岛国,1965年8月9日独立建国。一个资源匮乏的蕞尔小岛,经过几十年的艰苦奋斗,如今已跻身世界最富裕国家的行列。

为了感谢年长一代为新加坡早期建设所做的贡献,2014年2月9日,新加坡第三任总理李显龙正式宣布推出"建国一代"援助配套。

所谓"建国一代"(Pioneer Generation,简称PG)是指1950年以前出生,1987年之前成为公民,在当地生活或工作的第一代新加坡人。这一代人约有45万,他们将终身获得政府给予的额外的医疗援助。为此,在第一年,即2014年,政府需拨款新币2亿1000万元。往后20年则用设立专项基金的方式予以援助,基金总额为新币80亿元。

政府向每个符合"建国一代"资格的新加坡人发信,让他们了解自己能够终身享有的援助的详情。他们也都获发一张"建国一代卡"(Pioneer Card),凭卡享受规定的各项医疗津贴。

为了形象地让受惠的老一辈了解援助方案的具体内容,新闻及艺术部还特地以四种官方语言(马来语、华语、泰米尔语、英语)和汉语方言(闽南话、潮州话、广东话),用群众喜闻乐见的艺术形式,制作了一套宣传短片,在电视及网络上播放,做到家喻户晓。

"建国一代"是新加坡人语文生活中出现的一个新词语,是新加坡华语中一个特有的短语词。

(作者是本刊特约编委)

半面之妆的“徐妃格”

◎江更生

徐妃格，它的名字取自《南史·后妃传》“妃以帝眇一目，每知帝将至，必为半面妆以俟，帝见则大怒而出”。这位徐妃，即成语“徐娘半老，风韵犹存”中的徐娘，她的芳名为徐昭佩，因见梁元帝萧绎瞎了一只眼睛，心中不悦，故意找茬，仅仅妆扮半个面容，借此嘲弄萧绎，意思是皇帝既然只具一目，所以只消半妆之面，让他看看就够了，惹得元帝恼怒不已。唐代诗人李商隐曾有《南朝》诗句咏此：“休夸此地分天下，只得徐妃半面妆。”后来，谜人就将用掩去一半谜底与谜面相扣的谜格命名为“徐妃格”。

徐妃格，由来已久，初见于明末清初扬州人马苍山所列的“广陵十八格”。该格谜面字数不限，但谜底字数规定二字以上，同时必须字字偏旁相同。解谜时，应将相同的偏旁摒去后，以剩余的文字与谜面相扣。笔者初学灯谜时，曾见一谜：

依然故我（徐妃格，打树木名一）

猜了好久，未能射中。后来才获知谜底为“梧桐”，原来按格法，掩去相同的偏旁——“木”字旁，再以“吾同”扣面，别解为“我还是相同的我”；吾，作“我”解。还曾见到前辈谜人用《论语·子罕》中的名句为谜面的：

夫子循循然善诱（徐妃格，打环节动物一）

谜底：蚯蚓

按格法，掩去谜底“蚯蚓”中的相同偏旁“虫”字旁，以“丘引”与谜面吻合。这儿的“丘”作孔子的大名孔丘解，隐合谜面中的“夫子”，而“引”则作“引导”解，故而相扣。

还有人制有这样的谜面：

有劳先生（徐妃格，打介壳类水产品一）

谜底：螺蛳

按格法，将谜底的相同偏旁——“虫”字旁掩去后，以“累师”与谜面相切。此时文意已别解为“劳累老师了”之意。

我们再看下面4条例子：

1. 完成多少（徐妃格，打纺织品一）谜底：哔叽

2. 以假乱真（徐妃格，打珠宝一）谜底：玳瑁

3. 万绿丛中一点红（徐妃格，打中药一）谜底：硃砂

4. 江东大将有两名：甘兴霸与吕子明（徐妃格，打水果一）谜底：柠檬

第一条，按格法掩去“口”字旁，以“毕几”（别解为“完毕了多少”之意）扣面。第二条，掩去“斜玉”旁，以“代冒”扣面。第三条，掩去“石”字旁，以“朱少”扣面，“朱”作“红色”解。第四条则掩去“木”字旁，以“宁蒙”扣合谜面，原来三国时东吴那位“百骑劫魏营”大将甘兴霸，名唤“宁”，那位“白衣渡江”袭擒关羽的吕子明，大名为“蒙”，故而相扣。

每月二谜

1. 孔丘和李耳（打四字成语一）
2. 猜谜高手成夫妻（打四字成语一）

上期答案

1. 检测产品受损失程度（打四字成语一）
   谜底：睹物伤情（注：情，别解为“情况”）
2. 端详桃仁码洋数（打五字新词语一）
   谜底：核心价值观（注：须读成“核心价值／观”）

『部首』撷来谜趣生

◎老乔

根据汉字形体偏旁所分的门类,偏旁相同的为一部,如“呵、啊、哈、呢”属“口”部,“岁、岩、岳、岭”属“山”部,“妯、好、娌、妇、婆”属“女”部等,因偏旁排列在一部之首,故名为“部首”。在猜谜活动中,我们常会遇到一些有意将“部首”撷入谜中的灯谜,千万得存个心眼,别让作谜者的障眼法得逞。倘若是明示部首的还好对付,如有这么一条谜:“掺水便可盖图章”(打国名简称一),谜底为“印尼”。如在谜底“印尼”之中掺入部首“氵”(水),则成“印泥”,正是可盖图章的文房用品,故能相扣。

由于传统字书上习用的部首称谓与现今简化的叫法有所不同,所以狡慧的灯谜作者就利用这个差异,声东击西地隐匿谜底,与猜者玩起捉迷藏游戏来。例如下面一谜,谜面仅一个字,俗称“独字谜”:“弱”(打冠数量体育用品一),谜底为“一双溜冰鞋”。乍一看,令人费解,如获知个中巧藏部首“冫”(即冰)及古代称女性鞋子为“弓鞋”便可豁然开朗。原来此谜用的是“离合法”,在谜面“弱”离去两个(隐“溜”字)冰(“冫”)字,即剩下一双“弓”(鞋),因此谜底为“一双溜冰鞋”。有的部首因为字体楷化缘故,笔画减少了,如“珍珠玛瑙”的“王”,现称“斜王”旁,旧作“玉”部,也叫“斜玉”旁。有人就据此作了个“独字谜”:“不”(打传统越剧一),谜底为《玉连环》,意思是“不”字与“玉”(即“王”字旁)相连,则为“环”。同样方法,如以“朱”为谜面,打一句成语“珠玉在前”,意思是倘要使“朱”为“珠”,必须“玉”(即“王”字旁)在前。

更为有趣的是,谜人运用部首知识故布疑阵,令猜者捉摸不透,从而产生谐趣。例如以一“阜”字为谜面,要求打影片一。此谜悬了好一阵子,无

《聊斋志异》谜作二则

◎刘茂业

旧时灯谜中，最常见的是猜射四书五经、唐诗宋词，除此以外，用《聊斋志异》目录作谜目的也极为常见。《聊斋》篇目在灯谜中省称“聊目”或“志目”，因为字数相对来说较少，所以“聊目”谜以“集锦式”（两个以上同一谜目的词语连缀而成）出现的居多。

我们来看看“聊目”谜中的两则名家名作。其一由民国“谜圣”张起南所创制：“东风不与周郎便”（打《聊斋志异》篇目二），谜底：乔女、姐妹易嫁。谜面出自杜牧怀古咏史的七绝《赤壁》，诗人用假设之辞，从侧面落笔，“东风不与周郎便，铜雀春深锁二乔。”根据这一诗意，灯谜以承上启下扣合，倘若“东风”作梗，东吴落败，那么乔氏姐妹或许就要改嫁曹操了，谜底须顿读成“乔女姐妹/易嫁”，以照应谜面。作者一片慧心，拈来两个聊目集锦，竟能与唐诗名句相吻合，借题发挥，珠联璧合，读来令人觉得情韵悠扬，余味无穷。其二，则是别署海上漱石生的清末民初著名小说家、报人孙玉声的名作：“莫须有”（打《聊斋志异》篇目三），谜底：秦桧、织成、冤狱。此谜用宋朝岳飞蒙受“莫须有”罪名入狱的典故成谜，谜底“织”解释成“罗织”，意思是说“秦桧罗织莫须有的罪名，使得岳飞遭受冤案”，扣合也十分恰当。

人中鹄，后经揭晓，谜底为《左耳》，原来在部首里左边的耳朵旁，如“陈、阵、陸、陶”的“阝”(俗称左耳旁)，旧作“阜”部，故扣。那么右耳旁呢，旧作“邑”部，如“郊、郭、邬、邻”的“阝”。无独有偶，也有人作了个“独字谜”，谜面为“者”，要求打中国地名二，谜底为“安邑、成都”（注：“者”字安上右耳旁即“邑”，便为“都”字）。可见小小部首，撷入谜中居然可平添出不少谜趣哩。

“环保”灯谜选

◎柳　叶

当今社会大力提倡保护环境、善待家园，环保节能的重要性已经不言而喻。灯谜中含有“环保”宣传内容的趣作也不少。

我们来看几个实例：“保护臭氧层”（打建筑设施名一）谜底“防空洞”，顿读作“防/空洞”，以“防止天空出现洞穴”之意对应谜面，贴切明了；“绿在申城中”（打金融用语一）谜底“清户”，此谜手法新奇，将“清户”视作“青”（绿色）字镶嵌在“沪”（申城）字的当中，异想天开，妙造自然；“空间除尘”（打曲牌名一）谜底“天净沙”，“净”即“除净”的意思，底面扣合，落落大方；“强烈呼吁要‘低碳’”（打音乐名词一）谜底“降C大调”，巧用碳元素符号“C”，并用“强烈呼吁”与谜底中的“大调”榫合。把一个专业的音乐术语，融入到倡导节能减排、低碳生活的先进理念中，清新俊逸，时代感极强。

再看以环保词语为谜目的作品：“不说粗话脏话”打“排污口”，谜面系多年前沪上市民耳熟能详的“七不”规范之一，谜底“污”对应“粗话脏话”，“口”还其“嘴”的本意；“七步诗成免遭难”打“植被保护”，用著名的“七步诗”典故成谜。据《世说新语》中的记载，三国曹子建（曹植）不能见容于其兄曹丕，被迫作“煮豆燃萁”诗，幸亏七步成章，逃得杀身之祸，谜底中的“植”借代作“曹植”。这些谜作亦颇可玩味。

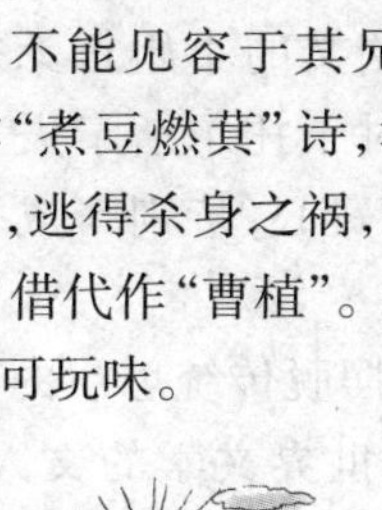

咬文嚼字

◎鲁　迅

一

以摆脱传统思想的束缚而来主张男女平等的男人，却偏喜欢用轻靓艳丽字样来译外国女人的姓氏：加些草头，女旁，丝旁。不是“思黛儿”，就是“雪琳娜”。西洋和我们虽然远哉遥遥，但姓氏并无男女之别，却和中国一样的，——除掉斯拉夫民族在语尾上略有区别之外。所以如果我们周家的姑娘不另姓绸，陈府上的太太也不另姓蔯，则欧文的小姐正无须改作姬纹，对于托尔斯泰夫人也不必格外费心，特别写成妥妳丝苔也。

以摆脱传统思想的束缚而来介绍世界文学的文人，却偏喜欢使外国人姓中国姓：Gogol姓郭；Wilde姓王；D'Annunzio姓段，一姓唐；Holz姓何；Gorky姓高；Galsworthy也姓高，假使他谈到Gorky，大概是称他“吾家rky”的了。

我真万料不到一本《百家姓》，到现在还有这般伟力。

二

古时候，咱们学化学，在书上很看见许多“金”旁和非“金”旁的古怪字，据说是原质名目，偏旁是表明“金属”或“非金属”的，那一边大概是译音。但是，锑，锶，锡，错，矽，连化学先生也讲得很费力，总须附加道：“这回是熟悉的悉。这回是休息的息了。这回是常见的锡。”而学生们为要记得符号，仍须另外记住拉丁字。现在渐渐译起有机化学来，因此这类怪字就更多了，也更难了，几个字拼合起来，像贴在商人账桌面前的将“黄金萬(万)两”拼成一个的怪字一样。中国的化学家多能兼做新仓颉。我想，倘若就用原文，省下造字的功夫来，一定于本职的化学上更其大有成绩，因为中国人的聪明是决不在白种人之下的。

在北京常看见各样好地名：辟才胡同，乃兹府，丞相胡同，协资庙，高义伯胡同，贵人关。但探起底细来，据说原是劈柴胡同，奶子府，绳匠胡同，蝎子庙，狗尾巴胡同，鬼门关。字面虽然改了，涵义还依旧。这很使我失望；否则，我将鼓吹改奴隶二字为“弩理”，或是“努礼”，使大家可以永远放心打盹儿，不必再愁什么了。但好在似乎也并没有什么人愁着，爆竹毕毕剥剥地都祀过财神了。

三

自从世界上产生了“须知学校犹家庭”的名论之后，颇使我觉得惊奇，想考查这家庭的组织。后来，幸而在《国立北京女子师范大学校长杨荫榆对于暴烈学生之感言》中，发见了“与此曹子勃谿相向”这一句话，才算得到一点头绪：校长和学生的关系是“犹”之“妇姑”。于是据此推断，以为教员都是杂凑在杨府上的西宾，将这结论在《语丝》上发表。

“可惜”！昨天偶然在《晨报》上拜读“该校哲教系教员兼代主任汪懋祖以彼之意见书投寄本报”的话，这才知道我又错了，原来都是弟兄，而且现正“相煎益急”，像曹操的儿子阿丕和阿植似的。

但是，尚希原谅，我于引用的原文上都不加圈了。只因为我不想圈，并非文章坏。

据考据家说，这曹子建的《七步诗》是假的。但也没有什么大相干，姑且利用它来活剥一首，替豆萁申冤：

煮豆燃豆萁，萁在釜下泣——

我烬你熟了，正好办教席！

（选自《华盖集》）

向你挑战

交换火车票之后

（文中有十处差错，你能找出来吗？答案在本期找）

◎伯　淮　设计

有两个美国人，都住在穷乡辟壤的乡下，都决定去大城市牟取发展。一个想去华盛顿，一个想去纽约。两人都坐在候车室里等车。一旁的人，正在议论城市见闻。有人说纽约人斤斤计较，连问个路都要收费；有人说华盛顿人乐善好施，常会辅助穷困落难的人……等等。

两个人的心弦都被拨动了。计划去纽约的人想：还是去华盛顿好，将来即使落了难，也不致于挨饿受冻。打算去华盛顿的人想：还是去纽约好，连问路都能收费，发财的机会岂不俯首即是？商量后，两人一拍即合，他们交换了火车票，更改了彼此的目的地。

去了华盛顿的人，觉得那里真是人间天堂，几乎什么都可以不用干。银行、邮局等公共场所的水，可以随便喝；商场里有各种欢迎品尝的食品，可以随意蹭。有人看到他潦倒，还会主动接剂他，给他几个硬币，赏他几个面包，甚至还有人带他去小餐馆吃饭。

去了纽约的人，同样觉得那里是人间天堂，到处冲满商机。为人带路可以赚钱，弄盆水给人洗手还得到小费。他先兜售各种泥土，不到两年，就在纽约拥有了一间门面房。后来，他又为商家擦洗广告牌，三年后居然就成为“爆发户”，拥有几家清洁公司。

一天，去纽约的人到了华盛顿。在飞机场，他刚喝完一瓶饮料，一个捡破烂的人就伸手向他讨空瓶。他惊奇地发现，这个人居然是自己当年的同伙！

一次目的地的选择，两张火车票的交换，竟然产生了如此天差地别的人生境遇！

大变活人?

陈建和

曾在福建省漳州市中山公园内,见到这样一则宣传标语:“公则生民 廉则生威。”一看就能明白,是在宣传“公”“廉”执政理念。但细细琢磨,“公”能够生出“民”吗?恐怕难以讲通。

查阅典籍可知,标语上的话源自明代的郭允礼。郭允礼以廉洁而闻名,曾题《居官座右铭》一则镌刻于石,上书:“吏不畏吾严而畏吾廉,民不服吾能而服吾公。廉则吏不敢慢,公则民不敢欺。公生明,廉生威。”座右铭说明了“公正”“廉洁”的重要性,浅显易懂,充满了“正能量”。

“明”即清明,指社会法度严明、秩序井然。“公”显然是可以生出“明”的。以“民”换“明”,则有闹“大变活人”笑话之嫌。

火眼金睛

图中差错知多少？

刘二奎 张凤山 杨西仑 钟 姗 提供

（答案在本期找）

1 3
2 4

ISSN 1009-2390
11>
9 771009 239166

YAOWEN-JIAOZI

咬文嚼字®

12

2016

扬琴

『曾名「洋琴」「打琴」，击奏弦鸣乐器。明末清初从波斯、阿拉伯传入中国。因形似蝴蝶，又称「蝴蝶琴」。』

——《辞海》

欢迎至邮局订阅本刊 邮发代号4-641
国内统一刊号 CN 31-1801/G
定价：5.00元

上海世纪出版集团

雾里看花

此店啥店

椰林赤子

位于福建漳州市云洞岩风景区的“尜北盐鸡饭店”，是一家以盐鸡为主打菜的饭店，在当地很有名气。“尜”是什么意思，此店为啥取这样一个名字？猜猜看。答案见本期。

你冷我不冷

严　君/文　何梦笔/画

2002年10月,启功先生被选为西泠印社第六任社长。一次,一位上任不久的书协领导前来参加印社的例会,见启功先生提及"西泠"时,他好心地小声提醒:"是'西冷'呀。"先生笑着说道:"你冷,我不冷。"

咬文嚼字®

2016年12月1日出版

12

总第264期

主管：上海世纪出版集团

主办：上海咬文嚼字文化传播有限公司

编辑、出版：《咬文嚼字》杂志社

集团网站：http://www.shwenyi.com

E-mail：yaowenjiaozi2 @ 163.com

官方微博：

http://weibo.com/yaowenjiaozish

电话传真：021-64330669

发行电话：021-60878388

邮购电话：021-60878392

地址：上海市打浦路443号荣科大厦17楼

邮政编码：200023

发行：上海市报刊发行局

发行范围：国内外公开

订阅处：全国各地邮局

邮发代号：4-641

ISSN 1009-2390

CN 31-1801/G

印刷：上海文艺大一印刷有限公司

广告经营许可证：沪工商广字

3100320050020号

定价：5.00元

语林漫步

词语更新面面观

◎金東生

《报刊文摘》报纸的中缝有一个不定期刊发的《段子》专栏，2015年7月31日登了一个“段子”，挺有意思，字数不多，照录于下：

新时代，放高利贷的改叫P2P，集资的改叫众筹，算命的改叫分析师，八卦小报改叫自媒体，统计改叫大数据，做耳机改叫可穿戴设备，办公室出租改叫孵化器，圈地盖楼改叫科技园区，看场子收保护费的改叫平台战略，搅局的改叫颠覆性创新，借钱给靠谱的叫天使投资，借钱给不靠谱的叫风险投资。

“段子”原是相声界的行业用语。既然称作“段子”，就离不开调侃与讽刺，目的在于博人一笑，难免夸大其词，言过其实，个别的还有张冠李戴之嫌。不过，总体来看，确实在一定程度上反映了当下词语更新、词语演变的速度、强度和广度。读者一读，都不由会心地微笑。事实上，在社会生活中，新词新语真的是层出不穷，举不胜举。什么缘故？主要还是语言学教科书告诉我们的两条：其一，语言的发展要紧跟社会的发展，新事物新概念必须有新词语来称说；其二，语言的使用者，尤其是年轻人，由于喜新趋异的心理，总是不断地追求新颖别致的表达方式，方式之一就是将老词语改成新说法。

倘若细细说来，情况又是多种多样，甚至可以说是错综复杂的。

有的是学习外语的结果。本来说“再见”“再会”的，现在改说bye-bye，写下来成了“拜拜”。令人吃惊的是,儿童语言中,bye-bye 几乎已经普及了。有的是受方言的影响。比方说单音动词“做”是个地地道道的常用词,新中国成立之初,巴蜀方言词“搞”大有取代“做”的趋势,什么事情都可以“搞”一下;近年来,北方方言词“整”又后来居上,十分红火,电视剧中许多该用“做”的场合,都改用“整”了。有的是沿用古语词。半个多世纪以来,大陆人民已经习惯用“幸福”这个词,而台湾地区仍在使用文言词“福祉”。如今海峡两岸来往密切,交流频繁,本是一家人嘛,使用的词语自然会互通有无。台湾人也常说“幸福”了,大陆报纸则常见“福祉”字样。

我们原先把“骄娇二气”(骄气+娇气)作为批评用语,现在有一个新词“傲娇”从动漫游戏中走来,而且两者有明显差异,前者含贬义,后者却带褒义。我们原先最常用“最×××”说明超级、顶级的事物,现在有一个短语“没有之一”从网络语言中走来,构成“最×××,没有之一”的组合,可以强调语意,突出“唯一”。我们原先有一个词叫作“失踪”,表示(人)失去踪迹,下落不明,现在因举世瞩目的“马航事件”而新添一个词叫作“失联”。由此,“失踪”与“失联”组成一对同义词,供人们自由挑选,可以把事情表述得更精细更准确。

有不少新词新语的诞生都是有理据的,不是凭空“创”新。比方说,出于讲文明,要人性化,我们不宜再使用“老年痴呆症”这样歧视性的称谓,“痴呆”二字对患者及其家属而言,都会产生不良的心理反应,且有辱骂人的意味。怎么办?洋一点的可称为“阿尔茨海默症”,比较隐晦;要本土化的则可称为“失智症”或“脑退化症”,比较客观。

有的则是遵循话语交际中的经济原则,将一些常用的短语简缩为三音词、双音词,言简而意赅。“高端大气上档次”向缩略词“高大上”转化,是一个成功的范例，现在“高大上”用得很多，大家一看就懂，一听就懂。“高富帅”和“白富美”也有同样的语用效果。小说、戏剧中的“人物设定”简化为“人设”，器械的“标准配置”简化为“标配”，“人设”与“标配”一旦使用开了，都将是简洁明了、便于应用的新词。

有的新说法的产生纯属偶然，并非谁有意为之。广西有一名小青年，在朋友圈发了一个视频，带着方言的口音说“难受，想哭”四个字。朋友凭听觉写下来，成了“蓝瘦，香菇”。网上一传播，“蓝瘦香菇”竟然风靡一时。上海师范大学食堂的厨师紧随其后，巧妙地烹制了一款新菜肴——西“蓝”花菜、“瘦”肉炒“香菇”，取名“蓝瘦香菇”，定价3.5元，物美价廉，并且“时髦”，吸引大学生们争先恐后地去品尝。据说还有四家公司抢着注册“蓝瘦香菇”四字商标呢！不过，似这样“无中生有”的新词语终究缺乏生命力，恐怕只能昙花一现吧。

《新华每日电讯》2016年10月14日刊登文章《别用“浪漫造词”遮蔽真问题》，批评有一些人千方百计地生造一些看似浪漫新奇、实则容易麻痹大众的新词。典型例子是“慢就业”和“待定族”。最近几年，大学毕业生不断遭遇“最难就业季”，所谓“慢就业”和“待定族”实际上是被动无奈地处于无业状态，而非有底气、有雅意地主动选择。这两个词并非孤例，还有“经济下滑”变为“负增长”，“失业人员”改为“创业人员”，将“穷人”称为“待富者”……文章呼吁：“有关部门最该做的，是正视现实问题并努力想办法解决问题。比如，教育部门不断提高学生的综合素质，就业指导部门提供充分有效的信息，社会则创造更多可供选择的岗位等。而对于一些专家和媒体来说，最好还是少玩‘浪漫造词’的文字游戏。”

多变的"画风"

◎吴梦捷

"画风",原本泛指作画的风格,可以指一个国家、一个地区乃至一个城市具有代表性的作画风格,或者指某个流派画家的作画风格,如"中国传统画风""拉美画风""海派画风""印象派画风""唯美主义画风",也可以指某个画家作品的风格:

(1)他的诗,袁宏道尊之为明代第一,他的戏剧,受到汤显祖的极力推崇,至于绘画,更是开创了泼墨大写意一代画风,影响了后来的郑板桥、齐白石等大画家。(《湖北日报》2014年7月25日)

进入21世纪,动漫产业发展迅速。由于不同的画家有不同的创作风格,故"画风"也可以用来描述动画片的风格。例如:

(2)有的批评说:"老版画风严谨,刚正不阿,看了新的葫芦兄弟,画风真的不能接受。"(《新民晚报》2016年7月15日)

(3)《大鱼海棠》画风获赞 剧情被疑(主标题)导演:不是简单的三角恋(副标题)(《长江日报》2016年7月13日)

《葫芦兄弟》是人们熟知的国产动画片。老版的"葫芦娃"线条粗黑,人物表情正气凛然;新版的则线条细致、色彩鲜明,人物表情夸张:新老两版呈现了两种不一样的动画风格。《大鱼海棠》是一部奇幻动漫电影,片中无论场景设定或人物服饰,都充满了浓郁的儒雅的"中国风",得到大众的好评。

如今,一些有画面感的事物,也可以用"画风"来形容了。请看:

(4)据悉,《爸爸去哪儿4》

将延续前三季的亲情、童真、快乐等元素，保留以往温暖、感动的画风和亲子教育等主题。(《新闻晨报》2016年9月19日)

(5)网友称，车上一小女孩一直哭闹，旁边座位的男生摘下自己的耳机递给小女孩，小女孩瞬间画风突变，不哭了，简直又甜又暖！(《扬子晚报》2015年6月24日)

《爸爸去哪儿》是一档亲子类的综艺节目，展示了父亲与孩子相处的温馨、和谐的画面。所以，例(4)“温暖、感动的画风”形容的是《爸爸去哪儿》给予观众视觉上的感受，同时也是这个节目的风格。例(5)描述的也是一个有画面感的片段：小女孩从哭闹到安静。像这种前后发生很大变化而形成较大反差的人或事物，都可以用“画风突变”“画风一转”等来描写。

后来，“画风”的使用范围继续扩大，摆脱了“画”的限定，仅留下“风格”的意思。例如：

(6)剧中，王雷饰演的袁帅目光如炬、身手矫捷、画风硬朗，与他以往在抗战剧中塑造的人物颇有几分不同。(《广州日报》2016年9月6日)

例(6)的“画风”已经全然与“画”没有关系了，“硬朗”指的是袁帅这个角色的特点。

另外，人们还常用“画风清奇”来形容一些独具特点、与众不同的现象：

(7)这样的耿直表达让网友笑称：“上节目时候的张继科原来这么可爱好玩。”“哈哈，又是一位画风清奇的运动员。”(《广州日报》2016年8月31日)

这里的“画风清奇”当然不是指张继科的作画风格，而是形容他爽朗、幽默的性格特征。

几年来，“画风”一词经历了一个奇妙而有序的演变过程，词义多变，变得丰富多彩，让人应接不暇。当今的网络时代给词语传播创造了良好的条件，旧词新义的现象层出不穷，这是当代词汇发展演变的特点之一。

精准：由罕用词变为常用词

◎马三生

“精确”“准确”“精准”都是现代汉语固有的词语，并且是一组同义词。不过，“精确”和“准确”是常用词语，“精准”却是罕用词语。好比三姐妹，大姐“精确”、二姐“准确”经常出头露面，十分风光，而小妹“精准”深藏闺中，难得一见。既然是一组同义词，同中有异，理应是词义辨析的对象吧？遗憾的是，语义辨析类的许多工具书往往将这三个词忽略了，避而不“辨”。究其原因，也许是它们的词义你中有我，我中有你，纠结夹杂在一起，很难辨得一清二楚。我们不妨先来看看两本常用的词典对“精准”的注解：

《现代汉语词典》：〔精准〕形 非常准确；精确。

《现代汉语规范词典》：〔精准〕形 精确；非常准确。

你看，这三姐妹抱成一团了，分不清你我她了！

词义问题我们暂且先放在一边，本文要评介的是“精准”是怎么由罕用词转变为常用词的。说来话长，这个转变居然跟美国总统有点关系。2015年1月，奥巴马发表国情咨文演讲，在其中他从国家战略层面提出了“精准医学计划”。此后，精准医学迅速成为全球医学界热议和关注的焦点，我国医学界自然也不例外。可以说，这是“精准”一词从罕用到常用的转折点。

“精准医学计划”的英语原文是：Precision Medicine Initiative。查阅多种英汉词典，我们发现这个“precision”可以译成“精确”“准确”或“精准”。感谢第一位译者，他选用“精准”来译“precision”，促使“精准”这个罕用词于2015年登上了现代汉语常用词的平台。

其实，“精准医学”“精准医疗”并非起源于2015年，在本世纪初，世界上已经有一批医学家、医生在研究，在临床试验。所谓“精准医疗”，就是“依据个人基因信息为癌症及其他疾病患者制定个性医疗方案，把按基因匹配癌症疗法变得像输血匹配血型那样标准化，把找出正确的用药剂量变得像测量体温那样简单”。通俗地说，就是“给恰当的人在恰当的时间使用恰当的医疗”。

“精准”一词在我国医学界广泛使用之后，就语用拓宽而言，“精准”首先从“医学”“医疗”领域迁移到社会的扶贫脱贫工作上：

（1）脱贫攻坚一定要扭住精准，做到精准扶贫、精准脱贫，精准到户、精准到人，找对“穷根”，明确靶向。（《联合时报》2016年3月25日）

接着，“精准”又陆续渗透到经济、文艺、教育、体育、军事、民政等诸多领域：

（2）振兴东北：精准运用政策“组合拳”（《人民政协报》2016年5月12日）

（3）李雪健精准诠释了这位“胡子”出身的大军阀身上的“霸道”与“老到”，他将一个外表憨厚实则城府极深的“东北老狐狸”演绎得惟妙惟肖。（《新民晚报》2016年7月6日）

（4）全书选录近七十篇学生作文，每一篇后面的“老何点评”都精准抓住作文的亮点，用充满鼓励与爱的语言谈文章的特色，有高度，有深度，有文采。（《语文建设》2016年第8期）

（5）作为一名射手，埃尔克森几脚精准的射门得分，引来场边阵阵掌声。（《新闻晨报》2016年1月30日）

（6）军队各级党委要把抓改革任务落实作为重大政治责任，着力提高精准理解、精准发

力、精准落地能力。(《文汇报》2016年7月28日)

(7)居家养老服务需要“精准”发力和有效宣传。(《北京晨报》2016年9月13日)

“精准”是个中性词,因而不仅用于好事,还可以用于坏事:

(8)当前电信诈骗已经发展成为“5.0版本”的精准诈骗,这与个人信息的严重泄漏有很大关系。(《新民晚报》2016年9月22日)

“精准”能“晋升”为常用词,原因何在?主要有两方面原因:一方面,由于抓住了翻译成为“精准医学”“精准医疗”的契机,这是外因;另一方面,内因是“精准”词义的蕴含比“精确”“准确”更丰富。我们从上边引用的《现代汉语词典》和《现代汉语规范词典》对“精准”的注解中不难发现,“精准”的词义实际上相当于“精确+准确”。因此,大家乐于使用“精准”这个词。

小妹“精准”升级了,成为常用词了,并且俨然是近两年的流行词了,但它并没有挤占大姐“精确”、二姐“准确”的位子。当下,呈现鼎足而三的状态,三个词各有各的适用语境,各得其所。

网言网语·人生

西谚云:无论如何转身,你的屁股都在你的后面。也就是说,无论怎么做,你都有可能留下“把柄”,都有可能留下遗憾,都有可能招致非议。如果纠结于此,你将寸步难行。所以,在人生的大道上,要前行,勇敢地前行,不要过多在意留在身后的屁股。

(蔡　玫/辑)

一针见血

“泡制”？“炮制”！

◎李景祥

2016年8月27日《辽沈晚报》第12版《贪者如鱼》中写道：“只要将精心泡制的饵料投放于窝点，钓钩挂上蚯蚓，便可坐收渔获。”句中“泡制”当是“炮制”之误。

炮，此处读páo，本是一种烹调方法，即用泥裹住食物放在火中煨烤，可引申为直接将东西放在火中或带火的灰里煨熟，进一步引申指热、烫等。“炮制”，原指烹调，后指用中草药原料制成药物的过程。中药材，不论草根树皮还是花叶种子，一般不能采摘来就直接使用，要经过洗刷晾晒、修整切割之后，再经火制或水制、水火共制等加工处理后使用。这些复杂的加工处理过程就是炮制，因此炮制也有处理之意。

为了多钓到鱼而根据鱼的食性自制鱼饵，需要自己制作处理备料，过程如同中医上的“炮制”，上述语境中用“炮制”还是妥当的。

泡，意为在液体中浸渍。做鱼饵，“泡”是难以制成的。

“披肝沥胆”和困难无关

◎阎德喜

2016年第3期《文学自由谈》刊载的《任性的文学掂量》中，有这样一段描述：“她暗中发誓，一定要活着走出监狱，一定要讲述那些故事，即使披肝沥胆也要写出来。”文中的“披肝沥胆”用得不妥。

披肝沥胆，亦作“披沥肝胆”。披，打开；沥，滴下。披沥肝胆，意思就是将自己的肝胆展示出来，极言竭尽忠诚，也可指对人真诚以待。《三国演义》第六十回：“今遇明公，不敢不披沥肝胆。”此处指尽忠。《花城》1981年第3期：“他想，这两人都是他多年的老同事，平日披肝沥胆，无话不谈。”此处喻真诚。

上述引文中说“即使披肝沥胆也要写出来”，显然是将“披肝沥胆”当成跨越险阻、受尽艰难的意思，这无疑误解了词语的本义。

“管斑窥豹”讲不通

◎弓　长

2016年8月12日《报刊文摘》第2版刊有《职教学校要给学生最起码的“获得感”》一文，其中说：“从这件事来管斑窥豹地说，职业教育能否在市场生存和职教体系中获得‘功德圆满’，不能仅仅靠广告的热闹，最终还得靠学生的‘获得感’。”句中的“管斑窥豹”讲不通，改成“管中窥豹”才妥当。

成语“管中窥豹”出自南朝宋刘义庆《世说新语·方正》：“此郎管中窥豹，时见一斑。”意思是说，从竹管的小孔里看豹，只看到豹身上的一小块斑纹。后用以比喻只见到事物的一小部分，也比喻从这一小部分可以推知全体。鲁迅《华盖集续编·有趣的消息》：“（陶孟和的著作）幸而在《现代评论增刊》上提前发表了几节，所以我们竟还能管中窥豹似的，略见这一部新书的大概。”用的就是第二种比喻义。这个意思是前文中作者想要表达的。写成“管斑窥豹”就讲不通了。

“闻名远播”似是而非

◎周　振

2016年7月27日《报刊文摘》第6版刊登的《王鼎钧：给历史一份证词》一文的前言中说：“早在‘回忆录四部曲’出版之前，他就已经靠着《碎琉璃》《左心房漩涡》等一系列美文闻名远播。”其中的“闻名远播”应是“声名远播”之误。

声名远播，义为名字和事迹都传到了很远的地方，形容名声很大，正符合引文要表达的意思。汉语中另有一表达相近意思的词“闻名遐迩”。遐迩，即远近，远近都闻名自然极具名声。

“闻名远播”似是杂糅了“声名远播”和“闻名遐迩”，意思说不通了。

《有的人》不是写于鲁迅去世时

◎许龙桃

2016年8月3日《文汇报·笔会》推出追忆《英汉大词典》主编、著名翻译家陆谷孙先生的一组文章，其中《〈英汉大词典〉在，陆谷孙先生不死》一文写道：“鲁迅先生仙逝时，臧克家写下：‘有的人死了，他还活着……’的名句……”而实际上，臧克家这首诗并不是写于鲁迅先生仙逝时。

臧克家是我国著名诗人，他的短诗《有的人》影响很大，广为传诵。1949年10月19日，是鲁迅先生逝世13周年的纪念日，全国各地举办各种活动，隆重纪念这位伟大的文学家、思想家和革命家，臧克家在北京参加了纪念活动，瞻仰了鲁迅在北京的故居，触景生情，睹物思人，写下了《有的人——纪念鲁迅有感》这首短诗，并刊发于1949年11月1日的北京《新民报》上。

上述文章中所言鲁迅先生仙逝时，臧克家写下《有的人》属于事实性差错，应该是鲁迅先生逝世13周年时，臧克家写下了《有的人》。

“腰挽长弓”？

◎谢云秋

2016年6月23日《扬子晚报》B4版《戈壁石》一文中写道：“这一次是马蹄声，无数的马蹄踏向苍茫的戈壁，像一面硕大的铁皮鼓被无数双手猛然擂响，这声音里，透着一种风度和高贵，仿佛看到一群腰挽长弓手持干戈的骑士旋风一样向前奔突。”此处“腰挽长弓”一语不合情理。

腰能“挽长弓”吗？挽，义为牵引，拉。《玉篇·手部》：“挽，引也。”可见，挽本身是一个与手相关的动词。挽弓，即拉弓，唐杜甫《前出塞九首》之六：“挽弓当挽强，用箭当用长。”挽强弓用长箭为的是“射马”和“擒王”。“挽长弓”只能用手来完成，用腰是无法做到的。将“腰挽长弓”改成“腰挂长弓”庶几可通。

“妇姑勃溪”？“妇姑勃谿”！

◎阎南岚

《程光炜的学人素质》（刊于2016年第4期《文学自由谈》）中，有这样一句话：“对他的这种批评，是不是已经彻底偏离了文学，从而流于睚眦必报、妇姑勃溪的口舌乱箭？”文中的“妇姑勃溪”显系“妇姑勃谿（xī）”之误。

“妇姑”，即儿媳妇和婆婆；“勃谿”即吵架、争斗。妇姑勃谿，意思就是婆媳争吵不和。也比喻为无关紧要的细小事情而争吵。比如《庄子·外物》：“室无空虚，则妇姑勃谿。”上述引文中所说的那种偏离了文学的批评，流于意气用事，是口舌之争，用“妇姑勃谿”形容之，可谓恰到好处。

汉语中，在指山间小河沟等义时“溪”和“谿”有时通用，但在“勃谿”一词中，“谿”不能写作“溪”。

“不动声色”不能写成“不动生色”

◎严志清

2016年8月26日《文化快报》第18版上有一篇《不动生色“搭梯子”》的文章，开头一段写道：“他很会拍皇帝马屁，善于不动生色地给皇帝‘搭梯子’，所以很得宠。”标题和正文两次用到“不动生色”，皆是“不动声色”之误。

“不动声色”是个成语。声，声音；色，表情。不动声色，即不说话、不显露表情，形容神态镇静。给皇帝“搭梯子”，自然不能大张旗鼓，做得越隐晦越好，用“不动声色”十分妥帖。

生，即产生。既然“不动”，又如何能“生色”？误“声”为“生”应是音同致误。

1950年国庆是第二个国庆节？

◎木 子

2016年8月25日《北京晚报》第39版《〈国庆十点钟〉，源自真实的国际间谍案》一文，介绍20世纪50年代的反特电影《国庆十点钟》。文中提到1950年北京市公安局侦获日本间谍策划国庆节炮击天安门城楼的大案时写道：“1950年9月18日，共和国第二个国庆日已经临近”“为确保新中国第二个国庆节的绝对安全……”1950年的国庆节是“第二个国庆节”吗？

应先立国方可庆祝，所以建国之时不会是国庆。1949年10月1日下午3时，毛泽东主席在天安门城楼，向全世界庄严宣告中华人民共和国中央人民政府成立。这天，不会是国庆。1949年12月3日，中央人民政府委员会第四次会议通过决议，宣告接受全国政协的建议，决定自1950年起，以每年的10月1日即中华人民共和国中央人民政府宣告成立的伟大日子，为中华人民共和国国庆日。1949年10月1日举行盛大的开国大典时，中央人民政府还没宣布哪天是国庆日。因此，第一个国庆日应为1950年10月1日。

何来“感观神经”

◎周平果

2016年7月18日《书刊报》第11版刊登的《丰子恺与石门湾》一文有这样的话：“‘石门湾’这三个字在外省人看来是稀松平常，但在丰子恺那里，却是温馨而深刻的，是他所有感观神经中最为敏感的焦点。”其中“感观神经”应为“感官神经”。

感官，感觉器官的简称，指动物接收外界种种刺激的器官，如眼、耳、鼻、舌、皮肤等。“感官神经”很好理解，即感觉器官中的神经。

“感观神经”难以索解。汉语中有“观感”一词，表达看到事物后的印象和态度，但未见“感观”或“感观神经”。

《皇帝内经》?《黄帝内经》!

◎浦东轩

2016年8月7日《每周文摘》第12版《老人久坐要健脾》一文文前导语中说：“《皇帝内经》中曾提到‘久坐伤肉’。”何来《皇帝内经》？应是《黄帝内经》。

《黄帝内经》又称《内经》，是中国现存较早的医学经典。因古人托黄帝之名所作，故名《黄帝内经》。但后世公认此书成书年代约在先秦至西汉间，亦非一人一时所作，而是由中国历代黄老医家创作传承增补发展而来，总结了古代人民长期与疾病作斗争的经验和理论知识。有学者认为，之所以冠以“黄帝”之名，意在溯源崇本，借以说明中国医学文化发祥之早。《黄帝内经》分《灵枢》《素问》两大部分，“久坐伤肉”一语则见于《素问·宣明五气篇》。

“皇帝”是古时最高封建统治者的称号，从无什么《皇帝内经》！此处应是音同致误。

齐白石、张恨水非中央文史研究馆馆长

◎陈福季

2016年8月25日《潍坊广播电视报·城市周报》08版所刊《他们都是干什么的》一文中说：“中央文史研究馆是党和政府为团结和安排老年知识分子而设立的、具有统战性和荣誉性的文史研究机构。……历

任馆长包括柳亚子、章士钊、陈寅恪、齐白石、张恨水等等文化界的耆年硕士。”这里点到的馆长，除了章士钊之外都不准确。

中央文史研究馆成立于1951年7月，其宗旨是敬老崇文，主要职责是弘扬中华民族优秀的传统文化。馆长、副馆长、馆员由政务院（国务院）总理聘任，受聘者都是耆年硕学之士，或为全国知名，或具一方之望。符定一、章士钊、杨东莼、叶圣陶、萧乾、启功、袁行霈相继担任馆长。前文提到的柳亚子、陈寅恪生前都曾担任过副馆长，并未担任过馆长，而齐白石、张恨水则只是被聘为中央文史研究馆馆员。

马厩？马槽！

◎沈阳仁

2016年8月24日《辽宁日报》第11版上《古村落》描写了辽西古村乐寿，其中写道：“这是一个带有西厢房的院落，正房六间，厢房四间。第一间厢房有一古老的木质马厩，其边沿已磨得润滑，有些玉化的光泽。”读到这里不禁生疑，厢房里能有“马厩”吗？

厩，义为马舍，引申指牲口棚。马厩本身便是养马的建筑，如果要把它放到厢房里，则正可谓“叠床架屋”了。引文中说“其边沿已磨得润滑”，猜测其真正想说的是马槽。马槽通常设于马厩，为木制或石制，正合文意。

何来栏柯山

◎新　德

2016年6月8日《收藏快报》中刊有《古朴细腻的龙纹端砚赏》一文，其中说：“端砚，是指以广东肇庆羚羊峡端溪栏柯山（斧柯山）至北岭一带出产的砚材制作之石砚，它为中国‘四大名砚’之首……又称端溪砚。”广东何来栏柯山？此处应为烂柯山。

“王质品仙，观弈烂柯”的传说最早见于晋代虞志的《志林》，说的是信安山有石室，王质入其室观二童子对弈，局未终，而他所执砍柴所用的斧的柄已烂朽，于是“遽归乡里，已非矣”。南朝梁代任昉的《述异记》、北魏郦道元的《水经注》等均有记载。柯，斧子的柄；烂柯即斧柄朽烂。后世“烂柯”指岁月流逝，人事变迁，也指下棋。

李敏中《烂柯情缘》一书中介绍，全国有烂柯山传说的地方有十余处，肇庆是其中之一。广东肇州端溪的烂柯山，又名腐柯山、斧柯山，位于广东西江烂柯山省级自然保护区。

八路军在浙江青田作战？

◎古　桥

电视连续剧《猎刃》中，出现了浙江青田县八路军与地方武装共同抗击日寇的故事。虽然故事扣人心弦，但不符合史实，难以让人信服。在江浙一带，要是说新四军与游击队同日寇斗争还可信，而说八路军就不对了。

在抗日战争时期，在陕甘宁边区的红军主力部队改编为国民革命军陆军第八路军（简称“八路军”），朱德任总司令，彭德怀任副总司令。后来又改称国民革命军第十八集团军，转战于华北等敌占区，没有到过南方江浙一带。而在江西等南方 8 省境内 14 个地区的红军游击队，在国共合作抗日时，改编为国民革命军陆军新编第四军（简称“新四军”），叶挺任军长，项英任副军长兼政委，与日寇周旋作战。“皖南事变”中，叶挺被国民党军扣押，项英牺牲。嗣后，陈毅任代军长，刘少奇任政委，重建新四军军部。

抗日战争时期，在南方苏浙皖地区坚持与日寇作战的主要是新四军，又怎么会出现北方的八路军呢？虽然文艺作品可以进行艺术加工，但基本的史实是不能随意编造的。

锁定名人

“拗口赘牙”讲不通

◎张震东

陈忠实所著散文集《白鹿原上》（江苏文艺出版社，2013年2月出版）中《永远的骡马市》一文写道：“晴天铺满黄土，雨天满路泥泞，如何想象西安大街小巷的繁华以及那些稀奇古怪乃至拗口赘牙的名字呢？”句中的“拗口赘牙”讲不通，“赘牙”当系“聱牙”之误。

“赘”，读 zhuì，在《现代汉语词典》中释义为：多余的，无用的；入赘；〈方〉使受累赘。“赘牙”可理解为“多余的、无用的牙齿”，但显然与语境不符。

聱，一读作 áo，义为不接受别人的意见。《说文新附·耳部》：“聱，不听也。”后又有不平易，不顺畅，文辞艰涩之义。聱牙，常用来形容文辞艰涩难读。唐韩愈《进学解》：“周《诰》殷《盘》，佶屈聱牙。”佶屈本指曲折，形容文字艰涩难懂。如《论白话为维新之本》：“再证之三王时……彼其意唯恐不大白于天下，故文告皆白话。而后人以佶屈难解者，年代绵邈，文字不变而语变也。”韩愈文句的意思是说，《尚书》中的《诰》《盘》等文章，文辞艰涩，读不顺口。

“受活寡”？“守活寡”！

◎赵　娜

贾平凹的长篇小说《带灯》（人民文学出版社，2013年1月出版）里有这样一段话：“马连翘说：不是我不让公公见婆婆，是老二家不让婆婆见公公。其实有啥见的！带灯说：你婆婆可是来镇政府哭过几次了，说她有老汉却受活寡。”此处的“受活寡”应是“守活寡”之误。

“守活寡”是在“守寡”的基础上发展起来的一个词。守寡，即指妇女在丈夫死后不再嫁人。“守活寡”是说妇女空有妻子之名，却与丈夫间没有夫妻生活，丈夫虽活着，自己却仍如同“寡”居。“守寡”是个约定俗成的词，“守活寡”自不应易“守”为“受”。

『午夜曦微的月光』？

◎杨昌俊

张抗抗的长篇小说《情爱画廊》（江西教育出版社，2010年2月出版）中有这样一段描写：“这个念头闪过，犹如黑暗的房间里透来一丝午夜曦微的月光。”（第360页）此处的“曦微”用得不甚妥当，应为“熹微”。

曦，读作xī，指太阳、阳光。含有“曦”的词语，一般与太阳有关，如曦月（日月）、曦景（阳光）。“曦微”是形容阳光微弱的样子，多指清晨的阳光。

熹（xī）义为光明、明亮。熹微，即光线淡弱的样子。上述引文用“曦微”来形容月光，有欠妥当，用涵盖更广的“熹微”则没有问题。

追踪荧屏

误读“驿传”之“传”

◎晋　相

央视中文国际频道2016年8月7日播出的《快乐汉语》节目，主题字是“夕”。在节目最后一个环节“鹊桥相会”里，有两位学员把填空题“朝□夕□”填成了“朝令夕至”。“班主任”说填错了，而“传道导师”却说：“这个词他们不算错。因为什么呢？古文里经常用到这个词……张居正的时候，驿传制度改革，那时候没有现在的微信或电信系统，但是中央发布命令……一日之内，朝令夕至。”（同步字幕显示）这么一讲，学员们很高兴。可是传道导师把那“驿传制度”的“传”字读为chuán，却不对，“传”字在这儿该读zhuàn。

明万历首辅张居正《请蠲积逋以安民生疏》：“迩年以来，仰荷圣慈，轸念元元，加意周恤，查驿传，减徭编，省冗员，惩贪墨。”“驿”是驿站，是我国古代供传递公文的人或往来官员暂住、换马的处所。“传”也指驿站，或驿站的车马。古时各地都设有驿站，今之龙泉驿、建阳驿等等有“驿”字的地名，就是古时驿站留下来的。驿传，为我国历代封建政府供官员往

“阴鹜”？“阴鸷”！

◎欧阳昌宏

电视连续剧《秀丽江山之长歌行》第29集中，冯异对阴丽华说了这么一段话：“刘玄此人深藏不露，心机阴鹜。当年在太学之时，我看他心思坚忍，行事果决，可是没想到会有一天，他能当上皇帝。”（字幕同步显示）其中的“阴鹜”应是“阴鸷”。

鸷，读zhì，从鸟，执声，本义是凶猛的鸟，引申为凶猛、凶狠之义。“阴鸷”是个书面语，义为阴险凶狠，正符合电视剧中刘玄的形象。

“鹜”也是形声字，从鸟，敄声，有野鸭、家鸭等义，也可指游水。“阴鹜”难以索解，汉语中没有这个词。

来和递送公文用的交通机构。

查《汉语大词典》《辞源》等权威工具书可知，“驿传”之“传”应读zhuàn，并且凡是与驿传有关的词，如传驿、亭传、传吏、传馆、传乘、传马、传骑、传符等等，那“传”都读为zhuàn。“传”有chuán、zhuàn二读，驿传已成历史，与此有关的词现在基本不用，所以容易误读。

“深形影吊”？“形影相吊”！

◎梁德祥

2016年8月13日CCTV-11戏曲频道播出的京剧《大名府》取材于中国古代四大名著之一的《水浒传》。剧中玉麒麟卢俊义在外经商，其妻贾氏耐不住空房寂寞，唱道：“庭院深对孤灯深形影吊。”这里的“深形影吊”令人不知所云，显然是“形影相吊”之误。

吊，本意为追悼死者，如吊丧、吊祭、吊死等。后引申有慰问之意，如吊灾、吊民、吊生等。相吊，相互慰问。如唐代王昌龄《塞下曲》之四：“部曲皆相吊，燕南代北闻。”形影相吊，即身体和自己的影子相互慰问，形容孤单无依。李密《陈情表》：“外无期功强近之亲，内无应门五尺之僮。茕茕孑立，形影相吊。”用这个成语来表述贾氏独守空闺，顾影自怜的状态，倒是十分恰切的。但错成“深形影吊”就不知所云了。

京剧是国粹，其唱词应既有诗的典雅，又通晓流畅，避免语句不通，让这一传统艺术更有生命力。

文章病院

秦桧是大宋状元吗

◎吴化永

《半月选读》2016年第15期载《历史上奸臣——书法家》一文，其中第2节题为《秦桧：独创宋体字的大宋状元》，文中也说："秦桧状元出身，博学多才，书法颇有造诣。"说"秦桧博学多才，书法颇有造诣"大家还可认同，但说他是"状元"就离谱了。

秦桧(1090—1155)，字会之，北宋末历任左司谏、御史中丞。靖康二年(1127)为金所俘，后又为金纵归。两据相位，专权十九年，力主与金和议妥协，深得高宗宠信，曾封秦、魏二国公。卒赠申王，谥忠献。宁宗开禧二年(1206)，追夺王爵，改谥谬丑。

《宋史·列传·卷二百三十二》中对秦桧有这样的记载："秦桧，字会之，江宁人。登政和五年第，补密州教授。"这里的"第"指的是科举考试录取列榜的甲乙次第，"登政和五年第"只是说秦桧在政和五年参加科考而得中，并不能说明他考取了状元。而《宋史·列传·卷一百一十二》："何栗，字文缜，仙井人。政和五年进士第一，擢秘书省校书郎。"又，《宋登科记考》载："何栗，字文缜，宋仙井监(今四川仁寿)人。何棠弟，政和五年状元，除秘书省校书郎。历御史中丞，钦宗靖康元年，拜右相。北宋亡，为金军所掳北去，绝食而死，年三十九岁。"这些记载都说明政和五年的状元是何栗，而并非秦桧。

上文说秦桧是大宋状元，实是缺乏依据，有悖史实。

“反戈一击”？

◎王宏玉

《兵工科技》杂志2016年第18期中有一篇文章叫《“谢菲尔德”号的沉没》，其中写道：“为了报仇，阿根廷海军绞尽脑汁构思了许多反戈一击的作战方案……”

成语“反戈一击”，义为掉转武器，向原来所属的阵营进行攻击，比喻反对自己所属或所拥护的一方。上述文章中讲述的是阿根廷和英国在马尔维纳斯群岛展开的军事冲突，阿根廷海军拟定的作战方案是针对英军的报复行动。既然是对敌方的攻击，自不能说是“反戈一击”，说成“反击”庶几可通。

何来《西江水》

◎孙　凯

人民文学出版社2010年10月出版的《西游记》在第109页上有一段渔翁和樵夫的对话。渔翁先引一首《西江月》，表示“山中不如我水上生意快活”。樵夫不甘示弱，说“你水上还不如我山中的生意快活。亦有《西江水》为证……”。前一个《西江月》后一个《西江水》，令人不禁对其中的差别感到好奇。

“西江月”本是唐代教坊曲名，后用作词牌，又名《白苹香》《步虚词》等，双调五十字。引文中渔翁和樵夫所引的词均为《西江月》的曲调。

“西江水”和诗词曲调无关，代入原文无法索解。对照其他版本的《西游记》，果然是《西江月》。

“折桂”“斫桂”大不同

◎辜良仲

2016年9月17日《华西都市报》A05版《宽窄巷》载有《一树桂花香　几多明月事——国学家张昌余趣谈桂花与中秋》一文，其中《嫦娥是美神　吴刚“因祸得福”》中说：“东西方的月神也不一样，中国的月神就是嫦娥，关于月亮的传说就更多了，比如嫦娥奔月、吴刚折桂、玉兔捣药等等。”此处“吴刚折桂”错了，应为“吴刚斫桂”或“吴刚伐桂”！

“吴刚斫桂”之典见诸唐人段成式《酉阳杂俎》：“旧言月中有桂，有蟾蜍，故异书言月桂高五百丈，下有一人常斫之，树创随合。人姓吴名刚，西河人，学仙有过，谪令伐树。”吴刚因为学仙犯了过错，被贬谪到月宫砍伐桂树，但月宫桂树被砍之后便随即愈合，吴刚所做的一切都是徒劳。

而“折桂”一词，源于《晋书·郤诜传》：“武帝于东堂会送，问诜曰：‘卿自以为何如？’诜对曰：‘臣举贤良对策，为天下第一，犹桂林之一枝，昆山之片玉。’”后以“折桂”来指科举及第，现也指考试或竞赛中取得优异成绩。

“斫桂”与“折桂”，虽前字只差一个偏旁，但典故截然不同。

“鸠巢雀占”不妥当

◎赵永成

2016年8月30日《扬子晚报》B4版《青岛路33号》一文中有这样一段文字：“当年黄仁霖这个励志社的要角，据说他也曾把这个院落当作励志社秘密会所使用过。至于他是如何从何应钦弟弟的手中得以‘鸠巢雀占’的，可能已经很难考证了。”这里的“鸠巢雀占”明显有误。

汉语中有成语“鸠占鹊巢”，又叫“鸠居鹊巢”，典出《诗经·召南·鹊巢》：“维鹊有巢，维鸠居之。”意思是喜鹊的巢被鸠霸占了，后用它比喻强占他人的居处或措置不当等，一般指强势者占有弱势者的处所或职位。“鹊”误成“雀”无疑不对。这是一个老生常谈的问题。喜鹊的形体大，巢也大，搭在大树上枝丫间；麻雀的形体很小，巢也很小，筑在屋檐之下或农舍的瓦缝中。鸠体型也较大，不可能去霸占麻雀这样的小鸟的巢，占了也没用，住不下。

即使把字写对，把“鸠占鹊巢”“活用”为“鸠巢鹊占”，也是值得商榷的。因为这样的“活用”有违自然规律。在“鸠占鹊巢”中，鸠为何去占鹊巢？毛亨传认为：“鸤鸠不自为巢，居鹊之成巢。”这与其巢寄生的生活习性有关。既然鸠不筑巢，鹊又到哪里去占鸠巢呢？因此“鸠巢鹊占”是不符合实际的。

在特定的语言环境中，活用成语有时能更好地切合情境，达到更好的修辞效果，但应建立在符合客观现实的基础之上。

努尔哈赤"囤田"?

◎李华山

2016年9月13日《沈阳晚报》第14版刊有《萨尔浒之战,明清之交的历史拐点》一文,其中说:清太祖努尔哈赤"还在辽宁新宾修筑了赫图阿拉等城堡,囤田积粮,积极备战"。句中"囤田"值得一议。

新宾为今之地名,赫图阿拉为满语的汉字音译,即"横岗"之意。该地为明中叶以后建州女真的根据地,万历三十一年(1603)努尔哈赤建城,万历四十四年(1616)努尔哈赤建国称汗,定都于此,国号"金",史称"后金"。天聪八年(1634)清太宗皇太极尊其地为兴京。清置兴京厅,后升府。进入民国,1914年改兴京县,1929年改新宾县,"九一八"后1933年复称兴京,1945年日本投降又改新宾县,1985年6月7日改为新宾满族自治县。地在辽宁省抚顺市东部山区。

囤有聚集、储存之义。旧时有过囤货、囤粮以谋利者,却未闻有囤田者。田地可以占有,可以买卖,却无法"囤"。努尔哈赤起事之时,女真各部皆有大量未垦之地,他们大概不会干"囤田"之事。

那是不是把"屯田"误写成了"囤田"?"屯"是驻扎的意思。屯田本指利用兵卒在驻扎地垦殖土地,或者招募农民种地,是汉以后历代统治者用来取得军饷或税粮的一种措施。但努尔哈赤实行的是耕战结合、军政合一、以旗统军、以旗管民、土地公有、计口授田的八旗制。平时耕种、狩猎之民,战时就都是成建制之兵。据历史记载,努尔哈赤没有实行屯田制。

学林

“气”字的本义、引申义和假借义

◎苏培成

“气”字在甲骨文金文中作三横画，上下两画较长，中间一画略短。是象形字，象云起之貌，是云气之气。而古文字“三”是等长的三横画，“气”和“三”形体相似，容易相混。为了加以区别，金文“气”的第一画开头略向上弯曲，第三画的结尾略向下弯曲，最后变成小篆的“气”。“气”的本义指云气。引申义可以指气候。《左传·昭公元年》：“天有六气。……六气曰阴、阳、风、雨、晦、明也。”又指节气等。《新五代史·司天考》：“周天一岁，四时，二十四气。”后因“气”字多用于假借义（见下），在隶书和楷书里本义云气及各引申义均改用“氣”字。

下面说说“氣”字。“氣”是形声字，从米气声。《说文·米部》：“氣，馈客刍米也。”（赠送客人饲料和粮食）读xì。《左传·桓公十年》：“齐人氣诸侯。”（齐国人赠送给各诸侯国军队饲料和粮食）这个“氣”假借为云气的气，代替了“气”，改读qì。这个假借义很快就成为“氣”字的常用义。为了避免本义与假借义发生混淆，为“馈客刍米也”这个本义另造“餼”字。“餼”是形声字，从食氣声，读xì。汉字的形义配合关系也会发生变化，而且一个字的变化又可能引起相关的字发生变化，这个现象很值得关注。上面讲的就是由于“气”字用于假借义，于是本义改用“氣”，使得本指“馈客刍米也”的“氣”表示云气及它的各种引申义，又另造“餼”字表示“馈客刍米也”。在传承的楷书里面，“氣”是繁体字，表示云气及它的引申义。上个世纪50年代把这个“氣”简化为“气”。简化字“气”本来就是“气”最初的写法，用作简化字十分恰当。

再讨论下“气”的假借义。于省吾《甲骨文字释林·释气》：“气字之用法有三：一为气求之气，二为迄至之迄，三为终止之讫。气训气求，典籍常见。气字孳乳为迄或讫，二字典籍每互用无别。”为了使表达的意义清楚，气字的上述三种用法后来都有了专用字。第一，“气”假借为气(乞)求的“气”(乞)。甲骨文有：“气雨，之日允雨。”(祈求降雨，这日果然下了雨)后来“气”字减去一个横画就成为“乞”字。《论语·公冶长》：“乞诸其邻而与之。”(从邻人那里祈求得到以后转给了他)第二，“气”又假借为迄至之“迄”。甲骨文有：“气至五日丁酉，允有来艰。”(到了第五天丁酉日，果然有了困难)后来造了“迄”字，“迄”是形声字，从辵乞声。《云麓漫钞》卷一：“自渡江后，方乘轿，迄今不改。”第三，“气”又假借为终究之“讫”。甲骨文有：“之日气有来艰。”(是日终究有了困难)后来造了“讫”字，“讫”是形声字，从言乞声，表示终止。《礼记·祭统》：“防其邪物，讫其嗜欲(终止嗜好与欲望)。”郑玄注：“讫，犹止也。”引申为完结、终尽。《抱朴子外篇·知止》：“狡兔讫则知猎犬之不用，高鸟尽则觉良弓之将弃。”总之，上古字少，典籍中多用假借。然而本义与假借义共用一字易生混淆，于是假借字逐渐分化，产生了后起本字。现代汉字字数多过上古数倍，不宜再用假借，有本字不得写白字。

《火眼金睛》提示

图1，“情报站”应为“情报战”
图2，“鄂鱼”应为“鳄鱼”
图3，“部局”应为“布局”
图4，“褒”应为“煲”

朝花夕拾

咬嚼日记摘钞(8)

◎郝铭鉴

贺龙和"两把菜刀"

今年3月22日,贺龙元帅诞辰120周年。最近一期《人物周报》,刊出一版老照片,取题为《贺龙:两把菜刀闹革命的元帅》。在文字介绍中说:"1916年,他以两把菜刀闹革命,夺取了反动派的武器,组织起一支农民革命武装。"

说到贺龙,总会说到"两把菜刀"。这几乎已经是一个家喻户晓的故事。然而,贺龙自己曾纠正说:不是两把菜刀,是两把柴刀! 1915年底,袁世凯窃国称帝,蔡锷组织反袁护国军,影响席卷全国。贺龙接受革命党的指示,在家乡拉起了一支农民队伍,有20多个人,但苦于没有武器。当他听说平日为非作歹的盐局有10多支洋枪时,立即决定采取行动,从柴房里取出两把柴刀,带着刚组织起来的农民兄弟,乘着夜色一举攻入盐局,缴获了15支长枪和2支手枪。

"柴刀"怎么会变成"菜刀"的呢? 原来和毛泽东有关。1927年秋天,毛泽东在江西永新县实行三湾改编。为了鼓舞人民军队的士气,毛泽东在宣传时举了贺龙的例子。他说:"贺龙两把柴刀起家,现在当了军长,带出了一个军。我们现在何止两把柴刀,还怕干不出个名堂吗?"毛泽东说的是"两把柴刀",但他的湖南乡音浓重,听的人听成了"两把菜刀"。从此,"两把菜刀闹革命"的故事不胫而走。贺龙曾多次纠正,似乎无济于事,人们甚至把它拍成了电影,写进了教材。后来贺龙自己也只能无奈地说:菜刀就菜刀吧。

菜刀还是柴刀,从宣传革命精神来说,并无实质性的差别;但菜刀是菜刀,柴刀是柴刀,从尊重历史的角度来说,不能混为一谈。

“柴刀”传为“菜刀”,让我们看到了两点:

第一,方言会造成信息差。广东人说的“坐在船头看郊区”,被误为“坐在床头看娇妻”,也许是个段子;宁波人的“一靠政策,二靠机遇”,传成了“一靠警察,二靠妓女”,却是《报刊文摘》引用过的实例。沈从文是一位文学家,又是一位学问家,但他的湘西方言,连他的身为著名语言学家的连襟周有光,也只能听懂三分之二。毛泽东当然不是一般的人,可他也是一位湖南人,他的韶山方言,并不是人人能懂的,“柴刀”听成“菜刀”,应在情理之中。

第二,改正讹传有难度。伍子胥误为五髭须,杜拾遗成了杜十姨,这是古人闹的笑话,且不说它;在现实语言生活中,这类以讹传讹的例子同样并不鲜见。专家告诉我们,“舍不得孩子套不得狼”,“孩子”应为“鞋子”,但人们用的仍然是“舍不得孩子套不得狼”;“书山有路勤为径”,“径”其实应是“胫”,这样才能和下联的“舟”对应,但我们在教室里看到的励志标语依旧是“书山有路勤为径,学海无涯苦作舟”。当年在农村参加社教运动,总听农民说“二八不打灶”,每逢初二、初八不能砌灶头;后来才知道,最初的说法是“篱笆不打灶”,靠近篱笆的地方不宜砌灶头。这本是一句出于安全考虑的经验之谈,却因上海话中的“篱”和“二”音近,讹传为莫名其妙的迷信习俗。我们曾给农民做过解释,但今天你若去打听一下,恐怕听到的还是“二八不打灶”。这就是讹传的顽固性。

还是贺龙元帅通达:菜刀就菜刀吧。

《千字文》的字数

老舍的自传里，有“幼读三百千”的句子。它指的是《三字经》《百家姓》《千字文》。有编辑把它改成了“幼读三百篇”，闹了一个笑话。在这三种童蒙读物中，传世最久的是《千字文》，至今已有1500年的历史。它成书于南朝梁武帝时期。

梁武帝萧衍精通文学，酷爱书法，尤喜王羲之的字。他曾经赞王字是“龙跳天门，虎卧凤阁”。为教诸王学书，他命人从王羲之遗墨中集了1000个字。这1000个字个个神采飞扬，但放在一起，却是“杂碎无序”。为此，梁武帝给当朝大才子周兴嗣发话：“卿有才思，为我韵之。”周才子果然了得，他开了一个夜车，先将1000个字逐字剪开，然后拈字成句，再将句子反复调遣，融为一体，为此“鬓发皆白”。这就是人们熟知的《千字文》的故事。

《千字文》自“天地玄黄”始，至“焉哉乎也”终，节奏明快，对偶浑成，易读易背。全篇4字一句，共250句，1000个字没有重复，故曰“千字文”。有位朋友心血来潮，兴致勃勃地逐字核了一遍，说是发现了一个重字：“云腾致雨”有一个“云”字，“禅主云亭”又有一个“云”字。这显然是汉字简化造成的。“云腾”义为云气上升，这个“云”字原写作“雲”；“云亭”分别指举行禅礼的云云山和亭亭山。可见这两个“云”字本来就不是一个字。

如果把“云、云”视为重字，那么，类似的情况还不止一处呢。

比如，“玉出昆冈”有一个“昆”字，“昆池碣石”又有一个“昆”字。其实，前面的“昆冈”指崑仑山冈，“崑”本是有山字头的；后面的“昆池”指昆明的滇池，没有山字头。这两个昆字本也不是一个字。

比如,“周发殷汤”有一个“发”字,“盖此身发”又有一个“发”字。“周发”指的是周武王姬发,“发”的繁体字写作“發”,这是人名;“身发”义为身体发肤,这个“发”指头发,其繁体字写作“髮”。在当初编定的《千字文》中,这两个“发”字当然并不是相同的。

上面三例和繁体字简化有关,还有另外一种情况——和异体字规范有关。比如,“女慕贞洁”原作“女慕贞絜”,因“絜”是异体字,规范字应用“洁”,这就和“纨扇圆洁”的“洁”扯到了一起。

比如,“百郡秦并”,秦始皇统一中国,“并”是并吞的意思。后面在讲到蒙恬、蔡伦等人时,又有一句“并皆佳妙”,“并”是并列的意思。后面的“并”原是异体字“竝”,和“并”在字形上是不同的。

比如,“戚谢欢招”,义为把悲戚赶走,把欢乐招来。“戚”字原写作“慼”,又是一个异体字。《千字文》中另有一句“亲戚故旧”,用的正是“戚”字。结果,两个“戚”字发生撞车。这都是汉字发展演化的结果。

再有一种情况,曾经混同为一个字,现在又分化为两个字了。这就是“剑号巨阙”中的“巨”和“钜野洞庭”中的“钜”。“巨阙”为剑名,传说为古代越王勾践五把利剑之一,其锋利程度在纯钧、湛卢、莫邪、鱼肠之上;“钜野”为湖泽名,位于山东钜野县内。由于“鉅”曾是异体字,规范用字为“巨”,它和“巨阙”的“巨”合为一字。《通用规范汉字表》颁布后,“鉅”字在人名地名中恢复使用,并类推简化为“钜”。曾经殊途同归的“巨”,现在又分途使用,“巨,钜”各司其职。

总结:1500年前,周兴嗣为编缀《千字文》,呕心沥血,一夜白头。他确实用了1000个不同的字。随着繁体字简化和异体字规范,今天出版的《千字文》,如果按规范汉字排版,实际应为994个不同的字。

碰碰车

酶和发酵

◎蔡　晓

《咬文嚼字》2015年第6期刊有《饧岂能当糖吃》一文，文中在讲到熬糖过程时这样说道：“再把那些麦芽拌入经过蒸煮晾凉的粮食之中，使之发酵。发酵后榨出汁液，放入大锅熬制至黏稠。”此处的“发酵”用得不妥，熬糖过程中并没有发酵过程。

众所周知，“发酵”是一种广泛应用于人类生产活动的手段，大致可以简单地理解为：微生物在进行能量代谢时，分解复杂的有机化合物为比较简单的物质的过程。人们根据微生物的作用，接种特定的微生物于发酵对象之中，并给微生物提供合适的生长条件，从而让它进行能量代谢，产生并积累人们所需要的代谢产物。从日常生活中的发面、酿酒，到医药生化制品的工业生产，都和发酵有关。是否有微生物参与，是判断是否是发酵的重要基准。

熬，即把粮食等放在水里煮。熬糖当然要“熬”，即要煮粮食，显然在这一过程中微生物都被去除掉了，不存在发酵的条件。待粮食晾至微温，再拌入麦芽，利用麦芽中的淀粉酶来催化粮食淀粉（多糖）分解为麦芽糖（双糖）。这个过程是没有微生物参与的，所以它不是发酵。

酶是一类具有生物催化作用的大分子物质。生命活动中，酶的作用无所不在，但它不是微生物。熬糖时不是靠微生物，而是靠麦芽来产生酶，帮助了糖的转化。

“首善之区”果真不能打造吗

◎陈两森

2016年《咬文嚼字》第4期有篇文章叫《“首善之区”岂能随便打造》，该文认为“首善之区”特指首都，“一个地区如果不是首都”，“是不能被称为‘首善之区’的”。

“首善之区”亦作“首善之地”，通常都指首都。但它还可以指最好的地方。《续资治通鉴·宋哲宗元祐元年》：“学校为育材首善之地，教化所从出，非行法之所。”“首善”一词有最先实施教化，以此为四方模范的意思。由此首都被称为“首善之地”“首善之区”。之后又引申为最好的地方。某地经过精心建设而成为某方面最好的地方，是可以称为“首善之区”的。

写作“呛”没有错

◎孙辛

《咬文嚼字》2015年第11期有篇文章《“呛”应为“戗”》，文中认为某报标题中“嫌犯竟呛公诉人：别跟我这么说话”的表述有问题，“呛”是“戗”字之误。“戗”指言语冲突，吵了起来，而“呛”义为因水或食物进入气管引起咳嗽，又突然喷出。该文所说，不无道理。但从原文来看，并不一定存在吵了起来的情况。其实“呛”可以是“呛声”的简写，表示不满和反对义。

呛声，是一个方言词，第6版的《现代汉语词典》中收有，释义为：在公开场合表达自己的主张，多指对他人（尤其是政治人物）的主张或行为提出反对意见（多用于台湾地区）。其实“呛”作为一个自由语素，在大陆也多有运用。如反击他人的指责可用“回呛”“反呛”；双方互不相让，言语交锋可称“对呛”“互呛”。这些“呛”的语义和“呛声”几乎相同。在原文“嫌犯竟呛公诉人：别跟我这么说话”中，“呛”即可理解为表达不满、反对的意思。

网语漫谈

“太安倍”和“很菲律宾”

◎徐默凡

当别人说你做人“太安倍”，或者是“很菲律宾”时，他是夸你还是贬你？具体又是什么意思呢？

“做人太安倍”是今年在日本网络上出现的一个流行语。“安倍”指的是日本首相安倍晋三，整句话的意义是“对别人的提问置若罔闻、强词夺理或者含糊其辞”。为什么一个堂堂首相的名字会和这么一个负面意义联系在一起呢？原来这就是安倍在面对公开质询时的一贯态度。新闻报道里有一些典型的例子，比如：日本的“待机儿童”（符合保育园入园条件，却因为保育园满员而无法入园的儿童）数量逐年增加，安倍宣称主要原因是女性就业人数上升，导致无人在家带孩子，但实际上日本新增加的就业女性多半都是65岁以上的老年女性。再如，安倍曾在安保法案论战中称自己对于法律的说明完全正确，“因为我是总理大臣”。安倍甚至还在国会开会时频繁地上厕所，导致在野党发问时找不到人。这些新闻事件加起来，“做人太安倍”的意思你就能领会了吧。

“做法很菲律宾”起源于近期的热点事件，相信大家更容易理解。2013年，菲律宾政府单方面就中菲在南海的有关争议提起仲裁。2016年7月12日，海牙国际仲裁法庭对南海仲裁案做出实际并无法律效力的裁决，判菲律宾“胜诉”，宣称中国对南海海域没有“历史性所有权”。这一非法裁决引发了中国民众的极大抗议，“很菲律宾”一语迅速流行，用来表达“无理取闹惹是生非”的意义。比如有人工作做得一塌糊涂，却要求老板升职加薪，我们就可以评论说“这个做法很菲律宾”。网友还开发了一系列表情包，台词包括“可以，这很菲律宾”“我劝你做人不要太菲律宾了”“你这么菲律宾找不到对象的我跟你讲”等等。

从语法上讲，“太安倍”和“很菲律宾”都是违反规则的。“太”“很”都是程度副词。汉语中的程度副词在句中的主要功能是充当状语修饰形容词，并不能修饰名词，比如“太马路”“很椅子”都是非法的组合。而“安倍”和“菲律宾”都是专有名词，指向独一无二的对象，更加没有办法被“太”或者“很”来修饰了。

不过，从20世纪80年代开始，汉语中出现了越来越多的程度副词加名词的用法，如“很青春”“太泡沫”“非常绅士”等。学界也对此展开了广泛的讨论，比较公认的意见是：不是所有的名词都可以被副词修饰，只有那些能够凸显突出特征的名词才有此用法。“青春”“泡沫”和“绅士”等名词的指称对象身上都有明显的个性特征（“青春”的年轻美好、“泡沫”的容易破灭、“绅士”的温和有礼等），因此很容易在副词的制约下转化去形容一种特殊属性。一开始，大家认为这是一种词类活用的修辞现象，但随着此类用法的日益频繁，有学者开始认为这是现代汉语语法的一种自然演变，符合条件的“副词+名词”已经成为现代汉语中的一种常规用法。

“副词+专有名词”的用法在上述讨论中也不少见，如人名的“太雷锋”“很阿Q”，国名的“很中国”“太美国”等，都被广泛使用，其条件和普通名词是一样的，即在专有名词的指称对象上具有突出的细节特征。比如“今年春节过得很中国”，立刻会让人联想起“放鞭炮、舞龙、吃团圆饭”的场景；

"他做人很阿Q"也会使人联想起自欺欺人等鲁迅笔下的国民劣根性。

网络流行语"太安倍"和"很菲律宾"当然也遵守以上基本规则,通过程度副词加专有名词的用法来凸显专有名词的某些特殊细节特征,但是略有差异的是,流行语中的专有名词并不是恒常地具有某种特殊属性,而是在特定的背景下由于某些特殊事件而临时具有了突出属性。试比较"雷锋""中国"和"安倍""菲律宾",就可以发现不论何时何地"雷锋""中国"都会带来大量的联想意义,而"安倍""菲律宾"却只有在当下的新闻背景下才能凸显特定意义。这就是流行语用法和一般词语用法的不同了。

虽然"很安倍""太菲律宾"的说法可能会随着新闻事件的平息而消逝,但是"程度副词+专有名词"这一流行用法却会长久存在下去,随着社会热点的变迁而变幻出不同的分身。君不见,在2016年里约奥运会盛大开幕之后,"这届奥运会很巴西"的说法迅速流行开来,"很巴西"的意味非常丰富,还是让读者您自己去细细品味吧。

《谦虚的代价》参考答案

1. 精美绝纶——精美绝伦
2. 蹑手蹑脚——小心翼翼
3. 如愿以尝——如愿以偿
4. 一拍即和——一拍即合
5. 畴建——筹建
6. 包含——包涵
7. 出师不力——出师不利
8. 会报——汇报
9. 橱艺——厨艺
10. 那里——哪里

不一样的"苏"

◎姜欣幸

"宋仲基这新剧造型简直苏爆了！"

"我要找一个很苏很苏的名字。"

"张继科笑容太苏！"

"苏"这个字不知道从何时起改头换面，一跃变成了网络潮语，用来描述小说人物、电视剧剧情甚至明星的某个表情等等。若不了解这个字的"前世今生"，恐怕面对旧瓶装新酒的它只能垂手静默不知所云了。

"苏"来源于"玛丽苏"。上世纪60年代，科幻影视系列片《星际迷航》陆续播出之后大受欢迎，一个叫Paula Smith的人利用该片的背景和情节设定，戏作了一篇同名的小说，创造了一个全新的女主角Mary Sue，她美丽性感，是小说中所有男性的梦中情人，并且无所不能，靠自己的才能拯救了全人类。她聪明却不骄傲，美貌而又圣洁，在拯救了全人类之后不幸香消玉殒。从此以后，市面上涌现了无数类似的作品，这些作品无一例外，都有一个万能主角。这样的作品从一个侧面反映出作者本人的自恋心态——想象出一个完美无缺光彩夺目的角色作为自己的替身，在虚拟世界里所向披靡倾倒众生。

自此，"玛丽苏"不再是一个人名，它开始用来形容具有类似万能女主角的作品，与此相对还出现了男主角万能的小说——"汤姆苏"。后来为了描述方便，人们把这类作品统称为"苏"文，同时也将那种想象自己得天独厚无所不能的自恋心态统一简称为"苏"。

在中国网文界,“苏”文也是一个常见的类型,改编为电视剧的网络小说《步步惊心》讲述了一个女子穿越到清朝之后被所有阿哥仰慕的故事,就是“玛丽苏”的一个代表。

显而易见,“苏”在一开始代表着自恋的心态和无边际的幻想,并非一个褒义词。而从目前对“苏”的使用情况可以看出,它已经不再是自己原本的意思。比如开篇的例子“宋仲基这新剧造型简直苏爆了!”此处的“苏”明显是个褒义词,代表说话者认为演员宋仲基在新剧中的造型特别有吸引力。

那么“苏”从贬义到褒义,经历了怎样的过程呢?

不难发现,现在的“苏”的意义其实是借自玛丽苏作品中成千上万个 Mary Sue 的典型特征:没有不足之处、广为身边人所喜爱、带有梦幻色彩、美得不像真的,等等等等。比如“张继科笑容太苏”,其中的“苏”便是形容张继科的笑容好看又迷人;“我要找一个很苏很苏的名字”,就是指说话人想找一个非常具有梦幻色彩的名字。

而随着使用范围的扩大,“苏”的意义也有了进一步的泛化。比如“求推荐一部很苏的小说”,这里的“苏”,既不是指“玛丽苏文”或者“苏文”,也不是指广为大家喜爱或者带有梦幻色彩的小说,而是指男女主角进行甜蜜互动的小说。再比如一条娱乐新闻的标题“陈晓花式拥吻陈妍希,这样的接吻方式苏炸了”,其中的“苏”更是暗含了宠溺、惹人羡慕等多层不同的意思。

“苏”之所以被广泛使用,首先因为形式简单,只用一个字,就可以表达很多层不同的意思,大大节省了表达成本;其次,它是一个新鲜词,用在网民的相互交流中能起到“一句顶一万句”的效果。从目前的发展趋势来看,网友们还有向“苏”中注入更多意义的倾向。如果这种表达方式固定下来,“苏”有可能会成为一个用来表达很多种意思的万能形容词。

为什么受伤的总是“眼睛”

◎朱玲奕

“网红扎堆晒素颜，妆前妆后差距大辣眼睛。”

“简直闪瞎双眼，岛国出现神级美食——黄金冰激凌。”

“看惯了抗日雷剧，是时候来一部洗洗眼了。”

如今，当你打开电脑，想看看最近有什么新闻的时候，类似这样带有“辣眼睛”“闪瞎双眼”“洗洗眼”字样的标题总是扑面而来；与此同时，你也会发现，活跃在各论坛和聊天室里的人经常动不动就惊呼“真是闪瞎了我的钛合金狗眼”“快给我盆水洗洗眼睛”；又或许，面对种种令人震惊的现象，你已经不由自主地加入到他们的行列，经常为自己“眼睛”受到伤害而鸣不平。那么，你有没有想过，为什么大家都这么喜欢用“× 眼睛”来表达自己的震惊之情呢？

我们知道，眼睛是人的视觉器官，人类从外界获取信息，最多的是来自视觉，而在今天这个“读图时代”，眼睛具有的重要性更是不言而喻。俗话说：“眼睛是心灵的窗户。”实验也早已证明，完整的视觉体验是眼睛和大脑协同工作的结果。因此，眼睛承担着连接客观世界和主观心理的职责，这就令用“× 眼睛”这样的形式表达人的心情成为可能。

就拿“辣眼睛”来说，它原本指洋葱汁、辣椒水等刺激物进入眼睛后引起流泪、红肿等生理现象，但在网络语言中，它常被用来表达震惊、厌恶等心理反应。这一转变背后隐藏了一个比喻：那些可怕的图片信息就像辣椒水一样刺激我们的眼睛，使我们的身心都受到了伤害。“辣眼睛”的说法把生理层面上眼睛对环境的应激性反应，延伸为眼睛接收到外部图像后生成的心理感觉，把这种震惊的情绪通过直观的方式幽默地表达出来。

也许你会以为，“× 眼睛”这样的形式是最近才在网络上流行起来的。然而，只要稍作观察，你就会发现，它甚至不能算是现代人的专利——很久以前古人就如此使用了。成语“拭目以待”的字面意思是“擦亮眼睛等待着”，其中的“拭目”就已经具备了“× 眼睛”的雏形，它和“刮目相看”中的“刮目”，都跟现在说的“洗眼睛”极为相似，均表露出一种在眼光和看法上除“旧”迎“新”的愿望。类似的，“触目惊心”“一叶障目”等某种程度上更像是“辣眼睛”“闪瞎眼睛”的“温和版”。

“× 眼睛”在进入网络空间后，对“震惊”的效果进行了不遗余力的放大。粗略地讲，从“辣眼睛”到“洗眼睛”再到“闪瞎双眼”是一种层层递进的关系，可以被用来显示受惊吓的程度上的“轻伤”“中伤”和“重伤”。我们在语言上不惜使“眼睛”受到伤害以表现内心的震惊，这意味着随着互联网时代的到来，人们得以接触到越来越多的五花八门的信息，一般描述震惊的方式已经无法准确表现此种心理了。于是乎，面对那些给人以强烈视觉冲击、让人万万没想到的内容，“× 眼睛”这样形式简明而表现夸张的结构受到了普遍的青睐。

当然，“× 眼睛”的语义也不是固定不变的，在不同的语境中，使用者可以借其表达不同的褒贬态度：如“闪瞎双眼！战斗民族就是不一样，这才是‘真炫富’！”这里“闪瞎双眼”的意思于“震惊”之外多了一种“艳羡”的味道；而在“这些‘老女人们’的夸张造型简直闪瞎双眼”里，同样是“闪瞎双眼”，其隐含的“雷人”的因素得到了强调，但显然不再带有赞赏之意。

“× 眼睛”的流行到底能流行多久？让我们拭目以待。

华语圈

阿 sir、差人、当差、邮差

[中国香港]田小琳

在看香港警匪片的時候，不知你有没有注意到，人们称呼警官和警察，有时叫“阿 sir”，这应该是英国管治香港时期遗留下来的称呼。在学校里，“阿 sir”还经常用来称呼男教师。

“阿”是汉语构词的词头，再加上英文的“sir”，就成了香港特有的字母词“阿 sir”，且用法普及。如果不用英文“sir”，全用中文，则多半写成“阿蛇”，“蛇”是英语 sir 的粤语音译，现已较少使用。

香港警察还有一个俗称是：“差人”。从何而来的呢？一说是从中国古代对衙门差役的称呼而来；一说是香港人称当警察为“当差”，所以称警察为“差人”。这后一说可以找到旁证。现在香港政府向所有工业、商业和住宅楼宇业主征收税金，其税项叫“差饷”，早期叫作“警捐”。“警捐”从 1845 年起根据《征收警捐条例》就开始征收了，当时专用于维持社会治安、消防等警察费用，因而得名。

现在“差饷”是政府的一项税收，并不专用于警察等纪律部队，但是“差饷”之名沿用至今不改了。比较一下“差饷”与“警捐”这两个词的构成，“差”与“警”对应，“饷”与“捐”对应，足证“差人”就是警察。由此类推，还将警署、警察局俗称为“差馆”。至于过去口头上有时将男性警察叫作“差佬”，将女性警察叫作“差婆”，现在很少用了。

在香港，“差人”并无贬义。“邮差”就是邮递员，人们一路照说不误，因为“邮差”也无贬义。“差事”“公差”“出差”这些词，华语圈到处都用，其中构词的“差”，与“差人”“邮差”中的“差”，意思相通。而香港常用的“差人”“差饷”成为流通在香港的社区词了。

（作者是本刊特约编委）

马来西亚的总理叫什么名字

［中国内地］郭　熙

马来西亚华文报上常见“拿督”“拿督斯里”“丹斯里”等词，“拿督”（Datuk/Dato）之类是马来西亚的一种封衔。其中“拿督斯里”（Datuk Seri/Dato' Sri）是州封衔中的最高封衔，略高于“拿督”，但低于联邦封衔“敦”（Tun）和“丹斯里”（Tan Sri）。

我国一般将 Datuk/Dato 译作“达图”，Datuk Seri/Dato' Sri 则译作“达图·斯里”。各有各的译法，不足为怪。奇怪的是下面的译名：

（1）身着中式服装的 APEC 领导人——马来西亚总理达图·斯里·马哈蒂尔·宾·穆罕默德（照片说明）。

（2）马来西亚总理达图·斯里·阿卜杜拉·宾·哈吉·艾哈迈德·巴达维、中国对外友好协会会长陈昊苏……出席了大会开幕式。

（3）中国国务院总理温家宝，在人民大会堂与马来西亚总理达图·斯里·纳吉布·敦·拉扎克举行了会谈。

上面 3 个例子中分别提到马来西亚近 20 年来的三任总理。中国读者看了，一定一头雾水，因为三任总理一长串名字前面都有“达图·斯里”字样。按照我国的国家标准《标点符号用法》4.14 节的规定，间隔号的形式是“·”，作用之一是标示外国人名或少数民族人名内部的分界。人们奇怪的是,马来西亚的总理怎么都叫“达图·斯里”呢?当然,3个例子放在一起,细心的读者会分析出“达图”之类应该不是马来西亚总理名字的组成部分。很明显,译者是把封衔和名字混在一起翻译了,够奇葩了吧?

那么,封衔译成中文后该如何标示呢?马来西亚当地直接将封衔冠于人称之前,如“拿督×××”,就如说总理马哈蒂尔一样,十分清楚,值得借鉴。其实,还有一种表述方式。外国有不少封衔、称谓如Doctor(博士)、Duke(公爵)等,都放在人名前面,译成中文,则通常放到人名后面,如基辛格博士、克里斯托弗公爵等。在马来西亚和香港,“局绅/太平局绅/太平绅士”可以用作称谓放在人名后面,但“拿督”之类不放在后面。原因何在,有待进一步研究。

笔者认为各地华语应该互相学习,互相借鉴。多些了解自是好事。

(作者是中国暨南大学海外华语研究中心主任)

粿、粿条及其他

[马来西亚]杨欣儒

《咬文嚼字》今年第9期《华语圈》专栏《与同事公司吃一盘炒粿条》一文提到了“炒粿条”,拙文作些补充。这种食物原是中国南方潮汕一带的小吃,随着移民传到南洋,在马来西亚和新加坡发扬光大,成为著名的美食。

炒粿条以粿条为主要食材,配以绿豆芽、虾仁、鸡蛋、腊肠等,酱料主要是生抽、老抽(酱油)。爱吃辣的可加适量辣椒酱。新加坡的炒粿条鲜蚶不可或缺。泰国有所谓泰式炒粿条，跟新马的大同小异。港澳泰国也叫作炒贵刁。

“粿”是中国南方的食品，所以“粿”这个字，《现代汉语词典》第5版（2005）尚未收录，第6版（2012）才出现。在“粿”字出现之前，《现代汉语词典》只有“馃”。“馃”即“馃子”，释义有二：①一种油炸的面食；②〈方〉旧式点心的统称‖也作果子。《辞海》有两个义项：①馃子，即油条；②圆形有馅饼。《辞海》并没有收录“粿”这个字。“粿”在《现代汉语词典》第6版中的释义是：用米粉等制成的食品，种类很多，如清明粿（南方清明节应时的一种食品）、韭菜粿等。由此可见，“馃”与“粿”是完全不同的两类食品。

“粿”在新马华裔方言中常和“糕”连用，叫“糕粿”，是一种用米粉或面粉制成的甜的食品。马来族也借用了闽南语的方音，马来语中的kuih，是“糕”的意思。“糕粿”种类多样，有“碗糕粿”“九层粿”等。

“粿条”是一种条状食品。这种食品马来西亚到处可见，最常见的是炒粿条、粿条汤（有汤的粿条）、炒河粉。这里的“河粉”是广东人的食品，像粿条，不过不是条状，而是片状。“炒鸳鸯”则是把河粉和米粉（以大米为原料做成的细条形食品）放在一起炒，配以鲜虾、猪肉和切片鱼饼，浇上淀粉做成的汁，十分美味。它也有干炒的。马来西亚还有常见的食品是牛肉粿条，它和粿条汤一样，不过配料不是猪肉，而是牛肉、牛肉圆。还有一种食品叫“粿汁”，用料是像河粉的粗粿片，配上鸭肉或猪肉，加上五香粉作为汤汁。

读者诸君如有机会到新马泰旅游，可别错过上面介绍的炒粿条等小食。

（作者是马来西亚华语规范理事会副主席）

园丘的美丽与哀愁

[马来西亚]邓月璇

马来西亚有个特有的名词“园丘”,这个词源或许是始于英国人在马来亚大肆种植橡胶树之时。

1876年,一个名叫赫里·威克汉(Herry Wickham)的英国人,把被巴西视为“国宝”的橡胶种子偷偷地带出巴西,7万粒种子先运到伦敦畿辅皇家植物园播种,后被移植到新加坡植物园,还有几株被送往马来亚栽种,这是东南亚土地上最早的一批橡胶树。

此后,英资公司开始大规模种植橡胶树,马来亚的山脉丘陵迅速地出现了一片片的橡胶园丘;“园丘”一词也在民间用开了。

汉语词汇里有园地、园林,马来西亚华裔先辈们为何又要新铸“园丘”一词呢?这与马来西亚的自然条件有关。马来半岛四周山丘环绕,橡胶树大多种在排水良好的丘陵地带,使用“园丘”一词能形象地表明橡胶树种植的地理环境。

当时成为园主的华人少之又少,大多数华人在洋人的大园丘里靠割胶为生,他们就住在胶园里。园丘里渐渐地形成了一个个大大小小的村落。英殖民地政府也顺应民情,在园丘里开办小学,不少的华文小学还是以洋人园丘业主命名的呢。

上世纪60年代马来西亚建国初期,联邦土地发展局推展一项惠及农村贫困人民的发展芭地的计划,许多华裔抓住晋升为小园主的机会,纷纷申请加入垦殖行列。获准开发的区域都是荒山野岭,拓荒者在浓密的丛林里披荆斩棘，胼手胝足，开垦出一片片的园丘，也建立了一个个的村落。

在胶价攀上高峰时期，园丘村落呈现一片繁荣景象，小园主或胶工们都过着比较丰裕的生活。然而上世纪70年代政策改变后，原本由洋人财团拥有的园丘，逐渐被政府或私人企业买下改种油棕，胶业开始滑坡，华人纷纷迁离园丘到异地谋生。

百多年前先贤们为了寻求美好的生活而奔向园丘，打拼成家立业，如今他们的后裔随着橡胶业的没落而走出园丘。而曾经培育不少华人子弟的园丘华小，因缺乏华裔生源，只能靠友族同胞残喘求存，令人唏嘘不已。

（作者是马来西亚《中国报》助理编辑主任）

“三字经”和“鸡蛋糕”

[中国香港]汪惠迪

年长一辈大多知道《三字经》《千字文》和《百家姓》是我国旧时流行的蒙学课本。现在没什么人读《三字经》了，可是口吐“三字经”的人不少。这个“三字经”不是“人之初”那种，而是指“他 × 的”之类。

话说1993年，美国时任总统克林顿提出“战区导弹防御系统”（Theater Missile Defense System，简称TMD）和“国家导弹防御系统”（National Missile Defense System，简称NMD），于是网络上TMD和NMD走红，这是“他 × 的”和“你 × 的”的洋包装。洋为中用，各取所需。

“他 × 的”任你包装，说出来都是粗话，在我国港澳特区和台湾地区，在新加坡和马来西亚都称之为“三字经”。

中国大陆出版的语文词典大多未收录粗话义的“三字经”，台湾出版的《国语日报辞典》（1974年2月第1版）等词典都收录了，有两个义项，其一就是“指三个字的粗野骂人的口头语”。2012年8月大陆出版的《两岸常用词典》收录了“三字经”，也有这个义项。

粗话义的“三字经”用开后，少于或多于三个字的脏字儿也叫“三字经”，所以新加坡出版的《新马华文文艺词典》（1979年8月）收录的“三字经”，只有一个义项，“指骂人粗话”，概括性强。

新加坡的“三字经”也不少，可以说是但凡华人社会有的，新加坡也有，外加当地特有的，如“臭鸡蛋”“老母鸡”。1998年10月新加坡播映了一部本国摄制的电视剧，剧中有个社会底层人物开口闭口“他×的”“臭鸡蛋”或“老母鸡”。谬种流传，衍生了“鸡蛋糕”。

据说是因为“臭鸡蛋”“老母鸡”太粗俗了，于是用跟“鸡”有关的“鸡蛋糕”替代，骂起来比较文雅。有人创作了一首歌，题目就叫《鸡蛋糕》，竟然走红。整首歌词中有15个“鸡蛋糕”：“鸡蛋糕股票又掉了，鸡蛋糕马票又吃了，鸡蛋糕明天要当掉手表，鸡蛋糕口袋又空空了，鸡蛋糕World Cup又输掉了，鸡蛋糕香烟又起了两毛……”买股票输了，买彩票又不中，连香烟也涨价，内心郁闷，要发泄，于是来个“鸡蛋糕”！

口吐“三字经”而要讲究“文雅”，这种语用心理值得研究。

（作者是本刊特约编委）

《此店啥店》解疑

原来，“忝”在闽南话里有“憨”“傻”的意思，发音近似于普通话中的“瓮”。经打听，“忝北”是一个人的小名，就相当于“憨北”“傻北”。在闽南话里，“忝”比“憨”“傻”亲切。

谈联说谜

女排翻身得冠军

◎刘茂业

今年夏天，里约奥运热浪席卷大地，体育健儿的精彩表现吸引着众多的眼球，尤其是中国女排的比赛，更成为国人关注的焦点。

那天，同塞尔维亚女排的决赛正如火如荼进行中，而灯谜微信群里也热闹非凡。球迷兼谜迷们一边紧张地观看电视实况转播，一边晒出不少关于女排的灯谜来猜射，大家有张有弛，别出心裁。这里摘录几条当时的谜作：“巾帼不让须眉”（打体育教练名一）“郎平”，谜底解释为“巾帼与须眉（男子）平等”；“参观龙城、南京”（打女排运动员名一）“张常宁”，谜底“张”有“看”的意思，所以扣合“参观”，“龙城”是常州的别称，简称常，南京简称宁；“村前寨后，梨花半放”（打女排运动员名一）“林莉”，这是一条增损离合法谜作，“村”的前面和“寨”的后面皆是“木”，合成“林”字，“梨花”两字放弃一半，可成“莉”字。

中国女排最终战胜塞尔维亚夺得金牌，微信群一片欢腾。谜友们又立刻即兴创作：“女排翻身得冠军”（打字一）“妯”，“女排”别解为将“女”字排除掉，剩下“由”翻个身就成“甲”（第一）字；“中国女排获胜，打得波澜起伏”（打《唐诗三百首》篇目一）《塞下曲》，谜底意思说“女排将塞尔维亚队比下去，打得非常曲折”。谜人们把对女排获胜的喜悦心情，以猜制灯谜来庆贺，妙不可言。

读书声里是吾家

◎柳叶

老舍是现代文学巨匠，因“老舍”两字既简单，又能赋予多种含义，所以用来作谜底的灯谜不少。比如：“千年古屋”（打现代作家一）“老舍”，“老”解释为“古老”，“舍”解释为“居住的房子”；又如，以“乐施不倦”射之，“老”解释为“总是、经常”，“舍”解释为“施舍”；再如，以“只保留新生事物”射之，用的是反扣法，“只保留新生事物”，换言之，“老的、旧的东西都要舍弃”，所以仍旧猜“老舍”。

老舍原名舒庆春，字舍予，故有用他的名和字制成灯谜的。请看：“欢欢喜喜过个年”（打现代作家一）“舒庆春”，谜面是《白毛女》中的著名唱词，谜底“舒”解释作“舒畅、开心”，“庆春”解释作“庆贺春节”，很切合谜面。更令人叫绝的还有一谜：“读书声里是吾家”（打现代作家一）“舒舍予”，谜面采撷自唐朝翁承赞七绝《书斋谩兴二首》中，“舒”和“书”读音相同，所以用“读书声”来提示扣合“舒”，“舍”就是“家”，“予”就是“我、吾”。此谜兼用谐音和会意两种灯谜常用的扣合方法于一体，别出机杼。

每月二谜

1. 路怒症（打二字军事名词一）
2. 高龄产妇（打三字戏曲界称谓一）

上期答案

1. 孔丘和李耳（打四字成语一）

   谜底：与子偕老（注：子，孔子；老，老子）
2. 猜谜高手成夫妻（打四字成语一）

   谜底：棒打鸳鸯（注：棒，好；打，打灯谜）

编者按

本刊特约编委田小琳女士，著名现代语言学家，曾任香港岭南大学中国语文教学与测试中心主任，中国人民大学、陕西师范大学、上海师范大学、西北大学客座教授，长期从事中国语言文字学的教学、研究工作。1985年到香港定居后，田小琳教授以香港语文生活为课题，系统、深入地研究香港社会的语言运用现象。在此基础上，她开创性地提出了“社区词”概念，并初步建立起相关理论，被学界广泛接受，为语言学科做出了重要贡献。

今年9月，田小琳教授《语言文字应用研究文集》在三联书店(香港)出版。此著作由田教授近几年的研究成果汇集而成，本栏所刊文章皆选自《语言文字应用研究文集》有关章节，相信你读后一定会有所得。

社区词的概念

◎田小琳

一、社区和华人社区

“社区”是社区词的限制性成分，明确它的内涵很重要。

《现代汉语词典》(第6版)，“社区”有两个义项：1. 在一定地域形成的社会生活共同体：旧金山华人社区。2. 我国城镇按地理位置划分的居民区：社区服务 / 社区文化活动。《现代汉语学习词典》的释义亦相同。这第一个义项就是我们所说的海外华人社区，我们所指的范围可能更大，例如美国华人社区(由所有在美的华人社区组成)。第二个义项与我们谈论的社区词无关。

《现代汉语规范词典》(第2版)(李行健主编,外语教学与研究出版社、语文出版社,2010),“社区”释义为“以一定地域为基础的社会群体。在我国特指城市街道办事处或居民委员会活动范围内的地区”。释义中的特指义,是指居民小区,与上述词典中的第二个义项基本相同,是“社区词”含义中不取的。

《全球华语词典》(李宇明主编)在凡例中,则对“社区”的含义有新的补充,超出了以上三部词典的释义。词典在“收词和用字”项下,开宗明义说“本词典收录世界各华人社区内使用的华语词语约10000条”,“本词典所说的华人社区主要包括中国大陆(内地)、港澳、台湾,新加坡、马来西亚、泰国、印度尼西亚等东南亚地区,此外还有日本、澳大利亚、美国、加拿大等地区”。可见,中国大陆是最大的华人社区,是使用现代汉语的最大社区。我所提的社区词汇中的社区,与《全球华语词典》所说,是完全一致的。这从我上世纪九十年代以来发表的文章中可以看到。

二、华人社区和社区词

华人社区包含的是一个大中华的概念。中央电视台有《海峡两岸》的常设栏目,播放内容涉及大陆和台湾交流的方方面面。李行健主编的《两岸常用词典》,也是大陆和台湾的常用词典。除了大陆和台湾,还包括中国的两个特区香港和澳门。其实,大陆、台湾、香港、澳门就是一种不同社区的划分,所指范围都在中国领土之内。2012年伦敦奥林匹克运动会,共有204个国家和地区参加。中国是作为国家参加的,中国的两个特区香港、澳门及台湾是作为地区参加的,这说明这种社区划分是得到世界的认同的。

海外华人社区,指的是几百年来(甚至上千年)中国人到海外各国移民后,逐渐形成的华人社区,以东南亚最为明显,新加坡、马来西亚、泰国、印度尼西亚都在其列。像新加坡,七成以上的人会说华语。华人社区的形成有早有晚,有远有近,世界上到底有多少华人社区,要从中国移民史、华侨史的角度做深入调查研究,包括中国改革开放以来,到世界各地的移民。出入自由的现代中国社会,又出现了新的移民群体,多向欧美国家发展,形成有老华人社区和新华人社区的格局,这是我们在研究华人社区中不能不注意到的。

大到中国大陆,小到在外国的某个华人社区,呈现出不同的社会背景,词汇是语言中最紧密依附社会的部分。语言随着社会的变化而变化,词汇是显示这变化的最敏感的地带。中国大陆、台湾、香港、澳门、海外华人社区,中国人和移民国外的华人,大家所使用的现代汉语的词汇,大量是相同的,这是共同母语的体现,这种词汇上的血脉关系是基本的。然而,社会背景和制度的相异部分,社会的政治、经济、文化的相异部分,也会在词汇中体现出来,这就产生了社区词。

比起词汇上的共同部分,社区词的数量是相对少的。然而,不会因为社区词的存在影响世界华人之间的基本交流。但是如果对社区词的存在完全不了解,也会影响各地华人之间更深入更全面地融会沟通。

研究社区词的现实意义

◎田小琳

一、社区词为现代汉语词库增加新鲜血液

社区词成为一般词汇的来源之一，便可为现代汉语词库增加新鲜血液。《现代汉语词典》（第5版）在付印之前，增添了“愿景”一词。原来当时台湾国民党主席连战先生到北京访问，与中国共产党总书记胡锦涛会面，他在讲话中用到“愿景”一词。我们完全可以理解这个台湾用词，《现代汉语词典》不失时机地将“愿景”收为词条，释义为“所向往的前景”，例句为“和平发展的共同愿景”。这是很好的做法，值得称道。

《现代汉语词典》（第6版）也吸收了香港社区词，例如：草根、八卦、狗仔队、无厘头等。也吸收了台湾社区词，例如：呛声、力挺、拜票、谢票、站台等。

其实，还有一些香港社区词可以考虑收入。例如“垃圾虫”。在《现代汉语词典》（第6版）已吸收“垃圾股、垃圾食品、

……

这就是要编写《全球华语词典》的初衷。这部词典的编写，由新加坡学者周清海先生倡议，得到李光耀资政和全国政协前主席李瑞环的支持，他们出任了这部词典的荣誉顾问，说明这部词典的编写，进一步有利于世界华人的大交流。政要的关注，是对词汇研究的促进，说明词汇研究得到了社会的认同。词汇研究能服务社会，是我们的目的。

垃圾邮件"的词条，那么，"垃圾虫"听着应该不陌生。在香港，"垃圾虫"不是随便说说，而是有特定含义的，它是指破坏环境卫生的人。例如凡是随地吐痰，乱扔垃圾，未经许可张贴街招，狗只粪便弄污街道行为，都是违犯《定额罚款(公众地方洁净罪行)条例》的。违犯法例会被检控，可处以罚款港币1500元，屡犯者还会被判社会服务令。用比喻造词的"垃圾虫"，可使人们规范自己的行为，对提高人们的素养是很大的促进。

二、社区词为词汇研究开辟新天地

当我们将词汇研究的眼光放大放远之后，就可注意到各个不同的华人社区所流通的社区词是很有特点的。当然，研究的基础首先是语料的积累。我编写《香港社区词词典》，先是人工搜集词条5000余条，然后在一个网页上进行词语出现频率的统计，再经过开专家小型研讨会研究，筛选出2418条入选词典。我在修订词典时，还会继续补充至少500个词条。

汪惠迪编著的《新加坡特有词语词典》(新加坡联邦出版社，1999年出版)，我认为就是新加坡的社区词词典。这部词典提供了以新加坡为代表的东南亚华人社区的词语语料。当然，东南亚各国华人社区在社区词的运用上还有区别，这在《全球华语词典》中已有部分反映。需要编写各华人社区的词典，反映各社区的不同社会背景，反映各社区人们在使用现代汉语时的创造和发展，这是词汇研究需要做的工作。这一工作还在开始阶段。

社区词的研究和社会语言学、应用语言学、心理语言学、词汇语用学等都有联系，可将社区词做多角度的分析。马毛朋撰文《社区词与言语社区理论》(2009)提出，"'社区词'概念使'以语定区'成为可能。'社区词'概念表明，凡是被称为'社区词'的词汇总是与一定区域联系在一起的，而且一般是仅仅流通于该地区的”。他将社区词作为界定言语社区的语言标记。这是从理论上探讨社区词的作用。

还有很多问题可以研究，例如，哪些社区词容易进入现代汉语规范词库，哪些进不了，为什么；现在已进入规范词库的社区词有多少，哪些华人社区的社区词进入的多，呈强势，为什么；语言学概论一类教材，要不要加入有关社区词的描写，加在哪一部分；各华人社区在创造社区词时，有什么特点，像内地，很喜欢用数字缩略语造社区词（两个文明、三个代表、四个现代化、五个一工程、八荣八耻），像香港，就很喜欢用修辞手法造词（垃圾虫、金鱼缸、大闸蟹、鳄鱼潭、蛇头、牛肉干、沙滩老鼠、饮咖啡、咖啡妹、夹心阶层、草根阶层），这和香港人的喜好有什么关联；台湾则用党派旗帜的基本颜色蓝色、绿色表示不同的政治派别，由此产生出蓝营、绿营，深蓝、深绿，浅蓝、浅绿等成对的反义词。可以说，有很多现象还没有解释清楚，有很多问题值得关注，关于社区词的理论研究还在起步阶段。

三、社区词的流通为全球华人社区的交流提供方便

大陆、台湾、香港、澳门社区词的交流，促进了彼此的了解、沟通。中国内地和国外的交流也进入了一个崭新的阶段。中国企业实力有很大的提高，人民生活也有显著的改善，一部分已经富起来，到国外去投资，去旅游，成了一道道亮丽的风景线，世界各地都有中国人。六十多年来，中国什么时候这样开放过呢？因而，世界各地新的华人社区，在未来的几十年几百年还会逐渐一个个形成。

随着全球华人社区大交流的时代的到来，语言学的研究，词汇学的研究，社区词的研究，都要与时俱进，为这个华人的嘉年华（carnival）服务。

向你挑战

谦虚的代价

（文中有十处差错，你能找出来吗？答案在本期找）

◎梁北夕　设计

章乐在美国洛杉矶从事陶瓷生意。

有一天，一个中年男子来到陶瓷店。他对一件件精美绝纶的瓷器，爱不释手。蹑手蹑脚地放下一件瓷器后，中年男子对章乐说："我对中国的瓷器很感兴趣，你对瓷器烧制工艺这么熟悉，不如我们合作建一个瓷器厂吧，我出资，你当技术总监。"章乐早有办厂的想法，但苦于缺少资金，一直未能如愿以尝。现在有这样一个机会，自是满心欢喜。一拍即和，两人很快畴建起一个瓷器厂。

新厂开业了，面对一百多名员工，章乐谦虚地说道："彼特先生授权我来负责瓷器厂的制造工艺，我水平有限，还请各位同仁多多包含！"第二天，章乐来到厂子一看，竟然没有几个员工前来上班，许多人都不干了。出师不力，章乐十分沮丧，而又百思不得其解。

正在这时，彼特打来了电话："你回家准备一下，中午我要尝尝你烧的中国菜！"章乐想会报一下厂子的情况，彼特打断了他："我现在正陪着夫人和孩子，业余时间不听公事，咱们中午谈！"看来，彼特已经知道了这里的情况。

彼特来到章乐家中，只见桌子上摆满了美味佳肴。章乐说道："不好意思啊，菜不多，我橱艺不好，不好吃啊！"彼特尝了尝，皱了皱眉头，笑着说道："明明菜烧得很多，明明味道也很好，你不诚实啊！"章乐本想谦虚一下，但这位美国朋友偏偏不吃他这一套！

饭后彼特拍拍章乐的肩膀，十分严肃地说道："我在中国住过很长时间，知道谦虚是中国人的美德，但这是美国，太过谦虚，别人会以为你真的不行。"

章乐恍然大悟，终于知道了自己的问题在那里。

广角镜
手挽手，继续走
——一同拥抱2017
亲爱的读者朋友，在你的呵护下，《咬文嚼字》步履坚定，精神昂扬，满怀收获地走过了2016。新的一年里，我们将继续努力，让刊物保持既有特色，发扬既有优势，沿着健康的发展轨迹，稳步前行。
新的一年 新的努力
让内容更充实
让版面更美观
让表述更流畅
定价：5元/期 60元/年
发行电话：021-60878388
021-60878392
邮发代号：4-641
欢迎到当地邮局订阅！

火眼金睛

图中差错知多少?

蔡维藩　程桂胜
尚景友　张震东　提供

（答案在本期找）

4 | 1
3 | 2

ISSN 1009-2390
9 771009 239166 12>

2016年荣誉校对名录

王宗祥	田玉道	叶才林	厉国轩	宁源声
刘大寿	张骏鹏	李景祥	谢云秋	陈关春
陈林森	苏开省	邵明武	姜登榜	余培英
严佳明	董金明	王玉良	黄贻生	蔡　晓
徐长庚	盛祖杰	阎德喜	许　琢	王民权
霍民起	周　振	石　勇	王殿雷	孔庆勇
杨昌俊	黄典荣	董鸿毅	汤圣家	胥尧叟
侯新民	郑义广	陈福季	梁卓尧	朱德昌
周建群				